民国学术经典丛书

中华二千年史 (二)

邓之诚 ⊙ 著

中国社会科学出版社

卷 三  隋唐五代

隋

隋世系

自杨坚代周，西历581年。至杨侑禅于唐，西历618年。凡三传，共三十八年。

高祖文皇帝，姓杨，名坚，弘农华阴人。代周，建元开皇，二十年。改元仁寿，四年。在位凡二十四年。

炀皇帝，名广，高祖次子。嗣立，改元大业，十三年。帝游江都，为宇文化及等所弒。在位凡十三年。

恭皇帝，名侑，炀帝太子昭之子。封代王，炀帝东巡，命留守西京。李渊入长安，奉之为帝，遥尊炀帝为太上皇，渊寻废之。改元义宁，一年。在位凡一年。

恭帝，名侗，亦昭之子。封越王，炀帝东巡，命留守东京。王世充入洛阳，得炀帝凶问，奉以为帝，寻废之。

秦王浩，炀帝弟秦王俊之子。宇文化及弒炀帝，遂立浩为帝，寻复杀之。

(以上据《隋书》及《通考·帝系考》)

附帝系表

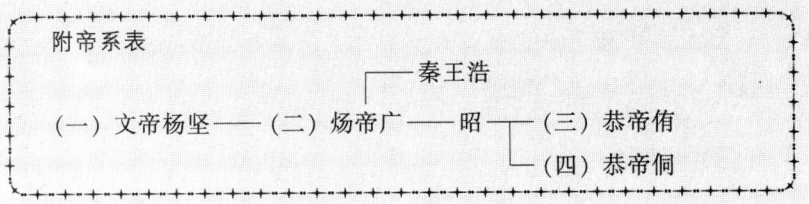

(一)文帝杨坚——(二)炀帝广——昭——(三)恭帝侑
　　　　　　　　　　　　　　秦王浩
　　　　　　　　　　　　　　(四)恭帝侗

自晋惠帝永兴元年，西历304年。刘渊称大单于，同时李雄称帝于蜀，中国统一之局遂破。自是以后，神州板荡，分裂为数十国，中间起灭无恒，不能自靖者亘二百八十五年。直至隋文帝杨坚陷建康，西历589年。天下复归于一统。故隋在中国史局上，亦重要之关键也，统观前后史迹，不

但政权统治上有显著之不同，即民族文化消长上，亦有莫大之关系。盖自汉末，鲜卑之势，已盛于北方，中更三国之乱，渐次南侵，降及晋室不振，遂成"五胡乱华"之局。惟诸族居内地久，习染华俗，渐失其刚劲之风。至隋则中土已渐强，一变永嘉以来之形势，杨氏虽执政未久，终能遗唐室以广大疆域之机。此则读隋唐史者，所不可不知者也。

一　隋之统一事业

隋文帝杨坚像

隋文帝承周之后，开皇七年灭后梁，九年灭陈，遂统一中国。其所措施，分述之如下。

（一）疆域

高祖受终，维新朝政，开皇三年，遂废诸郡。泊于九载，廓定江表，寻以户口滋多，析置州县。炀帝嗣位，又平林邑，更置三州。既而并省诸州，寻即改州为郡，大业三年三月。乃置司隶刺史，分部巡察。五年平定吐谷浑，更置四郡。大凡郡一百九十，县一千二百五十五，户八百九十万七千五百四十六，口四千六百一万几千九百五十六，垦田五千五百八十五万四千四十一顷，其邑居、道路、山河、沟洫、砂碛、咸卤、丘陵、阡陌，皆不预焉。东西九千三百里，南北万四千八百一十五里，东南皆至于海，西至且末，北至五原。隋氏之盛，极于此也。

（《隋书》卷二九《地理志序》）

（二）官制

甲、中央

自三国至隋文帝统一以前，中国执政者，无论统一或割据，大率非北族即军人，因此影响于制度者甚巨。自汉以上，相权极重，降及三国，独刘氏规橅汉制，故诸葛亮举宫中、府中、营中之事，总揽于一手。自魏晋以下，所有相国、丞相之名号，皆成奸雄图篡者之阶梯，而非平时所置之

隋州郡简表

九州	隋郡	沿革
雍州	京兆，冯翊，扶风，安定，北地，上郡，雕阴，延安，弘化，平凉，朔方，盐川，灵武，榆林，五原，天水，陇西，金城，枹罕，浇河，西平，武威，张掖，敦煌，鄯善，且末，西海，河源。	晋时雍、秦、凉三州之地。
梁州	汉川，西城，房陵，清化，通川，宕渠，汉阳，临洮，宕昌，武都，同昌，河池，顺政，义城，平武，汶山，普安，金山，新城，巴西，遂宁，涪陵，巴郡，巴东，蜀郡，临邛，眉山，隆山，资阳，泸川，犍为，越巂，牂柯，黔安。	晋梁、益、宁三州地。
豫州	河南，荥阳，梁郡，谯郡，济阴，襄城，颍川，汝南，淮阳，汝阴，上洛，弘农，淅阳，南阳，清阳，淮安。	晋豫州之北部及司州河南之一部。
兖州	东郡，东平，济北，武阳，渤海，平原。	晋兖州。
冀州	信都，清河，魏郡，汲郡，河内，长平，上党，河东，绛郡，文城，临汾，龙泉，西河，离石，雁门，马邑，定襄，楼烦，太原，襄国，武安，赵郡，恒山，博陵，河间，涿郡，上谷，渔阳，北平，安乐，辽西。	晋幽、冀、并三州地及司州河北之一部。
青州	北海，齐郡，东莱，高密。	晋青州。
徐州	彭城，鲁郡，琅邪，东海，下邳。	晋徐州之北部。
扬州	江都，钟离，淮南，弋阳，蕲春，庐江，同安，历阳，丹阳，宣城，毗陵，吴郡，会稽，余杭，新安，东阳，永嘉，建安，遂安，鄱阳，临川，庐陵，南康，宜春，豫章，南海，龙川，义安，高凉，信安，永熙，苍梧，始安，永平，郁林，合浦，珠崖，宁越，交趾，九真，日南，比景，海阴，林邑。	晋初扬州。
荆州	南郡，夷陵，竟陵，沔阳，沅陵，武陵，清江，襄阳，舂陵，汉东，安陆，永安，义阳，九江，江夏，澧阳，巴陵，长沙，衡山，桂阳，零陵，熙平。	晋之荆州。
附注	一、隋文帝开皇三年，迁都大兴城，炀帝大业二年，又营洛阳，谓之东京。 二、秦为郡县制，两汉加置十三州部，晋宋之后，分析渐多，至于魏齐后周，虽割据鼎立，其于州郡，增置倍多。隋氏以官繁民弊，遂废五百余郡，而以州治民，职事同于郡守，无复刺举之任。炀帝复罢州置郡，郡置太守，几回复秦汉初制，然地方事务綦烦，两级制不能运用裕如。唐因分道而治，形成内外相衡之局，遂为后来省制成立之所由始。

实官。至三公之位，亦仅为优礼大臣之虚号，不亲政事，不置府僚，无其人则缺者也。政权所寄则在三省，魏初设秘书省，后改中书省，此外则有尚书、门下两省。南北朝通行之制，尚书令一人，左右仆射二人，尚书五人，是谓八座。中书面受机宜，门下掌封驳，尚书执行之，以分代丞相之职。各代虽间有损益，然其大要如此。后周曾一度远师《周礼》置六卿，天官冢宰之类。命尚书令卢辩草其制，此实魏晋以来所未有。杨坚代周，即首除其制，仍以六部隶尚书，以复魏晋之旧。

高祖既受命，改周之六官，其所制名，多依前代之法，置三师、三公及尚书、门下、内史、秘书、内侍等省，御史、都水等台，太常、光禄、卫尉、宗正、太仆、大理、鸿胪、司农、太府、国子、将作等寺。(《隋书》卷二八《百官志》下)

隋文帝践极，百度伊始，复废周官，还依汉魏，其于庶僚，颇有损益。……至炀帝初存稽古，多复旧章，大业三年，始行新令，有三台、五省、五监……于时天下繁富，四方无虞，衣冠文物为盛矣。(《通典》卷一九《职官》一)

按文帝所定中央官制，大体皆依前代。炀帝即位，多所改革，但亦只增删裁并，或改易名称而已。兹就炀帝时之中央官制，列表于左。

隋代中央官制简表

官 名		职　掌
五省	尚书	事无不总，置令及左右仆射各一人，下置吏部、礼部、兵部、都官、度支、工部等六曹，各置侍郎一人，以贰尚书，又增左右丞，阶与侍郎同，下有曹郎。
	殿内	掌宫禁服御之事，有监、少监、丞各一人，统尚食、尚药、尚衣、尚舍、尚乘、尚辇等六局。
	门下	掌献纳，有纳言二人，给事黄门侍郎四人，散骑常侍、通直散骑常侍各四人，谏议大夫七人，散骑侍郎四人，员外散骑常侍六人，通直散骑侍郎四人，给事二十人，员外散骑侍郎二十人，奉朝请四十人。
	内史	掌出纳王命，有令二人，侍郎四人。
	秘书	掌图籍著作，监、丞各一人，郎四人，校书郎十二人，正字四人，领著作太史二曹。
三台	谒者	掌受诏劳问出使慰抚，有大夫一人，司朝谒者二人，议郎二十四人，通直三十六人，将事谒者三十人，谒者七十人。
	司隶	掌六条察事，有大夫一人，掌诸巡察别驾二人，分察畿内一人，案东都一人，案京师刺史十四人，巡察畿外诸郡从事四十人，副刺史巡察。
	御史	掌纠察，有大夫一人，治书侍御史、侍御史及监察御史十六人。
九寺	光禄	统大官、肴藏、良酝、掌醢等署，有卿一人，少卿二人。
	太常	统郊社、太庙、诸陵、太祝、衣冠、太乐、清商、鼓吹、太医、太卜、廪牺等署，有卿一人，少卿二人。
	卫尉	统公车、武库、守宫等署，有卿一人，少卿二人。
	宗正	不统署，掌皇族之事，有卿一人，少卿一人。
	太仆	统乘黄、典厩、车府、典牧等署，有卿一人，少卿二人。
	大理	不统署，掌刑辟之事，有卿一人，少卿二人。
	鸿胪	统典蕃(文帝时为典客)、司仪、崇玄三署，有卿一人，少卿二人。
	司农	统上林、太仓、钩盾、道官四署，有卿一人，少卿二人。
	太府	管京都市五署及平准、左右藏等凡八署，有卿一人，少卿二人。

官　名		职　　掌
五监	国子	掌教育之事，置祭酒、司业各一人。
	将作	掌营造之事，置大匠、少匠（后改为令、少令）。
	少府	掌制作之事，置监及少监各一人。
	都水	掌河堤水运之事，初置都水使者，大业五年，又改使者为监，加置少监，后又改监、少监为令、少令。
	长秋	掌宦者之事，置令及少令各一人。

乙、地方

地方制度，在秦汉时，本只郡县两级，而每州皆置刺史，直隶于丞相，官阶虽卑，而可以制太守。末世地方权重，乃增置州牧，地方制度，一变而为三级制矣。东晋以后，疆土日蹙，乃多侨置州郡，无其地而有官者比比，于是固有州郡辖地乃日小。隋统一以后，州都名称虽异，辖境大小，实无所别。文帝乃始废郡，以州治民。炀帝时，复废州置郡，郡置太守，县置县令，侨州郡至是尽废。

隋代郡县官制简表

区别	官名	职掌	属　官	备　考
郡	太守	治其郡	有丞、正及诸府曹，炀帝时，加置通守，位次太守。	
县	令	治其县	有丞、尉以下诸曹属。	初分九等，后亦分三等。

地方官僚属，后周时，由主官自辟，隋则悉归于吏部。

> 往者州唯置纲纪，郡置守丞，县唯令而已，其所具寮，则长官自辟，受诏赴任，每州不过数十。今则不然，大小之官，悉由吏部，纤介之迹，皆属考功。（《隋书》卷七五《刘炫传》）

丙、官品及禄

曹魏定官品，创为九品之制。梁又分为十八班，以班多者为贵，同班则以居下者为劣。盖品之制，非梁所专用也。正从九品之制，始于后魏，每品正从复分上中下三级，盖一品之间，复析为六。至隋始确定为十八阶，遂为后世所不能废。

隋置九品，品各有从，自四品以下，每品分为上下，凡三十阶，自太师始焉，谓之流内，流内自此始焉。又置视正二品至九品，品各

有从，自行台尚书令始焉，谓之视流内，视流内自此始。(《通典》卷一九《职官》一)

炀帝即位，多所改革。三年，大业。定令品自第一至于第九，唯置正从，而除上下阶。(《隋书》卷二八《百官志》下)

至于食禄，随品级而差别。

京官正一品，禄九百石，其下每以百石为差，至正四品，是为三百石；从四品二百五十石，其下每以五十石为差，至正六品，是为百石；从六品九十石以下，每以十石为差，至从八品，是为五十石；食封及官不判事者，并九品皆不给禄，其给皆以春秋二季。刺史、太守、县令，则计户而给禄，各以户数为九等之差，大州六百二十石，其下每以四十石为差，至于下下，则三百石；大郡三百四十石，其下每以三十石为差，至于下下，则百石；大县百四十石，其下每以十石为差，至于下下，则六十石。其禄唯及刺史、二佐及郡守、县令。(《隋书》卷二八《百官志》下)

(三) 兵制

隋之兵制，沿用后周之"府兵"制，籍民为兵，择其魁健有才力者，蠲其租调，令刺史于农隙教练之，合为百府，每府置主将，故以得名。

府兵之制，起自西魏后周，而备于隋，唐兴因之。隋制十二卫，曰翊卫，曰骁骑卫，曰武卫，曰屯卫，曰御卫，曰候卫，为左右，皆有将军以分统诸府之兵。府有郎将、副郎将、坊主、团主，以相统治。又有骠骑、车骑二府，皆有将军。后更骠骑曰鹰扬郎将，车骑曰副郎将，别置折冲、果毅。(《唐书》卷五〇《兵志》)

开皇十年五月，诏曰："魏末丧乱，……兵士，军人，权置坊府，南征北伐，居处无定，……朕甚愍之。凡是军人，可悉属州县，垦田籍帐，一与民同，军府统领，宜依旧式。罢山东、河南及北方缘边之地新置军府。"(《隋书》卷二《高祖纪》下)

以上为平时制度。至炀帝伐高丽，军队另有编制。

大业八年正月，伐高丽。……左右十二军，各……凡一百一十三万三千八百人。……每军大将、亚将，各一人。骑兵四十队，队百

人，十队为团。步卒八十队，分为四团，团各有偏将一人。其铠胄缨拂旗幡，每团异色。……其辎重散兵等，亦为四团，使步卒挟之而行。(《资治通鉴》卷一八一《隋纪》五)

炀帝南游江都，从者又有骁果之名。

大业九年正月，……置折冲、果毅、武勇、雄武等郎将官以领骁果。骁果军，从驾禁军，盖选诸军中之骁果者，故以命名。(《隋书》卷四《炀帝纪》下)

义宁恭帝。二年，即大业十四年。三月，右屯卫将军宇文化及……等，以骁果作乱。(《隋书》卷四《炀帝纪》下)

隋代武士陶俑

(四) 刑法

秦汉以后之法律，经晋朝一度大改革，大体趋于完善，复经隋朝一番损益，而轻重更觉适宜。故在西洋法律未输入以前，沿用至千余年，无大更变也。至于隋律，乃兼宋魏晋与拓跋氏两种法系，而加以斟酌者。

高祖既受周禅，开皇元年，乃诏……高颎……等更定新律。三年，……又敕苏威、牛弘等更定新律，……定留唯五百条，凡十二卷，一曰名例，二曰卫禁，三曰职制，四曰户婚，五曰厩库，六曰擅兴，七曰盗贼，八曰斗讼，九曰诈伪，十曰杂律，十一曰捕亡，十二曰断狱。(《隋书》卷二五《刑法志》)

又置十恶之条，多采后齐之制而颇有损益，一曰谋反，二曰谋大逆，三曰谋叛，四曰恶逆，五曰不道，六曰大不敬，七曰不孝，八曰不睦，九曰不义，十曰内乱，犯十恶及故杀人狱成者，虽会赦犹除名。(《隋书》卷二五《刑法志》)

至炀帝初年，患其深刻，重加修订。

炀帝即位，以高祖禁网深刻，又敕修律令，除十恶之条。……三年，大业。新律成，凡五百条，为十八篇，诏施行之，谓之"大业律"，一曰名例，二曰卫宫，三曰违制，四曰请求，五曰户，六曰婚，七曰擅兴，八曰告劾，九曰贼，十曰盗，十一曰斗，十二曰捕亡，十

三曰仓库，十四曰厩牧，十五曰关市，十六曰杂，十七曰诈伪，十八曰断狱。(《隋书》卷二五《刑法志》)

隋之刑名，为笞、杖、徒、流、死五种，前代死刑，有磬、斩、绞、裂等，隋则止于绞、斩而已，兹列表如下。

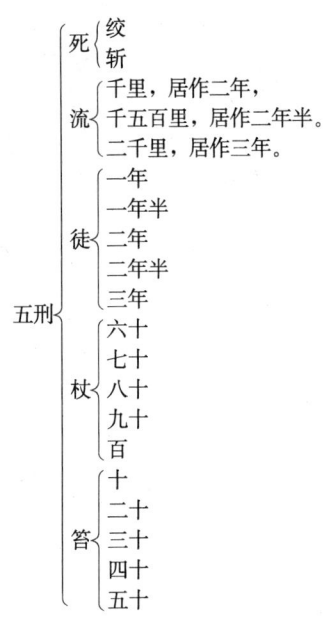

由是观之，隋之刑制，实较前代为进步，史家论之云：

> 自前代相承，有司讯考，皆以法外，或有用大棒、束杖、车辐、鞊底、压踝、杖柮之属，楚毒备至，多所诬伏，虽文致于法，而每有枉滥，莫能自理。至是尽除苛惨之法，讯囚不得过二百，枷杖大小，咸为之程品，行杖者不得易人。(《隋书》卷二五《刑法志》)

自汉文除肉刑，以髡笞代之，髡法过轻，笞法过重，每至于死亡。魏晋以来病之，然不知减笞数，使之不死，乃徒欲复肉刑以全其生，肉刑终不可复。及隋唐始制五刑，曰笞、杖、徒、流、死，而后肉刑之讨论，至此乃告一终结。

文帝又以用律者，多致踳驳，罪同论异，故对于决死囚，尤格外慎重之。

> 开皇十二年八月，制天下死罪，诸州不得便决，皆令大理覆治。(《隋书》卷二《高祖纪》下)

> 开皇十六年八月，诏决死罪者，三奏而后行刑。(《隋书》卷二

隋代衙狱

《高祖纪》下）

初尚设置律员，后为防弊，俱罢免之，凡为地方官者，均须习律。

于是置律博士弟子员，断决大狱，皆先牒明法，定其罪名，然后依断。开皇五年，……诏曰："人命之重，县在律文，刊定科条，俾令易晓。……因袭往代，别置律官，报判之人，推其为首，杀生之柄，常委小人。刑罚所以未清，威福所以妄作，为政之失，莫大于斯。其大理律博士，尚书刑部曹明法，州县律生，并可停废。自是诸曹决事，皆令具写律文断之。"六年，敕诸州长史已下，行参军已上，并令习律，集京之日，试其通不。（《隋书》卷二五《刑法志》）

文帝暮年，颇以任法自矜，往往施法外之刑，罪及琐细。炀帝嗣位，于五刑之内，降从轻典者二百余条，其后事变迭兴，刑复流于严酷。此则独裁政治之为害，非制度之咎矣。

（五）学校

隋初自京邑达乎四方，皆启黉舍。文帝仁寿元年，以生徒多而不精，于是下诏罢之。

诏曰："儒学之道，训教生人，识父子君臣之义，知尊卑长幼之序，升之于朝，任之以职，故能赞理时务，弘益风范。朕抚临天下，

思弘德教，延集学徒，崇建庠序，开进仕之路，伫贤隽之人。而国学胄子，垂将千数，州县诸生，咸亦不少，徒有名录，空度岁时。未有德为代范，才任国用，良由设学之理，多而未精。今宜简省，明加奖励。"于是国子学唯留学生七十人，太学、四门及州县学并废。(《隋书》卷二《高祖纪》下)

炀帝好文学，遂将学校恢复。

大业元年闰七月，……诏曰："君民建国，教学为先，移风易俗，必自兹始。……晋承板荡之运，扫地将尽。自时厥后，军国多虞，虽复黉宇时建，示同爱礼，函丈或陈，殆为虚器。……上陵下替，纲维靡立，……实由于此。朕纂承洪绪，思弘大训，将欲尊师重道，用阐厥由，讲信修睦，敦奖名教。……其国子等学，亦宜申明旧制，教习生徒，具为课试之法，以尽砥砺之道。"(《隋书》卷三《炀帝纪》上)

炀帝即位，复开庠序、国子、郡县之学，盛于开皇之初，征辟儒生，远近毕至，使相与讲论得失于东都之下，纳言定其差次，一以闻奏焉。于时旧儒多已凋亡，二刘信都刘士元，河间刘光伯。拔萃出类，学通南北，博极古今，后生钻仰。……所制诸经义疏，搢绅咸师宗之。既而外事四夷，戎马不息，师徒怠散，盗贼群起，……方领矩步之徒，亦多转死沟壑，凡有经籍，自此皆湮没于煨尘矣。(《隋书》卷七五《儒林传序》)

(六) 选举

隋初举士，仍依九品中正之制。开皇中罢废之，改为荐举。

中正魏置，……北齐郡县皆有之。……隋初有，后罢而有州都。(《通典》卷三三《职官》一五)

于时晋王炀帝。为雍州牧，盛存望第，以司空杨雄、尚书左仆射高颎，并为"州都督"，引师为主簿。(《隋书》卷四六《韦师传》)

魏晋以后，诸州皆置大中正，以甄别流品。隋时避杨忠讳，改为州都，而去中正之名。(钱大昕《廿二史考异》卷四〇《北史》)

其举人之法如下。

开皇七年正月，……制诸州岁贡三人。(《隋书》卷一《高祖纪》上)

开皇十八年七月，……诏京官五品已上，总管刺史，以志行修

谨、清平干济二科举人。(《隋书》卷二《高祖纪》下)

惟荐举亦多弊，炀帝乃改革之，始建进士科，令士人投牒自进，遂为唐室科举之所本。

> 自后周以降，选无清浊。及卢恺摄吏部尚书，与侍郎薛道衡、陆彦师等，甄别物类，颇为清简，而谮愬纷纭，恺及道衡皆除名。炀帝始建进士科。(《通典》卷一四《选举》二)

> 近炀帝始置进士之科，当时犹试策而已。(《旧唐书》卷一一九《杨绾传》)

至于叙官，隋氏亦加厘革，集权中央。

> 尚书举其大者，侍郎铨其小者，则六品以下官吏，咸吏部所掌。自是海内一命以上之官，州郡无复辟署矣。(《通典》卷一四《选举》二)

> 大业八年九月，……诏曰："……四海交争，不遑文教，唯尚武功。设官分职，罕以才授，班朝治人，乃由勋叙，莫非拔足行阵，出自勇夫。斅学之道，既所不习，政事之方，故亦无取，是非暗于在己，威福专于下吏，贪冒货贿，不知纪极，蠹政害民，实由于此。自今已后，诸授勋官者，并不得回授文武职事，庶遵彼更张，取类于调瑟；求诸名制，不伤于美锦。"(《隋书》卷四《炀帝纪》下)

(七) 音乐

自"五胡乱华"，胡乐传入，而琵琶、箜篌、胡笳等器，充斥中原，古之雅乐，几至绝迹。隋初时，西域之乐正兴，风靡上下，文帝虽欲革之而不能也。

> 开皇二年，齐黄门侍郎颜之推上言：礼崩乐坏，其来自久，今太常雅乐，并用胡声。请冯梁国旧事，考寻古典。高祖不从。……俄而柱国沛公郑译奏上，请更修正，于是诏太常卿牛弘、国子祭酒辛彦之、国子博士何妥等，议正乐。然沦谬既久，音律多乖，积年议不定。……周武帝

隋墓出土的伎乐女像

时,有龟兹人曰苏祗婆,从突厥皇后入国,善胡琵琶。……译遂因其所捻琵琶弦柱,相饮为均,推演其声,更立七均,合成十二,以应十二律,律有七音,音立一调,故成七调十二律,合八十四调,旋转相交,尽皆和合。……故林钟一宫,七声二声并戾,其十一宫,七十七音例,皆乖越,莫有通者。……妥恐乐成善恶易见,乃请高祖张乐试之,……妥因陈用黄钟一宫,不假余律。(《隋书》卷一四《音乐志》中)

开皇九年平陈,获宋齐旧乐,诏于太常置清商署以管之,求陈太乐令蔡子元、于普明等复居其职。(《隋书》卷一五《音乐志》下)

牛弘遂因郑译之旧,又请依古五声六律,旋相为宫。雅乐每宫但一调,唯迎气奏五调,谓之五音;缦乐用七调,祭祀施用,各依声律尊卑为次。高祖犹忆妥言,注弘奏下,不许作旋宫之乐,但作黄钟一宫而已。(《隋书》卷一五《音乐志》下)

以上为隋代国乐之大概。此外有胡乐,

龟兹者,起自吕光灭龟兹,因得其声,吕氏亡,其乐分散。后魏平中原复获之,其声后多变易。至隋有西国龟兹、齐朝龟兹、土龟兹等凡三部。开皇中,其器大盛于闾闬。时有曹妙达、王长通、李士衡、郭金乐、安进贵等,皆妙绝弦管,新声奇变,朝改暮易,持其音技,估衒公王之间,举时争相慕尚。高祖病之,谓群臣曰:"闻公等皆好新变,所奏无复正声。此不祥之大也。……存亡善恶,莫不系之。……宜奏正声,声不正,何可使儿女闻也?"帝虽有此敕,而竟

隋"伎乐天"壁画

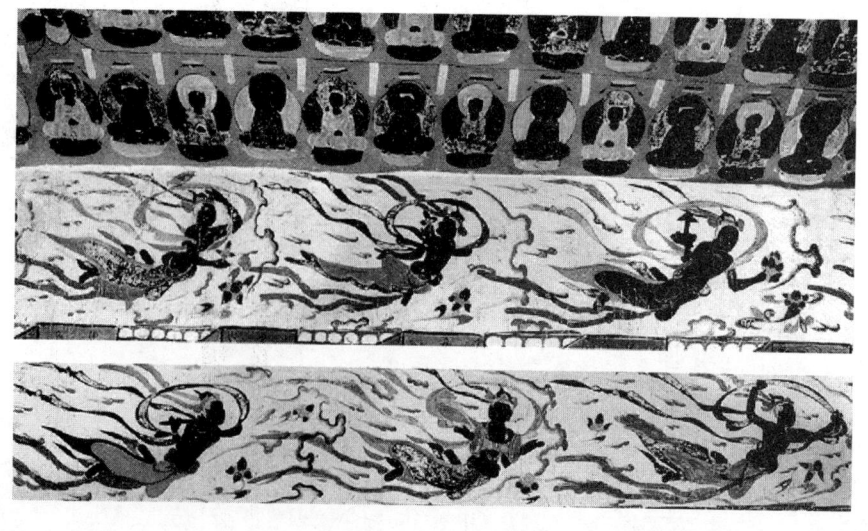

不能救焉。(《隋书》卷一五《音乐志》下)

又有伎乐,

开皇初,定令置七部乐,一曰国伎,二曰清商伎,三曰高丽伎,四曰天竺伎,五曰安国伎,六曰龟兹伎,七曰文康伎,又杂有疏勒、扶南、康国、百济、突厥、新罗、倭国等伎。……大业中,炀帝乃定清乐、西凉、龟兹、天竺、康国、疏勒、安国、高丽、礼毕,以为九部,乐器工依创造,既成,大备于兹矣。(《隋书》卷一五《音乐志》下)

复有散乐。

始齐武平中,有鱼龙、烂漫、俳优、侏儒、山车、巨象、拔井、种瓜、杀马、剥驴等,奇怪异端,百有余物,名为百戏。周时,郑译有宠于宣帝,奏征齐散乐人,并会京师。……开皇初,并放遣之。及大业二年,突厥染干来朝,炀帝欲夸之,总追四方散乐,大集东都,……千变万化,旷古莫俦,染干大骇之。自是皆于太常教习,每岁正月,万国来朝,留至十五日,于端门外,建国门内,绵亘八里,列为戏场。……三年,驾幸榆林,突厥启民朝于行宫,帝又设以示之。六年,诸夷大献方物,突厥启民以下,皆国主亲来朝贺,乃于天津街盛陈百戏,自海内凡有奇伎,无不总萃,……关西以安德王雄总之,东都以齐王暕总之,……弹弦摇管以上,一万八千人,大列炬火,光烛天地。百戏之盛,振古无比。(《隋书》卷一五《音乐志》下)

又乐工之众,过于前代。乐户之名,始于是时。

炀帝矜奢,颇玩淫曲。御史大夫裴蕴,揣知帝情,奏括周齐梁陈乐工子弟,及人间善声调者,凡三百余人,并付太乐。(《隋书》卷一三《音乐志序》)

自汉至梁陈乐工,其大数不相逾越。及周并齐,隋并陈,各得其乐工,多为编户。乐户所自始。至六年,大业。帝乃大括魏齐周陈乐人子弟,悉配太常,并于关中为坊置之,其数益多前代。(《隋书》卷一五《音乐志》下)

(八) 服制

太常少卿裴正奏曰:"……后魏已来,制度咸阙。天兴之岁,草

隋灰陶女立像

创缮修，所造车服，多参胡制。……周氏因袭，将为故事，大象承统，咸取用之，舆辇衣冠，甚多迂怪。……其魏周辇辂，不合制者，已敕有司，尽令除废；然衣冠礼器，尚且兼行。……今请冠及冕，色并用玄；唯应着帻者，任依汉晋。"（《隋书》卷一二《礼仪志》七）

文帝可其议，于是采用东齐之法，规定服制。据《隋书·礼仪志》所载，"乘舆"有衮、冕、通天冠、武弁、黑介帻、白纱帽、白帢之制，宋齐之间，天子宴私，着白高帽，士庶以乌，其制不定。服有五，若衮服、祭服之类。"百官"有祭服、朝服、亦名具服。公服、亦名从省服。绛襦衣公服，襦衣即单衣之不垂胡者也，袖狭，形直如襦内。六品已下，从七品已上，去剑佩绶。"武人"服武弁，绛朝服、平巾帻，紫衫，大口袴。隋文帝始服黄，百官常服，同于匹庶，皆着黄袍。高祖朝服亦如之，唯带加十三环以为差异。凡南北朝以来，所谓胡服，如幞头、具带、靴及紫绯绿之衣，自此皆定为章服矣。

炀帝时师旅务殷，车驾多行幸，百官行从，唯服袴褶，而军旅间不便。至六年大业。后，诏从驾涉远者，文武官等皆戎衣，贵贱异等，杂用五色，五品已上通着紫袍，六品已下兼用绯绿，胥吏以青，庶人以白，屠商以皂，士卒以黄。（《隋书》卷一二《礼仪志》七）

笏，……晋宋以来，谓之手板，今还谓之笏，以法古名……五品已上，通用象牙，六品已下，兼用竹木。（《隋书》卷一二《礼仪志》七）

复下曰"舄"，单下曰"履"，夏葛冬皮，……以木重底。冕服者色赤，冕衣者色乌，履同乌色。诸非侍臣皆脱而升殿，凡舄唯冕服及具服着之，履则诸服皆用，唯褶服以靴。靴胡履也，取便于事，施于戎服。（《隋书》卷一二《礼仪志》七）

中华二千年史

二　隋之开边

（一）对外之用兵

甲、突厥

突厥兴起，至佗钵可汗，尤称强盛。隋初时，佗钵卒，本部发生内乱，分裂为四，势力为之一挫。其分立情况如下。

> 及佗钵卒，国中将立大逻便，以其母贱，众不服，庵罗佗钵子。母贵，突厥素重之。摄图最后至，谓国中曰："若立庵罗者，我当率兄弟以事之；如立大逻便，我必守境，利刃长矛以相待矣。"摄图长而且雄，国人皆惮，莫敢拒者，竟立庵罗为嗣。大逻便不得立，心不服庵罗，每遣人骂辱之。庵罗不能制，因以国让摄图。国中相与议曰："四可汗之子，摄图最贤。"因迎立之，号伊利俱卢设莫何始波罗可汗，一号沙钵略，治都斤山。庵罗降居独洛水，称第二可汗。大逻便乃请沙钵略曰："我与尔俱可汗子，各承父后。尔今极尊，我独无位，何也？"沙钵略患之，以为阿波可汗，还领所部。（《隋书》卷八四《突厥传》）

隋初突厥四可汗简表

名称	世　系	设帐地点		备　考
		原名	今　释	
沙钵略可汗	名摄图，逸可汗之子。	都斤山	蒙古杭爱山附近小山。	
庵罗可汗	他钵可汗之子。	独洛水	蒙古土拉河。	
阿波可汗	名大逻便，木杆可汗之子。	金山	阿尔泰山。	为沙钵略弟叶护可汗所擒。
达头可汗	名玷厥，沙钵略从父。	干泉	苏联中亚细亚特穆尔图泊近旁之地。	国乱遇害。

沙钵略勇而得众，北夷皆归附之。及高祖受禅，待之甚薄，北夷大怒。会营州刺史高宝宁作乱，沙钵略与之合军，攻陷临渝镇。上敕缘边修保障、峻长城以备之，仍命重将出镇幽并。（《隋书》卷

八四《突厥传》)

隋文帝初欲以武力征服突厥，然劳师动众，不免耗国，遂采用离间之策。

> 晟先知摄图、玷厥、阿波、突利等叔侄兄弟，各统强兵，俱号可汗，分居四面，内怀猜忌，外示和同，难以力征，易可离间，因上书曰："……臣于周末，忝充外使，匈奴倚伏，实所具知。玷厥之于摄图，兵强而位下，外名相属，内隙已彰。鼓动其情，必将自战。又处罗侯者，摄图之弟，奸多而势弱，曲取于众心，国人爱之。因为摄图所忌，其心殊不自安，迹示弥缝，实怀疑惧。又阿波首鼠，介在其间，颇畏摄图，受其牵率，唯强是与，未有定心。今宜远交而近攻，离强而合弱，通使玷厥，说合阿波，则摄图回兵，自防右地；又引处罗遣连奚霫，则摄图分众，还备左方。首尾猜嫌，腹心离阻，十数年后，承衅讨之，必可一举而空其国矣。"上省表大悦，……皆纳用焉。……反间既行，果相猜贰。(《隋书》卷五一《长孙晟传》)

策略既行，然后对于一部为边患者，大举用兵以惩之。

> 沙钵略妻，宇文氏之女，曰千金公主。自伤宗祀绝灭，每怀覆隋之志，日夜言之于沙钵略，由是悉众为寇，……自木硖、石门两道来寇武威、天水、安定、金城、上郡、弘化、延安，六畜咸尽。天子文

隋军北攻突厥之战示意图

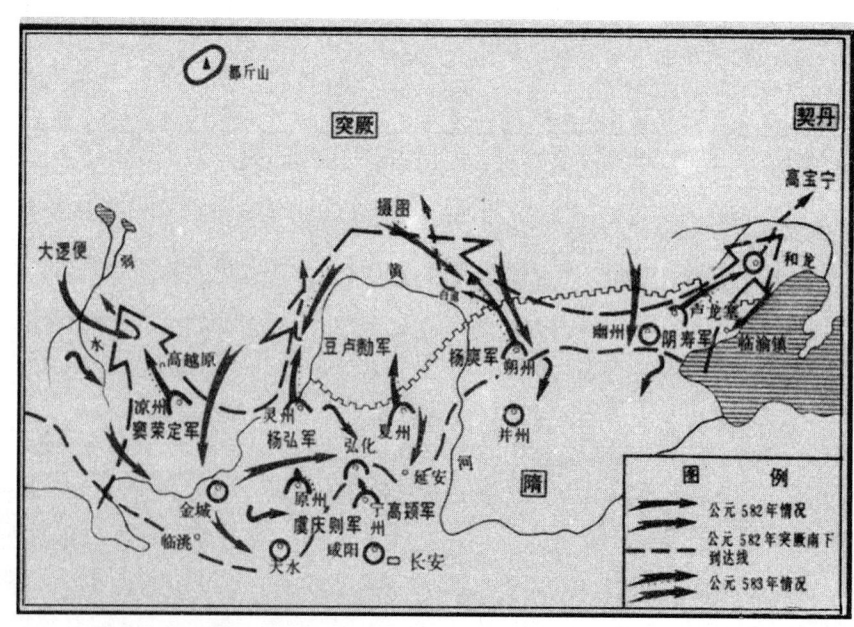

帝。震怒，下诏曰："往者魏道衰敝，祸难相寻，周齐抗衡，分割诸夏。突厥之虏，俱通二国，周人东虑，恐齐好之深；齐氏西虞，惧周交之厚。谓虏意轻重，国逐安危，非徒并有大敌之忧，思减一边之防；竭生民之力，供其来往，倾府库之财，弃于沙漠，华夏之地，实为劳扰。犹复劫剥烽戍，杀害吏民，无岁月而不有也。……朕受天明命，子育万方，愍臣庶之劳，除既往之弊，以为厚敛兆庶，多惠豺狼，未尝感恩，资而为贼，违天地之意，非帝王之道。节之以礼，不为虚费，省徭薄赋，国用有余。因入贼之物，加赐将士，息道路之民，务于耕织，清边制胜，成策在心。凶丑愚暗，未知深旨，将大定之日，比战国之时，乘昔世之骄，结今时之恨。近者尽其巢窟，俱犯北边，朕分置军旅，所在邀截，……且彼渠帅，其数凡五，昆季争长，父叔相猜，外示弥缝，内乖心腹，世行暴虐，家法残忍。东夷诸国，尽挟私仇，西戎群长，皆有宿怨，……"于是以河间王弘，上柱国豆卢勣、窦荣定，左仆射高颎、右仆射虞庆则，并为元帅，出塞击之。沙钵略率阿波、贪汗二可汗等来拒战，皆败走遁去。(《隋书》卷八四《突厥传》)

沙钵略以阿波骁悍忌之，因其先归袭击其部，大破之。……阿波还无所归，西奔达头可汗。达头……旧为西面可汗，既而大怒，遣阿波率兵而东，其部落归之者将十万骑，遂与沙钵略相攻。又有贪汗可汗，素睦于阿波，沙钵略夺其众而废之，贪汗亡奔达头。沙钵略从弟地勤察，别统部落，与沙钵略有隙，复以众叛归阿波，连兵不已。

(《隋书》卷八四《突厥传》)

达头可汗，旧为西面可汗，突厥木杆可汗时，分为东西两部而治之，其分部首长亦称可汗，其主则称大可汗。自分裂后，凡为沙钵略所攻败者，均依归达头，成为两大势力，而突厥遂分为东西矣。其势既分，隋氏仍用离间手段以削弱之。结果，东西突厥，皆请和称臣。

沙钵略既为达头所困，又东畏契丹，遣使告急，请将部落度漠南，寄居白道川内。有诏许之，诏晋王广以兵援之，……沙钵略因西击阿波破擒之。而阿拔国部落，乘虚掠其妻子，官军为击阿拔败之，所获悉与沙钵略。沙钵略大喜，乃立约以碛为界。……其妻可贺敦，周千金公主，赐姓杨氏，编之属籍，改封大义公主。(《隋书》

卷八四《突厥传》)

都蓝为其麾下所杀,达头自立为步迦可汗,其国大乱。遣太平公史万岁出朔州以击之,遇达头于大斤山,虏不战而遁。……寻遣其弟子俟利伐,从碛东攻启民,上又发兵助启民守要路,俟利伐退走入碛。……仁寿元年,……泥利可汗及叶护俱被铁勒所败,步迦寻亦大乱,奚霫五部内从步迦奔吐谷浑,启民遂有其众,岁遣朝贡。大业三年四月,炀帝幸榆林,启民及义成公主来朝行官。……启民上表曰:"……乞依大国服饰法用,一同华夏。……"帝以为不可。(《隋书》卷八四《突厥传》)

启民……疾终,……立其子咄吉世,是为始毕可汗。表请尚公主,诏从其俗。大业十一年,来朝于东都。(《隋书》卷八四《突厥传》)

西突厥……大逻便,为处罗侯所执,其国立鞅素特勒之子,是为泥利可汗。卒,子达漫立,号泥撅处罗可汗。其母向氏,本中国人,生达漫而泥利卒,向氏又嫁其弟婆实特勒。开皇末,婆实共向氏入朝,遇达头乱,遂留京师,每舍之鸿胪寺。处罗可汗居无恒处,然多在乌孙故地,……抚御无道,其国多叛,与铁勒屡相攻,大为铁勒所

隋时西突厥地图

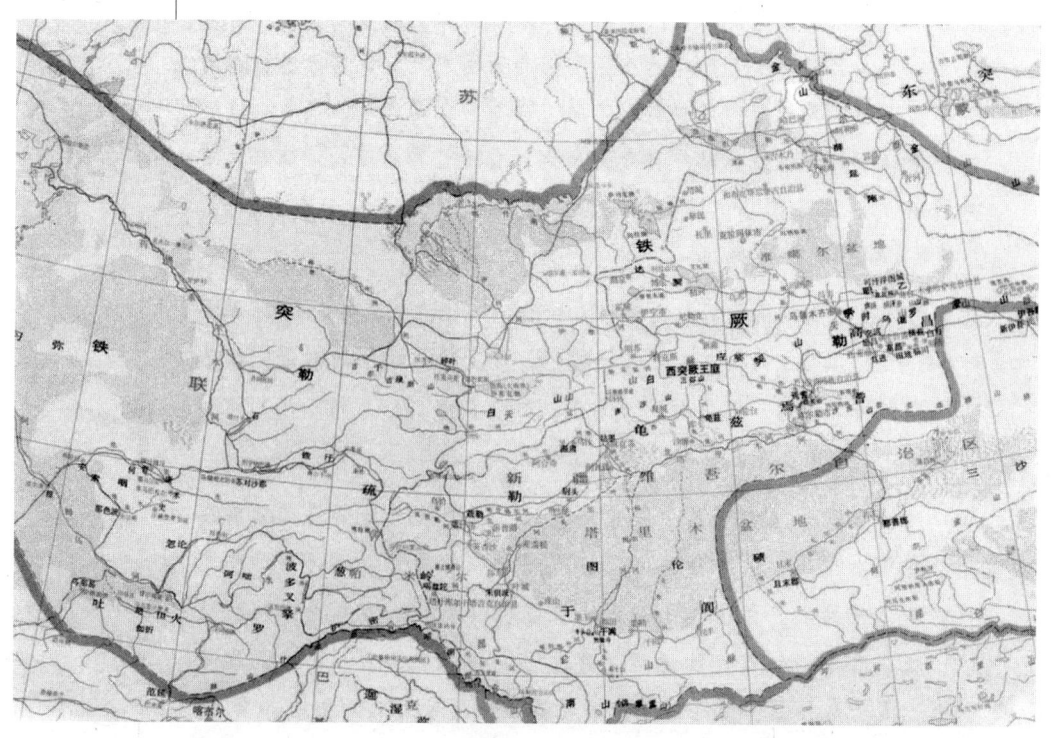

败。时黄门侍郎裴矩在敦煌，引致西域，闻国乱，复知处罗思其母氏，因奏之。炀帝遣司朝谒者崔君肃赍书慰谕之。……适会其酋长射匮遣使来求婚，裴矩因奏曰："处罗不朝，恃强大耳。臣请以计弱之，分裂其国，即易制也。射匮者，都六之子，达头之孙，世为可汗，君临西面。今闻其失职，附隶于处罗，故遣使来以结援耳。愿厚礼其使，拜为大可汗，则突厥势分，两从我矣。"帝曰："公言是也。"……召其使者，言处罗不顺之意，称射匮有好心，吾将立为大可汗，令发兵诛处罗，然后当为婚也。……射匮闻而大喜，兴兵袭处罗，处罗大败，弃妻子，将左右数千骑东走，……遁于高昌。……帝遣裴矩将向氏亲要左右，驰至玉门关晋昌城。矩遣向氏使诣处罗所，论朝廷弘养之义，丁宁晓谕之，遂入朝。（《隋书》卷八四《西突厥传》）

自齐周以来，北方崛起之诸族，至是遂为隋氏外交政策所制胜。然所恃者，唯一离间手段，故只能收效于一时，不能维持于久远。迨隋政稍衰，又复起而为边患，其势更强。

大业十一年，……车驾避暑汾阳宫。八月，始毕率其种落入寇，围帝于雁门，诏诸郡发兵赴行在所。援军方至，始毕引去，由是朝贡遂绝。……隋末乱离，中国人归之者无数，遂大强盛，势陵中夏，迎萧皇后，置于定襄，薛举、窦建德、王世充、刘武周、梁师都、李轨、高开导之徒，虽僭尊号，皆北面称臣，受其可汗之号，使者往来，相望于道也。（《隋书》卷八四《突厥传》）

汾阳宫遗址

乙、吐谷浑

吐谷浑，初起在西晋之末，后臣服于魏。及魏衰乱，始称可汗，渐为边害。隋初，虽奉表称藩，仍怀觊觎。炀帝时，与铁勒合击破之，遂郡县其地。

> 吐谷浑，本辽西鲜卑徒河涉归子也。初涉归有二子，庶长曰吐谷浑，少曰若洛廆。涉归死，若洛廆代统部落，是为慕容氏。吐谷浑与若洛廆不协，遂西度陇，止于甘松之南、洮水之西，南极白兰山数千里之地，其后遂以吐谷浑为国氏焉。当魏周之际，始称可汗，都伏俟城。……其主吕夸，在周数为边寇。及开皇初，以兵侵弘州，高祖以弘州地旷人梗，因而废之。遣上柱国元谐率步骑数万击之，……谐频击破之。……吕夸大惧，率其亲兵远遁，其名王十三人，各率部落而降。……开皇十一年，吕夸卒，子伏立，使其兄子无素，奉表称藩，并献方物，请以女备后庭。……十六年，以光化公主妻伏。……明年，十七年。其国大乱，国人杀伏，立其弟伏允为主，使使陈废立之事，并谢专命之罪，且请依俗尚主，上从之。自是朝贡岁至，而常访国家消息，上甚恶之。炀帝即位，伏允遣其子顺来朝。时铁勒犯塞，帝遣将军冯孝慈出敦煌以御之，孝慈战不利。铁勒遣使谢罪请降，帝遣黄门侍郎裴矩慰抚之，讽令击吐谷浑以自效。铁勒许诺，即勒兵袭吐谷浑，大败之，伏允东走保西平境。帝复令观王雄出浇河，许公宇

吐谷浑皇城
伏俟城遗址

文述出西平以掩之，大破其众，伏允遁逃，部落来降者十万余口。……自西平临羌城以西，且末以东，祁连以南，雪山以北，东西四千里，南北二千里，皆为隋有。置郡县镇戍，发天下轻罪徙居之。（《隋书》卷八三《吐谷浑传》）

吐谷浑初起之组织，及风俗物产，大致情况如下。

有城郭而不居，随逐水草。官有王、公、仆射、尚书、郎中、将军。其主以皂为帽，妻戴金花。其器械衣服，略与中国同。其王公贵人，多戴幂䍦，妇人帔襦，辫发，缀以珠贝。国无常税。杀人及盗马者死，余坐则征物以赎罪。风俗颇同突厥，丧有服制，葬讫而除。……有大麦粟豆。青海周回千余里，中有小山，其俗至冬，辄放牝马于其上，言得龙种。……尝得波斯草马，放入海，因生骢驹，能日行千里，故时称青海骢焉。多氂牛，饶铜铁朱砂。（《隋书》卷八三《吐谷浑传》）

丙、高丽

自汉武帝平定朝鲜，终汉之世，相安无事。厥后高句丽肇兴，日臻强盛，至隋依然臣服，朝贡不绝。炀帝欲复汉世旧疆，兼恐其与突厥连和，因征其主来朝不至，乃发兵亲讨，骚动天下，为隋亡一大原因。至高丽之立国，略叙之如下。

高丽之先，出自夫余。夫余王尝得河伯女，……遂……生……子，……名曰朱蒙。……朱蒙弃夫余，东南走。……朱蒙建国，自号高句丽，以高为氏。朱蒙死，子闾达嗣。至其孙莫来，兴兵遂并夫余。至裔孙位宫，以魏正始废帝芳。中，入寇西安平，毋丘俭拒破之。位宫玄孙之子曰昭列帝，为慕容氏所破，遂入丸都，焚其宫室，大掠而还。昭列帝后为百济所杀，其曾孙琏通使后魏。琏六世孙汤，在周遣使朝贡，武帝拜汤上开府辽东郡公辽东王。（《隋书》卷八一《高丽传》）

其国内之政情风俗，复列之如下。

其国东西二千里，南北千余里。都于平壤城，亦曰长安城，东西六里，随山屈曲，南临浿水。复有国内城、汉城，并其都会之所，其国中呼为三京。（《隋书》卷八一《高丽传》）

官有太大兄，次大兄，次小兄，次对卢，次意侯奢，次乌拙，次太大使者，次大使者，次小使者，次褥奢，次翳属，次仙人，凡十二等。复有内评、外评，五部褥萨。(《隋书》卷八一《高丽传》)

人皆皮冠，使人加插鸟羽。贵者冠用紫罗，饰以金银。服大袖衫，大口袴，素皮带，黄革履。妇人帽襦加襈。(《隋书》卷八一《高丽传》)

兵器，与中国略同。(《隋书》卷八一《高丽传》)

人税，布五匹，谷五石。游人则三年一税，十人共细布一匹。租户一石，次七斗，下五斗。(《隋书》卷八一《高丽传》)

反逆者，缚之于柱，柱爇而斩之，籍没其家。盗则偿十倍。用刑既峻，罕有犯者。(《隋书》卷八一《高丽传》)

乐有五弦琴、筝、筚篥、横吹、箫、鼓之属，吹芦以和曲。每年初，聚戏于浿水之上，王乘腰舆，列羽仪以观之。事毕，王以衣服入水，分左右为二部，以水石相溅掷，谊呼驰逐，再三而止。(《隋书》卷八一《高丽传》)

俗好蹲踞，洁净自喜。以趋走为敬，拜则曳一脚，立各反拱。行必摇手，性多诡伏。父子同川而浴，共室而寝。妇人淫奔。俗多游女。有婚嫁者，取男女相悦，然即为之，男家送猪酒而已，无财聘之

高丽使馆遗址

礼，或有受财者，人共耻之。死者殡于屋内，经三年，择吉日而葬。居父母及夫之丧，服皆三年，兄弟三月。初终哭泣，葬则鼓舞作乐以送之。埋讫，悉取死者生时服玩车马，置于墓侧，会葬者争取而去。敬神鬼，多淫祠。(《隋书》卷八一《高丽传》)

  高祖受禅，汤后遣使诣阙，进授大将军，改封高丽王，岁遣使朝贡不绝。……及平陈之后，汤大惧，治兵积谷，为守拒之策。……汤……卒，子元嗣立，……请封王，高祖优册元为王。明年，开皇十八年。元率靺鞨之众万余骑，寇辽西营州，总管韦冲击走之。高祖闻而大怒，命汉王谅为元帅，总水陆讨之，下诏黜其爵位。时馈运不继，六军乏食，师出临渝关，复遇疾疫，王师不振。及次辽水，元亦惶惧，遣使谢罪，上表称"辽东粪土臣元"云云，上于是罢兵，待之如初，元亦岁遣朝贡。炀帝嗣位，天下全盛，高昌王、突厥启民可汗，并亲诣阙贡献，于是征元入朝。元惧，藩礼颇阙。大业七年，帝将讨元之罪。(《隋书》卷八一《高丽传》)

炀帝征辽，凡大举三次用兵，皆无功，苟且成和。未几群雄并起，无暇东顾，高丽益轻中国。至竭唐初太宗、高宗两世兵力，始获平定，属于中国，复汉晋之旧。

  大业七年，西历611年。二月，……上自江都御龙舟入通济渠，遂幸于涿郡，诏曰："……高丽高元，亏失藩礼，将欲问罪辽左。"(《隋书》卷三《炀帝纪》上)

  大业八年正月，大军集于涿郡，……下诏曰："……于是亲总六师，用申九伐。………今宜授律启行，分麾届路，……左第一军可镂方道，第二军可长岑道，第三军可海冥道，第四军可盖马道，第五军可建安道，第六军可南苏道，第七军可辽东道，第八军可玄菟道，第九军可扶余道，第十军可朝鲜道，第十一军可沃沮道，第十二军可乐浪道；右第一军可黏蝉道，第二军可含资道，第三军可浑弥道，第四军可临屯道，第五军可候城道，第六军可提奚道，第七军可踏顿道，第八军可肃慎道，第九军可碣石道，第十军可东暆道，第十一军可带方道，第十二军可襄平道。凡此众军，先奉庙略，骆驿引途，总集平壤，……总一百一十三万三千八百，号二百万，其馈运者倍之。"……上御师临戎于辽水桥，……车驾度辽，大战于东岸，击贼破之，

进围辽东。……时诸将各奉旨，不敢越机。既而高丽各城守，攻之不下，……宇文述等败绩于萨水，……九军并陷，将帅奔还，亡者二千余骑，班师。(《隋书》卷四《炀帝纪》下)

大业九年，帝复亲征之。乃敕诸军以便宜从事，诸将分道攻城，贼势日蹙。会杨玄感作乱，反书至，帝大惧，即日六军并还。兵部侍郎斛斯政，亡入高丽，高丽具知事实，悉锐来追，殿军多败。十年，又发天下兵。会盗贼蜂起，人多流亡，所在阻绝，军多失期。至辽水，高丽亦困弊，遣使乞降，囚送斛斯政以赎罪。帝许之，顿于怀远镇，受其降款。……归至京师，以高丽使者，亲告于太庙，因拘留之，仍征元入朝，元竟不至。帝敕诸军严装，更图后举。会天下大乱，遂不克复行。(《隋书》卷八一《高丽传》)

(二) 西域之交通

西域久不通中土，炀帝务勤远略，遂复与之交通。

东西魏时，中国方扰，及于周齐，不闻有事西域。……隋开皇、仁寿之间，尚未云经略。炀帝时，乃遣侍御史韦节、司隶从事杜行满，使于西蕃诸国，……得玛瑙杯、……佛经、……十舞女、师子皮、火鼠毛而还。帝复令闻嘉公裴矩，于武威、张掖间，往来以引致之。其有君长者四十四国，矩因其使者入朝，啖以厚利，令转相讽谕。大业中，相率而来朝者，四十余国。帝因置西戎校尉以应接之。
(《北史》卷九七《西域传序》)

裴矩为主张通西域最力之人，故于其风土、交通，考察甚明，有详确之纪载。

时西域诸蕃纪载，多至张掖与中国交市，炀帝令矩掌其事。矩知帝方勤远略，诸商胡至者，矩诱令言其国俗山川险易，撰《西域图记》三卷，入朝奏之。其序曰："臣闻禹定九州，道河不逾积石；秦兼六国，设防止及临洮。故知西胡杂种，僻居迥裔，礼教之所不及，书典之所罕传。自汉氏兴基，开拓河右，始称名号者，有三十六国，其后分立，乃五十五王，仍置校尉都护，以存招抚。然叛服不恒，屡经征战，后汉之世，频废此官。虽大宛以来，略知户数，而诸国山川，未有名目，至如姓氏、风土、服章、物产，全无纂录，世所弗

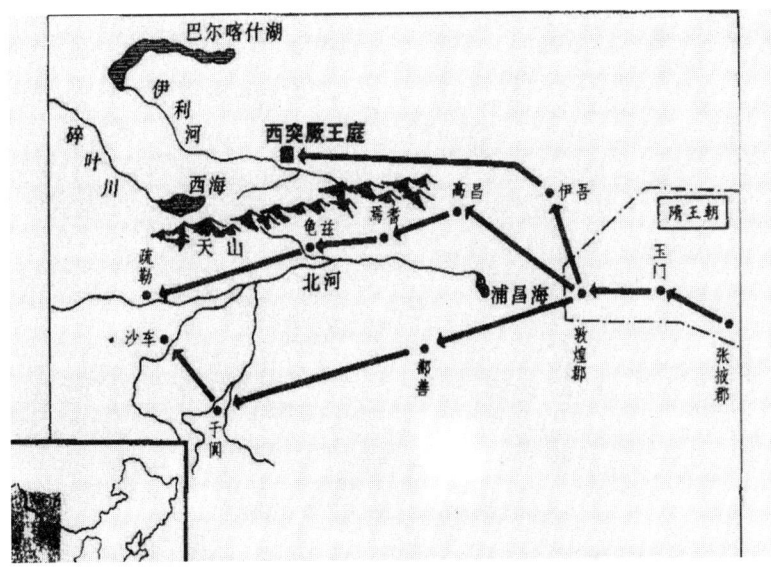

裴矩的西域三道

闻。复以春秋递谢,年代久远,兼并诛讨,互有兴亡,或地是故邦,改从今号,或人非旧类,因袭昔名,兼复部民交错,封疆移改,戎狄音殊,事难穷验。于阗之北,葱岭以东,考于前史,三十余国,其后更相屠灭,仅有十存。……臣既因抚纳,监知关市,寻讨书传,访采胡人,或有所疑,即译众口,依其本国服饰仪形,王及庶人,各显容止,即丹青模写,为《西域图记》,共成三卷,合四十四国。仍别造地图,穷其要害,从西顷以去,北海之南,纵横所亘,将二万里。谅由富商大贾,周游经涉,故诸国之事,罔不遍知。……发自敦煌,至于西海,凡为三道,各有襟带。'北道'从伊吾,经蒲类海、铁勒部、突厥可汗庭,度北流河水,至拂菻国,达于西海;其'中道'从高昌、焉耆、龟兹、疏勒,度葱岭,又经钹汗、苏对沙那国、康国、曹国、何国、大小安国、穆国,至波斯,达于西海;其'南道'从鄯善、于阗、朱俱波、喝槃陀,度葱岭,又经护密、吐火罗、挹怛、忛延、漕国,至北婆罗门,达于西海。其三道诸国,亦各自有路,南北交通。其东女国、南婆罗门国等,并随其所往,诸处得达。故知伊吾、高昌、鄯善,并西域之门户也;总凑敦煌,是其咽喉之地。……但突厥、吐浑,分领羌胡之国,为其拥遏,故朝贡不通。……不有所记,无以表威化之远也。"(《隋书》卷六七《裴矩传》)

炀帝又以西域多诸宝物,令裴矩往张掖监诸商胡互市,啖之以

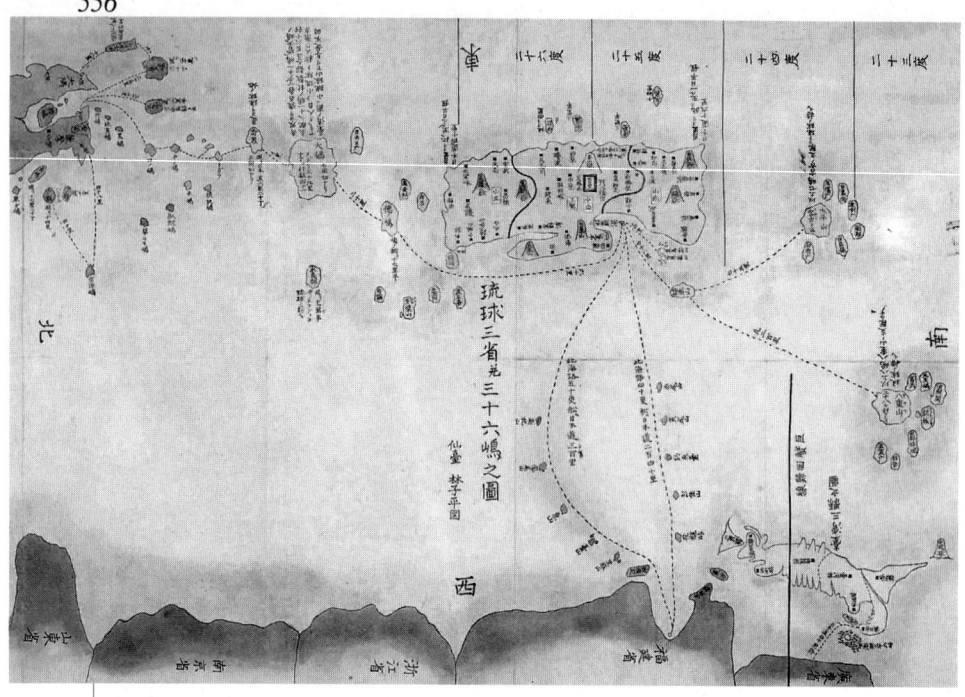

琉球国岛图

利,劝令入朝。自是西域诸蕃,往来相继,所经州郡,疲于送迎,糜费以万万计。……大业五年,西巡河右,西域诸胡,佩金玉,被锦罽,焚香奏乐,迎候道左。帝乃令武威、张掖士女,盛饰纵观,衣服车马不鲜者,州县督课以夸示之。其年,帝亲征吐谷浑,破之于赤水,……于是置河源郡,积石镇。又于西域之地,置西海、鄯善、且末等郡,谪天下罪人,配为戍卒。(《隋书》卷二四《食货志》)

(三) 海外关系

甲、流求

流求国即今台湾。居海岛,当建安郡东,水行五日而至。……隋大业元年,……炀帝令羽骑尉朱宽入海,求访异俗,海师何蛮言之,遂与蛮俱往,同到流求国,言不通,掠一人而反。明年,二年。复令宽慰抚之,不从,宽取其布甲而归。时倭国使来朝,见之曰:"此夷邪夕国人所用。"帝遣武贲郎将陈棱、朝请大夫张镇州、率兵自义安浮海至高华屿,又东行二日,至鼋鼊屿,又一日便至流求。流求不从,棱击走之,进至其都,焚其宫室,虏其男女数千人,载军实而还。(《北史》卷九四《流求国传》)

乙、倭

倭国，在百济、新罗东南，水陆三千里，于大海中依山岛而居。……开皇二十年，倭王姓阿每，字多利思比孤，号阿辈鸡弥，遣使诣阙。上令所司访其风俗，使者言倭王以天为兄，以日为弟，………新罗、百济，皆以倭为大国。……大业三年，其王多利思比孤，遣朝贡使者曰："闻海西菩萨天子，重兴佛法，故遣朝拜，兼沙门数十人来学佛法。"国书曰"日出处天子，致书日没处天子无恙"云云，帝览不悦，谓鸿胪卿曰："蛮夷书有无礼者，勿复以闻。"明年，四年。上遣文林郎裴世清使倭国，……其王与世清来贡方物，此后遂绝。（《北史》卷九四《倭国传》）

丙、赤土

赤土国，……在南海中，水行百余日而达。……其俗敬佛，尤重婆罗门。……大业三年，屯田主事常骏、虞部主事王君政等请使赤土。……其年十月，骏等自南海郡乘舟，昼夜二旬，……又行二三日，西望见狼牙须国之山，于是南经鸡笼岛，至于赤土之界，其王遣婆罗门鸠摩罗以舶三百艘来迎，……月余至其都，王遣其子那邪迦请与骏等礼见，……婆罗门二人导路至王宫。骏等奉诏上阁，王以下皆坐，宣诏讫，引骏等坐，奏天竺乐。……其大方丈因谓骏曰："今是大国臣，非复赤土国矣。"……寻遣那邪迦随贡方物，……令婆罗门以香花奏蠡鼓而送之。……浮海十余日，至林邑东南，并山而行，……循海北岸，达于交趾。骏以六年春，与那邪迦于弘农谒帝，帝大悦，授骏等执戟都尉那，邪迦等官赏各有差。（《北史》卷九五《赤土国传》）

丁、真腊

真腊国，在林邑西南，……去日南郡舟行六十日而至。……其国北多山阜，南有水泽，地气尤热，无霜雪。……多奉佛法，尤信道士，佛及道士，并立像于其馆。隋大业十二年，遣使贡献。（《北史》卷九五《真腊国传》）

戊、婆利

婆利国，自交趾浮海，南过赤土丹丹，乃至其国。……隋大业十

二年，遣使朝贡。(《北史》卷九五《婆利国传》)

三　隋代人民生活状况

隋文帝躬行节俭，轻徭薄赋，以至开皇二十年间，治臻小康。炀帝继之，内纵游观，外事四方，征调频繁，供亿无度，流离载途，海内嗟怨，而大乱复作矣。隋祚最短，史籍无多，当时社会情形，至不明了。兹欲考求此时期中人民生活之状况，自不得不就其关于经国之制度，以探索之。

（一）赋税制度

甲、均田

均田之制，创于后魏，经齐周而至于隋，皆相承袭，不过微有损益而已。

丁男，中男，永业露田，皆遵"后齐"之制，并课树以桑榆及枣，其园宅率三口给一亩，奴婢则五口给一亩。(《隋书》卷二四《食货志》)

厥后人口日增，调剂之法，惟有开垦。

开皇十二年，……时天下户口岁增，京辅及三河，地少而人众，衣食不给，议者咸欲徙就宽乡。……帝乃发使四出，均天下之田，其狭乡每丁才至二十亩，老小又少焉。(《隋书》卷二四《食货志》)

开皇九年，任垦田千九百四十万四千二百六十七顷，……至大业中，天下垦田五千五百八十五万四千四十顷。(《通考》卷二《田赋考》二)

乙、赋税

隋之赋税，稍变六朝之制，以有均田也。

丁男一床一夫一妇谓之一床。租粟三石，桑土调以绢絁，麻土以布，绢絁以匹加绵三两，布以端加麻三斤，单丁及仆隶各半之，未受地者皆不课。(《隋书》卷

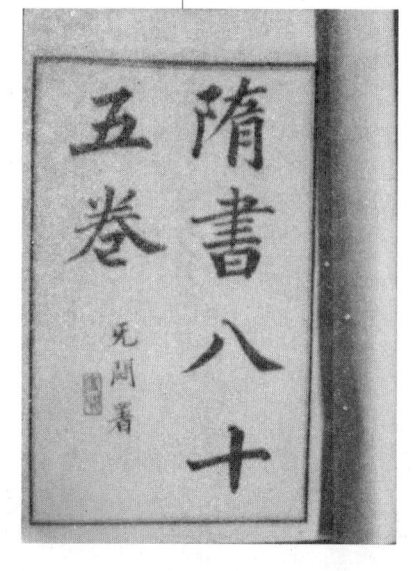

《隋书》书影

二四《食货志》)

开皇三年正月，……减调绢一匹为二丈。(《隋书》卷二四《食货志》)

丙、力役

男女三岁已下为黄，十岁已下为小，十七已下为中，十八已上为丁。……炀帝即位，……男子以二十二成丁。(《隋书》卷二四《食货志》)

仍依周制周制，凡人自十八以至五十有九，皆任于役，丰年不过三旬，中年则二旬，下年则一旬。凡起徒役，无过家一人。其人有年八十者，一子不从役；百年者，家不从役；废疾非人不养者，一人不从役。役丁为十二番，匠则六番。(《隋书》卷二四《食货志》)

丁从课役，六十为老，乃免。(《隋书》卷二四《食货志》)

上为定制，尚有例外者。

有品爵，及孝子顺孙、义夫节妇，并免课役。(《隋书》卷二四《食货志》)

丁、杂税

高祖……除入市之税。后魏明帝孝昌二年，税市入者人一钱。(《隋书》卷二四《食货志》)

后周……掌盐，掌四盐之政令，一曰散盐，煮海以成之；二曰盬盐，引池以化之；三曰形盐，物地以出之；四曰饴盐，于戎以取之。凡盬盐、形盐，每地为之禁，百姓取之皆税焉。……开皇三年，……先是尚依周末之弊，……至是，罢酒坊，通盐池盐井，与百姓共之，远近大悦。(《隋书》卷二四《食货志》)

戊、货币

高祖既受周禅，以天下钱货，轻重不等，乃更铸新钱，背面肉好，皆有周郭，文曰"五铢"，而重如其文，每钱一千，重四斤二两。(《隋书》卷二四《食货志》)

按当时币制，紊乱至极。在后周之初，尚用魏钱，虽更铸布泉之钱，而梁益之境，又杂用古钱交易；河西诸郡，或用西域金银之钱而官不禁。嗣复有大布及永通万国之铸，然私铸仍所不免。隋文帝铸新钱，而旧钱依然流通。但钱既杂出，百姓或私有熔铸，乃极力设法提倡新币，以期画一。

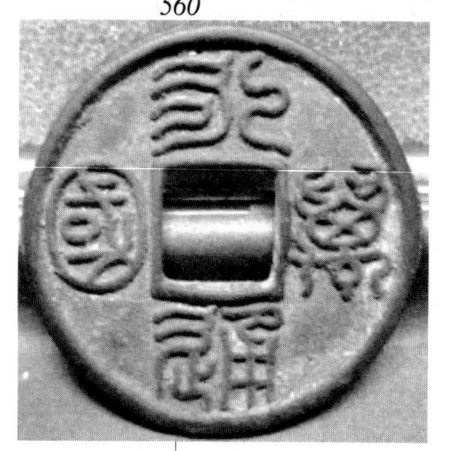

隋"永通万国"钱币

开皇三年四月，诏四面诸关，各付百钱为样。从关外来，勘样相似，然后得过；样不同者，即坏以为铜入官。诏行新钱已后，前代旧钱，有五行大布、永通万国及齐常平，所在用以贸易不止。四年，诏仍依旧不禁者，县令夺半年禄。然百姓习用既久，尚犹不绝。五年正月，诏又严其制。自是钱货始一，所在流布，百姓便之。（《隋书》卷二四《食货志》）

新币既已畅行，又各地设炉鼓铸，足供社会之需要。惟奸人贪利，私铸仍多，虽严刑不能禁也。

开皇十年，诏晋王广听于扬州立五炉铸钱。……十八年，诏汉王谅听于并州立五炉铸钱。是时江南人间钱少，晋王广又听于鄂州白纻山有铜铆处锢炉铸钱，于是诏听置十炉铸钱，又诏蜀王秀听于益州立五炉铸钱。（《隋书》卷二四《食货志》）

是时见用之钱，皆须和以锡镴，锡镴既贱，求利者多，私铸之钱，不可禁约。……诏乃禁出锡镴之处，并不得私有采取，……其后奸狡，稍渐磨镱钱郭，取铜私铸，又杂以锡钱。递相仿效，钱遂轻薄，乃下恶贱之禁，京师及诸州邸肆之上，皆令立榜，置样为准，不中样者不入于市。（《隋书》卷二四《食货志》）

是时钱益滥恶，乃令有司括天下邸肆，见钱非官铸者皆毁之，其铜入官，而京师以恶钱贸易，为吏所执有死者。数年之间，私铸颇息。大业已后，王纲弛紊，巨奸大猾，遂多私铸，钱转薄恶。初每千犹重二斤，后渐轻至一斤，或剪铁鍱裁皮糊纸以为钱，相杂用之，货贱物贵，以至于亡。（《隋书》卷二四《食货志》）

（二）等级制度

等级制度，至六朝而严。当时各衒其门阀，以望族为士，以平民为庶，遂有旧门、次门、后门、勋门、役门之分。要而言之，重在"官"也。降及隋室，其风未泯，官与庶民，固有尊卑之分，而农与工商，亦有轩轾之异。略举数事，以概其余。

开皇十六年六月，制工商不得进仕。（《隋书》卷三《高祖纪》下）

中华二千年史

有品爵，……并免课役。(《隋书》卷二四《食货志》)

开皇十六年六月，……诏九品已上妻，五品已上妾，夫亡不得改嫁。(《隋书》卷二四《高祖纪》下)

大业五年二月，……制魏周官不得为荫。(《隋书》卷三《炀帝纪》上)

观上各事，显重"官阀"而贱"工商"。此外有奴婢、乐户等阶级，又次之。

奴婢则五口给一亩。(《隋书》卷二四《食货志》)

括天下周齐梁陈乐家子弟，皆为乐户。(《隋书》卷六七《裴蕴传》)

（三）户籍制度

当时课取力役于人民者，以丁口计，是以户籍制度，最关重要。开皇初颁定新令——

五家为保，保有长；保五为闾，闾四为族，皆有正。畿外置里正比闾正，党长比族正，以相检察焉。(《隋书》卷二四《食货志》)

是时山东尚承齐俗，机巧奸伪、避役惰游者十六七，四方疲人，或诈老诈小，规免租赋。高祖令州县大索貌阅，户口不实者，正长远配，而又开相纠之科，大功已下，兼令析籍，各为户头，以防容隐。于是计帐进四十四万三千丁，新附一百六十四万一千五百口。高颎……乃为"输籍定样"，请遍下诸州，每年正月五日，县令巡人各随便近，五党三党共为一团，依样定户上下。帝从之。自是奸无所容矣。(《隋书》卷二四《食货志》)

条奏皆令貌阅，若一人不实，则官司解职，乡正里长，皆远流配。又许民相告，若纠得一丁者，令被纠之家，代输赋役。是岁大业五年也。(《隋书》卷六七《裴蕴传》)

按自晋末以来，大家族制度盛行，容奸隐赋，易酿祸乱，故隋文帝析而分之。至大家族之为害，据《通典》卷三《食货》三。所载，颇可参考。虽为齐人之事，但齐隋相去不远，或当相承未改也。其言曰：

宋孝王撰《关东风俗传》曰："昔六国之亡，豪族处处而有，秦氏失御，竞起为乱。及汉高徙诸大姓齐、田、楚、景之辈，以实关中，盖所以强本弱末之计也。文宣之代，政令严猛，羊、毕诸豪，颇被徙逐。

至若瀛冀诸刘，清河张、宋，并州王氏，濮阳侯族，诸如此辈，一宗近将万室，烟火连接，比屋而居。献武初在冀郡，大族蝟起应之，侯景之反，河南侯氏几为大患，有同刘元海、石勒之众也。凡种类不同，心意亦异，若遇间隙，先为乱阶。时宋世良献书，以为魏氏十姓八氏，三十六姓，皆非齐代腹心。请令散配郡国无士族之处，给地与人，一则令其就彼仕宦，全其门户；二则分其气势，使无异图。文宣不纳。数年之后，乃滥戮诸元。与其酷暴诛夷，未若防其萌渐，分隶诸郡。"

(四) 物产

隋文帝时，天下承平，人得休息，故物产亦颇丰饶。

时百姓承平日久，虽数遭水旱，而户口岁增，诸州调物，每岁河南自潼关，河北自蒲坂，达于京师，相属于路，昼夜不绝者数月。(《隋书》卷二四《食货志》)

至于各地出产，据《隋书·地理志》所载，分别列表于后。

隋代各地物产简表

州名	出品
雍	农。
梁	田，渔，猎，绫锦，雕镂。
豫	尚稼穑。
兖	农。
冀	农，桑，雕刻。
青	农，桑，织，绣。
徐	务稼穑。
扬	渔，稻，纺绩，犀，象，玳瑁，珠玑。
荆	同扬州。

(五) 商业

隋氏统一南北，交通无梗，往来懋迁，较前为易。政府虽贱视商人，而人民从事贸易，较前代尤为进步。

京师东市曰都会，西市曰利人。东都东市曰丰都，南市曰大同，北市曰通远。(《隋书》卷二八《百官志》下)

炀帝即位，……始建东都，……徙……天下诸州富商大贾数万家

以实之。(《隋书》卷二四《食货志》)

按"富商"、"大贾"至数万家,则当时各地商务之繁盛可知,而洛阳为当时商贾集中之地,可无疑义。

初炀帝置四方馆于建国门外,以待四方使者,后罢之,有事则置。……东方曰东夷使者,南方曰南蛮使者,西方曰西戎使者,北方曰北狄使者,各一人,掌其方国及互市事。(《隋书》卷二八《百官志》下)

以西域多诸宝物,令裴矩往张掖监诸商胡互市。(《隋书》卷二四《食货志》)

按张掖互市,至设官监之,其繁盛可知。至海外贸易,在东晋以后渐盛,隋通流求、日本诸国,沿海如广州、泉州、杭州等地,外人纷集,与我国交易,至唐遂有"市舶使"之设置。

(六) 工艺

甲、技巧

素居永安,造大舰名曰五牙,上起楼五层,高百余尺,左右前后置六拍竿,并高五十尺,容战士八百人。(《隋书》卷四八《杨素传》)

炀帝……造龙舟、凤䑠、黄龙、赤舰、楼船、篾舫。(《隋书》卷二四《食货志》)

旧制五辂于辕上起箱,天子与参乘同在箱内。稠曰:"君臣同所,过为相逼。"乃广为盘舆,别构栏楯,侍臣立其中,于内复起

隋炀帝下江南年画

须弥平坐，天子独居其上。(《隋书》卷六八《何稠传》)

俊有巧思，每亲运斤斧，工巧之器，饰以珠玉，为妃作七宝幂䍦。(《隋书》卷四五《秦孝王俊传》)

造观风行殿，上容侍卫者数百人，离合为之，下施轮轴，推移倏忽，有若神功。(《隋书》卷六八《宇文恺传》)

初稠制行殿及六合城，至是帝于辽左与贼相对，夜中施之。其城周回八里，城及女垣，合高十仞，上布甲士，立仗建旗，四围置阙，面别一观，观下三门，迟明而毕。高丽望见，谓若神功。(《隋书》卷六八《何稠传》)

又造六合殿，千人帐，载以枪车，车载六合三板，其车輞解合交叉，即为马枪。每车上张幕，幕下张平一弩，傅矢五人，更守两车之门。施车轮马枪，皆外其辕，以为外围。次内布铁菱，次内施蛩䗯，每一蛩䗯，中施弩床，……床上施璇机弩，以绳连弩机，人从外来，触绳，则弩机旋转，向触所而发。(《隋书》卷一二《礼仪志》七)

时中国久绝琉璃之作，匠人无敢厝意，稠以绿瓷为之，与真不异。(《隋书》卷六八《何稠传》)

乙、度量

冀州俗薄，市井多奸诈。煚为铜斗铁尺，置之于肆，百姓便之。上闻而嘉焉，颁告天下，以为常法。(《隋书》卷四六《赵煚传》)

丙、纺织

波斯尝献金绵锦袍，组织殊丽，上命稠为之。稠锦既成，逾所献者。(《隋书》卷六八《何稠传》)

相州刺史豆卢通，贡绫文布，命焚之于朝堂。(《隋书》卷二《高祖纪》下)

豫章之俗，颇同吴中，……有夜浣纱而旦成布者，俗呼为"鸡鸣布"。(《隋书》卷三一《地理志》下)

丁、雕刻

陆河汾《燕闲录》云，隋文帝开皇十三年，十二月八日，敕废像遗经，悉令雕板，此印书之始。……雕本肇自隋时，行于唐世，扩于五代，精于宋人。(胡应麟《少室山房笔丛》卷四)

按印刷之术，盖由刻碑变化而来。隋文帝敕令雕板，遂开吾国印刷术之始，然民间犹未通行。唐时益州始有墨板。五代后唐时，冯道请镂板刻九经，置之国子监，至宋而蜀本、闽本、浙本始大盛。

戊、测量

>询创意造浑天仪，不假人力，以水转之，施于暗室，……天时合如符契。……询作马上刻漏，世称其妙。（《隋书》卷七八《耿询传》）

总之，隋时人民生活状况，在文帝时最称丰盈，至炀帝耗费有加，而民不堪命矣。

印刷用的雕板

按古今称国计之富者莫如隋，然考之史传，则未见其有以为富国之术也。盖周之时，酒有榷，盐池盐井有禁，入市有税，至开皇三年而并罢之。夫酒榷盐铁市征，乃后世以为关于邦财之大者，而隋一无所取，则所仰赋税而已，然开皇三年，调绢一匹者，减为二丈，役丁十二番者，减为三十日，则行苏威之言也。继而开皇九年，以江表初平，给复十年，自余诸州，并免当年租税；十年，以宇内无事，益宽徭赋，百姓年五十者，输庸停放；十二年，诏河北河东，今年田租三分减一，兵减半，功调全免，则其于赋税，复阔略如此。然文帝受禅之初，即营新都徙居之，继而平陈，又继而讨江南岭表之反侧者，则此十余年之间，营缮征伐，未尝废也。史称帝于赏赐有功，并无所爱，平陈凯旋，因行庆赏，自门外夹道，列布帛之积，达于南郭，以次颁给，所费三百余万段，则又未尝啬于用财也。夫既非苛赋敛以取财，且时有征役以糜财，而赏赐复不吝财，则宜用度之空匮也，而何以殷富如此？史求其说而不可得，则以为帝躬履俭约，六宫服浣濯之衣，乘舆供御，有故敝者，随令补用，非燕享不过一肉，有司尝以布袋贮干姜，以毡袋进香，皆以为费用，大加谴责。呜呼，夫然后知《大易》所谓节以制度，不伤财，不害民，《孟子》所谓贤君必恭俭礼下，取于民有制者，信利国之良规，而非迂阔之谈也。（《通考》卷

二三 《国用考》一)

　　炀帝即位，是时户口益多，府库盈溢，乃除妇人及奴婢部曲之课，男子以二十二成丁。始建东都，以尚书令杨素为营作大监，每月役丁二百万人。……又于皂涧营显仁宫，苑囿连接，北至新安，南及飞山，西至渑池，周围数百里，课天下诸州，各贡草木花果、奇禽异兽于其中。开渠引谷洛水，自苑西入而东注于洛，又自板渚引河达于淮海，谓之御河，河畔筑御道，树以柳。又……往江南诸州采大木，引至东都，所经州县，递送往返，首尾相属，不绝者千里，而东都役使促迫，僵仆而毙者十四五焉。……时帝将事辽碣，增置军府，扫地为兵，自是租赋之入益减矣。又造龙舟、凤䑽、黄龙、赤舰、楼船、篾舫，募诸水工谓之殿脚，衣锦行縢，执青丝缆，挽船以幸江都。帝御龙舟，文武官五品已上给楼船，九品已上给黄篾舫，舳舻相接二百余里，所经州县，并令供顿献食。……又盛修车舆辇辂、旌旗羽仪之饰，课天下州县，凡骨角齿牙、皮革毛羽可饰器用、堪为氅眊者皆责焉。征发仓卒，朝命夕办，百姓求捕，网罟遍野，水陆禽兽殆尽，犹不能给，而买于豪富蓄积之家，其价腾踊。……又……令裴矩往张掖监诸商胡互市，啖之以利，劝令入朝，自是西域诸蕃，往来相继，所经州郡，疲于送迎，糜费以万万计。明年，大业三年。帝北巡狩，又兴众百万，北筑长城，西距榆林，东至紫河，绵亘千余里，死者大半。四年，发河北诸郡百余万众，引沁水南达于河，北通涿郡，自是以丁男不供，始以妇人从役。五年，……又于西域之地，置西海、鄯善、且末等郡，谪天下罪人配为戍卒，大开屯田，发西方诸郡运粮以给之，道里悬远，兼遇寇抄，死亡相续。六年，将征高丽，有司奏兵马已多损耗，诏又课天下富人，量其赀产，出钱市武马，填元数，限令取足。……七年冬，大会涿郡，……以舟师济沧海，舳舻数百里，并载军粮，期与大兵会平壤，……以辽东覆败，死者数十万。……所在皆以征敛供帐军旅所资为务，百姓虽困而弗之恤也。……强者聚而为盗，弱者自卖为奴婢。九年，诏又课关中富人，计其资产出驴，往伊吾、河源、且末运粮。……又发诸州丁，分为四番，于辽西柳城营屯，往来艰苦，生业尽罄。……是时百姓废业，屯集城堡，无以自给。(《隋书》卷二四《食货志》)

四　隋之建设事业

（一）开河渠

炀帝为巡游及有事于高丽，遂开河渠，沟通南北，后世利之。

甲、广通渠

开皇四年，诏曰："……若发自小平，陆运至陕，还从河水入于渭川，兼及上流，控引汾晋，……渭川水力，大小无常，流浅沙深，即成阻阂。……故东发潼关，西引渭水，因借人力，开通漕渠，量事程功，易可成就。"……于是命宇文恺率水工，凿渠引渭水，自大兴城隋都长安。东至潼关，三百余里，名曰广通渠，转运通利，关内赖之。（《隋书》卷二四《食货志》）

乙、通济渠

大业元年三月，……发河南诸郡男女百余万，开通济渠，自西苑引谷洛水，达于河，自板渚河南汜水县东北。引河通于淮。（《隋书》卷三《炀帝纪》上）

隋炀帝时开修大运河的情景

开渠引谷洛水，自苑西入而东注于洛，又自板渚引河达于淮海，谓之御河。河畔筑御道，树以柳。（《隋书》卷二四《食货志》）

炀帝大业元年三月，……发河南、淮北诸郡民前后百余万，开通济渠，自西苑引谷洛水达于河，复自板渚引河历荥泽入汴，又自大梁之东，引汴水入泗达于淮。又发淮南民十余万开邗沟，自山阳至扬子入江，渠广四十步，渠旁皆筑御道，树以柳。（《资治通鉴》卷一八〇《隋纪》四）

丙、永济渠 即卫河

大业四年正月，诏发河北诸郡男女百余万，开永济渠，引沁水，南达于河，北通涿郡。（《隋书》卷三《炀帝纪》上）

丁、江南河

大业六年十二月，……敕穿江南河，自京口至余杭浙江杭县。八百余里，广十余丈。（《资治通鉴》卷一八一《隋纪》五）

（二）凿驰道

炀帝巡游所至，凿山筑路，北路交通，为之一变。

上炀帝。即皇帝位，……发丁男数十万掘堑，自龙门，山西河津县。东接长平汲郡，河南汲县。抵临清关河北新乡县东北，今名临清镇。度河至浚仪、河南开封县。襄城河南襄城县。达于上洛，陕西商县。以置关防。（《隋书》卷三《炀帝纪》上）

大业三年五月，……发河北十余郡丁男，凿太行山，达于并州，以通驰道。（《隋书》卷三《炀帝纪》上）

发榆林北境，至其牙，东达于蓟，长三千里，广百步，举国就役，开为御道。（《资治通鉴》卷一八〇《隋纪》四）

（三）筑长城

隋北固边防，屡次修筑长城。

高祖……受禅，……令发丁三万，于朔方灵武筑长城，东至黄河，西拒绥州，南至勃出岭，绵亘七百里。明年，开皇六年。上复令仲方发丁十五万，于朔方已东，缘边险要，筑数十城，以遏胡寇。（《隋书》卷六〇《崔仲方传》）

开皇七年二月，……发丁男十万余，修筑长城。(《隋书》卷一《高祖纪》上)

大业三年七月，……发丁男百余万，筑长城，西距榆林，东至紫河。(《隋书》卷三《炀帝纪》上)

大业四年七月，发丁男二十余万筑长城，自榆林谷而东。(《隋书》卷三《炀帝纪》上)

(四) 营宫室

甲、新都

开皇二年六月，……诏左仆射高颎……等创造新都，……名新都曰大兴城。(《隋书》卷一《高祖纪》上)

乙、东都

炀帝即位，……始建东都，……每月役丁二百万人。(《隋书》卷二四《食货志》)

丙、显仁宫

大业元年三月，……又于皂涧营显仁宫，采海内奇禽异兽草木之类，以实园苑。(《隋书》卷三《炀帝纪》上)

丁、西苑

大业元年五月，筑西苑，周二百里。其内为海，周十余里，为蓬莱、方丈、瀛洲诸山，高出水百余尺，台观殿阁，罗络山上，向背如神。北有龙鳞渠，……萦纡注海内。缘渠作十六院，门皆临渠，……穷极华丽。(《资治通鉴》卷一八〇《隋纪》四)

戊、迷楼

炀帝晚年，……项升……能构宫室，……先进图本，……帝览大悦。……凡役夫数万，经岁而成，……千门万牖，……工巧之极，自古无有也。……人误入者，虽终日不能出。帝幸之大喜，顾左右曰："使真仙游其中，亦当自迷也，可目之曰迷楼。"(韩偓《迷楼记》)

炀帝迷楼，上张四宝帐，帐各异名，一名散春愁，二名醉忘归，三名夜酣香，四名延秋月。(冯贽《南部烟花记》)

隋炀帝驾龙舟赴江都

按史称炀帝自长安至江都，置离宫四十余所，虽多，久而益厌，每游幸，左右顾瞩，无可意者，不知所适。仍备责天下山川之图，躬自历览，以求胜地，可置宫苑者，遂又有晋阳、汾阳、诸宫之营建焉。

五　隋之学术思想

自东汉至魏晋，中国之学术思想界，大起变迁，趋重哲学，由烦碎考古时代转入于思想深邃时代，即为儒学、玄学之兴废也。隋统一南北以后，趋重经学、文学，融和南北，已开三唐之盛。此时期中，王通著《中说》，力倡孔孟之教，主张复兴礼乐，盖苦于南北分裂，胡汉杂糅，而有统一之要求；别一方面，则承玄学消歇之后，而为新儒教之建设。唐时韩愈、李翱继之以论道论性，及宋而理学盛兴，皆由《中说》为之倡。

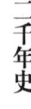

（一）学术

甲、经学

隋代以前，北方学者，大抵谨守汉儒师说；至于南人，则崇王肃之说。隋氏统一，南方之学，亦渐流传北地。

【《易》】

梁陈，郑玄、王弼二注，列于国学。齐代唯传郑义。至隋，王注盛行，郑学浸微，今殆绝矣。按所谓"今"者，就唐初而言，后仿此。（《隋书》卷三二《经籍志》一）

【《书》】

梁陈所讲，有孔孔安国《尚书》为王肃所伪造。郑二家，齐代唯传郑义。至隋，孔郑并行，而郑氏甚微。（《隋书》卷三二《经籍志》一）

【《诗》】

郑玄作《毛诗笺》，《齐诗》魏代已亡，《鲁诗》亡于西晋，《韩诗》虽存，无传之者。唯《毛诗》、《郑笺》，至今独立。（《隋书》卷三二《经籍志》一）

【《礼》】

《周官》六篇，《古经》十七篇，《小戴记》四十九篇，凡三种，唯郑注立于国学，其余并多散亡，又无师说。（《隋书》卷三二《经籍志》一）

【《春秋左氏》】

晋时杜预，又为《经传集解》，《穀梁》范宁注，《公羊》何休注，《左氏》服虔、杜预注，俱立国学。然《公羊》、《穀梁》，但试读文而不能通其义，后学三传通讲，而《左氏》唯传《服义》。至隋，杜氏盛行，《服义》及《公羊》、《穀梁》浸微，今殆无师说。（《隋书》卷三二《经籍志》一）

【《孝经》】

梁代，安国及郑氏二家，并立国学。而安国之本，亡于梁乱，陈及周齐，唯传郑氏。至隋，秘书监王劭，于京师访得《孔传》，送至河间刘炫，炫因序其得丧，述其议疏，讲于人间。渐闻朝廷，后遂著令，与郑氏并立。（《隋书》卷三二《经籍志》一）

【《论语》】

《古论》先无师说，梁陈之时，唯郑玄、何晏，立于国学，而郑氏

甚微。周齐郑学独立，至隋，何郑并行。(《隋书》卷三二《经籍志》一)

乙、图谶

自光武以图谶兴，其说遂盛行于世，至隋禁绝之。

宋大明中，始禁图谶。梁天监已后，又重其制。及高祖受禅，禁之逾切。炀帝即位，乃发使四出，搜天下书籍，与谶纬相涉者，皆焚之，为吏所纠者至死。自是无复其学。(《隋书》卷三二《经籍志》一)

开皇十三年二月，……制私家不得隐藏纬候图谶。(《隋书》卷二《高祖纪》下)

然谶纬之学虽废，而占卜、相术、望气等依然盛行。见《隋书·艺术传》。

丙、佛学

佛教因后周之禁，骤见衰歇。至隋文帝信佛，其教复盛。

开皇元年，高祖普诏天下，任听出家，仍令计口出钱，营造经像，而京师及并州、相州、洛州等诸大都邑之处，并官写一切经，置于寺内，而又别写藏于秘阁。天下之人，从风而靡，竞相景慕。……大业时，又令沙门智果，于东都内道场撰诸经目，分别条贯，以佛所说经为三部，一曰大乘，二曰小乘，三曰杂经；其余似后人假托为之者，别为一部，谓之疑经；又有菩萨及诸深解奥义、赞明佛理者，名之为论及戒律，并有大小及中三部之别；又所学者录其当时行事，名之为记，凡十一种。(《隋书》卷三五《经籍志》四)

开皇二十年，十二月，……诏曰："佛法深妙，道教虚融，……所以雕铸灵相，图写真形，率土瞻仰，用申诚敬。其五岳四镇，节宣云雨，江河淮海，浸润区域，并生养万物，利益兆人，故建庙立祀，以时恭敬。敢有毁坏偷盗佛及天尊像、岳镇海渎神形者，以不道论；沙门坏佛像、道士坏天尊者，以恶逆论。(《隋书》卷二《高祖纪》下)

至于魏晋谈玄之风，至此已衰，道家末

《隋书·经籍志》书影

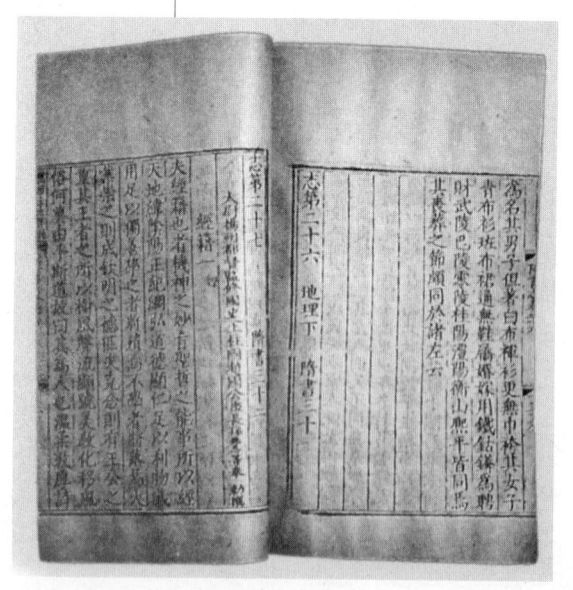

流，乃假托神仙，以符箓丹鼎而为号召矣。

（二）搜集图书

隋时搜集图书最勤，得书最多，虽伪撰不少，据《刘炫传》。然《隋书·经籍志》所著录，盛极古今，遂开唐宋学术一新纪元。

> 开皇三年，秘书监牛弘，表请分遣使人，搜访异本，每书一卷，赏绢一匹，校写既定，本即归主，于是民间异书，往往间出。及平陈已后，经籍渐备，检其所得，多太建时书，纸墨不精，书亦拙恶。于是总集编次，存为古本，召天下工书之士，京兆韦霈，南阳杜颙等，于秘书内补续残缺，为正副二本，藏于宫中，其余以实秘书内外之阁，凡三万余卷。（《隋书》卷三二《经籍志序》）

> 炀帝即位，秘阁之书，限写五十副本，分为三品，上品红琉璃轴，中品绀琉璃轴，下品漆轴，于东都观文殿东西厢，构屋以贮之，东屋藏甲乙，西屋藏丙丁。又聚魏已来古迹名画，于殿后起二台，东曰妙楷台，藏古迹；西曰宝台，藏古书。又于内道场集道佛经，别撰目录。（《隋书》卷三二《经籍志序》）

> 炀帝好读书著述，自为扬州总管，置王府学士至百人，常令修撰，……自经术、文章、兵、农、地理、医、卜、释、道，乃至蒲博鹰狗，皆为新书，……共成三十一部，万七千余卷。按此即后世类书及《永乐大典》、《图书集成》之所由昉。（《资治通鉴》卷一八二《隋纪》六）

> 初西京嘉则殿，有书三十七万卷，帝命秘书监柳顾言等诠次，除其复重猥杂，得正御本三万七千余卷，纳于东都修文殿。（《资治通鉴》卷一二八《隋纪》六）

（三）文学

隋之文学，亦袭六朝之余风。文帝恶文词之绮靡，有意改革，加以勒禁。

甲、文

> 江左宫商发越，贵于清绮；河朔词义贞刚，重乎气质。气质则理胜其词，清绮则文过其意，……此其南北词人得失之大较也。……梁自大同之后，雅道沦缺，渐乖典则，争驰新巧。……周氏吞并梁荆，此风扇于关右，狂简斐然成俗，流宕忘反，无所取裁。高祖初统万机，每念斫雕为朴，发号施令，咸去浮华，然时俗词藻，犹多淫丽，

故宪台执法，屡飞霜简。（《隋书》卷七六《文学传序》）

李谔……迁治书侍御史，……上书曰："……魏之三祖，……更尚文词，竞骋文华，遂成风俗，江左齐梁，其弊弥甚，贵贱贤愚，唯务吟咏。遂复遗理存异，寻虚逐微，竞一韵之奇，争一字之巧。连篇累牍，不出月露之形；积案盈箱，唯是风云之状。世俗以此相高，朝廷据兹擢士。禄利之路既开，爱尚之情愈笃，于是闾里童昏，贵游总角，未窥六甲，先制五言，……递相师祖，久而愈扇。……"开皇四年，普诏天下，公私文翰，并宜实录。其年九月，泗州刺史司马幼之文表华艳，付所司治罪。自是公卿大臣，咸知正路，莫不钻仰坟集，弃绝华绮。（《隋书》卷六六《李谔传》）

至炀帝好文词，专以诗赋取士。

炀帝初习艺文，有非轻侧之论，暨乎即位，一变其风。其与越公书，建东都诏，冬至受朝诗，及《拟饮马长城窟》，并存雅体，归于典制，虽意在骄淫，而词无浮荡。故当时缀文之士，遂得依而取正焉。（《隋书》卷七六《文学传序》）

时之文人，见称当世则范阳卢思道、安平李德林、河东薛道衡、赵郡李元操、巨鹿魏澹、会稽虞世基、河东柳䛒、高阳许善心等，或鹰扬河朔，或独步汉南，俱骋龙光，并驱云路。……其潘徽、万

隋孔子庙碑

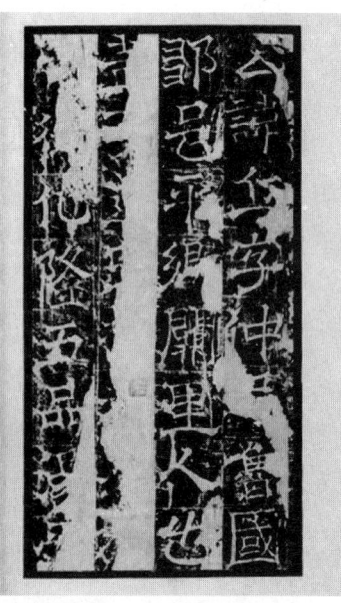

寿之徒，或学优而不切，或才高而无贵仕。(《隋书》卷七六《文学传序》)

乙、书法

此外书法，亦与文学极有关连，颜之推曾综论之。隋氏独重楷隶，今观隋碑，已多与北体结构不同。

> 梁氏秘阁散逸以来，吾见二王真草多矣，……晋宋以来，多能书者，故其时俗，递相染尚，所有部帙，楷正可观，不无俗字，非为大损，至梁天监之间，斯风未变，大同之末，讹替滋生，萧子云改易字体，邵陵王颇行伪字，前上为草，能傍作长之类是也，朝野翕然以为楷式，……至为一字，唯见数点，或妄斟酌，遂便转移，尔后坟籍，略不可看，北朝丧乱之余，书迹鄙陋，加以专辄造字，猥拙甚于江南。(颜之推《颜氏家训》卷七《杂艺篇》)

按《北史·儒林传》，黎景熙从崔浩学"楷篆"，颇与许氏《说文》有异，赵文深少学"楷隶"，雅有钟王之则，冀俊善"隶书"，特工模写，则楷隶即今之行草，隶书即今之楷书，唯楷篆不识作何标格。自隋之统一，南北派书法乃合而为一，开唐以后虞、褚、颜、柳之端绪。

丙、音韵

其字义训读，有《史籀篇》、《苍颉篇》、《三苍》、《埤苍》、《广苍》等诸篇章，《训诂》、《说文》、《字林》、《音义》、《声韵》、《体势》等诸书。自后汉佛法行于中国，又得西域胡书，能以十四字贯一切音，文省而义广，谓之婆罗门书。(《隋书》卷三二《经籍志》一)

昔开皇初，有仪同刘臻等八人，同诣法言，……论及音韵，以今声调既自有别，诸家取舍，亦复不同，吴楚则时伤轻浅，燕赵则多伤重浊，秦陇则去声为入，梁益则平声似去，又支章移切。脂旨夷切。鱼语居切。虞遇俱切。共为一

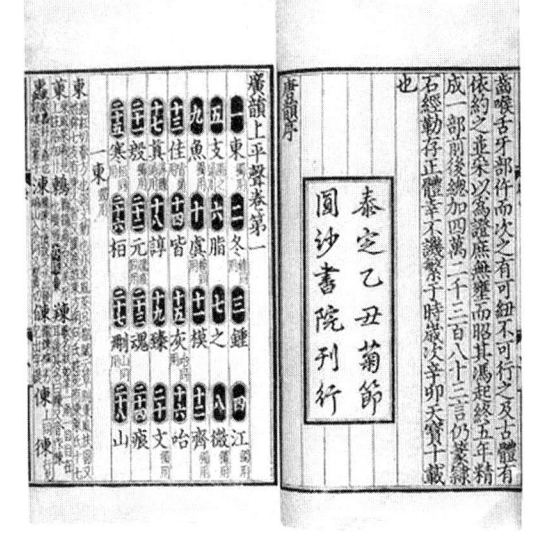

《广韵》书影

韵，先苏前切。仙相然切。尤于求切。侯胡沟切。俱论是切。欲广文路，自可清浊皆通，若赏知音，即须轻重有异。……因论南北是非，古今通塞，欲更捃选精切，除削疏缓。……法言即烛下握笔，略记纲纪，……遂取诸家音韵，古今字书，以前所记者，定之为《切韵》五卷，剖析毫厘，分别黍累。(《广韵·陆法言切韵序》)

丁、国语

后魏初定中原，军容号令，皆以夷语。后染华俗，多不能通，故录其本言，相传教习，谓之国语。(《隋书》卷三二《经籍志》一)

按《北齐书·神武纪》，与《颜氏家训》所载，彼时鲜卑人事战争，而汉人事耕稼，汉人亦谨事鲜卑人，学鲜卑语，《隋书·经籍志》所载国语即鲜卑语。之书甚多。隋与四方交通，意外国语文，亦必极盛，如唐所谓六蕃语者。

隋唐之际

一 隋之灭亡

(一)诛戮元勋

炀帝猜忌，开国元勋，任意屠戮，亦众叛亲离之一原因。

甲、杨素

杨素，字处道，弘农华阴人也。……高祖受禅，加上柱国。……上方图江表，先是素数进取陈之计，未几拜信州总管……而遣之，……大举伐陈，以素为行军元帅，……率水军东下，……巴陵以东，无敢守者，……至汉口，与秦孝王会。及还，拜荆州总管，……封越国公。……开皇十八年，突厥达头可汗犯塞，以素为灵州道行军总管，出塞讨之，……达头被重创而遁。……仁寿初，……以素为行军元帅，出云州，击突厥，连破之，……自是突厥远遁，碛南无复虏庭。……炀帝初为太子，忌蜀王秀，与素谋之，构成其罪，后竟废黜。……素虽有建立之策，……特为帝所猜忌，外示殊礼，内情甚薄。太史言，隋分野有大丧，因改封于楚，楚与隋同分，欲以此厌当之。素寝疾之日，帝每令名医诊候，赐以上药，然密问医人，恒恐不死。素又自知名位已极，

杨素像

不肯服药，亦不将慎，每语弟约曰："我岂须臾活耶！"素贪冒财货，营求产业，……时议以此鄙之。（《隋书》卷四八《杨素传》）

乙、贺若弼

贺若弼，字辅伯，河阳雒阳人也。……高祖受禅，阴有并江南之志，访可任者，高颎曰："朝臣之内，文武才干，无若贺若弼者。"高祖曰："公得之矣。"于是拜弼为吴州总管，委以平陈之事，弼忻然以为己任。……开皇九年，大举伐陈，以弼为行军总管。……先是弼请缘江防陈人，每交代之际，必集历阳，于是大列旗帜，营幕被野，陈人以为大兵至，悉发国中士马，既知防人交代，其众复散，后以为常，不复设备。及此，弼以大军济江，陈人弗之觉也。……从北掖门而入，时韩擒已执陈叔宝，……克定三吴，……进爵宋国公。……弼自谓功名出朝臣之右，每以宰相自许。既而杨素为右仆射，弼仍将军，甚不平，形于言色，由是免官。弼怨望愈甚，……及炀帝嗣位，尤被疏忌。大业三年，从驾北巡至榆林，……帝……召突厥启民可汗飨之，弼以为大侈，与高颎、宇文弼等，私议得失，为人所奏，竟坐诛。（《隋书》卷五二《贺若弼传》）

丙、高颎

高颎，字昭玄，……渤海蓨人也。……少明敏，有器局，……周齐王宪，引为记室，……以平齐功，拜开府。……高祖得政，素知颎强明，又习兵事，多计略，意欲引之入府，遣邘国公杨惠谕意，颎承旨欣然曰："愿受驱驰，纵令公事不成，颎亦不辞灭族。"于是为相府司录。……尉迟迥之起兵也，……颎……大破之，遂至邺下，……进位柱国。……高祖受禅，拜尚书左仆射，兼纳言。……上尝问颎取陈之策，颎曰："江北地寒，田收差晚，江南土热，水田早熟。量彼收获之际，微征士马，声言掩袭，彼必屯兵御守，足得废其农时。彼既聚兵，我便解甲，再三若此，贼以为常。后更集兵，彼必不信，犹豫之顷，我乃济师，登陆而战，兵气益倍。又江南土薄，舍多竹茅，所有储积，皆非地窖。密遣行人，因风纵火，待彼修立，复更烧之。不出数年，自可财力俱尽。"上行其策，由是陈人益敝。开皇九年，……大举伐陈，以颎为元帅，……及陈平，……以功加授上柱国，进

爵齐国公。……时太子勇失爱于上，潜有废立之意，谓颎曰："晋王妃有神凭之，言王必有天下，若之何？"颎长跪曰："长幼有序，其可废乎？"上默然而止。独孤皇后知颎不可夺，阴欲去之，……于是除名为民。颎初为仆射，其母诫之曰："汝富贵已极，但有一斫头耳，尔宜慎之。"颎由是常恐祸变，及此颎欢然无恨色，以为得免于祸。炀帝即位，拜为太常。……帝遇启民可汗，恩礼过厚，颎谓太府卿何稠曰："此虏颇知中国虚实，山川险易，恐为后患。"复谓观王雄曰："近来朝廷殊无纲纪。"有人奏之，帝以为谤讪朝政，于是下诏诛之。……执政将二十年，朝野推服，物无异议，治致升平，颎之力也。（《隋书》卷四一《高颎传》）

丁、宇文弨

宇文弨，字公辅，河南洛阳人也。……慷慨有大节，博学多通。仕周，……开皇初，以前功封平昌县公，……平陈之役，……拜刑部尚书。……后历朔、代、吴三州总管，皆有能名。炀帝即位，……转礼部尚书。弨既以才能著称，历职显要，声望甚重，物议时谈，多见推许，帝颇忌之。时帝渐好声色，尤勤远略，弨谓高颎曰："昔周天元好声色而国亡，以今方之，不亦甚乎？"又言长城之役，幸非急务。有人奏之，竟坐诛死。（《隋书》卷五六《宇文弨传》）

（二）群雄纷起

自炀帝大业七年，乱象已成，各地群雄并起，约略所计，凡一百三十余人之多，为自古所无。其拥众最多、据地较广者，特表之如下。

隋末群雄割据简表

人名	初起	起事年月	据地	人数	称号	兴亡事略
王薄	邹平人	大业七年秋	据长白山，进击齐济之郊。		知世郎	大业十年，为齐郡丞张须陀击败，薄后降唐。
刘霸道	平原民，累世仕宦。	大业七年秋	据平原之豆子坑。	十余万	阿舅	
窦建德	漳南人	大业七年秋	初据高鸡泊，后有河北、山东诸地。		夏王，建元五凤。	唐高祖武德四年，率兵救王世充，为唐战败被执，死于长安。
张金称	鄃人	大业七年秋	聚众河曲，攻河北。			大业十二年，为隋将杨义臣战败被俘，余众归窦建德。

续表

人名	初起	起事年月	据地	人数	称号	兴亡事略
高士达	蓚人	大业七年秋	聚众于清河境内，攻河北。		东海公	大业十二年，为杨义臣所杀。
韩进洛	济北人	大业九年二月		数万		
孟海公	济阴人	大业九年三月	保据周桥。	数万		唐武德四年，窦建德攻破之，被虏。
孟让	齐郡主簿	大业九年三月	据都梁宫，阻淮为固。	十万		大业十年，兵至盱眙，为隋将王世充所破，后归李密。
郭方预	北海人	大业九年三月		数万	卢公	是年，为齐郡丞张须陀击破。
郝孝德	平原	大业九年三月	攻河北。			大业十三年，为隋将杨义臣所破，后归李密。
格谦	河间	大业九年三月	河间。	十万	燕王	大业十三年，为隋将王世充所杀。
甄宝车	济北人	大业九年四月		数万		
刘元进	余杭人	大业九年七月	渡江，据吴郡。	数万	天子	元进初应杨玄感，玄感败，遂为众拥立。是年，为王世充击败，走死。
朱燮 管崇	吴郡人 晋陵人	大业九年八月	聚众攻江左。	十万余		以众附刘元进，俱随之败死。
彭孝才	东海人	大业九年九月	转攻沂水。	数万		大业十年，为隋彭城留守董纯所俘。
李三儿 向但子	东阳人	大业九年九月		万余		
孙宣雅	渤海	大业九年十月	据渤海，攻河北。	十万	齐王	大业十三年，为隋将杨义臣所破。
吕明星		大业九年十月	围东郡。			是年，隋虎贲郎将费青奴击杀之。
向海明	扶风人	大业九年十二月	三辅人多从之。	数万	称皇帝，建元白乌。	是年，隋将杨义臣击破之。
左才相			据长白，掠淮北。	数万		
杜伏威	章丘	大业九年十二月	据历阳。	数万	楚王	唐武德五年，降于唐。
辅公祐	临济	大业九年十二月			宋帝，建元天明。	初与杜伏威共事，伏威降唐，乃以其众畔，武德七年亡。
唐弼 李弘	扶风人	大业十年二月		十万	唐王 天子	弼推弘为天子，自为唐王。薛举攻之，弼杀弘欲降，举乘间逐之。
张大彪	彭城	大业十年四月	保悬薄山。	数万		是年，隋将董纯击斩之。

续表

人名	初起	起事年月	据地	人数	称号	兴亡事略
宋世谟		大业十年五月	据琅邪。	数万		是年，隋将董纯击破之。
刘迦论	延安人	大业十年五月		十万	皇王，建元大世。	与稽胡相表里为寇。是年，隋将屈突通败之于上郡，斩之。
郑文雅 林宝护		大业十年六月	据建安郡。	三万		
司马长安		大业十年十一月	据西河郡。			
刘苗王	离石胡	大业十年十一月		数万	天子	为隋虎贲郎将梁德所杀，其众溃散。
王德仁	汲郡人	大业十年十一月。	保林虑山。	数万		后归李密，复背密战败降唐。
左孝友	齐郡	大业十年十二月	屯蹲狗山。	十八万		是年，隋将张须陀攻破之。
卢明月	涿郡	大业十年十二月	攻陈汝，转趋河南至于淮北。	四十万	无上王帝	大业十三年，为王世充所杀。
杨仲绪	扶风人	大业十一年二月		万余		是年，隋滑公李景破杀。
王须拔	上谷人	大业十一年二月	据高阳。	十余万	漫天王，国号燕	攻幽川，中流矢死。
魏刀儿		大业十一年二月		十余万	历山飞，寻称魏帝。	王须拔死，代领其众。唐武德元年，为窦建德所杀。
张起绪	淮南人	大业十一年七月		二万	宋帝，建元天明。	
魏麒麟	彭城人	大业十一年十月	攻鲁郡	万余		是年，隋将董纯击破之。
李子通	东海	大业十一年十月	起长白，南入江都，为杜伏威所败，转袭沈法兴部，复与之对抗。		渡淮号楚王，入江都，即帝位，国号曰吴，建元明改。	唐武德四年，为杜伏威所破，执送长安。
翟 让	韦城	大业十一年十月	亡命聚众于瓦冈，攻荥阳诸县。	万余		大业十三年，为李密所杀。
柴保昌	绛郡	大业十一年十二月				
朱 粲	城父人，初为县佐。	大业十一年十二月	攻荆沔及山南各郡县。	二十余万	迦楼罗王，旋称楚帝，建元昌达。	显州首领杨士林背粲，与众攻之，粲败，奔降于王世充。
翟松柏	雁门人	大业十二年正月	灵丘。	数万		
卢公暹	东海	大业十二年正月	保于苍山。	万余		

续表

人名	初起	起事年月	据地	人数	称号	兴亡事略
孙 华	冯翊人	大业十二年七月			总管	大业十三年，唐高祖徇三辅时率众归附。
赵万海		大业十二年	自恒山掠高阳。	十万		
荔非世雄	安定人	大业十二年九月	杀临泾令。		将军	
操师乞	鄱阳人	大业十二年十二月	据豫章郡。		元兴王，建元始兴。	是年，为隋将所击中流矢而死。
林士弘	鄱阳人	大业十二年十二月	据九江、临川、南康、宜春等郡。	十余万	楚帝，建元太平。	初为操师乞将，师乞死，代领其众。后起内乱，士弘逃于成安之山洞，其部降于萧铣。
高开导	渤海人	大业十三年	据北平、渔阳。		燕王，建元始兴。	初为格谦将，格谦死，收其余众，势复振。后为其下所杀，以地降唐。
徐圆朗	兖州人	大业十三年正月	据琅邪以西，北至东平地。	二万	鲁王	唐下洛阳，圆朗降，及刘黑闼起，复畔。武德六年，攻破之，逃走为野人所杀。
到仚成	弘化人	大业十三年正月		万余		
梁师都	朔方郎将	大业十三年二月	据郡及延安等郡		梁帝，建元永隆。	唐太宗贞观二年降。
刘武周	马邑校尉	大业十三年二月	据马邑，攻汾阳、并州等地。	数万	定杨天子，建元大兴。	武周北附突厥，突厥封为定杨可汗。与唐交兵，武德三年，大败奔突厥。
李 密		大业十三年二月	据黎阳，东至海岱，南至江淮皆附之。	数十万	魏公，建元永平。	翟让推之为主，寻杀让。是年，为王世充所败，入关降唐。未几复起，遂被杀。
郭子和	蒲城	大业十三年三月	杀榆林郡丞		永乐王，建元正平。	初为左翊卫，坐事徙榆林，遂起兵。武德元年，降唐，以功赐姓李。
张子路	庐江	大业十三年三月				是年，隋将陈棱击破之。
李通德		大业十三年三月	攻庐江。	十万		是年，隋将张镇州击破之。
房宪伯		大业十三年四月	攻汝阴。			是年，附李密。
薛 举	金城校尉	大业十三年四月	据陇西地	十三万	秦帝，建元秦兴。	举死，子杲立，唐武德元年，攻唐，兵败被俘。
李 渊	太原留守	大业十三年五月	举兵晋阳，至长安。		唐帝，建元武德。	

续表

人名	初起	起事年月	据地	人数	称号	兴亡事略
李轨	武威司马	大业十三年七月	取河西诸郡。		河西大凉王，寻称天子，建元安乐。	武德二年，轨为其尚书安兴贵所执，以降于唐。
萧铣	罗川令	大业十三年十月	东至九江，西抵三峡，南尽交趾，北拒汉川。	四十万	梁帝，建元鸣凤。	武德四年十月，唐平荆州，获铣。
宇文化及	右屯卫将军	大业十三年	据魏县。		许帝，建元天寿	化及弑炀帝，拥众北归，被阻于李密，遂据魏称帝。武德二年，为窦建德所擒。
王世充	东都留守	大业十三年	据河南各郡县。		称天子，国号郑，建元开明。	武德四年，唐围之洛阳，力屈乃降。
刘企成	胡酋帅		拥数部落。			武德四年，唐兵击破之，降于梁师都。
罗艺	虎贲郎将	大业时	据幽州。		幽州总管	武德二年，降唐，封燕王，赐姓李。
宋金刚	易州人	大业时		万余		金刚援魏刃儿，亦为窦建德所败，乃走附刘武周。
沈法兴	吴郡太守	大业十三年	据江表十余郡		梁王，建元延康。	李子通袭破之，法兴窘迫，投江而死。
汪华			据歙县。		称王	杜伏威攻破之。
张善安	兖州人		据虔、吉等五州。			武德五年，降唐。
刘黑闼	漳南人	唐武德四年	据窦建德故地。		汉东王，建元天造。	武德六年，为唐兵所败，逃往饶州，为其下所执，被杀于洺州。
说明	一、本表参考《隋书·炀帝纪》及各列传，《旧唐书·高祖纪》及各列传，《资治通鉴·纪元编》。 二、群雄之灭亡，有无明文可考者，大率在关中者均附唐，在河北者多附窦建德，在河南者多附李密，因本纪及列传中，均有"远近归附"一语可证。					

观上表，可知发难者，实始于山东各郡，而渐及于西北、江南。

大业七年秋，大水，山东、河南漂没三十余郡，民相卖为奴婢。（《隋书》卷三《炀帝纪》上）

大业七年十二月，……时辽东战士，及馈运者，填咽于道，昼夜不绝，苦役者始为群盗。（《隋书》卷三《炀帝纪》上）

帝自去岁谋讨高丽，诏山东置府令养马，以供军役。又发民夫运米，积于泸河、怀远二镇，车牛往者皆不返，士卒死亡过半，耕稼失

时，田畴多荒，加之饥馑，谷价踊贵，东北边尤甚，斗米值数百钱，所运米或粗恶，令民籴而偿之。又发鹿车夫六十余万，二人共推米三石，道途险远，不足充饩粮，至镇无可输，皆惧罪亡命。重以官吏贪残，因缘侵渔，百姓困穷，财力俱竭，安居则不胜冻馁，死期交急，剽掠则犹得延生，于是始相聚为群盗。(《资治通鉴》卷一八一《隋纪》五)

据是，知山东各郡之人民，为天灾人祸所逼迫，故揭竿一起，即足以摧毁执政者而有余，任何威力不能镇服也。

大业七年十二月，……敕都尉鹰扬，与郡县相知追捕，随获斩决之。(《隋书》卷三《炀帝纪》上)

大业九年八月，……制盗贼籍没其家。(《隋书》卷四《炀帝纪》下)

大业十二年正月，朝集使不至者二十余郡，始议分遣使者十二道，发兵讨捕盗贼。(《资治通鉴》卷一八三《隋纪》七)

抑制之法，可谓严酷，结果则自成崩溃。

自是所在，群盗蜂起，不可胜数，徒众多者至万余人，攻陷城邑。敕都尉鹰扬，与郡县相知追捕，随获斩决，然莫能禁止。(《资治通鉴》卷一八一《隋纪》五)

天下承平日久，人不习战，郡县吏每与贼战，望风沮败。(《资治通鉴》卷一八二《隋纪》六)

最初起兵者，尚属平民，厥后具有野心之官吏，亦乘时而起，各谋割据。杨玄感之变，实为首倡。

杨玄感，司徒素之子也。……好读书，便骑射，以父军功，位至柱国，……袭爵楚国公，迁礼部尚书。性虽骄倨，而爱重文学，四海知名之士，多趋其门。……复见朝纲渐紊，帝又猜忌日甚，内不自安，遂与诸弟潜谋废帝。……时帝好征伐，玄感欲立威名，阴求将领。……帝征辽东，命玄感于黎阳督运。于时百姓苦役，天下思乱，玄感……欲令帝所军众饥馁，每为逗留，不时进发。……玄感无以动众，乃遣家奴伪为使者，从东方来，谬称将军来护儿失军期而反。玄感遂入黎阳县，闭城大索男夫，……移书旁郡，以讨护儿为名，……从乱者如市，数日屯兵东都上春门，众至十余万。(《隋书》卷七〇《杨玄感传》)

隋末农民起义战争示意图

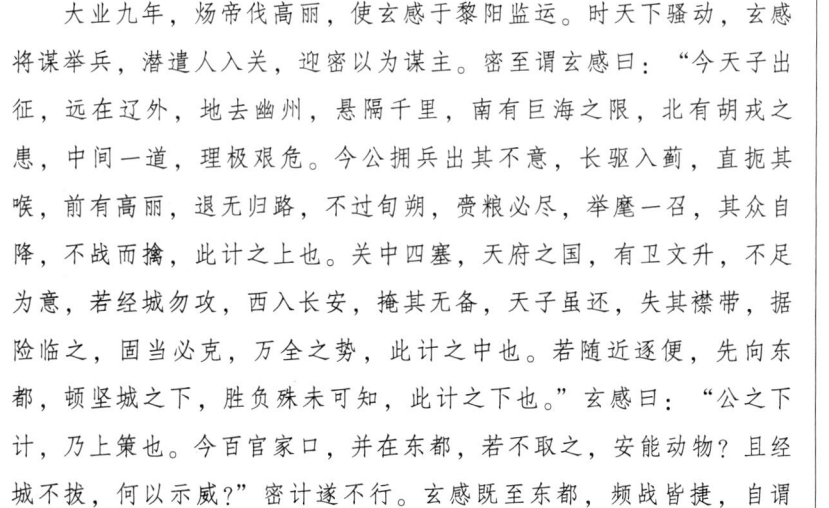

大业九年，炀帝伐高丽，使玄感于黎阳监运。时天下骚动，玄感将谋举兵，潜遣人入关，迎密以为谋主。密至谓玄感曰："今天子出征，远在辽外，地去幽州，悬隔千里，南有巨海之限，北有胡戎之患，中间一道，理极艰危。今公拥兵出其不意，长驱入蓟，直扼其喉，前有高丽，退无归路，不过旬朔，赍粮必尽，举麾一召，其众自降，不战而擒，此计之上也。关中四塞，天府之国，有卫文升，不足为意，若经城勿攻，西入长安，掩其无备，天子虽还，失其襟带，据险临之，固当必克，万全之势，此计之中也。若随近逐便，先向东都，顿坚城之下，胜负殊未可知，此计之下也。"玄感曰："公之下计，乃上策也。今百官家口，并在东都，若不取之，安能动物？且经城不拔，何以示威？"密计遂不行。玄感既至东都，频战皆捷，自谓天下响应，功在朝夕。（《旧唐书》卷五三《李密传》）

帝遣虎贲郎将陈棱攻……黎阳，武卫将军屈突通屯河阳，左翊卫大将军宇文述，发兵继进，右骁卫大将军来护儿，复来赴援。玄感请计于前民部尚书李子雄，子雄曰："屈突通晓习兵事，若一渡河，则

胜负难决。不如分兵拒之，通不能济，则樊、卫失援。"民部尚书樊子盖，刑部尚书卫玄，随越王侗守东都。玄感然之，将拒通，子盖知其谋，数击其营，玄感不果进，通遂济河。……于是大战，玄感军频北，复请计于子雄，子雄曰："东都援军益至，我师屡败，不可久留，不如直入关中，……东面而争天下，此亦霸王之业。"……玄感遂释洛阳，西图关中。……宇文述等诸军蹑之，至弘农宫，……攻之三日，城不下，追兵遂至。玄感……且战且行，……复阵于董杜原，诸军击之。玄感大败，独与十余骑窜林木间，将奔上洛。追骑至……葭芦戍，玄感窘迫，……自知不免，谓弟积善曰："事败矣。我不能受人戮辱，汝可杀我。"积善抽刀斫杀之，因自刺不死，为追兵所执，与玄感首俱送行在所。(《隋书》卷七〇《杨玄感传》)

杨玄感之反也，帝引威帐中，惧见于色，谓威曰："此小儿聪明，得不为患乎？"威曰："夫识是非、审成败者，乃所谓聪明。玄感粗疏，非聪明者。必无所虑，但恐浸成乱阶耳。"(《隋书》卷四一《苏威传》)

帝遣蕴推其党与，谓蕴曰："玄感一呼，而从者十万，益知天下人不欲多，多即相聚为盗耳。不尽加诛，则后无以劝。"蕴由是乃峻法治之，所戮者数万人，皆籍没其家。(《隋书》卷六七《裴蕴传》)

炀帝恶闻乱，近幸不敢以闻，言之亦不听。

时天下大乱，……盗贼日甚，郡县多没。世基知帝恶数闻之，后有告败者，乃抑损表状，不以实闻。是后外间有变，帝弗之知也。尝遣太仆杨义臣捕盗于河北，降贼数十万，列状上闻，帝叹曰："我初不闻贼顿如此，义臣降贼何多也？"世基对曰："鼠窃虽多，未足为虑。义臣克之，拥兵不少，久在阃外，此最非宜。"帝曰："卿言是也。"遽追义臣，放其兵散。(《隋书》卷六七《虞世基传》)

帝问侍臣盗贼事，宇文述曰："盗贼信少，不足为虞。"威不能诡对，以身隐于殿柱。帝呼威而问之，威对曰："臣非职司，不知多少，但患其渐近。"帝曰："何谓也？"威曰："他日贼据长白山，今者近在荥阳汜水。"帝不悦而罢。(《隋书》卷四一《苏威传》)

帝问苏威以讨辽之策，威不愿帝复行，且欲令帝知天下多贼，乃诡答曰："今者之役，不愿发兵，但诏赦群盗，自可得数十万。遣关

内奴贼,及山东历山飞、张金称等头,别为一军;出辽西道,诸河南贼王薄、孟让等十余头,并给舟楫,浮沧海道,必喜于免罪,竞务立功,一岁之间,可灭高丽矣。"(《隋书》卷六七《裴蕴传》)

大业十二年,炀帝游江都,荒淫如故。时天下已乱,帝欲保江南,无意北归,乃骁果称变,遂为所杀。

隋炀帝至江都,荒淫益甚。宫中为百余房,各盛供张,实以美人,日令一房为主人。江都郡丞赵元楷,掌供酒馔,帝与萧后及幸姬,历就宴饮,酒卮不离口,从姬千余人亦常醉。然帝见天下危乱,意亦扰扰不自安,退朝则幅巾短衣,策杖步游,遍历台馆,非夜不止,汲汲顾景,唯恐不足。……好为吴语,……谓萧后曰:"外间大有人图侬,……"又尝引镜自照,顾谓萧后曰:"好头颈谁当斫之?"后惊问故,帝笑曰:"贵贱苦乐,更迭为之,亦复何伤。"帝见中原已乱,无心北归,欲都丹杨,保据江东,……乃命治丹杨宫,将徙都之。时江都粮尽,从驾骁果,多关中人,久客思乡里,见帝无西意,多谋叛归。(《资治通鉴》卷一八五《唐纪》一)

虎贲郎将司马德戡……领骁果,屯于东城。德戡与所善虎贲郎将元礼、直阁裴虔通谋曰:"今骁果人人欲亡,我欲言之,恐先事受诛;不言,于后事发,亦不免族灭,奈何?又闻关内沦没,李孝常华阴令,以永丰仓降唐。以华阴叛,上囚其二弟,欲杀之。我辈家属皆在

西，能无此虑乎？"二人皆惧曰："然则计将安出？"德戡曰："骁果若亡，不若与之俱去。"二人皆曰善，因转相招引，……日夜相结约。……将作少监宇文智及……曰："主上虽无道，威令尚行，卿等亡去，正……取死耳。今天实丧隋，英雄并起，……因行大事，此帝王之业也。"德戡等然之，……以……右屯卫将军许公宇文化及为主。……德戡使……告所识者云：陛下闻骁果欲叛，多酝毒酒，欲因享会尽鸩杀之，独与南人留此。骁果皆惧，转相告语，反谋益急。恭帝义宁二年三月乙卯，德戡悉召骁果军吏，谕以所为，皆曰："唯将军命。"……是夕，……三更，德戡于东城集兵，得数万人。……德戡等引兵自玄武门入，帝闻乱，易服逃于西阁，……有美人出指之，……于是引帝还至寝殿。……贼欲弑帝，帝曰："天子死自有法，何得加以锋刃，取鸩酒来。"文举等不许，使令狐行达顿帝令坐，帝自解练巾授行达，缢杀之。（《资治通鉴》卷一八五《唐纪》一）

唐

唐世系

自李渊受隋禅，西历618年。至昭宣帝禅位于朱全忠，西历907年。凡二十主，共二百八十九年。

高祖，姓李，名渊，陇西成纪人。以太原留守起兵，入长安。后受隋恭帝禅，建元武德。九年。在位凡九年，传位于太宗。

太宗，名世民，高祖第二子。嗣立，改元贞观，二十三年。在位凡二十三年。

高宗，名治，太宗第九子。嗣立，改元永徽、六年。显庆、五年。龙朔、三年。麟德、二年。乾封、二年。总章、二年。咸亨、四年。上元、二年。仪凤、三年。调露、一年。永隆、一年。开耀、一年。永淳、一年。弘道，一年。在位凡三十四年。

中宗，名显，又名哲，高宗第七子，武后所生。嗣立，改元嗣圣、一年。寻被废为庐陵王。后复位，改元神龙、二年。景龙、三年。为韦后所弑。在位凡六年。

睿宗，名旦，高宗第八子，中宗母弟。武后废中宗立之，改元垂拱、四年。永昌、载初，一年。后仍临朝称制。及革命改号，降为皇嗣。中宗复辟，封相王。韦后弑逆，临淄王隆基诛之，迎立帝，改元景云、二年。太极、延和、先天、一年。传位于太子隆基，在位凡八年。

则天皇后，姓武，更名为曌。改国号曰周，后迎还中宗，仍号唐。改元天授、二年。如意、长寿、二年。延载、一年。证圣、天册万岁、一年。万岁登封、万岁通天、一年。神功、一年。圣历、二年。久视、一年。大足、一年。长安，四年。在位凡十五年。

玄宗，名隆基，睿宗第三子。嗣立，改元开元、二十九年。天宝，十四年。在位凡四十三年。

肃宗，名亨，玄宗第三子。嗣立，改元至德、二年。乾元、二年。上元、二年。宝应、一年。在位凡七年。

　　代宗，名豫，肃宗长子。嗣立，改元广德、二年。永泰、一年。大历、十四年。在位凡十七年。

　　德宗，名适，代宗长子。嗣立，改元建中、四年。兴元、一年。贞元、二十年。在位凡二十五年。

　　顺宗，名诵，德宗长子。嗣立，改元永贞。一年。在位凡八月。传位于宪宗。

　　宪宗，名纯，顺宗长子。嗣立，改元元和。十五年。为宦官陈弘志所弑。在位凡十五年。

　　穆宗，名恒，宪宗第三子。嗣立，改元长庆、四年。在位凡四年。

　　敬宗，名湛，穆宗长子。嗣立，改元宝历、二年。为宦官刘克明等所弑，在位凡二年。

　　文宗，名昂，穆宗第二子，封江王。敬宗崩，王守澄等迎立之，改元太和、九年。开成、五年。在位凡十四年。

　　武宗，名炎，穆宗第五子，封颍王。文宗大渐，宦官仇士良、鱼弘志，矫诏废皇太子成美，立为皇太弟，继立，改元会昌，六年。在位凡六年。

　　宣宗，名忱，宪宗第十三子，封光王。武宗大渐，左神策军护军中尉马元贽，立为皇太叔，继立，改元大中。十三年。在位凡十三年。

　　懿宗，名漼，宣宗长子，封郓王。宣宗大渐，左神策护军中尉王宗实等，矫诏立为皇太子，继立，改元咸通，十四年。在位凡十四年。

　　僖宗，名儇，懿宗第五子，封普王。懿宗大渐，左右神策护军中尉刘引深、韩文约，立为皇太子，继立，改元乾符、六年。广明、一年。中和、四年。光启、三年。文德、一年。在位凡十五年。

　　昭宗，名晔，懿宗第七子，封寿王。继立，改元龙纪、一年。大顺、二年。景福、二年。乾宁、四年。光化、三年。天复，三年。为朱全忠所弑，在位凡十五年。

　　昭宣帝，名柷，昭宗第九子，封辉王。昭宗遇弑，嗣立，改元天祐，四年。禅位于朱全忠，在位凡四年。

　　　　　（以上据《唐书》及《通考·帝系考》）

附帝系表

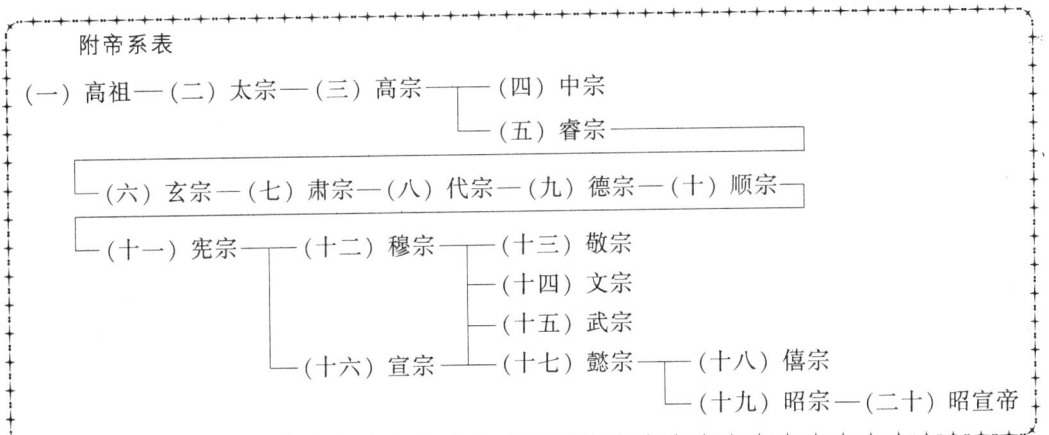

(一)高祖—(二)太宗—(三)高宗┬(四)中宗
　　　　　　　　　　　　　　└(五)睿宗─┐

┌─────────────────────────────────────┘
└(六)玄宗—(七)肃宗—(八)代宗—(九)德宗—(十)顺宗─┐

┌─────────────────────────────────────┘
└(十一)宪宗┬(十二)穆宗┬(十三)敬宗
　　　　　　│　　　　　├(十四)文宗
　　　　　　│　　　　　└(十五)武宗
　　　　　　└(十六)宣宗─(十七)懿宗┬(十八)僖宗
　　　　　　　　　　　　　　　　　　└(十九)昭宗—(二十)昭宣帝

一　唐之统一

唐扫灭群雄，统一天下，其攻取次第如下。

高祖武德元年，西历618年。十一月，大破薛仁杲，降之，陇右平。

武德二年，西历619年。四月，李轨为其伪尚书安兴贵所执以降，河右平。

按，薛李破灭，关中悉定，无后顾之忧，得以并力东向。

武德三年，西历620年。四月，大破宋金刚于介州，金刚与刘武周，俱奔突厥，遂平并州。按，并州平定，河北形势愈益巩固。

武德四年，西历621年。五月，大破窦建德之众于武牢，擒建德，河北悉平。

同时，王世充举东都降，河南平。

按，是年七月，建德余党刘黑闼据漳畔。五年三月，破刘黑闼，黑闼亡奔突厥，六月刘黑闼引突厥攻山东。

唐高祖李渊画像

武德五年，西历622年。十二月，破黑闼于魏州，斩之，山东平。

当唐兵东出关时，另遣一师经略江南。

武德四年十月，赵郡王孝恭平荆州，获萧铣。

武德五年七月，杜伏威来朝。

按，萧、杜之灭，江淮之地悉定。六年八月，辅公祏据丹阳畔。七年三月，大破辅公祏，擒之，丹阳平。

武德七年，西历624年。二月，高开导为部将张金树所杀，以其地降。

武德七年五月，李世勣讨徐圆朗，平之。

太宗贞观二年，西历628年。四月，梁师都为其从父弟洛仕所杀，以城降。

是唐之用兵，先奠定关中，然后分兵而出。平定中原与江表，皆出于太宗一手之力。梁师都地最远，故最后始亡。

二　唐初之政局

（一）玄武门之变

唐之得国，大半由于秦王世民之力。高祖即位，立长子建成为太子，于是有玄武门之变。虽一家之事，然以见帝王争夺天下，务排除异己，然后别白黑而定一尊，父子兄弟之间，每多惭德，亦所不顾。特备记之，以见争夺之丑，比于六朝，所谓"篡弑"之局，实无轩轾之分，皆由"皇帝"之一名词作祟而已。

太宗功业日盛，高祖私许立为太子。建成密知之，乃与齐王元吉，潜谋作乱。（《旧唐书》卷六四《隐太子建成传》）

高祖晚生诸王，诸母擅宠，椒房亲戚并分事官府，竞求恩惠。太宗每总戎律，惟以抚接才贤为务，至于参请妃嫔，素所不行。……妃嫔等因奏言，至尊万岁后，秦王得志，母子定无孑遗，因悲泣哽咽；又云，东宫慈厚，必能养育妾母子。高祖恻怆久之，自是于太宗恩礼渐薄，废立之心，亦以此定，建成、元吉，转蒙恩宠。（《旧唐书》卷

玄武门遗址

六四 《隐太子建成传》)

　　太子……将谋害太宗，密致书以招敬德，……敬德寻以启闻。……会突厥侵扰乌城，建成举元吉为将，密谋请太宗同送于昆明池，将加屠害。敬德闻其谋，与长孙无忌，遽启太宗曰："大王若不速正之，则恐被其所害，社稷危矣。"……敬德又与侯君集，日夜进劝，然后计定。(《旧唐书》卷六八《尉迟敬德传》)

　　武德九年，西历626年。……六月三日，密奏建成、元吉淫乱后宫。……高祖省之愕然，报曰："明日当勘问，汝宜早参。"四日，太宗将左右九人，长孙无忌、尉迟敬德、侯君集、张公谨、刘师立、公孙武达、独孤彦云、杜君绰、邓仁泰、李孟尝。至玄武门自卫。高祖已召裴寂……等，欲令穷覆其事。建成、元吉行至临湖殿，觉变，即回马将东归宫府。……太宗乃射之，建成应弦而毙，元吉中流矢而走，尉迟敬德杀之。(《旧唐书》卷六四《隐太子建成传》)

　　宫府诸将薛万彻……等，率兵大至，屯于玄武门，杀屯营将军。敬德持建成、元吉首以示之，宫府兵遂散。是时高祖泛舟于海池，太宗命敬德侍卫高祖。敬德擐甲持矛，直至高祖所，高祖大惊问曰："今日作乱是谁？卿来此何也？"对曰："秦王以太子齐王作乱，举兵诛之，恐陛下惊动，遣臣来宿卫。"高祖意乃安。南衙北门兵马，及二宫左右，犹相拒战，敬德奏请降手敕，令诸军兵并授秦王处分，于是内外遂定。(《旧唐书》卷六八《尉迟敬德传》)

卷三　隋唐五代

高祖大惊，谓裴寂等曰："今日之事如何。"萧瑀、陈叔达进曰："臣闻内外无限，父子不亲。当断不断，反受其乱。建成、元吉，义旗草创之际，并不预谋，建立已来，又无功德。常自怀忧，相济为恶，衅起萧墙，遂有今日之事。秦王功盖天下，率土归心，若处以元良，委之国务，陛下如释重负，苍生自然乂安。"高祖曰："善。此亦吾之夙志也。"乃命召太宗而抚之曰："近日已来，几有投杼之惑。"（《旧唐书》卷六四《隐太子建成传》）

（二）贞观之治

高祖武德九年八月，禅位于太宗。次年，改元为贞观。太宗励精图治，天下太平，史称为贞观之治。

甲、用人

上曰："王者至公无私，故能服天下之心。朕与卿辈，日所衣食，皆取诸民者也。故设官分职，以为民也，当择贤才而用之。"（《资治通鉴》卷一九二《唐纪》八）

时珪与房玄龄、李靖、温彦博、戴胄、魏徵同辅政，帝以珪善人物且知言，因谓曰："卿标鉴通晤，为朕言玄龄等材，且自谓孰与诸子贤。"对曰："孜孜奉国，知无不为，臣不如玄龄；兼资文武，出将入相，臣不如靖；敷奏详明，出纳惟允，臣不如彦博；济繁治剧，众务必举，臣不如胄；以谏诤为心，耻君不见尧舜，臣不如徵；至激浊扬清，疾恶好善，臣于数子，有一日之长。"帝称善，而玄龄等亦以为尽己所长，谓之确论。（《唐书》卷九八《王珪传》）

太宗尝与文昭玄龄谥。图事，则曰："非如晦莫能筹之。"及如晦至焉，竟从玄龄之策也。盖房知杜之能断大事，杜知房之善建嘉谋。（《旧唐书》卷六六《房玄龄杜如晦传论》）

太宗曰："……我平定四海，天下一家。凡在朝士，皆功效显著，或忠孝可称，或学艺通博，所以擢用。"（《旧唐书》卷六五《高士廉传》）

太宗标榜治术，故于宰执，擢用唯贤，尤留心亲民之官，致都督刺史县令，皆尽其职。

太宗尝曰："朕思天下事，丙夜不安枕。永惟治人之本，莫重刺

史，故录姓名于屏风，卧兴对之，得才否状，辄疏之下方，以拟废置。"又诏内外官五品以上，举任县令者。于是官得其人，民去叹愁。(《唐书》卷一九七《循吏传序》)

上曰："为朕养民者，唯在都督刺史。朕尝疏其名于屏风，坐卧观之，得其在官善恶之迹，皆注于名下，以备黜陟。县令尤为亲民，不可不择。"乃命内外五品已上，各举堪为县令者以名闻。(《资治通鉴》卷一九三《唐纪》九)

都督刺史，其职察州县，……始都督刺史，皆天子临轩册授。(《唐书》卷一九七《循吏传序》)

太宗仍恐有不尽职者，乃遣员出而巡察。

贞观八年正月，……命……李靖……使于四方，观省风俗。(《旧唐书》卷三《太宗纪》下)

贞观二十年正月，……遣大理卿孙伏伽、黄门侍郎褚遂良等二十二人，以六条巡察四方，黜陟官吏。(《旧唐书》卷三《太宗纪》下)

政尚简肃，天下大悦。又令百官各上封事，备陈安人理国之要。(《旧唐书》卷二《太宗纪》上)

太宗为防隐蔽之患，遂大开言路，使直陈得失。

帝……或引至卧内，访天下事，徵亦自以不世遇，乃展尽底蕴无所隐，凡二百余奏，无不剀切当帝心者。(《唐书》卷九七《魏徵传》)

令京官五品以上，更宿中书内省，数延见，问以民间疾苦，政事得失。(《资治通鉴》卷一九二《唐纪》八)

贞观四年二月，……诏公卿言事。(《唐书》卷二《太宗纪》)

贞观十一年七月，……命百官上封事，极言得失。(《旧唐书》卷三《太宗纪》下)

贞观十三年五月，……令五品以上，上封事。(《旧唐书》卷三《太宗纪》下)

唐太宗李世民像

乙、政绩

胄前后犯颜执法，……所论刑狱，皆事无冤滥。(《旧唐书》卷七〇《戴胄传》)

贞观四年，……是岁断死刑二十九人，几致刑措，东至于海，南至于岭，皆外户不闭，行旅不赍粮焉。(《旧唐书》卷三《太宗纪》下)

贞观五年七月，……初令天下决死刑，必三覆奏，在京诸司五覆奏。(《旧唐书》卷三《太宗纪》下)

天下大治，……东薄海，南逾岭，户圂不闭，行旅不赍粮，取给于道。帝谓群臣曰："此徵劝我行仁义既效矣，惜不令封德彝见之。"(《唐书》卷九七《魏徵传》)

贞观元年，关中饥，米斗直绢一匹，二年天下蝗，三年大水，上勤而抚之，民虽东西就食，未尝嗟怨。是岁四年。天下大稔，流散者咸归乡里，米斗不过三四钱。(《资治通鉴》卷一九三《唐纪》九)

按上所记，史书不无溢美，然政象清明，可断言也。

三　唐之疆域

自隋季丧乱，群盗初附，权置州郡，倍于开皇大业之间。贞观元年，西历627年。悉令并省，始于山河形便，分为十道。……至十三年定簿，凡州府三百五十八，县一千五百五十一。至十四年平高昌，又增二州六县。自北殄突厥吉利，西平高昌，北逾阴山，西抵大漠，其地东极海，西至焉耆，南尽林州南境，北接薛延陀界，凡东西九千五百一十里，南北万六千九百一十八里。……开元二十一年，西历733年。分天下为十五道。……二十八年，户部计帐，凡郡府三百二十有八，县千五百七十有三，羁縻州郡盖有八百。不在此数。(《旧唐书》卷三八《地理志序》)

唐诸道简表

道名	太宗时十道					玄宗时十五道		
^	辖　境					道名	治所	辖地今释
^	四界	属州	古地	今释			
关内	东距河，西抵陇坂，南据终南，北边沙漠。	雍、华、同、岐、陇、邠、泾、宁、坊、鄜、丹、延、庆、原、盐、灵、会、夏、丰、胜、绥、银 凡二十二州	古雍州之境。	陕西中部，至河套地，又甘肃东部地。	关内	多以京官遥领。	陕西北部及河套地。
^	^	^	^	^	京畿	西京。	陕西中部及甘肃地。
河南	东尽海，西距函谷，南滨淮，北薄于河。	洛、陕、汝、郑、汴、蔡、许、豫、颍、陈、亳、宋、曹、滑、濮、郓、齐、淄、徐、兖、泗、沂、青、莱、棣、登、密、海 凡二十八州	古豫、兖、青、徐四州之境。	黄河以南，淮水以北，山东、河南二省地。	河南	汴州，河南开封县。	山东及河南、安徽地。
^	^	^	^	^	都畿	东都。	河南西部。
河东	东距常山，西据河，南抵首阳、太行，北边匈奴。	并、潞、泽、晋、绛、蒲、虢、汾、慈、隰、石、沁、仪、岚、忻、代、朔、蔚、云 凡十九州	古冀州之境。	山西省地。	河东	蒲州，山西永济县。	
河北	东并海，南迫于河，西距太行、常山，北通榆关、蓟门。	怀、卫、相、邢、洺、赵、恒、定、易、幽、莫、瀛、深、冀、贝、魏、博、德、沧、棣、妫、檀、营、平、安东 凡二十五州	古幽、冀二州之地。	黄河以北，山东、河南、河北及辽宁西部。	河北	魏州，河北大名县。	
山南	东接荆楚，西抵陇蜀，南控大江，北距商华之山。	荆、襄、邓、商、复、郢、随、唐、峡、归、均、房、金、夔、万、忠、梁、洋、集、通、开、壁、巴、蓬、渠、涪、渝、合、凤、兴、利、阆、果 凡三十三州	古荆、梁二州之境。	四川东北部，湖北西部，湖南北部，陕西、河南二省南部。	山南东	襄州，湖北襄阳县。	河南、湖北、湖南地。
^	^	^	^	^	山南西	梁州，陕西南郑县。	陕西、四川地。
陇右	东接秦州，西逾流沙，南连蜀及吐蕃，北界沙漠。	秦、渭、成、武、洮、岷、叠、宕、河、兰、鄯、廓、凉、甘、肃、瓜、沙、伊、西、庭、安西 凡二十一州	古雍、梁二州之境。	甘肃西部，至新疆地。	陇右	鄯州、青海乐都县。	
淮南	东临海，西抵汉，南据江，北距淮。	扬、楚、和、滁、濠、寿、庐、舒、蕲、黄、沔、安、申、光 凡十四州	古扬州之境。	淮河以南，长江以北，江苏、安徽、湖北三省地。	淮南	扬州，江苏江都县。	

续表

道名	太宗时十道				道名	玄宗时十五道	
^	辖境				^	治所	辖地今释
^	四界	属州	古地	今释	^	^	^
江南	东临海，西抵蜀，南极岭，北带江。	润、常、苏、湖、杭、歙、睦、衢、越、婺、台、温、明、括、建、福、泉、汀、宣、饶、抚、虔、洪、吉、郴、袁、江、鄂、岳、潭、衡、永、道、邵、澧、朗、辰、锦、施、南、溪、叙、思、黔、费、业、巫、夷、播、溱、珍 凡五十一州	古扬州之境。	长江以南，南岭以北，江西、江苏、安徽、浙江、福建、湖北、湖南、贵州、四川等省地。	江南东	苏州，江苏吴县。	浙江、江苏、安徽、福建。
^	^	^	^	^	江南西	洪州，江西南昌县。	江西、湖南、湖北地。
^	^	^	^	^	黔中	黔州，四川彭水县。	贵州、四川、湖南地。
剑南	东连牂牁，西界吐蕃，南接群蛮，北通剑阁。	益、蜀、彭、汉、锦、剑、梓、遂、普、资、简、陵、印、眉、雅、嘉、荣、泸、戎、黎、茂、龙、扶、文、当、松、静、柘、翼、悉、维、巂、姚 凡三十三州	古梁州之境。	四川西部，及甘肃、云南西康地。	剑南	益州，四川成都县。	
岭南	东南际海，西极群蛮，北据五岭。	广、循、潮、漳、韶、连、端、康、冈、恩、高、春、封、辩、泷、新、潘、雷、罗、儋、崖、琼、振、桂、昭、富、梧、贺、龚、象、柳、宜、融、古、严、容、藤、义、窦、禺、牢、白、廉、绣、党、岩、郁林、平、琴、邕、宾、贵、横、钦、浔、瀼、笼、田、武、环、澄、安南、驩、爱、陆、峰、汤、长、福禄、庞 凡七十州	古扬州南境。	两广，及越南地。	岭南	广州，广东番禺县。	

上表依据《旧唐书·地理志》贞观时州名及隶属。

按，唐之封域，南北如前汉之盛，东不及而西过之。及安史乱后，河西、陇右，没于吐蕃，加以藩镇跋扈，朝廷威力大绌。至于道之属州，亦有种种区别。

同华岐蒲为四"辅州"，陕怀郑汴魏绛为六"雄州"，虢汝汾晋宋许滑卫相洺为十"望州",安东平营檀妫蔚朔忻安北单于代岚云胜丰盐灵会凉肃甘瓜沙伊西北庭安西河兰鄯廓叠洮岷扶柘维静悉翼松当戎茂巂姚播黔骥容为"边州"。四万户已上为"上州",二万户已上为"中州",不满为"下州"。(《通志》卷四〇《地理略》一)

州属之县,其区别如下。

凡三都之县,在城内曰"京县",城外曰"畿县"又望县有八十五焉。其余则六千户已上为"上县",二千户已上为"中县",一千户已上为"中下县",不满一千户皆为"下县"。(《通志》卷四〇《地理略》一)

唐有五都之称,其设置如下。

高祖因隋之旧,定都长安,时谓长安为京城。太宗修洛阳宫,时巡幸焉。高宗尝言:两京朕东西二宅。注:显庆二年,以洛阳为东都。武后都洛阳。注:光宅初,号曰神都,中宗神龙初,复曰东都。玄宗以长安为西京,洛阳为东京。肃宗更以蜀郡为南京,凤翔为西京,而西京为中京。寻又以京兆即雍州。为上都,河南即洛阳。为东都,凤翔为西都,江陵为南都,太原为北都,所谓五都也。(顾祖禹《读史方舆纪要》卷五)

唐初以京兆、河南为两都,武后增置太原为北都,则为三都。肃宗又置江陵为南都,凤翔为西都,则为五都。然江陵、凤翔,旋置旋罢,而三都则历世不改。至德二载,西历757年。因玄宗幸蜀之故,

唐长安城遗迹

改蜀郡为南京。盖当时未有京名，故蜀郡不在五都内也。唐世都邑，废置不一。自肃宗宝应以后，始无复更置矣。(《续通志》卷一一〇《都邑略》一)

四　唐之制度

（一）官制

甲、中央

唐代中央官制，率沿隋旧，而稍有变更。

唐代中央官制简表

类别	官名	沿革	备考
三师	太师	同隋	
	太傅	同隋	
	太保	同隋	
三公	太尉	同隋	
	司徒	同隋	
	司空	同隋	
三省	尚书令	同隋	尚书令下有左右二仆射，左仆射之下，统吏、户、礼三部，右仆射之下，统兵、刑、工三部。又有左右丞各一员。
	门下侍中	同隋	
	中书令	内史改	
一台	御史	隋有谒者、司隶，共为三台，唐无之。	
五监	国子	同隋	
	少府	同隋	
	将作	同隋	
	军器	唐置	唐无长秋，而有军器。
	都水	唐置	
九寺		同隋	

按唐沿隋制，内官最重者为三省。三省共议国政，即宰相职也。尚书令统有二仆射，分统吏、户、礼、兵、刑、工六部，事无不总。厥后亦有变更，太宗尝为尚书令，臣下避不敢居，由是仆射为尚书省长官，与中书令、门下侍中，号为宰相矣。但有以他官参宰相之任者，

> 唐因隋旧，以三省长官为宰相。已而又以他官参议，而称号不一，出于临时，最后乃有"同品"、"平章"之名。（《唐书》卷六一《宰相表序》）

> 拜尚书右仆射。……贞观八年，……以足疾上表乞骸骨，……乃下优诏，加授特进，听在第摄养。……患若小瘳，每三两日，至门下中书，平章政事。（《旧唐书》卷六七《李靖传》）

"平章"之名始此。

> 贞观十七年，高宗为皇太子，转勋太子詹事，……特进同中书门下三品。（《旧唐书》卷六七《李勣传》）

同三品者，谓同侍中中书令也，而"同三品"之名，亦起于此。

> 自是仆射常带此称，自余非两省长官，预知政事者，亦皆以此为名。……自天后已后，两省长官，及同中书门下三品，并平章事为宰相，其仆射不带"同中书门下三品"者，但厘尚书省而已。（《旧唐书》卷四三《职官志》二《中书令》注）

翰林中之词臣，以接近天子，渐亦参预大政。

> 翰林院……皆有待诏之所。其待诏者，有词学、经术、合练、僧道、卜祝、术艺、……书奕各别院以廪之。武德贞观时，有温大雅、魏徵、李百药、岑文本、许敬宗、褚遂良，永徽后，有许敬宗、上官仪，皆召入禁中驱使，未有名。自乾封中，刘懿之、刘祎之兄弟、周思茂、元万顷、范履冰皆以文词召入待诏，常于北门候进止，时号北门学士。天后时，苏味道、韦承庆皆待诏禁中。……玄宗即位，张说、陆坚、张九龄、徐安贞、张泊等，召入禁中，谓之翰林待诏。……四方进奏，中外表疏批答，或诏从中出，宸翰所挥，亦资其检讨，谓之视草。（《旧唐书》卷四三《职官志》二《翰林院》注）

其后礼遇益隆，有"内相"之号。

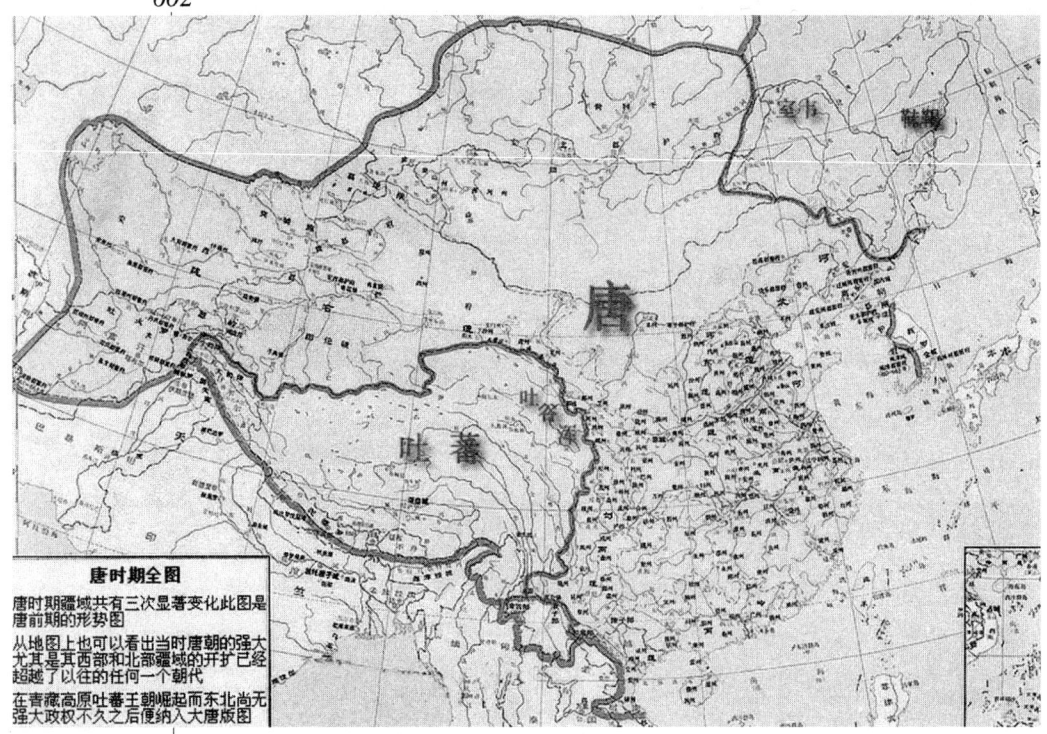

唐时期全图

唐时期疆域共有三次显著变化此图是唐前期的形势图
从地图上也可以看出当时唐朝的强大尤其是其西部和北部疆域的开扩已经超越了以往的任何一个朝代
在青藏高原吐蕃王朝崛起而东北尚无强大政权不久之后便纳入大唐版图

始贽入翰林，年尚少，以材幸，天子尝以辈行呼而不名，在奉天朝夕进见。……虽外有宰相主大议，而贽常居中参裁可否，时号"内相"。（《唐书》卷一五七《陆贽传》）

至德已后，天下用兵，军国多务，深谋密诏，皆从中出。尤择名士，翰林学士得充选者，文士为荣。……例置学士六人，内择年深德重者一人为承旨，所以独承密命故也。德宗好文，尤难其选。贞元已后，为学士承旨者，多至宰相焉。（《旧唐书》卷四三《职官志》二《翰林院》注）

唐之中叶，置南北宣徽院使及枢密院使以处宦官。及至末年，中人用事，枢密使遂夺宰相之权。

唐代宗永泰中，置内枢密使，始以宦者为之，初不置司局，但有屋三楹，贮文书而已；其职掌惟承受表奏于内中进呈，若人主有所处分，则宣付中书门下施行而已。……后僖、昭时，杨复恭……欲夺宰相权，乃于堂状后帖黄。指挥公事，此其始也。（《通考》卷五八《职官考》一二）

乙、地方

唐代州县简表

类别	官名	等　第	备　考
州	刺史	有上州、中州、下州之别。	武德初，改郡为州，太守为刺史。天宝元年，复改州为郡，刺史为太守。至德二载，又复改如故。刺史之下，有别驾、长史、司马各一人，录事参军事一人，司功、司仓、司户、司兵、司法、司士六曹参军事各一人，下州则六曹为三曹。
县	县令	有京县、畿县、上县、中县、中下县、下县之别。	令之下，有丞、主簿各一人，京县则倍之。

上表为通制。尚有以都城关系，而特异其名者，职掌虽同，而班资较崇，犹后世之京尹也。

京兆、河南、太原府牧各一人，……尹各一人，……少尹各二人。（《唐六典》卷三〇）

西都、东都、北都"牧"各一人，……西都、东都、北都、凤翔、成都、河中、江陵、兴元、兴德"府尹"各一人，……掌宣德化，岁巡属县，观风俗，录囚，恤鳏寡。（《唐书》卷四九下《百官志》四下）

唐初之地方政务官，为两级制度，即以州辖县。其后于各道设使，督察州县，定有治所以监临之，称为监司之官。虽其初只举大纲，不直接理事，历久遂侵夺州郡实权，而为三层等级。

神龙三年，西历707年。以五品以上二十人，为十道"巡察使"，察举州县，再周而代。景云三年，西历712年。置十道"按察使"，道各一人。开元二年，西历714年。曰十道"按察采访处置使"，二十年曰"采访处置使"，分十五道。天宝末，又兼"黜陟使"。乾元元年，西历758年。改曰"观察处置使"，掌察所部善恶，举大纲，凡奏请皆属于州，岁以八月考其治，以丰稔为上考，省刑为中考，办税为下考。（《通考》卷五九《职官考》一三）

此外有诸"使"，自开元天宝之后，随时因事置官，名目尤夥，《唐会要》、《通考》所列甚详。其有关吏治民生者，略举如下。

《唐会要》书影

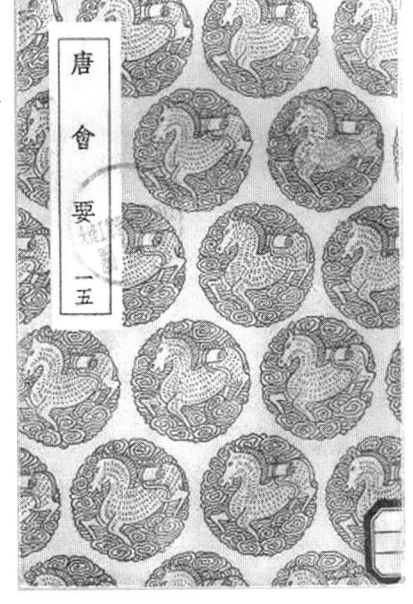

"巡察使"　唐贞观初，遣大使十三人，巡省天下。注：诸州水旱，则有"巡察"、"安抚"、"存抚"之名。

"安抚使"　见上。

"存抚使"　见上。

"观风俗使"　唐贞观八年，分遣萧瑀等巡省天下，观风俗之得失。

"黜陟使"　贞观八年，发十八道黜陟大使，黜陟官吏。

"宣抚使"　开元十五年八月，河北水灾，宇文融为宣抚使。

"营田使"　贞观二年，以沃衍有屯田之州，置营田使。

"转运使"　开元二十一年，裴耀卿以侍中充江南淮南转运使。

"户口使"　开元十二年，宇文融充诸色安辑户口使。

"租庸使"　开元十一年，宇文融勾当租庸地税使。

"度支使"　肃宗至德以后，戎事费多，二年十二月，吕諲为勾当度支使。

"盐铁使"　肃宗乾元元年，盐铁铸钱使第五琦，初变盐法。

"两税使"　德宗建中元年，杨炎为相，遂作两税法，置两税使以总之。

"榷茶使"　穆宗时，始诏王涯为榷茶使。

唐初都督，原为边防而设，其后设置渐多，并以之察州刺史，虽旋因权重而罢之，然已为武人干政之滥觞。至都督加旌节而为节度使，复兼观察、制置等使，其权益重。安史乱后，节度使遍于内地，地方兵财之权，集于一身，中央不复能制，遂成"内轻外重"之局。

唐诸州，复有"总管"。魏黄初三年，始置都督诸州军事之名，后代因之，至隋改为总管府。……武德元年，诸州总管亦加号使持节。五年，以洺、荆、并、幽、交五州，为大总管府。七年，改大总管府为"大都督"府，总管府为"都督"府。复有行军大总管者，盖有征伐，则置于所征之道，以督军事。（《通典》卷三二《职官》一四）

武德初，边要之地，置总管以统军，加号使持节。……七年，改总管曰都督，总十州者为大都督。贞观二年，去"大"字，……惟朔方犹称大总管。（《唐书》卷四九下《百官志》四下"大都督府"注）

都督掌督诸州兵马、甲械、城隍、镇戍、粮廪，总制府事，唐初曰总管，后改为都督，惟朔方仍称大总管。（《续通典》卷三六《职官》一四）

太极初，以并益荆扬为四大都督府，开元十七年，加潞州为五

唐武士石雕

焉。其余都督，定为上中下等，上都督府五，潞益并荆扬；中都督府十五，凉秦灵延代兖梁安越洪潭桂广戎福；下都督府二十，夏原庆丰胜荣松洮鄯西雅泸茂巂姚夔黔辰容邕。前后制置改易不恒，难可备叙。凡大都督府，置大都督一人，亲王为之，多遥领其任，亦多为赠官。（《通典》卷三二《职官》一四）

分天下州县，制为诸道，每道置使，理于所部。注：即采访、防御等使也。其边方有寇戎之地，则加以旌节，谓之"节度使"。自景云二年四月，始以贺拔延嗣为凉州都督，充河西节度使。其后诸道因同此号，得以军事专杀，行则建节府、树六纛，外任之重莫比焉。（《通典》卷三二《职官》一四）

自武德至天宝以前，边防之制，其军城镇守捉，皆有使，而道有大将一人，曰大总管，已而更曰大都督。至太宗时，行军征讨曰大总管，在其本道曰大都督。自高宗永徽以后，都督带使持节者，始谓之节度使，然犹未以名官。景云二年，以贺拔延嗣为……河西节度使，自此而后，接乎开元，朔方、陇右、河东、河西诸镇，皆置节度使。（《唐书》卷五〇《兵志》）

天宝中，缘边御戎之地，置八节度使，……外任之重无比焉。至德已后，天下用兵，中原刺史，亦循其例，受节度使之号。（《旧唐书》卷四四《职官志》三"节度使"注）

地方掌军事者，复有"防御使"与"团练使"。但后来团练率为刺史

兼官，防御使置于不设军镇处。

唐武后圣历元年，西历698年。以夏州镇领"防御使"，防御使之名自此始。……天宝中，安禄山犯顺，大郡要地当贼冲者，置"防御守捉使"。(《通考》卷五九《职官考》一三)

唐肃宗乾元初，置"团练使守捉使"，大领十州，小者三五州。代宗时，元载当国，令刺史悉带团练。大率团练皆隶所治州，岁以八月考其治否。(《通考》卷五九《职官考》一三)

边防官除都督而外，尚有"都护"、"制置使"、"经略使"等官，自节度使擅权，率皆兼任之。

唐永徽中，始于边方置安东、安西、安南、安北四大"都护"府，后又加单于、北庭都护府，府置都护一人。注：掌所统诸蕃慰抚、征讨、斥堠、安辑蕃人及诸赏罚叙录勋功，总判府事。(《通典》卷三二《职官》一四)

唐宣宗大中五年，西历851年。以白敏中充招讨党项行营都统"制置"等使，制置使之名始此。(《通考》卷六二《职官考》一六)

唐贞观二年，边州别置"经略使"。……节度兼度支营田招讨经略使，则有副使、判官各一人。……至德三年，贺兰进明除岭南五府经略，兼节度使。建中元年，除元琇节度，始不合五府经略。(《通考》卷六二《职官考》一六)

(二) 兵制

唐之兵制，大致情形如下。

唐有天下，二百余年，而兵之大势三变。其始盛时有"府兵"，府兵后废而为"彍骑"，彍骑又废，而"方镇"之兵盛矣。及其末也，强臣悍将，兵布天下，而天子亦自置兵于京师曰"禁军"。(《唐书》卷五〇《兵志》)

甲、府兵

武德初，始置军府，以骠骑、车骑两将军府领之，析关中为十二道，……皆置府。三年，更以万年道为参旗军，长安道为鼓旗军，富平道为玄戈军，醴泉道为井钺军，同州道为羽林军，华州道为骑官

军,宁州道为折威军,岐州道为平道军,豳州道为招摇军,西麟州道为苑游军,泾州道为天纪军,宜州道为天节军,军置将副各一人,以督耕战,以车骑府统之。六年,以天下既定,遂废十二军,改骠骑曰统军,车骑曰别将。居岁余,十二军复,而军置将军一人,军有坊,置主一人。(《唐书》卷五〇《兵志》)

以上开国草创之制。及太宗斟酌损益,其制乃臻完备。

太宗贞观十年,更号统军为折冲都尉,别将为果毅都尉,诸府总曰折冲府。凡天下十道,置府六百三十四,皆有名号,而关内二百六十有一,皆以隶诸卫。(《唐书》卷五〇《兵志》)

唐之府兵,分置于中央及各地方,而中央几居其半数,所以形势颇强,内重外轻,足资控制。其归中央统辖者,任宿卫之事。

其隶于卫也,左右卫皆领六十府,诸卫领五十至四十,其余以隶东宫六率。(《唐书》卷五〇《兵志》)

唐中央军十六卫简表

卫名	每卫长官	职掌	备考
左右卫	上将军各一人,大将军各一人,将军各二人。	宫禁宿卫,凡五府三卫及折冲府骁骑番上者,受其名簿而配以职。	左右卫凡五府及外府皆总制之。五府者,亲卫之府一,曰亲府;勋卫之府二,曰勋一府、勋二府;翊卫之府二,曰翊一、翊二府。亦称为五府三卫也。外府者,折冲府也,自左右卫至左右金吾卫十二卫。凡五府之番上者,受其名簿而配以职,监门,千牛。凡左右四卫不领,故但称十二卫也,五府惟左右卫兼领之,余但翊卫二府而已。
左右骁卫	上将军各一人,大将军各一人,将军各二人。	宫禁宿卫,凡翊府之翊卫,外府豹骑番上者分配之。	
左右武卫	上将军各一人,大将军各一人,将军各二人。	宫禁宿卫,凡翊府之翊卫,外府熊渠番上者分配之。	
左右威卫	上将军各一人,大将军各一人,将军各二人。	宫禁宿卫,凡翊府之翊卫,外府羽林番上者分配之。	
左右领军卫	上将军各一人,大将军各一人,将军各二人。	宫禁宿卫,凡翊府之翊卫,外府射声番上者分配之。	
左右金吾卫	上将军各一人,大将军各一人,将军各二人。	宫中京城巡警烽候道路水草之宜,凡翊府之翊卫,外府佽飞番上者皆属焉。	
左右监门卫	上将军各一人,大将军各一人,将军各二人。	诸门禁卫及门籍。	
左右千牛卫	上将军各一人,大将军各一人,将军各二人。	侍卫及供御兵仗。	

唐代府兵编制简表

名号	数目	等别	每级人数	官　长
府	一	上	一二〇〇	每府折冲都尉一人，左右果毅都尉各一人，长史一人，兵曹一人。
		中	一〇〇〇	
		下	八〇〇	
团	四		三〇〇	每团校尉一人。
队	六		五〇	每队队正一人。
火	五		一〇	每火火长一人。

唐之府兵，沿于后周，为征兵制度。

凡民年二十为兵，六十而免，其能骑而射者为越骑，其余为步兵。(《唐书》卷五〇《兵志》)

府兵平日皆安居田亩，每府有折冲领之，折冲以农隙教习战阵。国家有事征发，则以符契下其州，及府参验发之。至所期处，将帅按阅，有教习不精者，罪其折冲，甚者罪及刺史。军还赐勋加赏，便道罢之，行者近不逾时，远不经岁。(《通考》卷五一《兵考》三)

府兵之任宿卫者，谓之"番上"，亦有规定。

凡当宿卫者番上，兵部以远近给番，五百里为五番，千里七番，一千五百里八番，二千里十番，外为十二番，皆一月上。若简留直卫者，五百里为七番，千里八番，二千里十番，外为十二番，亦同上。(《唐书》卷五〇《兵志》)

征发府兵，亦有一定手续，所以防专擅也。

凡发府兵，皆下符契州刺史，与折冲勘契乃发，若全府发，则折冲都尉以下皆行，不尽则果毅行，少则别将行。(《唐书》卷五〇《兵志》)

遇有征伐，均临时命将。战争既罢，兵归其府，将上其印，所以无拥兵之人。

元帅……掌征伐，兵罢则省。(《唐书》卷四九下《百官志》四下)

唐武士陶俑

高祖、太宗之制，兵列府以居外，将列卫以居内，有事则将以征伐，事已各解而去。（《唐书》卷六四《方镇表》序）

自高宗、武后以后，制度渐坏，有名之府兵，遂亡其实。

高宗以刘仁轨为洮河镇守使，以图吐蕃，于是始有久戍之役。（《通考》卷一五一《兵考》三）

自高宗、武后时，天下久不用兵，府兵之法浸坏，番役更代，多不以时。（《唐书》卷五〇《兵志》）

玄宗开元六年，始诏折冲府兵，每六岁一简。（《唐书》卷五〇《兵志》）

乙、彍骑

府兵既坏，变为彍骑，由招募而来。

时当番卫士，浸以贫弱，逃亡略尽。说又建策，请一切召募强壮，令其宿卫，不简色役，优为条例，诸逃者必争来应募。上从之，旬日得精兵一十三万人，分系诸卫，更番上下，以实京师。其后彍骑是也。（《旧唐书》卷九七《张说传》）

宰相张说，乃请一切募士宿卫。开元十一年，取京兆、蒲、同、岐、华府兵及白丁，而益以潞州长从兵，共十二万，号长从宿卫，岁二番，命尚书左丞萧嵩，与州吏共选之。明年，十二年。更号曰彍骑。有迅速之意。（《唐书》卷五〇《兵志》）

彍骑既行，府兵遂不见重。

又诏诸州府，马阙官私共补之。今兵贫难致，乃给以监牧马，然自是诸府士，益多不补。折冲将又积岁不得迁，士人皆耻为之。（《唐书》卷五〇《兵志》）

彍骑之隶属，及其编制如下。

开元十三年，始以彍骑分隶十二卫，总十二万，为六番，每卫万人。……其制，皆择下

唐骑马武士俑木雕

> 户白丁、宗丁、品子、强壮、……不足则兼以户八等，……皆免征镇赋役。为四籍，兵部及州县卫分掌之，十人为火，五火为团，皆有首长，又择材勇者为番头。（《唐书》卷五〇《兵志》）

彍骑初颇注重演习，更加奖励，故一时称劲旅。

> 颇习弩射，……凡伏远弩，……四发而二中，擘张弩，……四发而二中，角弓弩，……四发而三中，单弓弩，……四发而二中，皆为及第。诸军皆近营为堋，士有便习者教试之，及第者有赏。（《唐书》卷五〇《兵志》）

厥后亦渐废弛，有名无实。

> 自天宝以后，彍骑之法，又稍变废，士皆失拊循。八载，折冲诸府，至无兵可交，李林甫遂请停上下鱼书，即鱼符，以书刻于上。其后徒有兵额官吏，而戎器驮马锅幕糗粮并废矣。故时府人目番上宿卫者曰侍官，言侍卫天子，至是卫佐悉以假人为童奴，京师人耻之，至相骂辱，必曰侍官。而六军宿卫皆市人，富者贩缯彩、食梁肉，壮者为角觝、拔河、翘木、扛铁之戏，及禄山反，皆不能受甲矣。（《唐书》卷五〇《兵志》）

丙、禁军

府兵与彍骑俱废，藩镇又据土擅兵，天子所恃，惟禁兵而已。

> 所谓天子禁军者，南北衙兵也，南衙诸卫兵是也，北衙者禁军也。（《唐书》卷五〇《兵志》）

自十六卫衰废，专以禁军为重。凡十军，其名称及变迁，特列表以明之。

唐代禁军简表

军 名	成立时代	备 考
左右羽林军	高宗	初号飞骑。
左右龙武军	玄宗	初为元从禁军，百骑，千骑，万骑。
左右神武军	肃宗	亦曰神武天骑。
左右神策军	代宗	亦曰神策左右厢。
左右神威军	德宗	亦名射生左右厢，左右英武军，宝应军，左右射生军。

按禁军更张最多，据《唐书》卷五〇。《兵志》所载如下：

初高祖以义兵起太原，已定天下，悉罢遣归。其愿留宿卫者三万人，高祖以渭北白渠旁所弃腴田分给之，号"元从禁军"。后老不任事，以其子弟代，谓之"父子军"。及贞观初，太宗……又置北衙七营。……十二年，始置左右屯营于玄武门，领以诸卫将军，号"飞骑"。……高宗龙朔二年，始取府兵、越骑、步射，置左右"羽林军"。

贞观初，太宗择元从禁军善射者百人……曰"百骑"。……武后改百骑曰"千骑"，睿宗又改千骑曰"万骑"，分左右营。及玄宗以万骑平韦氏，改为"左右龙武"军。

肃宗赴灵武，士不满百，及即位，稍复旧补北军。至德二载，置"左右神武军"，……亦曰神武天骑，制如羽林。上元中，以北衙军使卫伯玉为神策军节度使，镇陕州，中使鱼朝恩……监其军。……广德元年，代宗避吐蕃幸陕，朝恩举在陕兵与神策军迎扈，悉号"神策军"。……及京师平，朝恩遂以军归禁中自将之。……永泰元年，吐蕃复入寇，朝恩又以神策军屯苑中，自是浸盛，分为左右厢，势居北军右，遂为天子禁军，非他军比。德宗贞元十二年，……使内侍……张尚进为右"神威军"中护军。……宪宗元和三年，废左右神威军。

自肃宗以后，北军增置威武、长兴等军，名类颇多，而废置不一，惟"羽林"、"龙武"、"神武"、"神策"、"神威"最盛，总曰左右十军矣。

德宗信任宦官，使领禁军，而宦官挟其势力，胁制天子，诛戮大臣，狂横益甚。及朱全忠尽诛夷诸宦官，而唐亦以亡矣。

自德宗幸梁还，以神策兵有劳，……贞元十二年，以……知内侍省事窦文场为左神策军护军中尉，……知内侍省事霍仙鸣为右神策军护军中尉，……内侍兼内谒者监张尚进为右神威军中护军，……内侍兼内谒者监焦希望为左神威军中护军。护军中尉、中护军，皆古官。帝既以禁卫假

唐代宦官立像

宦官，又以此宠之。十四年，又诏左右神策置统军，以崇亲卫如六军。时边兵衣馕多不赡，而戍卒屯防神策军。药茗蔬酱之给最厚，诸将务为诡辞，请遥隶神策军，禀赐遂赢旧三倍，由是塞上往往称神策行营，皆内统于中人矣，其军乃至十五万。(《唐书》卷五〇《兵志》)

顺宗即位，王叔文用事，欲取神策兵柄，乃用故将范希朝为左右神策京西诸城镇行营兵马节度使，以夺宦者权而不克。……景福二年，昭宗以藩臣跋扈，天子孤弱，议以宗室典禁兵。及伐李茂贞，乃用嗣覃王允为京西招讨使，……已而兵自溃，……乾宁四年，左右神策中尉刘季述、王仲先，以其兵千人，废帝幽之，季述等诛。已而昭宗召朱全忠兵入诛宦官，宦官觉，劫天子幸凤翔，全忠围之岁余。天子乃诛中尉韩全诲、张弘彦等二十余人，以解梁兵，乃还长安。于是悉诛宦官，而神策左右军，由此废矣。(《唐书》卷五〇《兵志》)

(三) 刑法

唐初刑法，似较宽大，仅依隋法而损益之。

高祖……既平京城，约法为二十条，惟制杀人、劫盗、背军、叛逆者死，余并蠲除之。及受禅，诏纳言刘文静，与当朝通识之士，因开皇律令而损益之，尽削大业所由烦峻之法，又制五十三条格，务在宽简，取便于时。(《旧唐书》卷五〇《刑法志》)

刘祥道，……父林甫，武德初，为内史舍人，……以才干见称。寻诏与中书令萧瑀等撰定律令，林甫因著律议万余言。(《旧唐书》卷八一《刘祥道传》)

时制度草创，命文静与当朝通识之士，更刊隋开皇律令而损益之，以为通法。高祖谓曰："本设法令，使人共解。而往代相承，多为隐语，执法之官，缘此舞弄。宜更刊定，务使易知。"(《旧唐书》卷五七《刘文静传》)

太宗命长孙无忌、房玄龄与学士法官，更加厘改，律条始大备，唐律遂为宋明清所本。

定律五百条，分为十二卷，一曰名例，二曰卫禁，三曰职制，四曰户婚，五曰厩库，六曰擅兴，七曰贼盗，八曰斗讼，九曰诈伪，十曰杂律，十一曰捕亡，十二曰断狱。(《旧唐书》卷五〇《刑法志》)

《唐律》残片

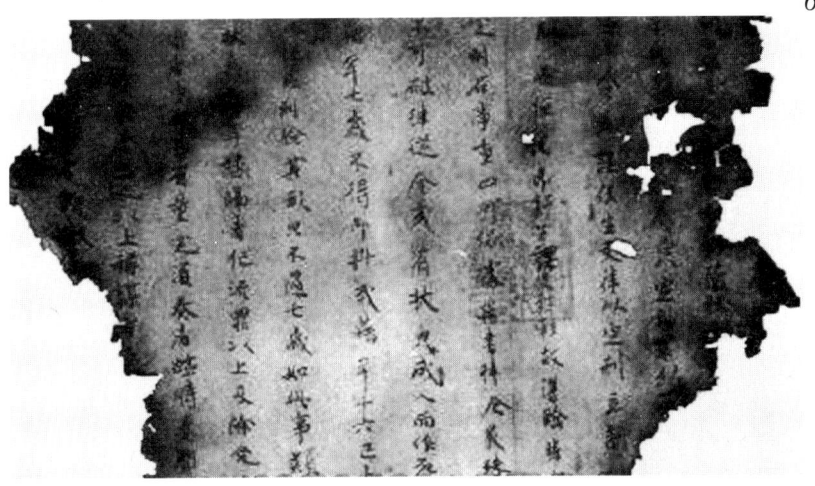

其十恶之罪，亦沿隋制。

一曰谋反，二曰谋大逆，三曰谋叛，四曰谋恶逆，五曰不道，六曰大不敬，七曰不孝，八曰不睦，九曰不义，十曰内乱。(《旧唐书》卷五〇《刑法志》)

既定之后，加以增补。故唐之法律有四，曰"律"、"令"、"格"、"式"。律者问刑科条也，令者国家制度也，格者百官有司所治之事也，式者所常守之法也。凡邦国之政，必从事此三者，其有所违，及人之为恶而入罪者，一断以律。

又定令一千五百九十条，为三十卷，贞观十一年正月，颁下之。又删武德、贞观已来敕格三千余件，定留七百条以为格。(《旧唐书》卷五〇《刑法志》)

永徽初，敕太尉长孙无忌……等，共撰定律令格式，旧制不便者，皆随删改。遂分格为两部，曹司常务为"留司格"，天下所共者为"散颁格"。其散颁格下州县，留司格但留本司行用焉。(《旧唐书》卷五〇《刑法志》)

永徽三年，诏曰："律学未有定疏，每年所举明法，遂无凭准。宜广召解律人条义疏奏闻，仍使中书门下监定。于是太尉赵国公无忌……等，参撰律疏，成三十卷。四年十月奏之，颁于天下。自是断狱者，皆引疏分析之。(《旧唐书》卷五〇《刑法志》)

至所定五刑，与隋大致相同，惟流刑自二千里至三千里为异。又有议

卷三 隋唐五代

请、减赎、当免之法。

一曰议亲，二曰议故，三曰议贤，四曰议能，五曰议功，六曰议贵，七曰议宾，八曰议勤。(《旧唐书》卷五〇《刑法志》)

又许以官当罪。"以官当徒者"，五品已上犯罪者，一官当徒二年；九品已上，一官当徒一年。若犯公罪者，各加一年。"以官当流者"，三流同比徒四年，仍各解见任。除名者比徒三年，免官者比徒二年，免所居官者比徒一年。(《旧唐书》卷五〇《刑法志》)

其赎法，笞十赎铜一斤，递加一斤。至杖一百，则赎铜十斤，自此已上，递加十斤。至徒三年，则赎铜六十斤。流二千里者，赎铜八十斤；流二千五百里者；赎铜九十斤，流三千里者，赎铜一百二十斤。(《旧唐书》卷五〇《刑法志》)

断罪之年龄，亦有规定。

年七十以上，十五以下，及废疾，犯流罪以下亦听赎。八十以上，十岁以下，及笃疾，犯反逆杀人应死者上请，盗及伤人亦收赎，余皆勿论。九十以上，七岁以下，虽有死罪不加刑。(《旧唐书》卷五〇《刑法志》)

至于司法机关，与司法官员，兹参酌两《唐书》、《职官》及《百官志》，表列如下。

唐代司法机关简表

机关	官 名	职 掌	备 考
县	县令	掌察冤滞，听狱讼。	
	司法佐		
州	刺史	每岁一巡县，录囚徒，察狱讼，尤异亦以上闻，其常则申于尚书省。	
	法曹司法参军事	掌鞫狱，丽法，督盗贼，知赃贿，没入。	都护府、都督府、京府、散府府尹皆有之。
大理寺	卿	掌折狱详刑，凡罪抵流死，皆上刑部，覆于中书门下。	
	正	掌议狱，正科条。	
	丞	掌分判寺事，正刑之轻重。	
	司直	掌出使推按。	

机关	官 名	职 掌	备 考
刑部	尚书 侍郎	掌律令、刑法、徒隶、按覆 谳禁之政。	凡鞫大狱，以尚书侍郎与御史中丞、大理卿为三司。
	郎中 员外郎	掌按覆大理，及天下奏谳。	
御史台	大夫	掌持邦国刑宪。	凡天下之人，有称冤而无告者，与三司讯之。
	中丞	为大夫贰。	
	侍御史	掌推鞫狱讼。	
	监察御史	掌分察巡按郡州县狱讼事。	

按唐制，刑部掌按覆奏谳，御史台分掌纠察狱讼事。而地方诉讼，自县达于州府，自州府达于大理寺，实为三级制度。

若寻常之狱，推讫断于大理。（《旧唐书》卷四四《职官志》三）

其后御史，亦受诉讼。

故事，御史台不受讼，有诉可闻者，略其姓名，托以风闻。其后御史嫉恶者少，通状壅绝。开元十四年，乃定授事御史一人，知其日劾状题告事人姓名。（《唐书》卷四八《百官志》三）

御史台亦置狱系人。

初台无狱，凡有囚则系大理。贞观时，李乾祐为大夫，始置狱。由是中丞侍御史，皆得系人。（《唐书》卷一三〇《崔隐甫传》）

造就法律人材，则有律学。

律学博士一人，太宗置。……学生五十人。博士掌教文武官八品已上，及庶人子为生者，以律令为专业格式法例，亦兼习之。（《旧唐书》卷四四《职官志》三《国子监》）

贞观六年二月，……初置律学。（《旧唐书》卷三《太宗纪》）

（四）学校

唐时学校，自表面上观之，不可谓不盛。然士人视线，皆集注于科举，学校只为入仕之阶梯而已。

甲、京师学

国子监，领六学。生徒皆隶尚书省补。一曰"国子学"，生徒三百

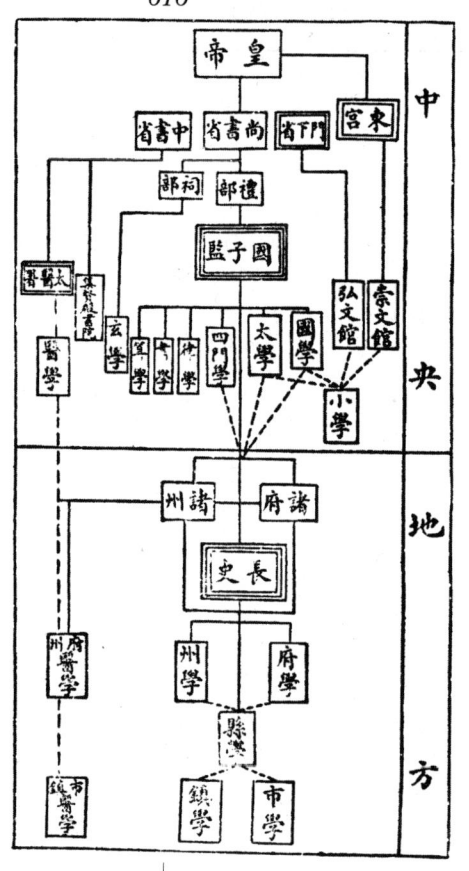

唐学制系统图

人；分习五经，一经六十人，以文武官三品以上，及国公子孙、从二品以上之曾孙为之。二曰"太学"，生徒五百人；每一经百人，以四品、五品，及郡县公子孙，及从三品之曾孙为之。三曰"四门学"，生徒千三百人；分经之制，与太学同。其五百人以六品、七品，及侯伯子男之子为之；其八百人以庶人之俊造者为之。四曰"律学"，生徒五十人；取年十八以上，二十五以下，以八品、九品子孙，及庶人之习法令者为之。五曰"书学"，生徒三十人；以习文字者为之。六曰"算学"，生徒三十人。以习计数者为之。凡二千二百一十人。（《通典》卷五三《礼》一三）

太宗时加以扩充，生徒尤众。

太宗贞观五年以后，数幸国学。……国学、太学、四门，亦增生员，其书算各置博士，凡三百六十员。其屯营飞骑亦给博士，授以经业。无何，高丽、百济、新罗、高昌、吐蕃诸国酋长，亦遣子弟请入国学。于是国学之内，八千余人。（《通考》卷四一《学校考》二）

学校既为科举而设，则所肄习之课程，亦为应举之预备。

凡博士、助教，分经授诸生，未终经者，无易业。……凡《礼记》、《春秋左氏传》为"大经"，《诗》、《周礼》、《仪礼》为"中经"，《易》、《尚书》、《春秋公羊传》、《榖梁传》为"小经"。通二经者，大经小经各一，若中经二；通三经者，大经、中经、小经各一；通五经者，大经皆通，余经各一。《孝经》、《论语》，皆兼通之。（《通考》卷四一《学校考》二）

生徒成绩佳者，即送于礼部与试。

分其人而教育之，其有通经力学者，必于岁之抄，升于礼部，听简试焉。（《柳宗元集》卷二六四《门助教厅壁记》）

乙、州郡学

唐制,京都学生八十人,大都督、中都督府、上州各六十人,下都督府、中州各五十人,下州四十人,京县五十人,上县四十人,中县、中下县各三十五人,下县二十人。州县学生,州县长官补,长史主焉。每岁仲冬,州县馆监举其成者,送之尚书省。(《通考》卷四六《学校考》七)

武德七年,诏诸州县及乡,并令置学,有明一经以上者,有司试册加阶。玄宗开元二十一年,敕诸州县学生,……年二十一已下,通一经已上,及未通经,精神聪悟,有文词史学者,每年铨量举送所司简试,听入四门学充俊士。(《通考》卷四六《学校考》七)

学校为官所立,私人不得设立。

不得辄使诸百姓,任立私学。(《通考》卷四六《学校考》七)

唐辟雍砚

(五) 科举

唐行科举制度,凡举士铨官,皆重考试。自魏晋以来造成门阀之九品中正制度,至是始完全废除。且科举盛行,白衣及第,得通婚于世宦,而门第之风亦衰。此实为中古社会上一大变革也。至其举士铨官之法,多为后来所沿袭,兹特分述之。

甲、举士

唐制,取士之科……有三,由学馆者曰"生徒",由州县者曰"乡贡",皆升于有司而进退之。……其天子自诏者曰"制举",所以待非常之才焉。(《唐书》卷四四《选举志》上)

国子监……丞,……每岁七学生业成,与司业、祭酒、莅试,登第者上于礼部。(《唐书》卷四八《百官志》三)

自京师郡县,皆有学焉。每岁仲冬,郡县馆监课试其成者,……而与计偕。其不在馆学而举者,谓之乡贡。旧令诸郡,虽一二三人之限,上郡岁三人,中郡二人,下郡一人。而实无常数。到尚书省,始由户部集阅,而关于考功课试,可者为第。(《通典》卷一五《选举》三)

所设科目甚多，常制凡八，所谓"八科"者也。

其科之目，有"秀才"，有"明经"，……有"进士"，有"明法"，有"明字"，有"明算"，……有"道举"，有"童子"。(《唐书》卷四四《选举志》上)

各科考试中第之标准，亦有规定。

"律"凡明法试律七条，令三条，全通为甲第，通八为乙第。(《唐书》卷四四《选举志》上)

"书"凡书学先口试，通乃墨试。《说文》、《字林》二十条，通十八为第。(《唐书》卷四四《选举志》七)

"算"试《九章》、《海岛孙子五曹》、《张邱建夏侯阳周髀五经》，缀术缉占，帖各有差，兼试问大义，皆通者为第。(《通典》卷一五《选举》三)

"明经"凡明经先帖文，然后口试。经问大义十条，答时务策三道，亦为四等。(《唐书》卷四四《选举志》上)

"进士"凡进士试时务策五道，帖一大经。经策全通为甲第，策通四、帖过四以上为乙第。(《唐书》卷四四《选举志》上)

"道举"开元二十九年，始于京师置崇玄馆，诸州置道学生徒有差，谓之道举。(《通典》卷一五《选举》三)

"童子"童子科凡十岁以下，能通一经，及《孝经》、《论语》，每卷诵文十通者予官，通七者予出身。(《通考》卷三五《选举考》八)

至于玄宗，复有改定。

开元八年七月，国子司业李元瓘上言，三礼、三传及《毛诗》、《尚书》、《周易》等，并圣贤微旨。……今明经所习，务在出身，咸以《礼记》文少，人皆竞读。……贡人参试之日，习《周礼》、《仪礼》、《公羊》、《穀梁》，并请帖十通五许其入策。以此开劝，即望四海均习九经该备，诏从之。(《通志》卷五八《选举略》一)

调露二年，……又加《老子》。……开元二十一年，明皇新注《老子》成，诏天下每岁贡士，减《尚书》、《论语》二策，而加《老子》焉。(《通志》卷五八《选举略》一)

开元二十五年二月，制明经帖十，取通五以上，免旧试一帖，仍

按问大义十条，取六以上，免试经策十条，令答时务策三道，取粗有文理者与及第。其进士停小经准明经，帖大经十帖，取通四以上，然后准例试杂文及策，考通与及第。其明经中有明五经以上，试无不通者，进士中兼有精通一史，能试策十条，得六以上者，奏听进止。（《通志》卷五八《选举略》一）

考试艺业，皆有帖经。其法毫无意义，遂渐趋重文章。至玄宗加试诗赋，遂为唐代承袭不变之制。

凡举司课试之法，帖经者以所习经，掩其两端，中间开唯一行，裁纸为帖。凡帖三字，随时增损，可否不一，或得四、得五、得六者为通。注：后举人积多，故其法益难，务欲落之，至有帖孤章绝句疑似参互者以惑之，甚者或上抵其注，下余一二字，使寻之难知，谓之"倒拔"，既甚难矣。而举人则有驱悬孤绝，索幽隐，为诗赋而诵习之，不过十数篇，则难者悉详矣。其于平文大义，或多面墙焉。（《通典》卷一五《选举》三）

天宝十三年，玄宗御勤政楼，试博通坟典、洞晓玄经、辞藻宏丽、军谋出众等举人，……取词藻宏丽外，别试诗赋各一首。制举试诗赋，自此始也。（《旧唐书》卷一一九《杨绾传》）

先是进士试诗赋，及时务策五道。……建中二年，中书舍人赵赞权知贡举，乃以箴论表赞代诗赋。……太和八年，礼部复罢进士议论，而试诗赋。（《唐书》卷四四《选举志》上）

唐设科虽多，而士人所趋，惟"明经"、"进士"两科。后因尚文，明经所试之艺，不为人所重，而进士独为矜贵。

唐科举考试场景

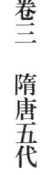

卷三　隋唐五代

其常贡之科，有"秀才"，有"明经"，有"进士"，有"明法"，有"书"，有"算"。……贞观中，有举而不第者，坐其州长。……自是士族所趣向，惟明经、进士二科而已。(《通典》卷一五《选举》三)

　　按令文科第，秀才与"明经"同为四等，"进士"与明法同为二等，然秀才之科久废。……自武德以来，明经惟有丁第，进士惟乙科而已。(《通典》卷一五《选举》三)

　　其进士大抵千人得第者百一二，明经倍之，得第者十一二。……开元以后，四海晏清，士无贤不肖，耻不以文章达，其应诏而举者，多则二千人，少犹不减千人，所收百才有一。(《通典》卷一五《选举》三)

　　进士科，始于隋大业中，盛于贞观，缙绅虽位极人臣，不由进士者，终不为美。(王保定《摭言》)

唐时试官，初归尚书省吏部主之，后移于礼部，遂为科举时代之定制。

　　武德旧制，以考功郎中监试贡举。贞观以后，则考功员外郎专掌之。(《通典》卷一五《选举》三注)

　　开元二十四年，制移贡举于礼部，以侍郎掌之。注：因考功员外郎李昂，诋诃进士李权文章，大为权所陵诟。朝议以郎官地轻，故移于礼部，遂为永制。(《通典》卷一五《选举》三)

举人入场时，礼节隆重，防弊亦甚严。

　　先试之期，命举人谒于先师，有司卜日，宿张于国学，宰辅以下皆会而观焉，博集群议，讲论而退之。礼部阅试之日，皆严设兵卫，荐棘围之，搜索衣服，讥诃出入，以防假滥焉。(《通典》卷一五《选举》三)

　　武后策贤良方正，诏吏部尚书李景谌，"糊名"较覆，说所对第一，后署乙等。(《唐书》卷一二五《张说传》)

武后策贡士于洛城殿，为殿试之始。

　　武太后载初元年二月，策问贡人于洛城殿，数日方了。"殿前试"人自此始。(《通典》卷一五《选举》三)

以上为文科。至武科则始于武后时。

　　长安二年，西历702年。教人习武艺，其后每岁，如明经、进士

之法，行乡饮酒礼，送于兵部。其课试之制，画帛为五规，置之于垛，去之百有五步，列坐引射，名曰"长垛"。又穿土为埒，其长与垛均，缀皮为两鹿，历置其上，驰马射之，名曰"马射"。又断木为人，戴方版于顶上，凡四偶人，互列埒上，驰马入埒，运枪左右触，必版落而人不踣，名曰"马枪"。皆以偶好不失者为上。兼有"步射"、"穿劄"、"翘关"、"负重"、"身材"、"言语"之选，通得五上者为第。（《通典》卷一五《选举》三）

其制有长垛、马射、步射、平射、筒射，又有马枪、翘关、负重、身材之选。翘关者，长一丈七尺，径三寸半，凡十举后，手持关距，出处无过一尺；负重者负米五斛，行二十步，皆为中第，亦以乡饮酒礼送兵部。（《通考》卷三四《选举考》七）

唐之举人，先借当世显人，以姓名达之主司，然后以所业投献，逾数日又投，谓之温卷。（赵彦卫《云麓漫抄》卷二）

薛登……疏曰："……方今举士，……明诏方下，固已驱驰府寺之廷，出入王公之第，陈篇希恩，奏记誓报。故俗号举人，皆称觅举。"（《唐书》卷一一二《薛登传》）

为进士者，皆诵当代之文，而不通经史。明经者，但记帖括，又投牒自举。（《唐书》卷四四《选举志》上）

当时社会人心，注重于科举，而进士登第，尤为光荣，演出许多风尚。

进士杏园初会，谓之探花宴。以少俊二人为探花使，遍游名园，若他人先折得名花，则二人被罚。（陈耀文《天中记》卷三八）

神龙以来，杏园宴后，皆于慈恩寺塔下题名。……他时有将相，则朱书之。（王保定《摭言》）

唐大中以来，礼部放榜，岁取二三人姓氏稀僻者，谓之色目人，亦曰榜花。（潘自牧

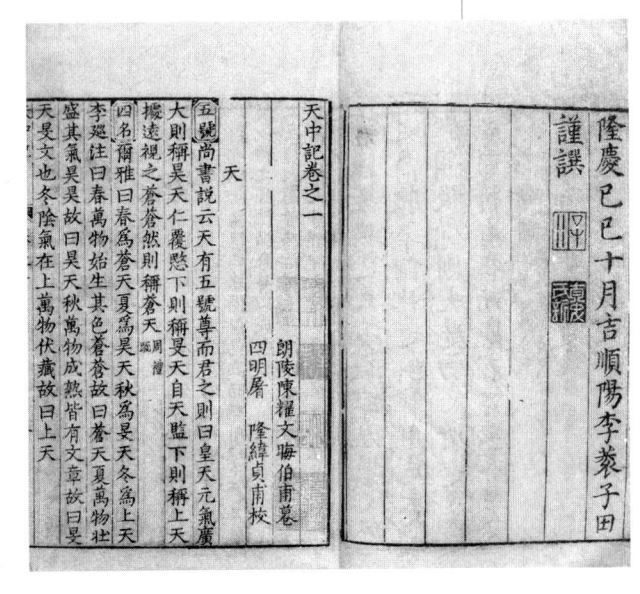

《天中记》书影

《记纂渊海》卷三七)

嗣复领贡举，时于陵嗣复父。自洛入朝，乃率门生出迎，置酒第中，于陵坐堂上，嗣复与诸生坐两序。(《唐书》卷一七四《杨嗣复传》)

进士曲江大会，先牒教坊请奏，上御紫云楼垂帘观焉。公卿家率以是日择婿，车马填塞。(王保定《摭言》)

当代以进士登科为登龙门，释褐，多拜清紧，十数年间，拟迹庙堂。轻薄者语曰："及第进士，俯视中黄郎；落第进士，揖蒲华长马。"落第当可再举，一得即窜清要，平揖蒲州、华州之令长。(封演《封氏闻见记》卷三)

乙、铨选

自六品以下。……凡旨授官，悉由于尚书，文官属吏部，武官属兵部，谓之铨选。(《通典》卷一五《选举》三)

凡士人登科后，尚须经过吏部考试，中式者方授以官，所谓"释褐试"者也。

凡选始于孟冬，终于季春。注：先时五月，颁格于郡县，示人科限而集之。初皆投状于本郡，或故任所述罢免之由。而上尚书省，限十月至省，乃考核资叙，郡县、乡里名籍，父祖官名，内外族姻，年齿形状，优劣课最，谴负刑犯必具焉。……其试之日，除场援棘，讥察防检，如礼部举人之法。(《通典》卷一五《选举》三)

其考取方法，计有四事。

其择人有四事，一曰"身"，取其体貌丰伟。二曰"言"，取其言词辩正。三曰"书"，取其楷法遒美。四曰"判"，取其文理优长。……始集而"试"，观其书判，已试而"铨"，察其身言，已铨而"注"，询其便利，而拟其官，已注而"唱"示之，不厌者，得反通其辞，……三唱而不厌，听冬集。(《通典》卷一五《选举》三)

取中者，经过审核，方能上请授官。

厌者以类相从，攒之为甲，先简仆射，乃上门下省，给事中读之，黄门侍郎省之，侍中审之，不审者皆得驳下。既审然后上闻，主者受旨而奉行焉。(《通典》卷一五《选举》三)

武官考试，亦明定标准。

> 武选亦然，课试之法，如举人之制，取其躯干雄伟，应对详明，有骁勇才艺，及可为统帅者。（《通典》卷一五《选举》三）

文武官取中后，则给以凭照，谓之告身。

> 各给以符，而印其上，谓之"告身"。其文曰尚书吏部告身之印。自出身之人，至于公卿皆给之，武官则受于兵部。（《通典》卷一五《选举》三）

以上文武官考试，是为常制。尚有所谓"南选"者，则为特制。

> 其黔中、岭南、闽中郡县之官，不由吏部，以京官五品以上一人，充使就补，御史一人监之，四岁一往，谓之"南选"。（《通典》卷一五《选举》三）

唐中叶以后，铨选制度渐坏，任便授予，仕途遂冗滥矣。

> 唐初"职事官"，有六省、一台、九寺、三监、十六卫、十率府之属。其外又有"勋官"、"散官"，勋官以赏战功，散官以褒勤旧。故必折馘执俘，然后赐勋；积资累考，然后进阶。以其不可妄得，故当时人以为荣。及高宗东封，武后预政，欲求媚于众，始得"泛阶"，自是品秩浸讹，朱紫日繁矣。肃宗之后，四方糜沸，兵革不息，财力屈竭，勋官不足以劝武功，府库不足以募战士，遂并职事官，通用为赏，不复选材，无所爱吝。将帅出征者，皆给空名告身，自开府至郎将，听临事注名，后又听以信牒授人，有至异姓王者，于是金帛重而官爵轻矣。或以大将军告身，才易一醉，其滥如此。重以藩方跋扈，朝廷畏之，穷极褒宠，苟求姑息。遂有朝编卒伍、暮拥节旄，夕解缇衣、旦纡公衮者矣。（司马光《传家集》卷六八《百官表总序》）

唐代官员立像

（六）冠服

甲、服色

　　品官旧服止黄紫，于是三品服紫，四品、五品朱，六品、七品绿，八品、九品青。（《唐书》卷九八《马周传》）

　　贞观四年八月，诏三品已上服紫，五品已上服绯，六品、七品以绿，八品、九品以青，妇人从夫色。（《旧唐书》卷三《太宗纪》下）

　　唐高祖以赭黄袍巾带为常服，……既而天子袍衫，稍用赤黄，遂禁臣民服。（《唐书》卷二四《车服志》）

　　司礼少常伯孙茂道奏称，八品九品，旧令着青乱紫，非卑品所服，望令着碧，诏从之。（《旧唐书》卷四《高宗纪》上）

乙、用料

　　亲王及三品，二王后服大科绫罗，色用紫，饰以玉；五品以上，服小科绫罗，色用朱，饰以金；六品以上，服丝布交梭双紃绫，色用黄；六品、七品服用绿，饰以银；八品、九品服用青，饰以输石。……流外官、庶人、部曲、奴婢，则服䌷绢絁布，色用黄白，饰以铁铜。太宗时，又命七品服龟甲双巨十花绫，色用绿；九品服丝布杂绫，色用青。（《唐书》卷二四《车服志》）

丙、衣衫

　　是时士人以棠苎襕衫为上服，……一命以黄，再命以黑，三命以纁，四命以绿，五命以紫。士服短褐，庶人以白。中书令马周上议，礼无服衫之文，三代之制，有深衣，请加襕袖褾襈为士人上服。开骻者，名曰缺骻衫，庶人服之。（《唐书》卷二四《车服志》）

　　马周上疏云，士庶服章，……请中单上加半臂，以为得礼。（马缟《中华古今注》卷中）

唐代文官服饰

丁、冠巾

太宗尝以幞头起于后周，便武事者也。方天下偃兵，采古制为翼善冠，自服之；又制进德冠，以赐贵臣。（《唐书》卷二四《车服志》）

贞观八年五月，……上初服翼善冠，贵臣服进德冠。（《旧唐书》卷三《太宗纪》下）

幞头，本名上巾，亦名折上巾，但以三尺皂罗后裹发，盖庶人之常服。沿至后周武帝，裁为四脚，名曰幞头。以至唐侍中马周，更与罗代绢，又令重系前后，以象二仪，两边各为三撮，取法三才，百官及士庶为常服。（马缟《中华古今注》卷中）

金丝翼善冠

戊、带佩

腰带者，摺垂头以下，名曰铊尾，取顺下之义。一品二品铊以金，六品以上以犀，九品以上以银，庶人以铁。（《唐书》卷二四《车服志》）

咸亨三年五月，五品已上，改赐新鱼袋，并饰以银，三品已上，各赐金装刀子砺石一具。……上元元年，……敕文武官三品已上，服紫，金玉带；四品深绯，五品浅绯，并金带；六品深绿，七品浅绿，并银带；八品深青，九品浅青，鍮石带。庶人服黄，铜铁带。一品已下文官，并带手巾、算袋、刀子、砺石，武官欲带亦听之。（《旧唐书》卷五《高宗纪》下）

己、笏

玄宗开元八年，敕诸笏，三品以上，前诎后直，五品以上，前诎后挫，并用象；九品以上，任用竹木，上挫下方，听依品爵报笏。假版官者，亦依此例。（《通考》卷一一二《王礼》七）

故事，皆摺笏于带，而后乘马，九龄体羸，常使人持之，因设笏囊。笏囊之设，自九龄始也。（《旧唐书》卷九九《张九龄传》）

(七) 音乐

甲、雅乐

高祖受禅，擢祖孝孙为吏部郎中，转太常少卿，渐见亲委，孝孙由是奏请作乐。时军国多务，未遑改创乐府，尚用隋氏旧文。武德九年，始命孝孙修定雅乐，至贞观二年六月奏之。……孝孙又奏陈梁旧乐，杂用吴楚之音、周齐旧乐，多涉胡戎之伎，于是斟酌南北，考以古音，作为大唐雅乐。(《旧唐书》卷二八《音乐志》一)

乙、舞

贞观七年，太宗制破阵舞图，左圆右方，先偏后伍，鱼丽鹅鹳，箕张翼舒，交错屈伸，首尾回互，以象战阵之形。令吕才依图教乐工百二十人，被甲执戟而习之，凡为三变，每变为四阵，有来往疾徐击刺之象，以应歌节，……更名"七德"之舞。(《旧唐书》卷二八《音乐志》一)

贞观六年，太宗行幸庆善宫，宴从臣于渭水之滨，赋诗十韵，其宫即太宗降诞之所，车驾临幸，每特感庆，赏赐闾里，有同汉之宛沛焉。于是起居郎吕才，以御制诗，……被之管弦，……令童儿八佾，皆进德冠，紫袴褶，为"九功"之舞。(《旧唐书》卷二八《音乐志》一)

圣寿乐，高宗武后所作也，舞者百四十人，金铜冠，五色画衣，舞之行列必成字，十六变而毕，有"圣超千古"、"道泰百王"、"皇帝万年"、"宝祚弥昌"字。(《旧唐书》卷二九《音乐志》二)

丙、法曲

初隋有法曲，其音清而近雅，其器有铙钹、钟磬、幢箫、琵琶。琵琶圆体修颈而小，号曰"秦汉子"，盖弦鼗之遗制，出于胡中，传为秦汉所作，其声金石丝竹以次作。……玄宗既知音律，又酷爱法曲，选坐部伎子弟三百，教于梨园，声有误者，帝必觉而正之，号皇帝"梨园弟子"。宫女数百，亦为梨园弟子，居宜春北院。……更置小部音声三十余人。帝幸骊山，杨贵妃生日，命小部张乐长生殿，因奏新曲未有名，会南方进荔枝，因名曰《荔枝香》。(《唐书》卷二二《礼乐志》一二)

玄宗又于听政之暇，教太常乐工子弟三百人，为丝竹之戏，音响齐发，有一声误，玄宗必觉而正之，号为皇帝弟子，又云梨园弟子，以置院近于禁苑之梨园，太常又有别教院，教供奉新曲，……玄宗又制新曲四十余，又新制乐谱。(《旧唐书》卷二八《音乐志》一)

丁、杂戏

则天末年，季冬，为泼寒胡戏。……泼寒胡未闻典故，裸跣体足，……挥水投泥。(《旧唐书》卷九七《张说传》)

每初年望夜，……即遣宫女于楼前缚架出眺，歌舞以娱之。若绳戏竿木，诡异巧妙，固无其比。(《旧唐书》卷二八《音乐志》一)

玄宗又尝以马百匹，盛饰，分左右，施三重榻，舞倾杯数十曲，壮士举榻马不动，乐工少年姿秀者十数人，衣黄衫，文玉带，立左右。(《唐书》卷二二《礼乐志》一二)

侍宴鱼藻宫，张水嬉彩舰，宫人为櫂歌，众乐间发，德宗欢甚。(《唐书》卷七《顺宗纪》)

唐李寿墓舞乐壁画

睿宗时，婆罗门国献人，倒行以足舞，仰植铦刀，俯身就锋，历脸下，复植于背，觱篥者立腹上，终曲而不伤。又伏伸其手，二人蹑之，周旋百转。(《唐书》卷二二《礼乐志》一二)

时帝薄于德，昵宠优人李可及。可及者能新声，自度曲，辞调凄折，京师偷薄少年争慕之，号为"拍弹"。同昌公主丧毕，帝与郭淑妃悼念不已，可及为帝造曲，曰"叹百年"，教舞者数百，皆珠翠襐饰，刻书鱼龙地衣，度用缯五千，倚曲作辞，哀思裴回，闻者皆涕下。舞阕，珠宝覆地。帝以为天下之至悲，愈宠之。(《唐书》卷一八一《曹确传》)

五　唐与诸族之关系

唐与诸族关系最多。在唐初国势甚盛，各族酋长诣阙，尊太宗为天可汗，其沿边各地，先后设有六都护府，以资控制。兹表列如下。

六都护简表

都护府名	道别	治所 古地	治所 今释	控制	设置与沿革	备考
安东	河北	平壤	朝鲜平壤	高丽诸府州，及百济、新罗皆属焉。	总章元年，平高丽，置安东都护府于平壤。	天宝二年，属平卢节度，至德后遂废。
安南	岭南	交州	越南北部	交趾府州，及海南诸国。	隋交趾郡。武德五年，改交州为总管府。调露元年，改为安南都护府。	
安西	陇右	龟兹	新疆库车县	西域诸府州。	贞观十四年，平高昌，置安西都护府。	德宗后，没于吐蕃。
安北	关内	金山	科布多境	碛北诸府州。	永徽初，讨平漠北，置燕然都护府。总章二年，改为安北大都护府。	天宝初，属朔方节度使。
单于	河东	云中	内蒙古呼和浩特	碛南诸府州。	龙朔三年，置云中都护府。麟德元年，改为单于大同都护府。	同上。
北庭	陇右	庭州	新疆乌鲁木齐	天山以北府州。	贞观十四年，讨高昌，及平，乃置庭州。长安二年，改为北庭都护府。	德宗后，没于吐蕃。

自睿宗景云二年，始置节度使，玄宗承之，沿边遂有十节度使之设。

十节度简表

名称	治所		控制	备考
	古地	今释		
平卢	营州	热河朝阳县	室韦、靺鞨等部。	玄宗天宝初，分范阳节度使置。
范阳	幽州	北京	奚、契丹等部。	睿宗景云二年置。
河东	太原	山西阳曲县	掎角朔方。	玄宗开元十一年置。
朔方	灵州	甘肃灵武县	回纥等部。	玄宗开元九年置。
河西	凉州	甘肃武威县	回纥、吐蕃等部。	睿宗景云二年置。
陇右	鄯州	青海乐都县	吐蕃等部。	玄宗开元二年置。
镇西	龟兹	新疆库车县	西域诸国。	玄宗开元六年置。
北庭	庭州	新疆乌鲁木齐	突骑施、坚昆、默啜等部。	玄宗开元二十九年置。
剑南	益州	四川成都县	吐蕃、蛮、僚等部。	玄宗开元五年置。
岭南	广州	广东番禺县	南海诸国。	开元中置，亦作五府经略使。

唐代盛时，备边之兵，非常雄厚。

兵之戍边者，大曰军，小曰守捉，曰城，曰镇。（《唐书》卷五〇《兵志》）

凡天下军有四十，府有六百三十四，镇有四百五十，戍五百九十，守捉有三十五。兵四十九万人，马八万余匹。（王溥《唐会要》卷七〇）

其通各国之道路有七。

唐置羁縻诸州，皆傍塞外，或寓名于夷落，而四夷之与中国通者甚众。若将臣之所征讨，敕使之所慰赐，宜有以记其所从出。天宝中，玄宗问诸蕃国远近，鸿胪卿王忠嗣以西域图对，才十数国。其后贞元宰相贾耽，考方域道里之数最详，从边州入四夷，通译于鸿胪者，莫不毕纪。其入四夷之路与关戍走集，最要者七，一曰营州，入安东道；二曰登州，海行入高丽渤海道；三曰夏州，塞外通大同云中道；四曰中受降城，入回鹘道；五曰安西，入西域道；六曰安南，通天竺道；七曰广州，通海夷道。（《唐书》卷四三下《地理志》七下）

与唐发生关系之诸族，特依其方位，顺序表列之。

唐代诸族简表

方位	国名	居地	关系	备考
北方	东突厥	蒙古地	归附	
	西突厥	金山以西，至苏联中亚地。	归附	
	回纥	蒙古地	和亲	
	铁勒	蒙古、新疆一带，散布甚广，及于西伯利亚。	朝贡	武德初，太宗图颉利，遣使通之，来贡方物。
	流鬼	西伯利亚贝加尔湖北	朝贡	贞观十四年，其王遣子三译来朝。
	黠戛斯	乌梁海之地	朝贡	唐利用之以制回纥。
西方及极西方	高昌	新疆吐鲁番一带	纳土	武德七年，献方物，后畔。贞观十四年，命侯君集伐之，破其国，置西州。
	龟兹	新疆库车县	归附	高祖时，遣使来朝。太宗时，臣于西突厥，遂绝。贞观二十年，讨降之。
	党项	甘肃西部	归附	初附吐谷浑抗唐，贞观九年，李靖破降之。
	吐谷浑	青海之地	归附	高祖受禅，遣使朝贡。太宗时入侵，贞观九年，命李靖等讨破之，自后称臣。
	焉耆	新疆焉耆县	朝贡	贞观六年，使来贡方物。
	疏勒	新疆疏勒县	朝贡	贞观九年，遣使来献方物。开元十六年，玄宗册封其王。
	于阗	新疆和阗县	朝贡	贞观六年，使来贡方物。十三年，又遣子入侍，其后常朝贡。
	天竺	印度	朝贡	贞观十五年，使来献物。
	罽宾	印度克什米尔	朝贡	贞观十一年，使来献名马，其后常有使来。
	吐蕃	西藏	和战不常	
	康国	苏联乌孜别克共和国*	朝贡	武德九年，使来献名马，自此朝贡岁至。
	波斯	伊朗	朝贡	永徽元年，为突厥所迫朝于唐，唐置波斯都督府，屡朝贡。
	大食	阿拉伯半岛	聘问，通商。	长安中，遣使献马。开元初，遣使来朝。
	拂菻	或谓即东罗马帝国	聘问，通商。	贞观十七年，使来献物，太宗答赐。
	甘棠	里海之南	朝贡	
	朱俱波	葱岭之北	纳土	贞观九年，遣使来朝。开元中，平其国。
	泥婆罗	尼泊尔	朝贡	贞观中，卫尉丞李义辰使天竺，曾经其国。永徽中，使来朝贡。
	石国	苏联乌孜别克共和国	朝贡	武德时，数献方物。显庆三年，授其王都督。开元初，封其君长为石国王，遣使朝贡不绝。
东方	日本	日本国	来留学	咸亨、长安中，数遣使于唐，浮屠随来留学。
	高丽	朝鲜半岛之北，及辽、吉二省境。	纳土	高丽初臣服于唐，盖苏文当国，复畔。贞观十九年，太宗亲征，未克而还。总章元年，灭之。
	新罗	朝鲜半岛东部	朝贡，留学。	武德四年，遣使朝贡，自此不绝。
	百济	朝鲜半岛西部	纳土	显庆五年，命苏定方统兵讨之，大破其国，乃以其地置五都督府。

*苏联乌孜别克共和国，作者写作书时的称谓，今为乌孜别克斯坦国。

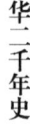

续表

方位	国名	居　地	关系	备　考
东北方	靺鞨	黑龙江境，及吉林以东地。	朝贡	武德初，遣使朝贡，自后不绝。
	渤海	辽宁东部，及吉林地。	朝贡	高丽别种，高宗灭高丽，徙其人，散处中国。后有大乞乞仲，各分王高丽地，称渤海。开元以后，常来朝贡。
	奚	热河东南部	畔附不常	武德中，遣使朝贡。贞观二十二年，内属。延和元年，唐边将袭之，不克，遂畔。开元三年，复内附，妻以公主。
	契丹	热河东北部，及内蒙古自治区中部。	畔附不常	贞观二十三年，内附。武后时畔。至开元三年，其首领又内附，妻以公主。天宝后，复畔。贞元间，常修藩礼。
	霫	辽宁西北部	朝贡	贞观三年，使来贡方物。
	室韦	内蒙古自治政府北部地	朝贡	武德、贞观中，使来朝贡。
	蒙兀	或即蒙古	朝贡	贞观六年，使来献物。
西南方及海外	南诏	云南省地	畔附不常	
	林邑	越南中部	朝贡	武德六年，其王遣使来朝贡，八年，又使献方物。贞观初，又来朝贡不绝。
	骠国	缅甸	朝贡	贞元八年，其国王弟悉利移，因南诏重译来朝献方物。
	真腊	柬埔寨	朝贡	武德六年，遣使贡方物。贞观二年，又与林邑同来。高宗、武后、玄宗时，并有使来。
	东谢蛮	贵州西部	纳士	贞观三年，其首领谢元琛入朝，以其地为应州。
	南平僚	四川东南部	纳士	遣使内附，以其地隶于渝州。
	牂牁蛮	贵州西南	朝贡	武德三年，使初来朝贡，其后不绝。
	婆利	婆罗洲	朝贡	贞观四年，其王遣使随林邑来献方物。
	盘盘	在林邑西南海曲中	贡朝	贞观九年，遣使来贡方物。
	陁洹	在林邑西南大海中	朝贡	贞观十八年，遣使来朝；二十一年，又遣使献方物。
	诃陵	在南方海中洲上居，东接婆利。	朝贡	贞观十四年，遣使来朝。大历三年，元和十一年，十三年，遣使献方物。
	堕和罗	南与盘盘，东与真腊接。	朝贡	贞观十二年、二十三年，均有使来献方物。
	堕婆登	在林邑南海中	朝贡	贞观二十一年，使来贡方物。

上列诸族，其与唐有特别关系者，分详于后。

（一）突厥

隋末唐初之际，突厥复兴，势力盛强，为北边巨患。其东西两部，与唐之关系，特分述之如下。

甲、东突厥之盛衰

始毕可汗咄吉者，启民可汗子也。隋大业中嗣位，值天下大乱，中国人奔之者众。其族强盛，东自契丹、室韦，西尽吐谷浑、高昌，诸国皆臣属焉，控弦百余万，……高视阴山，有轻中夏之志。(《旧唐书》卷一九四上《突厥传》上)

窦建德、薛举、刘武周、梁师都、李轨、王世充等，倔起虎视，悉臣尊之。(《唐书》卷二一五上《突厥传》上)

高祖起义太原，遣大将军府司马刘文静，聘于始毕，引以为援。始毕遣其特勒康稍利等，献马千匹，会于绛郡，又遣二千骑助军。(《旧唐书》卷一九四上《突厥传》上)

以上唐初突厥之情况。唐既借其兵力，亦称臣焉。

高祖即位，前后赏赐，不可胜纪。始毕自恃其功，益骄踞，每遣使者至长安，颇多横恣。高祖以中原未定，每优容之。(《旧唐书》卷一九四上《突厥传》上)

武德二年二月，始毕帅兵渡河至夏州，贼帅梁师都出兵会之，谋入抄掠。(《旧唐书》卷一九四上《突厥传》上)

自是迭为边患，至颉利益甚。高祖竟欲迁都以避之，赖太宗力谏而止。

颉利初嗣立，以始毕之子什钵苾，为突利可汗，使居东。承父兄之

唐时期东突厥地图

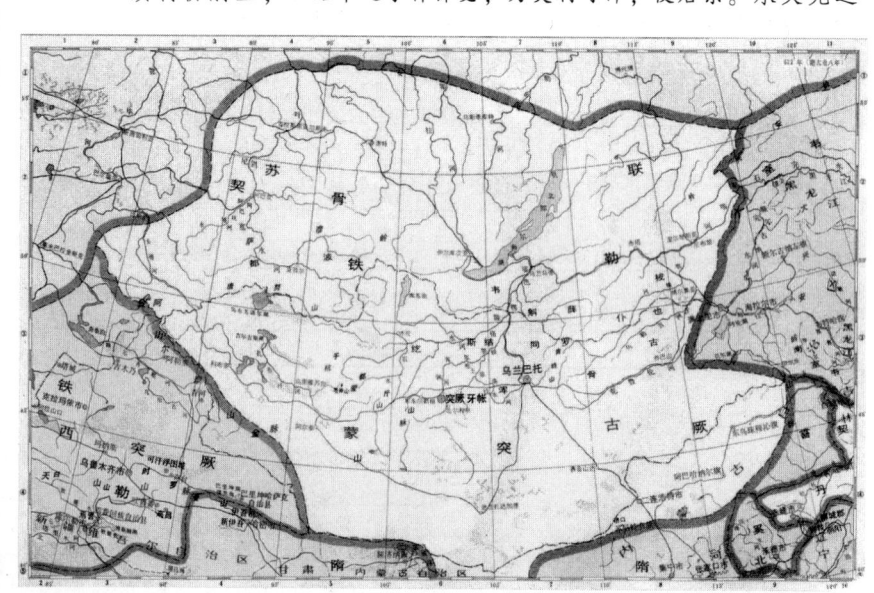

资，兵马强盛，有凭陵中国之志。高祖以中原初定，不遑外略，每优容之，赐与不可胜计。颉利言辞悖傲，求请无厌。(《旧唐书》卷一九四上《突厥传》上)

武德七年，西历624年。秋，突利、颉利二可汗，自原州入寇，侵扰关中。有说高祖云，只为府藏子女在京师，故突厥来，若烧却长安而不都，则胡寇自止。高祖乃遣中书侍郎宇文士及，行山南可居之地，即欲移都。……太宗独曰："……尚使胡尘不息，遂令陛下议欲迁都，此臣之责也。"(《旧唐书》卷二《太宗纪》上)

太宗之讨突厥，先行反间以弱其势。

因纵反间于突利，突利悦而归心焉。……突利因自托于太宗，愿结为兄弟。(《旧唐书》卷一九四上《突厥传》上)

突厥俗素质略，颉利得华士赵德言，才其人，委信之，稍专国。又委政诸胡，斥远宗族不用。兴师岁入边，下不堪苦。胡性冒沓，数翻覆不信，号令无常。岁大饥，哀敛苛重，诸部愈贰。(《唐书》卷二一五上《突厥传》上)

贞观元年，西历627年。阴山已北，薛延陀、回纥、拔也古等部，皆相率背叛，击走其欲谷设。颉利遣突利讨之，师又败绩，轻骑奔还。颉利怒，拘之十余日，突利由是怨望，内欲背之。(《旧唐书》卷一九四上《突厥传》上)

其内部既分，唐始出兵击之，命李靖、李勣、柴绍、任成王道宗、卫孝节、薛万彻为六总管，帅兵十万，皆受靖节度，一举而成功。

贞观三年，李勣为通漠道行军总管，至云中，与突厥颉利可汗兵会，大战于白道，突厥败。……靖将兵逼夜而发，勣勒兵继进，靖军既至，贼营大溃，颉利与万余人欲走渡碛。勣屯军于碛口，颉利至，不得渡碛，其大酋长率其部落，并降于勣。(《旧唐书》卷六七《李勣传》)

贞观四年二月，颉利计窘，窜于铁山，兵尚数万，使执失思力入朝谢罪，请举国内附。太宗遣……唐俭……持节安抚之，颉利稍自安。李靖乘间袭击，大破之，遂灭其国，颉利乘……马独骑，奔于从侄沙钵罗部落。行军副总管张宝相，率众俺至沙钵罗营，生擒颉利，送于京师，……授右卫大将军。(《旧唐书》卷一九四上《突厥传》上)

突厥古墓中出土的石人

吉利之败也,其部落或走薛延陀,或走西域,而来降者甚众。诏议安边之术,朝士多言突厥恃强,扰乱中国,为日久矣。今……穷来归我,本非慕义之心,因其归命,分其种落,俘之河南兖豫之地,散居州县,各使耕织,百万胡虏,可得化为百姓,则中国有加户之利,塞北可常空矣。唯中书令温彦博,议请准汉建武时,置降匈奴于五原塞下,全其部落,得为捍蔽,又不离其土俗,因而抚之,一则实空虚之地,二则示无猜心。若遣向河南兖豫,则乖物性,故非含育之道。……太宗遂用其计,于朔方之地,自幽州至灵州,置顺、祐、化、长四州都督府;又分吉利之地六州,左置定襄都督府,右置云中都督府,以统其部众;其酋首至者,皆拜为将军中郎将等官。(《旧唐书》卷一九四上《突厥传》上)

乃以突利可汗,为顺州热河朝阳县。都督,令率其下就部。(《唐书》卷二一五上《突厥传》上)

吉利、突利既灭亡,其继起者,为薛延陀。

贞观三年,薛延陀自称可汗于漠北,遣使来贡方物。(《旧唐书》卷一九四上《突厥传》上)

贞观中,擒降突厥吉利等可汗之后,北虏唯菩萨延陀为盛。(《旧唐书》卷一九五《回纥传》)

贞观十五年西历641年。一月,薛延陀以同罗、仆骨、回纥、鞿鞨、霫之众,度漠屯于白道川,命营州都督张俭,统所部兵压其东境,兵部尚书李勣为朔方行军总管,右卫大将军李大亮为灵州道行军总管,凉州都督李袭誉为凉州道行军总管,分道以御之。十二月,李勣及薛延陀战于诺真水,大破之……薛延陀跳身而遁。真珠毗伽可汗死。(《旧唐书》卷三《太宗纪》下)

薛延陀后,又有车鼻。

先是贞观中,突厥别部,有车鼻者,亦阿史那之族也,代为小可

汗，牙于金山之北。吉利可汗之败，北荒诸部将，推为大可汗。遇薛延陀为可汗，车鼻不敢当，遂率所部，归于延陀。为人勇烈有谋略，颇为众附。延陀恶而将诛之，车鼻密知其谋，窜归于旧所。其地去京师万里，胜兵三万人，自称乙注车鼻可汗。……自延陀破后，遣其子沙钵罗特勒来朝，贡方物，又请身入朝。太宗遣将军郭广敬征之，竟不至，太宗大怒，贞观二十三年西历649年。遣右骁卫郎将高偘，潜引回纥、仆骨等兵众袭击之，其酋长……等，率部落背车鼻相继来降。永徽元年西历650年。偘军次阿息山，车鼻闻王师至，召所部兵，皆不赴，遂携其妻子从数百骑而遁，其众尽降。偘率精骑追车鼻获之，送于京师。……车鼻既破之后，突厥尽为封疆之臣，于是分置单于、瀚海二都护府。单于都护领狼山、云中、桑乾三都督，苏、农等一十四州；瀚海都护领金微、新黎等七都督，仙萼、贺兰等八州，各以其首领为都督刺史。……自永徽已后，殆三十年，北鄙无事。(《旧唐书》卷一九四上《突厥传》上)

此后复小有变乱，唐之兵力尚能威服之。至武后时，默啜复兴，其势力与吉利时相仿佛，为突厥中兴时期。自此大为边患，至开元时始讨平之。

> 骨咄禄，吉利族人也，云中都督舍利元英之部酋，世袭吐屯，伏念败，高宗永隆元年，突厥阿史那伏念，叛于夏州，裴行俭讨破之。乃啸亡散保总材山。又治黑沙城，有众五千，盗九姓畜马，稍强大，乃自立为可汗，以弟默啜为杀，咄悉匐为叶护。……嗣圣垂拱间，连寇朔代，掠吏土。(《唐书》卷二一五上《突厥传》上)

> 天授初，骨咄禄死，……默啜自立为可汗，篡位数年，始攻灵州，多杀略士民。武后以薛怀义……等凡十八将军兵出塞，杂华蕃步骑击之，不见虏还。(《唐书》卷二一五上《突厥传》上)

> 契丹李尽忠等反，默啜请击贼自效，诏可，……拜迁善可汗。默啜乃引兵击契丹，会尽忠死，

突厥文《阙特勤碑》
该碑是研究突厥历史和文字的重要资料，也是唐与突厥友好关系的历史见证。

袭松漠部落，尽得……辎重，……诏……为特进颉跌利施大单于立功报国可汗。未及命，俄攻灵胜二州，纵杀略。(《唐书》卷二一五上《突厥传》上)

默啜负胜，轻中国，有骄志。大抵兵与颉利时略等，地纵广万里，诸蕃悉往听命。复立咄悉匐为左察，骨咄禄子默矩为右察，皆统兵二万。子匐俱为小可汗，位两察上。典处木昆等十姓兵四万，号拓西可汗，岁入边，戍兵不得休。(《唐书》卷二一五上《突厥传》上)

初默啜景云中，率兵西击娑葛，破灭之。契丹及奚，自神功之后，常受其征役。其地东西万余里，控弦四十万，自颉利之后，最为强盛，自恃兵威，虐用其众。默啜既老，部落渐多逃散。开元二年，西历714年。遣其子移涅可汗，及同俄特勒，妹婿火拔，颉利发石阿失毕，率精骑围逼北庭。右骁卫将军郭虔瓘，婴城固守，俄而出兵，擒同俄特勒于城下，斩之。虏因退缩，火拔惧不敢归，携其妻来奔。……明年，三年。十姓部落，左厢五咄六啜，右厢五弩失毕、五俟斤，及子婿高丽莫离支……等，各率其众，相继来降，前后总万余帐，制令居河南之旧地。……其秋，默啜与九姓首领阿布思等，战于碛北，九姓大溃，人畜多死，阿布思率众来降。四年，默啜又北讨九姓，拔曳固战于独乐河，拔曳固大败。默啜负胜，轻归而不设备，遇拔曳固迸卒颉质略于柳林中，突出击默啜，斩之。仍与入蕃使郝灵荃，传默啜首至京师。骨咄禄之子阙特勒，鸠合旧部，杀默啜子小可汗，及诸弟并亲信略尽，立其兄左贤王默棘连，是为毗伽可汗。(《旧唐书》卷一九四上《突厥传》上)

毗伽可汗，以开元四年即位，本蕃号为小杀。性仁友，自以得国是阙特勒之功，固让之。阙特勒不受，遂以为左贤王，专掌兵马。是时奚、契丹相率款塞，突骑施苏禄自立为可汗，突厥部落，颇多携贰，乃召默啜时衙官暾欲谷为谋主。初默啜下衙官，尽为阙特勒所杀，暾欲谷以女为小杀可敦，遂免死，废归部落。及复用，年已七十余，蕃人甚敬伏之。(《旧唐书》卷一九四上《突厥传》上)

小杀既得降户，谋欲南入为寇，暾欲谷曰："唐王英武，人和年丰，未有间隙，不可动也。我众新集，犹尚疲羸，须且息养之数年，始可观变而举。"小杀又欲修筑城壁，造立寺观，暾欲谷曰："不可。

突厥人户寡少，不敌唐家百分之一，所以常能抗拒者，正以随逐水草，居处无常，射猎为业，又皆习武，强则进兵抄掠，弱则窜伏山林，唐兵虽多，无所施用。若筑城而居，改变旧俗，一朝失利，必将为唐所并。……"小杀等深然其策。……小杀由是大振，尽有默啜之众。……开元十五年，小杀使其大臣梅录啜来朝，献名马。……时吐蕃与小杀书，将计议同时入寇，小杀并献其书。上嘉其诚，……仍许于朔方军西受降城，为互市之所，每年赍缣帛数十万匹，就边以遗之。……二十年，小杀为其大臣梅录啜所毒，药发未死，先讨斩梅录啜，尽灭其党。（《旧唐书》卷一九四上《突厥传》上）

突厥自小杀之后，日见衰微，至于灭亡。

小杀既卒，国人立其子为伊然可汗。……无几，伊然病卒，又立其弟为登利可汗。登利者，犹华言果报也。登利年幼，其母即暾欲谷之女，与其小臣饫斯达干奸通，干预国政，不为蕃人所伏。登利从叔父二人，分掌兵马，在东者号为左杀，在西者号为右杀，其精锐皆分在两杀之下。开元二十八年，西历740年。……册立登利为可汗。俄而登利与其母诱斩西杀，尽并其众，而左杀惧祸及己，勒兵攻登利杀之，自立，号乌苏米施可汗。左杀又不为国人所附，拔悉密部落起兵

唐反攻东突厥之战示意图

击之，左杀大败，脱身遁走，国中大乱。（《旧唐书》卷一九四上《突厥传》上）

天宝初，其大部回纥、葛逻禄、拔悉蜜并起，攻叶护杀之，尊拔悉蜜之长，为颉跌伊施可汗。于是回纥葛逻禄，自为左右叶护，亦遣使者来告，国人奉判阙特勒子为乌苏米施可汗，以其子葛腊哆为西杀，……其下不与。拔悉蜜等三部，共攻乌苏米施，米施遁亡，其西叶护阿布思及葛腊哆率五千帐降，以葛腊哆为怀恩王。三载，拔悉蜜等杀乌苏米施，传首京师，……其弟白眉特勒鹘陇匐立，是为白眉可汗。于是突厥大乱，国人推拔悉蜜酋为可汗。诏朔方节度使王忠嗣，以兵乘其乱，抵萨河内山，击其左阿波达干十一部破之，独其右未下，而回纥葛逻禄，杀拔悉蜜可汗，奉回纥骨力裴罗定其国。（《唐书》卷二一五下《突厥传》下）

乙、西突厥之盛衰

西突厥本与北突厥同祖，初木杆与沙钵略可汗有隙，因分为二，其国即乌孙之故地，东至突厥国，西至雷翥海，南至疏勒，北至瀚海，……铁勒、龟兹，及西域诸胡国皆归附之。其人杂有都陆，及弩失毕、歌逻禄、处月、处密、伊吾等诸种，风俗大抵与突厥同，唯言语微差。其官有叶护，有特勒，常以可汗子弟及宗族为之，又有乙斤、屈利啜、阎洪达、颉利发、吐屯、俟斤等官，皆代袭其位。（《旧唐书》卷一九四下《突厥传》下）

阿波西走达头。当是时，达头为西面可汗，即授阿波兵十万，使与东突厥战，而阿波竟为沙钵略所禽。及启民可汗时，达头可汗岁以兵相加，而隋常助启民，故达头败，奔吐谷浑。始阿波既禽，国人立鞅素特勒子，是为泥利可汗。达头之奔，泥利亦败，及死，其子达漫立，是为泥撅处罗可汗。……大业中，从炀帝征高丽，……留其弟阙达度设畜牧于会宁郡，即自称阙可汗。……初曷萨那即泥撅处罗可汗。朝隋，国人皆不欲，既被留不遣，乃共立达头孙，号射匮可汗。（《唐书》卷二一五下《突厥传》下）

西突厥自射匮可汗后，日见兴盛。

射匮可汗者，达头可汗之孙也。既立后，始开土宇，东至金山，

西突厥双面粟特文钱

西至海，自玉门已西诸国，皆役属之，遂与北突厥为敌，乃建庭于龟兹北三弥山。寻卒，弟统叶护可汗代立。(《旧唐书》卷一九四下《突厥传》下)

统叶护可汗，勇而有谋，善攻战，遂北并铁勒，西拒波斯，南接罽宾，悉归之，控弦数十万，霸有西域，据旧乌孙之地，又移庭于石国北之千泉，其西域诸国王，悉授颉利发，并遣吐屯一人监统之，督其征赋，西戎之盛，未之有也。武德三年，遣使贡条支巨卵。时北突厥作患，高祖恩加抚结，与之并力以图北蕃，统叶护许以五年冬。大军将发，颉利可汗闻之大惧，复与统叶护通和，无相征伐。……贞观元年，遣真珠统俟斤……来。(《旧唐书》卷一九四下《突厥传》下)

统叶护自负强盛，无恩于国，部众咸怨，歌逻禄种多叛之。……为其伯父所杀而自立，是为莫贺咄侯屈利俟毗可汗。(《旧唐书》卷一九四下《突厥传》下)

俟毗可汗，初分统突厥，为小可汗。既称大可汗，国人不附。弩失毕部自推泥孰莫贺设为可汗，泥孰辞不受。会统叶护可汗子咥力特勒避莫贺咄乱，亡在康居，泥孰迎立之，为乙毗钵罗肆叶护可汗，与俟毗可汗，分王其国，挚斗不解。(《唐书》卷二一五下《突厥传》下)

由是西域诸国悉叛之，国大虚耗，众悉附肆叶护可汗，虽俟毗之部，亦稍稍去，共以兵击俟毗。俟毗走保金山，为泥孰所杀，奉肆叶护为大可汗。肆叶护已立，即北讨铁勒薛延陀，为延陀所败。性猜愎，狭于统下，小可汗乙刺者，于国最有功，肆叶护听谗，种夷之。众皆沮骇，又忌泥孰，阴图杀之。泥孰亡入焉耆者，未几，没卑达干与弩失毕部诸豪，谋执废肆叶护。肆叶护轻骑走康居，忧死，国人迎泥孰于焉耆者，立之，是为咄陆可汗。(《唐书》卷二一五下《突厥传》下)

卷三 隋唐五代

泥孰卒，其弟同娥设立，是为沙钵罗咥利失可汗。……俄而其国分为十部，每部令一人统之，号为十设，每设赐以一箭，故称十箭焉。又分十箭为左右厢，一厢各置五箭，其左厢号五咄六部落，置五大啜，一啜管一箭；其右厢号为五弩失毕，置五大俟斤，一俟斤管一箭，都号为十箭。其后或称一箭为一部落，大箭头为大首领。五咄六部落，居于碎叶已东；五弩失毕部落，居于碎叶已西，自是都号为十姓部落。咥利失既不为众所归，部众携贰，为其统吐屯所袭，麾下亡散。咥利失以左右百余骑拒之，战数合，统吐屯不利而去，咥利失奔其弟步利设，与保焉者。（《旧唐书》卷一九四下《突厥传》下）

咥利失复得旧地，弩失毕处密等并归咥利失。贞观十二年，西部竟立欲谷设为乙毗咄陆可汗。乙毗咄陆可汗既立，与咥利失大战，两军多死，各引去。因与咥利失中分，自伊列河已西属咄陆，已东属咥利失，咄陆可汗又建庭于镞曷山西，谓为北庭。……咥利失为其吐屯俟利发与欲谷设通谋作难，咥利失穷蹙，奔拔汗那而死。弩失毕部落酋帅，迎咥利失弟伽那之子薄布特勒而立之，是为乙毗沙钵罗叶护可汗。……建庭于睢合水北，谓之南庭，东以伊列河为界，自龟兹、鄯善、且末，……皆受其节度。……咄陆可汗与叶护频相攻击，……咄陆于时兵众渐强，……遣石国吐屯攻叶护禽之，送于咄陆，寻为所杀。咄陆可汗既并其国，弩失毕诸姓，心不服咄陆，皆叛之。咄陆……自恃其强，专擅西域，遣兵寇伊州，安西都护郭恪率轻骑二千，自乌骨邀击败之。……恪乘胜进拔处月俟斤所居之城，追奔及于遏索山。……咄陆初以泥孰啜自擅取所部物，斩之以徇。寻为泥孰啜部将胡禄居所袭，众多亡逸，其国大乱。（《旧唐书》卷一九四下《突厥传》下）

弩失毕不欲咄陆为可汗，遣使者至阙下，请所立。帝太宗。遣通事舍人温无隐，持玺诏与国大臣择突厥可汗子孙贤者授之，乃立乙屈利失乙毗可汗之子，是为乙毗射匮可汗。……使弩失毕将兵攻白水胡城，咄陆勒兵自城出，鸣鼓角薄斗，弩失毕不能军，杀获甚多。咄陆因其胜，招徕旧部，皆曰："战千人，存一人，我犹不从也。"咄陆自知众怨，乃走吐火罗。乙毗射匮遣使贡方物，且请昏，帝令割龟兹、于阗、疏勒、朱俱波、葱岭五国为聘礼，不克昏，于是阿史那贺鲁反，尽得可汗部落。（《唐书》卷二一五下《突厥传》下）

阿史那贺鲁者，曳步利设射匮特勒之子也，初阿史那步真既来归国，咄陆可汗乃立贺鲁为叶护，以继步真，居于多逻斯川，……统处密、处月、姑苏、歌罗禄、弩失毕五姓之众。其后咄陆西走吐火罗国，射匮可汗遣兵迫逐。贺鲁不常厥居，贞观二十二年，乃率其部落内属，诏居廷州，寻授左骁卫将军瑶池都督。高宗即位，进拜左骁卫大将军，瑶池都督如故。永徽二年，西历651年。与其子咥运，率众西遁，据咄陆可汗之地，总有西域诸郡，建牙于双河及千泉，自号沙钵罗可汗，统摄咄陆弩失毕十姓。其咄陆有五啜，一曰处木昆律啜，二曰胡禄居阙啜，……三曰摄舍提暾啜，四曰突骑施贺逻施啜，五曰鼠尼施处半啜；弩失毕有五俟斤，一曰阿悉结阙俟斤，最为强盛，二曰哥舒阙俟斤，三曰拔塞干暾沙钵俟斤，四曰阿悉结泥孰俟斤，五曰哥舒处半俟斤，各有所部胜兵数十万，并羁属贺鲁，西域诸国，亦多附隶焉。（《旧唐书》卷一九四下《突厥传》下）

　　贺鲁寻立咥运为莫贺咄叶护，……进寇廷州。永徽三年，诏遣左武卫大将军梁建方，右骁卫大将军契苾何力，率燕然都护所部回纥兵五万骑讨之，……虏渠帅六十余人。（《旧唐书》卷一九四下《突厥传》下）

　　咄陆可汗死，其子真珠叶护请讨贺鲁自效，为贺鲁所拒，不得前。（《唐书》卷二一五下《突厥传》下）

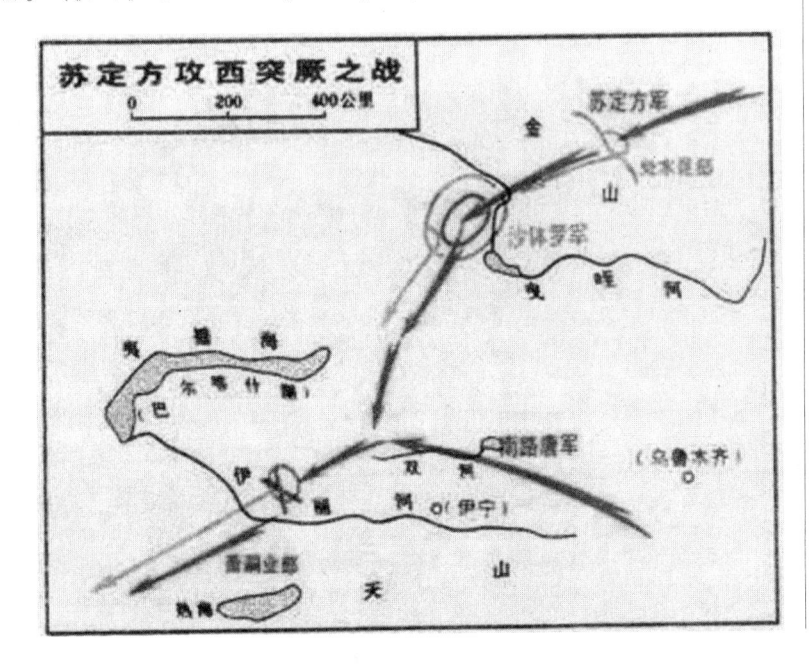

苏定方攻西突厥之战示意图

卷三　隋唐五代

显庆二年，遣右屯卫将军苏定方……等率师讨击，……贼众大败，……俘贺鲁至京师，……分其种落，置昆陵、蒙池二都护府。其所役属诸国，皆分置州府，西尽于波斯，并隶安西都护府。(《旧唐书》卷一九四下《突厥传》下)

以阿史那弥射为兴昔亡可汗，……领五咄陆部，阿史那步真为继往绝可汗，……领五弩失毕部。(《唐书》卷二一五下《突厥传》下)

至高宗时，西突厥亦臣服于唐。后为突厥所灭。

龙朔二年，西历662年。弥射、步真以兵从舭海道总管苏海政讨龟兹。步真怨弥射，且欲并其部，乃诬以谋反。海政不能察，即集军吏计议先发诛之，因称诏发所赍赐可汗首领，弥射以麾下至，悉收斩之。……步真死乾封时。咸亨二年，西历671年。以西突厥部酋阿史那都支为左骁卫大将军，兼匐延都督，以安辑其众。仪凤中，都支自号十姓可汗，与吐蕃连和寇安西。诏吏部侍郎裴行俭讨之，行俭请毋发兵，可以计取，即诏行俭册送波斯王子，并安抚大食，若道两蕃者。都支果不疑，率子弟上谒，遂禽之，召执诸部渠长，降别帅李遮匐以归。吋调露元年西历679年。也。西姓自是益衰。其后二部人日离散，遂擢弥射子元庆为左玉钤卫将军，步真子步利设斛瑟罗为右玉钤卫将军，尽袭父所领及可汗号。(《唐书》卷二一五下《突厥传》下)

自垂拱已后，十姓部落，频被突厥默啜侵掠，死散殆尽。及随斛瑟罗，才六七万人，徙居内地，西突厥阿史那氏，于是遂绝。(《旧唐书》卷一九四下《突厥传》下)

西突厥虽灭亡，其别种继之而起，然不久即衰败。

突骑施乌质勒者，西突厥之别种也。初隶在斛瑟罗下，号为莫贺达干，后以斛瑟罗用刑严酷，众皆畏之，尤能抚恤其部落，由是为远近诸胡所归附。其下置都督二十员，各统兵七千人。尝屯聚碎叶西北界，后渐攻陷碎叶，徙其牙帐居之，东北与突厥为邻，西南与诸胡相接，东南至西延州。斛瑟罗以部众削弱，自则天时入朝，不敢还蕃，其地并为乌质勒所并。景龙中宗。二年，西历708年。……乌质勒卒，其长子娑葛代统其众，诏便立娑葛为金河郡王。……初娑葛代父统兵，乌质勒下部将阙啜忠节甚忌之。……三年，娑葛弟遮弩，恨所分部

落少于其兄，遂叛入突厥，请为向道以讨娑葛。默啜乃留遮弩，遣兵二万人与其左右来讨娑葛，擒之而还。默啜显谓遮弩曰："汝于兄弟尚不和协，岂能尽心于我？"遂与娑葛俱杀之。默啜兵还，娑葛下部将苏禄，鸠集余众，自立为可汗。（《旧唐书》卷一九四下《突厥传》下）

苏禄者，突骑施别种也。颇善绥抚，十姓部落，渐归附之，众二十万，遂雄西域之地。寻遣使来朝，开元三年，西历715年。……册立为忠顺可汗，自是每年遣使朝献。……晚年抄掠所得，留不分之，又因风病，一手挛缩，其下诸部，心始携贰。有大首领莫贺达干、都摩度两部落，最为强盛，百姓又分为黄姓、黑姓两种，互相猜阻。二十六年夏，莫贺达干勒兵夜攻苏禄杀之。（《旧唐书》卷一九四下《突厥传》下）

种人自谓娑葛后者为黄姓，苏禄部为黑姓，更相猜雠。（《唐书》卷二一五下《突厥传》下）

自是之后，延至宋初，犹有存者，然而微弱矣。

（二）回纥　　《新唐书》作"回鹘"

唐北方诸族，突厥既衰，继之而起者则为回纥。其部族盛衰，及与唐之关系，分别叙之于下。

甲、部落

回纥，其先匈奴也，俗多乘高轮车，元魏时，亦号高车部，或曰敕勒，讹为铁勒。其部落……凡十有五种，皆散处碛北。（《唐书》卷二一七上《回鹘传》上）

回纥诸部简表

部别	居地	国情与风俗	与唐之关系
回纥	居薛延陀北娑陵水上，距京师七千里。	众十万，胜兵半之，地碛卤，畜多大足羊。	
薛延陀	树牙郁督军山，直京师西北六千里。	风俗大抵与突厥同	
拔野古	漫散碛北，地千里，直仆骨东，邻于靺鞨。	帐户六万，兵万人，地有荐草，产良马精铁。	贞观三年入朝，二十一年内属，置幽陵都督府。显庆时叛，至天宝间，又自来朝。
仆骨	在多览葛之东。	帐户三万，兵万人，地最北，俗梗骜，难召率。	始臣突厥，后附薛延陀。延陀灭，其酋婆匐俟利发歌滥拔延始内属，以其地为金微州。
同罗	在薛延陀北，多览葛之东，距京师七千里而赢。	胜兵三万。	贞观二年，遣使者入朝，请内属，置龟林都督府。安禄山反，劫其兵用之。

续表

部别	居地	国情与风俗	与唐之关系
浑	在诸部最南者。		薛延陀灭,大俟利发浑汪举部内向,以其地为皋兰都督府。
契苾	在焉耆西北鹰娑川,多览葛之南。		来归时,贞观六年,诏处之甘凉间,以其地为榆溪州。
多览葛	在薛延陀东,滨同罗水。	胜兵万人。	延陀已灭,其酋俟斤多滥葛末,与回纥皆朝,以其地为燕然都督府。
阿跌			始与拔野古等皆朝,以其地为鸡田州。
都播	北濒小海,西坚昆,南回纥。	其俗无岁时,结草为庐,无畜牧,不知稼穑。土多百合草,掇其根以饭,捕鱼鸟兽食之,衣貂鹿皮,无刑罚。	贞观二十一年,因骨利干入朝,亦以使通中国,旧书谓浑都部为皋兰州。
骨利干	处瀚海北,其地北距海,去京师最远。	胜兵五千,草多百合,产良马,又北度海,则昼长夜短,日入烹羊脾熟,东方已明。	既入朝,以其地为玄阙州,其大酋俟斤因使者献马,帝取其异者号十骥,皆为美名。
白霫	居鲜卑故地,直京师东北五千里,与同罗、仆骨接。	地圆袤二千里,山缭其外,胜兵万人。业射猎,以赤皮缘衣,妇贯铜钏以子铃缀襟。	其君长臣突厥颉得可汗为俟斤,贞观中,再来朝,后列其地为置颜州,以别部为居延州。
斛薛	处多览葛北。		既来朝,列其地州县之。
奚结	处同罗北。		同上。
思结	在薛延陀故牙。	合兵凡二万。	同上。
说明	一、上表依《唐书》。 一、"娑陵水"即今色楞格河,"同罗水"即今土拉河,"海"即贝加尔湖。		

乙、强盛时代之回纥

回纥者,亦曰乌护,曰乌纥,至隋曰韦纥。其人骁强,初无酋长,逐水草转徙,善骑射,喜盗抄,臣于突厥,突厥资其财力雄北荒。大业中,处罗可汗攻胁铁勒部,……韦纥乃并仆骨、同罗、拔野古叛去自为俟斤,称回纥。……有时健俟斤者,众始推为君长。子曰菩萨,材勇有谋,嗜猎射,战必身先,所向辄摧破,故下皆畏附。……时健死,部人贤菩萨,立之,母曰乌罗浑。性严明,能决平部事,回纥由是浸盛。与薛延陀共攻突厥北边,颉利遣……骑十万讨之,菩萨……破之马鬣山,……大俘其部人,声震北方。由是附薛延陀,相唇齿,号活颉利发,树牙独乐水上。……突厥已亡,惟回纥与

薛延陀为最雄强。菩萨死，其酋胡禄俟利发吐迷度，与诸部攻薛延陀残之，并有其地。遂南逾贺兰山境诸河，遣使者献款，太宗为幸灵州，次泾阳受其功。于是铁勒十一部皆来，……请置唐官。（《唐书》卷二一七上《回鹘传》上）

太宗为置六府七州，府置都督，州置刺史。……时吐迷度已自称可汗，署官号，皆如突厥故事。（《旧唐书》卷一九五《回纥传》）

骨力裴罗立，……天宝初，……自称骨咄禄毗伽阙可汗，……南居突厥故地，徙牙乌德鞬山昆河之间，……北尽碛口三百里，悉有九姓地。九姓者，曰药罗葛，回纥姓也。曰胡咄葛，曰啒罗勿，曰貊歌息讫，曰阿勿嘀，曰葛萨，曰斛嗢素，曰药勿葛，曰奚邪勿，……后破有拔悉蜜、葛逻禄，总十一姓，并置都督，号十一部落，……诏拜为……怀仁可汗。……裴罗又攻杀突厥白眉可汗，……斥地愈广，东极室韦，西至金山，南控大漠，尽得古匈奴地。（《唐书》卷二一七上《回鹘传》上）

肃宗于灵武即位，遣……使于回纥以修好征兵。……回纥遣其太子叶护，领……兵马四千余众，助国讨逆。……及肃宗还西京，……

唐时期回纥地图

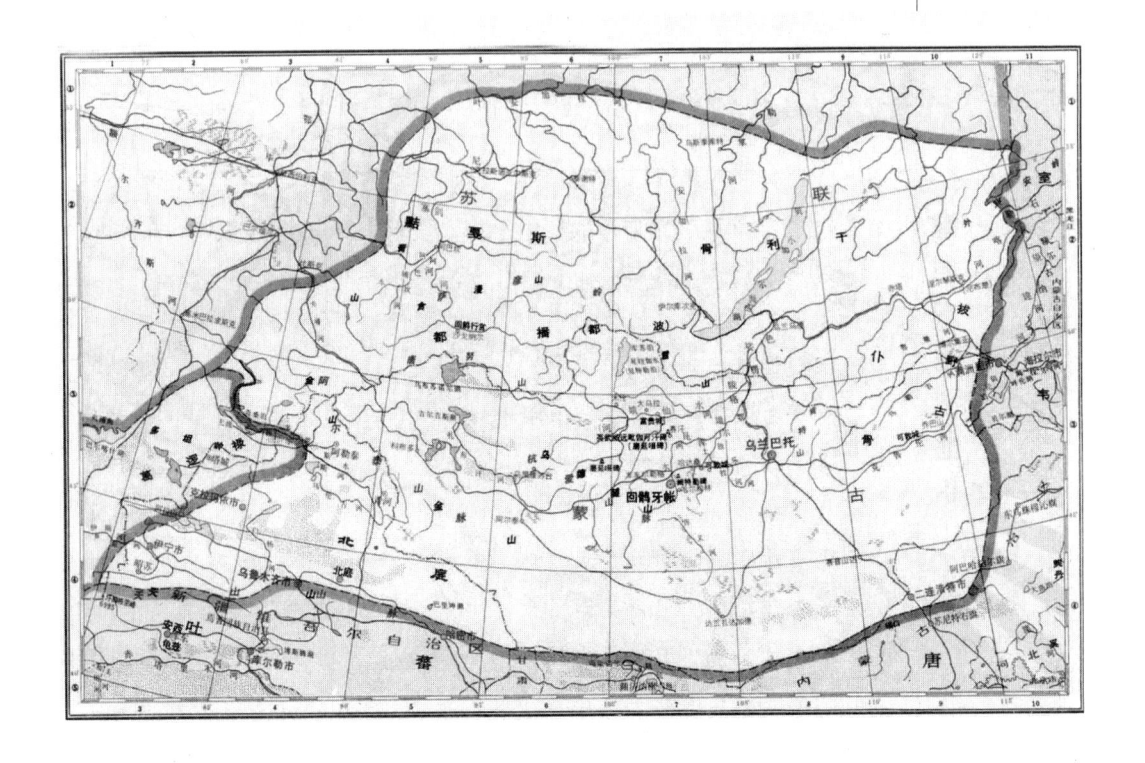

叶护自东京至，……辞归蕃。……乾元元年，西历758年。七月，诏以幼女封为宁国公主出降，其降蕃日，……册立回纥英武威远毗伽可汗。(《旧唐书》卷一九五《回纥传》)

德宗立，使中人告丧且修好。时九姓胡劝可汗入寇，可汗欲悉师向塞，见使者不为礼，宰相顿莫贺达干曰："唐大国，无负于我。……今举国远斗，有如不捷，将安归？"可汗不听，顿莫贺怒，因击杀之，……自立为合骨咄禄毗伽可汗，使……入朝。建中元年，西历780年。诏……册顿莫贺为武义成功可汗。……后三年，使使者献方物请和亲。……李泌曰："……愿听昏，而约用开元故事，如突厥可汗称臣。……"帝曰善，乃许降公主，回纥亦请如约，诏咸安公主下嫁。……是时可汗上书恭甚，言昔为兄弟，今婿半子也，陛下若患西戎，子请以兵除之；又请易回纥曰回鹘，言捷鸷犹鹘然。……拜可汗为汩咄禄长寿天亲毗伽可汗。(《唐书》卷二一七上《回鹘传》上)

丙、衰落时代之回纥

贞元五年，西历789年。可汗汩咄禄长寿天亲毗伽。死，子多逻斯立，国人号泮官特勒，……册拜爱登里逻汩没蜜施俱禄毗伽忠贞可汗。……沙陀别部六千帐，与北廷相依，亦厌虏哀索至三，葛禄白眼突厥素臣回鹘者，尤怨苦，皆密附吐蕃，故吐蕃因沙陀共寇北廷。……回鹘以壮卒数万，……还取北廷，为吐蕃所击大败。……回鹘大恐，稍南其部落以避之。是岁，可汗为少可敦叶公主所毒死，……可汗之弟乃自立。伽斯回纥大将。方攻吐蕃，其大臣率国人共杀篡者，以可汗幼子阿啜嗣，……册阿啜为奉诚可汗。……十一年，可汗死，无子，国人立其相骨咄禄为可汗，……册拜爱滕里逻羽录没蜜施合胡禄毗伽怀信可汗。……永贞顺宗。元年，西历805年。可汗死，……册所嗣为滕里野合俱录毗伽可汗。……无几，可汗亦死，……册拜爱登里罗汩蜜施合毗伽保义可汗。(《唐书》卷二一七上《回鹘传》上)

穆宗立，……可汗死，……册所嗣为登啰羽录没蜜施句主毗伽崇德可汗。……敬宗即位之年，可汗死，其弟曷萨特勒立，……册为爱登里啰汩没蜜施合毗伽昭礼可汗。……太和六年，可汗为其下所杀，从子胡特勒立，……册为爱登里啰汩没蜜施合句录毗伽彰信可汗。开成四年，其相掘罗，勿作难引沙陀共攻可汗，可汗自杀，国人立

回纥人牵引图

匿驭特勒为可汗。(《唐书》卷二一七下《回鹘传》下)

武宗即位，……乃知其国乱，俄而渠长句录莫贺，与黠戛斯，合骑十万，攻回鹘城，杀可汗，诛掘罗勿，焚其牙。诸部溃，其相馺职与庞特勒十五部，奔葛逻禄，残众入吐蕃、安西。于是可汗牙部十三姓，奉乌介特勒为可汗，南保错子山。(《唐书》卷二一七下《回鹘传》下)

黠戛斯，古坚昆国也。……其种杂丁零，乃匈奴西鄙也。……其君曰阿热，遂姓阿熟氏，建一纛，下皆尚赤，余以部落为之号。……始隶薛延陁，延陁以颉利发一人监国。……贞观二十二年，……遣使者献方物，其酋长俟利发失钵屈阿栈身入朝，太宗劳享之。……乾元中，为回纥所破，自是不能通中国。后狄语讹为黠戛斯，盖回鹘谓之，若曰黄赤面云。……回鹘稍衰，阿热即自称可汗，……回鹘遣宰相伐之不胜，挐斗二十年不解。(《唐书》卷二一七下《黠戛斯传》)

黠戛斯破回鹘，得太和公主。黠戛斯自称李陵之后，与国同姓，遂令达干十人，送公主至塞上。乌介途遇黠戛斯使，达干等并被杀，太和公主却归乌介可汗。(《旧唐书》卷一九五《回纥传》)

阿热以使者见杀，无以通于朝，复……上书言状。……至大中宣宗。元年，西历847年。卒，……册黠戛斯为英武诚明可汗。(《唐书》卷二一七下《黠戛斯传》)

乌介……南渡大碛，……诸部犹称十万众，驻牙大同军北闾门

回纥酒器

山。时会昌二年秋，频劫东陕已北，……诏诸道兵悉至防捍，以河东节度使刘沔，充南面招控回鹘使，以幽州节度使张仲武，充东南招控回鹘使。……回鹘……七部，共三万众，相次降于幽州，诏配诸道，……首领皆赐姓李氏。……有特勒叶被沾兄李二部南奔吐蕃，有特勒可质力二部东北奔大室韦，有特勒荷勿啜东讨契丹战死。……乌介部众，至大中元年，诣幽州降，留者漂流饿冻，众十万，所存止三千已下。乌介嫁妹与室韦托附之，为回鹘相美权者逸隐啜逼诸回鹘杀乌介于金山，以其弟特勒遏捻为可汗，复有众五千以上。其食用粮羊，皆取给于奚。……张仲武大破奚众，其回鹘无所取给，日有耗散，至二年春，唯存名王贵臣五百人已下依室韦。……黠戛斯相阿播……大败室韦，回鹘在室韦者，阿播皆收归碛北。(《旧唐书》卷一九五《回纥传》)

遗帐伏山林间，狙盗诸蕃自给，稍归庞特勒。是时特勒已自称可汗，居甘州，有碛西诸城。宣宗……遣使者抵灵州，……回鹘因遣人随使者来京师，帝即册拜温禄登逻汨没蜜施合俱录毗伽怀建可汗。……懿宗时，大酋仆固俊，自北廷击吐蕃，斩论尚热，尽取西州轮台等城。……其后王室乱，……其国卒不振，时时以玉马与边州相市云。(《唐书》卷二一七下《回鹘传》下)

(三) 吐蕃

唐初与吐蕃和亲，文化交通极盛，佛法亦同时自中土输入。

甲、吐蕃之兴起

吐蕃本西羌属，盖百有五十种，散处河湟江岷间，有发、羌、唐、旄等，然未始与中国通。居析支水西，祖曰鹘提勃悉野，健武多智，稍并诸羌，据其地。蕃、发声近，故其子孙曰吐蕃，而姓勃窣野。或曰，南凉秃发利鹿孤之后，二子曰樊泥，曰傉檀。傉檀嗣，为乞佛炽盘所灭，樊泥挈残部，臣沮渠蒙逊，以为临松太守；蒙逊灭，樊泥率兵西济河逾积石，遂抚有群羌云。(《唐书》卷二一六上《吐蕃传》上)

乙、吐蕃之风俗与制度

其俗谓强雄曰赞，丈夫曰普，故号君长曰赞普，赞普妻曰末蒙。……国多霆电风雹积雪，盛夏如中国春时，山谷常冰，地有寒疠。……衣率毡韦，以赭涂而为好，妇人辫发而萦之。其器屈木而韦底，或毡为盘，凝麨为碗，实羹酪并食之，手捧酒浆以饮。（《唐书》卷二一六上《吐蕃传》上）

其俗重鬼右巫，事羱羝为大神，喜浮屠法，习咒诅。……贵壮贱弱，母拜子，子倨父。……以累世战没为甲门，败懦者垂狐尾于首示辱，不得列于人，拜必手据地，为犬号，再揖身止。居父母丧，断发黛面墨衣，既葬而吉。（《唐书》卷二一六上《吐蕃传》上）

其地气候大寒，不生秔稻，有青稞麦、豆、小麦、乔麦，多牦牛、猪、犬、羊、马。又有天鼠，状如雀鼠，其大如猫，皮可为裘。又多金、银、铜、锡。其人或随畜牧，而不常厥居。（《旧唐书》卷一九六上《吐蕃传》上）

其官有大相曰论茝，副相曰论茝扈莽，各一人，亦号大论小论。都护一人，曰悉编掣逋。又有内大相，曰曩论掣逋，亦曰论莽热。副相曰曩论觅零逋，小相曰曩论充，各一人。又有整事大相，曰喻寒波掣逋，副整事曰喻寒觅零逋，小整事曰喻寒波充，皆任国事。总号曰尚论掣逋突瞿。（《唐书》卷二一六上《吐蕃传》上）

吐蕃王室遗迹

其君臣自为友，五六人曰共命，君死，皆自杀以殉。（《唐书》卷二一六上《吐蕃传》上）

其官之章饰，最上瑟瑟，金次之，金涂银又次之，银次之，最下至铜止，差大小缀臂前，以辨贵贱。（《唐书》卷二一六上《吐蕃传》上）

用刑严峻，小罪剜眼鼻，或皮鞭鞭之，但随喜怒，而无常科。囚人于地牢，深数丈，二三年方出之。（《旧唐书》卷一九六上《吐蕃传》上）

军令严肃，每战，前队皆死，后队方进。重兵死，恶病终。（《旧唐书》卷一九六上《吐蕃传》上）

无文字，结绳齿木为约。（《唐书》卷二一六上《吐蕃传》上）

贞观十五年，太宗以文成公主妻之。……弄赞……为公主筑一城，……筑城邑，立栋宇，以居处焉。……渐慕华风，仍遣酋豪子弟，请入国学，以习诗书；又请中国识文之人，典其表疏。（《旧唐书》卷一九六上《吐蕃传》上）

丙、强盛时代之吐蕃

弄赞弱冠嗣位，性骁武，多英略，其邻国羊同及诸羌，并宾服之。太宗遣行人……往抚慰之，……乃遣使……入朝……求婚。太宗未之许，……弄赞遂与羊同连发兵以击吐谷浑，吐谷浑不能支，遁于青海之上以避其锋，……于是进兵攻破党项及白兰诸羌，率其众二十余万，顿于松州西境。四川松潘县。……太宗遣吏部尚书侯君集为……行营大总管……以击之，……弄赞大惧，引兵而退，遣使谢罪，因复请婚，太宗许之。……贞观十五年，西历641年。太宗以文成公主妻之。（《旧唐书》卷一九六上《吐蕃传》上）

永徽高宗。元年，弄赞卒，……其孙继立，……时年幼，国事皆委禄东赞。禄东……性明毅严重，讲兵训师，雅有节制，吐蕃之并诸羌，雄霸本土，多其谋也。……东赞有子五人，……及东赞死，……兄弟复专其国。后与吐谷浑不和，……递相表奏，各论曲直。国家依违未为与夺，吐蕃怨怒，遂率兵以击吐谷浑。吐谷浑大败，……走投凉州，遣使告急。咸亨元年，西历670年。四月，诏以右威卫大将军薛仁贵……率众十余万以讨之，……为吐蕃……所败，……自是吐蕃连岁寇边，当悉等州诸羌尽降之。……吐蕃尽收羊同、党项及诸羌之地，东与凉、甘肃武威县。松、茂、四川茂县。巂等州相接，南至婆罗门，即印度。

文成公主进藏唐卡

西又攻陷龟兹、疏勒等四镇，北抵突厥，地方万余里。自汉魏已来，西戎之盛，未之有也。(《旧唐书》卷一九六上《吐蕃传》上)

长寿则天。元年，西历692年。武威军总管王孝杰，大破吐蕃之众，克复龟兹、于阗、疏勒、碎叶等四镇，乃于龟兹置安西都护府，发兵以镇守之。(《旧唐书》卷一九六上《吐蕃传》上)

吐蕃自论钦陵东赞子。兄弟专统兵马，钦陵每居中用事，诸弟分据方面，赞婆亦东赞子。则专在东境，与中国为邻，三十余年，常为边患。其兄弟皆有才略，诸蕃惮之。……其赞普器弩悉弄，年渐长，乃与其大臣论岩等密图之，……发使召钦陵、赞婆等，钦陵举兵不受召。赞普自帅众讨之，钦陵未战而溃，遂自杀。……赞婆……及其兄子……等来降，……封归德郡王，……寻卒。(《旧唐书》卷一九六上《吐蕃传》上)

则天……时吐蕃南境属国泥婆罗门等皆叛，赞普自往讨之，卒于军中，诸子争立。久之，国人立器弩悉弄之子弃隶蹜赞为赞普，时年七岁。(《旧唐书》卷一九六上《吐蕃传》上)

神龙中宗。元年，……赞普之祖母遣其大臣……来献方物，为其孙请婚。中宗以所养雍王宗礼女为金城公主许嫁之，自是频岁贡献。(《旧唐书》卷一九六上《吐蕃传》上)

睿宗即位，……时杨矩为鄯州都督，吐蕃遣使厚遗之，因请河西九曲之地甘肃导河县边外一带。以为金城公主汤沐之所，矩遂奏与之。

吐蕃既得九曲，其地肥良，堪顿兵畜牧，又与唐境接近，自是复叛，始率兵入寇，……连年犯边。……天宝初，……以哥舒翰为陇右节度使。……十四载，……安禄山已窃据洛阳，以河陇募兵，令哥舒翰为将屯潼关。……于是岁调山东丁男为戍卒，……万里相继。以却于强敌，陇右、鄯州为节度，河西、凉州为节度，安西、北庭亦置节度，关内则于灵州置朔方节度，又有受降城单于都护庭为之藩卫。及潼关失守，河洛阻兵，于是尽征河陇、朔方之将镇兵，入靖国难，谓之行营，……边州无备预。……吐蕃乘我间隙，日蹙边城，……数年之后，凤翔之西，邠州之北，尽蕃戎之境，埋没者数十州。（《旧唐书》卷一九六上《吐蕃传》上）

至德初，……使使来请讨贼，且修好，肃宗遣……报聘。然岁内侵，……使数来请和，帝虽审其谲，姑务纾患，乃诏……与盟。宝应元年，西历762年。陷临洮，取秦、成、渭等州。……三年。入大震关，取兰、河、鄯、洮等州，于是陇右地尽亡。进围泾州，入之，降刺史高晖，又破邠州，入奉天。……代宗幸陕，……高晖导虏入长安，立广武王承宏为帝，改元，擅作赦令，署官吏，衣冠皆南奔荆襄，或逋栖山谷，乱兵因相攘抄，道路梗闭，……吐蕃留京师十五日乃走，天子还京。（《唐书》卷二一六上《吐蕃传》上）

永泰代宗。元年，西历765年。九月，仆固怀恩，诱吐蕃、回纥之众，南犯王畿。……至奉天界，……京师戒严，……副元帅郭子仪，于河中府领众赴援，……交战二百余阵。……回纥三千骑，诣泾阳降款，请击吐蕃为效，子仪许之，于是……合……攻破吐蕃，……京师解严。（《旧唐书》卷一九六上《吐蕃传》上）

德宗即位，先内靖方镇，顾岁与虏角，其亡获相偿。欲以德绥怀之，……归其俘，……约盟，……唐地泾州右尽

文成公主与松赞干布雕像

弹筝峡，甘肃平凉西百里。陇州右极清水，凤州西尽同谷，剑南尽西山大度水。……朱泚之乱，吐蕃请助讨贼。……及泚平，责先约求地，天子薄其劳，第赐诏书，偿……帛万匹。于是虏以为怨，……入寇，……泾、陇、邠之民荡然尽矣。诸将曾不能得一俘，但贺贼出塞而已，……贞元五年，韦皋以剑南兵……杀虏将，……西南稍安。不三年，尽得巂州地，……定昆明。……元和宪宗。……五年，……赐钵阐布书。钵阐布者，虏浮屠，豫国事者也。……自是朝贡岁入，又款陇州塞，丐互市，诏可。（《唐书》卷二一六下《吐蕃传》下）

唐自开元二年，始与吐蕃会盟定界。德宗时，定清水之盟，后凡一再行之，以宰相莅盟，今拉萨尚存吐蕃会盟碑，书盟辞及两方与事之臣，以唐蕃文分两面刻之。其文如下。

大唐文武孝德皇帝，大蕃圣神赞普，舅甥二主，商议社稷如一，结立大和盟约，永无沦替，神人俱以证之，世世代代，使其称赞是盟，大节留传之于后也。文武孝德皇帝与圣神赞普，得知黎赞陛下二圣，濬哲鸿被，晓全永之化，享矜愍之情，思覆其无内外，商议叶同，务令万姓安泰，所思如一，成久远大治之责，慈睹同心，以申怜好之意，共成厥美。今汉蕃二国所守见管封疆，洮泯之东，属大唐国界，其塞之西，尽是大蕃地土。彼此不为杀敌，不举兵革，不相侵谋。封境或有积阻，捉生闲事，说给以衣粮放归，令社稷山川无扰，各敬神人。然舅甥相好之义若难，每思通传，彼此相倚，二国常相往来，西路所遣唐差蕃使，于将谷交马，其洮泯之东，大唐供应，清水县以西，大蕃供应。须合舅甥亲近之礼，使其两界烟尘不起，同闻颂德之名，频无惊恐之处，行人撤备，乡土俱安，永无相扰之犯，垂恩万代，则称羡之声，遍于日月所照矣。蕃于蕃国受安，汉亦汉国受乐，兹合其大业耳。各依此盟誓，永不移易，当三宝与日月星辰之下，共陈刑具，为设此大誓约。如有不依

唐蕃会盟碑

此事誓背汉蕃背纳，破其名者，来其殃祸也。倘倾覆以及动阴谋者，不在破盟之限。蕃汉君臣，并稽首告立，周细为文。二君之德，万远称扬，内外蒙庥，人民咸颂矣。（阙名《西藏考》）

丁、衰落时代之吐蕃

赞普……死，以弟达磨嗣。达磨嗜酒，好畋猎，喜内，且凶愎少恩，政益乱。……会昌武宗。二年，赞普死，……无子，以妃綝兄尚延力子乞离胡为赞普，始三岁，妃共治其国。大相结都那见乞离胡不肯拜，……用事者共杀之。别将尚恐热，……约三部，得万骑，……与宰相尚与思罗战，……杀之。……国人以赞普立非是，皆叛去。恐热自号宰相，以兵二十万，击鄯州节度使尚婢婢。……婢婢……伏兵衷击，……恐热单骑而逃，既不得志，尤猜忍杀戮部将。……大中三年，……恐热大略鄯、廓、瓜、肃、伊西等州，所过捕戮，积尸狼藉，麾下内怨，皆欲图之，乃扬声将请唐兵五十万，共定其乱，保渭州，求册为赞普，奉表归唐。……宣宗诏……迎援。恐热至，……且求河渭节度使，帝不许，还……趋落门川，收散卒，将寇边。会久雨粮绝，恐热还奔廓州，青海西宁县。于是……复……清水、……原州、……安乐州、……萧关、……秦州、……扶州。……沙州首领张义潮，奉瓜、新疆哈密县南。沙伊、哈密县。肃、甘肃酒泉县。甘甘肃张掖县。等十一州地图以献。始义潮阴结豪英归唐，一日，众擐甲噪州门，汉人皆助之，房守者惊走，遂摄州事，缮甲兵，耕且战，悉复余州。……帝嘉其忠，……号归义军，遂为节度使。其后河渭州房将尚延心，以国破亡，亦献款。……咸通懿宗。七年，北廷回鹘仆固俊，击取西州，收诸部，……与尚恐热战，破之，……斩恐热，首传京师。（《唐书》卷二一六下《吐蕃传》下）

（四）南诏

唐中叶以后，西南诸族中，输入中土之文化最多者，则有南诏。南诏原六部落所合并，故又谓之六诏。

南诏蛮，本乌蛮之别种也，云南蛮族中，有乌、白两种，乌蛮为东爨，白蛮为西爨。姓蒙氏。蛮谓王为诏，……代居蒙舍州，为渠帅，在汉永昌故郡东，姚州之西。云南楚雄县地。其先渠帅有六，自号六诏，兵力相埒，各有君长，无统帅。(《旧唐书》卷一九七《南诏蛮传》)

六诏部落简表

诏名	今　　地	备　　考
蒙嶲	西康西昌县	
越析	云南丽江县	亦称磨些诏
浪穹	云南洱源县	
邆睒	云南邓川县	
施浪	云南洱源县蒙次和山下	
蒙舍	云南蒙化县	蒙舍诏地居最南故亦称南诏

南诏，在高宗时来朝。至玄宗开元间，酋长皮逻阁，吞并五诏，势力始增大。

皮逻阁立，开元二十六年，诏授特进封越国公，赐名曰归义。其后破洱河蛮，以功策授云南王。归义渐强盛，余五诏浸弱。先是剑南节度使王昱，受归义赂，奏六诏合为一诏。归义既并五诏，服群蛮，破吐蕃之众兵，日以骄大。……二十七年，徙居大和城。云南大理县。……天宝七年，归义卒，诏立子阁罗凤，袭云南王。(《旧唐书》卷一九七《南诏蛮传》)

厥后边臣失政，激起变乱，南诏与吐蕃结合，西南围从此多事。

无何，鲜于仲通为剑南节度使，张虔陀为云南太守。仲通褊急寡谋，虔陀矫诈，待之不以礼，……有所征求，阁罗凤多不应。虔陀遣人骂辱之，仍密奏其罪恶，阁罗凤忿怨，因发兵反。……明年，天宝十年。仲通率兵……逼大和城，为南诏所败。自是阁罗凤北臣吐蕃，吐蕃令阁罗凤为赞普钟，号曰东帝，给以金印。蛮谓弟为钟，时天宝十一年也。(《旧唐书》卷一九七《南诏蛮传》)

杨国忠当权，征兵征讨，骚动天下，依然无功。

制大募两京及河南北兵，以击南诏。人闻云南多瘴疠，未战士卒死者什八九，莫肯应募。杨国忠遣御史分道捕人，连枷送诣军所。

……时调兵既多，……行者愁怨。(《资治通鉴》卷二一六《唐纪》三二)

天宝十二年，剑南节度使杨国忠执国政，仍奏征天下兵，俾留后侍御史李宓将十余万，击南诏。辇饷者在外，涉海瘴死者相属于路，天下始骚然苦之。宓复败于大和城北，死者十八九。(《旧唐书》卷一九七《南诏蛮传》)

安史之乱，复乘隙扰害西川。

至德肃宗。元载九月，……南诏乘乱，陷越嶲会同军，据清溪关。四川汉源县。(《资治通鉴》卷二一八《唐纪》三四)

惟南诏附吐蕃后，赋役甚重，深以为苦，遂又附唐，合力破吐蕃，西川之患始解。

大历十四年，阁罗凤子凤迦异，先阁罗凤死，立迦异子，是为异牟寻。颇知书，有才智，善抚其众。吐蕃役赋南蛮重数，又夺诸蛮险地，立城堡，岁征兵以助镇防，牟寻益厌苦之。有郑回者，本相州人，天宝中，举明经，授嶲州西泸县令，嶲州陷，为所虏。阁罗凤以回有儒学，更名曰蛮利，甚爱重之，命教凤迦异。……蛮谓相为清平官，凡置六人，牟寻以回为清平官，事皆咨之，秉政用事。……回尝言于牟寻曰："自昔南诏尝款附中国，中国尚礼义，以惠养为务，无所求取。今弃蕃归唐，无远戍之劳、重税之困，利莫大焉。"牟寻善

南诏古都遗址

其言，谋内附者十余年矣。韦皋剑南西川节度使。招抚诸蛮，……闻牟寻之意，……寓书于牟寻，且招怀之。……牟寻乃去吐蕃所立帝号，……请复南诏旧名。(《旧唐书》卷一九七《南诏蛮传》)

初贞元十年。……吐蕃因争北庭，与回鹘大战，死伤颇众，乃征兵于牟寻，须万人。牟寻既定计归我，欲因征兵以袭之，乃示寡弱，……遣兵五千人戍吐蕃，乃自将数万踵其后，昼夜兼行，乘其无备，大破吐蕃于神川。(《旧唐书》卷一九七《南诏蛮传》)

文宗时，牟寻孙丰祐在位，唐又边备废弛，戍卒抄掠，南诏乘间入侵。

太和三年，杜元颖镇西川，以文儒自高，不练戎事。南蛮乘我无备，大举诸部入寇，……蜀川出军与战，不利，陷我邛州，逼成都府，入梓州西郭，驱劫玉帛子女而去。……明年，四年。……以表自陈请罪，……国家方事柔远，寻释其罪。(《旧唐书》卷一九七《南诏蛮传》)

宣懿之际，南诏酋长酋龙，又举兵进攻岭南，并陷安南都护府。

大中宣宗。十三年，……丰祐适卒，子酋龙立，……酋龙乃自称皇帝，国号大礼，改元建极，遣兵陷播州。贵州遵义县。(《资治通鉴》卷二四九《唐纪》六五)

咸通懿宗。元年十二月，安南土蛮引南诏兵，合三万余人，乘虚攻交趾，陷之。……二年七月，南诏攻邕州，广西邕宁县。陷之。(《资治通鉴》卷二五〇《唐纪》六六)

后经高骈击败蛮兵，安南始平。

咸通七年十一月，……置静海军于安南，以高骈为节度使。自李涿时宣宗大中时为安南都护。侵扰安南，为安南患，殆将十年，至是始平。(《资治通鉴》卷二五〇《唐纪》六六)

酋龙又攻西川，连陷诸州，唐复调高骈以赴之，击败南诏兵。

乾符僖宗。元年十一月，……南诏寇西川，……十二月，……南诏乘胜陷黎州，入邛崃关，攻雅州，西康雅安县。……蛮兵及新津而还，……诏发河东，山南西道，东川兵援之，仍命……高骈诣西川，制置蛮事。(《资治通鉴》卷二五二《唐纪》六八)

至酋龙卒，南诏亦衰，复来请和。自此西南边始安，而唐亦困敝矣。

乾符四年二月，……南诏酋龙嗣立以来，为边患殆二十年，中国为之虚耗，而其国中亦疲弊。酋龙卒……子法立，……好畋猎酗饮，委国事于大臣。闰月，岭南西道节度使辛谠，奏南诏……来请和，……诏许之。(《资治通鉴》卷二五三《唐纪》六九)

六　武韦执政

（一）武后

甲、武周革命

则天顺圣皇后武氏，讳曌，并州文水人也。父士彟，官至工部尚书，荆州都督，封应国公。后年十四，太宗闻其有色，选为才人。太宗崩，后削发为比丘尼，居于感业寺。高宗幸感业寺，见而悦之，复召入宫，久之，立为昭仪，进号宸妃。永徽六年，西历655年。高宗废皇后王氏，立宸妃为皇后。高宗自显庆后，多苦风疾，百司奏事，时时令后决之，常称旨，由是参预国政。……后既专宠与政，而高宗春秋高，苦疾，后益用事，遂不能制。……上元元年，高宗号天皇，皇后亦号天后，天下之人，谓之二圣。……高宗崩，遗诏皇太子即皇帝位，军国大务不决者，兼取天后进止。皇太子即皇帝位，中宗。尊后为皇太后，临朝称制。(《唐书》卷四《武后纪》)

嗣圣元年二月，废皇帝为庐陵王，幽于别所，仍改赐名哲，立豫王轮为皇帝，令居于别殿，……改元文明，皇太后仍临朝称制。(《旧唐书》卷六《则天皇后纪》)

武后临政，废易君主，李敬业遂起匡复之兵。

李勣孙敬业。高宗崩，则天太后临朝，既而废帝为庐陵王，立相王为皇帝，而政由天后，诸武皆当权任，人情愤怨。……嗣圣元年七月，

武则天像

敬业……自称扬州司马，……遂据扬州，鸠聚民众。以匡复庐陵为辞，乃开三府，一曰匡复府，二曰英公府，三曰扬州大都督府，……旬日之间，胜兵有十余万。……则天命左玉钤卫大将军李孝逸将兵三十万讨之。……敬业……还江都，屯兵高邮以拒之，频战大败，孝逸乘胜追蹑，……捕获之。(《旧唐书》卷六七《李勣附李敬业传》)

李敬业既败，武后益猜忌宗室功臣，大开告密之门，任周兴、来俊臣、索元礼等酷吏，滥用刑诛，以示威严。

太后……欲大诛杀以威之，乃盛开告密之门。有告密者，臣下不得问，皆给驿马，供五品食，使诣行在。虽农夫樵人，皆得召见，廪于客馆，所言或称旨，则不次除官，无实者不问。于是四方告密者蜂起，人皆重足屏息。有胡人索元礼，知太后意，因告密召见，擢为游击将军，令案制狱。元礼性残忍，推一人必令引数十百人，太后数召见赏赐，以张其权。于是尚书都事长安周兴、万年人来俊臣之徒，效之纷纷继起。兴累迁至秋官侍郎，俊臣累迁至御史中丞，相与私畜无赖数百人，专以告密为事，欲陷一人，辄令数处俱告，事状如一。(《资治通鉴》卷二〇三《唐纪》一九)

来俊臣，……则天……擢拜左台御史中丞，……招集无赖数百人，令其告事，共为罗织，千里响应。……则天……于丽景门别置推事院，俊臣推勘必获，专令俊臣等按鞫，亦号为新开门。但入新开门者，百不全一，王弘义戏谓丽景门为"例竟门"，言入此门者，例皆竟也。……俊臣每鞫囚，无问轻重，多以醋灌鼻，禁地牢中，或盛之瓮中，以火围绕炙之。……又以索元礼等作大枷，凡有十号，一曰定百脉，二曰喘不得，三曰突地吼，四曰著即承，五曰失魂胆，六曰实同反，七曰反是实，八曰死猪愁，九曰求即死，十曰求破家。……朝士多因入朝，默遭掩袭，以至于族，与其家无复音息。故每入朝者，必与其家诀曰："不知重相见

来俊臣塑像

不?"(《旧唐书》卷一八六上《来俊臣传》)

周兴、来俊臣、索元礼以外,酷吏见于《旧唐书》卷七《中宗本纪》者如左。

其酷吏刘光业、王德寿、王处贞、屈贞筠、刘景阳等五人,虽已身死,官爵并宜追夺;景阳见在,贬禄州乐单尉。邱神勣、来子珣、万国俊、周兴、来俊臣、鱼承晔、王景昭、索元礼、传游艺、王弘义、张知默、裴籍、焦仁亶、侯思立、郭霜、李敬仁、皇甫文备、陈嘉言等,虽已身死,并宜除名;唐奉一配流,李秦授、曹仁哲并改与岭南远恶处。

及正位后,王后萧良娣被废,各杖二百,反接投酿瓮中曰:"令二妪骨醉。"数日死,犹殊其尸,并窜长孙无忌、褚遂良等至死。又杀上官仪。其出手行事,即凶焰绝人,然此犹曰"妒者常情,不得不害人以利己也"。称制后,欲立威以制天下,开告密之门,纵酷吏周兴、来俊臣、邱神勣等起大狱,指将相俾相连染,一切案以反论,吏争以周内为能,于是诛戮无虚日。大臣则裴炎、刘祎之……等数十人,大将则程务挺、李光谊……等亦数十人,庶僚则周思茂、郝象贤……等数十百人,皆骈首就戮。……然此犹曰"中外官僚,非戚属也"。越王贞、琅琊王冲,起兵谋复王室,事败被诛,于是杀韩王元嘉、鲁王灵夔……等数十百人,除其属籍,幼者流岭表,……然此犹曰"李氏宗室,非武族也"。武元庆、元爽,则后兄也,惟良、怀运,则后兄子也,元庆、元爽,寻坐事死;后姊之女,为高宗所私,封魏国夫人,后私毒之死,又归罪于惟良、怀运,杀之,然此犹曰"异母兄侄,本不相睦也"。若高宗子,则后之诸子也,后宫所生忠,已立为皇太子,因武后有子宏,甘让储位,改封梁王,乃废流黔州,赐死;泽王上金,后宫杨氏所生,许王素节,萧淑妃所生,武三思讽周兴,诬以谋反,缢素节于驿亭,上金闻之亦自缢,上金七子,素节九子并诛,幼者悉囚雷州,然此犹曰"非己所生也"。太子宏,则后亲子,立为储贰,……以其请萧淑妃女之幽于掖廷者出嫁,遂恶之,又以其聪睿不便于己,竟鸩之死。宏既死,立其弟贤为太子,亦后亲子也,又以触忌,……废为庶人,流巴州,后又……逼杀之。……永泰公主,则后女孙也,……令自杀。(赵翼《廿二史劄记》卷一九"武后之忍")

武后既除异己，乃代唐而称帝。

　　天授元年九月，……改国号周，大赦改元，……降皇帝为皇嗣，赐姓武氏。（《唐书》卷四《武后纪》）

　　神皇自以"瞾"字为名，遂改诏书为"制书"，……改内外官所佩鱼并作龟。（《旧唐书》卷六《则天皇后纪》）

武后任用诸武，其侄承嗣，欲继为太子者屡矣，赖狄仁杰等谏阻而止。其后后病，张柬之等举兵，迎中宗复位，反周为唐。

　　昭德密奏曰："承嗣陛下之侄，又是亲王，不宜更在机权，以惑众庶。且自古帝王，父子之间，犹相篡夺，况在姑侄，岂得委权与之？脱若乘便，宝位宁可安乎？"则天瞿然曰："我未之思也。"……延载初，凤阁舍人张嘉福令洛阳人王庆之，率轻薄恶少数百人，诣阙上表，请立武承嗣为皇太子，则天不许，……昭德因奏曰："……天皇是陛下夫也，皇嗣是陛下子也。陛下正合传之子孙，为万代计。……若立承嗣，臣恐天皇不血食矣。"则天寤之，乃止。（《旧唐书》卷八七《李昭德传》）

　　嗣圣中宗。元年，二月，皇太后废帝为庐陵王，幽于别所。其年五月，迁于均州，寻徙居房陵。圣历元年，召还东都，立为皇太子，依旧名显。时张易之与弟昌宗，潜图逆乱。神龙元年，正月，凤阁侍郎张柬之、鸾台侍郎崔玄暐、左羽林将军敬晖、右羽林将军桓彦范、司刑少卿袁恕己等定策，率羽林兵诛易之、昌宗，迎皇太子监国，总司庶政，……则天传位于皇太子，……复国号依旧为唐。……十二月，则天皇太后崩。（《旧唐书》卷七《中宗纪》）

乙、武后之政治

　　嗣圣元年九月，……改尚书省及诸司官名，初置右肃政御史台官员。（《旧唐书》卷六《则天皇后纪》）

　　嗣圣元年九月，……旗帜尚白，易内外官服青者以碧，大易官名。（《唐书》卷四《武后纪》）

狄仁杰像

至所改各官名，依《旧唐书·职官志》与《唐书·百官志》，撮录如下。

"尚书省"　光宅元年，改曰文昌台，俄曰文昌都省，垂拱元年曰都台，长安三年曰中台。

"吏部尚书"　改曰天官，改主爵曰司封。

"户部尚书"　改曰地官。

"礼部尚书"　改曰春官。

"兵部尚书"　改曰夏官。

"刑部尚书"　改曰秋官。

"工部尚书"　改曰冬官。

"门下省"　垂拱元年，改曰鸾台。

"侍中"　改曰纳言。

"侍郎"　改曰鸾台侍郎。

"中书省"　光宅元年，改曰凤阁。

"中书令"　改曰内史。

"侍郎"　改曰凤阁侍郎。

"秘书省"　垂拱元年，改曰麟台。

"殿中省"　万岁通天元年，置仗内六闲，一曰飞龙，二曰祥麟，三曰凤苑，四曰鵷鸾，五曰吉良，六曰六群，亦号六厩。

"内侍省"　垂拱元年，改曰司宫台。

"御史台"　文明元年，改曰肃政台。光宅元年，分左右台，左台知百司，监军旅；右台察州县，省风俗。

"九寺"

"太常寺"　改曰司常寺。

"光禄寺"　改曰司膳寺。

"卫尉寺"

"宗正寺"　改曰司属寺。

"太仆寺"　改曰司仆寺。

"大理寺"　改曰司刑寺。

"鸿胪寺"　改曰司宾寺。

"司农寺"

"太府寺"　改曰司府寺。

"五监"

　　"国子监"　　改曰成均监。

　　"少府监"　　改曰尚方监。

　　"将作监"

　　"军器监"

　　"都水监"　　改曰水衡监使者曰都尉。

此外服色，亦加改易。

　　嗣圣元年九月，……旗帜改从金色，饰以紫，画以杂文。(《旧唐书》卷六《则天皇后纪》)

　　垂拱二年正月，……初令都督刺史，并准京官带鱼。(《旧唐书》卷六《则天皇后纪》)

并将都邑名称，从事更改。

　　嗣圣元年九月，……改东都为神都。(《旧唐书》卷六《则天皇后纪》)

　　天授三年九月，……并州改置北都。(《旧唐书》卷六《则天皇后纪》)

　　载初元年十月，改并州文水县为武兴县，依汉丰沛例，百姓子孙

武后行从图

相承给复。(《旧唐书》卷六《则天皇后纪》)

天授二年七月，徙关内、雍、同等七州户数十万以实洛阳，分京兆，置鼎、稷、鸿、宜四州。(《旧唐书》卷六《则天皇后纪》)

又依周制改正朔，未几而复如旧。

载初元年正月，……依周制，建子月为正月，改……十二月为腊月，改旧正月为一月。(《旧唐书》卷六《则天皇后纪》)

圣历三年十月，复旧正朔，改一月为正月，仍以为岁首，正月依旧为十一月。(《旧唐书》卷六《则天皇后纪》)

武后以女主临天下，欲示尊贵，屡易尊号，每改元必大赦大酺。

垂拱四年五月，皇太后加尊号曰"圣母神皇"，七月，大赦天下，改宝图曰"天授圣图"，……天下大酺五日。(《旧唐书》卷六《则天皇后纪》)

永昌元年正月，……改元，大酺七日。……载初元年，九月九日，革唐命，……改元，………大赦天下，赐酺七日，……加尊号曰"圣神皇帝"。(《旧唐书》卷六《则天皇后纪》)

长寿二年九月，上加"金轮圣神皇帝"号，大赦天下，大酺七日。(《旧唐书》卷六《则天皇后纪》)

长寿三年五月，上加尊号，为"越古金轮圣神皇帝"，大赦天下，改元，……大酺七日。(《旧唐书》卷六《则天皇后纪》)

证圣元年一月，上加尊号曰"慈氏越古金轮圣神皇帝"，大赦天下，改元，大酺七日。……二月，上去"慈氏越古尊"号。九月，……加尊号"天册金轮圣神皇帝"，大赦天下，改元，……大酺九日。(《旧唐书》卷六《则天皇后纪》)

圣历三年五月，上以所疾康，复大赦天下，改元，……停"金轮"等尊号，大酺五日。(《旧唐书》卷六《则天皇后纪》)

武后虽果于杀戮，尚能留心政治，屡求直谏。

垂拱元年五月，……诏内外文武九品已上及百姓，咸令自举。(《旧唐书》卷六《则天皇后纪》)

垂拱二年三月，初置匦于朝堂，有进书言事者临投之，由是人间善恶事，多所知悉。(《旧唐书》卷六《则天皇后纪》)

永昌元年六月，令文武官五品已上，各举所知。(《旧唐书》卷六《则天皇后纪》)

证圣元年一月，……手诏责躬，令内外文武九品已上，各上封事，极言正谏。(《旧唐书》卷六《则天皇后纪》)

万岁登封元年，四月，……以天下大旱，命文武官九品已上，极言时政得失。(《旧唐书》卷六《则天皇后纪》)

武后时诸臣，颇能直谏，武后亦能容之。

初称制，刘仁轨上疏，以吕后为戒，后即使武承嗣斋赍慰谕之。《仁轨传》。大石国献狮子，姚璹奏不贵异物，后即诏止其来使。九鼎成，欲以黄金涂之，亦为璹谏而罢。《璹传》。后欲以季冬讲武，有司迁延至孟春，王方庆谏孟春不可习武，即从之。《方庆传》。……河北民陷契丹者，武懿宗将奏杀之，景俭以为皆迫胁所致，宜原之；王求礼并谓懿宗遇贼退缩，反加罪被胁之民，请斩懿宗以谢河北，后即为赦河北。《杜景俭王求礼传》。张庭珪谏造大像，即允之，并召见面慰。《庭珪传》。朱敬则请改严刑，从宽政，亦从之。《敬则传》。李峤请雪旧为酷吏破家者，后未听；桓彦范等又上十疏，卒从之。峤等传。苏安恒奏请归政太子，后亦不怒。然此犹论列朝政也。至其所最宠幸而讳之者，宜莫如薛怀义、张易之、张昌宗，然苏良嗣遇怀义于朝，命左右批其颊，怀义诉于后，后第戒其出入北门，毋走南牙触宰相，而未开罪良嗣也。《良嗣传》。怀义度白丁为僧，御史周矩劾之，后曰："朕即令赴台。"怀义至，坦腹于床，矩召吏将案之，怀义遽乘马去。矩以闻，后曰："此道人病风，不可苦问，其所度僧听卿勘。"矩悉配流之。后矩为怀义所谮免官，亦未闻加以罪也。《矩传》。后晚年，尤爱张易之、昌宗兄弟，易之诬奏魏元忠，欲挟太子为耐久朋，引张说为证。及廷诘，说言元忠无此语，虽贬元

李邕法华寺碑

忠为高要尉，流说钦州，然未闻致之死也。易之赃赂事发，为御史台所劾，诏桓彦范、袁恕己等鞠之，彦范等奏罪当族，昌宗自陈为后炼丹有功，诏虽释之，然尚以赃赂归罪于其兄昌仪、同休，而罢其官，亦未闻罪彦范等也。昌宗引术者，占己有天子分，宋璟劾奏，请付狱，便穷究，后阳许而令璟出使幽州，别令崔神庆鞠免其罪。璟犹执奏昌宗当斩，李邕曰："璟言是。"后虽不听，亦未尝罪璟、邕等也。《昌宗传》。易之引蜀商宋霸子等入宫宴后前，韦安石奏贱类不宜预，顾左右逐出之，后更慰免，不闻其罪安石也。《安石传》。然此犹未直陈其淫秽之丑也。至朱敬则疏谏选美少年，则曰："陛下内宠，有薛怀义、张易之、昌宗矣，近又闻尚食柳模，自言其子良宾，洁白美须眉，……堪充宸内供奉。"桓彦范以昌宗为宋璟所劾，后不肯出昌宗付狱，彦范亦奏云："陛下以簪履恩，久不忍加刑。"此皆直揭后之燕昵嬖幸，可羞可耻，敌以下所难堪，而后不惟不罪之，反赐敬则彩百段曰："非卿不闻此言。"而于璟彦范亦终保护倚任。夫以怀义、易之等床第之间，何言不可中伤善类？而后迄不为所动摇，则其能别白人才，主持国是，有大过人者。其视怀义、易之等，不过如面首之类，……故后初不以为讳，并若不必讳也。至用人行政之大端，则独握其纲，至老不可挠撼。陆贽谓后收人心，擢才俊，当时称知人之明，累朝赖多士之用。李绛亦言后命官猥多，而开元中名臣，多出其选。《旧书·本纪赞》谓后不惜官爵，笼豪杰以自助，有一言合，辄不次用，不称职，亦废诛不少假，务取实才真贤，……而知人善任，权不下移，不可谓非女中英主也。（赵翼《廿二史劄记》卷一九"武后纳谏知人"）

惟为收拾人心，每滥用爵禄，无耻之徒，夤缘并进，养成模棱唾面之风，社会人心，蒙其恶影响者至巨。

则天临朝，通天二年，太平公主，荐易之弟昌宗入侍禁中，既而……兄弟俱侍宫中，皆傅粉施朱，衣锦绣服，俱承辟阳之宠。……武承嗣……候其门庭，争执鞭辔，呼易之为五郎，昌宗为六郎，……以易之为奉宸令，……每因宴集，则令嘲戏公卿，以为笑乐。若内殿曲宴，则二张诸武侍坐，樗蒱笑谑，赐与无算。时谀佞者奏云，昌宗是王子晋后身，乃令被羽衣吹箫，乘木鹤，奏乐于庭，如子晋乘空，词人皆赋诗以美之。（《旧唐书》卷七八《张行诚附张易之张昌宗传》）

后每燕集，则二张诸武杂侍，樗博争道为笑乐，或嘲讪公卿，淫盅显行，无复羞畏。……后知丑声甚，思有以掩覆之，乃诏昌宗，即禁中论著，引李峤、张说、宋之问、富嘉谟、徐彦伯等二十有六人，撰《三教珠英》，加昌宗司仆卿，易之麟台监。（《唐书》卷一〇四《张易之张昌宗传》）

上官昭容者，名婉儿，……天性韶警，善文章。年十四，武后召见，有所制作，若素构，自通天以来，内掌诏命，揆丽可观。……婉儿劝帝侈大书馆，增学士员，引大臣名儒充选，数赐宴赋诗，君臣赓和。婉儿常代帝及后、长宁、安乐二主，众篇并作，而采丽益新，又差第群臣所赋，赐金爵，故朝廷靡然成风。……帝即婉儿居，穿沼筑岩，穷饰胜趣，即引侍臣宴其所。是时左右内职，皆听出外不呵止。婉儿与近嬖至皆营外宅，袤人秽夫，争候门下肆狎昵，因以求迁职要官，与崔湜乱，遂引知政事。（《唐书》卷七六《上官昭容传》）

杨再思，……为人巧佞邪媚，能得人主微旨，主意所不欲，必因而毁之；主意所欲，必因而誉之。然恭慎畏忌，未尝忤物，或谓再思曰："公名高位重，何为屈折如此？"再思曰："世路艰难，直者受祸，苟不如此，何以全其身哉？"长安末，昌宗既为法司所鞫，……廷问宰臣曰："昌宗于国有功否？"再思对曰："昌宗往因合炼神丹，圣躬服之有效，此实莫大之功。"则天甚悦，昌宗竟以复职。时人贵彦范而贱再思也，时左补阙戴令言作《两脚野狐赋》以讥刺之。……公卿大臣，宴于司礼寺，预其会者，皆尽醉极欢，同休张易之兄。戏曰："杨内史面似高丽。"再思欣然请剪纸自帖于巾，却披紫袍为高丽舞，萦头舒手，举动合节，满座嗤笑。又易之弟昌宗，以姿貌见宠幸，再思又谀之曰："人言六郎面似莲花，再思以为莲花似六郎，非六郎似莲花也。"其倾巧取媚也如此。（《旧唐书》卷九〇《杨再思传》）

上官婉儿像

义府貌状温恭，与人语，必嬉怡微笑，而褊忌阴贼。既处权要，欲人附己，微忤意者，辄加倾陷，故时人言义府笑中有刀；又以其柔而害物，亦谓之"李猫"。……而义府贪冒无厌，与母妻及诸子女婿，卖官鬻狱，其门如市；多引腹心，广树朋党，倾动朝野。……义府本无藻鉴才，怙武后之势，专以卖官为事，铨序失次，人多怨讟。……入则诏言自媚，出则肆其奸宄，百寮畏之，无敢言其过者。（《旧唐书》卷八二《李义府传》）

　　苏味道……为相，特具位，未尝有所发明，脂韦自营而已。常谓人曰："决事不欲明白，误则有悔，模棱持两端可也。"（《唐书》卷一一四《苏味道传》）

　　则天尝以季秋内出梨花一枝，示宰臣曰："是何祥也？"诸宰臣曰："陛下德及草木，故能秋木再花，虽周文德及行苇，无以过也。"（《旧唐书》卷九〇《杜景俭传》）

　　垂拱四年四月，魏王武承嗣伪造瑞石，文云"圣母临人，永昌帝业"，令雍州人唐同泰，表称获之洛水。皇太后大悦，号其石为"宝图"，擢授同泰游击将军。（《旧唐书》卷六《则天皇后纪》）

　　有沙门十人伪撰《大云经》，表上之，盛言神皇受命之事。制颁于天下，令诸州各置大云寺，总度僧千人。（《旧唐书》卷六《则天皇后纪》）

（二）韦后

中宗既崩，韦后才不及武后，乃欲临朝称制，秽乱朝政，委用群小。玄宗起兵诛之，睿宗始继中宗而立。

　　中宗韦庶人，京兆万年人也。祖弘表，贞观中，为曹王府典军。中宗为太子时，纳后为妃。……嗣圣元年，立为皇后。其年，中宗见废，后随从房州。时中宗惧不自安，每闻制使至，惶恐欲自杀，后劝王曰："祸福倚伏，何常之有？岂失一死，何遽如是也！"累年同艰危，情义甚笃。……及中宗复立为太子，又立后为妃。……帝在房州时，常谓后曰："一朝见天日，誓不相禁忌。"及得志，受上官昭容邪说，引武三思入宫中，升御床，与后双陆，帝为点筹，以为欢笑，丑声日闻于外。（《旧唐书》卷五一《中宗韦庶人传》）

晖等以唐室中兴，武氏诸王，咸宜降爵，……于是诸武降为公。武三思益怒，乃讽帝阳尊晖等为郡王，罢知政事，仍赐铁券，恕十死，朔望趋朝。初晖与彦范等诛张易之兄弟也，洛州长史薛季昶谓晖曰："二凶虽除，产禄犹在。请因兵势，诛武三思之属。"……晖与张柬之，屡陈不可，乃止，季昶叹曰："吾不知死所矣。"翌日，三思因韦后之助，潜入宫中，内行相事，反易国政，为天下所患。时议以此归咎于晖。（《旧唐书》卷九一《敬晖传》）

　　韦皇后既干朝政，德静郡王武三思，又居中用事，以则天为彦范等所废，常深愤怨，又虑彦范等渐除武氏，乃先事图之。韦皇后既雅为帝所信宠，言无不从，三思又私通于韦氏，乃日夕谗毁彦范等。帝竟用三思计，进封彦范为扶阳郡王，敬晖为平阳郡王，张柬之为汉阳郡王，崔玄暐为博陵郡王，袁恕己为南阳郡王，……虽外示优崇，而实夺其权也。……神龙二年，……乃贬彦范为泷州司马，敬晖崖州司马，袁恕己窦州司马，崔玄暐白州司马，张柬之新州司马。……是岁秋，武三思又阴令人疏皇后秽行，榜于天津桥，请加废黜。中宗闻之怒，……御史……希三思旨，奏言彦范与敬晖……等教人密为此榜，虽托废后为名，实有危君之计，请加族灭。制依……奏。（《旧唐书》卷九一《桓彦范传》）

　　三思，元庆子也。少以后族，累转右卫将军，……及革命，封梁王。……三思略涉文史，性倾巧便僻，善事人。……初敬晖等立功后，掌知国政，三思虑其更为己患，而令其子崇训，因安乐公主，构诬敬晖等，并流于岭表而死。自是三思威权日盛，军国政事，多所参综。（《旧唐书》卷一八三《武承嗣附武三思传》）

　　武三思……乃讽百官，上帝尊号为应天皇帝，后为顺天皇后，……三思骄横用事。（《旧唐书》卷五一《中宗韦庶人传》）

　　三思既猜嫉正士，尝言"不知何等名作好人，唯有向我好者，是好人耳"。……三思既与韦庶人及上官昭容私通，尝忌节愍太子，又因安乐公主密谋废黜之。（《旧唐书》卷一八三《武承嗣附武三思传》）

韦皇后像

卷三　隋唐五代

节愍太子重俊,中宗第三子也,神龙二年秋,立为皇太子。……武三思得幸中宫,深忌重俊。三思子崇训尚安乐公主,常教公主凌忽重俊,以其非韦氏所生,常呼之为奴,或劝公主请废重俊为王,自立为皇太女。重俊不胜忿恨,三年七月,率左羽林大将军李多祚……等,矫制发左右羽林兵,及千骑三百余人,杀三思及崇训于其第,并杀党与十余人。又令左金吾大将军,……分兵守宫城诸门,自率兵……斩关而入,求韦庶人及安乐公主。……帝驰赴玄武门楼,召左羽林将军刘仁景等,……千骑王欢喜等倒戈。……重俊既败,……奔终南山,……为左右所杀。(《旧唐书》卷八六《节愍太子重俊传》)

景龙三年正月,……宴侍臣及近亲于梨园亭。二月,幸玄武门,与近臣观宫女大酺,既而左右分曹,共争胜负。上又遣宫女为市肆,鬻卖众物,令宰臣及公卿为商贾,与之交易,因为忿争,言辞猥亵。上与后观之,以为笑乐。(《旧唐书》卷七《中宗纪》)

景龙四年正月,及皇后微行以观灯。(《唐书》卷四《中宗纪》)

景龙四年,正月望夜,帝与后微行市里以观烧灯,又放宫女数千,夜游纵观,因与外人阴通,逃逸不还。(《旧唐书》卷五一《中宗韦庶人传》)

景龙四年五月,……前州司兵参军燕钦融上书,言皇后干预国政,安乐公主、武延秀、宗楚客等,同危宗社。帝怒,召钦融廷见,扑杀

节愍太子墓壁画

之。时安乐公主志欲皇后临朝称制，而求立为皇太女，由是与后合谋进鸩。六月，帝遇毒崩……秘不发丧，皇后亲总庶政，……立温王重茂为皇太子，……宣遗制，皇太后临朝。(《旧唐书》卷七《中宗纪》)

睿宗……讳旦，高宗第八子，……则天临朝，废中宗，……立……为皇帝，仍临朝称制。……中宗自房陵还，帝数称疾不朝，请让位于中宗，则天遂立中宗为皇太子，封帝为相王。……神龙元年，以诛张易之昆弟功，进号安国相王，……其年，立为皇太弟。景龙四年，即景云元年。六月，中宗崩，韦庶人临朝，引用其党，分握政柄。忌帝望实素高，潜谋危害，庚子夜，临淄王讳，玄宗。与太平公主子薛崇简，前朝邑尉刘幽求，长上果毅麻嗣宗，苑总监钟绍京等，率兵入北军，诛韦温、纪处讷、宗楚客、武延秀、马秦客、叶静能、赵履温、杨均等，诸韦武党与皆诛之。……其日王公百寮上表，咸以国家多难，宜立长君，以帝众望所归，请即尊位，……即皇帝位。(《旧唐书》卷七《睿宗纪》)

临淄王讳举兵诛诸韦武，皆枭首于安福门外，韦太后为乱兵所杀。(《旧唐书》卷七《中宗纪》)

韦后虽死，太平公主颇预政柄。公主武后女，颇有机谋，欲谋危太子。玄宗。太子乃以羽林诛公主及其党与，睿宗不得不传位于太子，是为玄宗。至此武后之乱，始告结束。

太平公主，则天皇后所生，后爱之。……仪凤中，吐蕃请主下嫁，后不欲弃之夷，乃真筑宫，如方士薰戒，以拒和亲事。久之，主衣紫袄玉带，折上巾，具粉砺，歌舞帝前，帝及后大笑曰："儿不为武官，何遽尔？"主曰："以赐驸马可乎？"帝识其意，择薛绍尚之。……绍死，更嫁武承嗣，会承嗣小疾，罢婚，后杀武攸暨妻以配主。主方额广颐，多阴谋，后常谓"类我"，而主内与谋，外检畏，终后世无他訾。……玄宗将诛韦氏，主与秘计，遣子崇简从。事定，将立相王，未有以发其端者。主顾温王："乃儿子，可劫以为功。"……乃披王下，取乘舆服进睿宗。睿宗即位，主权由此震天下，……朝廷大政事，非关决不下，闻不朝则宰相就第咨判，天子殆画可而已。……玄宗以太子监国，使宋王、岐王总禁兵，主恚权分，乘辇至光范门，召宰相，白废太子。于是宋璟、姚元之不悦，请出主东都，帝不

许。……时宰相七人，五出主门下，……主内忌太子明，又宰相皆其党，乃有逆谋。……太子得其奸，召岐王、薛王、兵部尚书郭元振、将军王毛仲……定策，……毛仲取内闲马三百，率太仆少卿李令问、王守一、内侍高力士、果毅李守德叩虔化门，枭元楷、慈，主党左羽林大将军常元楷，知羽林军李慈。于北阙下。……主闻变，亡入南山，三日不出，赐死于第。(《唐书》卷八三《太平公主传》)

延和元年八月，帝传位于皇太子，自称太上皇帝，五日一度受朝于太极殿，自称曰朕；……皇帝每日受朝于武德殿，自称曰予。……太平公主……等谋逆事觉，皇帝率兵诛之，……翌日，太上皇诰曰："朕将高居无为，自今后，军国刑政，一事以上，并取皇帝处分。"(《旧唐书》卷七《睿宗纪》)

七　玄宗时代之治乱

(一)开元天宝之政况

甲、任贤相

唐玄宗像

玄宗即位，大赦天下，改元为开元，内外官赐勋一转，改尚书左右仆射为左右丞相，中书省为紫微省，门下省为黄门省，侍中为监。(《旧唐书》卷八《玄宗纪》上)

是时上初即位，务修德政，军国庶务，多访于崇，同时宰相卢怀慎、源乾曜等，但唯诺而已。崇独当重任，明于吏道，断割不滞。(《旧唐书》卷九六《姚崇传》)

于是帝方躬万几，朝夕询逮。他宰相畏帝威决，皆谦惮，唯独崇佐裁决，故得专任。……凡大政事，帝必令源乾曜就咨焉，乾曜所奏善，帝则曰："是必崇画之。"有不合，则曰："胡不问崇？"(《唐书》卷一二四《姚崇传》)

宋璟刚正，又过于崇，玄宗素所尊惮，常屈

意听纳。故唐史臣称崇善应变,以成天下之务;璟善守文,以持天下之正。二人道不同,同归于治,此天所以佐唐使中兴也。(《唐书》卷一二四《姚崇宋璟传赞》)

玄宗开元时,厉精求治,元老魁旧,动所尊惮,故姚元之、崇初名元之。宋璟,言听计行。(《唐书》卷一二六《列传赞》)

乙、吏治

玄宗即位,……九龄建言:……今刺史,京辅雄望之郡,犹少择之,江淮陇蜀三河大府之外,稍非其人。由京官出者,或身有累,或政无状。用牧守之任,为斥逐之地,或因附会以忝高位,及势衰,谓之不称京职,出以为州;武夫流外,积资而得,不计于才。刺史乃尔,县令尚可言哉?旰庶国家之本,务本之职,乃为好进者所轻,承弊之民,遭不肖所扰。……臣愚谓欲治之本,莫若重守令,守令既重,则能者可行。宜遂科定其资,凡不历都督刺史,虽有高第,不得任侍郎列卿;不历县令,虽有善政,不得任。……夫吏部尚书,侍郎,以贤而授者也,……今胶以格条,据资配职,为官择人,初无此意,故时人有平配之诮。……今若刺史、县令,精核其人,……无庸人之繁矣。今岁选乃万计,京师米物为耗,……如知其贤能,各有品第,每一官缺,不以次用之,岂不可乎?"……俄选左补阙,九龄有才鉴,吏部试拔萃与举者,常与右拾遗赵冬曦考次,号称详平。(《唐书》卷一二六《张九龄传》)

丙、政绩

史臣曰:"……自武后移国三十余年,朝廷罕有正人,附丽无非险辈。持苞苴而请谒,奔走权门;效鹰犬以飞驰,中伤端士。……朋比成风,廉耻都尽。开元……纠之以典刑,明之以礼乐,爱之以慈俭,律之以轨仪。黜前朝徼幸之臣,杜其奸也;焚后庭珠翠之玩,戒其奢也;禁女乐而出宫嫔,明其教也;赐酺赏而放哇淫,惧其荒也;叙友于而敦骨肉,厚其俗也;……朝集而计最,校吏能也。唐堂之

上,无非经济之才;表著之中,皆得论思之士,……贞观之风,一朝复振。"(《旧唐书》卷九《玄宗纪》下"纪论")

励精政事,开元之际,几致太平。(《唐书》卷五《玄宗纪赞》)

玄宗晚年,流于怠荒,不但政治窳败,且唐乱亡之因,多种于其时。

丁、李林甫与杨国忠

林甫面柔而有狡计,能伺候人主意,故骤历清列,为时委任,而中官妃家,皆厚结托,伺上动静,皆预知之。故出言进奏,动必称旨,而猜忌阴中人,不见于词色。朝臣受主恩,顾不由其门,则构成其罪;与之善者,虽厮养下士,尽至荣宠。(《旧唐书》卷一〇六《李林甫传》)

九龄由文学进,守正持重,而林甫特以便佞,故得大任,每嫉九龄阴害之,……帝……益疏薄九龄,俄……罢政事,专任林甫。……林甫善刺上意,时帝春秋高,听断稍怠,厌绳检,重接对大臣,及得林甫,任之不疑。林甫善养君欲,自是帝深居燕适,沉蛊衽席,主德衰矣。……公卿不由其门而进,必被罪徙,附离者虽小人,且为引重。同时相若九龄、李适之皆遭逐,至杨慎矜、张瑄、卢幼临、柳升等,缘坐数百人,并相继诛。……林甫居相位,凡十九年,固宠市权,蔽欺天子耳目,谏官皆持禄养资,无敢正言者。补阙杜璡再上书,言政事,斥为下邽令,因以语动其余曰:"……君等不见立仗马乎,终日无声而饫三品刍豆,一鸣则黜之矣,后虽欲不鸣得乎?"由是谏争路绝。(《唐书》卷二二三上《李林甫传》)

林甫恃其早达,舆马被服,颇极鲜华。自无学术,仅能秉笔,有才名于时者,尤忌之。……林甫典选部时,选人严迥判语,有用"杕杜"二字者,林甫不识"杕"字,谓吏部侍郎韦陟曰:"此云'杖杜'何也?"陟俯首不敢言。太常少卿姜度,林甫舅子,度妻诞子,林甫手书庆之曰"闻有弄獐之庆",客视之掩口。(《旧唐书》卷一〇六《李林甫传》)

初杨国忠登朝,林甫以微才不之忌,及位至中司,权倾朝列,林甫始恶之。……林甫卒,

李林甫像

国忠竟代其任。(《旧唐书》卷一〇六《李林甫传》)

杨国忠,太真妃之从祖兄……也。……国忠已得柄,……处决枢务,自任不疑,盛气骄愎,百僚莫敢相可否,官属悉苛督,句剥相甚;又便佞,专徇帝嗜欲,不顾天下成败。……安禄山方有宠,总重兵于边,偃蹇不奉法,帝护之,下莫敢言。国忠知终不出己下,又恃内援,独暴发反状,帝疑以位相媢,不之信。禄山虽逆久,以帝遇之厚,故隐忍,伺帝一旦晏驾则称兵。及见帝嬖国忠,甚畏不利己,故谋日急。俄而禄山授尚书右仆射,帝恐国忠不悦,故册拜司空。禄山还幽州,觉国忠图己,反谋遂决。国忠令客……刺求反状,讽京兆尹李岘围其第,捕禄山所善……杀之。……禄山上书自陈,而条上国忠大罪二十,帝归过于岘,贬……以慰禄山意。国忠寡谋矜躁,谓禄山跋扈不足图,故激怒之使必反,以取信于帝。帝卒不悟,乃建言,请以禄山为平章事,追入辅政,……禄山反,以诛国忠为名。(《唐书》卷二〇六《杨国忠传》)

戊、杨贵妃

玄宗贵妃杨氏,……始为寿王妃。开元二十四年,武惠妃薨,后廷无当帝意者,或言妃姿质天挺,宜充掖廷,遂召内禁中,异之,即为自出妃意者,丐籍女官号太真。……太真得幸,善歌舞,邃晓音律,且智算警颖,迎意辄悟。帝大悦,遂专房,宴官中,号娘子。……天宝初,进册贵妃。(《唐书》卷七六《杨贵妃传》)

有姊三人,皆有才貌,玄宗并封国夫人之号,长曰大姨,封韩国;三姨封虢国,八姨封秦国,并承恩泽,出入宫掖,势倾天下。……三夫人岁给钱千贯,为脂粉之资。(《旧唐书》卷五一《杨贵妃传》)

帝常岁十月,幸华清宫,春乃还,而诸杨汤沐馆在宫东垣,连蔓相照。帝

杨贵妃画像

临幸，必遍五家，赏赉不赀，计出有赐曰"钱路"，反有劳曰"鞭脚"。（《唐书》卷二〇六《杨国忠传》）

开元已来，豪贵雄盛，无如杨氏之比也。……玄宗每年十月，幸华清宫，国忠姊妹五家扈从，每家为一队，着一色衣，五家合队，照映如百花之焕发，而遗钿坠舄，瑟瑟珠翠，璨瓓芳馥于路。……天宝中，范阳节度使安禄山，大立边功，上深宠之，禄山来朝，帝令贵妃姊妹，与禄山结为兄弟。禄山母事贵妃，每宴赐，锡赉稠沓。及禄山叛，露檄数国忠之罪。……及潼关失守，从幸至马嵬，禁军大将军陈玄礼，密启太子诛国忠父子。既而四军不散，玄宗遣力士宣问，对曰："贼本尚在。"盖指贵妃也。力士复奏，帝不获已，与妃诏，遂缢死于佛室。（《旧唐书》卷五一《杨贵妃传》）

（二）安史之乱
甲、安禄山

安禄山，营州柳城胡也，……忮忍多智，善臆测人情，通六蕃语，为互市郎。……御史中丞张利贞，采访河北，禄山百计谀媚，多出金，谐结左右为私恩。利贞入朝，盛言禄山能，乃授禄山……顺化州刺史。使者往来，阴以赂中其嗜，一口更誉，玄宗始才之。天宝元年，以平卢热河朝阳一带。为节度，禄山为之使，兼柳城太守，押两蕃、渤海、黑水四府经略使。明年，二年。入朝，奏对称旨，进骠骑大将军；又明年，三年。代裴宽为范阳节度河北、北京一带。河北采访使，仍领平卢军。……时宰相李林甫，嫌儒臣以战功进，尊宠间己，乃请颛用蕃将，故帝宠禄山益牢，群议不能轧。……时杨贵妃有宠，禄山请为妃养儿，帝许之。其拜必先妃后帝，帝怪之，答曰："蕃人先母后父。"帝大悦。

……禄山有乱天下意，令麾下刘骆谷居京师，伺朝廷隙。……帝春秋高，嬖艳钳固，李林甫、杨国忠更特权，纲纪大乱。禄山计天下可取，逆谋日炽，……峙兵积谷，养同罗降奚、契丹曳落河八千人为假子……引张通儒、李廷坚、平洌、李史鱼、独孤问俗署幕府，以高尚典书记，严庄掌簿最，阿史那承庆、安太清、安守忠、李归仁、孙孝哲、蔡希德、牛廷玠、向润客、高邈、李钦凑、李立节、崔乾

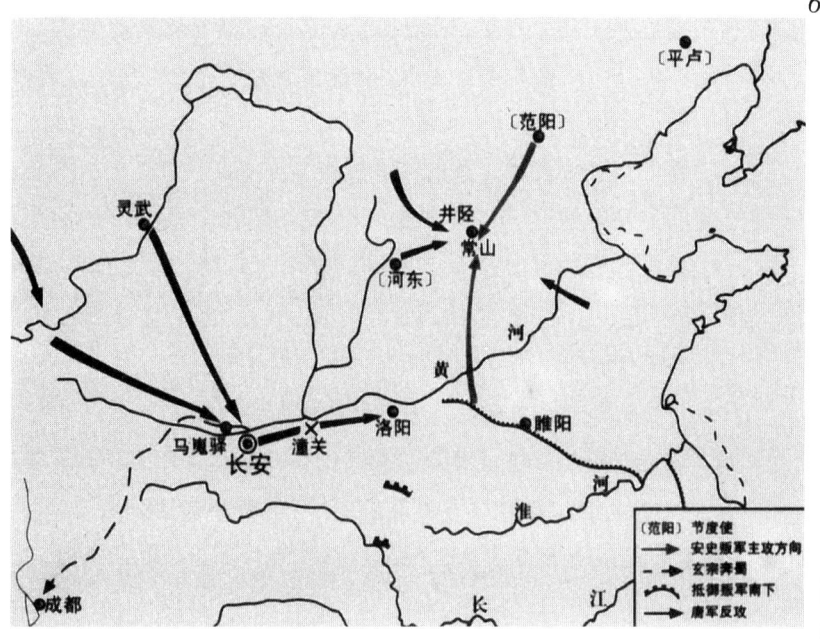

安史之乱形势图

祐、尹子奇、何千年、武令珣、能元皓、田承嗣、田乾真皆拔行伍，署大将。……进禄山东平郡王，……遂拜云中太守，河东山西省城以西。节度使。既兼制三道，意益侈。……禄山……乃悉兵，号二十万，讨契丹以报。帝闻，诏朔方节度使阿布思以师会。……禄山雅忌其才，不相下，欲袭取之，……布思惧而叛，转入漠北。……会布思为回纥所掠，奔葛逻禄，禄山厚募其部落，降之。葛逻禄惧，执布思送北廷，献之京师。

禄山已得布思众，则兵雄天下，愈偃肆。皇太子及宰相，屡言禄山反，帝不信。是时国忠疑隙已深，……然禄山亦惧朝廷图己，每使者至，称疾不出。……帝赐庆宗禄山子。娶宗室女，手诏禄山观礼，辞疾甚，献马三千匹，骆驼自倍，车三百乘，乘三士，因欲袭京师。……天宝十四载，西历755年。十一月，反范阳，诡言奉密诏讨杨国忠。……以高尚、严庄为谋主，孙孝哲、高邈、张通儒、通晤为腹心，兵凡十五万，号二十万，师行日六十里。天下承平日久，人不知战，闻其兵起，朝廷震惊，禁卫皆市井商贩之人，乃开左藏库出锦帛召募，……禄山令严肃，得士死力，无不一当百，遇之必败，……以上《旧唐书》卷二〇〇上《安禄山传》。……时兵暴起，州县发官铠仗，皆穿朽钝折不可用，持梃斗，弗能允，吏皆弃城匿或自杀，不则就禽，日不绝。

……据东京，……明年，至德元载。正月，僭称雄武皇帝，国号燕，建元圣武，……达奚珣为左相，张通儒为右相，严庄为御史大夫，署拜百官。（《唐书》卷二二五上《安禄山传》）

常山太守颜杲卿，杀贼将李钦凑，禽高邈、何千年，于是赵郡、巨鹿、广平、清河、河间、景城六郡，皆为国守，禄山所有，才卢龙、密云、渔阳、汲、邺、陈留、荥阳、陕郡、临汝而已。……僭号，禄山。……复取常山，杀颜杲卿。……李光弼出土门救常山，……郭子仪自云中引兵与光弼合，败史思明于九门。……光弼收郡十三，河南诸郡皆严兵守。潼关不开，禄山惧，欲还范阳，召严庄、高尚责曰："我起而曹谓万全，今四方兵日盛，自关以西，不跬步进，尔谋何在，尚见我为？"遣尚等出。……田乾真自潼关来，劝禄山曰："自古兴王，战皆有胜负，……无一举而得者。……且高尚、严庄，佐命元勋也，……何遽绝之？"……乃内尚等与饮宴，……君臣如初。……会高仙芝等死，哥舒翰守潼关，为乾祐所败囚之，贼不谓天子能遽去，驻兵潼关十日乃西，……于是汧陇以东，皆没于贼。（《唐书》卷二二五上《安禄山传》）

天宝十四载十一月，……以郭子仪为灵武太守，朔方节度使，……以京兆牧荣王琬为元帅，命高仙芝副之，于京城召募，号曰天武军，其众十万。（《旧唐书》卷九《玄宗纪》下）

仙芝……师发，玄宗御望春亭慰劳遣之，仍令监门将军边令诚监

郭子仪谕服回纥图

其军，屯于陕州。(《旧唐书》卷一〇四《高仙芝传》)

以常清为范阳节度，俾募兵东讨。其日，常清乘驿赴东京，……禄山渡河，……常清……战……败。……西奔至陕郡，遇高仙芝，具以贼势告之，恐贼难与争锋，仙芝遂退守潼关。玄宗闻常清败，削其官爵，令白衣与仙芝军效力。……监军边令诚每事干之，仙芝多不从。令诚入奏事，具言仙芝、常清逗挠奔败之状，玄宗怒，遣令诚赍敕至军，并诛之。(《旧唐书》卷一〇四《封常清传》)

天宝十四载十二月，……斩封常清、高仙芝于潼关，以哥舒翰为太子先锋兵马元帅，领河陇，募兵守潼关以拒之。(《旧唐书》卷九《玄宗纪》下)

国忠计迫，谬说帝趣翰出潼关，复陕洛。……帝入国忠之言，使使者趣战，项背相望也。翰窘，……出关，次灵宝西原，与安禄山将崔乾祐战。……既败，翰引数百骑……至潼津，收散卒复守关。乾祐进攻，于是火拔归仁翰帐下将。等绐翰出关，……执以降贼。……京师震动，由是天子西幸。(《唐书》卷一三五《哥舒翰传》)

关门不守，京师大骇，河东、华阴、上洛等郡，皆委城而走。……谋幸蜀，……发马嵬，陕西兴平县西。……幸扶风。……及行，百姓遮路乞留皇太子，愿戮力破贼，……因留太子肃宗。……诏以皇

《明皇幸蜀图》

太子讳充天下兵马元帅，都统朔方、河东、河北、平卢节度兵马，收复两京。(《旧唐书》卷九《玄宗纪》下)

上至灵武，……冕裴冕。等凡六上笺，辞情激切，上不获已，乃从。是月，上即皇帝位于灵武，……敬崇徽号，上尊圣皇玄宗。曰上皇，……改元曰至德，……诏以子仪为兵部尚书，依前灵州大都督府长史；光弼为户部尚书，兼太原尹、北京留守，同中书门下平章事。回纥、吐蕃，遣使继至，请和亲，愿助国讨贼，皆宴赐遣之。(《旧唐书》卷一〇《肃宗纪》)

禄山未至长安，士人皆逃入山谷，东西络绎二百里，官嫔散匿行哭，将相第家委宝货不赀，群不逞争取之，累日不能尽。又剽左藏大盈库，百司帑藏竭，乃火其余。禄山至，怒，乃大索三日，民间财货尽掠之，府县因株根牵连，勾剥苛急，百姓愈骚。……庞性得所欲，则肆为残虐，人益不附。诸大将欲有咨决，皆因严庄以见，御下少恩，虽腹心雅故，皆为仇敌，郡县相与杀守将，迎王师。……肃宗治兵灵武，天下日跂首待，……都畿豪杰杀贼吏自归者无虚日，贼斩刈惩之不能止。又贼将类慓勇无远谋，日纵酒嗜声色财利，车驾危得入蜀，终无进蹑之患。帐下李猪儿者，本降虏，幼事禄山，谨甚，使为阍人，愈亲信，禄山腹大垂膝，每易衣，左右共举之，猪儿为结带，……及老愈肥，曲隐常疮。既叛不能无恚惧，至是目复盲，俄又得疽疾，尤卞躁，左右给侍，无罪辄死或棰掠，而辱猪儿尤数，虽严庄亲倚，时时遭笞，故二人深怨禄山。初庆绪善骑射，未冠为鸿胪卿。贼僭号，嬖段夫人，爱其子庆恩，欲立之。庆绪惧不立，庄亦疑难作不利己，……遂与定谋。至德二载，正月朔，禄山朝群臣，创甚罢，是夜，庄、庆绪持兵扈门，猪儿入帐下，以大刀斫其腹，……肠溃于床即死。……因传疾甚，伪诏立庆绪为皇太子，又矫称禄山传位庆绪，乃伪尊太上皇。既袭伪位，改载初元年，即纵乐饮酒，委政于庄而兄事之，以张通儒、安守忠等屯长安，史思明领范阳，镇恒阳军，牛廷玠屯安阳，张志忠戍井陉。(《唐书》卷二二五上《安禄山传》)

至德二年，西历757年。二月，肃宗南幸凤翔郡，始知禄山死，使仆固怀恩使于回纥，结婚请兵讨逆。其月，郭子仪拔河东郡，崔乾祐南遁。八月，回纥三千骑至。九月，广平王领蕃汉之众收西京。

……郭子仪等与贼战于陕西曲沃，大破之。……严庄奔至东京告庆绪，庆绪率其余众，奔河北，保邺郡。……思明伪称燕王，……庆绪……被围，……思明引众来救。……庆绪……诣思明，……思明曰："……尔为人子，杀汝父以求位，庸非大逆乎？吾为太上皇讨贼。"即牵出，并其四弟，及高尚、孙孝哲、崔乾祐，皆缢杀之。禄山父子，僭逆三年而灭。（《旧唐书》卷二〇〇上《安禄山传》）

至导贼僭逆之人，以高尚、严庄为最。

高尚……善文辞，……禄山表为平卢掌书记，因出入卧内。禄山喜睡，尚尝执笔侍，通宵不寐，由是亲爱，遂与严庄语图谶，导禄山反，……贼所下赦令，皆尚为之。严庄降后，拜司农卿。尚独典政事。（《唐书》卷二二五上《高尚传》）

至德二载，禄山死，庆绪遣其下尹子琦，将……劲兵……攻睢阳。河南商丘县。巡励士固守，……远许远。自以材不及巡，请禀军事而居其下。……贼知外援绝，围益急，众议东奔，巡、远议以睢阳江淮保障也，若弃之，贼乘胜鼓而南，江淮必亡。……贼攻城，士病不能战，……城遂陷，与远俱执。……张镐……率……四节度犄角救睢阳，巡亡三日而镐至，十日而广平王收东京。……咸谓巡蔽遮江淮，沮贼势，天下不亡，其功也。（《唐书》卷一九二《张巡传》）

乙、史思明

史思明，本名窣干，营州宁夷州突厥杂种胡人也。……性急躁。与安禄山同乡里，……及长相善，俱以骁勇闻，……解六蕃语，与禄

史思明铸"顺天元宝"

卷三 隋唐五代

山同为互市郎。……天宝初，频立战功，至将军，知平卢军事。……十四载，安禄山反，命思明讨饶阳等诸郡陷之。(《旧唐书》卷二〇〇上《史思明传》)

禄山反，使思明略定河北，会贾循死，留思明守范阳。……至德二载，……攻太原，……李光弼固守且十月不能拔。而安庆绪袭位，赐姓安名荣国，爵妫川郡王。贼之陷两京，常以橐它载禁府珍宝贮范阳，如丘阜然。思明见富强，憪然骄，欲自取之。已而庆绪败走相州，残士三万北归无所属，思明击杀数千人，降之。庆绪知其贰，使……诣思明议事，且共图之。……李光弼闻其绝庆绪，使人招之，……思明使牙门……奉十三郡兵八万籍，归于朝，……诏思明为归义郡王，范阳长史，河北节度使，诸子并列卿。……然思明外顺命，内实通贼，益募兵。帝知之，……即擢乌承恩为河北节度副大使，使图思明。……诸将返以告思明，……因榜杀承恩。……九节度朔方节度郭子仪，河东节度李光弼，关内潞州节度王思礼，淮西襄阳节度鲁炅，兴平节度李奂，滑濮节度许叔冀，平卢兵马使董秦，北庭行营节度李嗣业，郑蔡节度季广琛，……以开府鱼朝恩为观军容使，《旧唐书》卷一〇《肃宗纪》乾元元年。围相州急，庆绪间道求救思明。……乾元二年，西历759年。正月朔，筑坛僭称大圣周王，建元应天。……救相州，却王师，杀庆绪并其众。欲遂西略，虞根本未固，即留史朝义守相州，自引还。四月，更国号大燕，建元顺天，自称应天皇帝，妻辛为皇后，以朝义为怀王，周贽为相，李归仁为将，号范阳为燕京，洛阳周京，长安秦京，更以州为郡，铸顺天得一钱。(《唐书》卷二二五上《史思明传》)

乾元元年，九节度师讨庆绪，以子仪、光弼皆元功，难相临摄，第用鱼朝恩为观军容宣慰使，而不立帅。……思明自魏来，……战邺南。……于是王师南溃，……时王师众而无统，进退相顾望，责功不专，是以及于败。(《唐书》卷二二七《郭子仪传》)

乾元二年三月，……相州行营郭子仪等，与贼史思明战，王师不利，九节度兵溃。子仪断河阳桥，以余众保东京。(《旧唐书》卷一〇《肃宗纪》)

思明……兵四出寇河南，身出濮阳，……乘胜鼓行，西陷洛阳，

破汝、郑、滑三州。……上元二年，西历761年。二月，思明以计败光弼兵于北邙，王师弃河阳、怀州，京师震恐，益兵屯陕州。（《唐书》卷二二五上《史思明传》）

思明至陕州，为官军所拒于姜子坂，战不利，退归永宁，筑三角城，约一月内毕，以贮军粮。朝义筑城毕，未泥，思明至，诟之，对曰："缘兵士疲乏，暂歇耳。"又怒曰："汝惜部下兵，违我处分，……待收陕州，斩却此贼！"朝义大惧。……朝义将骆悦……等言："主上欲害王，悦与王死无日矣。"因言废兴之事："……举大事可乎？"……朝义然之。……思明……每好伶人，寝食置左右，以其残忍，皆恨之。……如厕，思明。……骆悦入，问思明所在，……指在厕。思明觉变，逾墙出，至马槽，鞴马骑之。悦等至，令傔人周子俊射中其臂，落马，……悦遂令心腹擒思明，赴柳泉驿。……思明至柳泉驿，缢杀之，朝义便僭伪位。建元显圣。朝义，思明孽子也，宽厚，人附之。使人往范阳，杀伪太子朝英等。……时洛阳四面数百里，人相食，州县为墟，诸节度使皆禄山旧将，与思明等夷，朝义征召不至。宝应元年，西历762年。十月，遣元帅雍王领河东朔方诸节度、回纥兵马赴陕，仆固怀恩与回纥左杀为先锋，……自渑池入，李抱玉自河阳入，副元帅李光弼自陈留入，……与朝义战于北邙山下。逆贼败绩，……投汴州，汴州伪将张献诚拒之，乃渡河北投幽州。二年正月，贼伪范阳节度李怀仙于莫州生擒之，送款来降，枭首至阙下。又伪官以城降者，恒州刺史成德军节度使张忠志，……赵州刺史卢淑，定州程元胜，徐州刘如伶，相州节度薛嵩，幽州李怀仙，郑州田承嗣，并加封爵，领旧职。思明乾元二年僭号，至朝义宝应元年灭，凡四年。（《旧唐书》卷二〇〇上《史思明传》）

唐自安史乱后，政局日趋混乱，至于衰亡。

史思明书法碑刻

卷三 隋唐五代

八 唐之衰运

(一)宦官

唐制，内侍省官，有内侍四，内常侍六，内谒者监、内给事各十，谒者十二，典引十八，寺伯、寺人各六。又有五局，一曰掖廷，主宫嫔簿最；二曰宫闱，扃门阖；三曰奚官，治宫中疾病死丧；四曰内仆，主供帐灯烛；五曰内府，主中藏给纳。局有令，有丞，皆宦者为之。太宗诏内侍省，不立三品官，以内侍为之长，阶第四，不任以事，惟门阁守御、廷内扫除、禀食而已。武后时，稍增其人。至中宗，黄衣乃二千员，七品以上员外，置千员，然衣朱紫者尚少。玄宗承平，财用富足，志大事奢，不爱惜赏赐爵位，开元天宝中，宫嫔大率至四万，宦官黄衣以上三千员，衣朱紫千余人。其称旨者，辄拜三品将军，列戟于门，其在殿头供奉，委任华重，持节传命，光焰殷殷动四方，所至郡县奔走，献遗至万计。……监军持权，节度反出其下，于是甲舍名园，上腴之田，为中人所名者，半京畿矣。肃、代庸弱，倚为扞卫，故辅国以尚父显，元振以援立奋，朝恩以军容重，然犹未得常主兵也。德宗惩艾泄贼，故以左右神策、天威等军，委宦者主之，置护军中尉、中护军，分提禁兵。是以威柄下迁，政在宦人，举手伸缩，便有轻重。至粟士奇材，则养以为子；巨镇强藩，则争出我门。……又日夕侍天子，狎则无威，习则不疑，故昏君蔽于所昵，英主祸生所忽。玄宗以迁崩，宪敬以弑殒，文以忧愤，至昭而天下亡矣。祸始开元，极于天祐。(《唐书》卷二〇七《宦者传序》)

东汉及明，宦官之祸烈矣，然犹窃主权，以肆虐天下。至唐则宦官之权，反在人主之上，立君弑君，废君有同儿戏。……如高力士贵幸时，微幸者愿一见如天人，肃宗在东官，亦以兄事之，诸王公主呼为翁，戚里诸家尊曰爹，将相大臣，皆由之以进。尝建佛寺道观各一所，钟成，宴公卿，一扣者纳礼钱十万，有至二十扣者。见《唐书》卷二〇七《高力士传》。李辅国贵幸时，人不敢斥其官，直呼为五郎，

李揆当国，以子姓事之，尝矫诏迁上皇玄宗。于西内，至忧郁以崩。见《旧唐书》卷一八四《李辅国传》。他如鱼朝恩忌郭子仪功高，谮罢其兵柄，程元振谮来瑱赐死，李光弼遂不敢入朝，又谮裴冕罢相贬施州，以致方镇解体，吐蕃入寇，代宗仓黄出奔，征诸道兵，无一至者。此犹是未握兵权、未管枢要以前事也。

自德宗惩泾师之变，禁军仓卒不及征集，还京后，不欲以武臣典禁兵，乃以神策、天威等军，置护军中尉、中护军等官，以内官窦文场、霍仙鸣等主之，于是禁军全归宦寺。其后又有枢密之职，凡承受诏旨、出纳王命多委之，于是机务之重，又为所参预。注：案《李吉甫传》，宪宗初，有中书小吏滑涣，与枢密使刘光琦昵，颇窃权。又《裴垍传》，李绛承旨翰林，有中人梁守谦掌密命，是枢密之职，盖始于德宗之末、宪宗之初。又《严遵美传》，枢密使无厅事，惟三楹舍藏书而已，其后遂有堂状贴黄决事，与宰相等。是二者皆极重要之地，有一已足揽权树威，挟制中外，况二者尽为其所操乎？

其始犹假宠窃灵，挟主势以制下，其后积重难返，居肘腋之地，为腹心之患，即人主废置，亦在掌握中。《僖宗纪赞》谓自穆宗以来八世，而为宦官所立者七君。今案《本纪》，宪宗时，太子宁薨，中尉吐突承璀欲立丰王恽，而恽母贱不当立，乃立遂王宥为皇太子。宪宗崩，宦官陈宏志，杀承璀及恽，以皇太子即位，是为穆宗。注：《旧书·王守澄传》，宪宗崩，守澄与马进潭、梁守谦等，册立穆宗。盖皆与陈宏志同谋者。是穆宗之立，由陈宏志等之力也。……敬宗夜猎还宫，与中官刘克明……等二十八人饮，帝醉，入室更衣，殿上烛忽灭，刘克明等同害帝，苏佐明等矫制立绛王，枢密使王守澄、中尉梁守谦，率禁军讨贼，诛绛王，迎江王即位，是为文宗。是文宗之立，由王守澄等之力也。……至文宗在时，已立敬宗子成美为皇太子矣，及大渐，宰相李珏、枢密使刘宏逸等，又奉密旨，以成美监国，乃中尉仇

高力士雕像

士良、鱼宏志，矫诏废成美，立颍王瀍为皇太弟，即位，是为武宗。是武宗之立，由仇士良等之力也。……武宗崩，中尉马元贽，立光王怡为皇太叔，即位，是为宣宗。注：时武宗未有太子。是宣宗之立，由马元贽之力也。宣宗疾大渐，以夔王滋属枢密使王归长、马公孺等，而中尉王宗实及丌元实，矫诏立郓王为皇太子，即位，是为懿宗。是懿宗之立，由王宗实等之力也。懿宗大渐，中尉刘行深、韩文约，立普王为皇太子，即位，是为僖宗。是僖宗之立，由刘行深等之力也。僖宗大渐，……观军容使杨复恭，率兵迎寿王为皇太弟，即位，是为昭宗。是昭宗之立，由杨复恭之力也，统计此六七代中，援立之权，尽归宦寺，宰相亦不得与知。

且不特此也，宪、敬二帝，至为陈宏志、刘克明等所弑，昭宗又为刘季述所幽。……其间非无贤哲之主，有志整饬，如宪宗无所宠假，吕全如擅取樟材治第，送狱自杀，郭旻醉触夜禁，即杖杀之，……然其后竟遭弑害。文宗欲倚李训、郑注诛宦官，甘露之变，反为仇士良等所肆逆，横杀朝士，横尸阙下，帝亦惴惴不保，仅而获免。宣宗始稍黜其权，注：初延英奏事，帝与宰相可否，枢密使候于殿西，俟宰相奏事毕，案前受事，稍防矫诈之弊。至懿僖又如故矣。文宗尝以周赧、汉献，受制强臣，而己受制家奴，谓不如赧、献，对周墀泣下。学士崔慎由夜直，忽仇士良召至秘殿，令草诏更立嗣君，慎由以死拒之。士良引至小殿见帝，士良等历数帝过，帝俯首而已，刘季述锢昭帝于少阳院，亦以杖画地责帝曰："某日某事，尔不从我，罪一也。"至数十不止。杨复恭之反也，既令其养子守信为神策军使，又令守贞、守忠及侄守亮为节度使，以树内外之援，与守亮书曰："承天门乃隋家旧业，儿但积粟训兵，不必进奉。吾于荆榛中立寿王，既得位，乃废定策国老，有如此负心门生天子！"此可见下陵上替之极也。

卒之朝廷纲纪，为所败裂，国势日弱，方镇日强。宦寺虽握兵，转不得不结外蕃为助，于是韩全诲等劫天子，迁凤翔，倚李茂贞。致

唐敬宗墓碑

中华二千年史

朱全忠攻围逾年，力穷势迫，帝与茂贞乃杀全海等四人，韦处廷等二十二人以求和，又杀小使李继彝等十人。城门既开，又杀中官七十余人。全忠又令京兆诛党与百余。既还京师，遂尽杀第五可范以下八百余人，哀号之声闻于路。诸道监军亦即所在赐死。……唐室宦官之局，至此始结，而国亦亡矣。(赵翼《廿二史劄记》卷二〇"唐代宦官之祸")

(二) 藩镇

景云睿宗。二年，以贺拔延嗣为凉州都督、河西节度使，节度使之官由此始。然犹第统兵，而州郡自有按察等使司其殿最。至开元中，朔方、陇右、河东、河西诸镇，皆置节度使，每以数州为一镇，节度使即统此数州，州刺史尽为其所属，故节度使多有兼按察使、度支使、支度使者。既有其土地，又有其人民，又有其甲兵，又有其财赋，于是方镇之势日强。……及安史既平，武夫战将，以功起行阵为侯王者，皆除节度使，大者连州十数，小者犹兼三四。所属文武官，悉自置署，未尝请命于朝，力大势盛。……或父死子握其兵而不肯代，或取舍由于士卒，往往自择将吏，号为留后，以邀命于朝，天子力不能制，……因而抚之。……其始为朝廷患者，只河朔三镇，其后淄、青、淮、蔡，无不据地倔强，甚至同、华逼近京邑，而周智光以之反；潞、泽亦连畿甸，而卢从史、刘稹等以之叛。迄至末年，天下尽分裂于方镇，而朱全忠遂以梁兵移唐祚矣。(赵翼《廿二史劄记》卷二〇"唐节度使之祸")

安史乱天下，至肃宗大难略平，君臣皆幸安，故瓜分河北地，付授叛将，护养孽萌，以成祸根。乱人乘之，遂擅署吏，以赋税自私，不献于朝廷，……以土地传子孙。……讫唐亡，百余年，卒不为王土。……大历贞元之间，有城数十，千百卒夫，则朝廷贷以法故，于是阔视大言，自树一家，

唐肃宗建陵石碑

破制削法，角为尊奢，天子不问，有司不呵。王侯通爵，越禄受之；觐聘不来，几杖扶之。……地益广，兵益强，僭拟益甚，侈心益昌。……淫名越号，走兵四略，以饱其志。赵魏燕齐同日而起，梁蔡吴蜀蹑而和之，其余混涫轩嚣，欲相效者，往往而是。……魏博传五世，至田弘正入朝，十年复乱，更四姓，传十世，有州七；成德更二姓，传五世，至王承元入朝，明年，王庭凑反，传六世，有州四；卢龙更三姓，传五世，至刘总入朝，六月，朱克融反，传十二世，有州九；淄、青传五世而灭，有州十二；沧、景传三世，至程权入朝，十六年而李全略有之，至其子同捷而灭，有州四；宣武传四世而灭，有州四；彰义传三世而灭，有州三；泽潞传三世而灭，有州五。(《唐书》卷二一〇《藩镇传》序)

及其晚也，土地之广，人民之众，城池之固，器甲之利，举而予之。……方镇之患始也，各专其地以自世；既则迫于利害之谋，故其喜则连衡而叛上，怒则以力而相并；及其甚，则起而弱王室。唐自中世以后，收功弭乱，虽常倚镇兵，而其亡也，亦终以此。(《唐书》卷六四《方镇表》序)

是唐藩镇之祸，玄宗造其因，而肃、代两朝，专务姑息以养成之，遂成尾大不掉之祸。倡始拒命者，为河北诸镇，当代宗时，其情况如下。

永泰代宗。元年，西历765年。五月，……平卢节度使侯希逸……好游畋，……军州苦之。兵马使李怀玉得众心，希逸忌之，因事解其军职。希逸与巫宿于城外，军士闭门不纳，奉怀玉为帅，……七月，以郑王邈为"平卢淄青"节度大使，以怀玉知留后，赐名正已。时成德节度使李宝臣、魏博节度使田承嗣、相卫节度使薛嵩、卢龙节度使李怀仙，收安史余党，各拥劲卒数万，治兵完城，自署文武将吏，不供贡赋；与山南东道节度使梁崇义，及正已，皆结为婚姻，互相表里。朝廷专事姑息，不能复制，虽名藩臣，羁縻而已。(《资治通鉴》卷二二三《唐纪》三九)

德宗即位，颇思振作，不许藩镇世袭，魏博、平卢、成德、山南东四镇，遂连合抗命。

建中德宗。二年，西历781年。正月，成德节度使李宝臣薨。宝臣

欲以军府传其子……惟岳。……及薨，孔目官胡震，家僮王它奴，劝惟岳匿丧，……诈为宝臣表，求令惟岳继袭，上不许。……惟岳乃发丧，自为留后，使将佐共奏求旌节，上又不许。初宝臣与李正己、田承嗣、梁崇义相结，期以土地传之子孙，故承嗣之死，宝臣力为之请于朝，使以节授田悦，承嗣任。代宗从之。……至是悦屡为惟岳请继袭，上欲革前弊，不许。……悦乃与李正己，各遣使诣惟岳，潜谋勒兵拒命。……会汴州城隍，广之，东方人讹言，上欲东封，故城汴州。正己惧，发兵万人屯曹州，田悦亦完聚为备，与梁崇义、李惟岳遥相应助。（《资治通鉴》卷二二六《唐纪》四二）

唐德宗像

四镇举兵抗命，德宗命诸将分道讨之，凡四年始少定。

建中二年，魏博田悦反，将兵围临洺邢州，诏以晟为神策先锋都知兵马使，与河东节度使马燧，昭义节度使李抱真，合兵救临洺。……晟与河东骑将……击悦于双冈，悦兵却。……晟引兵渡洺水，……击悦军，……大破之。三年正月，复以诸道军击败悦军于洹水，遂进攻魏州。（《旧唐书》卷一三三《李晟传》）

李希烈，……德宗即位后，……充淮西节度，支度营田观察使，又改淮西节度为淮宁军以宠之。建中元年，……山南东道节度梁崇义，拒捍朝命，迫胁使臣。二年六月，诏诸军节度，率兵讨之。……希烈破崇义众，遂讨平之。（《旧唐书》卷一四五《李希烈传》）

朱滔，卢龙节度使李怀仙，为兵马使朱希彩所杀，希彩又为部下杀死，推朱泚为节度。泚入朝，以弟滔知留后。……大历九年，……权知幽州卢龙节度留后。……建中二年，宝臣死，其子惟岳谋袭父位，滔与成德军节度张孝忠惟岳将，以郡归国，授为成德军节度。征之，大破惟岳于束鹿。滔命偏师守束鹿，进围深州，惟岳乃统万余众，及田悦援兵围束鹿。……滔……大破之，惟岳焚营而遁。惟岳为其兵马使王武俊所杀，以其地降。（《旧唐书》卷一四三《朱滔传》）

乱事将敉平，复以赏功问题，平乱者亦起而作乱。

> 时河北略定，惟魏州田悦。未下。河南诸军攻李纳李正己死，子纳自为留后。于濮州，纳势日蹙。朝廷谓天下不日可平，以张孝忠为易、定、沧三州节度使，王武俊为恒冀都团练观察使，康日知惟岳将，以赵州降。为深赵都团练观察使，以德、棣二州隶朱滔，令还镇。滔固请深州，不许，由是怨望，留屯深州。王武俊素轻张孝忠，自以手诛李惟岳，功在康日知上；而孝忠为节度使，已与康日知俱为都团练使，又失赵、定二州，亦不悦。……田悦闻之，遣判官王侑、许士则，间道至深州，说朱滔，……又许以贝州赂滔。滔素有异志，闻之大喜，……又……诣恒州说王武俊，……武俊亦喜许诺。（《资治通鉴》卷二二七《唐纪》四三）

朱滔、王武俊，亦背唐而助田悦，三镇称王，以示不臣，河北局面大变。

> 朱滔、王武俊，自宁晋南救魏州，诏朔方节度使李怀光……东讨田悦，且拒滔等。……朱滔、王武俊军至魏州，……是日，李怀光军亦至，马燧等盛军容迎之。滔以为袭己，遽出阵，怀光……欲乘其营垒未就击之，……王武俊引二千骑，横冲怀光军，军分为二，滔引兵继之，官军大败。……滔等堰永济渠，入王莽故河，绝官军粮道及归路，……燧与诸军涉水而西，退保魏县。（《资治通鉴》卷二二七《唐纪》四三）

> 田悦德朱滔之救，与王武俊议，奉滔为主，称臣事之，滔不可。……滔乃自称冀王，田悦称魏王，王武俊称赵王，仍请李纳称齐王。（《资治通鉴》卷二二七《唐纪》四三）

未几，李希烈称楚帝，朱泚称秦帝，是为藩镇中僭号之二帝。

> 李希烈帅所部三万，徙镇许州，遣所亲诣李纳，与谋共袭汴州，……又密与朱滔等交通。……时朱滔等与官军相拒累月，官军有度支馈粮，诸道益兵，而滔与王武俊孤军深入，专仰给于田悦，客主日益困弊。闻李希烈军势甚盛，颇怨望，乃相与谋，遣使诣许州，劝希烈称帝。希烈由是自称天下都元帅。建兴王。（《资治通鉴》卷二二七《唐纪》四三）

> 建中四年，希烈遣其将袭陷汝州，……东都大扰，………又遣逆

党……侵抄州县，官军皆为其所败，荆南节度张伯仪全军覆没。……神策军使白志贞又献策，谋令尝为节度都团练使者，各出家僮部曲一人及马，令刘德信总之讨希烈。寻诏李勉为淮西招讨使，哥舒曜为副。至四月，曜率众屯襄城，频与贼战，皆不胜。八月，希烈率众二万围襄城，李勉又令将唐汉臣率兵，与刘德信，同为曜之影援，皆望风败衄。希烈凶逆既甚，帝乃命舒王为荆襄江西沔鄂等道节度、诸军行营兵马都元帅。（《旧唐书》卷一四五《李希烈传》）

唐后期河北三镇图

希烈……乘襄阳之捷，进攻汴州，入之，……勉奔宋州。希烈已据汴，僭即皇帝位，国号楚，建元武成，……以汴州为大梁府，……因窥江淮，盛兵攻襄邑。……汴滑副都统刘洽率曲环、李克信军十余万，战白塔，不利，洽引还，……夜入宋州。贼骤胜，径薄宁陵，……洽将高彦昭、刘昌共婴垒以守。……昌计……不如退，……彦昭谢曰："君少待，……"乃登城誓众，……击家牛犒军，士死战，斩首三千级，请援于洽。……洽……选兵八百，夜艾而入，贼不知，诘旦傅城，士奋出，希烈大败，取其旆，斩首万计，追北至襄邑。……希烈既沮却，而寿州刺史张建封亦屯固确其旁。希烈惧，还汴州，遣崇晖翟。以精兵袭陈，复为洽败，俘众三万，……进拔汴州，……希烈遁归蔡。……贞元二年，……嗣曹王李皋、建封、环及李澄四略其地，势日蹙，希烈缩气不敢摇，啖牛肉而病，亲将陈仙奇，阴令医毒之以死。……子……欲……自立，……仙奇……斩之，函希烈并妻子首献天子。尸希烈于市，帝以仙奇忠，即拜淮西节度使。（《唐书》卷二二五中《李希烈传》）

卷三　隋唐五代

为征讨李希烈，征调泾原兵赴援，经过京师，以赏薄哗变，京师根本为之覆没，德宗出走奉天。

> 建中四年，李希烈叛，寇陷汝州，诏哥舒曜率师攻之，营于襄城。希烈兵数万，围襄城，势甚危急。十月，诏令言泾原节度使。率本镇兵五万赴援。泾师离镇，多携子弟而来，望至京师，以获厚赏。及师上路，一无所赐，时诏京兆尹王翃犒军士，唯粝食菜啖而已。军士覆而不顾，皆愤怒，扬言曰："吾辈弃父母妻子，将死于难，而食不得饱，安能以草命捍白刃耶？国家琼林、大盈，二库。宝货堆积，不取此以自活，何往耶？"行次浐水，乃反戈大呼，鼓噪而还，……斩关阵于丹凤楼下。是日，德宗仓卒出幸，贼纵入府库辇运，极力而止。时太尉朱泚，罢镇居晋昌里第。是夜，叛卒谋曰："朱太尉久囚于宅，若迎为主，大事济矣。"泚尝节制泾州，众知其失权废居怏怏，……乃请令言率骑迎泚于晋昌里。（《旧唐书》卷一二七《姚令言传》）

> 泚……僭即伪位，自称大秦皇帝，号应天元年。……明年，兴元元年。正月，泚改伪国号曰汉，称天皇元年。（《旧唐书》卷二〇〇下《朱泚传》）

德宗在奉天，陕西乾县。朱泚围攻之，赖浑瑊力战，河中节度李怀光入援，泚解围还长安。未几，怀光与泚和好，德宗再奔梁州。陕西南郑县。

> 怀光又败泚兵于鲁店，泚乃解兵还走入城。怀光性粗厉疏愎，缘道数言卢杞、赵赞、白志贞等奸佞，且曰："天下之乱，皆此辈也，吾见上，当请诛之。"杞等微知之，惧甚，因说上，令怀光乘胜逐泚，收复京师，不可许至奉天，德宗从之。怀光屯军咸阳，数上表暴扬杞等罪恶，上不得已，为贬卢杞、赵赞、白志贞，以慰安之。……怀光既不敢进军，迁延自疑，因谋为乱。（《旧唐书》卷一二一《李怀光传》）

> 李怀光既图反逆，遣使与泚通和。銮驾幸梁洋，……怀光初与泚往复通好甚密，……泚与书，事之如兄，约云，削平关中，当割据山河，永为邻国。及怀光决计背叛，逼乘舆迁幸，泚乃下伪诏书，待怀光以臣礼，仍征兵马。怀光既为所卖，惭怒愤耻，遂领众遁归河中。（《旧唐书》卷二〇〇下《朱泚传》）

当时德宗播越汉中，幸朱李决裂，势力减杀，李晟与浑瑊，并力夹

攻，破泚复长安，瑊又与马燧，东击怀光平河中。然德宗还京后，委权宦寺，一意聚敛，山东之事，任其自相攻并，不复过问。顺宗在位日浅，无所措施。宪宗继立，有制裁强藩、削平祸乱之志，及魏博田弘正请命归朝，宰相李绛劝因而奖励之，于是魏博军心欢悦，款诚中央。而收拾关外，始有机会，期年之间，易镇三十有六，中唐以来，所未有也。

　　田弘正，本名兴。承嗣从弟廷玠子。……及季安田悦为承嗣子田绪所杀，绪代之而立，传位于弟季安。病笃，其子怀谏幼骏，……委家僮蒋士则，改易军政，人情不悦，咸曰："都知兵马使田兴，可为吾帅也。"衔兵数千，诣兴私第陈请，……兴……度终不免，……曰："吾欲守天子法，以六州版籍请吏，勿犯副大使，可乎？"皆曰诺。……入府视事，……具事上闻。（《旧唐书》卷一四一《田弘正传》）

　　元和宪宗。七年，西历812年。十月，魏博监军以状闻，……绛李绛。曰："兴恭顺如此，自非恩出不次，则无以使之感激殊常。"上从之，以兴为魏博节度使。……兴感恩流涕，士众无不鼓舞。……李绛又言：魏博五十余年，不沾皇化，一旦举六州之地来归，刳河朔之腹心，倾叛乱之巢穴，不有重赏过其所望，则无以慰士卒之心，使四邻劝慕。请发内库钱百五十万缗以赐之，……"上悦，……十一月，遣知制诰裴度，至魏博宣慰。……军士受赐，欢声如雷。（《资治通鉴》卷二三九《唐纪》五五）

时淮西吴元济，平卢李师道，成德王承宗，皆不奉朝命。淮西最强，故先讨之，历三年而定。

　　元济淮西李希烈，为其部将陈仙奇所杀，希烈爱将吴少诚复杀仙奇，朝廷不能讨。少诚死后，牙将吴少阳杀其子而自立。少阳卒，子元济立。自领军，凶狠无义，……群众四出，狂悍而不可遏，屠舞阳，焚叶县，攻掠鲁山、襄城、汝州、许州及阳翟，……关东大恐。……令宣武、大宁、淮南、宣歙等道兵马合势，山南东道及魏博、荆南、江西、剑

唐宪宗像

南、东川兵马与鄂、岳、许会，东都防御使与怀、郑、汝节度，及义成兵马犄角相应，同期进讨。……元济遣人求援于镇州王承宗、王武俊传子士真，士真传子承宗。淄郓李师道，李纳传子师古，师古传弟师道。二帅上表于朝廷，请赦元济之罪，朝旨不从。自是两河贼帅，所在窃发，冀以沮挠王师。元和十年五月，承宗、师道遣盗烧河阴仓。……六月，承宗、师道遣盗伏于京城，杀宰相武元衡，中丞裴度。衡先死，度重伤而免。宪宗特怒，即命度为宰相，淮右用兵之事，一以委之。……十二年七月，诏以度为彰义军节度使，兼申光蔡四面行营招抚使。……度至郾城，激励士众。……时李愬李晟子，时为唐邓节度使。营文城栅，既得吴秀琳、李祐，均元济骁将降愬者。知其可用，委信无疑，日夜与计事于帐中。祐曰："元济劲军多在洄曲西境防捍，而守蔡者皆市人疲惫之卒，可以乘虚掩袭，直抵悬瓠，比贼将闻之，元济成擒矣。"愬然之。……十一月，愬夜出军，是夜阴雪大风。令李祐率劲骑三千为前锋，田进诚三千为后军，愬自率三千为中军。……至蔡州城下，坎墙而毕登，贼不之觉，……攻牙城，擒元济。……光蔡等州平，始复为王土矣。（《旧唐书》卷一四五《吴少诚附吴元济传》）

李愬袭蔡州作战经过示意图

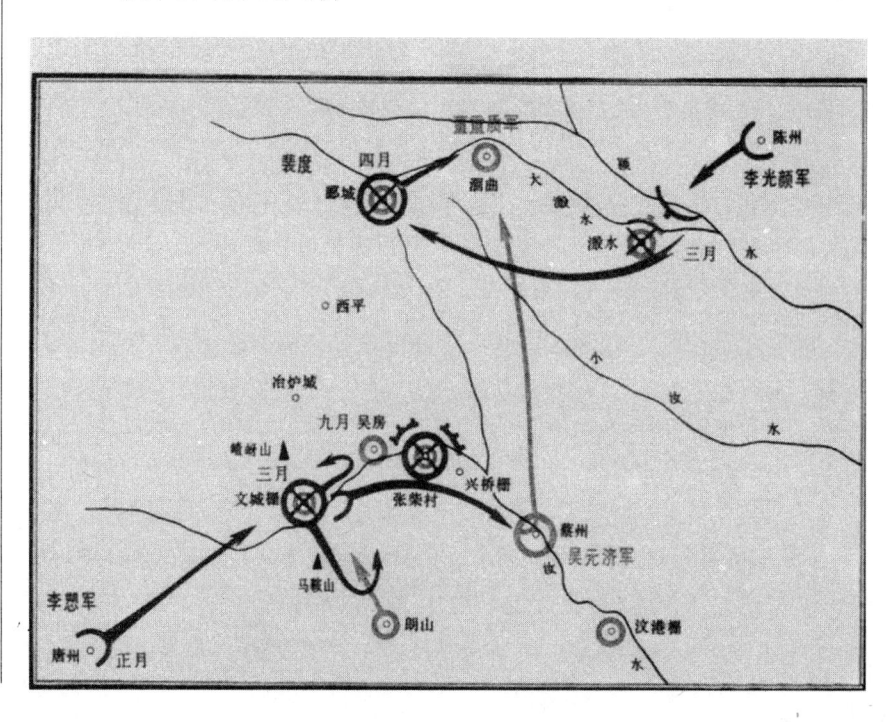

自淮西平后，王承宗恐惧，由田弘正为介，亦归命中央。

> 元和十二年十月，诛吴元济，承宗始惧，求救于田弘正。十三年三月，弘正遣人送承宗男知感、知信，及其牙将石泛等，诣阙请命，……又献德、棣二州图印，兼请入管内租税，除补官吏。（《旧唐书》卷一四二《王武俊附王承宗传》）

李师道自恃其强，仍思拒命，但孤立无援，终于成擒。

> 及诛吴元济，师道恐惧，上表乞听朝旨，请割三州，并遣长子入侍宿卫，诏许之。师道识暗，政事皆决于群婢。婢有号蒲大姊、袁七娘者为谋主，乃言曰："自先司徒以来，有此十二州，奈何一日无苦而割之耶？今境内兵士数十万人，不献三州，不过发兵相加，可以力战；战不胜，乃议割地，未晚也。"师道从之而止，表言军情不叶，乃诏诸军讨伐，……诸军四合，累下城栅。师道使刘悟将兵当魏博军，既败，数令促战，师未进，乃使奴召悟计事。悟知其来杀己，乃称病不出，召将吏谋……立大功，以求富贵，众皆曰"善"。……因围其内城，以火攻之，擒师道而斩其首，送于魏博军。（《旧唐书》卷一二四《李正己附李师道传》）

卢龙刘总，本持两端，诸镇既平，恐被征讨，亦纳地归命。

> 朱滔死，军中推刘怦为留后，传子济，济子总弑而代之。总遂领军务，朝廷不知其事，因授以斧钺。……及王承宗再拒命，总遣兵取贼武强县，遂驻军，持两端，以利朝廷供馈赏赐。……及元济就擒，李师道枭首，王承忠忧死，田弘正入镇州，总既无党援，怀惧，每谋自安之计，……请落发为僧，冀以脱祸。乃以判官张皋为留后，总以落发上表归朝，……至易州界暴卒。（《旧唐书》卷一四三《刘怦附刘总传》）

自天宝以后，两河陷于强藩六十余年，几如化外，至是始复隶中央。

> 自天宝末，安禄山首乱两河，至宝应元年，王师平史朝义，其将薛嵩、李怀仙、田承嗣、李宝臣等，受伪命，分领州郡，朝廷厌兵，因仆固怀恩请，就加官爵。及侯希逸为军人逐出，正己又据齐鲁之地，既而递相胶固，联结姻好，职贡不入，法令不加，率以为常，仍皆署其子为副大使，父死子立，则以三军之请闻，亦有为大将所杀而

自立者。自安史以后,迄至于贞元,朝廷多务优容,每闻擅袭,因而授之,以故六十余年,两河号为反侧之俗。宪宗知人善任,削平乱迹,两河复为王土焉。(《旧唐书》卷一二四《李正己附李师道传》)

宪宗崩后,穆宗继立,怠荒于政,所任宰辅非人。长庆元年,西历821年。朱克融乘机再据卢龙,成德将王庭凑,魏博将史宪诚,亦各据镇以叛。朝廷发兵攻讨,多观望不进,又以运输艰难,饷糈匮乏,遂不得已而罢兵。河北再失,迄于唐亡,不能复取。自宪宗元和十三年,西历818年。平定河北,距是仅三年。

上穆宗。之初即位也,两河略定,萧俛、段文昌,以为天下已太平,渐宜消兵,请密诏天下军镇有兵处,每岁百人之中,限八人逃死。上方荒宴,不以国事为意,遂可其奏。军士落籍者众,皆聚山泽为盗,及朱克融、王庭凑作乱,一呼而亡者皆集。诏征诸道兵讨之,诸道兵既少,皆临时召募乌合之众。又诸节度既有监军,其领偏军者,亦置中使监阵,主将不得专号令,战少胜,则飞驿奏捷,自以为功;不胜,则迫胁主将,以罪归之。悉择军中骁勇以自卫,遣羸懦者就战,故每战多败。又凡用兵举动,皆自禁中授以方略,朝令夕改,不知所从,不度可否,惟督令速战,中使道路如织。……故虽以诸道十五万之众,裴度元臣宿望,乌重胤、李光颜皆当时名将,讨幽镇万余之众,屯守逾年,竟无成功,财竭力尽。崔植、杜元颖为相,皆庸才无远略。史宪诚既逼杀田布,朝廷不能讨,遂并朱克融、王庭凑以节授之。由是再失河朔,迄于唐亡,不能复取。(《资治通鉴》卷二四二《唐纪》五八)

自宪宗诛除群盗,帑藏虚竭,穆宗即位,赏赐过当,及幽镇兵起,征发百端,财力殚竭。时诸镇兵十五余万,才出其境,便仰给度支,置南北供军院。既深入贼境,辇运艰阻,刍薪不继,诸军多分番樵采。俄而度支转运车六百乘,尽为庭凑邀而虏之,兵

唐穆宗光陵石碑

食益困。……其供军院布帛衣赐，往往不得至院，在途为诸军强夺，而悬军深斗者，率无支给。(《旧唐书》卷一四二《王庭凑传》)

初藩镇假兵力以抗中央，自不得不优遇士卒，使其效命。其终也，兵士骄蹇，主帅反为所制，随意易置，有如儿戏。

自肃宗至德中，田承嗣盗据相、魏、澶、博、卫、贝等六州，召募军中子弟，置之部下，遂以为号，皆丰给厚赐，不胜骄宠。年代浸远，父子相袭，亲党胶固，其凶戾者强买豪夺，逾法犯令，长吏不能禁。变易主帅，有同儿戏，如史宪诚、何进滔、韩君雄、乐彦祯皆为其所立，优奖小不如意，则举族被害。(《旧唐书》卷一八一《罗弘信传》)

汴自李忠臣以来，士卒骄，不能自还，至玄佐弥甚，其后杀师长，大抄劫狃，于利而然也。玄佐……母……见县令走廷中白事，退戒曰："长吏恐惧卑甚，吾思而父吏于县，亦当尔，而据案当之，可安乎？"玄佐感悟，故待下益加礼。汴有相国寺，或传佛躯汗流，玄佐自往大施金帛，于是将吏商贾，奔走输金钱惟恐后。十日，玄佐敕止，籍所入，得巨万，因以赡军。(《唐书》卷二一四《刘玄佐传》)

曹王皋……为山南东道节度使。……皋卒，新帅未至，实知留后，刻薄军士衣食。军士怨叛，谋杀之，实夜缒城而出，归诣京师。(《旧唐书》卷二二五《李实传》)

昭义自李抱真以来，皆武臣，私厨月费米六千石，羊千首，酒数十斛，潞人困甚。士美至，悉去之。……又卢从史时，日具三百人膳，以饷牙兵。(《唐书》卷一四三《郗士美传》)

咸通三年，……初王智兴得徐州，召募凶豪之卒二千人，号曰"银刀"、"雕旗"、"门枪"、"挟马"等军。……自后浸骄，节度使姑息不暇。田牟镇徐日，每与骄卒杂坐，酒酣抚背，时把板为之唱歌。其徒日费万计，每有宾宴，必先猷食饮酒，祁寒暑雨，卮酒盈前，然犹喧噪邀求，动谋逐帅。……温璋为节度使，骄卒素知璋严酷，深负忧疑，璋开怀抚谕，终为猜贰，给与酒食，未尝沥口，不期月而逐璋。(《旧唐书》卷一九上《懿宗纪》)

中唐以后两河藩镇简表

镇名	据地	世系	时代	备考
魏博	治魏州（河北大名县）据魏、博、相、卫、磁、洺、贝七州。	田承嗣（安史降将）悦（承嗣弟子）绪（承嗣子）季安（绪子）弘正（承嗣从子）布（弘正子）	代宗	广德元年，授为节度使，以其军名天雄，封雁门郡王，后与成德李宝臣等连结，同抗朝命。
			德宗	田承嗣卒，悦为留后，不奉朝命，自号魏王。兴元四年，为绪所杀。
				悦死，绪继为节度使，封雁门郡王。贞元十二年卒。
			宪宗	绪卒，众推季安为留后，即授为节度使。元和七年卒。
		史宪诚（魏博将）何进滔（魏博将）重顺（进滔子）全皞（重顺子）		弘正归命，颇立功，穆宗初命移镇成德，军乱遇害。
			穆宗	河朔再叛，以布为节度使，战不利，为史宪诚所逼，自杀。
				宪诚逼杀布，众推为留后，与幽镇连结共反。
			敬宗	朝廷讨不胜，即授为节度使。太和三年，军乱遇害，众推何进滔为留后，旋授为节度使。
			文宗	重顺及全皞继立。
			武宗	
		韩君雄（魏博将）简（君雄子）	懿宗	咸通十一年军叛。军乱，杀全皞，推韩君雄为帅，即授为节度使。乾符元年卒。
		乐彦祯（檀州刺史）罗弘信（魏博将）绍威（弘信子）	僖宗	君雄卒，简为节度使，封昌黎郡王。黄巢起兵，其将诸葛爽战败，忧愤卒，时中和元年也。
				简败，众推乐彦祯为元帅，其子从训悖逆，危愤而卒。
				众推赵文㺹总戎事，旋以为不便，改推罗弘信，后为节度使，封临清王。元化元年卒。
			昭宗	天祐二年，神校作乱，绍威求援于朱全忠，其地为全忠所得。
成德	治恒州（河北正定县），一名恒阳 领恒、冀、定、易、赵、深、冀、沧八州。 （按李惟岳拒命，及讨平，以恒、冀授王武俊，深、赵	李宝臣（安史降将）惟岳（宝臣子）王武俊（宝臣裨将）士真（武俊子）承宗（士真子）	肃宗	乾元元年，授为节度使，其军名成德。建中二年，为妖人毒死。
			代宗	惟岳拒命，为王武俊所杀。
			德宗	
			宪宗	武俊死，授士真为节度使。元和四年卒。
				吴元济平，承宗惧，请命于朝。
		田弘正王庭凑（武俊养子）元逵（庭凑子）绍鼎（元逵子）绍懿（元逵次子）	穆宗	弘正事见前。
			敬宗	长庆元年，王庭凑杀弘正，自称留后。太和中，授节度使，八年卒。
			文宗	元逵以破刘稹功封太原郡公。大中十一年卒。

续表

镇名	据地	世系	时代	备考
成德	授康日知，易、定、沧授张孝忠，孝忠将程日华取沧州，遂别为一使。)	景崇（绍鼎子） 镕（景崇子）	武宗	
			宣宗	绍鼎卒，三军立绍懿，数月而卒。
			懿宗	景崇以讨庞勋功，封常山王。中和二年卒。
			僖宗	镕附于朱全忠，全忠代唐，又附李克用。后为其将张文继所杀，其地并于李存勖。
			昭宗	
卢龙 (初为范阳，后改名幽州，兼曰卢龙。)	治幽州（北京） 领幽、蓟、妫、檀、易、恒、定、沧、莫九州。 (按长庆初，分瀛、莫二州，别为节度，朱克融作乱，复并于幽州。)	李怀仙（安史降将） 朱希彩 泚（希彩同族） 滔（泚弟）	代宗	大历三年，为麾下朱希彩所杀。
				希彩杀李怀仙，自称留后，即授为幽州节度使。大历五年，封高密王。七年，为下所杀。
				希彩被杀，军众立泚为留后，泚入朝留京师，推滔为留后。
		刘怦 济（怦子） 总（济子）	德宗	建中三年，滔与王武俊同叛，自号冀王。
				滔死，众推刘怦为主帅。
			宪宗	济为其子总所毒死。
				吴元济、李师道平，总惧，请落发为僧入朝。
		朱克融（泚从孙） 延嗣（克融子） 李载义（幽州牙将） 杨志诚（义载牙将）	穆宗	长庆初，幽州乱，军众推朱克融为帅，寻授节度使。宝历二年，军乱被杀。
			敬宗	克融死，子延嗣立，为李载义所杀。载义杀延嗣，敬宗嘉之，封武郡王，授度使。太和五年，为部将所逐。
			文宗	杨志诚逐载义，遂主戎事。太和八年，为三军所逐。
		史元忠（幽州将） 陈行泰（元忠裨将） 张绛（次将） 张仲武（雄武军使） 直方（仲武子） 张允仲（幽州将）	武宗	史元忠既逐志诚，即授知节度事。后为偏将陈行泰所杀。
				会昌初，行泰杀元忠，权主留后，俄而又为部将张绛所杀。
				绛杀行泰，三军上表，请降符节，不许，以张仲武知节度事。
			宣宗	仲武北破回纥，颇有威名。
				直方袭父位，动多不法，虑为将卒所图，大中三年，托游猎奔京师。
				大中四年，张允仲为留后，咸通十三年卒。
		张公素（幽州将） 李可举 李全忠（可举将） 匡威（全忠子） 匡筹（匡威弟）	懿宗	允仲卒，子简会权主留后事。张公素领本军赴焉，简会出奔，遂立为帅。未几，李茂勋夺其位。
			僖宗	茂勋逐公素，寻病，子可举遂继为帅。其将李全忠与王处存战而败，惧讨乃反，可举自燔死。

续表

镇名	据地	世系	时代	备考
卢龙（初为范阳，后改名幽州，兼曰卢龙。）			昭宗	可举死，三军推全忠为留后。光启元年卒。
				匡威袭父位，景福二年，为弟匡筹所逐。
				匡筹为李克用所并。
平卢淄青	治青州（山东益都县）据淄、青、齐、海、登、莱、沂、密、德、棣、曹、濮、徐、兖、郓十五州。	朱希逸（平卢将）李正己（希逸将）纳（正己子）师古（纳子）	肃宗	乾元元年，军人共推朱希逸为军使，寻授为节度使。永泰元年，为下所逐。
			代宗	希逸被逐，军人立李正己为帅，即授为节度使。
			德宗	正己死，纳自总军政，后与田悦等反，号齐王。兴元元年归命，封陇西王。
			宪宗	贞元八年，纳死，军中以师古代其位。及吴元济平，师古犹抗命。后为部将刘悟所杀，传首京师。
沧景（一名横海。）	治沧州（河北沧县）领沧、景、德、棣四州。（按，初兼领景州，元和十三年，程权入朝，是年兼德棣二州，时成德节度王承宗以二州归命。）	程日华（成德将）怀直（日华子）权（怀直子）郑权（华州刺史）	德宗	李惟岳拒命，及败，分其地为三，程日华授沧州刺史，复置横海军，以日华为使。贞元四年卒。
			宪宗	日华死，怀直袭位。贞元十六年卒。
				元和十三年，淮西平，权惧，乃请入朝，以郑权代之。
		乌重胤杜叔良李全略（镇州将）同捷（全略子）		乌重胤代郑权。
			穆宗	杜叔良代重胤。
			敬宗	李全略代叔良。宝历二年卒。
			文宗	全略卒，同捷自为留后。后拒朝命，发兵讨之。太和三年，兵败伏诛。
义武	治定州（河北定县）领易、定二州。	张孝忠（成德将）茂昭（孝忠子）	德宗	李惟岳以成德叛，其将张孝忠以易州来归，授为易定沧节度使。贞元七年卒。
			宪宗	孝忠卒，茂昭继为节度。元和四年入朝。
		王处存（卫将军）郜（处存子）处直（处存弟）	僖宗	乾符六年，授王处存义武节度使。乾宁二年卒。
				处存卒，三军立郜为留后。汴将张敬存攻之，战败奔太原。
			昭宗	郜出奔，三军推处直为留后，为汴所攻，降于朱全忠。

唐自再失河北后，中央势益不振。至僖宗经黄巢之变，强藩遍列于内外，朝更暮改，乍合乍离。兹依唐初十道，以为差次，制为简表，略加说明以明变迁焉。

唐末节镇简表

道别	名称	治所 州名	治所 今释	领州	备考
关内	邠宁 号靖难军	邠	陕西邠县	邠、宁、庆、衍四州	光启以后，朱玫、王行瑜有其地，相继作乱，其后属于李茂贞。
	泾原 号彰义军	泾	甘肃泾川县	泾、原、渭、武四州。	天复初，与渭北节度，俱属李茂贞。
	渭北 号保大军	坊	陕西中部县	鄜、坊、丹、延四州。	其地属于李茂贞。
	凤翔 号兴平军	凤翔府	陕西凤翔县	岐、陇、金、商、秦五州	光启三年，节度使李昌符作乱，李茂贞因代有其地。
	振武	单于都护府		绥、银、麟、胜、及东、中二受降城，振武、镇北等州。	初属朔方，乾元初分置，中和以后，属于河东。
	朔方 亦曰灵武	灵	甘肃灵武县	初领夏、盐、绥、银、丰、胜六州，二军，三受降城。大中以后，止领灵、盐二州。	天祐末，灵州牙将韩逊据朔方，附于朱全忠。
	定难 亦曰盐夏	夏	陕西横山县	夏、绥、银三州。	贞元三年，分振武、朔方所置，广明二年，拓跋思恭有其地。
	匡国 亦曰同华	同	陕西大荔县	晋、慈、隰三州。	并于朱全忠。
	镇国	华	陕西华县		中和四年，韩建有其地，屡为乱，天复初，并于朱全忠。天祐三年，废镇国军以隶匡国。
河南	宣武 亦曰汴宋	汴	河南开封县	汴、宋、亳、颍、曹、陈六州。	大中初，有汴、宋、亳、颍四州，中和四年，为朱全忠所有。
	永平 又号义成军	滑	河南滑县	滑、郑、濮三州	光启二年，并于朱全忠。
	平卢 亦曰淄青	青	山东益都县	青、淄、齐、登、莱五州。	中和二年，王敬武有其地。景福二年，齐州为天平所取。天祐二年，并于朱全忠。
	兖海 号泰宁军	兖	山东滋阳县	兖、海、沂、密四州。	光启二年，朱瑾有其地。乾宁末，并于朱全忠。
	郓曹濮 号天平军	郓	山东东阿县	郓、曹、濮三州。	元和十四年，分淄青为泰宁、天平两军。中和二年，朱瑄有其地，寻并于朱全忠。
	陈许 号忠武军	陈	河南淮阳县	许、陈、淮、蔡四州。	中和四年，叛将鹿晏宏窃据其地。光启二年，为秦宗权所并，寻并于朱全忠。
	武宁 亦曰徐泗	徐	江苏铜山县	徐、濠、泗、宿四州。	并于朱全忠。
	彰义	蔡	河南汝南县		即前淮西。广明初，秦宗权据之。文德初，并于朱全忠，亦曰奉国节度使。

续表

道别	名称	治所 州名	治所 今释	领州	备考
河南	陕虢 号保义军	陕	河南陕县	陕、虢二州。	中和三年，王重荣有其地。光启三年，子琪代之。光化初军乱，为朱全忠所并。
河东	河阳	孟	河南孟县	怀、孟二州。	文德初，属于朱全忠。
	河中 号护国军	蒲	山西永济县	蒲、晋、绛、慈、隰五州。	广明中，王重荣有其地，再传至王珂。天复初，为朱全忠所并。
	昭义 亦曰 上党泽潞	潞	山西长治县	潞、泽二州。	大顺初，李克用并有其地。
	河东	太原府	山西阳曲县	太原府，及石、岚、汾、代、忻、沁、朔、蔚、云十州。	中和四年，并于李克用。
	大同 亦曰 雁门节度	云	山西大同县	云、朔、蔚三州。	大中十三年，分河东置。中和四年，为赫连铎据守其地。大顺二年，李克用始并有之。
	代北	代	山西代县	代、忻二州。	初分河东所置，光启三年，并入河东。
河北	魏博				见前
	成德				见前
	卢龙				见前
	义武				见前
	横海				见前
山南	山南东 号忠义军	襄	湖北襄阳县	襄、郢、复、邓、安、随、唐七州。	中和四年，为秦宗权将赵德谭所据。文德初来归，传二世至匡凝。天祐二年，为朱全忠所并。
	昭信 号戎昭军	金	陕西安康县	金、商、均、房四州。	天祐三年，并入忠义军。
	山南西	梁	陕西南郑县	梁、洋、集、壁、文、通、巴、兴、凤、利、开、渠、蓬十三州。	大顺二年，扬守亮拒命，寻为李茂贞所并。天复二年，又并于王建。
	感义 号昭武军	凤	陕西凤县	凤、兴、利三州。	天复二年，为王建所取。
	武定	洋	陕西西乡县	洋、果、阶、扶四州。	天复中，属王建。
	龙剑	龙	陕西靖边县	龙、剑、利、阆四州。	大顺二年置，寻为李茂贞所并，遂废。
	荆南	荆	湖北江陵县	荆、沣、郎、郢、复、归、夔、峡、忠、万十州。	乾符以后，变乱相继。文德初，成汭据之，兼有黔中。天复三年，山南东道赵匡凝取荆南。天祐二年，并于朱全忠。
	夔峡	夔	四川奉节县	夔、峡、涪、忠、万五州。	至德二载，分荆南设置，后复入于荆南。

续表

道别	名称	治所 州名	治所 今释	领州	备考
陇右	陇右	鄯	青海乐都县	鄯、秦、河、渭、兰、临、武、洮、岷、廓、叠、岩十二州。	广德初,为吐蕃所陷,自是以凤翔节度兼领。景福初,属于李茂贞。
陇右	河西	凉	甘肃武威县	凉、甘、肃、伊、西、瓜、沙七州。	广德初,吐蕃陷凉州,移治沙州。大中五年,复河湟,改置归义节度使。
陇右	北庭	庭	新疆乌鲁木齐		贞元六年,陷于吐蕃。
陇右	安西	龟兹	新疆库车县		贞元三年,陷以吐蕃。
淮南	淮南	扬	江苏江都县	扬、楚、滁、和、舒、庐、寿、濠八州。	光启以后,属于杨行密。
淮南	安黄号奉义军	安	湖北安陆县	安、黄二州。	贞元十年置,元和初,并入鄂岳观察使。
江南	镇海	润 后徙杭	江苏丹徒县 浙江杭县	润、苏、常、湖、杭、睦六州。	至德初置,乾元初,改置浙江西节度。上元初,又改曰江南东。建中二年,赐曰镇海。光化初,钱镠为镇海节度使,遂有其地。
江南	江西	洪	江西南昌县	洪、虔、江、吉、信、袁、抚七州。	上元初置,咸通六年,改曰镇南。时钟传据其地,传二世子匡时。梁开平末,并于淮南。
江南	义胜 一曰威胜	越	浙江绍兴县	越、睦、衢、婺、台、明、处、温八州。	初为浙东观察使,中和三年改置,刘汉宏据其地。光启三年,为董昌所并,改曰威胜。乾宁三年,为钱镠所并,改曰镇东军。
江南	宁国	宣	安徽宣城县	宣、歙、池三州。	上元初,置宣歙饶节度。大顺初,升为宁国节度,以授杨行密。
江南	威武	福	福建闽侯县	福、泉、汀、建、漳五州。	初为观察使,乾宁三年,升为节度使。景福初,为王潮所据。
江南	武昌	鄂	湖北武昌县	鄂、岳、蕲、黄、安、申、光七州。	太和中置,光启中,杜洪据其地。天祐中,为淮南所并。
江南	钦化	潭	湖南长沙县	潭、衡、永、邵、道、郴、连七州。	初为湖南观察使,中和三年,升为军节度。光启二年,更号武安。乾宁以后,为马殷所据。
江南	黔中	黔	四川彭水县	辰、溪、巫、锦、业诸州。	开元二十六年,于黔中置五溪经略使。天宝十五载,升为节度。光启三年,改为武泰节度。乾宁三年,成汭有其地。天复以后,为王建及马殷所并。

续表

道别	名称	治所 州名	治所 今释	领州	备考
剑南	剑南东	梓	四川三台县	梓、遂、绵、剑、普、荣、合、渝、泸九州。	光启二年,顾彦朗有其地,传其弟彦晖。乾宁四年,并于王建。
	武信	遂	四川遂宁县	遂、合、泸、渝、昌五州。	光化二年置,从王建之请也。
	剑南西	成都府	四川成都县	益、彭、蜀、汉、眉、嘉、邛、简、资、茂、黎、雅以西诸州。	元和初,刘辟以西川叛,高崇文讨平之。大顺二年,王建有其地。
	威戎	彭	四川彭县	彭、文、龙、武、茂五州。	文德初,田令孜假置。乾宁初,并于王建。
	永平	邛	四川邛崃县	邛、蜀、黎、雅四州。	文德初置,以授王建。大顺中,建取西川,遂并入焉。
岭南	岭南号清海军	广	广东番禺县	广、韶、循、潮以西,至振、环、儋、万共三十七州。	天复初,刘岩有其地。
	岭南西	邕	广西邕宁县	邕、管诸州。	天复末,叶广略有其地。梁贞明初,为刘岩所并。
	宁远	容	广西容县	容、管诸州。	唐末,庞巨昭有其地。梁开平四年,降于马殷,为刘岩所取。
	静江	桂	广西桂林县	桂、管诸州。	光化三年置,刘士政有其地。五年,为马殷所并。
	静海	交	越南河内境	安南二十一州。	初为安南节度,咸通初,陷于南诏。七年,收复改名,其后曲裕有其地,传三世,至曲承美。后唐长兴初,为刘岩所灭。

(三) 朋党

李德裕,……父吉甫。……初吉甫在相位时,牛僧孺、李宗闵应制举直言极谏科,二人对诏,深诋时政之失,吉甫泣诉于上前,由是考策官皆贬。……元和初,用兵伐叛,始于杜黄裳诛蜀。吉甫经画欲定两河,方欲出师而卒,继之武元衡、裴度,而韦贯之、李逢吉沮议。……韦、李相次罢相,故逢吉常怒吉甫、裴度,而德裕于元和时,久之不调,而逢吉、僧孺、宗闵以私怨恒排摈之。时德裕与李绅、元稹俱在翰林,以学识才名相类,情颇款密,而逢吉之党深恶之。……元稹自禁中出拜工部侍郎平章事,裴度自太原复辅政,李逢吉……乃密赂纤人构成于方狱,元稹、裴度俱罢相,稹出为同州刺史。逢吉代裴度为门下侍郎平章事,既得权位,锐意报怨。时德裕与

牛僧孺，俱有相望，逢吉欲引僧孺，惧绅与德裕禁中阻之，出德裕为浙西观察使，寻引僧孺同平章事，由是交怨愈深。……文宗即位，……太和三年八月，召为兵部侍郎，裴度荐以为相，而吏部侍郎李宗闵，有中人之助，是月，拜平章事。惧德裕大用，……出为郑滑节度使。德裕为逢吉所摈，在浙西八年，……文宗……征之，到未旬时，又为宗闵所逐。……宗闵寻引牛僧孺同知政事，二憾相结，凡德裕之善者，皆斥之于外。四年十月，以德裕检校兵部尚书成都尹，剑南西川节度副大使，知节度事，管内观察处置西山八国云南招抚等使。裴度于宗闵有恩，度征淮西时，请宗闵为彰义观察判官。自后名位日进，至是恨度援德裕，罢免相位，出为兴元节度使，牛李权赫于天下。……德裕所历征镇，以政绩闻，其在蜀也，西拒吐蕃，南平蛮蛋，………疮痏之民，粗以完复。……其年太和六年。冬，召德裕为兵部尚书，僧孺罢相。……七年二月，德裕以本官平章事，……宗闵亦罢，德裕代为中书侍郎。……其年十二月，文宗暴风恙，不能言者月余。……王守澄进郑注，……药稍效，……复进李训善易，……上欲授训谏官，德裕奏曰："李训小人，不可在陛下左右，……"训、注恶德裕排己，……复召宗闵，……授中书侍郎平章事，代德裕，出德裕为兴元节度使。(《旧唐书》卷一七四《李德裕传》)

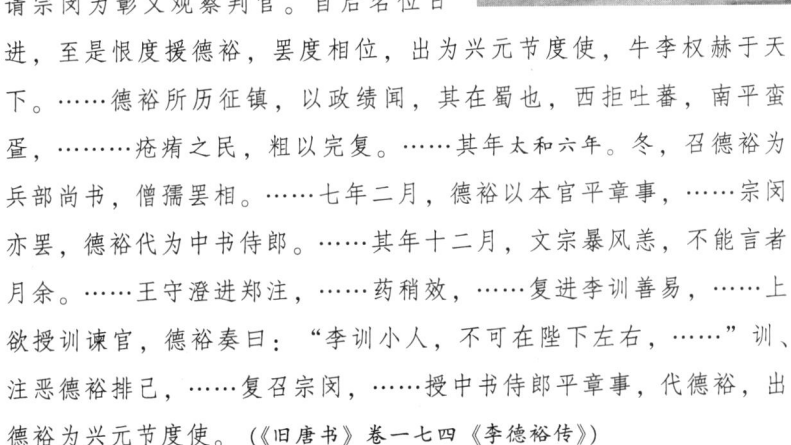

李训、郑注始用事，疾德裕，共訾短之，乃罢德裕，复召宗闵知政事。……会杨虞卿以京兆尹得罪，极言营解，帝怒，……贬处州长史。训、注乃劾宗闵，……贬宗闵潮州司户。……训、注欲以权市天下，凡不附己者，皆指以二人党，逐去之，人人骇栗。……帝乃诏宗闵、德裕姻家门生故吏，自今一切不问，所以慰安中外。尝叹曰："去河北贼易，去此朋党难。"……文宗崩，会昌中，刘稹以泽潞叛，

李德裕铜像

卷三 隋唐五代

……稹败，得交通状，贬漳州长史，流封州。宣宗即位，徙柳州司马，卒。……宗闵崇私党，薰炽中外，卒以是败。（《唐书》卷一七四《李宗闵传》）

会昌二年，李德裕用事，罢僧孺兵权，征为太子少保，累加太子少师，大中初卒。……僧孺少与李宗闵同门生，尤为德裕所恶。会昌中，宗闵弃斥，不为生还，僧孺数为德裕掎摭，欲加之罪，但以僧孺贞方有素，人望式瞻，无以伺其隙。德裕南迁，所著《穷愁志》，引里俗犊子之谶，以斥僧孺，又目为太牢公，其相憎恨如此。（《旧唐书》卷一七二《牛僧孺传》）

注、训等乱败，帝追悟德裕，……迁淮南节度使，代牛僧孺。……武宗立，召为门下侍郎同中书门下平章事，……当国凡六年，方用兵时，决策制胜，他相无与，故威名独重于时。宣宗即位，德裕奉册太极殿，帝退，谓左右曰："向行事近我者，非太尉邪？每顾我，毛发为森竖。"翌日，罢为检校司徒，同中书门下平章事，荆南节度使，俄徙东都留守。白敏中、令狐绹、崔铉皆素仇，大中元年，使党人李咸斥德裕阴事，……再贬潮州司马。明年，二年。……贬为崖州司户参军事。明年，三年。卒。（《唐书》卷一八〇《李德裕传》）

因是列为朋党，皆挟邪取权，两相倾轧，自是纷纭排陷，垂四十年。（《旧唐书》卷一七六《李宗闵传》）

九　唐之乱亡

唐之季年，藩镇跋扈于外，宦官专权于内，政权已然解纽。益以水旱频仍，税捐烦苛，民不聊生，黄巢遂起。强藩继之，割据自雄，而唐室遂亡矣。

（一）黄巢之起兵

懿宗时，裘甫起事于浙东，庞勋发难于桂林，虽震动一时，然不久即破灭。惟黄巢一军，军锋几遍天下，其关涉于唐甚巨，故详叙之。

黄巢，曹州冤句山东菏泽县。人。本以贩盐为事。僖宗乾符中，仍岁凶荒，人饥为盗，河南尤甚。初里人王仙芝、尚君长聚盗起于濮阳，攻剽城邑，陷曹濮山东濮县。及郓州，山东东平县。……引众历陈、许、襄、邓，无少长皆虏之，众号三十万，……陷江陵，湖北江陵县。……陷洪州。江西南昌县。时仙芝表请符节，不允，以神策统军使宋威为荆南节度招讨使，……谕以朝廷释罪，别加官爵。仙芝乃令尚君长……诣阙请罪，且求恩命，宋威……擒送阙，敕于狗脊岭斩之。贼怒，悉精锐击官军，威军大败，……朝廷以王铎代为招讨。五年八月，收复亳州，安徽亳县。斩仙芝。……先是君长弟让，以兄奉使见诛，率部众入嵖岈山，黄巢、黄揆昆仲八人，率盗数千依让。月余，众至数万，陷汝州。河南临汝县。……众十余万，尚让乃与群盗推巢为王，号冲天大将军，仍署官属，藩镇不能制。……巢徒党既盛，与仙芝为形援。及仙芝败，东攻亳州不下，乃袭破沂州山东临沂县。据之，仙芝余党悉附焉。（《旧唐书》卷二○○下《黄巢传》）

巢……驱河南山南之民十余万掠淮南，……诸军急捕，巢方掠襄邑、雍丘，……巢寇叶、阳翟，欲窥东都。会左神武大将军刘景仁，以兵五千援东都，……巢兵在江西者，为镇海节度使高骈所破，寇新郑、郏、襄城、阳翟者，为崔安潜逐走，在浙西者，为节度使裴璩斩……甚众。巢大沮畏，乃诣天平军乞降，诏授巢右卫将军。巢度藩镇不一，未足制己，即叛去，转寇浙东。……高骈遣将……攻贼破之，贼收众逾江西，破虔、吉、饶、信等州，因刊山开道七百里，直趋建州。……巢入闽，俘民，……是时闽地诸州皆没。……巢陷桂管，进寇广州，……攻广州，执节度使李迢，自号义军都统，露表告将入

黄巢石像

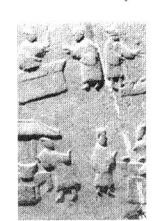

卷三　隋唐五代

关，因诋宦竖柄朝，垢蠹纪纲，指诸臣与中人赂遗交构状，铨贡失才，禁刺史殖财产，县令犯赃者族，皆当时极敝。……会贼中大疫，众死什四，遂引北还，自桂编大桴，沿湘下衡永，破潭州，湖南长沙县。……进逼江陵，号五十万。……山南东道节度使刘巨容……大败之，……巢惧，渡江东走。……或劝巨容穷追，答曰："国家多负人，危难不吝赏，事平则得罪，不如留贼冀后福。"止不追，故巢得复整，攻鄂州入之。……巢畏袭，转掠江西，再入饶、江西鄱阳县。信、江西上饶县。杭州，众至二十万。……广明元年，西历880年。……巢得计破杀高骈将张怜，陷睦、浙江建德县。婺浙江金华县。二州，又取宣州。安徽宣城县。……巢……悉众度淮，……李罕之犯申、河南信阳县。光、颖、宋、徐、兖等州，吏皆亡。巢自将攻汝州，欲薄东都。当是时，天子冲弱，……宰相更共建言，悉神策并关内诸节度兵十五万守潼关。……于是募兵京师，得数千人。当是时，巢已陷东都，……帝饯田令孜，……赉遗丰优，然卫兵皆长安高赀世籍，两军得禀赐，侈服怒马，以诧权豪。初不知战，闻科选，皆哭于家，阴出赀雇贩区病坊以备行阵，不能持兵，观者寒毛以栗。……巢攻关，……王师溃。(《唐书》卷二二五下《黄巢传》)

广明元年十二月三日，僖宗夜……出趋骆谷，诸王官属，相次奔命，……贼陷京师。……十三日，贼巢僭位，国号大齐，年称金统。(《旧唐书》卷二〇〇下《黄巢传》)

中和元年，西历881年。正月，车驾在兴元，陕西南郑县。……沙陀……李克用军屯蔚州，……凤翔节度使郑畋，……泾原节度使程宗楚，秦州经略使仇公遇，鄜延节度使李孝恭，夏州节度使拓跋思恭等，同盟起兵，传檄天下。……车驾幸成都，以河中节度使王重荣，为京城北面都统，义武军节度使王处存，为京城东面都统，鄜延节度使李孝恭，为京城西面都统，朔方军节度使拓跋思恭，为京城南面都统，以忠武监军使杨复光，为天下行营兵马都监。……二年正月，天下勤王之师，云会京畿，……泾原大将唐弘夫大败贼将林言于兴平，俘斩万计。王处存率军二万，径入京城，贼伪遁去。京师百姓迎处存，欢呼叫噪。是日，军士无部伍，分占第宅，俘掠妓妾。贼自灞上分门复入，处存之众，苍黄溃乱，为贼所败。黄巢怒百姓欢迎处存，

凡丁壮皆杀之，坊市为之流血。自是诸军退舍，贼锋愈炽。(《旧唐书》卷一九下《僖宗纪》)

黄巢以朱温为同州刺史，令温自取之，……温遂据之。……官军四集，黄巢势已蹙，号令所行，不出同华。民避乱，皆入深山，筑栅自保。(《资治通鉴》卷二五四《唐纪》七〇)

朱温屡请益兵，以扞河中，知右军事孟楷，抑之不报。温见巢兵势日蹙，知其将亡，……温杀其监军，……举州降王重荣。……黄巢兵势尚强，王重荣患之，……行营都监杨……复光曰："雁门李仆射骁勇有强兵，……召之必来，来则贼不足平矣。"……乃以墨敕召李克用，……克用将兵四万至河中。……诸军皆畏贼，莫敢进，及克用军至，贼惮之曰："鸦军至矣，当避其锋。"克用军皆衣黑，故谓之鸦军。(《资治通鉴》卷二五五《唐纪》七一)

中和三年三月，……沙陀军与贼将赵章尚让战于成店，贼军大败，追奔至良天坡。……四月，……沙陀……等军趋长安，贼悉众拒之于渭桥，大败而还。李克用乘胜追之，黄巢收其残众，由蓝田关而遁，收复京城。(《旧唐书》卷一九下《僖宗纪》)

李克用破贼于渭南，……夜袭京师，……巢战数不利，军食竭，下不用命，阴有遁谋。……渭桥三战，贼三北，于是诸节度兵皆奋，无敢后，入自光泰门。……巢夜奔，众犹十五万，声趋徐州，出蓝田，入商山，委辎重珍贵于道，诸军争取之，不复追，故贼得整军去。自禄山陷长安，宫阙完雄，吐蕃所燔，唯衢衖庐舍，朱泚乱定，

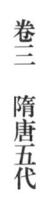

黄巢起义军进入长安

卷三　隋唐五代

百余年治缮，神丽如开元时。至巢败，方镇兵互入虏掠，火大内，惟含元殿独存，火所不及者，止西内、南内及光启宫而已。……巢已东，使孟楷攻蔡州，节度使秦宗权迎战，大败，即臣贼，与连和。楷击陈州，败死，巢自围之，略邓、许、孟、洛，东入徐兖数十州。……中和四年二月，李克用率山西兵，由陕济河而东。会关东诸镇壁汝州，……诸军破尚让于太康，……又败黄邺于西华，邺夜遁，巢大恐，居三日，军中相惊，弃壁走。巢退营故阳里，……巢夜走胙城，入冤句，克用悉军穷蹙，……巢愈猜愎，屡杀大将，引众奔兖州，……走兖郓。……克用军昼夜驰，粮尽不能得巢，乃还，巢众仅千人，走保太山。六月，徐帅时溥遣将陈景瑜与尚让时让已降时溥。追战狼虎谷，巢计蹙，谓林言曰："我欲讨国奸臣，洗濯朝廷，事成不退，亦误矣。若取吾首献天子，可得富贵，毋为他人利。"言巢出也，不忍，巢乃自刎，不殊，言因斩之。……函首将诣溥，而太原博野军杀言，与巢首俱上，溥献于行在，诏以首献于庙。(《唐书》卷二二五下《黄巢传》)

巢走出关，宗权与连和，……扰敓梁宋间。巢死，宗权张甚，啸会逋残，有吞噬四海意，乃……寇荆南，……攻襄州，……破东都，……寇淮肥，……略江南，……乱岳鄂。贼渠率票惨，所至屠老孺，焚屋庐，城府穷为荆莱，自关中薄青齐，南缘荆郢，北亘卫滑，皆糜

黄巢北伐夺取两京之战示意图

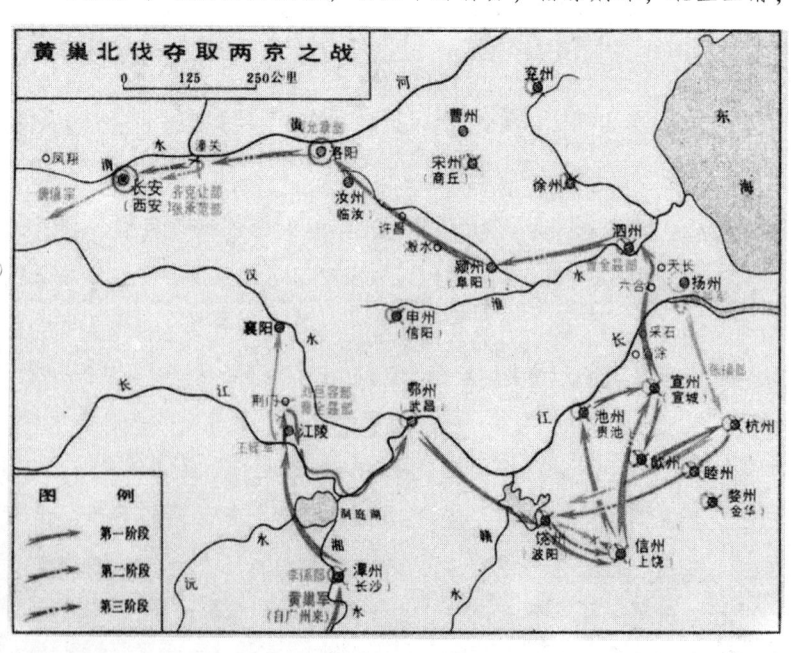

骇雄伏，至千里无舍烟。惟赵犨保陈，朱全忠保汴，仅自完而已，然无霸王计，惟乱是恃。……僖宗假朱全忠都统节以讨贼，……宗权悉军……逼汴，全忠惧，求救于兖郓，而朱瑾、朱宣，皆身自将同拒贼，……合击大败之。……宗权退守中州，……为爱将申丛所囚，折一足以待命。……全忠以槛车上送京师。……宗权以中和三年叛，居六年而诛。（《唐书》卷二二五下《秦宗权传》）

（二）藩镇之吞并

光启元年，西历885年。正月，……僖宗自蜀还京，……时李昌符据凤翔，王重荣据蒲陕，诸葛爽据河阳，洛阳孟方立据邢洺，李克用据太原上党，朱全忠据汴滑，秦宗权据许蔡，时溥据徐泗，朱瑄据郓齐曹濮，王敬武据淄青，高骈据淮南八州，秦彦据宣歙，刘汉宏据浙东，皆自擅兵赋，迭相吞噬，朝廷不能制。江淮转运路绝，两河江淮赋不上供，但岁时献奉而已。国命所能制者，河西、山南、剑南、岭南西道数十州。大约郡将自擅，常赋殆绝，藩侯废置，不自朝廷，王业于是荡然。（《旧唐书》卷一九下《僖宗纪》）

中央既失其统摄权，于是强藩互起兵争矣。

李克用追黄巢还过汴，朱全忠邀之。克用留兵于郊，入舍上源馆，夜帐饮，全忠自佐飨，进贽宝，握手谆劳。是时全忠忌克用桀迈难制，则连车外环，陈兵道左右，克用醉，乃攻馆，下拒战。亲将郭景铢灭烛扶克用，徐告之，尚被酒。……克用与薛志勤等，间关升南谯门，缒走营，部下死者数百人。……克用整众归太原，益训兵，将报仇。（《唐书》卷二一八《沙陀传》）

中和四年五月，……李克用……班师，次汴州，节度使朱全忠，馆克用于上源驿。全忠以克用兵力寡弱，大军在远，乃图之。是夜置酒邮舍，克用既醉，全忠以兵围驿，纵火烧之，雷雨骤作，平地水深尺余，克用逾垣仅免，……率本军，还太原。……克用累表诉屈，请讨汴州，天子优诏和解之，就加克用阶特进，封陇西郡王以悦之。自是全忠、克用，有寻戈之怨。（《旧唐书》卷一九下《僖宗纪》）

幽州节度使李可举，镇州节度使王镕，……乘天子播越，中原大乱，以河朔三镇，休戚事同。惟易定二郡，为朝廷所有，乃同议攻王

处存，以分其地。会燕将李全忠，有夺帅之志，军情相疑。全忠方围易州，处存出奇骑以击之，燕军大败。全忠收合残众攻幽州，李可举举室登楼自焚而死，全忠自称留后。沧州军乱，逐其帅杨令孜，立衙将卢彦威为留后。（《旧唐书》卷一九下《僖宗纪》）

河北之纷扰未已，而畿辅之乱又起。

僖宗还京，丧乱之后，六军初复，国藏虚竭，观军容使田令孜，奏以安邑、解县两池榷课，直属省司，以充赡给。……重荣……恃大功，……制下，不奉诏。（《旧唐书》卷一八二《王重荣传》）

令孜徙重荣充海节度使，……重荣上书劾令孜离间方镇，令孜遣邠宁朱玫进讨。（《唐书》卷一八七《王重荣传》）

王重荣求援于太原，李克用率太原军，南出阴地关。……官军合战，为沙陀所败，朱玫走还邠州，神策军溃散，遂入京师肆掠。沙陀逼京师，田令孜奉僖宗出幸凤翔，……乱兵复焚宫阙，萧条鞠为茂草矣。……克用旋师河中，与朱玫、王重荣，同上表请驾驻跸凤翔，仍数田令孜之罪。……田令孜迫乘舆请幸兴元。……朱玫引步骑五千至凤翔，令孜……奉帝入散关。……朱玫、李昌言迫宰相萧遘等于凤翔驿舍，请嗣襄王煴权监军国事，玫自为大丞相。……遂驱率文武百寮，奉襄王还京师。……襄王僭即皇帝位，年号建贞。……杨复恭代田令孜为中尉。兄弟，于河中太原，有破贼连衡之旧，乃……诏宣谕，……王重荣、李克用欣然听命。……王重荣、李克用……进军，时朱玫遣将王行瑜，率……师五万屯凤州，……杨复恭密遣人说王行瑜，令谋归国。……行瑜受密诏，自凤州率众还长安，……斩朱玫。……襄王奔河中，王重荣绐……斩之。……光启三年三月，……车驾还京，次凤翔，以宫室未完，节度使李昌符，请驻跸以俟毕工。……天威军都头杨守立，与李昌符争道，麾下相殴，上命中使谕之不止，严兵为备。守立以兵攻昌符，战于通衢，昌符兵败，出保陇州，命扈驾都将李茂贞攻之。……陇州刺史薛知筹以城降，李茂贞遂拔陇州，斩李昌符，……制以……李茂贞检校司空同平章事，兼凤翔尹，凤翔陇右节度等使。……文德元年，西历888年。二月，……车驾在凤翔，至京师。（《旧唐书》卷一九下《僖宗纪》）

藩镇自行拓地，酿成混乱之局。

　　天下威势，举归其门。……帝欲斥复恭，……大顺二年，西历891年。罢复恭兵，出为凤翔监军。……复恭举族出奔，遂走兴元，……于是凤翔李茂贞、邠州王行瑜、华州韩建、同州王行约、秦州李茂庄，同劾守亮复恭兄子，时为兴元节度使。纳叛臣，请出兵讨罪。……帝为下诏，命茂贞、行瑜讨之。景福元年，西历892年。破其城，复恭……奔阆州，茂贞以子继密守兴元。诏……以茂贞帅兴元，不拜，请继密为留后。帝不得已，授以节度使，自是茂贞始强大。(《唐书》卷二〇八《杨复恭传》)

　　时李茂贞得兴元，愈跋扈不轨。宰相杜让能……谋诛之，乃兴师，……茂贞引兵迎，……王师溃，遂逼临皋。(《唐书》卷二〇八《刘季述传》)

　　茂贞……数宰臣杜让能之罪，请诛之，……赐杜让能自尽，……李茂贞……进封秦王。……乾宁二年，西历895年。五月，……李茂贞、王行瑜、韩建等，各率精甲数千人入觐，京师大恐。……三帅同谋废昭宗立吉王。……李克用举军渡河，以讨王行瑜、李茂贞、韩建等称兵诣阙之罪，……行瑜为部下所杀。……制以李克用……进封晋王，……克用班师太原。……凤翔李茂贞……谋将犯阙，……覃王拒之，……接战不利。……车驾将幸太原，次渭北，华州韩建遣子充奉表起居，请驻跸华州，……上……驻跸华州。(《旧唐书》卷二〇上《昭宗纪》)

　　朱全忠……上表，言秦中有灾，请车驾迁都洛阳，……已表率诸藩，缮治洛阳宫室。……乾宁四年二月，……郓齐曹棣兖沂密徐宿陈许郑滑濮等州，皆没于全忠。……幽州节度使刘仁恭，大败沙陀于安塞，李克用单骑仅免。……汴将葛从周率众攻李克用邢洺磁等州陷之，……车驾自华还京师。(《旧唐书》卷二〇上《昭宗纪》)

　　秦宗权既平，而朱全忠连兵十万，吞噬河南兖郓青徐之间，血战不解。……大顺元年，

《旧唐书》书影

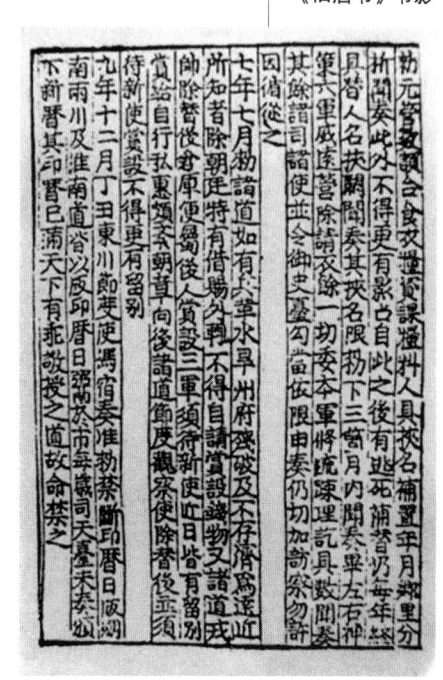

西历890年。二月，……朱全忠进位守中书令。……太原都将安金俊攻围邢州，……邢洺观察使孟迁以城降，……克用以大将安建为邢洺留后。……朱全忠上表，"关东藩镇，请除用朝廷名德，为节度观察使，如藩臣固位不受代，臣请以兵诛之，……李克用遣大将……攻云州，赫连铎求援于幽州，李匡威出兵援之"。……太原军大败，……李匡威、赫连铎、朱全忠等上表，请"因沙陀败亡，臣与河北三镇，及臣所镇汴滑河阳之兵，平定太原"。……事下两省……官议，唯党全忠者言其可伐。……张濬恃全忠之援，论奏不已，天子昭宗。俛俯从之，制……张濬为太原四面行营兵马都统，……以华州节度使韩建，为北面行营招讨都虞侯供军等使；以宣武节度使朱全忠，为太原东南面招讨使；成德军节度使王镕，为太原东面招讨使；幽州节度使李匡威，为太原北面招讨使，云州防御使赫连铎副之。……张濬会诸军于晋州，……克用遣大将李存信、薛阿檀拒王师于阴地，三战三捷。由是河西鄜夏邠岐之军，渡河西归，……建军又败，建退保绛州。……是役也，朝廷倚朱全忠及三镇兵。全忠方连兵徐郓，乃求兵粮于镇魏，全忠终不至行营。镇魏倚太原为扞蔽，如破太原郡，恐危镇魏，王镕、罗弘信，亦不出师。唯邠岐华鄜夏乌合之众，会晋州，兵未交，……望风溃散，而濬、建至败。全忠以镇魏不助兵粮观望，遣庞师古将兵讨魏，陷十县，罗弘信乞盟乃退。（《旧唐书》卷二〇上《昭宗纪》）

（三）朱全忠之代唐

时昭宗委崔胤以执政，胤恃全忠之助，稍抑宦官。而帝自华还宫后，颇以禽酒肆志，喜怒不常，自宋道弼等得罪，黄门尤惧。至是上猎苑中，醉甚，是夜手杀黄门侍女数人。庚寅日及辰巳，内门不开，刘季远中尉。……以禁兵千人破关而入，问讯中人，具知其故。即出与宰臣谋曰："主上所为如此，非社稷之主也。"……废帝幽于东宫。……迎皇太子监国，矫宣昭宗命，称上皇。……崔胤……告难于全忠，请以兵问罪。……护驾盐州都将孙德诏，……以兵攻刘季述，……昭宗反正。……时朱全忠既服河朔三镇，欲窥图王室篡代之谋，以李克用在太原，惧其角逐，令大将……围河中。王珂求救于太原，克用不能救。……即降，……制以全忠……进封梁王。……时中尉韩全诲及北司与茂贞相善，宰

相崔胤与朱全忠相善，四人各为表里。全忠欲迁都洛阳，茂贞欲迎驾凤翔，各有挟天子令诸侯之意。(《旧唐书》卷二〇上《昭宗纪》)

全忠引四镇之师七万赴河中，京师闻之大恐。……中尉韩全诲，与凤翔护驾都将李继诲，奉车驾出幸凤翔，汴军陷同州，……驻灵口。全忠知帝出幸，乃回兵攻华州，韩建出降，乃署为忠武军节度使。……宰相崔胤……促全忠以兵迎驾，……围凤翔，……于是邠、宁、鄜、坊等州，皆陷于汴军。茂贞惧，谋诛内官以解，……押送中尉韩全诲、张弘彦已下二十人首级，告谕四镇兵士，……车驾……入京师。(《旧唐书》卷二〇上《昭宗纪》)

胤……自凤翔还，揣全忠将篡夺，顾己宰相，恐一日及祸，欲握兵自固，……请军置……将，……毁浮图，取铜铁为兵仗。全忠阴令汴人数百应募，以其子友伦入宿卫。……时传胤将挟帝幸荆襄，而全忠方谋胁乘舆都洛，……令其子友谅，以兵围开化坊第，杀胤。……全忠胁帝迁洛。(《唐书》卷二二三下《崔胤传》)

自帝迁洛，……全忠方事西讨，虑变起于中，故害帝以绝人望。(《旧唐书》卷二〇上《昭宗纪》)

昭宗遇弑，……矫宣遗诏，……辉王祚……立为皇太子，仍改名柷，监军国事。……皇太子柷……即皇帝位。……天祐四年三月，……全忠建国，奉帝为济阴王，迁于曹州。……五年二月二十一日，帝为全忠所害，……仍谥曰哀皇帝。(《旧唐书》卷二〇下《哀帝纪》)

朱全忠像

十　唐代民生状况

(一) 田制

武德七年，始定律令，以度田之制，五尺为步，步二百四十为亩，亩百为顷，丁男、中男给一顷，笃疾废疾给四十亩，寡妻妾三十

亩,若为户者加二十亩。所授之田,十分之二为世业,八为口分。世业之田,身死则承户者便授之;口分则收入官,更以给人。(《旧唐书》卷四八《食货志》上)

唐开元二十五年,令……丁男给永业田二十亩,口分田八十亩。其中男年十八以上,亦依丁男给。老男笃疾废疾,各给口分田四十亩,寡妻妾各给口分田三十亩。(《通典》卷二《食货》二)

诸以工商为业者,永业、口分田各减半给之。(《通典》卷二《食货》二)

诸庶人有身死家贫无以供葬者,听卖永业田,即流移者亦如之,乐迁就宽乡者,并听卖口分。(《通典》卷二《食货》二)

田多可以足其人者为宽乡,少者为狭乡。(《通考》卷二《田赋考》二)

凡卖买,皆须经所部官司申牒,年终彼此除附。若无文牒辄卖买,财没不追,地还本主。(《通典》卷二《食货》二)

诸田不得贴赁及质,违者财没不追,地还本主。(《通典》卷二《食货》二)

若从远役外任无人守业者,听贴赁及质。(《通典》卷二《食货》二)

其官人永业田及赐田,欲卖及贴赁者,皆不在禁限。(《通典》卷

唐代舞乐图
敦煌壁画。

二《食货》二)

(二) 赋役

甲、田赋

赋役之法，每丁岁入"租"粟二石，"调"则随乡土所产，绫绢绝各二丈，布加五分之一，输绫绢绝者兼调绵三两，输布者麻三斤。(《旧唐书》卷四八《食货志》上)

凡丁，岁役二旬，若不役则收其庸，每日三尺。有事而加役者，旬有五日，免其调，三旬则租调俱免，通正役，并不过五十日。(《旧唐书》卷四八《食货志》上)

凡水旱虫霜为灾，十分损四已上免租，损六已上免调，损七已上课役俱免。(《旧唐书》卷四八《食货志》上)

乙、职役

唐制，凡民始生为黄，四岁为小，十六为中，二十一为丁，六十为老。……开元二十六年。又诏，民三岁以下为黄，十五以下为小，二十以下为中。又以民门户高丁多者，率与父母别籍异居，以避征戍，乃诏十丁以上免二丁，五丁以上免一丁，侍丁孝者免徭役。天宝三载，更民十八以上为中，男二十三以上成丁，……广德元年诏，一户二丁者免一丁，凡亩税二升，男子二十五为成丁，五十五为老。(《唐书》卷五一《食货志》一)

唐令诸户，以百户为里，五里为乡，四家为邻，三家为保。每里设正一人，掌按比户口，课植农桑，检察非违，催驱赋役。在邑居者为坊，别置正一人，掌坊门管钥，督察奸非，并免其课役。在田野者为村，别置村正一人。其村满百家，增置一人，掌同坊正；其村居如满十家者，隶入大村，不须别置村正。天下户量其资产升降，定为九等，三年一造户籍。(《通考》卷一二《职役考》一)

凡天下之户，量其资，定为九等，每定户以仲年，造籍以季年，州县之籍恒留五日，省籍留九日。(《旧唐书》卷四三《职官志》二)

以上为定制。其后弊端丛生，始不能不加以改革。

按开元二十五年户令云，诸户主皆以家长为之，户内有课口者为课户，无课口者为不课户，诸视流内九品以上官，及男年二十以上老男废

疾妻妾部曲客女奴婢，皆为不课户。(《通考》卷一〇《户口考》一)

时天下户版刓隐，人多去本籍，浮食闾里，诡脱徭赋，豪弱相并，州县莫能制。融由监察御史陈便宜，请校天下籍，收匿户羡田佐用度。玄宗以融为覆田劝农使，钩检帐符，得伪勋亡丁甚众。……融乃奏慕容琦……等二十九人，为劝农判官，假御史，分按州县，括正丘亩，招徕户口而分业之，又兼租地安辑户口使。于是诸道收没户八十万，田亦称是，岁终羡钱数百万缗，……然吏下希望融旨，不能无扰，张空最，务多其获，而流客颇脱不止。(《唐书》卷二二四《宇文融传》)

开元八年，天下户口逃亡，色役伪滥，朝廷深以为患。九年正月，监察御史宇文融陈便宜，奏检察伪滥兼逃户及籍外剩田，……所在检责田畴，招携户口，其新附客户，则免其六年赋调，但轻税入官。……使还，得户八十余万，田亦称是。……至十三年，封泰山，米斗至十三文，青齐谷斗至五文，自后天下无贵物，两京米斗不至二十文，面三十二文，绢一匹二百一十文。东至宋汴，西至岐州，夹路列店肆待客，酒馔丰溢，每店皆有驴赁客乘，倏忽数十里，谓之"驿驴"。南诣荆襄，北至太原范阳，西至蜀川凉府，皆有店肆，以供商旅，远适数千里，不持寸刃。(《通典》卷七《食货》七)

开元十八年，敕"天下户等第未平，升降须实。比来富商大贾，多与官吏往还，递相凭嘱，求居下等，自后如有嘱请，委御史弹奏"。(《通考》卷一二《职役考》一)

代宗宝应元年，租庸使元载，以江淮虽经兵荒，其民比诸道犹有赀产，乃按籍举八年租调之违负及逋逃者，计其大数而征之。择豪吏为县令而督之，不问负之有无，赀之高下，察民有粟帛者，发徒围之，籍其所有而中分之，甚者十取八九，谓之"白著"。有不服者，严刑以威之。民有蓄谷十斛者，则重足以待命，或相聚山林为群盗，县不能制。(《通考》卷三《田赋考》三)

初定令式，国家有租赋庸调之法。开元中，

唐代宗像

玄宗……以宽仁为理本，故不为版籍之书，人口浸溢，堤防不禁，丁口转死，非旧名矣；田亩移换，非旧额矣；贫富升降，非旧第矣。户部徒以空文总其故书，盖得非当时之实。旧制人丁戍边者，蠲其租庸，六岁免归。玄宗方事夷狄，戍者多死不返，边将怙宠而讳，不以死申，故其贯籍之名不除。至天宝中，王鉷为户口使，方务聚敛，以丁籍且存，则丁身焉往，是隐课而不出耳，遂案旧籍，计除六年之外，积征其家三十年租庸。天下之人，苦而无告，则租庸之法弊久矣。迨至德之后，天下兵起，始以兵役，因之饥疠，征求运输，百役并作，人户凋耗，版图空虚，军国之用，仰给于度支、转运二使，四方征镇，又自给于节度都团练使。赋敛之司数四，而莫相统摄，于是纲目大坏，朝廷不能覆诸使，诸使不能覆诸州。四方贡献，悉入内库，权臣猾吏，因缘为奸，或公托进献，私为赃盗者，动万万计。河南、山东、荆襄、剑南有重兵处，皆厚自奉养，王赋所入无几。吏职之名，随人署置，俸给厚薄，由其增损，故科敛之名凡数百，废者不削，重者不去，新旧仍积，不知其涯。百姓受命而供之，沥膏血，鬻亲爱，旬输月送无休息，吏因其苛，蚕食千人。凡富人多丁者，率为官为僧，以色役免，贫人无所入，则丁存，故课免于上，而赋增于下。是以天下残瘁，荡为浮人，乡居地著者，百不四五，如是者殆三十年。（《旧唐书》卷一一八《杨炎传》）

观此，知租庸调制度，已败坏至极，故杨炎以两税法代之。其制相垂至久，私人买卖田地之事，遂成风习。

炎疾其敝，乃请为两税法，以一其制，凡百役之费，一钱之敛，先度其数而赋于人，量出制入。户无主客，以见居为簿；人无丁中，以贫富为差。不居处而行商者，在所州县税三十之一，度所取与居者均，使无饶利。居人之税，秋夏两入之，俗有不便者正之，其租庸杂徭悉省，而丁额不废。其田亩之税率，以代宗大历十四年垦田之数为准，而均收之，夏税尽六月，秋税尽十一月。岁终以户赋增失，进退长吏，而尚书度支总焉。……自是人不土断而地著，赋不加敛而增入，版籍不造而得其虚实，吏不诚而奸无所取，轻重之权，始归朝廷矣。（《唐书》卷一四五《杨炎传》）

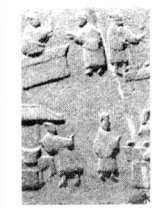

两税法行之日久，流弊复生。

贞元四年，诏天下两税，审等第高下，三年一定户。自初定两税，货重钱轻，乃计钱而输绫绢。既而物价愈下，所纳愈多，……输一者过二，虽赋不增旧，而民愈困矣。度支以税物颁诸司，皆增本价为虚估给之，而缪以滥恶，督州县剥价，谓之"折纳"，复有"进奉"、"宣索"之名，改科役曰"召雇"，率配曰"和市"，以巧避微文，比大历之数再倍。又疠疫水旱，户口减耗，刺史析户，张虚数以宽责逃死。关税取于居者，一室空而四邻亦尽，户版不缉，无浮游之禁，州县行小惠以倾诱邻境，新收者优假之，唯安居不迁之民，赋役日重。……宪宗……分天下之赋以为三，一曰"上供"，送度支。二曰"送使"，送本道。三曰"留州"。存留本州。(《唐书》卷五二《食货志》二)

先是天下百姓输赋于州府，一曰上供，二曰送使，三曰留州。建中初定两税时，货重钱轻，是后货轻钱重，齐人所出，固已倍其初征，而其留州送使，所在长吏又降省估，使就实估，以自封殖，而重赋于人。及垍为相，奏请天下留州送使物，一切令依省估，其所在观察使，仍以其所莅之郡租赋自给，若不足，然后征于支郡，其诸州送使额，悉变为上供。(《旧唐书》卷一四八《裴垍传》)

穆宗即位，……两税之外，加率一钱者以枉法赃论。……盖自建中定两税，而物轻钱重，民以为患，至是四十年，当时为绢二匹半者为八匹，大率加三倍。豪家大商，积钱以逐轻重，故农人日困，末业日增。帝亦以货轻钱重，民困而用不充，诏百官议革其弊，而议者多请重挟铜之律。……由是两税上供留州，皆易以布帛丝纩，租庸课调，不计钱而纳布帛。……乾符初，……中官田令孜……用事，督赋益急，……天下遂乱。(《唐书》卷五二《食货志》二)

(三) 杂税

甲、盐税

唐有盐池十八，井六百四十，皆隶度支。……天宝至德间，盐每斗十钱。肃宗乾元元年，西历758年。盐铁铸钱使第五琦，初变盐法，就山海井灶近利之地置监院，……尽榷天下盐，斗加时价百钱而出之，为钱一百一十。自兵起，流庸未复，赋税不足供费，盐铁使刘晏，以

为因民所急而税之，则国足用，于是上盐法轻重之宜。……晏之始至也，盐利岁才四十万缗，至大历末，六百余万缗，天下之赋，盐利居半，宫闱服御、军饷、百官禄俸皆仰给焉。……贞元四年，淮西节度使陈少游，奏加民赋，自此江淮盐每斗亦增二百，为钱三百一十，其后复增六十，河中两池盐，每斗为钱三百七十。江淮豪贾射利，或时倍之，官收不能过半，民始怨矣。(《唐书》卷五四《食货志》四)

乙、酒税

唐初无酒禁，乾元元年，京师酒贵，肃宗以廪食方屈，乃禁京城酤酒，期以麦熟如初；二年饥，复禁酤。……代宗广德二年，敕天下州，各量定酤酒户，随月纳税，此外不问公私，一切禁断。大历六年，量定三等，逐月税钱，并充布绢进奉。德宗建中……三年，复制禁人酤酒，官自置店酤，收利以助军费，斛收直三十，州县总领漓薄，私酿者论其罪。……贞元二年，复禁京城畿县酒，天下置肆以酤者，每斗榷百五十钱，其酒户与免杂差役。……宪宗元和六年，京兆府奏榷酒钱，除出正酒户外，一切随两税青苗钱，据贯均率，从之。……文宗太和八年，……凡天下榷酒，为钱百五十六万余缗，而酿费居三之一。……武宗会昌六年，敕扬州等八道州府置榷曲，并置官店酤酒，代百姓纳榷酒钱，并充资助军用，各有权许，限扬州、陈许、汴州、襄州、河东五处榷曲，浙西、浙东、鄂岳三处，置官店酤酒。如闻禁止私酤，官司过为严酷，一人违犯，连累数家，间里之间，不免咨怨，宜从今以后，如有百姓私酤，及置私曲者，但许罪止一身，……不得追扰，兼不得没入家产。昭宗世，以用度不足，易京畿边镇曲法，后榷酒以赡军。(《通考》卷一七《征榷考》四)

鸿雁折枝花纹银杯
唐代酒器。

丙、茶税

贞元九年正月，初税茶。先是诸道盐铁使张滂奏曰："……伏请于出茶州县，及茶山外商人要路，委所由定三等时估，每十税一……"诏可之。……自此每税得钱四十万贯，然税无虚岁。……元和九年十二月，左仆射令狐楚奏新置榷茶使额。……宣宗大中六年正月，盐铁转运使裴休，请诸道节度观察使置店停上茶商，每斤收拓地钱，并税经过商人，颇乖法理。今请厘革横税，以通舟船。"（《旧唐书》卷四九《食货志》下）

穆宗即位，……乃增天下茶税，率百钱增五十，……加斤至二十两。……武宗即位，盐铁转运使崔珙又增江淮茶税。是时茶商所过，州县有重税，或掠夺舟车，露积雨中，诸道置邸以收税，谓之"拓地钱"，故私贩益起。大中初，盐铁转运使裴休著条约，私鬻三犯皆三百斤，乃论死。……庐寿淮南皆加半税，私商给自首之帖，天下税茶增倍贞元。江淮茶为大摸，一斤至五十两，诸道盐铁使于悰，每斤增税钱五，谓之"剩茶钱"，自是斤两复旧。（《唐书》卷五四《食货志》四）

帝问富人术，以榷茶对。其法欲置茶官，籍民圃而给其直，工自撷暴，则利悉之官。帝始诏王涯为榷茶使。（《唐书》卷一七九《郑注传》）

立税茶十二法，人以为便。（《唐书》卷一八二《裴休传》）

丁、关税

长安武后。三年，……时有司表税关市，融深以为不可，上疏谏曰："伏见有司税关市事条，不限工商，但是行人尽税。……夫关市之税者，谓市及国门关门者也，唯敛出入之商贾，不税来往之行人。今若不论商人，通取诸色，……则万商废业；万商废业，则人不聊生，……必若师兴有费，国储多窘，即请倍算商客，加敛平人，……"则天纳之，乃寝其事。（《旧唐书》卷九四《崔融传》）

德宗时，赵赞请诸道津会置吏阅商贾钱，每缗税二十，竹木茶漆税十之一。……文宗开成二年十二月，武宁军节度使薛元赏，奏泗口税场，应是经过衣冠、商客，金、银、羊、马、斛、斗、见钱、茶、盐、绫、绢等，一物已上并税，……请停绝。（《通考》卷一四《征榷考》一）

戊、苛敛

代宗永泰二年，……乾元肃宗。以来，属天下用兵，京师百寮俸钱减耗，……以御史大夫为税地钱物使，岁以为常，均给百官。大历四年正月十八日，敕有司定天下百姓及王公已下，每年税钱分为九等，上上户四千文，……下下户五百文。（《旧唐书》卷四八《食货志》上）

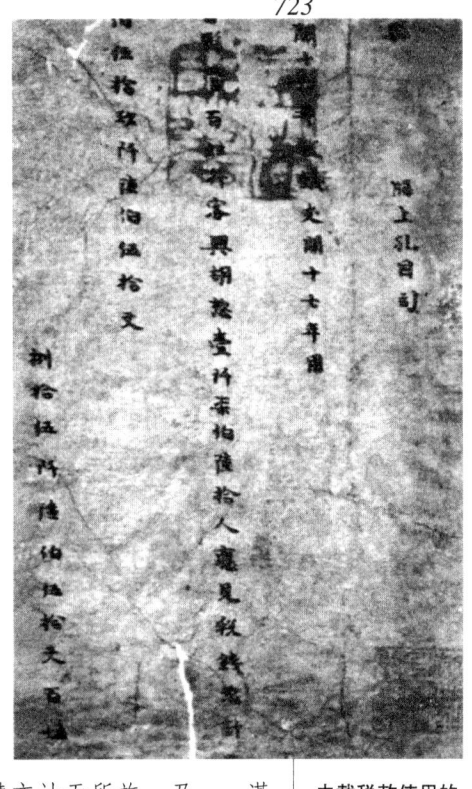

其百姓有邸店、行铺及炉冶，应准式合加本户二等税者，依此税数，勘责征纳。
（《旧唐书》卷四八《食货志》上）

肃宗即位，遣御史郑叔清等，籍江、淮、蜀汉富商右族赀畜，十收其二，谓之率贷。诸道亦税商贾以赡军，钱一千者有税。
（《唐书》卷五一《食货志》一）

建中四年六月，初税屋间架除陌钱。
（《旧唐书》卷一二《德宗纪》上）

唐德宗时，军用不给，乃税间架，算除陌。其间架法，屋二架为间，上间钱二千，中间一千，下间五百，吏执笔握算，入人家计其数。除陌法者，公私给与及买卖，每缗官留五十钱，给他物及相贸易者，约钱为率算之。（《续通志》卷一五五《食货略》四）

河北河南，连兵不息，……京师帑廪不支数月。……杞乃以户部侍郎赵赞判度支，赞亦计无所施，乃……谋行括率，以为泉货所聚，在于富商，钱出万贯者，留万贯为业，有余，官借以给军。……长安尉薛萃荷校乘车，搜人财货，意其不实，即行榜棰，人不胜冤痛，或有自缢而死者，京师嚣然。……都计富户田宅奴婢等估，才及八十八万贯。又以僦柜纳质，积钱货、贮粟麦等，一切借四分之一，封其柜窖，长安为之罢市。（《旧唐书》卷一三五《卢杞传》）

赵赞又请税间架，算除陌。凡屋两架为一间，分为三等，上等每间二千，中等一千，下等五百，所由吏秉笔执筹，入人第舍而计之。……除陌法，天下公私给与贸易，率一贯旧算二十，益加算为五十，给与物或两换者，约钱为率算之。市主人、牙子，各给印纸，人有买卖，随自署记，翌日合算之。有自贸易不用市牙子者，验其私簿投状，自其有私簿投状。其有隐钱百，没入二千，杖六十，告者赏钱十千，出于其家。法既行，主人市牙，得专其柄，……怨讟之声，嚣然满于天下。及泾师犯阙，乱兵呼于市曰："不夺汝商户僦质矣，不税

内载税款使用的唐代文书

卷三 隋唐五代

汝间架除陌矣。"(《旧唐书》卷一三五《卢杞传》)

时有敕，给百姓一年复，铣即奏征其脚钱，广张其数。……又敕本郡高户，为租庸脚士，皆破其家产，弥年不了。(《旧唐书》卷一〇五《王铣传》)

大历元年诏，……天下苗一亩，税钱十五，……以国用急不及秋，方苗青即征之，号"青苗钱"。又有地头钱，每亩二十，通名为青苗钱。(《唐书》卷五一《食货志》一)

计天下编户，贫弱者众，有卖舍帖田供王役者。(《唐书》卷一二三《李峤传》)

扬州凡交易赀产奴婢有贯率钱，畜羊有口算，又贸麹车其赢以佐用度，从皆蠲除之。(《唐书》卷一一四《崔从传》)

按《通典》卷六《食货》六。称天宝都计租税庸调，每岁钱粟绢绵布，约得五千二百二十余万端匹屯贯石，诸色资课及勾剥所获不在其中。注资课及勾剥等，当合得四百七十余万。又《资治通鉴》卷二四九《唐纪》六五。大中七年十二月，度支奏自河湟平，每岁天下所纳钱九百二十五万余缗，内五百五十万余缗租税，八十二万余缗榷酤，二百七十八万余缗盐利。引《续皇王宝运录》。此唐代岁入大概，及中晚盛衰之分，用物用钱之别也。

(四)币制

隋末，行五铢白钱。天下盗起，私铸钱行，千钱初重二斤，其后愈轻，……铁叶皮纸，皆以为钱。高祖入长安，民间行线环钱，……凡八九万，才满半斛。武德四年，铸开元通宝，……得轻重大小之中。……开元二十年……禁鞔顿、沙涩、荡染、白强、黑强之钱。……二十六年，……初置钱监，两京用钱稍善。……其后钱又渐恶，诏出铜所在置监，铸开元通宝钱。……天下盗铸益起，……京师权豪，岁岁取之，舟车相属，江淮偏炉钱数十种，杂以铁锡，轻漫无复钱形，……两京钱有鹅眼、古文、线环之别。……肃宗乾元元年，……第五琦铸乾元重宝钱，……与开元通宝钱并行。……是时民间行三钱，大而重棱者，亦号重棱。钱法既屡易，物价腾踊，……饿死者满道。……京师人人私铸，并小锭，坏钟像，犯禁者愈众。……肃宗以新钱不便，命百官集议，不能改。上元元年，……开元旧钱，与乾元十当钱，皆以一当十，……得为"实钱"、"虚钱"，交易皆用十当

唐开元通宝钱币

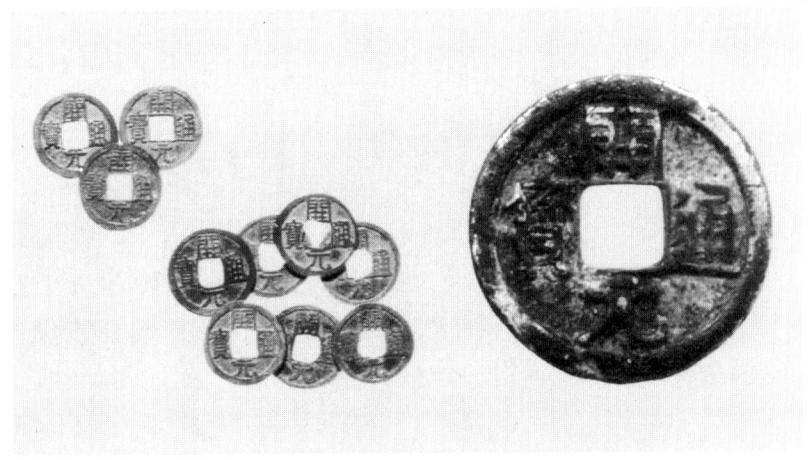

钱，由是钱有虚实之名。……代宗即位，乾元重宝钱以一当二，重轮钱以一当三，凡三日，而大小钱皆以一当一。……其后民间乾元、重棱二钱，铸为器，不复出矣。……大历七年，禁天下铸铜器，……而民间钱益少，缯帛价轻，州县禁钱不出境，商贾皆绝。浙西观察使李若初，请通钱往来，而京师商贾，赍钱四方贸易者，不可胜计，诏复禁之。贞元二十年，命市井交易，以绫罗绢布杂货与钱兼用。……元和六年，贸易钱十缗以上者，参用布帛。……太和三年，诏佛像以铅锡土木为之，……唯鉴磬钉镮钮得用铜，余皆禁之，盗铸者死。……文宗病币轻钱重，诏方镇纵钱谷交易。时虽禁铜为器，而江淮岭南，列肆鬻之，铸千钱为器，售利数倍。宰相李珏，请加炉铸钱，于是禁铜器，官一切为市之。……武宗废浮屠法，永平监官李郁彦，请以铜像、钟磬、炉铎皆归巡院，州县铜益多矣。盐铁使以工有常力，不足以加铸，许诸道观察使，皆得置钱坊。淮南节度使李绅，请天下以州名铸钱。（《唐书》卷五四《食货志》四）

钱重，携带不便，有所谓"飞钱"者，即如今之汇票也。

宪宗……时商贾至京师，委钱诸道，进奏院及诸军诸使富家以轻装趋四方，合券乃取之，号飞钱。（《唐书》卷五四《食货志》四）

时唐通行货币，皆以钱计，金银颇不通用。

唐宋以前，上下通行之货，一皆以钱而已。……《旧唐书》宪宗元和三年六月，诏曰："天下有银之山，必有铜矿，铜者可资于鼓

卷三 隋唐五代

铸，银者无益于生人。其天下自五岭以北，见采银坑，并宜禁断。……而唐韩愈奏状，亦言五岭买卖，一以银。元稹奏状言自岭已南，以金银为货币，自巴已外，以盐帛为交易，黔巫溪峡，用水银、朱砂、缯彩、巾帽以相市。(顾炎武《日知录》卷一一"银")

(五)物价

四年，贞观。……米斗三钱。(《唐书》卷九七《魏徵传》)

开元十三年，……东都米斗十钱，青齐米斗五钱。(《旧唐书》卷八《玄宗纪》上)

永泰元年，……京师米斗一千四百。(《旧唐书》卷一一《代宗纪》)

时大兵后，京师米斗千钱，禁膳不兼，时甸农授穗以输。(《唐书》卷一四九《刘晏传》)

炅……保南阳郡，……贼……将……武令珣等攻之累月，……米斗至四五十千，有价无米，鼠一头至四百文。(《旧唐书》卷一一四《鲁炅传》)

庆绪……婴邺自固，……王师围……城，……粮尽，易口以食，米斗钱七万余。(《唐书》卷二二五上《安禄山附安庆绪传》)

数年以来，公私耍竭，户口减耗，家无接新之储，国乏俟荒之蓄。(《唐书》卷一一八《宋务光传》)

时黄巢据长安。京畿百姓皆砦于山谷，累年废耕耘，贼坐空城，……谷食腾踊，米斗三十千。官军皆执山砦百姓，鬻于贼为食，人获数十万。(《旧唐书》卷二〇〇下《黄巢传》)

杨行密……乘虚攻城，扬州。城中米斗五十千，饿死大半。骈……薪蒸亦阙，奴仆彻延和阁栏槛煮革带食之，互相篡啖。(《旧唐书》卷一八二《高骈传》)

(六)实业

甲、农业

迁夏州都督，属牛疫，无以营农。方翼造人耕之法，施关键，使人推之，百姓赖焉。(《旧唐书》卷一八五上《王方翼传》)

制曰："……今阳和布泽，丁壮就田，言念鳏茕，事资拯助，宜委使司，与州县商量，劝作农社，贫富相恤，耕耘以时。仍每至雨泽

之后，种获忙月，州县常务，一切停减，使趋时急于备寇，尺璧贱于寸阴。(《旧唐书》卷一〇五《宇文融传》)

太和二年闰三月，内出水车样，令京兆府造水车，散给缘郑白渠百姓以溉水田。(《旧唐书》卷一七上《文宗纪》上)

开元十六年，……帝种麦苑中，瑛诸王侍登，帝曰："是将荐宗庙，故亲之，亦欲若等知稼穑之难。"因分赐侍臣曰："《春秋》书无麦禾，古所甚重，比诏使者阅田亩，所对不以实，故朕自莳以观其成云。"(《唐书》卷八二《太子瑛传》)

德宗。贞元八年，关东、淮南、浙西州县大水，坏庐舍，漂杀人。德舆建言：江淮田一善熟，则旁资数道，故天下大计，仰于东南。今淫雨二时，农田不开，逋亡日众。宜择群臣明识通方者，持节劳徕，问人所疾苦，蠲其租，入与连帅守长，讲求所宜。赋取于人，不若藏于人之固也。帝乃遣奚陟等四人，循行慰抚。(《唐书》卷一六五《权德舆传》)

贞元五年正月，……以二月一日，为中和节，以代正月晦日，备三令节数，内外官司休假一日。宰臣李泌，请中和节日，令百官进农书，司农献穜稑之种，……村社……祭勾芒以祈年谷。从之。(《旧唐书》卷一三《德宗纪》下)

元和七年四月，……敕天下州府民户，每田一亩，种桑二树，长吏逐年检计以闻。(《旧唐书》卷一五《宪宗纪》下)

唐代重农业，其水利可言者，撮录如下。

开元十八年六月，……东都瀍洛泛涨，……令范安及韩朝宗，就瀍洛水源，疏决置门，以节水势。(《旧唐书》卷八《玄宗纪》上)

宇文融又画策开河北王莽河，溉田数千顷，以营稻田。(《旧唐书》卷四八《食货志》上)

拜起居舍人，……出为朗州刺史，在任开后乡渠九十七里，溉田二千顷，郡人获利。(《旧唐书》卷一六五《温造传》)

神龙中，累转肥乡令。县北界漳水，连年泛溢，旧堤迫近水漕，虽修筑不息，而漂流相继。景骏审其地势，拓南数里，因高筑堤。暴水至，堤南以无患；水去，而堤北称为腴田。(《旧唐书》卷一八五上《韦机附韦景骏传》)

蔡州新息，注：……西北五十里，有隋故玉梁渠，开元中，令薛

务增浚，溉田三千余顷。（《唐书》卷三八《地理志》二）

青州北海，注：……长安中，令窦琰于故营丘城东北穿渠，引白浪水曲折三十里以溉田，号窦公渠。（《唐书》卷三八《地理志》二）

河中府龙门，注：……东南二十三里，有十石垆渠，……县令长孙恕凿，溉田良沃，亩收十石。（《唐书》卷三九《地理志》三）

莫州任丘，注：……有通科渠，开元四年，令鱼思贤，开以泄陂淀，自县南五里至城西，北入滱，得地二百余顷。（《唐书》卷三九《地理志》三）

唐武德七年，同州治中云得臣开渠，自龙首引黄河，溉田六十余顷。贞观十一年，扬州大都督府长史李袭称，以江都俗好商贾，不事农业，乃引雷陂水，又筑白城塘，溉田八百余顷。……永徽六年，雍州长史长孙祥奏言，往日郑白渠，溉田四万余顷，今为富商大贾，竞造碾硙，堰遏费水，……于是遣祥等分检渠上碾硙，皆毁之。……开元九年，京兆少尹李元纮奏疏三辅诸渠，王公之家缘渠立硙，以害水田，一切毁之，百姓蒙利。广德二年，户部侍郎李栖筠等奏，拆京城北白渠上王公寺观碾硙，……以广水田之利。……大历十二年，京兆尹黎干，开决郑白二水支渠，毁碾硙以便水利。……建中三年，宰相杨炎请于丰州置屯田，发关辅人开陵阳渠。贞元八年，嗣曹王皋为荆南节度观察使。先是江陵东北七十里有废田，旁汉古堤坏决凡二处，每夏则为浸溢，皋始命塞之，广良田五千顷。……楚俗佻薄，旧不凿井，悉饮陂泽，皋乃令合钱凿井，人以为便。元和八年，孟简为常州刺史，开漕古孟渎，长四十里，得沃壤四千余顷。……十三年，湖州刺史于𬱟复长城县方山之西湖，溉田三十顷。长庆二年，温造为朗州刺史，奏开复乡渠九十七里，溉田二千顷。……太和五年，造复为河阳节度使，奏浚怀州古渠，……溉济源、河内、温、武陟四县田五千顷。长庆

中，白居易为杭州刺史，浚钱塘湖，周回三十里，……凡放水溉田，每减一寸，可溉十五顷，每一伏时，可溉五十余顷。(《通考》卷六《田赋考》六)

此外更有屯田。

唐开军府，以扞要冲，因隙地，置营田，……上地五十亩，瘠地二十亩，稻田八十亩，则给牛一。诸屯以地良薄与岁之丰凶为三等，其民田岁获多少，取中熟为率，有警则以兵。……元和中，……东起振武，西逾云州，极于中受降城，凡六百余里，……垦田三千八百余顷，岁收粟二十万石。……宪宗末，天下营田，皆雇民或借庸以耕，又以瘠地易上地，民间苦之。穆宗即位，诏还所易地而耕以官兵，耕官地者给三之一以终身。(《通考》卷七《田赋考》七)

乙、商业

凡建标立候，陈肆辩物，以二物平市，注：谓秤以格，斗以概。以三贾均市，注：贾有上中下之差。(《旧唐书》卷四四《职官志》三)

京都诸市令，掌百族交易之事，丞为之贰。凡建标立候，陈肆辨物，以二物平市，以三贾均市。凡与官交易，及悬平赃物，并用中贾。其造弓矢长刀，官为立样，仍题工人姓名，然后听鬻之，诸器物亦如之，以伪滥之物交易者没官，短狭不中量者还主。凡卖买奴婢牛马，用本司本部公验以立券，凡卖买不和而榷固，及更出开闭，共限一价，若参市而规自入者，并禁之。凡市以日午击鼓三百声而众以

唐代市肆画像砖

会，日入前七刻击钲三百声而众以散。(《唐六典》卷二〇)

中唐以后，苛敛烦密，商业益不振，宫市之兴，即为宋代和买所本。

时宦者主官中市买，谓之"官市"，抑买人物，稍不如本估。末年不复行文书，置白望数十百人于两市及要闹坊曲，阅人所卖物，但称官市，则敛手付与，真伪不复可辨，无敢问所从来。及论价之高下者，率用直百钱物，买人直数千物，仍索进奉门户及脚价银，人将物诣市，至有空手而归者。名为官市，其实夺之。尝有农夫以驴驮柴，宦者市之，与绢数尺，又就索门户，仍邀驴送柴至内，农夫啼泣，以所得绢与之，不肯受曰："须得尔驴。"农夫曰："我有父母妻子，待此而后食。今与汝柴而不取直而归，汝尚不肯，我有死而已。"遂殴宦者。街使擒之以闻，乃黜宦者，赐农夫绢十匹。(《旧唐书》卷一四〇《张建封传》)

丙、矿业

凡银铜铁锡之冶，一百六十八。陕宣润饶衢信五州，银冶五十八，铜冶九十六，铁山五，锡山二，铅山四，汾州矾山七。麟德二年，废陕州铜冶四十八。开元十五年，初税伊阳五重山银锡。德宗时，户部侍郎韩洄建议，山泽之利，宜归王者，自是皆隶盐铁使。元和初，天下银冶废者四十。……二年禁采银，一两以上者笞二十，递出本界，州县官吏节级科罪。开成元年，复以山泽之利归州县，刺史选吏主之，其后诸州牟利以自殖。……及宣宗，……裴休请复归盐铁使以供国用，增银冶二，铁山七十一，废铜冶二十七，铅山一。(《唐书》卷五四《食货志》四)

十一　风俗与习惯

(一) 嫁娶

婚礼纳采，有合欢、嘉禾、阿胶、九子蒲、朱苇、双石、绵絮、长命缕、干漆九事，皆有词，胶漆取其固，绵絮取其调柔，蒲苇为心

可屈可伸也，嘉禾分福也，双石意在两固也。(段成式《酉阳杂俎》卷一)

近代婚礼，当迎妇以粟三升填臼，席一枚以覆井，枲三斤以塞窗，箭三只置户上。妇上车，壻骑而环车三匝。女嫁之明日，其家作黍臛。女将上车，以蔽膝覆面。妇入门，舅姑以下，悉从便门出，更从门入，言当躏新妇迹。又妇入门，先拜猪枳及灶。娶妇夫妇并拜，或共结镜纽。又娶妇之家，弄新妇。腊月娶妇，不见姑。(段成式《酉阳杂俎》卷一)

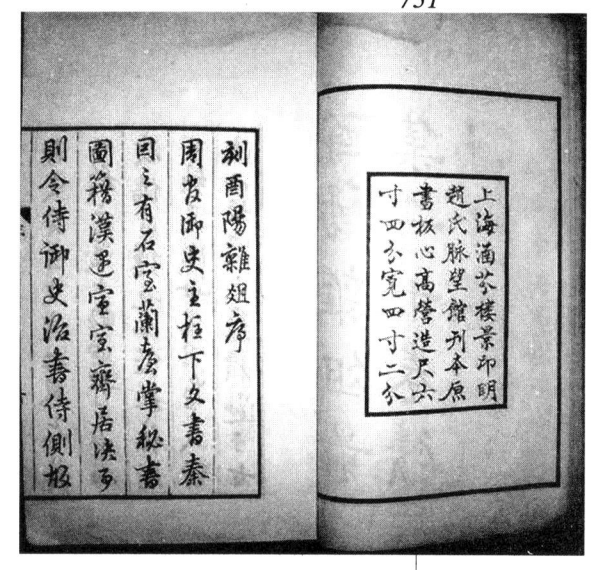

出为永州刺史，……初俚民婚，出财会宾客，号"破酒"，昼夜集，多至数百人，贫者犹数十，力不足，则不迎。……宙条约，使略如礼，俗遂改。(《唐书》卷一九七《韦宙传》)

夫妇之道，王化所基，故有三日不息、烛不举乐之感。今昏嫁之初，杂奏丝竹，以穷宴欢，官司习俗，弗为条禁。(《唐书》卷九八《韦挺传》)

显庆四年十月。诏……三品以上纳币，不得过三百四，四品、五品二百，六品、七品百，悉为妇装，夫氏禁受陪门财。(《唐书》卷九五《高俭传》)

睿宗太极元年，十一月，左司郎中唐绍上表曰："士庶亲迎之礼，备诸六礼，所以承宗庙、事舅姑，当须昏以为期，诘朝谒见。往者下俚庸鄙，时有障车，邀其酒食，以为戏乐。近日此风转盛，上及王公，乃广奏音乐，多集徒侣，遮拥道路，留滞淹时，邀致财物，动逾万计，遂使障车礼贶，过于聘财，歌舞喧哗，殊非助感，既亏名教，又蠹风猷。诸请一切禁断。"从之。开元十九年四月，敕于京城置"礼会院"，属司农寺，其什物各令所司供。建中元年十一月，礼仪使颜真卿等奏，"郡县主见舅姑，请于礼会院过事，明日早，舅姑坐堂，行执笄之礼，共观华烛。伏以婚礼主敬，窃恐非宜，并请停障

车、下婿却扇等，行礼之夕，可以感思。至于声乐，窃恐非礼，并请禁断。相见仪制，近代设以毡帐，择地而置，此乃虏礼穹庐之制。合于堂室中置帐，请准礼施行。俗忌今时，以子午卯酉年，谓之当梁年，其年娶妇，舅姑不相见，盖礼无所据，亦请禁断"。并从之。（《通典》卷五八《礼》一八）

以上言嫁娶习俗，而其制度如下。

唐贞观元年二月诏，其庶人男女无室家者，并仰州县官人，以礼聘娶，皆任其同类相求，不得抑取。男年二十，女年十五以上，及妻丧达制之后，孀居服纪已除，并须申以婚媾，令其好合。若守志贞洁，并任其情，无劳抑以嫁娶。（《通典》卷五九《礼》一九）

唐沿六朝之风，婚姻崇尚门第。

初太宗尝以山东士人尚阀阅，后虽衰，子孙犹负世望，嫁娶必多取赀，故人谓之"卖昏"。由是诏士廉，……为……《氏族志》，……高宗时，……改为《姓氏录》。……又诏后魏陇西李宝，太原王琼，荥阳郑温，范阳卢子迁、卢泽、卢辅，清河崔宗伯、崔玄孙，前燕博陵崔懿晋，赵郡李楷，凡七姓十家，不得自为昏。……王妃主婿，皆取当世勋贵名臣家，未尝尚山东旧族。后房玄龄、魏徵、李勣复与昏，故望不减。然每姓第其"房望"，虽一姓中，高下县隔，李义府为子求昏不得，始奏禁焉。其后天下衰宗落谱昭穆所不齿者，皆称"禁昏家"，益自贵，凡男女皆潜相聘娶，天子不能禁。（《唐书》卷九五《高俭传》）

敬玄……凡三娶，皆山东旧族，又与赵李氏合谱，故台省要职，多族属姻家。（《唐书》卷一〇六《李敬玄传》）

神龙中，旌其家，大署曰"忠臣之门"，天下高其节，凡名族皆愿通昏。（《唐书》卷一一二《冯元常传》）

日知贵，诸子方总角，皆通婚名族。（《唐书》卷一一六《李日知传》）

李林甫有女六人，各有姿色，雨露之家，求之不允。林甫厅事壁间开一横窗，饰以杂宝，缦以绛纱，常日使六女戏于窗下，每有贵族子弟入谒，林甫即使女于窗中自选可意者事之。（王仁裕《开元天宝遗事》）

帝亦曰："宰相中，至忠最怜我，韦后尝为其弟洵，与至忠殇女冥婚。"(《唐书》卷一二三《萧至忠传》)

(二) 丧祭

今衣冠上族，辰日不哭，谓为重丧，亲宾来吊，辄不临举。又闾里细人，每有重丧，不即发问，先造邑社，待营办具，乃始发哀，至假车乘雇棺椁以荣送葬。既葬，邻伍会集，相与酣醉，名曰"出孝"。(《唐书》卷九八《韦挺传》)

龙朔元年，丁母忧去职。……义府寻请改葬其祖父，营墓于永康陵侧。三原令……私课丁夫车牛，为其载土筑坟，昼夜不息，……王公已下，争致赠遗，其羽仪道从，辒辌器服，并穷极奢侈。又会葬车马，祖奠供帐，自灞桥属于三原，七十里间，相继不绝。武德已来，王公葬送之盛，未始有也。(《旧唐书》卷八二《李义府传》)

太极元年六月，右司郎中唐绍上疏曰："……王公百官，竞为厚葬，偶人像马，雕饰如生，徒以眩曜路人，本不因心致礼，更相扇慕，破产倾资，风俗流行，下兼士庶，若无禁制，奢侈日增。望请王公以下，送葬明器，皆依令式，并陈于墓所，不得于衢路舁行。开元二十九年正月，敕……其明器墓田等，……皆以素瓦为之，不得用木及金银铜锡，其衣不得用罗绣画，其下帐不得有珍禽奇兽鱼龙化生，

唐韦氏墓壁画

其园宅不得广作院宇、多列侍从，其辒车不得用金铜花，结彩为龙凤，及旒苏画云气。(《通典》卷八六《礼》四六)

开元二年九月，……制曰：自古帝王，皆以厚葬为诫，以其无益亡者，有损生业故也。近代以来，共行奢靡，递相仿效，浸成风俗，既竭家产，多至凋弊。……且墓为贞宅，自便有房，今乃别造田园，名为下帐，又冥器等物，皆竞骄侈。……承前虽有约束，所司曾不申明，丧葬之家，无所依准。宜令所司据品令高下，明为节制，冥器等物，仍定色数，及长短大小，园宅下帐，并宜禁绝，坟墓茔域，务遵简俭，凡诸送终之具，并不得以金银为饰。如有违者，先决杖一百，州县长官不能举察，并贬授远官。(《旧唐书》卷八《玄宗纪》上)

明皇朝，海内殷赡，送葬者或当冲设祭，张施帏幕，有假花假果、粉人粉帐之属，然大不过方丈，室高不逾数尺，识者犹或非之。丧乱以来，此风大扇，祭盘帐幕，高至九十尺，用床三四百张，雕镂饰书，穷极技巧，馔具牲牢，复居其外。大历中，太原节度辛云京葬日，诸道节度使使人修祭，范阳祭盘，最为高大，刻木为尉迟鄂公与突厥斗将之戏，机关动作，不异于生。祭讫，灵车欲过，使者请曰："对数未尽。"又停车，设项羽与汉祖会鸿门之象，良久乃毕。缞绖者皆手擘布幕，辍哭观戏。……滑州节度令狐母亡，邻境致祭，昭义节度，初于淇门载船桅以充幕柱，至时嫌短，特于卫州大河船上取长桅代之。及昭义节度薛公薨，归葬绛州，诸方并管内县涂阳城南设祭，每半里一祭，至漳河二十余里，连延相次，大者费千余贯，小者三四百贯，互相窥觇，竞为新奇，柩车暂过，皆为弃物矣。盖自开辟至今，奠祭鬼神，未有如斯之盛者。(王谠《唐语林》卷八《补遗》)

临尝欲吊丧，令家童自归家取"白衫"。(《旧唐书》卷八五《唐临传》)

开元末，玄宗方尊道术，靡神不宗。……充祠祭使，玙专以祀事希幸，每行祠祷，或焚"纸钱"，祷祈福祐。(《旧唐书》卷一三〇《王玙传》)

汉以来，葬丧皆有瘗钱，后世里俗，稍以纸寓钱为鬼事，至是玙乃用之。(《唐书》卷一〇九《王玙传》)

禹锡……斥朗州司马，州接夜郎诸夷，风俗陋甚，家喜巫鬼，每祠歌竹枝，鼓吹裴回，其声伧伫。禹锡谓屈原居沅湘间作九歌，使楚

人以迎送神,乃倚其声作《竹枝辞》十余篇,于是武陵夷俚悉歌之。(《唐书》卷一六八《刘禹锡传》)

开元二十年四月二十四日敕,寒食上墓,《礼经》无文,近世相传,浸以成俗。……用展孝思,宜许上墓,……仍编入礼典,永为常式。(王溥《唐会要》卷二三)

武德二年正月四日,尚书左丞崔善奏曰:"欲求忠臣,必于孝子。比为时多金革,颇遵墨绖之义,丁忧之士,例从起复,无识之辈,不复戚容,如不纠劾,恐伤风俗。"至九月制曰:"文官遭父母丧,听去职。"……调露二年,中书舍人欧阳通,起复本官,每入朝,必徒跣至城门外,然后著靴袜而朝;直宿在省,则席地借藁,非公事不言,而未尝启齿。……长安三年正月二十六日敕,三年之丧,自非从军更籍者,不得辄奏请起复。至广德二年二月二十一日敕,三年之丧,谓之达礼,自非金革,不可从权,其文官自今已后,并许终制,一切不得辄有奏闻。(王溥《唐会要》卷三八)

(三) 庆寿

生日之礼,古人所无。……此礼起于齐梁之间,逮唐宋以后,自天子至于庶人,无不崇饰此日,开筵召客,赋诗称寿。(顾炎武《日知录》卷一三"生日")

近代风俗,人子在膝下,每生日,有酒食之事,孤露之后,不宜

郭子仪庆寿年画

复以为欢。……太宗曾以降诞日感泣，中宗常以降诞日宴侍臣内庭，与学士联句柏梁体诗。然则唐以来，此日皆有宴会。开元十七年，丞相张说奏以八月端午降诞日为"千秋节"，又改为"天长节"。肃宗因之，诞日为"地平天成节"。代宗虽不为节，犹受四方进献。德宗即位，诏公卿议，吏部尚书颜真卿奏准《礼经》及历代帝王无降诞日，唯开元中始为之。复推本意，以为节者，喜圣寿无疆之庆，天下咸贺，故号节；若千秋万岁之后，尚存此日以为节假，恐乖本意。于是敕停之。（王谠《唐语林》卷八《补遗》）

上以降诞日，燕百寮于花萼楼下，百寮表请以每年八月五日为千秋节，王公已下，献镜及承露囊，天下诸州，咸令燕乐，休假三日。（《旧唐书》卷八《玄宗纪》上）

宰相路随等奏，……请十月十日，为庆成节，上诞日也。（《旧唐书》卷一七下《文宗纪》下）

自元和后，……王智兴始言天子诞日，请筑坛度人以资福，诏可。（《唐书》卷一八〇《李德裕传》）

(四) 宴游

唐贞观六年，诏曰："比年丰稔，闾里无事，乃有堕业之人，不顾家产，朋游无度，酣宴是耽。危身败德，咸由于此，自非澄源正本，何以革兹弊俗。"（《通志》卷四四《礼略》三）

贞观十六年十一月，……宴武功士女于庆善宫南门，酒酣，上与父老等涕泣论旧事，老人等递起为舞，争上万岁寿，上各尽一杯。（《旧唐书》卷三《太宗纪》下）

上元元年九月，百寮具新服，上宴之于麟德殿。（《旧唐书》卷五《高宗纪》下）

宴王公百寮于承天门，令左右于楼下撒金钱，许中书门下五品已上官，及诸司三品已上官，争拾之。（《旧唐书》卷八《玄宗纪》上）

旧制三二岁，必于春时内殿赐宴宰辅及百官，备太常诸乐，设鱼龙曼衍之戏，连三日，抵暮方罢。（王谠《唐语林》卷七《补遗》）

元宗御勤政楼，大酺，纵士庶观看百戏，人物填咽，金吾卫士指遏不得，上谓力士曰："吾以海内丰稔，四方无事，故盛为宴乐，与万姓同欢，不谓众人喧闹若此。"……力士……请召严安之处分打场，

《虢国夫人游春图》

……安之周行广场，以手板画地示众曰："逾此者必死。"是以终日酺宴，……无人敢犯者。（王谠《唐语林》卷一《政事篇》上）

大历二年二月，子仪入朝，宰相元载、王缙、仆射裴冕、京兆尹黎干、内侍鱼朝恩，共出钱三十万，置宴于子仪第，恩出罗锦二百四，为子仪缠头之费，极欢而罢。（《旧唐书》卷一二〇《郭子仪传》）

会昌二年五月，敕庆阳节，百官率醵外，别赐钱三百贯，以备素食合宴，仍令京兆府供帐用，追集坊市乐人。（《旧唐书》卷一八上《武宗纪》）

城南樊川，有佳林亭，卉木幽邃，佑每与公卿燕集其间，广陈妓乐。（《旧唐书》卷一四七《杜佑传》）

致仕还于东都，都城有园林别墅，岁时行乐，子弟侍侧，公卿在席，诗酒赏咏，竟日忘归。（《旧唐书》卷一六三《卢简辞附卢简求传》）

于午桥创别墅，……名曰绿野堂，……视事之隙，与诗人白居易、刘禹锡酬宴，终日高歌放言，以诗酒琴书自乐，当时名士皆从之游。（《旧唐书》卷一七〇《裴度传》）

古之饮酒，有杯盘狼藉、扬觯绝缨之说，甚则甚矣，然未有言其法者。国朝麟德中，壁州刺史邓弘庆始创"平索看精"四字令，至李稍云而大备，自上及下以为宜然。大抵有律令，有头盘，有抛打，盖工于举场而盛于使幕，衣冠有男女杂履舄者，有长幼同灯烛者，外府则立将校而坐妇人。其弊如此。（李肇《国史补》卷下）

唐末饮席之间，多以上行杯望远行拽盏为主，下次据副之。（王谠《唐语林》卷七《补遗》）

卷三 隋唐五代

都人士女，每至正月半后，各乘车跨马，供帐于园圃，或郊野中，为探春之宴。(王仁裕《开元天宝遗事》)

长安有平康坊，妓女所居之地，京都侠少，萃集于此，兼每年新进士，以红笺名纸，游谒其中，时人谓此坊为风流薮泽。(王仁裕《开元天宝遗事》)

曲中……妓之母，多假母也，……误陷其中，则无以自脱。……诸妓以出里艰难，每南街保唐寺有讲席，多以月之八日，相牵率听焉，皆纳其假母一缗，然后能出于里；其于他处，必因人而游，或约人与同行，则为下婢，而纳资于假母。故保唐寺，每三八日，士子极多。……尝闻大中以前，北里颇为不测之地，故王金吾、式、令狐博士、滈皆目击其事，几罹毒手。(孙棨《北里志》)

进士榜出，谢后，便往期集院。其日状元与同年相见，请一人为录事，其余主宴主酒主乐探花主茶之类，咸以其日辟之。主乐两人，一主饮妓，放榜后，大科头两人，第一部也；小科头一人，第二部也。常宴，即小科头主之；大宴，大科头主之。(王保定《摭言》)

唐苏味道看灯诗云："火树银花合，星桥铁锁开，……"唐玄宗于上阳宫建灯楼，高一百五十尺。(韩鄂《岁华纪丽》卷一注)

泌请……以二月朔为中和节，因赐大臣戚里尺，谓之裁度。民间以青囊盛百谷瓜果种相问遗，号为献生子。(《唐书》卷一三九《李泌传》)

大历二年二月，幸昆明池踏青。(《旧唐书》卷一一《代宗纪》)

始主作观池乐游原，以为盛集，既败，赐宁、申、岐、薛四王，都人岁被禊其地。(《唐书》卷八三《太平公主传》)

长安富家，……各于林亭内植画柱，以锦绮结为凉棚，……召长安名妓间坐，……为避暑之会。(王仁裕《开元天宝遗事》)

重阳日，必以糕酒登高，插萸把菊泛酒。(冯应京《月令广义》卷一六引《齐人月令》)

章台之使以来，曲江之会遄至。注：唐时春放榜，进士既捷，列名于慈恩寺，谓之题名，大宴于曲江亭子，谓之曲江会。(韩鄂《岁华纪丽》卷一)

(五) 门第

是时朝议以山东人士好自矜夸，虽复累叶陵迟，犹恃其旧地，女

适他族，必多求聘财。太宗恶之，以为甚伤教义，乃诏士廉……等刊正姓氏，于是普责天下谱谍，仍凭据史传，考其真伪，忠贤者褒进，悖逆者贬黜，撰为《氏族志》。士廉乃类其等第以进，太宗曰："我与山东崔、卢、李、郑，旧既无嫌，为其世代衰微，全无冠盖，犹自云士大夫，婚姻之间，则多邀钱币，才识凡下，而偃仰自高，贩鬻松槚，依托富贵，我不解人间何为重之。……我平定四海，天下一家，凡在朝士，皆功效显著，或忠孝可称，或学艺通博，所以擢用，见居三品以上，欲共衰代奋门为亲，纵多输钱帛，犹被偃仰。我今特定族姓者，欲崇重今朝冠冕，……不须论数世以前，止取今日官爵高下，作等级。"……书成，凡一百卷。(《旧唐书》卷六五《高士廉传》)

初太宗尝……诏士廉俭字。与韦挺、岑文本、令狐德棻，责天下谱谍，参考史传，检正真伪，进忠贤，退悖恶，先宗室，后外戚，退新门，进旧望，右膏粱，左寒畯，合二百九十三姓，千六百五十一家，为九等，号曰《氏族志》。……高宗时，许敬宗以不叙武后世，又李义府耻其家无名，更以孔志约、杨仁卿、史玄道、吕才等十二人刊定之，裁广类例，合二百三十五姓，二千二百八十七家。帝自叙所以然，以四后姓、鄘公、介公及三公、太子三师、开府仪同三司、尚书仆射为第一姓，文武二品及知政事三品为第二姓，各以品位高下叙之，凡九等，取身及昆弟子孙，余属不入，改为《姓氏录》。(《唐书》卷九五《高俭传》)

初贞观中，太宗命……谙练门阀者，修《氏族志》，勒成百卷，升降去取，时称允当，颁下诸州，藏为永式。义府耻其家代无名，乃奏改此书，专委……孔志约，……重修。志约等遂立格云，皇朝得五品官者皆升士流，于是兵卒以军功致五品者尽入书限，更名为《姓氏录》。由是搢绅士大夫，多耻被甄叙，皆号此书为勋格。义府仍奏收天下《氏族志》本焚之。(《旧唐书》卷八二《李义府传》)

开元二年七月，……昭文馆学士柳冲，太子左庶子刘子玄，刊定《姓族系录》二百卷，上之。(《旧唐书》卷八《玄宗纪》上)

初太宗命诸儒撰《氏族志》，甄差群姓。其后门胄兴替不常，冲请改修其书，帝诏魏元忠……及冲共取德功时望国籍之家，等而次之。(《唐书》卷一九九《柳冲传》)

《天下郡望姓氏族谱》一卷，李林甫等撰，记郡望出处，凡三百九十八姓。（王应麟《玉海》卷五〇）

上元初，……乃上疏曰："……今贵戚子弟，例早求官，髫龀之年，已腰银艾，或童总之岁，已袭朱紫。……课试既浅，艺能亦薄，而门阀有素，资望自高。"（《旧唐书》卷八七《魏玄同传》）

选司考练，总是假手冒名，势家嘱请，手不把笔，即送东司，眼不识文，被举南馆。（张鹫《朝野佥载》）

（六）饮食

唐人立春日，食"春饼"生菜，号春盘，……春饼者，薄剂煿菜肉裹食也。（冯应京《月令广义》卷五）

八月十五日，……民间以"月饼"相遗，取团圆之义。（田汝成《熙朝乐事》）

唐武则天，花朝日，……采百花……蒸糕，以赐从臣。（彭大翼《山堂肆考·饮食》卷二）

玄宗起凉殿，拾遗陈知节上疏极谏，上……召对。时署毒方甚，上在凉殿，……赐"冰屑麻节饮"。（王谠《唐语林》卷四《豪爽篇》）

太官令，掌供膳之事，……凡朝会燕飨，九品已上并供其膳食。注：夏月加冷淘粉粥。（《唐六典》卷一五）

唐人食品，有汤、料、臛、炙、脍、蒸、丸、脯、羹、脔、馄、饤、馅饼、馄饨、糕、酥、包子、面、粽子等名目。其所食之肉，除六畜外，兼用鹿、熊、狸、兔、鹅、鸭、鹌子、鳜、鳖、蟹、虾、蛤蜊、蛙等类。其制造之精妙，"鸡"有葱醋、仙人脔、乳渝、剔缕三种，"鹅"有八仙盘、花折鹅糕二种，"鸭"有交加鸭脂、生进鸭花汤饼二种，"鱼"有乳酿、凤凰胎、鱼白。金粟平馄、鱼子。剪云析鱼羹、加料盐花鱼屑、吴兴连带鲊六种，"鳖"有遍地锦装、金丸玉菜脍二种，"蟹"有金银夹花平截、藏蟹含春侯二种，"炙品"有升平炙、筋头春、炙活鹌子。光明虾炙、水炼犊、龙须炙、金装韭黄艾炙、干炙满天星七种，"面"有甜雪、素蒸音声部、汤装浮萍面、婆罗门轻高面四种。其参和数种为一种者，如鹿鸡参拌，谓之"小天酥"，细治羊豕牛熊鹿，谓之"五生盘，"治鱼羊体，谓之"逡巡酱"，薄治群物，入沸油烹，谓之"过门香"。（撮录韦巨源《食谱》）

韦澳、孙宏同在翰林，宣宗赐"银饼馅"，食之甚美，皆乳酪膏腴所制。（王保定《摭言》）

皇建僧舍旁，有糕坊，主人由此，入赀为员外官，盖显德中也，……都人呼花糕员外。（陶毂《清异录》卷下）

崔侍郎安潜，崇奉释氏，鲜茹荤血，……镇西川三年，唯多蔬食，宴诸司以面及蒟蒻之类，染作颜色，用象豚肩羊臑脍炙之属，皆逼真也。（王谠《唐语林》卷七《补遗》）

唐时嗜茶，研究极精，国家恃为正课，其产量之多可知。

南人好饮茶，孙皓以茶与韦昭代酒，谢安诣陆纳，设茶果而已。北人初不识，开元中，太山灵岩寺有降魔师，教禅者以不寐，人多作茶饮，因以成俗。（李石《续博物志》卷五）

陆羽，字鸿渐，一名疾，字季疵，复州竟陵人。……上元初，更隐苕溪，自称桑苎翁。……羽嗜茶，著《经》三篇，言茶之原、之法、之具尤备，天下益知饮茶矣。时鬻茶者，至陶羽形置炀突间，祀为茶神。有常伯熊者，因羽论，复广著茶之功。御史大夫李积卿，宣尉江南，次临淮，知伯熊善煮茶，召之，伯熊执器前，季卿为再举杯。至江南，又有荐羽者，召之。羽野服挈具而入，季卿不为礼，羽

《陆羽烹茶图》

愧之，更著《毁茶论》。其后尚茶成风。时回纥入朝，始驱马市茶。（《唐书》卷一九六《陆羽传》）

竟陵僧有于水滨得婴儿者，育为弟子。稍长，自筮得蹇之渐爻，曰"鸿渐于陆，其羽可用为仪"，乃令姓陆，名羽，字鸿渐。羽有文学，多意思，耻一物不尽其妙，茶术尤著。巩县陶者多为瓷偶人，号陆鸿渐，买数十茶器，得一鸿渐。市人沽茗不利，辄灌注之。羽于江湖称竟陵子。（李肇《国史补》卷中）

茶……杂椒姜烹而饮之。（李石《续博物志》卷七）

楚人陆鸿渐为茶论，并煎炙之法，造茶具二十四事，以都统笼贮之。常伯熊者，因广鸿渐之法。伯熊饮茶过度，遂患风气。或云，北人未有茶，多黄病，后饮茶，多腰疾偏死。（李石《续博物志》卷五）

李琦性又嗜茶，能自煎，曰茶须缓火炙，活火煎。活火谓炭火之有焰者也。客至不限瓯数，竟日执茶器不倦。（王谠《唐语林》卷六《补遗》）

陆龟蒙……嗜茶，置园顾渚山下，岁取租茶，自判品第。张又新为水说七种，其二慧山泉，三虎丘井，六松江，人助其好者，虽百里为致之。（《唐书》卷一九六《陆龟蒙传》）

常鲁公使西蕃，煮茶帐中，赞普问曰："此为何物？"鲁公曰："涤烦疗渴，所谓茶也。"赞普曰："我此亦有。"遂命出之，以指曰："此寿州者，此舒州者，此顾渚者，此蕲门者，此昌明者，此潊湖者。"（李肇《国史补》卷下）

风俗贵茶，茶之名品益众。剑南有蒙顶石花，或小方，或散牙，号为第一。湖州有顾渚之紫笋，东川有神泉小团、昌明兽目，峡州有碧涧明月、芳蕊茱萸簝，福州有方山之露牙，夔州有香山，江陵有南木，湖南有衡山，岳州有潊湖之含膏，常州有义兴之紫笋，婺州有东白，睦州有鸠坑，洪州有西山之白露，寿州有霍山之黄牙，蕲州有蕲门团黄，而浮梁之商货不在焉。（李肇《国史补》卷下）

唐德宗建中元年，……税天下茶漆竹木，十取一以为常平本钱。……贞元九年复税茶，……每岁得钱四十万贯。……穆宗即位，……乃增天下茶税，率百钱增五十，……天下茶加斤至二十两。……大中初，盐铁转运使裴休，……正税茶商，多被私贩茶人侵夺其利，……著条约，

私鬻三犯皆三百斤，乃论死，长行群旅茶虽少亦死；顾载三犯至五百斤，居舍侩保四犯至千斤皆死，园户私鬻百斤以上杖脊，三犯加重徭；伐园失业者，刺史县令以纵私盐论。……其后……回纥入朝，始驱马市茶。……然则嗜茶榷茶，皆始于贞元间矣。(《通考》卷一八《征榷考》五)

酒亦名目繁多。

酒则有郢州之富水，乌程之若下，荥阳之土窟春，富平之石冻春，剑南之烧春，河东之乾和葡萄，岭南之灵溪，博罗宜城之九酝，浔阳之湓水，京城之西市腔、虾蟆陵、郎官清、阿婆清，又有三勒浆类酒。(李肇《国史补》卷下)

糖至唐初，内地始有熬制之法。

摩揭它，……本中天竺属国，……贞观二十一年，始遣使者自通于天子，献波罗树，树类白杨。太宗遣使取熬糖法，即诏扬州上诸蔗拃沈，如其制，色味愈西域远甚。(《唐书》卷二二一上《摩揭它传》)

(七) 衣饰

甲、衣服

太尉长孙无忌，以乌羊毛为"浑脱毡帽"，人多效之，谓之赵公浑脱。(《唐书》卷三四《五行志》一)

太宗宴近臣，戏赵公无忌令嘲欧阳更曰："耸膊成山字，埋肩不出头。"……询应声曰："'索头'连背暖，'袌裆'畏肚寒。"……(王谠《唐语林》卷五《补遗》)

裴谌卧于私第，刘。幽求忽来诣谌，直入卧内，戴撒耳帽子，着白襕衫，底着短绯白衫。(王谠《唐语林》卷三《凤慧篇》)

汝南王琎，宁王长子也，姿容妍美，明皇钟爱，……每随游幸，常戴一"砑绢帽"。(王谠《唐语林》卷五《补遗》)

冕性本侈靡，……自创巾子，其状新奇，市肆因而效之，呼为"仆射样"。(《旧唐书》卷一一三《裴冕传》)

中宗后，……宫人……有衣男子衣而靴，如奚契丹之服。武德间，妇人曳履及线靴。开元中，初有线鞋，侍儿则着履，奴婢服襕衫，而士女衣胡服。(《唐书》卷二四《车服志》)

唐代妇女服饰

天宝初，贵游士庶好衣胡服，为豹皮帽，妇人则簪步摇，衩衣之制度，衿袖窄小，识者窃怪之，知其戎矣。(姚汝能《安禄山事迹》卷下)

天宝年中，士人之妻，着丈夫靴衫鞭帽。(马缟《中华古今注》卷中)

唐末，士人之衣色尚黑，故有紫绿，有墨紫。迨兵起，士庶之衣俱皂。(王谠《唐语林》卷七《补遗》)

乙、屣履

妇人衣青碧，缬平头小花草履，彩帛缦成履，而禁高髻险妆，去眉开额，及吴越高头草履。(《唐书》卷二四《车服志》)

文宗时，吴越间织高头草履，织如绫縠，前代所无。(《唐书》卷三四《五行志》一)

居江湖，自称烟波钓徒，……以生草椽栋，不施斤斧，豹席"棕屏"。(《唐书》卷一九六《张志和传》)

唐制立冬进"千重袜"，其法用罗帛十余层，锦夹络之。(陶穀《清异录》卷下)

白乐天烧丹于庐山草堂，作"飞云履"，玄绫为质，四面以素绡作云朵，染以四选香，振履则如烟雾。(冯贽《云仙杂记》卷一)

丙、装饰

贵妃以假髻为首饰曰义髻。（李石《续博物志》卷一〇）

僖宗时，内人束发极急，及在成都，蜀妇人效之，时谓为"囚髻"。唐末，京都妇人梳发，以两鬓抱面，状如椎髻，时谓之"抛家髻"。（《唐书》卷三四《五行志》一）

武德贞观之代，宫人骑马者，依《周礼》旧仪，多着羃䍦，虽发自戎夷，而全身障蔽。永徽之后，皆用帷帽施裙，到颈为浅露。（刘肃《大唐新语》卷一〇）

长庆中，京城妇人首饰，有以金碧珠翠，笄栉步摇，无不具美，谓之"百不知"。妇人去眉，以丹紫三四横约于目上下，谓之"血晕妆"。（王谠《唐语林》卷六《补遗》）

唐卢氏《杂说》，文宗问宰臣，"条脱"是何物，宰臣未对，上曰："真诰言，安妃有金条脱，为臂饰，即今钏也。"（吴曾《能改斋漫录》卷二）

唐末妇人梳髻谓拨丛，以乱发为胎，垂障于目。（王谠《唐语林》卷七《补遗》）

梳抛家髻的唐陶女立像

（八）博戏

玄宗在藩邸时，乐民间清明节斗鸡戏，及即位，治鸡坊于两宫间，索长安雄鸡……千数养于鸡坊，选六军小儿五百人，使驯扰教饲。上之好之，民风尤甚，诸王世家，……倾帑破产，市鸡以偿鸡直；都中男女，以弄鸡为事，贫者弄假鸡。……贾昌以善鸡。即日为五百小儿长，……开元十三年，……从封东岳，父忠，死泰山下，得子礼奉尸归葬雍州，县官为葬器，丧车乘传洛阳道。……当时天下号昌为神鸡童，时人为之语曰："生儿不用识文字，斗鸡走马胜读书。"（陈鸿祖《东城老父传》）

鞠皮为之，……晚唐已不同矣，归氏子弟嘲皮日休云："八片尖

皮砌作毯，火中燂了水中揉。一包闲气如常在，惹踢招拳卒未休。"今柳三复能之，述曰："背装花屈膝，白打大廉斯，进前行两步，晓后立多时。"（刘攽《贡父诗话》）

气球两人对踢为白打，三人角踢为官场，球会曰员社。无终嘉父制，陈力之事，故附于兵法。（陈元龙《格致镜原》卷六〇引《事物绀珠》）

军中打球之戏，则以杖拂球，使之驰走，而用快马逐之，尚存鞠域之法。（程大昌《演繁露》卷九）

"打毬"古之蹴鞠也。《汉书·艺文志》，《蹴鞠》二十五篇，颜注云：鞠以韦为之，实之以物，蹴踏为戏。开元天宝中，上数御观"打毬"为事，能者左萦右拂，盘旋宛转，……然马或奔逸，时致伤毙。……然打毬乃军州常戏，……今乐人又有"踏毬"之戏，作彩画木毬，高一二尺，女妓登蹑，毬转而行，萦回去来，无不如意。……"拔河"古谓之牵钩，……古用篾缆，今代以大麻絙，长四五十丈，两头分系小索数百条，挂于胸前，分两朋，两向齐挽，当大絙之中，立大旗为界，震声叫噪，使相牵引，以却者为胜，就者为输，名曰拔河。中宗曾以清明日御梨园毬场，命侍臣为拔河之戏。……明皇数御楼设此戏，挽者至千余人，喧呼动地，蕃客庶士观者莫不震骇。进士河东薛胜为《拔河赋》，其词甚美，时人竞传之。（王谠《唐语林》卷五《补遗》）

明皇开元二十四年八月五日，御楼设"绳技"。技者先引长绳两端属地，埋鹿卢以系之。鹿卢内数丈立柱以起，绳之直如弦，然后技女自绳端摄足而上，往来倏忽，望若飞仙。有中路相遇，侧身而过者；有着履而行，从容俯仰者。或以书竿接胫高六尺，或踏肩踏顶至三四重，既而翻身直倒至绳。还往曾无蹉跌，皆应

绳技
　　选自《三十三剑客图》。

繩技三
繩何柰債無臺

严鼓之节，真可观也。卫士胡嘉隐作《绳技赋》献之，词甚宏畅，上览之大悦。……自兵寇覆荡，伶官分散，外方始有此技，军州宴会，时或为之。（王谠《唐语林》卷五《补遗》）

每岁秋，按鹰犬于畿甸，所至官吏必厚邀供饷，小不如意，……乃至张网罗于民家门及井，不令出入汲水，曰"惊我供奉鸟雀"。又群聚于卖酒食家，肆情饮啖，将去，留蛇一箧，诫之曰："吾以此蛇致供奉鸟雀，可善饲之，无使饥渴。"主人赂而谢之，方肯携蛇笵而去。（《旧唐书》卷一七〇《裴度传》）

天宝宫中至寒食节，竞竖鞦韆，令宫嫔辈戏笑，以为宴乐，帝呼为"半仙之戏"。（王仁裕《开元天宝遗事》）

宫中每到端午节，造粉团角黍，贮于金盘中，以小角造弓子，纤妙可爱，架箭射盘中粉团，中者得食，盖粉团滑腻而难射也。都中盛于此戏。（王仁裕《开元天宝遗事》）

武后自置九胜局，……令文武官分朋为此戏。（潘自牧《记纂渊海》卷八八）

武三思入宫中，升御床，与后双陆，帝为点筹。（《旧唐书》卷五一《中宗韦庶人传》）

今有弈局，共取一道，人行五棋，谓之蹙融。"融"宜作"戎"，……意在军戎也。（王谠《唐语林》卷八《补遗》）

今之博戏，"长行"最盛。其具有局有子，黑黄各十有五，掷采之头有二，其法生于握槊，变于双陆，……后人新意，长行出焉。又有小双陆、围透、大点、小点、游谈、凤翼之名，然无如长行。鉴险易者喻时事焉，适变通者方易象焉，王公大臣，颇或耽玩，至于废庆吊、忘寝食。……于是强名争胜，谓之撩零；假借分画，谓之囊家；囊家什一而取，谓之子头。……中世工者，有浑镐、崔师本。……贞元中，董叔儒进博局并经一卷，颇有新意，不行于世。（王谠《唐语林》卷八《补遗》）

双陆……最近古，号为雅戏，始于西竺，流于曹魏，盛于梁陈魏齐隋唐间。（洪迈《双陆序》）

世之纠率樗蒲者，谓之公子家，又谓之囊家，亦谓之录事。（彭大翼《山堂肆考·技艺》卷二五）

聂隐娘像

聂隐娘九 精、空、宜淬镜终

(九) 刺客

淮蔡用兵，……王承宗上疏请赦吴元济，使人白事中书，悖慢不恭，元衡叱去。……未几元衡入朝，出靖安里第，夜漏未尽，贼乘暗呼曰灭烛，射元衡中肩，复击其左股，徒御格斗不胜，皆骇走，遂害元衡，批颅骨持去。(《唐书》卷一五二《武元衡传》)

度出通化里，盗三以剑击度，初断靴带，次中背，才绝单衣，后微伤其首，度堕焉。会度带毡帽，故疮不至深。贼又挥刃追度，度从人王义乃持贼，连呼甚急，贼反刃断义手乃得去。度已堕沟中，贼谓度已死，乃舍去。(《旧唐书》卷一七○《裴度传》)

林甫晚年，……自以结怨于人，常忧刺客窃发，难射重扃复壁，络板甃石，一夕屡徙，虽家人不知之。(《旧唐书》卷一○六《李林甫传》)

唐代剑侠刺客，……车中女子，僧侠，京西店老人，兰陵老人，卢生，聂隐娘，荆十三娘，红线，田膨郎，昆仑奴，贾人妻，虬须叟。(段成式《剑侠传》)

十二 制造

(一) 瓷铜器

碗，越州上，鼎州次，婺州次，岳州次，寿州、洪州次，或者以邢州处越州上，殊为不然。若邢瓷类银，越瓷类玉，邢不如越一也；若邢瓷类雪，则越瓷类冰，邢不如越二也；邢瓷白而茶色丹，越瓷青而茶色绿，邢不如越三也。晋杜毓《荈赋》，所谓"器泽陶拣，出自东瓯"，瓯越也。瓯越州上口唇不卷，底卷而浅，受半斤已下，越州

瓷、岳瓷皆青，青则益茶，茶作白红之色。邢州瓷白，茶色红；寿州瓷黄，茶色紫；洪州瓷褐，茶色黑，悉不宜茶。（陆羽《茶经》卷中）

元载，凡饮食冷物用硫黄碗，热物用泛水瓷器，有三千事。（陈元龙《格致镜原》卷五一《引枢要录》）

初太和末，风俗稍奢，……左卫副使张元昌，便用金唾壶。（《旧唐书》卷一七三《郑覃附郑朗传》）

龙朔中，俗中饮酒令曰："子母去离，连台拗倒。"俗谓杯盘为子母，又名盘为台。（《旧唐书》卷三七《五行志》）

风炉，以铜铁铸之，如古鼎形，……凡三足。（陆羽《茶经》卷中）

竹夹，或以桃柳蒲葵木为之，或以柿心木为之，长一尺，银裹两头。（陆羽《茶经》卷中）

句容器非古物，盖自唐天宝间至南唐后主时，于升州句容县，置官场以铸之。（唐顺之《稗编》卷八六）

为宝炉，镂怪兽神禽，间以璣贝珊瑚，不可涯计。（《唐书》卷八三《安乐公主传》）

(二) 文具

常评砚以青州石末为第一，言墨易冷，绛州黑砚次之。（《旧唐书》卷一六五《柳公绰附柳公权传》）

纸则有越之剡藤苔笺，蜀之麻面屑末滑石金花长麻鱼子十色笺，扬之六合笺，韶之竹笺，蒲之白薄重抄，临川之滑薄。又宋亳间有织成界道绢素，谓之乌丝栏、朱丝栏，又有茧纸。（李肇《国史补》卷下）

松花笺，代以为薛涛笺，误也。松花笺其来旧矣。元和初，薛涛尚斯色，而好制小诗，惜其幅大，不欲长，乃命匠人狭小之，蜀中才子，既以为便，后减诸笺亦如是，特名曰"薛涛笺，"（李匡乂《资暇集》卷下）

元和中，元稹使蜀，营妓薛涛造十色彩笺以寄，元稹于松花纸上寄诗赠涛。蜀中松花纸，杂色流沙纸，彩霞金粉龙凤纸。近年皆废，

唐二十八宿铜镜

薛涛像

唯余十色绫纹纸尚在。（李石《续博物志》卷一〇）

开元二年，赐宰相张文蔚、杨涉、薛贻"宝相枝"各二十，"龙鳞月砚"各一。宝相枝，斑竹笔管也，花点匀密，纹如兔毫。（陶毂《清异录》卷下）

唐世举子将入场，嗜利者争卖健豪圆锋笔，其价十倍，号"定名笔"。笔工每卖一枝，则录姓名，俟其荣捷，则诣门求阿堵，俗呼谢笔。（陶毂《清异录》卷下）

歙本不出笔，盖出于宣州，自唐惟诸葛一姓，世传其业，……诸葛氏以三副力守家法不易。（叶梦得《避暑录话》卷上）

（三）武器

拜河中节度使，……置备征军凡千人，襞纸为铠，劲矢不能洞。（《唐书》卷一一三《徐商传》）

善用大刀，长一丈，施两刃，名为陌刀。（《旧唐书》卷五六《阚棱传》）

吐蕃寇边，翰拒之于苦拔海，……翰持半段枪，当其锋击之。（《旧唐书》卷一〇四《哥舒翰传》）

命护军将军田茂广，造云旝三百具，以机发石，为攻城械，号将军炮。（《唐书》卷八四《李密传》）

贼造云桥成，阔数十丈，以巨轮为脚，推之使前，施湿毡生牛革，多悬水囊以为障，……矢石不能伤。（《旧唐书》卷一三四《浑瑊传》）

（四）舟车

唐承隋后，巧技益进，李皋轮船其尤著者也。

李皋，……曹王明玄孙，……常运心巧思为战舰，挟二轮蹈之，翔风鼓疾，若挂帆席，所造省易而久固。（《旧唐书》卷一三一《李皋传》）

江南风俗，春中有竞渡之戏，方舟并进，以急趋疾进者为胜。亚乃令以漆涂舡底，贵其速进；又为绮罗之服，涂之以油，令舟子衣

莫高窟壁画之盛唐海船

之，入水而不濡。（《旧唐书》卷一四六《杜亚传》）

唐天祐中，……成汭造巨舰一艘，三年而成，……舰上列厅事泊司局，有若衙府之制，又有"齐山"、"截海"之名。（孙光宪《北梦琐言》卷五）

召拜左散骑常侍，复为侍读，以其年老，每随仗出入，特许缓行。又为造"腰舆"，令内给使舁于内殿。（《旧唐书》卷一〇二《褚无量传》）

贞观四年，复为少师，以足疾赐"步舆"，听乘至阁。（《唐书》卷九九《李纲传》）

申王每醉，即使宫妓将锦彩结一兜子，令宫妓辈舁异归寝室，本宫呼曰"醉舆"。（王仁裕《开元天宝遗事》）

（五）纺织

中宗女安乐公主，有尚方织成毛裙，合百鸟毛，正看为一色，旁看为一色，日中为一色，影中为一色，百鸟之状，并见裙中。（《旧唐书》卷三七《五行志》）

又令尚方取百兽毛为鞯面，视之各见本兽形。（《旧唐书》卷三七《五行志》）

安乐初出降武延秀，蜀川献单丝碧罗笼裙，缕金为花鸟，细如丝

发，鸟子大如黍米，眼鼻嘴甲俱成，明目者方见之。(《旧唐书》卷三七《五行志》)

玄宗柳婕妤……妹适赵氏，性巧慧，因使工镂板为杂花像之而为"夹缬"。因婕妤生日，献王皇后一匹，上见而赏之，因敕宫中，依样制之。当时甚秘，后渐出，遍于天下，乃为至贱所服。(王谠《唐语林》卷四《贤媛篇》)

按此为纺织物印花之所自始。

大历六年四月，……诏"纂组文绣，正害女红，今师旅未息，黎元空虚，岂可使淫巧之风，有亏常制。其绫锦花文所织，盘龙、对凤、麒麟、狮子、天马、辟邪、孔雀、仙鹤、芝草、万字、双胜、透背及大䌷绵，竭凿六破已上，并宜禁断。其长行高丽白锦，大小花绫锦，任依旧例织造"。(《旧唐书》卷一一《代宗纪》)

亳州出轻纱，举之若无，裁以为衣，真若烟雾。一州惟两家能织，相与世世为婚姻，惧他人家得其法也。云自唐以来名家，今三百余年矣。(陆游《老学庵笔记》卷六)

宣州以兔毛为褐，亚于锦绮，复有染丝织者尤妙，故时人以为兔褐，真不如假也。(李肇《国史补》卷下)

初越人不工机杼，薛兼训为江东节制，乃募军中未有室者，厚给货币，密令北地娶织妇以归，岁得数百人。由是越俗大化，竞添花样，绫纱妙称江左矣。(李肇《国史补》卷下)

十三　宗教

唐因海上交通发达，外教输入极盛，回教、三夷教之流行中土，尤为东西文化思想接触之媒介。

(一) 佛教

武德七年，上疏极诋浮图法曰："西域之法，无君臣父子，以三途六道，吓愚欺庸，追既往之罪，窥将来之福，至有身陷恶逆，狱中

礼佛，口诵梵言，以图偷免。"（《唐书》卷一〇七《傅奕传》）

武德九年五月，以京师寺观不甚清净，诏曰："……乃有猥贱之侣，规自尊高，浮惰之人，苟避徭役，妄为剃度，托号出家。……正本澄源，宜从沙汰。诸僧尼道士女冠等，有精勤练行守戒律者，并令大寺观居住，给衣食，勿令乏短。其不能精进戒行者，有阙不堪供养者，并令罢遣，各还桑梓。……京城留寺三所，观二所，其余天下诸州，各留一所，余悉罢之。事竟不行。"（《旧唐书》卷一《高祖纪》）

据此知唐初佛教尚不甚盛。

武德九年六月，……秦王世民杀皇太子建成、齐王元吉，大赦，复浮屠、老子法。（《唐书》卷一《高祖纪》）

僧玄奘，姓陈氏，洛州偃师人，大业末出家。博涉经论，尝谓翻译者多有讹谬，故就西域广求异本以参验之。贞观初，随商人往游西域，玄奘既辩博出群，所在必为讲释论难，蕃人远近咸尊伏之。在西域十七年，经百余国，悉解其国之语，仍采其山川谣俗，土地所有，撰《西域记》十二卷。贞观十九年，归至京师，太宗见之大悦，与之谈论，于是诏将梵本六百五十七部，于弘福寺翻译，仍敕……房玄龄、……许敬宗，广召硕学沙门五十余人，相助整比。……显庆元年，高宗又令……于志宁、……许敬宗、……来济、李义府、杜正伦、……薛元超等，共润色玄奘所定之经，……范义硕、……郭瑜、……高若思等，助加翻译，凡成七十五部，奏上之。（《旧唐书》卷一九一《僧玄奘传》）

自太宗提倡，佛教大兴，后虽经摧残，而民间信仰已坚，不能绝也。

先是中宗时，公主外戚，皆奏请度人为僧尼，亦有出私财造寺

大雁塔

卷三　隋唐五代

者，富户强丁，皆经营避役，远近充满。至是崇奏曰："佛不在外，求之于心，……何用妄度奸人，令坏正法。"上纳其言，令有司隐括僧徒，以伪滥还俗者万二千余人。(《旧唐书》卷九六《姚崇传》)

会昌五年四月，……检括天下寺及僧尼人数，大凡寺四千六百，兰若四万，僧尼二十六万五百。(《旧唐书》卷一八上《武宗纪》)

武宗即位，废浮屠法，天下毁寺四千六百，招提兰若四万，籍僧尼为民二十六万五千人，奴婢十五万人，田数千万顷，……上都、东都，每街留寺二，每寺僧三十人，诸道留僧以三等，不过二十人。(《唐书》卷五二《食货志》二)

唐时佛家宗派简表

宗名	取义	起始 印度	起始 中国	分派
律	宗律藏中之四方律	昙无德	魏时，印度僧昙柯迦罗。	相部法励 南山道宣 东塔怀素
禅	宗禅那	摩诃迦叶	梁时，印度僧达摩。	南宗 {南岳{临济{黄龙 杨岐} 沩仰} 青原黄檗{云门 曹洞 法眼}}
法相	明诸法之体相	戒贤律师	唐时玄奘	
三论	以中论、百论、十二门论为宗。	印度以文殊为高祖，马鸣为次祖，龙树为三祖。	东晋时，鸠摩罗什。	北地三论 南地三论
真言	宗秘密之真言	大日如来为教主	唐时，金刚智为始祖。	
净土	以得净土为主	马鸣、龙树、世亲之诸德为祖。	惠远、善道二流为祖。	惠远流 善道流
天台	因开祖智顗栖于天台山		僧智顗为始祖。	山家 山外
华严	宗华严经		隋时，法顺为始祖。	

(二) 道教

武德七年十月，……幸终南山，谒老子庙。……八年四月，造太和宫于终南山。(《旧唐书》卷一《高祖纪》)

乾封元年二月，……如亳州，祠老子，追号太上玄元皇帝。

(《唐书》卷三《高宗纪》)

乾封元年二月，……次亳州，幸老君庙，追号曰太上玄元皇帝，创造祠堂。其庙置令丞各一员，改谷阳县为真源县。……上元元年十二月，……天后上意见十二条，请王公百僚皆习老子，每岁明年，一准《孝经》、《论语》例，试于有司。(《旧唐书》卷五《高宗纪》下)

唐乾封元年，追号老君为太上玄元皇帝。文明元年九月，册老君妻为先天太后，立尊像于老君庙所。开元二年三月，亲祠玄元皇帝庙，追尊玄元皇帝父。……二十九年，两京及诸州，各置庙一所，并置崇玄馆。天宝元年，亲祠玄元庙，又于《古今人表》，升玄元皇帝为上圣。注：时同制庄子号南华真人，文子号通玄真人，列子号冲虚真人，庚桑子号洞灵真人。又以其所著之书并为经。其年九月，改两京玄元庙为太上玄元皇帝宫。二载，西京改为太清宫，东京改为太微宫，天下诸郡为紫极宫，祝版改为青词于纸上。(《通志》卷四三《礼略》二)

开元二十九年，始置崇玄学，习老子、庄子、文子、列子，亦曰道举。(《唐书》卷四四《选举志》上)

开元二十一年正月，制令士庶家藏《老子》一本，每年贡举人，量减《尚书》、《论语》两条策，加《老子》策。(《旧唐书》卷八《玄宗纪》上)

终南山说经台

传说老子讲授《道德经》的地方。

卷三 隋唐五代

天宝十四载十月，……颁《御注老子》并《义疏》于天下。（《旧唐书》卷九《玄宗纪》下）

玄宗极力提倡，为道教极盛时代，后武宗尤崇信之。

帝在藩时，颇好道术修摄之事。是秋，召道士赵归真等八十一人入禁中，于三殿修金箓道场，帝幸三殿，于九天坛亲受法箓。……会昌元年六月，……以衡山道士刘玄靖为银青光禄大夫，充崇玄馆学士，赐号广成先生，令与道士赵归真，于禁中修法箓。……四年三月，……以道士赵归真为左右街道门教授先生。时帝志学神仙，师归真，归真乘宠，每对，排毁释氏，言非中国之教，蠹耗生灵，尽宜除去，帝颇信之。……五年正月，……归真……遂举罗浮道士邓元起，有长年之术，帝遣中使迎之，由是与衡山道士刘玄靖及归真胶固，排毁释氏，而拆寺之请行焉。（《旧唐书》卷一八上《武宗纪》）

凡天下观，总一千六百八十七所，每观观主一人，上座一人，监斋一人，共纲统众事。而道士修行有三号，其一曰法师，其二曰威仪师，其三曰律师，其德高思精谓之炼师。而斋有七名，其一曰金箓大斋，其二曰黄箓斋，其三曰明真斋，其四曰三元斋，其五曰八节斋，其六曰涂炭斋，其七曰自然斋。而禳谢复三事，其一曰章，其二曰醮，其三曰理沙，大抵以虚寂自然无为为宗。（《唐六典》卷四）

道教之兴盛，实由进献丹药，一时风尚所趋，中唐以后，上自君相，下至人民，多信丹饵。韩愈作李于墓志，痛切言金丹之害。此足征隋唐以后道教在社会上之力量。

贞观二十二年五月，……使方士那罗迩娑婆，于金飙门造延年之药。（《旧唐书》卷三《太宗纪》下）

薨于京师。……太宗又命驾将临之，司空房玄龄以上饵药石，不宜临丧，抗表切谏。（《旧唐书》卷六五《高士廉传》）

元和五年八月，……李藩对曰："……文皇帝服胡僧长生药，遂致暴疾不救。"（《旧唐书》卷一四《宪宗纪》上）

宪宗季年，锐于服饵，诏天下搜访奇士。宰相皇甫镈，与金吾将军李道古，挟邪固宠，荐山人柳泌及僧大通，凤翔人田佐元，皆待诏翰林。宪宗服泌药，日增躁渴，流闻于外，潾上疏谏。（《旧唐书》卷

一七一《裴潾传》)

> 宝历元年八月，……遣中使往湖南江南等道，及天台山采药。时有道士刘从政者，说以长生久视之道，请于天下求访异人，冀获灵药。仍以从政为光禄少卿，号升玄先生。……二年五月，……山人杜景先，于光顺门进状，称有道术，令中使押杜景先往淮南及江南、湖南、岭南诸州，求访异人。……八月，……令供奉道士二十人，随浙西处士周息元，入内宫之山亭院，上问以道术。(《旧唐书》卷一七上《敬宗纪》)

> 帝稍惑方士说，欲饵药长年。后浸不豫，才人每谓亲近曰："陛下日燎丹，言我取不死，肤泽消槁，吾独忧之。"(《唐书》卷七七《武宗王贤妃传》)

> 宣宗饵长年药，病渴且中躁。(《唐书》卷一一四《崔慎由传》)

> 太医李玄伯，……又治丹剂以进，帝饵之，疽生于背。(《唐书》卷一八三《毕诚传》)

> 伏威好神仙长年术，饵云母，被毒……暴卒。(《唐书》卷九二《杜伏威传》)

(三) 三夷教

景教、祆教、摩尼教，均由西域传入，故当时谓之为三夷教。

甲、景教

景教为东罗马教徒乃司脱利安所创设，实耶稣教之别派，唐初与波斯交通，遂流入中国。贞观九年，西历 635 年。首抵中国之教徒阿罗本，太宗且为之建寺焉。

> 贞观十二年七月，诏曰："道无常名，圣无常体，随方设教，密济群生。波斯僧阿罗本，远将经教，来献上京，详其教旨，玄妙无为，生成立要，济物利人，宜行天下。"所司即于义宁坊建寺一所，度僧廿一人。(王溥《唐会要》卷四九)

至玄宗时，又更名为大秦寺。

> 天宝四载九月，诏曰："波斯经教，出自大秦，传习而来，久行中国。爰初建寺，因以为名，将欲示人，必修其本。其两京波斯寺，宜改为大秦寺，天下诸府郡置者亦准此。"(王溥《唐会要》卷四九)

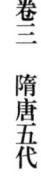

其教大兴于中国，而有《景教流行碑》之建立，明时出土。今即此碑所纪，可知唐代景教流行之盛。迨至武宗崇道教，景寺始与佛寺并废。

《景教流行中国碑颂并序》：大秦寺僧景净述，朝议郎前行台州司士参军吕秀岩书，粤若常然真寂，先先而无元；窅然灵虚，后后而妙有。总玄枢而造化，妙众圣以元尊者，其唯我三一妙身无元真主阿罗诃译叙利文，华言上帝。欤？判十字以定四方，鼓玄风而生二气，暗空易而天地开，日月运而昼夜作，匠成万物。然立初人，别赐良和，令镇化海，浑元之性，虚而不盈；素荡之心，本无希嗜。洎乎娑殚译音，圣经上恶魔也。施妄，钿饰纯精，间平大于此是之中，隟冥同于彼非之内。是以三百六十五种，肩随结辙，竞织法罗，或指物以托宗，或空有以沦二，或祷祀以邀福，或伐善以矫人，智虑营营，恩情役役，茫然无得，煎迫转烧，积昧亡途，久迷休复。于是我三一分身，景尊弥施诃戢隐真威同人出代，神天宣庆，室女诞圣于大秦，景宿告祥，波斯观耀以来贡，圆廿四圣有说之旧法，理家国于大猷，设三一净风无言之新教，陶良用于正信，制八境之度，炼尘成真，启三常之门，开生灭死，悬景日以破暗府，魔妄于是乎悉摧，棹慈航以登明宫，含灵于是乎既济，能事斯毕，亭午升真，经留廿七部，张玄化以发灵关，法浴水风，涤浮华而洁虚白，印持十字，融四照以合无拘。击木震仁惠之音，东礼趣生荣之路，存须所以有外行，削顶所以无内情。不畜臧获，均贵贱于人；不聚货财，示罄遗于我。斋以伏识而成，戒以静慎为固。七时礼赞，大庇存亡；七日一荐，洗心反素。真常之道，妙而难名，功用昭彰，强称景教。惟道非圣不弘，圣非道不大，道圣符契，天下文明。太宗文皇帝，光华启运，明圣临人。大秦国有上德曰阿罗本，占青云而载真经，望风律以驰艰险，贞观九祀，至于长安。帝使宰臣房公玄龄，总仗西郊，宾迎入内，翻经书殿，问道禁闱，深知正真，特令传授。贞观十有二年秋七月，诏曰：

大秦景教流行中国碑

"道无常名，圣无常体，随方设教，密济群生。大秦国大德阿罗本，远将经像，来献上京，详其教旨，玄妙无为。观其玄宗，生成立要，词无繁说，理有忘筌，济物利人，宜行天下。所司即于京义宁坊，造大秦寺一所，度僧廿一人。宗周德丧，青驾西升；巨唐道光，景风东扇。旋令有司将帝写真，转模寺壁，天姿泛彩，英朗景门，圣迹腾祥，永辉法界。"

按：西域图记，及汉魏史策，大秦国南统珊瑚之海，北极众宝之山，西望仙境花林，东接长风弱水。其土出火浣布、返魂香、明月珠、夜光璧，俗无寇盗，人有乐康，法非景不行，主非德不立，土宇广阔，文物昌明，高宗大帝，克恭缵祖，润色真宗，而于诸州各置景寺，仍崇阿罗本为镇国大法主，法流十道，国富元休，寺满百城，家殷景福。圣历年，释子用壮，腾口于东周，先天末，下士大笑，讪谤于西镐，有若僧首罗含大德，及烈并金方贵绪，物外高僧，共振玄纲，俱维绝纽。玄宗至道皇帝，令宁国等五王，观临福宇，建立坛场，法栋暂挠而更崇，道石时倾而复正。天宝初，令大将军高力士，录五圣写真，寺内安置，赐绢百匹，奉庆睿图，龙髯虽远，弓剑可攀，日角舒光，天颜咫尺。三载，大秦国有僧佶和，瞻星向化，望日朝尊。诏僧罗含、僧普论等一七人，与大德佶和，于兴庆宫修功德。于是天题寺榜，额戴龙书，宝装璀翠，灼烁丹霞，睿札宏空，腾凌激日，宠赍比南山峻极，沛泽与东海齐深。道无不可，所可可名；圣无不作，所作可述。肃宗文明皇帝，于灵武等五郡，重立景寺，元善资而福祚开，大庆临而皇业建。代宗文武皇帝，恢张圣运，从事无为，每于降诞之辰，锡天香以告成功，颁御馔以光景众，且干以美利，故能广生，圣以体玄，故能亭毒。我建中圣神文武皇帝，披八政以黜陟幽明，阐九畴以惟新景命，化通玄理，祝无愧心。至于方大而虚，专静而恕，广慈救众苦，善贷被群生者，我修行之大猷，汲引之阶渐也。若使风雨时，天下静，人能理，物能清，存能昌，殁能乐，念生响应，情发自诚者，我景力能事之功用也。大施主金紫光禄大夫同朔方节度副使试殿中监赐紫袈裟僧伊斯，和而好惠，闻道勤行，远自王舍之城，聿来中夏，术高三代，艺博十全，始效节于丹庭，乃策名于王帐。中书令汾阳郡王郭公子仪，初总戎于朔方也，肃宗俾之从迈，

虽见亲于卧内，不自异于行间，为公爪牙，作军耳目，能散禄赐，不积于家。献临恩之颇黎，布辞憩之金罽。或仍其旧寺，或重广法堂。崇饰廊宇，如翚斯飞，更效景门，依仁施利。每岁集四寺僧徒，虔事精供，备诸五旬，饿者来而饭之，寒者来而衣之，病者疗而起之，死者葬而安之，清节达娑，梵文译音，佛之役人之义也。未闻斯美，白衣景士，今见其人。愿刻洪碑，以扬休烈。词曰：

真主无玄，湛寂常然。权舆匠化，起地立天，分身出代，救度无边，日升暗灭，咸证真玄，赫赫文皇，道冠前王，乘时拨乱，乾廓坤张，明明景教，言归我唐，翻经建寺，存殁舟航，百福偕作，万邦之康，高宗纂祖，更筑精宇，和宫敞朗，遍满中土，真道宣明，式封法主，人有乐康，物无灾苦，玄宗启圣，克修真正，御牓杨辉，天书蔚映，皇图璀璨，率土高敬，庶绩咸熙，人赖其庆，肃宗来复，天威引驾，圣日舒晶，祥风扫夜，祚归皇室，妖氛永谢，止沸定尘，造我区夏，代宗孝义，德合天地，开贷生成，物资美利，香以报功，仁以作施，旸谷来威，月窟毕萃，建中统极，聿修明德，武肃四溟，文清万域，烛临人隐，镜观物色，六合昭苏，百蛮取则，道惟广兮应惟密，强名言兮演三一，主能作兮臣能述，建丰碑兮颂元吉。大唐建中二年，岁在作噩，太蔟月七日，大耀森文日建立，时法主僧宁恕知东方之景众也。（王昶《金石萃编》卷一〇二）

乙、祆教

祆教当中国成周时，伊朗西境地方，有苏鲁阿士德者，实创兴之。其教以火代表善神而崇拜之，故称之为拜火教也。日为光明之原，故亦拜之；其余月、星辰诸天体，亦在崇拜之列。中国人以为拜火，是以又名之为火祆教。在波斯萨珊朝，定为国教，遂大行于西域。

波斯国，……俗事火神天神，……神龟魏孝明帝。中，其国遣使上书贡物云，……国王居和多千万敬拜。（《魏书》卷一〇二《波斯国传》）

俗事天地日月水火诸神，西域诸胡，事火祆者，皆诣波斯受法焉。（《旧唐书》卷一九八《波斯传》）

波斯……祠天地日月水火。祠夕，以麝揉苏泽柈颜鼻耳，西域诸胡受其法以祠祆。（《唐书》卷二二一下《波斯传》）

康国者，康居之后也，……都于萨宝水上阿禄迪城，……西域诸

国多归之。……有胡律，置于祆祠，将决罚则取而断之。……太延中，始遣使贡方物。(《魏书》卷一〇二《康国传》)

康国，在米国西南三百余里，一名萨末建，土沃人富国小。有神祠名祆，诸国事者，本出于此。(《通典》卷一九三《边防》"九康居"注)

高昌，……俗事天神。(《魏书》卷一〇一《高昌传》)

焉耆国，……俗事天神。(《魏书》卷一〇二《焉耆国传》)

疏勒国，……俗事祆神。(《旧唐书》卷一九八《疏勒国传》)

于阗国，……好事祆神。(《旧唐书》卷一九八《于阗国传》)

南北朝时，其教传至葱岭以东，魏与西域交通，乃流入中国，灵太后亦奉之。

……后幸嵩高山，……从者数百人，升于顶中，废诸淫祀，而胡天神不在其列。太后与肃宗幸华林园，宴群臣于都亭曲水，令王公已下，各赋七言诗，太后诗曰"化光造物含气贞"，帝诗曰"恭己无为赖慈英"。(《魏书》卷一三《宣武灵皇后传》)

大统四年，正月辛酉，拜天于清晖室，终帝世遂为常。(《北史》卷五西《魏文帝纪》)

北齐后周，欲招徕西域，亦奉其教。

后齐……后主末年，祭非其鬼，至于躬自鼓舞，以事胡天，邺中遂多淫祀，兹风至今不绝。(《隋书》卷七《礼仪志》二)

后周欲招徕西域，又有拜胡天制，皇帝亲焉。其仪并从夷俗，淫僻不可纪也。(《隋书》卷七《礼仪志》二)

至于唐代，传布益广。武德时，敕立祆寺于长安，置萨宝府以掌其祭，有祆正祓祝等官，皆以胡人充之。

视流内，视正五品，萨宝，视从七品，萨宝府祆正，注：祆呼朝反，祆者，西域国天神，佛经所谓摩醯首罗也，武德四年，置祆祠及官，常

火祆教寺院遗址出土的泥塑三眼神像

有群胡奉事，取火咒诅。(《通典》卷四〇《职官》二二)

视流外，勋品，萨宝府祓祝；四品，萨宝率府；五品，萨宝府史。(《通典》卷四〇《职官》二二)

其后平定西域，祠部岁再祀碛西州火祆，而唐民之自祈祭者则有禁。

祠部，……两京及碛西诸州火祆，岁再祀，而禁民祈祭。(《唐书》卷四六《百官志》一)

丙、摩尼教

摩尼教在东汉末时，波斯僧摩尼创兴之。其教乃集合佛教、祆教及基督教而成。摩尼遭祆教僧正之嫉，竟被诛死，西历277年，晋武帝咸宁三年。信徒四散，传播益盛。在唐初之际，已传入于中国。

武后延载元年，西历694年。波斯国人拂多诞，注：西海大秦国人。持二宗经伪教来朝。(释志磐《佛祖统纪》卷三九)

玄宗时，已加禁断，惟胡人自行其法者不罪。

开元二十年七月，敕末摩尼法，本是邪见，妄称佛教，诳惑黎元，宜严加禁断。以其西胡等既是乡法，当身自行，不须科罪者。(《通典》卷四〇《职官》二二注)

回纥人，素奉其教，自肃宗借兵回纥，其教徒多入居内地。

元和十二年，西历817年。回鹘又遣摩尼僧寺等八人至。(王钦若《册府元龟》卷九七九)

元和八年，西历813年。十二月二日，宴归国回鹘摩尼八人，令至中书见宰臣。先是回鹘请和亲，宪宗使有司计之，礼费约五百万贯。方内有诛讨，未任其亲，以摩尼为回鹘信奉，故使宰臣言其不可。(《旧唐书》卷一九五《回纥传》)

长庆元年，西历821年。五月，回鹘宰相、都督、公主、摩尼等五百七十三人，入朝迎公主，于鸿胪寺安置。(《旧唐书》卷一九五《回纥传》)

中国摩尼教徒墓碑拓片

  元和初，再朝献。始以摩尼至，其法日宴食，饮水茹荤，屏湩酪，可汗常与共国者也。摩尼至京师，岁往来西市，商贾颇与囊橐为奸。（《唐书》卷二一七上《回鹘传》）

在代宗时，并许于各州建寺。

  大历三年，西历768年。敕回纥奉末尼者，建大云光明寺。（释志磐《佛祖统纪》卷四一）

  大历六年，回纥请于荆扬洪越等州，置大云光明寺，其徒白衣白冠。（释志磐《佛祖统纪》卷四一）

  宪宗元和二年，正月庚子，回鹘使者请于河南府、太原府置摩尼寺三所，许之。（王钦若《册府元龟》卷九九九）

  回鹘常与摩尼议政，故京师为之立寺。其法日晚乃食，饮水而茹荤，不饮乳酪。（李肇《国史补》卷下）

武宗排佛，大秦寺、摩尼寺，并皆废罢。其教至宋不衰，然已由公开而成为秘密，食菜事魔，殆即其变相也。

  会昌三年二月，……制曰："……回纥既以破灭，……应在京外宅，及东都修功德回纥，并勒冠带。各配诸道收管，其回纥及摩尼寺庄宅钱物等，并委功德使，以御史台及京兆府各差官点检收抽，不得容诸色人影占。如犯者，并处极法，钱物纳官，摩尼寺僧，委中书门下条疏闻奏。（《旧唐书》卷一八上《武宗纪》）

  会昌三年，诏回鹘营功德使在二京者，悉冠带之，有司收摩尼书若像烧于道，产赀入之官。（《唐书》卷二一七下《回鹘传》下）

（四）回教

当隋之时，穆罕默德创立新教于阿拉伯半岛之麦加地，阿剌伯人皆信奉之，大食国之版图，因此而极扩张。唐武德中，其徒撒哈八等自大食由海道入中国传教，建寺于杭州、广州，是为中国有回教寺之始。后因回纥人尊奉之，故有回教之名。

  隋开皇中，其国撒哈八，阿拉伯语，大宗师也。撒阿的干葛思，始传其教入中国。迄元世，其人遍于四方。（《明史》卷三三二《默德那传》）

摩诃末,有门徒大贤四人,唐武德中来朝,遂传教中国。(何乔远《闽书》卷七《方域志》)

十四　学术思想

(一) 文学
甲、文

唐有天下三百年,文章无虑三变。高祖、太宗大难始夷,溯江左余风,缔句绘章,揣合低卬,故王杨为之伯。玄宗好经术,群臣稍厌雕琢,索理致,崇雅黜浮,气益雄浑,则燕许擅其宗。是时唐兴已百年,诸儒争自名家。大历贞元间,美才辈出,擩哜道真,涵泳圣涯,于是韩愈倡之,柳宗元、李翱、皇甫湜等和之,排逐百家,法度森严,抵轹晋魏,上轧汉周,唐之文,完然为一王法,此其极也。(《唐书》卷二〇一《文艺传序》)

唐初以骈文擅长者,略举如下。

王勃与杨炯、卢照邻、骆宾王,皆以文章齐名,天下称王杨卢骆四杰。(《唐书》卷二〇一《王勃传》)

王勃,字子安,绛州龙门人。……六岁解属文,构思无滞,词情英迈,与兄勔勮,才藻相类,父友杜易简常称之曰:"此王氏三珠树也。"……勃文章迈捷,下笔则成,……有文集三十卷。(《旧唐书》卷一九〇上《王勃传》)

杨炯,字盈川。华阴人。……幼聪敏,博学善属文。……文集三十卷。(《旧唐书》卷一九〇上《杨炯传》)

卢照邻,字升之,幽州范阳人。……博学善属文。……后拜新都尉,因染风疾去官。……照邻既沉痼挛废,不堪其苦,……自投颍水而死。……文集二十卷。(《旧唐书》卷一九〇上《卢照邻传》)

骆宾王,婺州义乌人。少善属文,……文明中,与徐敬业于扬州作乱,敬业军中书檄,皆宾王之词也。……则天素重其文,遣使求

之，有兖州人郄云卿，集成十卷，盛传于世。
(《旧唐书》卷一九〇上《骆宾王传》)

敬业自称匡复府上将，领扬州大都督，……宾王为记室，……移檄州县。……太后见檄问曰："谁所为？"或对曰："骆宾王。"太后曰："宰相之过也。人有如此才，而使之流落不偶乎？"(《资治通鉴》卷二〇三《唐纪》一九)

其后崔融、李峤、张说，俱重四杰之文。崔融曰："王勃文章，宏逸有绝尘之迹，固非常流所及；炯与照邻，可以企之。"……说曰："杨盈川文思如悬河注水，酌之不竭。"……开元中，说为集贤大学士十余年，常与学士徐坚论近代文士，悲其凋丧，坚曰："李赵公、崔文公之笔术，擅价一时，其间孰优？"说曰："李峤、崔融、薛稷、宋之问之文，如良金美玉，无施不可。富嘉谟之文，如孤峰绝岸，壁立万仞，浓云郁兴，震雷俱发，诚可畏也，若施于廊庙则骇矣。阎朝隐之文，如丽服靓妆，燕歌赵舞，观者忘疲，若类之风雅，则罪人矣。"问后进词人之优劣，说曰："韩休之文，如大羹旨酒，雅有典则，而薄于滋味。许景先之文，如丰肌腻理，虽秾华可爱，而微少风骨。张九龄之文，如轻缣素练，实济时用，而微窘边幅。王翰之文，如琼杯玉斝，虽烂然可珍，而多有玷缺。"坚以为然。(《旧唐书》卷一九〇上《杨炯传》)

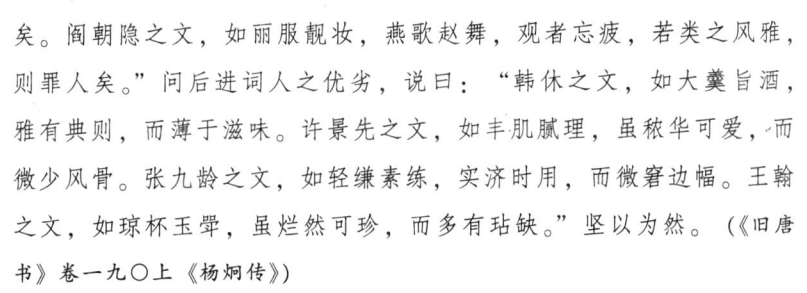

制诰之文，最负盛名者，首推苏颋、张说，后来陆贽则以曲尽事情为能。

颋，字廷硕，雍州武功人。……玄宗平内难，书诏填委，独颋在太极后阁，口所占授，功状百绪，轻重无所差。……中书令李峤曰："舍人思若涌泉，吾所不及。"……时李乂对掌书命，帝曰："前世李峤、苏味道，文擅当时号苏李，今朕得颋及乂，何愧前人哉？"俄袭封许国公。……自景龙后，与张说以文章显，称望略等，故时号"燕许大手笔"。帝爱其文曰："卿所为诏令，别录副本，署臣某撰，朕当留中。"后遂为故事。其后李德裕著论曰："近世诏诰，惟颋叙事

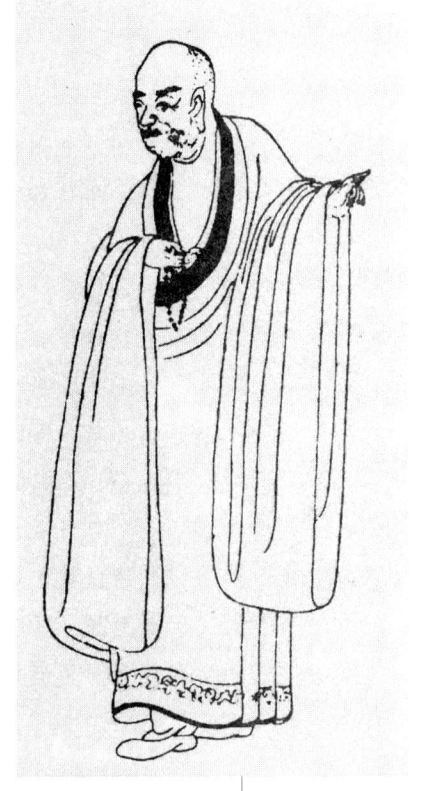

骆宾王像

卷三　隋唐五代

外，自为文章云。"（《唐书》卷一二五《苏颋传》）

张说，字道济，或字说之，……河南……洛阳人。……玄宗……召为中书令，封燕国公，……朝廷大述作，多出其手。帝好文辞，有所为必使视草。……为文属思精壮，长于碑志，世所不逮。……殁后，帝使就家录其文行于世。开元后，宰相不以姓著者曰燕公云。（《唐书》卷一二五《张说传》）

陆贽，字敬舆，苏州嘉兴人。……德宗在东宫时，素知贽名，乃召为翰林学士。……德宗建中四年，朱泚谋逆，从驾幸奉天。时天下叛乱，机务填委，征发指踪，千端万绪，一日之内，诏书数百，贽挥翰起草，思如泉注，初若不经思虑，既成之后，莫不曲尽事情，中于机会，胥吏简札不暇，同舍皆伏其能。……尝启德宗曰："今盗遍天下，舆驾播迁，陛下宜痛自引过，以感动人心。昔成汤以罪己勃兴，楚昭以善言复国。陛下诚能不吝改过，以言谢天下，使书诏无忌，臣虽愚陋，可以仰副圣情，庶令反侧之徒，革心向化。"德宗然之，故奉天所下书诏，虽武夫悍卒，无不挥涕感激，多贽所为也。（《旧唐书》卷一三九《陆贽传》）

古文之提倡，姚思廉之《梁书》，已开其端。其后陈子昂元结等，亦力主扫除浮靡之习。至韩愈出，以复古自命，古文派之基础始立。

韩愈像

陈子昂，字伯玉，梓州射洪人。……唐兴，文章承徐陵、庾信余风，天下祖尚，子昂始变雅正。（《唐书》卷一〇七《陈子昂传》）

元结，字次山。后魏常山王遵十五代孙。……天宝十二载，举进士。……代宗立，……授著作郎，……作自释，……少居商余山，著《元子》十篇。（《唐书》卷一四三《元结传》）

富嘉谟，雍州武功人也，……与新安吴少微友善，同官。先是文士撰碑颂，皆以徐庾为宗，气调渐劣。嘉谟与少微，属词皆以经典为本，时人钦慕之，文体一变，称为"富吴体"。（《旧唐书》卷一九〇中《富嘉谟传》）

韩愈，字退之，昌黎人。……大历代宗年号。

贞元德宗年号。之间，文字多尚古学，效扬雄、董仲舒之述作，而独孤及、梁肃最称渊奥，儒林推重。愈从其徒游，锐意钻仰，欲自振于一代，……常以为自魏晋已还，为文者多拘偶对，而经诰之指归，迁雄之气格，不复振起矣。故愈所为文，务反近体，抒意立言，自成一家新语，后学之士，取为师法，当时作者甚众，无以过之，故世称韩文焉。（《旧唐书》卷一六〇《韩愈传》）

韩愈……每言，文章自汉司马相如、太史公、刘向、扬雄后，作者不世出，故愈深探本元，卓然树立，成一家言。……至它文，造端置辞，要为不袭蹈前人者。然惟愈为之，沛然若有余，至其徒李翱、李汉、皇甫湜，从而效之，遽不及远甚；从愈游者，若孟郊、张籍，亦皆自名于时。（《唐书》卷一七六《韩愈传》）

柳宗元，字子厚，河东人。……尤精西汉诗骚，下笔构思，与古为侔，……当时流辈咸推之。……元和十年，例移为柳州刺史，……江岭间为进士者，不远数千里，皆随宗元师法，凡经其门，必为名士。著述之盛，名动于时，时号柳州云。（《旧唐书》卷一六〇《柳宗元传》）

李翱，字习之。……翱幼勤于儒学，博雅好古，为文尚气质。（《旧唐书》卷一六〇《李翱传》）

当韩柳提倡古文之际，骈文依然盛行不废，李德裕、令狐楚、李商隐等，皆名高一时。

李德裕，字文饶，赵郡人。……苦心力学，尤精《西汉书》、《左氏春秋》。……穆宗即位，召入翰林，充学士，……禁中书诏大手笔，多诏德裕草之。……有文集二十卷。（《旧唐书》卷一七四《李德裕传》）

德裕性孤峭明辨，有风采，善为文章，虽至大位，犹不去书。（《唐书》卷一八〇《李德裕传》）

令狐楚，字壳士，……有文集一百卷行于时。所撰宪宗哀册文，辞情典郁，为文士所重。（《旧唐书》卷一七二《令狐楚传》）

李商隐，字义山，怀州河内人。……商隐能为古文，不喜偶对，从事令狐楚幕，楚能章奏，遂以其道授商隐，自是始为今体章奏。博学强记，下笔不能自休。尤善为诔奠之辞，与太原温庭筠、南郡段成式齐名，时号三十六体。文思清丽，庭筠过之。（《旧唐书》卷一九〇下《李商隐传》）

唐世文风甚盛，而士大夫又喜矜夸，碑志之文，为时所重。李邕擅长斯制，竟获巨资，附志于此，以见当世风尚。

李邕，广陵江都人，父善，………寓居汴郑之间，以讲《文选》为业，年老疾卒，所注《文选》六十卷，大行于时。邕少知名，……天宝初，为汲郡、北海二太守。……初邕早擅才名，尤长碑颂，虽贬职在外，中朝衣冠及天下寺观，多赍持金帛，往求其文。前后所制，凡数百首，受纳馈遗，亦至巨万，时议以为自古鬻文获财，未有如邕者。（《旧唐书》卷一九〇中《李邕传》）

乙、诗

唐代诗教最盛，明高棅《唐诗品汇》分之为四时期。

漫士高棅。之论诗曰："诗自《三百篇》以降，汉魏质过于文，六朝华浮于实。得二者之中，备风人之体，惟唐诗为然。然以世次不同，故其所作亦异。王称序。……略而言之，则有"初唐"、自开国至玄宗开元时。"盛唐"、自开元至代宗大历时。"中唐"、自大历至文宗太和时。"晚唐"太和以后。之不同。（高棅自序）

《唐诗品汇》书影

初唐律诗，以宋之问、沈佺期为首，诗之古今体，乃于斯时而分。

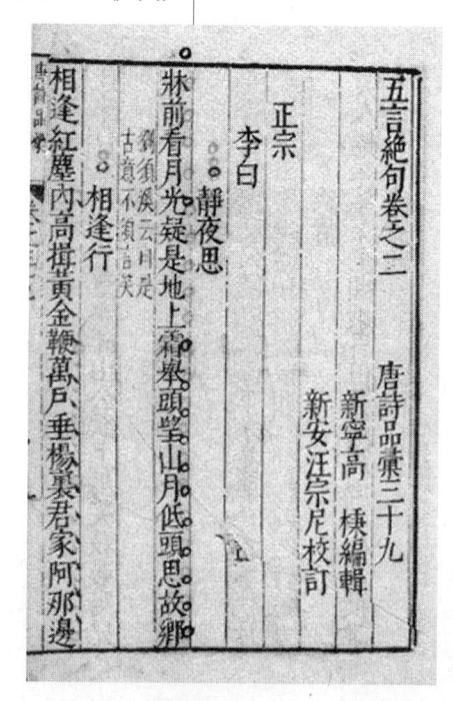

唐兴，诗人承陈隋风流，浮靡相矜。至宋之问、沈佺期等，研揣声音，浮切不差，而号"律诗"，竞相袭沿。逮开元间，稍裁以雅正，然恃华者质反，好丽者壮违，人得一概，皆自名所长。（《唐书》卷二〇一《杜甫传赞》）

陈子昂，……初为《感遇》诗三十首，京兆司功王适见而惊曰："此子必为天下文宗矣。"由是知名。……子昂褊躁无威仪，然文词宏丽，甚为当时所重。有集十卷，友人黄门侍郎卢藏用为之序，盛行于代。（《旧唐书》卷一九〇中《陈子昂传》）

审言，字必简。……雅善五言诗，……然恃才謇傲，甚为时辈所嫉。……又尝谓人曰："吾之文章，合得屈宋作衙官；吾之书迹，合得王羲之北面。"其矜诞如此。……有文集十卷。（《旧唐书》卷

一九〇上《杜易简附杜审言传》)

沈佺期，字云卿。……善属文，尤长七言之作，与宋之问齐名，时人称为沈宋。……开元初卒，有文集十卷。(《旧唐书》卷一九〇中《沈佺期传》)

宋之问，字延清，一名少连，汾州人。……魏建安后迄江左，诗律屡变。至沈约、庾信，以音韵相婉附，属对精密。及之问、沈佺期，又加靡丽，回忌声病，约句准篇，如锦绣成文，学者宗之，号为沈宋。语曰："苏李居前，沈宋比肩。"谓苏武、李陵也。(《唐书》卷二〇二《宋之问传》)

盛唐之诗，李白、杜甫，实居其首。

杜甫，字子美，……天宝末，献三大礼赋，玄宗奇之，召试文章，授京兆府兵曹参军。……上元二年冬，黄门侍郎郑国公严武镇成都，奏为节度参谋检校，尚书工部员外郎。……甫于成都浣花里，种竹植树，结庐枕江，纵酒啸咏，与田夫野老相狎荡，无拘检。……永泰元年夏，武卒，甫无所依，……乃游东蜀依高适。既至而适卒，是岁，……蜀中大乱，甫以其家避乱荆楚，……游衡山，寓居耒阳。永泰二年……卒。(《旧唐书》卷一九〇下《杜甫传》)

李白，字太白，……十岁通诗书，既长，隐岷山。……天宝初，南入会稽，与吴筠善，筠被召，故白亦至长安。往见贺知章，知章见其文，叹曰："子，谪仙人也。"言于玄宗，召见金銮殿。……有诏供奉翰林，白犹与饮徒醉于市。帝坐沈香亭子，意有所感，欲得白为乐章，召入而白已醉，左右以水颒面，稍解，援笔成文，婉丽精切无留思。帝爱其才，数宴见。白尝侍帝，醉使高力士脱靴。力士素贵，耻之，擿其诗以激杨贵妃。……白自知不为亲近所容，益骜放不自修，

太白醉酒图轴

与知章、李适之、汝阳王璡、崔宗之、苏晋、张旭、焦遂为酒八仙人。恳求还山，帝赐金放还。白浮游四方，……李阳冰为当涂令，白依之。代宗立，以左拾遗召，而白已卒。(《唐书》卷二〇二《李白传》)

　　至甫，浑涵汪茫，千汇万状，兼古今而有之。……故元稹谓诗人以来，未有如子美者。甫又善陈时事，律切精深，至千言不少衰，世号"诗史"。(《唐书》卷二〇一《杜甫传赞》)

　　天宝末诗人，甫与李白齐名，而白自负文格放达，讥甫龌龊，而有"饭颗山之"嘲诮。元和中，词人元稹，论李杜之优劣曰："予读诗至杜子美，而知小大之有所总萃焉。……秦汉已还，采诗之官既废，天下妖淫，民讴歌颂讽赋曲度嬉戏之辞，亦随时间作。至汉武赋《柏梁》，而七言之体兴，苏子卿、李少卿之徒，尤工为五言，虽句读文律各异，雅郑之音亦杂，而辞意简远，指事言情，自非有为而为，则文不妄作。建安之后，天下之士，遭罹兵战，曹氏父子，鞍马间为文，往往横槊赋诗，故其遒壮抑扬冤哀悲离之作，尤极于古。晋世风概稍存，宋齐之间，教失根本，士以简谩矞习舒徐相尚，文章以风容色泽放旷精清为高，盖吟写性灵，留连光景之文也，意义格力无取焉。陵迟至于梁陈，淫艳刻饰佻巧小碎之词剧，又宋齐之所不取也。唐兴，学官大振，历世能者之文互出，而又沈宋之流，研练精切，稳顺声势，谓之为律诗。由是之后，文体之变极焉。然而莫不好古者遗近，务华者去实，效齐梁则不迨于魏晋，工乐府则力屈于五言，律切则骨格不存，闲暇则纤秾莫备。至于子美，盖所谓上薄风骚，下该沈宋，言夺苏李，气吞曹刘，掩颜谢之孤高，杂徐庾之流丽，尽得古今之体势，而兼人人之所独专矣。……李白亦以文奇取称，时人谓之李杜。予观其壮浪纵恣，摆去拘束，模写物象，及乐府歌诗，诚亦差肩于子美矣。至若铺陈终始，排比声韵，大或千

杜甫像

言，次犹数百，词气豪迈，而风调清深，属对律切，而脱弃凡近，则李尚不能历其藩翰，况堂奥乎？"（《旧唐书》卷一九○下《杜甫传》）

中唐有大历十才子，元稹、白居易以浅易称，而诗格一变。

父端……工诗，大历中，与韩翃、钱起、卢纶、吉中孚、司空曙、苗发、崔峒、耿沣、夏侯审等，文咏唱和，驰名都下，号大历十才子。（《旧唐书》卷一六三《李虞仲传》）

卢纶，字允言，河中蒲人。……纶与吉中孚、韩翃、钱起、司空曙、苗发、崔峒、耿沣、夏侯审、李端皆能诗齐名，号大历十才子。……中孚，鄱阳人，官户部侍郎。翃字君平，南阳人，……终中书舍人。起吴兴人，天宝中举进士，与郎士元齐名，时诏曰："前有沈宋，后有钱郎"，终考功郎中。曙字文初，广平人，从韦皋于剑南，终虞部郎中。发晋卿子，终都官员外郎，峒终右补阙，沣右拾遗，审侍御史，端赵州人。（《唐书》卷二○三《卢纶传》）

元稹，字微之，河南人。……稹聪警绝人，年少有才名，与太原白居易字乐天。友善。工为诗，善状咏风态物色，当时言诗者称元白焉，自衣冠士子，至闾阎下俚，悉传讽之，号为"元和体"。既以俊

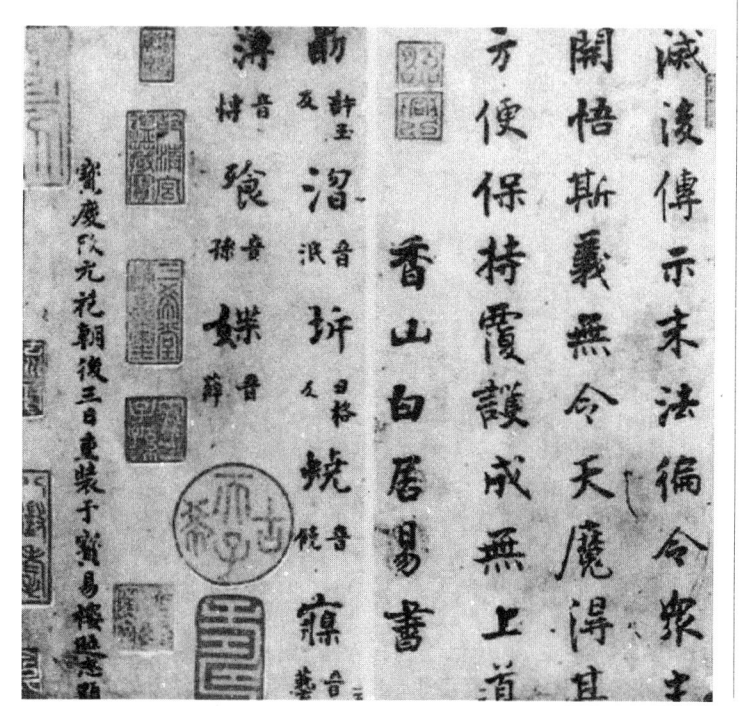

白居易墨迹

稹不容于朝，流放荆蛮者仅十年，俄而白居易亦贬江州司马，稹量移通州司马。虽通江悬邈，而二人来往赠答，凡所为诗，自有三十五十韵，乃至百韵者，江南人士，传道讽诵，流闻阙下，里巷相传，为之纸贵。观其流离放逐之意，靡不凄惋。……穆宗皇帝在东宫，有妃嫔左右，尝诵稹歌诗以为乐曲者，知稹所为，尝称其善，宫中呼为元才子。（《旧唐书》卷一六六《元稹传》）

白居易，字乐天，太原人，……文辞富艳，尤精于诗。……所著歌诗数十百篇，皆意存讽赋，箴时之病，补政之缺。……与河南元稹相善，同年登制举。……尝与稹书……曰："……周衰秦兴，采诗官废，上不以诗补察时政，下不以歌泄导人情，……六义始刓矣。……陵夷至于梁陈间，率不过嘲风雪弄花草而已，……于时六义尽去矣。唐兴二百年，其间诗人，不可胜数，所可举者，陈子昂有《感遇》诗二十首，鲍防《感兴》诗十五篇。又诗之豪者，世称李杜。李之作，才矣奇矣，……索其风雅比兴，十无一焉。杜诗最多，可传者千余首，至于贯穿古今，觑缕格律，尽工尽善，又过于李焉。然撮其《新安》、《石壕》、《潼关吏》、《芦子关》、《花门》之章，"朱门酒肉臭，路有冻死骨"之句，亦不过三四十。杜尚如此，况不逮杜者乎？仆常痛诗道崩坏，……不量才力，欲扶起之，……五六岁便学为诗，九岁暗识声韵，……既第之后，……亦不废诗。……自登朝来，……阅事渐多，……始知……歌诗合为事而作，……有可以救济人病，裨补时阙，而难于指言者，辄咏歌之，欲稍稍进闻于上，上以广宸听，……塞言责。……岂图志未就而悔已生，言未闻而谤已成矣。……凡闻仆《贺雨》诗，众口籍籍，以为非宜矣；闻仆《哭孔戡》诗，众面脉脉，尽不悦矣；闻《秦中吟》，则权豪贵近者相目而变色矣；闻《登乐游园寄足下》诗，则执政柄者扼腕矣；闻《宿紫阁村》诗，则握军要者切齿矣。大率……号为讦讦，号为讪谤。……诗句亦往往在人口中，……自长安抵江西三四千里，凡乡校佛寺、逆旅行舟之中，往往有题仆诗者；士庶僧徒、孀妇处女之口，每有咏仆诗者。……仆数月来，检讨囊帙中，得新旧诗，各以类分，分为卷目。自拾遗来，凡所遇所感，关于美刺兴比者，又自武德至元和，因事立题，题为《新乐府》者，共一百五十首，谓之讽谕诗。又或退公，或卧病闲居，

知足保和，吟玩性情者一百首，谓之闲适诗。又有事物牵于外，情理动于内，随感遇而形于叹咏者一百首，谓之感伤诗。又有五言七言，长句绝句，自百韵至两韵者四百余首，诏之杂律诗。凡为十五卷，约八百首。……今仆之诗，人所爱者，悉不过杂律诗与《长恨歌》已下耳。时之所重，仆之所轻。至于讽谕者，意激而言质；闲适者，思淡而辞迂，以质合迂，宜人之不爱也。……凡人为文，私于自是，不忍于害截，或失于繁多，其间妍媸，益又自惑，必待文友有公鉴无姑息者，讨论而削夺之，然后繁简当否，得其中矣。……今且……粗为卷第，待与足下相见日，……终前志焉。"……居易自叙如此，文士以为信然。……长庆末，……元稹为居易集序曰："……长庆四年，乐天自杭州刺史……召还，予时刺会稽，因得尽征其文，手自排缵，成五十卷，凡二千二百五十一首。前辈多以前集、中集为名，予以为陛下明年当改元，长庆讫于是矣，因号《白氏长庆集》。大凡人之文，各有所长，乐天……讽谕之诗长于激，闲适之诗长于遣，感伤之诗长于切，五字律诗百言而上长于赡，五字七字百言而下长于情。……人以为稹序尽其能事。(《旧唐书》卷一六六《白居易传》)

自兹以后，诗人能自树立者，有李商隐、杜牧。

李商隐，字义山，怀州河内人。……开成二年……进士，……与……温庭筠……段成式齐名。(《旧唐书》卷一九〇下《李商隐传》)

石林叶氏曰："唐人学老杜，惟李商隐一人而已，虽未尽造其妙，……亦自得其仿佛。故国初钱文僖惟演。与杨大年、亿。刘中山筠。皆倾心师尊，以为过老杜。(《通考》卷二三三《经籍考》六〇)

牧，字牧之，京兆万年人。……第进士，……为司勋员外郎，……牧于诗，情致豪迈，人号为小杜，以别杜甫云。(《唐书》卷一六六《杜牧传》)

词学兴于中晚之际，遂开五代两宋之盛。盖错综诗句，以迁就乐谱，故谓词为诗余。

李商隐像

唐人乐府，元用律绝等诗，杂和声歌之，其并和声作实字，长短其句，以就曲拍者为填词。(《全唐诗》卷三二)

其善创调填词者，有韦应物、戴叔伦、王建、韩翃、白居易、刘禹锡诸人，而温庭筠尤为杰出。

温庭筠者，太原人，本名岐，字飞卿。大中初，应进士，苦心砚席，尤长于诗赋。初至京师，人士翕然推重，然士行尘杂，不修边幅，能逐弦吹之音，为侧艳之词。……庭筠著述颇多，而诗赋韵格清拔，文士称之。(《旧唐书》卷一九〇下《温庭筠传》)

(二) 经学

太宗又以经籍去圣久远，文字多讹谬，诏前中书侍郎颜师古考定五经，颁于天下，命学者习焉。又以儒学多门，章句繁杂，诏国子祭酒孔颖达，与诸儒撰定五经义疏，凡一百七十卷，名曰《五经正义》，令天下传习。(《旧唐书》卷一八九上《儒学传序》)

高宗尚吏事，武后矜权变，至诸王驸马皆得领祭酒。初孔颖达等始署官，发五经题，与诸生酬问，及是，惟判祥瑞案三牒即罢。玄宗诏群臣及府郡举通经士，而褚无量、马怀素等，劝讲禁中。天子尊礼，不敢尽臣之，置集贤院部分典籍，乾元殿博汇群书至六万卷，经籍大备，又称开元焉。(《唐书》卷一九八《儒学传序》)

徐旷，字文远，……博通五经，明《左氏春秋》，……宝威、杨玄感、李密、王世充皆从受学。隋开皇中，累迁太学博士，诏与汉王谅授经，会谅反，除名为民。大业初，礼部侍郎许善心，荐文远及包恺、褚徽、陆德明、鲁达为学官，擢国子博士，恺等为太学博士。世称《左氏》有文远，《礼》有褚徽，《诗》有鲁达，《易》有陆德明，皆一时冠云。(《唐书》卷一九八《徐旷传》)

颜师古，字籀，……帝太宗。尝叹五经去圣远，传习浸讹，诏师古于秘书省考定，多所厘正。既成，悉诏诸儒议，于是各执所习，共非

《五经正义》书影

诘师古。师古辄引晋宋旧文，随方晓答，谊据该明，出其悟表，人人叹服。……帝因颁所定书于天下，学者赖之。(《唐书》卷一九八《颜师古传》)

孔颖达，字仲达。……隋大业初，举明经高第，授河内郡博士。炀帝召天下儒官集东郡，诏国子秘书学士与论议，颖达为冠。……太宗平洛，授文学馆学士。……初颖达与颜师古、司马才章、王恭、王琰受诏撰五经义训，凡百余篇，号"义赞"，诏改为"正义"云，虽包贯异家为详博，然其中不能无谬冗。博士马嘉运，驳正其失，至相讥诋。有诏更令裁定，功未就。永徽二年，诏中书门下与国子三馆博士，弘文馆学士考正之。于是尚书左仆射于志宁，右仆射张行成，侍中高季辅，就加增损，书始布下。(《唐书》卷一九八《孔颖达传》)

六朝人最重三礼之学，唐初犹然。张士衡从刘轨思受《毛诗》、《周礼》，又从熊安生、刘焯受《礼记》，皆精究大义。当时受其业者，推贾公彦。《士衡传》。公彦撰《周礼义疏》五十卷，《仪礼义疏》四十卷。公彦子大隐亦传其业。又有李元植，从公彦受礼学，撰《三礼音义》行于世。《公彦传》。王恭精《三礼》，别为义证，甚精博。盖文懿、文达，皆当世大儒，每讲必遍举先儒义，而畅恭所说。《孔颖达传》。王元感尝撰《礼记绳愆》，徐坚、刘知幾等，深叹赏之。《元感传》。王方庆尤精《三礼》，学者有所咨质，必究其微，门人次为《杂礼答问》。《方庆传》。他如褚无量、韦迪、高仲舒、唐休璟、苏安恒，皆精《三礼》，见各本传。今诸儒论著，见于《新旧书》者，如王方庆、张齐贤论每月皆告朔之说；《旧·方庆传》，《新·齐贤传》。王元感三年之丧，以二十七月，张柬之以二十五月，一本郑康成说，一本王肃说也；《旧·柬之传》，《新·元感传》。史元灿议禘祫三年五年之别，《韦绦传》。朱子奢议七庙九庙之制，《子奢传》。韦万石、沈伯仪、元万顷、范履冰等议郊丘明堂之配，《沈伯仪传》。皆各有据依，不同剿说。其据以论列时政者，如卢履冰、元行冲论父在为母

此处的新、旧，指《新唐书》、《旧唐书》。

孔颖达像

三年服之非，彭景直论陵庙日祭之非，康子元驳许敬宗先燔柴而后祭之非，黎干驳归崇敬请以景皇帝配天地之非，唐绍、蒋钦绪、褚无量驳祝钦明皇后助祭郊天之非，陈贞符论隐、章怀、懿德、节愍四太子庙四时祭享之非，皆见各本传；李淳风辨太微之神不可为天，见《萧德言传》，韦述议堂姨舅不宜服，见《韦绍传》，无不援引该博，证辨确切，可为千百世之准。其后元行冲奉诏，用魏徵类礼列于经，与诸儒作疏，成五十篇，将立之学官，为张说所阻，行冲又著论辨之。大历中，尚有仲子陵、袁彝、韦彤、韦茝，以礼名其家学。此可见唐人之究心三礼，考古义以断时政，务为有用之学，而非徒以炫博也。
(赵翼《廿二史劄记》卷二〇"唐初三礼汉书文选之学")

大历已后，专学者有蔡广成《周易》，强象《论语》，啖助、赵匡、陆质《春秋》，施士丐《毛诗》，刁彝、仲子陵、韦彤、裴茝讲礼，章廷珪、薛伯高、徐润并通经，其余地理则贾仆射，兵赋则杜太保，故事则苏冕、蒋乂，麻算则董和，天文则徐泽，氏族则林宝。
(李肇《国史补》卷下)

(三) 史学

唐初官修前代史书，昉自武德朝令狐德棻之建议。当时人才甚盛，故史法亦有足观。

德棻尝从容言于高祖曰："窃见近代已来，多无正史。梁陈及齐，犹有文籍，至周隋遭大业离乱，多有遗阙。当今耳目犹接，尚有可凭，如更十数年后，恐事迹湮没。……如臣愚见，并请修之。"高祖然其奏，下诏曰："……直中书令萧瑀，给事中王敬业，著作郎殷闻礼，可修魏史；侍中陈叔达，秘书丞令狐德棻，太史令庾俭，可修周史；兼中书令封德彝，中书舍人颜师古，可修隋史；大理卿崔善为，中书舍人孔绍安，太子洗马萧德言，可修梁史；太子詹事裴矩，兼吏部郎中祖孝孙，前秘书丞魏徵，可修齐史；秘书监窦璡，给事中欧阳询，秦王文学姚思廉，可修陈史。务加详核，博采旧闻，义在不刊，书法无隐。"瑀等受诏，历数年，竟不能就而罢。(《旧唐书》卷七三《令狐德棻传》)

贞观三年，复诏撰定。讥者以魏有魏收、魏澹二家书为已详，惟

五家史当立。德棻更与秘书郎岑文本、殿中侍御史崔仁师次周史，中书舍人李百药次齐史，著作郎姚思廉次梁陈二史，秘书监魏徵次隋史，左仆射房玄龄总监。(《唐书》卷一〇二《令狐德棻传》)

初有诏，遣令狐德棻、岑文本撰周史，孔颖达、许敬宗撰隋史，姚思廉撰梁陈史，李百药撰齐史。徵受诏，总加撰定，多所损益，务存简正，隋史序论皆徵所作，梁陈齐各为总论，时称良史。(《旧唐书》卷七一《魏徵传》)

魏徵像

贞观十八年，……有诏改撰晋书，房玄龄奏德棻令预修撰。当时同修一十八人，并推德棻为首，其体制多取决焉。(《旧唐书》卷七三《令狐德棻传》)

其所修各史，略举于下。

【《晋书》】 凡本纪十，志二十，列传七十，载记三十，共一百三十卷。

贞观十八年，……与中书侍郎褚遂良，受诏重撰《晋书》。于是奏取太子左庶子许敬宗，中书舍人来济，著作郎陆元仕、刘子翼，前雍州刺史令狐德棻，太子舍人李义府、薛元超，起居郎上官仪等八人，分功撰录。以臧荣绪《晋书》为主，臧荣绪，南齐徐州主簿，撰《晋书》一百一十卷。参考诸家，甚为详洽。然史官多是文咏之士，好采诡谬碎事，以广异闻，又所评论，竞为绮艳，不求笃实，由是颇为学者所讥。唯李淳风深明星历，善于著述，所修天文、律历、五行三志，最可观采。太宗自著宣武二帝及陆机、王羲之四论，于是总题云御撰。至二十年书成，凡一百三十卷。诏藏于秘府，颁赐加级各有差。(《旧唐书》卷六六《房玄龄传》)

李淳风，……幼俊爽，博涉群书，尤明天文历算阴阳之学。……贞观十五年，除太常博士，寻转太史丞，预撰《晋书》及《五代史》，梁、陈、北齐、后周、隋。其天文、律历、五行志，皆淳风所作也。(《旧唐书》卷七九《李淳风传》)

参传《晋书》，播与令狐德棻、阳仁卿、李严等四人，总其类会。

(《旧唐书》卷一八九上《敬播传》)

　　晋史，洛京时，著作郎陆机，始撰《三祖纪》，佐著作郎束皙，又撰十志，会中朝丧乱，其书不存。先是历阳令陈郡王铨，有著述才，每私录晋事及功臣行状，未就而卒。子隐，博学多闻，受父遗业，西都事迹，多所详究。过江为著作郎，受诏撰晋史，为其同僚虞预所诉，坐事免官。家贫无资，书未遂就，乃依征西将军庾亮于武昌镇，亮给其纸墨，由是获成，凡为《晋书》八十九卷。咸康六年，始诣阙奏上。隐虽好述作，而辞拙才钝，其书编次有序者，皆铨所修；章句混漫者，必隐所作。时尚书郎领国史干宝，亦撰《晋纪》，自宣讫愍，七帝五十三年，凡二十二卷，其书简略，直而能婉，甚为当时所称。晋江左史，自邓粲、孙盛、檀道鸾、王韶之已下，相次继作，远则偏记两帝，近则唯叙八朝。至宋湘东太守何法盛，始撰《晋中兴书》，勒成一家，首尾该备。齐隐士东莞臧荣绪，又集东西二史，合成一书。皇家贞观中，有诏以前后晋史，十有八家，**按隋唐二《志》，正史部，凡八家，其撰人则王隐、虞预、朱凤、何法盛、谢灵运、臧荣绪、萧子云、萧子显也；编年部，凡十一家，其撰人，则陆机、干宝、曹嘉之、习凿齿、邓粲、孙盛、刘谦之、王韶之、徐广、檀道鸾、郭季产也。据《志》盖十九家，……此云十八家，……是就敕修之始，罗致群书言。**制作虽多，未能尽善，乃敕史官更加纂录，采正典与杂说数十余部，兼引伪史十六国书，为纪十，志二十，列传七十，载记三十，并叙例目录，合为百三十二卷。自是言晋史者，皆弃其旧本，竞从新撰者焉。（刘知幾《史通》卷一二《正史篇》）

【《梁书》】　凡本纪六，列传五十，共五十六卷。

【《陈书》】　凡本纪六，列传三十，共三十六卷。

　　梁史，武帝时，沈约与给事中周兴嗣，步兵校尉鲍行卿，秘书监谢昊，相承撰录，已有百篇。值承圣元帝年号。沦没，并从焚荡。庐江何之元，沛国刘璠，以所闻见，究其始末，合撰《梁典》三十篇，而纪传之书，未有其作。陈祠部郎中姚察，有志撰勒，施功未周，但既当朝务，兼知国史，至于陈亡，其书不就。陈史，初有吴郡顾野王，北地傅缚，各为撰史学士，其武文二帝纪，即顾傅所修。宣帝太建初，中书郎陆琼，续撰诸篇，事伤烦杂，姚察就加删改，粗有条

隋唐二《志》，指《隋书·经籍志》和《唐书·艺文志》，二者均总结记录了许多前代典籍。

贯，及江东不守，持以入关。隋文帝尝索梁陈事迹，察具以所成，每篇续奏，而依违荏苒，竟未绝笔。皇家贞观初，其子思廉为著作郎，奉诏撰成二史，于是凭其旧稿，加以新录，弥历九载，方始毕功，定为《梁书》五十卷，《陈书》三十六卷，今并行世焉。（刘知幾《史通》卷一二《正史篇》）

姚思廉，字简之，雍州万年人。父察，陈吏部尚书，入隋，历太子内舍人、秘书丞、北绛公，学兼儒史，见重于三代。陈亡，察自吴兴始迁关中。思廉少受汉史于其父，能尽传家业，……入隋，为汉王府参军，丁父忧解职。初察在陈，尝修梁陈二史未就，临终令思廉续成其志。……服阕，补河间郡司法书佐，思廉上表陈父遗言，有诏许其续成梁陈史。……贞观初，迁著作郎，弘文馆学士。……三年，又受诏与秘书监魏徵，同撰梁陈二史。思廉又采谢炅等诸家梁史，续成父书，并推究陈事，删益博综顾野王所修旧史，撰成《梁书》五十卷，《陈书》三十卷。魏徵虽裁其总论，其编次笔削，皆思廉之功也。（《旧唐书》卷七三《姚思廉传》）

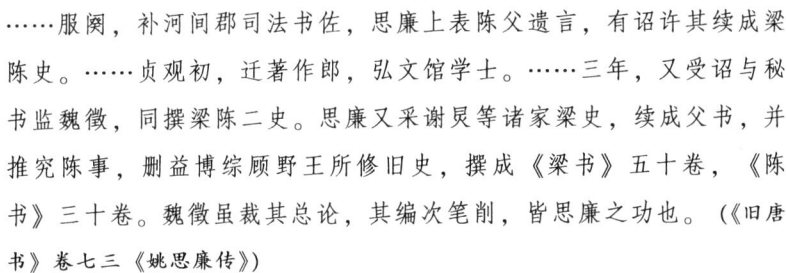

姚思廉，本名简，以字行，陈吏部尚书察之子，陈亡，察自吴兴迁京兆，遂为万年人。……初察在陈，尝修梁陈二史，未就死，以属思廉，……诏与魏徵共撰梁陈书。思廉采谢炅顾野王等诸家言，……为梁陈二家史，以卒父业。（《唐书》卷一○二《姚思廉传》）

【北齐书】 凡本纪八，列传四十二，共五十卷。

高齐史，后主纬天统初，太常少卿祖孝征，述献武起居，名曰《黄初传天录》。时中书侍郎陆元规，常从文宣征讨，著《皇帝实录》，唯记行师，不载它事。自武平后，史官阳休之、杜台卿、祖崇儒、崔子发等，相继注记。逮于齐灭，隋秘书监王邵、内史令李德林，并少仕邺中，多识故事，王乃凭述起居注，广以异闻，造编年书，号曰《齐志》，十有六卷。李在齐预修国史，创纪传书二十七卷，至开皇初，奉诏续撰，增多齐史三十八篇，以上送官藏之秘府。皇家贞观

姚思廉像

卷三 隋唐五代

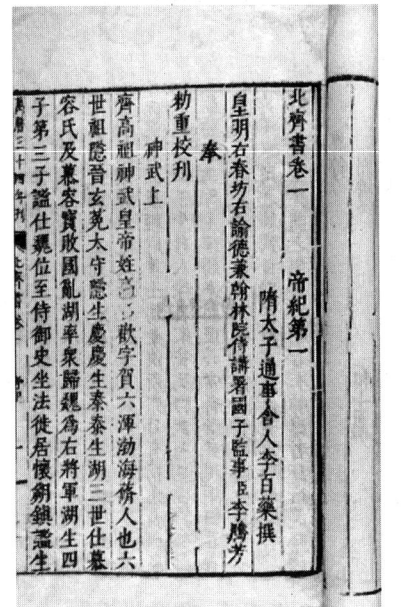

初，敕其子中书舍人百药，仍其旧录，杂采它书，演为五十卷。（刘知幾《史通》卷一二《正史篇》）

李百药，字重规，定州安平人，隋内史令安平公德林子也。为童儿时，多疾病，祖母赵氏，故以百药为名。……贞观元年，召拜中书令舍人，……受诏……撰《齐书》，……十年，以撰齐史成，加散骑常侍，行太子左庶子。（《旧唐书》卷七二《李百药传》）

北齐国史，皆称诸帝庙号。及李氏撰《齐书》，其庙号有犯时讳者，注：谓有"世"字，犯太宗文皇帝讳也。即称谥焉。至如变世宗为文襄，改世祖为武成，高澄，神武长子，天保初，追尊文襄皇帝，庙号世宗；高湛，神武第九子，谥武成皇帝，庙号世祖。苟除兹"世"字，而不悟襄、成有别。诸如此谬，不可胜纪。又其列传之叙事也，或以武定臣佐，降在成朝，或以河清事迹，擢居襄代，故时日不接，而隔越相偶，使读者瞀乱而不测，惊骇而多疑。（刘知幾《史通》卷一七《杂说》中）

【《周书》】 凡本纪八，列传四十二，共五十卷。

宇文周史，大统年，有秘书丞柳虬，兼领著作，直辞正色，事有可称。至隋开皇中，秘书监牛弘，追撰《周纪》十有八篇，略叙纪纲，仍皆抵牾。皇家贞观初，敕秘书丞令狐德棻，秘书郎岑文本，共加修缉，定为《周书》五十卷。（刘知幾《史通》卷一二《正史篇》）

德棻又奏引殿中侍御史崔仁师，佐修周史，德棻仍总知类会。（《旧唐书》卷七三《令狐德棻传》）

岑文本，字景仁，南阳棘阳人。……文本性沉敏，有姿仪，博考经史，多所贯综，美谭论，善属文。……又先与令狐德棻撰周史，其史论多出于文本，至贞观十年，史成。（《旧唐书》卷七〇《岑文本传》）

【《隋书》】 凡本纪五，志三十，列传五十，共八十五卷。

隋史，当开皇仁寿时，王邵为书八十卷，以类相从，定其篇目，至于编年纪传，并阙其体。炀帝世，唯有王胄等所修大业起居注，及江都之祸，仍多散逸。皇家贞观初，敕中书侍郎颜师古，给事中孔颖

达，共撰成《隋书》五十五卷，志未列入。与新撰《周书》，并行于时。（刘知幾《史通》卷一二《正史篇》）

初太宗以梁陈及齐周隋氏并未有书，乃命学士分修，……仍使秘书监魏徵，总知其务，凡有赞论，徵多预焉。始以贞观三年创造，至十八年方就，合为五代纪传，并目录，凡二百五十二卷。书成，下于史阁。唯有十志，断为三十卷，寻拟续奏，未有其文，又诏左仆射于志宁，太史令李淳风，著作郎韦安仁，符玺郎李延寿同撰，其先撰史人，唯令狐德棻重预其事。太宗崩后，刊勒始成。其篇第虽编入《隋书》，其实别行，俗呼为《五代史志》。（刘知幾《史通》卷一二《正史篇》）

永徽七年，即显庆元年。五月己卯，太尉长孙无忌，进史官所撰梁陈周齐隋《五代史志》三十卷。（《旧唐书》卷四《高宗纪》上）

敬播，……贞观初，举进士，俄有诏诣秘书内省，佐颜师古、孔颖达修隋史。（《旧唐书》卷一八九上《敬播传》）

李延寿者，本陇西著姓，世居相州。贞观中，……尝受诏与著作郎敬播，同修《五代史志》，又预撰《晋书》。（《旧唐书》卷七三《李延寿传》）

于志宁，……前后预……修史等功，赏赐不可胜计。（《旧唐书》卷七八《于志宁传》）

以上各史，唯晋、隋二书，出于众手，尚称精核，而《隋书》十志，尤具本末。

古者修书，出于一人之手，成于一家之学，班马之徒是也。至唐始用众手，晋隋二书是矣，然亦随其学术所长者而授之，未尝夺人之所能，而强人之所不及。如李淳风、于志宁之徒，则授之以志；如颜师古、孔颖达之徒，则授之以纪传。以颜、孔博通古今，于、李明天文地理图籍之学，所以晋隋二志，高于古今，而《隋志》尤详明。（《通考》卷一九二《经籍考》一九）

【《南北史》】 当时私人所撰之史甚多，其列为正史者，有李延寿之《南北史》。

太师延寿父少有著述之志，常以宋齐梁陈齐周隋，南北分隔，南书谓北为索虏，北书指南为岛夷，又各以其本国周悉，书别国并不能

备，亦往往失实，常欲改正。将拟《吴越春秋》编年，以备南北，至是无事，而杨恭仁家富于书籍，得恣意披览，宋齐梁魏四代有书，自余竟无所得。……贞观二年五月，终于郑州荥阳县野舍。……既所撰未毕，以为没齿之恨焉。……子……延寿与敬播，俱在中书，侍郎颜师古、给事中孔颖达下删削，既家有旧本，思欲追终先志，其齐梁陈五代旧事所未见，因于编缉之暇，书夜抄录之。至五年，以内忧去职。……十五年，……令狐德棻又启延寿修《晋书》，因兹复得勘究宋齐魏三代之事所未得者。十七年，……褚遂良……奉敕修《隋书》十志，复准敕召延寿撰录，因此遍得披寻。……又从此八代正史外，更勘杂史，于正史所无者一千余卷，皆以编入，其烦冗者即削去之，始末修撰，凡十六载。始宋，凡八代，为《北史》、《南史》二书，合一百八十卷。其《南史》先写讫，……次以《北史》，……乃上表，表曰："……贞观以来，屡叨史局，不揆愚固，私为修撰，起魏登国元年，尽隋义宁二年，凡三代，二百四十四年，兼自东魏天平元年，尽齐隆化二年，又四十四年行事，总编为本纪十二卷，列传八十八卷，谓之《北史》；又起宋永初元年，尽陈祯明三年，四代，一百七十年，为本纪十卷，列传七十卷，谓之《南史》。凡八代，合为二书，一百八十卷，以拟司马迁《史记》，……私为抄录，一十六年，凡所猎略，千有余卷，连缀改定，止资一手，故淹时序，迄今方就。"（《北史》卷一〇〇《序传》）

初延寿父太师，多识前世旧事，常以宋齐梁陈齐周隋，天下参隔，南方谓北为索虏，北方指南为岛夷，其史于本国详，他国略，往往訾美失传，思所以改正，拟《春秋》编年，刊究南北事，未成而殁。延寿既数与论撰，所见益广，乃追终先志，本魏登国元年，尽隋义宁二年，作本纪十二，列传八十八，谓之《北史》；本宋永初元年，尽陈祯明三年，作本纪十，列传七十，谓之《南史》，凡八代，合二书百八十篇上之。其书颇有条理，删落浮辞，过本书远甚。时人见年少位下，不甚称其书。（《唐书》卷一〇二《李延寿传》）

延寿又尝删补宋齐梁陈，及魏齐周隋等八代史，

李延寿撰
《南北史》书影

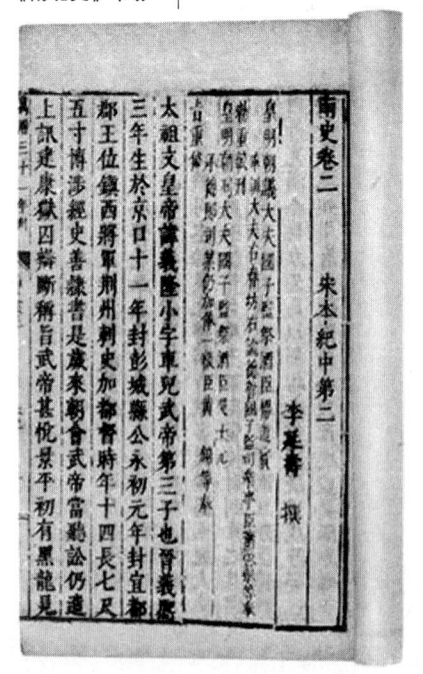

谓之《南北史》，凡一百八十卷，颇行于代。(《旧唐书》卷七三《李延寿传》)

此外著史者，略举如下。

王勃……祖通，隋蜀郡司户书佐。大业末，弃官归，以著书讲学为业，依《春秋》体例，自获麟后，历秦汉至于后魏，著纪年之书，谓之《元经》。(《旧唐书》卷一九○上《王勃传》)

允济，尝采摭鲁哀公后十二代，至于战国遗事，撰《鲁后春秋》二十卷，表上之。(《旧唐书》卷一九○中《刘允济传》)

张昌龄……兄昌宗，亦有学业，官至太子舍人，修文馆学士，撰《古文纪年新传》三十卷。(《旧唐书》卷一九○上《张昌龄传》)

元行冲，……乃撰《魏典》三十卷，事详文简，为学者所称。(《旧唐书》卷一○二《元行冲传》)

兢尝以梁陈齐周隋《五代史》繁杂，乃别撰《梁齐周史》各十卷，《陈史》五卷，《隋史》二十卷。(《旧唐书》卷一○二《吴兢传》)

播又著《隋略》二十卷。(《旧唐书》卷一八九上《敬播传》)

丘悦……撰《三国典略》三十卷，起西魏终后周，而东包魏齐，南总梁陈。行于时。(《旧唐书》卷一九○《中丘悦传》)

蔡允恭，……又撰《后梁春秋》十卷。(《旧唐书》卷一九○上《蔡允恭传》)

【国史】 唐初即修国史，其属于起居注、实录者——

温大雅，字彦弘，太原祁人也，……太宗即位，累转礼部尚书，封黎国公，……撰创业起居注三卷，读书志，纪高祖起义，至受隋禅，用师，符谶，受命，典册事。(《旧唐书》卷六一《温大雅传》)

贞观三年，拜太子少师，固让不受，摄太子詹事，兼礼部尚书，明年，四年。代长孙无忌为尚书左仆射，……监修国史。(《旧唐书》卷六六《房玄龄传》)

累迁给事中，兼修国史，贞观十七年，以修武德贞观实录成，封高阳县男。(《旧唐书》卷八二《许敬宗传》)

敬播……与给事中许敬宗，撰高祖太宗实录，自创业至于贞观十四年，凡四十卷，……梁国公房玄龄，深称播有良史之才，曰："陈

寿之流也，……又撰太宗实录，从贞观十五年，至二十三年，为二十卷。(《旧唐书》卷一八九上《敬播传》)

其属于纪传体者——

贞观初，姚思廉始撰纪传，粗成三十卷。至高宗显庆元年，太尉长孙无忌与于志宁、令狐德棻、著作郎刘胤之、杨仁卿、起居郎顾胤等，因其旧作，缀以后事，复为五十卷，虽云繁杂，时有可观。(刘知幾《史通》卷一二《正史篇》)

顾胤，……永徽中，历迁起居郎，兼修国史，撰《太宗实录》二十卷成，以功加朝散大夫，授弘文馆学士，以撰武德、贞观两朝国史八十卷成，加朝请大夫，封余杭县男。(《旧唐书》卷七三《顾胤传》)

刘胤之，……永徽初，累转著作郎、弘文馆学士，与国子祭酒令狐德棻、著作郎杨仁卿等，撰成国史及实录，奏上之。(《旧唐书》卷一九〇上《刘胤之传》)

自后时有撰修。粗备规模，勒成一书，则成于韦述之手。

始兢在长安，景龙间任史事。时武三思、张易之等监领，阿贵朋佞，酿泽浮辞，事多不实。兢不得志，私撰《唐书》、《唐春秋》，未就。至是丐官笔札，冀得成书，诏兢就集贤院论次。时张说罢宰相，在家修史，大臣奏国史不容在外，诏兢等赴馆撰录。……久之，坐书事不当，贬荆州司马，以史草自随。萧嵩领国史，奏遣使者就兢取书，得六十余篇。《旧书》作六十五卷。……兢叙事简核，号良史。晚节稍疏悟，时人病其太简。(《唐书》卷一三二《吴兢传》)

国史自令狐德棻至于吴兢，虽累修撰，竟未成一家之言。至述始定类例，《补遗》续阙，勒成国史一百一十二卷，并史例一卷，事简而记详，雅有良史之才，兰陵萧颖士，以为谯周、陈寿之流。(《旧书》卷一〇二《韦述传》)

初令狐德棻、吴兢等，撰武德以来国史，皆不能成。述因二家，参以后事，遂分纪传，又为例一篇。(《唐书》卷一三二《韦述传》)

自天宝乱后，凡三修国史，然犹以述书为蓝本。

柳登……父芳，肃宗朝史官，与同职韦述，受诏添修吴兢所撰国史，杀青未竟而述亡。芳绪述凡例，勒成国史一百三十卷，上自高

祖，下止乾元，肃宗年号。而叙天宝后事，绝无伦类，取舍非工，不为史氏所称。……上元中，坐事徙黔中，遇内官高力士亦贬巫州，遇诸途，芳以所疑禁中事，咨于力士，力士说开元天宝中时政事，芳随口志之。又以国史已成，经于奏御，不可复改，乃别撰《唐历》四十卷，以力士所传，载于年历之下。(《旧唐书》卷一四九《柳登传》)

安禄山乱，……述独抱国史藏南山，身陷贼，污伪官，贼平流渝州，为刺史薛舒所困，不食死。广德初，甥萧直，为李光弼判官，诣阙奏事称旨，因理述仓卒奔逼，能存国史，贼平尽送史官于休烈，以功补过，宜蒙恩宥；有诏赠右散骑常侍。(《唐书》卷一三二《韦述传》)

肃宗践祚，休烈……拜给事中，迁太常少卿，知礼仪事，兼修国史。……时中原荡覆，典章殆尽，无史籍检寻，休烈奏曰："国史一百六卷，开元实录四十七卷，起居注并余书三千六百八十二卷，并在兴庆宫史馆，京城陷贼后，皆被焚烧。且国史、实录，圣朝大典，修撰多时，今并无本。伏望下御史台，推勘史馆所由，令府县招访，有人别收得国史、实录，如送官司，重加购赏。……数月之内，唯得一两卷。前修史官工部侍郎韦述，陷贼入东京，至是以其家藏国史一百一十三卷送于官。……休烈寻转工部侍郎，修国史，献《五代帝王论》，帝甚嘉之。"(《旧唐书》卷一四九《于休烈传》)

令狐峘，德棻之玄孙。……及杨绾为礼部侍郎，修《国史》，乃引峘入史馆，……修玄宗实录一百卷，代宗实录四十卷。著述虽勤，属大乱之后，起居注亡失，峘纂开元天宝事，虽得诸家文集，编其诏策，名臣传记，十无三四，后人以漏落处多，不称良史。(《旧唐书》卷一四九《令狐峘传》)

【《唐六典》】　《唐六典》，创修于玄宗时。

开元初，……诏修六典，徐坚构意岁余，叹曰："吾更修七书，

《唐六典》书影

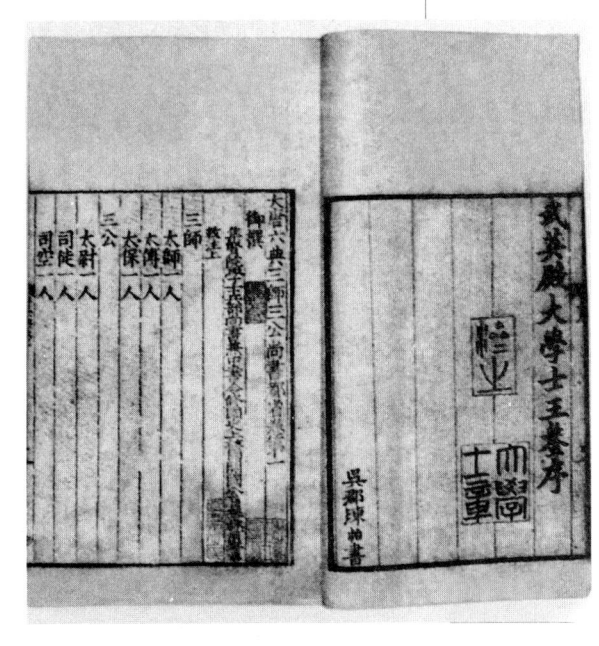

而六典历年未有所适。"及萧嵩引述撰定，述始摹周六官领其属，事归于职，规制遂定。（《唐书》卷一三二《韦述传》）

【《通典》】 政治史巨制，有杜佑《通典》。

杜佑，字君卿，京兆万年人。……性嗜学，该涉古今。……初开元末，刘秩采经史百家之言，取《周礼》六官所职，撰分门书三十五卷，号曰《政典》，大为时贤称赏，房琯以为才过刘更生。佑得其书，寻味厥旨，以为条目未尽，因而广之，加以开元礼乐，书成二百卷，号曰《通典》。分食货、选举、职官、礼、乐、兵、刑、州郡、边防九门。德宗贞元十七年，自淮南使人诣阙献之，……优诏嘉之，命藏书府。其书大传于时，礼乐刑政之源，千载如指诸掌，大为士君子所称。（《旧唐书》卷一四七《杜佑传》）

杜佑，……性嗜学。……先是刘秩摭百家，侔周六官法，为《政典》三十五篇。……佑以为未尽，因广其阙，参益新礼为二百篇，自号《通典》。奏之，优诏嘉美，儒者服其书约而详。（《唐书》卷一六六《杜佑传》）

【谱学】 唐初门第之风未泯，故谱学为时人所重，而专研者亦众。

李守素者，赵州人，代为东山名族。……守素尤工谱学，自晋宋已降，四海士流，及诸勋贵华戎阀阅，莫不详究，当时号为行谱。尝与虞世南共谈人物，言江左山东，世南犹相酬对，及言北地诸侯，次第如流，显其世业，皆有援证，世南但抚掌而笑，不复能答，叹曰："行谱定可畏。"（《旧唐书》卷七二《李守素传》）

敬淳尤明谱学，尽能究其根源枝派，近代已来，无及之者。撰著《姓略记》十卷，行于时。又撰《衣冠本系》，未成而死。（《旧唐书》卷一八九下《路敬淳传》）

柳冲，……初贞观中，太宗命学者撰《氏族志》百卷，以甄别士庶。至是向百年，而诸姓至有兴替，冲乃上表，请改修氏族。中宗命冲与左仆射魏元忠，及史官张锡、徐坚、刘宪等八人，依据《氏族志》，重加修撰。……初冲始与侍中魏知古、中书侍郎陆象先及徐坚、刘子玄、吴兢等，撰成《姓族系录》二百卷，奏上。……开元二年，又敕冲及著作郎薛南金，刊定《系录》，奏上。（《旧唐书》卷一八九下

《柳冲传》)

述好谱学,秘阁中见常侍柳冲先撰《姓族系录》二百卷,述于分课之外,手自抄录,……周岁,写录皆毕,百氏源流,转益详悉,乃于柳录之中,别撰成《开元谱》二十卷。(《旧唐书》卷一○二《章述传》)

【汉书注】 唐世史学风盛,《汉书》尤为学者所崇尚,多有以之名家者。

次则《汉书》之学,亦唐初人所竞尚。自隋时萧该精《汉书》,尝撰《汉书音义》,为当时所贵,《该传》。包恺亦精《汉书》,世之为《汉书》学者,以萧包二家为宗。《恺传》。刘臻精于两《汉书》,人称为汉圣。《臻传》。又有张冲撰《汉书音义》十二卷,于仲文撰《汉书刊繁》三十卷,是《汉书》之学,隋人已究心。及唐而益以考究为业。颜师古为太子承乾注《汉书》,解释详明,承乾表上之,太宗命编之秘阁,时人谓杜征南、颜秘书,为左丘明、班孟坚忠臣。其叔游秦,先撰《汉书决疑》,师古多取其义,此颜注《汉书》,至今奉为准的者也。《师古传》。房玄龄以其文繁难省,又介敬播撮其要,成四十卷,当时《汉书》之学大行。又有刘伯庄,撰《汉书音义》二十卷。秦景通与弟暐,皆精《汉书》,号大秦君、小秦君,当时治《汉书》者,非其指授,以为无法。又有刘纳言,亦以《汉书》名家。《敬播传》。姚思廉少受《汉书》学于其父察,《思廉传》。思廉之孙班,以察所撰《汉书训纂》,多为后之注《汉书》者隐其姓氏,攘为己说,班乃撰《汉书绍训》四十卷,以发明其家学。《姚琦传》。又顾允撰《汉书古今集》二十卷,《允传》。李善撰《汉书辨惑》三十卷,《善传》。王方庆尝就任希古受《史记》、《汉书》,希古迁官,方庆仍随之卒业。《方庆传》。他如郝处俊好读《汉书》,能暗诵,《处俊传》。裴炎亦好《左氏传》、《汉书》,《炎传》。此又唐人之究心《汉书》,各禀承旧说,不敢以意为穿凿者也。(赵翼《廿二史劄记》卷二○"唐初三礼汉书文选之学")

章怀太子贤,字明允,高宗第六子也。……上元二年,孝敬皇帝薨,其年六月,立为皇太子。……招集当时学者太子左庶子张大安,洗马刘讷言,洛州司户格希玄,学士许叔牙、成玄一、史藏诸、周宝宁等,注范晔《后汉书》。表上之,赐物三万段,仍以其书付秘阁。(《旧唐书》卷八六《章怀太子贤传》)

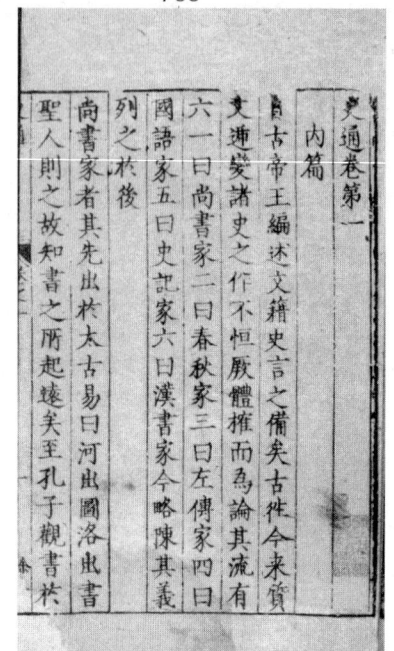

【《史通》】 批评史学，有刘知幾《史通》之著。其书议论精核，千古不废之作也。

刘子玄，本名知幾。……长安中，累迁左史，兼修国史；擢拜凤阁舍人，修史如故。景龙初，再转太子中允，依旧修国史。时侍中韦巨源、纪处讷，中书令杨再思，兵部尚书宗楚客，中书侍郎萧至忠，并监修国史。知幾以监修者多，甚为国史之弊，萧至忠又尝责知幾著述无课，知幾于是求罢史任。……至忠惜其才，不许解史任。……知幾又著《史通子》二十卷，备论史策之体。太子右庶子徐坚，深重其书，尝云：居史职者，宜置此书于座右。知幾自负史才，常慨时无知己，乃委国史于著作郎吴兢，别撰《刘氏家史》十五卷。……景云中，累迁太子左庶子，兼崇文馆学士，仍依旧修国史。……时玄宗在东宫，知幾以名音类上名，乃改子玄。……子玄掌知国史，首尾二十余年，多所撰述，甚为当时所称。……卒年六十一。……后数年，玄宗敕河南府，就家写《史通》以进，读而善之，追赠汲郡太守，寻又赠工部尚书，谥曰文。（《旧唐书》卷一〇二《刘子玄传》）

刘子玄，名知幾，以玄宗讳嫌，故以字行。……自以为见用于时而志不遂，乃著《史通》，内外四十九篇，内篇凡三十六篇，外篇凡十三篇。讥评今古。……子玄领国史，且三十年，官虽徙，职常如旧。礼部尚书郑惟忠，尝问自古文士多，史才少，何耶？对曰："史有三长，'才'、'学'、'识'，世罕兼之，故史者少。夫有学无才，犹愚贾操金，不能殖货；有才无学，犹巧匠无楩柟斧斤，弗能成室。善恶必书，使骄君贼臣知惧，此为无可加者。"时以为笃论。（《唐书》卷一三二《刘子玄传》）

予幼奉庭训，早游文学，年在纨绮，便受《古文尚书》，每苦其辞艰琐，难为讽读，虽屡逢捶挞，而其业不成。尝闻家君为诸兄讲《春秋左氏传》，每废书而听，逮讲毕，即为诸兄说之，因窃叹曰："若使书皆如此，吾不复怠矣。"先君奇其意，于是始授以《左氏》，

期年而讲诵都毕，于时年甫十有二矣。所谓虽未能深解，而大义略举。父兄欲令博观义疏，精此一经，辞以获麟已后，未见其事，乞且观余部，以广异闻。次又读《史》、《汉》、《三国志》，既欲知古今沿革，历数相承，于是触类而观，不假师训，自汉中兴已降，迄乎皇家实录。年十有七，而窥览略周，其所读书，多因假赁，虽部帙残缺，篇第有遗，至于叙事之纪纲，立言之梗概，亦粗知之矣。但于时将求仕进，兼习揣摩，至于专心诸史，我则未暇。洎年登弱冠，射策登朝，于是思有余闲，获遂本愿。旅游京洛，颇积岁年，公私借书，恣情披阅。至如一代之史，分为数家，其间杂记小书，又竞为异说，莫不钻研穿凿，尽其利害，加以自小观书，喜谈名理，其所悟者，皆得之襟腑，非由染习，故始在总角，读班谢两汉，便怪前书不应有《古今人表》，后书宜为更始立纪。当时闻者，共责以为"童子何知，而敢轻议前哲"，于是赧然自失，无辞以对。其后见张衡、范晔集，果以二史为非，其有暗合于古人者，盖不可胜纪，始知流俗之士，虽与之言，凡有异同，蓄诸方寸。及年以过立，言悟日多，常恨时无同好可与言者，惟东海徐坚，晚与之遇，相得甚欢，虽古者伯牙之识钟期，管仲之知鲍叔，不是过也。复有永城朱敬则、沛国刘允济、义兴薛谦光、河南元行冲、陈留吴兢、寿春裴怀古，亦以言议见许，道术相知，所有榷扬，得尽怀抱。每云"德不孤，必有邻，四海之内，知我者不过数子而已"矣。

昔仲尼以睿圣明哲，天纵多能，睹史籍之繁文，惧览者之不一，删诗为三百篇，约史记以修《春秋》，赞易道以黜八索，述职方以除九丘，讨论坟典，断自唐虞，以迄于周，其文不刊，为后王法。自兹厥后，史籍逾多，苟非命世大才，孰能刊正其失？嗟予小子，敢当此任。其于史传也，尝欲自班马已降，讫于姚、李、令狐、颜、孔诸书，莫不因其旧义，普加厘革，但以无夫子之名，而辄行夫子之事，将恐致惊末俗，取咎时人，徒有其劳，而莫之见赏，所以每握管叹息，迟回者久之，非欲之而不能，实能之而不敢也。既朝廷有知音者，遂以载笔见推，由是三为史臣，再入东观。每惟皇家受命，多历年所，史官所编，粗惟记录，至于纪传及志，则皆未有其书。武后长安中，会奉诏预修国史，及今上中宗。即位，又敕撰则天大圣皇后实

录，凡所著述，尝欲行其旧议，而当时同作诸士，及监修贵臣，每与其言凿枘相违，龃龉难入。故有所载削，皆与俗浮沉，虽自谓依违苟从，然犹大为史官所嫉。嗟乎！虽任当其职，而吾道不行；见用于时，而美志不遂。郁怏孤愤，无以寄怀，必寝而不言，嘿而无述。又恐没世之后，谁知予者，故退而私撰《史通》，以见其志。昔汉世刘安著书，号曰《淮南子》，其书牢笼天地，博极古今，上自太公，下至商鞅，其错综经纬，自谓兼于数家，无遗力矣。然自淮南已后，作者无绝，必商榷而言，则其流又众。盖仲尼既殁，微言不行，史公著书，是非多谬，由是百家诸子，诡说异辞，务为小辨，破彼大道，故扬雄《法言》生焉；《法言》主谈理。儒者之书，博而寡要，得其糟粕，失其菁华，而流俗鄙夫，贵远贱近，转滋抵牾，自相欺惑，故王充《论衡》生焉；《论衡》主征据。民者冥也，冥然罔知，率彼愚蒙，墙面而视，或讹音鄙句，莫究本源，或守株胶柱，动多拘忌，故应劭《风俗通》生焉，《风俗通》主博洽；五常异禀，百行殊轨，能有兼偏，知有长短，苟随才而任使，则片善不遗；必求备而后用，则举世莫可，故刘劭《人物志》生焉；《人物志》主辨材。夫开国承家，立身立事，一文一武，或出或处，虽贤愚壤隔，善恶区分，苟时无品藻，则理难铨综，故陆景《典语》生焉；《典语》主评品。词人属文，其体非一，譬甘辛殊味，丹素异彩，后来祖述，识昧圆通，家有诋诃，人相掎摭，故刘勰《文心》生焉。《文心雕龙》主文章体裁。

若《史通》之为书也，盖伤当时载笔之士，其义不纯，思欲辨其指归，殚其体统。夫其书虽以史为主，而余波所及，上穷王道，下掞人伦，总括万殊，包吞千有，自《法言》已降，迄于《文心》而往，固以纳诸胸中，曾不愻芥者矣。夫其为义也，有与夺焉，有褒贬焉，有鉴诫焉，有讽刺焉。其为贯穿者深矣，其为网罗者密矣，其所商略者远矣，其所发明者多矣。盖谈经者恶闻服杜之嗤，论史者憎言班马之失。而此书多识往哲，喜述前非，获罪于时，固其宜矣，犹冀知音君子，时有观焉。尼父有云"罪我者《春秋》，知我者《春秋》"，抑斯之谓也。昔梁征士刘孝标作《叙传》，其自比于冯敬通者有三，而予辄不自揆，亦窃比于扬子云者有四焉。何者？扬雄尝好雕虫小伎，老而悔其少作，余幼喜诗赋，而壮都不为，耻以文士得名，期以述者

自命，其似一也；扬雄草《玄》，累年不就，当时闻者，莫不哂其徒劳，余撰《史通》，亦屡移寒暑，悠悠尘俗，共以为愚，其似二也；扬雄撰《法言》，时人竞尤其妄，故作《解嘲》以训之，余著《史通》，见者亦互言其短，故作《释蒙》《唐书》本传不著。以拒之，其似三也；扬雄少为范逡《汉书》作"逡"、刘歆所重，及闻其撰《太玄经》，则嘲以恐盖酱瓿，然刘范之重雄者，盖贵其文彩，若《长扬》、《羽猎》之流耳，如《太玄》深奥，理难探賾，既绝窥逾，故加讥诮，余初好文笔，颇获誉于当时，晚谈史传，遂减价于知己，其似四也。夫才唯下劣，而迹类先贤，是用铭之于心，持以自慰，抑犹有遗恨，惧不似扬雄者有一焉。何者？雄之《玄经》始成，虽为当时所贱，而桓谭以为数百年外，其书必传，其后张衡、陆绩，果以为绝伦参圣；夫以《史通》方诸太玄，今之君山桓谭字、即徐坚、朱敬则等数君是也，后来张陆，则未之知耳。嗟乎！倘使平子不出，公纪陆绩字不生，将恐此书与粪土同捐，烟烬俱灭，后之识者，无得而观，此予所以抚卷涟洏，泪尽而继之以血也。（刘知幾《史通》卷一〇《自叙》）

《李翱问经图》

（四）性理

唐时讲求性理之学者，有韩愈、李翱，然其说颇有异同。

《原性》……性也者，与生俱生也；情也者，接于物而生也。……性之品有上中下三，上焉者，善焉而已矣；中焉者，可道而上下也；下焉者，恶焉而已矣。……情之品有上中下三，其所以为情者七，曰喜，曰怒，曰哀，曰惧，曰爱，曰恶，曰欲，上焉者之于七也，动而处其中；中焉者之于七也，有所甚，有所亡，然而求合其中者也；下焉者之于七也，亡与甚，直情而行者也。

……上之性就学而愈明，下之性畏威而寡罪，是故上者可教而下者可制也，其品则孔子谓"不移"也。（《昌黎先生集》卷二）

《复性书》中……问曰：凡人之性，犹圣人之性欤？曰：桀纣之性，犹尧舜之性也。其所以不睹其性者，嗜欲好恶之所昏也，非性之罪也。曰：为不善者非性耶？曰：非也，乃情所为也。情有善有不善，而性无不善焉。孟子曰："人无有不善，水无有不下。"夫水，搏而跃之，可使过颡，激而行之，可使在山，是岂水之性哉？其所以导引之者然也。人之性皆善，其不善亦犹是也。……问曰：人之性，犹圣人之性，嗜欲爱憎之心，何因而生也？曰：情者，妄也，邪也。……妄情灭息，本性清明，周流六虚，所以谓之能复其性也。《易》曰："乾道变化，各正性命。"《论语》曰："朝闻道，夕死可矣。"能正性命故也。问曰："情之所昏，性即灭矣，何以谓之犹圣人之性也？"曰："水之性清澈，其浑之者沙泥也，方其浑也。性岂遂无有邪，久而不动，沙泥自沉。清明之性，鉴于天地，非自外来也。故其浑也，性本弗失；及其复也，性亦不生。人之性亦犹水也。"（《李文公集》卷二）

(五) 书法

虞世南，字伯施，越州余姚人。……又同郡沙门智永，善王羲之书，世南师焉，妙得其体。（《旧唐书》卷七二《虞世南传》）

欧阳询，字信本。潭州临湘人。……询初学王羲之书，后更渐变其体，笔力险劲，为一时之绝，人得其尺牍文字，咸以为楷范焉。高丽甚重其书，尝遣使求之，高祖叹曰："不意询之书名，远播夷狄。"……子通少孤，母徐氏教其父书，……遂亚于询。（《旧唐书》卷一八九上《欧阳询传》）

欧阳询……尝行见索靖所书碑，观之，去数步复返，及疲，乃布坐，至宿其旁，三日乃得去。（《唐书》卷一九八《欧阳询传》）

褚遂良，字登善，杭州钱塘人。……工楷隶，太宗尝叹曰："虞世南死，无与论书者。"魏徵白见遂良，帝令侍书。帝方博购王羲之故帖，天下争献，然莫能质真伪，遂良独论所出，无舛冒者。（《唐书》卷一〇五《褚遂良传》）

稷，字嗣通。……初贞观永徽间，虞世南、褚遂良以书颛家，后莫能继。稷外祖魏徵，家多藏虞褚书，故锐精临仿，结体遒丽，遂以书名天下。(《唐书》卷九八《薛稷传》)

贺知章，字季真。会稽永兴人，……善草隶书，好事者供其笺翰，每纸不过数十字，共传宝之。(《旧唐书》卷一九○中《贺知章传》)

张旭草书得笔法，后传崔邈、颜真卿。旭言始吾见公主担夫争路而得笔法之意，后见公孙氏舞剑器而得其神。……后辈言笔札者，欧虞褚薛，或有异论，至张长史无间言矣。(李肇《国史补》卷上)

长沙僧怀素，好草书，自言得草圣三昧，弃笔堆积，埋于山下，号曰笔塚。(李肇《国史补》卷中)

公权初学王书，遍阅近代笔法，体势劲媚，自成一家，当时公卿大臣家碑板，不得公权手笔者，人以为不孝，外夷入贡，皆别署货贝曰："此购柳书。"……公权志耽书学，不能治生，为勋戚家碑板，问遗岁时巨万，多为主藏竖海鸥龙安所窃。(《旧唐书》卷一六五《柳公绰附柳公权传》)

颜真卿，字清臣，……善正草书，笔力遒婉，世宝传之。(《唐书》卷一五三《颜真卿传》)

李阳冰，善小篆，自言斯翁之后，直至小生，曹喜蔡邕，不足言也。(李肇《国史补》卷上)

王方庆，雍州咸阳人也。……则天以方庆家多书籍，尝访求右军遗迹，方庆奏曰："臣十代从伯祖羲之书，先有四十余纸。贞观十二年，太宗购求，先臣并已进之，唯有一卷见今在，又进臣十一代祖道，十代祖洽，九代祖珣，八代祖昙首，七代祖僧绰，六代祖仲宝，

虞世南《破邪论序》

卷三 隋唐五代

五代祖骞，高祖规，曾祖褒，并九代三从伯祖晋中书令献之已下二十八人书，共十卷。"则天御武成殿示群臣，仍令中书舍人崔融为宝章集，以叙其事，复赐方庆，当时甚以为荣。(《旧唐书》卷八九《王方庆传》)

(六) 绘画

立本……尤善图画，工于写真，秦府十八学士图，及贞观中凌烟阁功臣图，并立本之迹也，时人咸称其妙。太宗尝与侍臣学士，泛舟于春苑池中，有异鸟随波容与，太宗击赏数四，诏坐者为咏，召立本令写焉。时阁外传呼云，画师阎立本。(《旧唐书》卷七七《阎立德附阎立本传》)

子孝协……坐受赃赐死。孝协弟孝斌，……孝斌子思训，……尤善丹青，迄今绘事者，推李将军山水。(《旧唐书》卷六〇《长平王叔良传》)

李思训，……官止左武卫大将军，画皆超绝，尤工山石林泉，笔格遒劲，得湍濑潺湲烟霞缥缈难写之状。……其子昭道，同时于此亦不凡，故人云"大李将军"、"小李将军"者，大谓思训、小谓昭道也。(《宣和画谱》卷一〇)

按思训画法，以工丽善于傅彩称，遂开后世北宗一派。

维以诗名，盛于开元天宝间，昆仲宦游两都，凡诸王驸马豪右贵势之门，无不拂席迎之，宁王、薛王待之如师友。维尤长五言诗，书画特臻其妙，笔踪措思，参于造化，而创意经图，即有所缺，如山水平远，云峰石色，绝迹天机，非绘者之所及也。(《旧唐书》卷一九〇下《王维传》)

按维画法，以随意写景，妙

阎立本《步辇图》

得神韵，遂开后世南宗一派。

吴道玄，字道子。……其笔法超妙，为百代画圣。早年行笔差细，中年行笔磊落，如莼菜条。人物有八面，生意活动。其傅采于焦墨痕中，略施微染，自然超出缣素，世谓之吴装。（夏文彦《图绘宝鉴》卷二）

吴道玄，古今独步，前不见顾陆，后无来者，授笔法于张旭，此又知书画用笔同矣。张既号书颠，吴宜为画圣。（张彦远《历代名画记》卷二）

昔吴道子，画钟馗，衣蓝衫，鞹一足，眇一目，腰笏巾首而蓬发，以左手捉鬼，以右手抉其鬼目，笔迹遒劲，实绘事之绝格也。（郭若虚《图画见闻志》卷六）

（七）医学

孙思邈……撰《千金方》三十卷行于代。按思邈谓人命至重，贵于千金，一方济之，德逾于此，故此书以"千金"为名。（《旧唐书》卷一九一《孙思邈传》）

志宁与司空李勣，修定《本草》并图，合五十四篇。（《唐书》卷一〇四《于志宁传》）

珪孙焘，……性至孝，为徐州司马，母有疾，弥年不废带，视絮汤剂，数从高医游，遂穷其术，因以所学作书，号《外台秘要》。（《唐书》卷九八《王珪传》）

甄权……尝以母病，与弟立言专医方，得其旨趣，……撰《脉经》、《针方》、《明堂人形图》各一卷，……立言……撰《本草音义》七卷、《古今录验方》五十卷。（《旧唐书》卷一九一《甄权传》）

陆贽……既放荒远，常阖户，

《孙思邈诊脉图》

人不识其面，又避谤不著书，地苦瘴疠，只为《古今集验方》五十篇示乡人云。(《唐书》卷一五七《陆贽传》)

十五　海外交通

(一) 互市通商

互市监，每监监一人，……掌蕃国交易之事。注：贞观六年，改交市曰互市监。……武后垂拱元年，曰通事监。(《唐书》卷四八《百官志》三)

上为陆路通商，至海上，则有提举市舶官掌理之。

互市舶法，自汉初与南越通关市，而互市之制行焉。……开元定令，载其条目，……而高丽、回鹘、黑水诸国，又各以风土所产，与中国交易。(《宋史》卷一八六《食货志》下八)

其设置市舶使之地方，与其职掌，列表如下。

诸路市舶使 { (一) 广州　(二) 泉州　(三) 杭州 } 市舶使之职掌 { (一) 监视之，使市者不争。(二) 征税入官。}

(二) 唐与日本文化之沟通

唐与日本，文化上关系甚密。日本自隋通中国，得其文化，至唐咸亨、长安中，屡遣使于唐，浮屠、空海等，留学二十余年始归。中国文物输入日本者，以此时为最盛，制度典章，衣冠礼乐，一依唐制，遂为日本文化之源泉。兹据源松苗《日本国史略》卷二。所载，最录如下。

文武天皇庆云元年七月，粟田真人还自唐。真人初适唐，至楚州盐城县，闻革唐称周，惊异焉，彼人曰："我闻日本国，人民丰乐，礼义敦行，今视使人，仪容高洁，君子国名不虚。"既见武墅，武墅宴之麟德殿。真人素好学，能属文，冠进德冠，顶有华蕊四披，紫袍帛带，威仪如神，见者莫不叹美焉。

圣武天皇天平七年，遣唐大使多治比广成还自唐，学生下道真备

偕使归，献孔圣及十哲像，唐礼《大衍历》等书，其他数十物件。

十一年冬，遣唐副使平郡广成以渤海国聘使而还。初广成以天平五年，从大使多治比广成往，使事已竣，四船同发苏州，会飓风起，广成所乘之船，漂泊昆仑国，从官皆为夷贼所劫杀，广成等三人得免，再适长安。时本邦学生阿倍仲麻吕留仕于唐，奏请给其船粮，乃发自登州，经渤海国界，其主大钦茂将聘于我，则以其使而还。帝劳广成，授正五位上。

高野天皇神护景云元年，二月，幸大学释奠。先是文武帝，始行释奠之礼，而仪文器制未备。真备尝西游，亲观唐家典礼，于是斟酌古今，以定仪制。二年七月，大学助教膳臣大丘，请称孔子以唐所追谥文宣王，从之。

光仁天皇宝龟元年，阿倍仲麻吕卒于唐。仲麻吕，中务大辅正五位上船守之子也。初灵龟二年，从遣唐使西游，为留学生。仲麻吕性聪敏，好读书，唐玄宗爱其才而厚遇之，于是更姓名曰朝衡，遂仕于唐，官至秘书监，历左补阙。天平胜宝五年，仲麻吕欲从大使清河东归，王维、李白之徒，以诗送之。衡至明州海岸，将上舟，惜别入夜，仰见海天，以国言作《三笠山月歌》，且译之汉语，以示唐人，众大叹赏。既而泛海遇飓风，漂泊安南，人或传衡没于海，李白作诗哭之。不几，衡自安南复适唐，肃宗喜其无恙，授左散骑常侍安南都护，累迁北海郡开国公，食邑三千户。至是而卒，年七十，或云七十三。代

日本遣唐使船渡海

宗悼惜，赠以潞州大都督。衡留于唐，前后五十年，博览多识。当时我邦才学之士甚多，而吉备、朝衡二人，最擅名海西云。朝或作晁。

六年，……前右大臣吉备真备薨。真备，右卫士少尉下道国胜子也。灵龟二年，从聘使适唐留学，通经史。归任大学助教，为东宫师，大被礼遇，赐姓吉备朝臣，历进中纳言右大臣，讨押胜，窜道镜。至是薨，年八十三。

十年，……遣唐副使大神末足等至自唐，时唐代宗大历十四年也。唐又发使令来报，乃与俱东。既入洋中，大使之船，遇飓而败，大使小野石根及唐使赵宝英等，溺死者六十余人。大伴继人，抱樯漂荡，至肥后西岛。副使大神末足及大野滋野以下三船皆无恙，前年冬还到筑紫，至是入朝复命。初发使之时，帝赐前朝聘使留唐者清河书及纯一百匹、沙金一百两，令促东归而未果，终于唐。至是携其女而还，寻赠清河从二位。是夏，唐使孙兴进等来聘，授位赐物。

桓武天皇延历十一年，……诏诸学士学汉音。大春日、清足在唐娶李氏，今年携归。……二十三年，唐德宗贞元二十年。……是岁遣使于唐，大使葛野麻吕、副使石川道益、判官菅原清公、录事朝野鹿取四人，皆有才学，僧最澄空海等陪从而行，以学释教。（《日本国史略》卷二）

此外日本僧入中国者——

新罗、日本僧入朝学问，九年不还者，编诸籍。（《唐书》卷四八《百官志》三）

至僧侣之往日本传佛教者，则始自鉴真。

佛法自西土，故海东未之有也。天宝末，扬州僧鉴真始往倭国，大演释教经。（李肇《国史补》卷上）

五代十国

梁唐晋汉周，称为五代，共八姓，十三主，五十四年。自西历907年，至西历960年。曰五代者，唐宋传统所系，唯重此中原代易而已。实则十国纷纭，遍于南北，何有正朁之分？故兼述其事，示无轩轾。

梁世系

自朱全忠代唐称帝，西历907年。至末帝灭于后唐，西历922年。凡二主，共十六年。

太祖，姓朱，名温，宋州砀山午沟里人。僖宗赐名全忠。代唐即帝位，国号曰梁，更名晃，改元开平、四年。乾化，二年。在位凡六年。为其子郢王友珪所弑。

末帝，初名友贞，太祖第三子，封均王。友珪弑逆，讨诛之，嗣立，更名锽，又更名瑱，建元乾化、二年。贞明、六年。龙德。二年。唐兵入汴，为其下所杀。在位凡十年。

唐世系

自李存勖灭梁称帝，西历923年。至废帝灭于后晋，西历936年。凡三姓，四主，共十四年。

庄宗，其先沙陀人，唐赐姓李氏，名存勖，太祖克用。之子。即皇帝位，国号曰唐，灭梁，建元同光。三年。丙戌兵乱，中流矢崩。在位凡三年。

明宗，世本夷狄，无姓氏。父电为雁门部将，太祖赐名嗣源。继庄宗而立，改元天成、四年。长

兴，四年。在位凡八年。

憨帝，名从厚，明宗第三子。嗣立，改元应顺。潞王从珂反，兵入汴，废之。在位凡四月。

废帝，名从珂，本姓王，明宗养为子，封潞王。废愍帝而即位，改元清泰。三年。石敬瑭犯阙，帝兵败自焚死。在位凡三年。

晋世系

自石敬瑭灭唐称帝，西历936年。至出帝为契丹所执，西历946年。凡二主，共十一年。

高祖，姓石，名敬瑭，太原汾阳里人。仕唐为北京留守。举兵入洛灭唐，即皇帝位，国号曰晋，建元天福，七年。在位凡七年。

出帝，名重贵，高祖从子，封齐王。嗣位，仍用天福、一年。开运。三年。契丹入汴，北迁，卒于黄龙府。在位凡四年。

汉世系

自刘知远继晋称帝，西历947年。至隐帝灭于后周，西历950年。凡二主，共四年。

高祖，姓刘，初名知远。其先沙陀部人，仕晋，封北平王。出帝北迁契丹，议建国，河东行军司马张彦威等，上笺劝进，遂即皇帝位，改国号曰汉，仍用晋高祖天福年号。在位凡一年。

隐帝，名承祐，高祖第二子，封周王。嗣立，改元乾祐。三年。郭威拥兵犯阙被杀。在位凡二年。

周世系

自郭威灭汉称帝，西历951年。至恭帝禅位于赵匡胤，西历960年。凡二姓三主，共十年。

太祖，姓郭，名威，邢州尧山人。仕汉。以邺都留守入汴，灭汉，即皇帝位，国号曰周，建元广顺，三年。在位凡三年。

世宗，本姓柴，名荣，邢州龙冈人。柴氏女适太祖为后，世宗为

后侄，太祖爱之，养为己子，封晋王。嗣立，改元显德，六年。在位凡六年。

恭帝，名宗训，世宗第四子，封梁王。嗣立，仍用显德年号，在位凡六月，陈桥兵变，禅位于赵匡胤。

前蜀

自王建入据成都，唐昭宗大顺二年，西历891年。至后主衍，灭于后唐，西历925年。凡二主，共三十五年。

高祖，姓王，名建，许州舞阳人。为忠武军将，唐僖宗在蜀，以兵随驾扈从有功，迁壁州刺史。逐西川节度使韦昭度而代之，旋并有两川、三峡、山南西道之地，封蜀王，沿用天复七年。梁氏篡唐，建自帝于成都，国号曰蜀，改元武成、三年。永平、五年。通正、一年。天汉、一年。光天，一年。在帝位凡十一年。

后主，名衍，建之幼子。建卒，嗣立，改元乾德、六年。咸康。一年。唐庄宗灭梁后，于同光三年，遣兵伐蜀取之，衍降。后见杀。在位凡七年。

后蜀

自孟知祥为节度使，后唐同光三年，西历925年。至后主昶灭于宋，西历965年。凡二主，共四十年。

高祖，姓孟，名知祥，邢州龙冈人。仕后唐。庄宗既灭蜀，乃以知祥为成都尹，剑南西川节度副大使。明宗立，知祥背叛，明宗抚慰之，封蜀王。明宗崩，知祥于长兴四年，西历933年。即皇帝位，国号曰蜀，建元明德。一年。是年卒，在位凡一年。

后主，名昶，知祥第三子。嗣立，袭用明德年号，三年。改元广政。二十七年。宋太祖乾德三年，遣师伐蜀，取之，昶降，封秦国公。在位凡三十年。

吴

自杨行密据扬州，唐昭宗景福元年，西历892年。至睿帝禅位于李昪，西历937年。凡四主，共四十六年。

太祖，姓杨，名行密，庐州合淝人。初应募为州兵，迁队长。唐僖宗光启初，逐庐州刺史，据其地，诏就拜刺史。淮南节度使高骈，为毕师铎所攻，行密击师铎，大败之，取扬州，唐又拜行密为淮南节度使。行密遣兵略地，自淮以南、江以东诸州皆下之。天复二年，进爵吴王。天祐二年卒，在位凡十四年。

烈祖，名渥，行密长子。嗣立，封弘农王。梁太祖开平三年，西历909年。为徐温、张颢等所杀。在位凡三年。

高祖，名隆演，渥弟。渥被害，徐温拥立之。梁末帝贞明五年，西历919年。即吴王位，改元武义，二年。在位共十二年。

睿帝，名溥，行密第四子。初封丹阳郡公。继隆演而立，改元顺义。六年。唐明宗天成二年，西历927年。称皇帝，国号曰吴，又改元乾贞、二年。太和、六年。天祚。三年。徐温养子李升秉政，位至齐王。晋高祖天福二年，溥为升所逼，遂禅位。在位凡十七年。

南唐

自李升代吴称帝，晋天福二年，西历937年。至后主降于宋，西历975年。凡三主，共三十九年。

烈祖，姓李，名升，徐州人。为徐温养子，冒姓徐氏，名知诰。既专政，受吴禅，复姓李氏，改名升。自言为唐宪宗子建王恪四世孙，故建国号曰唐，建元升元。六年。在位凡六年。

元宗，名璟，初名景，升之长子。嗣立，改元保大、五年。中兴、交泰。一年。周世宗遣兵伐之，奉表乞为附庸之国，遂奉周年号。宋建隆二年卒。在位共十九年。

后主，名煜，璟第六子。嗣立。宋太祖遣使召煜赴阙，煜称疾不行。开宝七年，西历974年。遣曹彬伐之。翌年，克金陵，俘煜至京师。太祖赦之，封为违命侯。在位凡十四年。

闽

自王潮据福州，唐昭宗景福二年，西历893年。至天德帝灭于南唐，西历945年。凡七主，共五十三年。

王潮，光州固始人。初为县佐史，寿州人王绪，攻陷固始，以潮为军校。绪为秦宗权所攻，率众南奔，自南康入汀，陷漳浦。绪性急

多杀，为下所害，推潮为主，唐僖宗光启二年，授为泉州刺史。旋攻陷福州，尽有闽岭五州之地，昭宗因建威武军于福州，以潮为节度，福建管内观察使，时景福二年也。乾宁四年，西历897年。潮卒。在位凡五年。

太祖，名审知，潮弟。潮卒，审知代立，唐拜为节度使，累迁封琅邪王。唐亡，梁太祖封为闽王。审知虽起自陇亩，而为人俭约，选任良吏，省刑惜费，轻徭薄赋，与民休息，境内晏然。后唐庄宗同光三年卒，在位凡二十八年。

嗣王，名延翰，审知长子。嗣立，建国称王，犹禀正朔。为弟延钧所杀。在位凡一年。

惠宗，名延钧，审知次子。杀延翰自立，改名鏻。后唐明宗长兴四年称帝，国号曰大闽，改元龙启、二年。永和。一年。子继鹏作乱被杀。在位共九年。

康宗，名昶，鏻子。嗣位，改元通文。三年。因不道，为闽人所杀。在位凡三年。

景宗，名延羲，审知少子。嗣位，更名曦，改元永隆。六年。以淫虐被杀。在位凡六年。

天德帝，名延政，审知子，曦弟也。延政数谏曦，曦怒，遣兵攻之，为延政所败。延政乃以建州建国称"殷"，改元天德。三年。明年，曦被杀，延政将入福州。南唐主李璟闻闽乱，发兵攻之，遂取闽，迁延政之族于金陵。在位凡三年。时后晋出帝开运二年也。

楚

自马殷据湖南，唐昭宗乾宁三年，西历896年。至希崇降于南唐，西历951年。凡六主，共五十六年。

武穆王，姓马，名殷，许州鄢陵人。初为孙儒秦宗权部将。裨将，儒攻宣州败死，殷与其下，推刘建峰为主。转攻豫章虔吉，入湖南取潭州，

建峰自称留后，唐僖宗因而授之。昭宗乾宁三年，建峰为其下所杀，推殷为主，遂有潭衡七州之地，梁时封楚王。唐灭梁，殷入贡，仍封爵。后唐明宗长兴元年，西历930年。卒，在位凡三十五年。

衡阳王，名希声，殷次子。继立，在位凡二年。

文昭王，名希范，殷第四子。继立，开运四年卒。在位凡十五年。

废王，名希广，希范同母弟。继立，为其兄希萼所攻，兵败，缢死。在位凡三年。

恭孝王，名希萼。既杀希广，遂自立，时汉乾祐三年也。希萼悉以军政任其弟希崇，希崇与楚旧将徐威、陆孟俊、鲁绾等作乱，被废。在位凡一年。

希崇，遣彭师暠、廖偃囚希萼于衡山，师暠奉希萼为衡山王，臣于南唐李璟。希崇惧，亦请命于璟，璟遣边镐入楚，尽迁马氏之族于金陵。时周太祖广顺元年也。

南汉

自刘隐为广州节度，西历905年。至后主𬬮灭于宋，西历971年。凡五主，共六十七年。

烈祖，姓刘，名隐。其祖安仁，上蔡人，后徙闽中，商贾南海，因家焉。父谦为广州牙将，唐僖宗乾符五年，黄巢攻破广州，去略湖湘间，谦为封州刺史。谦卒，隐代之，昭宗乾宁中，为节度副使；节度徐彦若卒，军中推隐为留后。天祐二年，拜节度使。梁开平三年，封南平王。乾化元年卒。在位凡七年。

高祖，名龑，初名岩，谦庶子。梁太祖乾化元年代立，初受梁封。贞明三年，龑即皇帝位，国号大越，又改国号曰汉，改元乾亨八年。白龙、三年。大有。十五年。在位共三十一年。

殇帝，名玢，龑第三子。嗣位，改元光天，一年。为弟晟所杀。在位凡一年。

中宗，名晟。既立，改元应乾，旋改乾和。十五年。在位凡十五年。

后主，名𬬮，晟长子。嗣立，改元大宝。十三年。宋太祖开宝四年，遣师伐南汉取之，𬬮降，封为恩赦侯。在位凡十三年。

荆南（南平）

自高季兴为荆南节度，西历907年。至继冲降于宋，西历963年。凡五主，共五十七年。

武信王，姓高，名季兴，陕州陕石人。梁太祖开平元年，拜荆南节度，梁末帝封渤海郡王。梁亡，臣于唐，唐兵伐蜀，乘机取夔忠万归峡等州。明宗攻之，取其夔忠万三州，季兴遂臣于吴，吴封为秦王。天成三年卒，在位凡二十二年。

文献王，名从诲，季兴长子。继立，复臣于唐，封南平王。荆南地狭兵弱，介于吴越为小国，自吴称帝，而南汉、闽、楚，皆奉梁正朔，蜀时贡奉，皆假道荆南，季兴、从诲常邀留其使者，掠取其物，而诸道以书责诮，或发兵加讨，即复还之而无愧。其后南汉与闽、蜀皆称帝，从诲所向称臣，盖利其赐予。俚俗语谓夺攘苟得无愧耻者为赖子，犹言无赖也，故诸国皆目为高赖子。汉乾祐元年卒，在位凡二十年。

贞懿王，名保融，从诲第三子。继立。周广顺元年，封渤海郡王。显德元年，进封南平王。宋兴，保融惧，一岁之间，三入贡。建隆元年卒，在位凡十二年。

保勖，从诲第十子。继立，建隆三年卒，在位凡二年。

继冲，保融子。继立。宋乾德元年，太祖诏慕容延钊讨湖南张文表，假道荆南，入其郛，继冲惧，以地内附，举族入朝。在位凡一年。

吴越

自钱镠为镇海节度，西历893年。至俶献地于宋，西历978年。凡五主，共八十六年。

武肃王钱镠，杭州临安人。始为石镜镇将董昌偏裨，击黄巢有功为都将。击刘汉宏，破越州，昌徙居越，而以镠为杭州刺史。击取苏常润等州，唐昭宗景福二年，进镇

钱镠塑像

卷三 隋唐五代

海节度使。乾宁二年，董昌称帝，镠讨平之，尽有两浙之地，后梁太祖封镠为吴越王。后唐庄宗时，镠入贡。长兴三年卒，在位凡四十年。

文穆王，名元瓘，镠第七子。继立，天福六年卒，在位凡九年。

忠献王，名佐，元瓘第六子。继立，开运四年卒，在位凡六年。

忠逊王，名倧，佐弟。继立。大将胡进思，废倧而立俶。在位凡一年。

忠懿王，名俶，佐弟。继立，历汉、周袭封吴越王。宋太宗太平兴国三年，俶入觐，尽献其地。在位凡三十一年。

北汉

自刘旻称帝，西历951年。至英武帝灭于宋，西历979年。凡三姓，四主，共二十九年。

世祖，姓刘，名旻，后汉高祖母弟。后周郭威代汉，旻时为河东节度，使遂称帝于太原，国号曰汉，袭用乾祐年号，通好于契丹，以叔事之，称侄皇帝。后为周世宗所败，以忧卒。在位凡四年。

睿宗，名承钧，旻次子。继立，改元天会，十二年。在位共十四年。

少主，名继恩，承钧养子，本姓薛。继立，宰相郭无为受遗诏辅政，继恩与无为有隙，无为杀之，而立其弟继元。

英武帝，名继元，亦承钧养子，本姓何。继立，仍用天会，至十七年，改元广运。六年。宋太宗太平兴国四年，征之，继元以穷促降，宋封为彭城公。在位凡十一年。

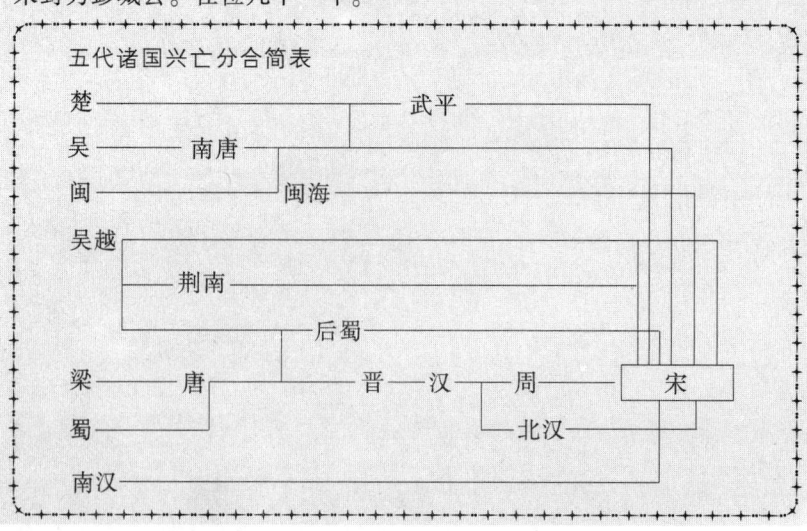

五代诸国兴亡分合简表

```
楚 ─────────────────── 武平 ──┐
吴 ─── 南唐 ─────────────────┤
闽 ─────── 闽海 ─────────────┤
吴越 ────────────────────────┤
     ── 荆南 ────────────────┤
              ── 后蜀 ───────┤
梁 ── 唐 ────── 晋 ── 汉 ── 周 ─┤ 宋
蜀                       北汉 ──┤
南汉 ───────────────────────────┘
```

一　五代诸国疆域

　　唐之盛时，虽名天下为十道，而其势未分。既其衰也，置"军"、"节度"，号为方镇，……兵骄则逐帅，帅强则叛上，……天下之势，自兹而分。……自僖昭以来，日益割裂。梁初天下别为十一，南有吴、浙、荆湖、闽、汉，西有岐、蜀，北有燕、晋，而朱氏所有七十八州以为梁。庄宗初起并代，取幽、沧，有州三十五。其后又取梁、魏、博等十有六州，合五十一州以灭梁。岐王称臣，又得其州七。同光破蜀，已而复失，……而营、平二州陷于契丹，……合一百二十三州以为唐。石氏入立，献十有六州于契丹，而得蜀金州，……合一百九州以为晋。刘氏之初，秦、凤、阶、成复入于蜀，……合一百六州以为汉。郭氏代汉，十州入于刘旻，世宗取秦、凤、阶、成、瀛、漠及淮南十四州，……合一百一十八州以为周。宋兴因之。此中国之大略也。其余外属者，强弱相并，不常其得失。至于周末，闽已先亡，而在者七国，自江以下二十一州为南唐；自剑以南，及山南西道，四十六州为蜀；自湖南北十州为楚；自浙东西十三州为吴越；自岭南北四十七州为南汉；自太原以北十州为东汉，而荆、归、峡三州为南平，合中国所有二百六十八州，而军不在焉，唐之封疆远矣，……而羁縻、寄治、虚名之州在其间。五代乱世，文字不完，而时有废省，又或陷于夷狄，不可考究。

（《五代史》卷六〇《职方考序》）

五代十国略图之后梁时代

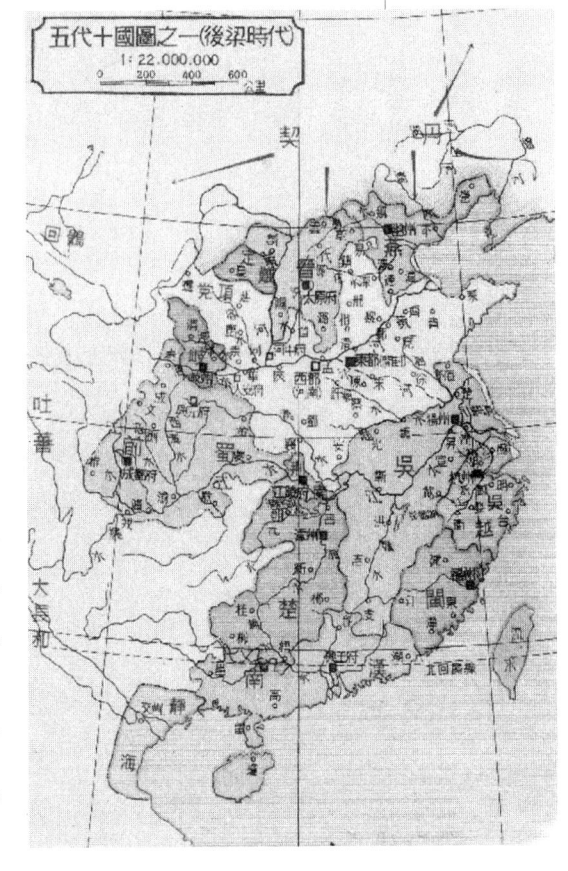

五代诸国疆域简表

唐道别	州名	梁	唐	晋	汉	周	蜀	后蜀	吴	闽	楚	南唐	吴越	荆南	南汉	北汉	备考
京畿道	雍 华 同	雍 [岐]崇 华 同 [岐李茂贞]	雍 乾 耀 华 同 岐	雍 乾 耀 华 同 岐	雍 乾 耀 华 同 岐	雍 乾 耀 华 同 岐											《五代史·职方考》，乾州，李茂贞置，治奉先县。《五代史·职方考》，耀州，李茂贞置，治华原县，梁初改曰崇州，唐同光元年，复为耀州。《读史方舆纪要》，李茂贞于美原置鼎州，梁改为裕州。陈芳绩《历代地理沿革表》，唐同光元年，废裕州入耀州。按《五代史·职方考》无，特补之。
都畿道	洛 陕 虢 汝	洛 陕 虢 汝	洛 陕 虢 汝	洛 陕 虢 汝	洛 陕 虢 汝	洛 陕 虢 汝											
关内道	陇 泾 宁 衍 坊 翟 鄜 丹 延 庆 原 武 盐 灵 宥 夏 银 绥 [胜]麟 [丰警会]	陇 泾 [岐李茂贞] 宁 衍 坊 禧 鄜 丹 延 庆 原 武 [岐李茂贞] 盐 灵 宥 夏 银 绥 [李晋]麟	陇 泾 宁 衍 坊 鄜 丹 延 庆 原 武 盐 灵 威 宥 夏 银 绥 府 麟	陇 泾 宁 衍 坊 鄜 丹 延 庆 原 武 盐 灵 威 宥 夏 银 绥 府 麟	陇 泾 宁 衍 坊 鄜 丹 延 庆 原 武 盐 灵 威 宥 夏 银 绥 府 麟	陇 泾 宁 坊 鄜 丹 延 庆 原 武 盐 灵 环 宥 夏 银 绥 府										麟	《五代会要》，周显德五年六月，废衍州为平定镇，隶邠州。《历代地理沿革表》，唐末分坊州立翟州，梁改为禧州，寻废。按《五代史·职方考》无，特补入。《五代会要》，周显德五年六月，废武州为潘源县，隶渭州。《五代会要》，晋天福四年五月，敕灵州方渠镇，宜升为威州。周广顺二年三月，改为环州。显德四年九月，降为通远军。《历代地理沿革表》，胜州没于契丹。《历代地理沿革表》，丰警会没于吐蕃。

续表

唐 道别	州名	五季												备考
		梁	唐	晋	汉	周	蜀	后蜀	吴	闽	楚	南唐	吴越	荆南	南汉	北汉	
河南道	汴郑蔡许陈颍亳宋辉曹滑濮郓齐淄徐宿兖棣沂青莱登密海	汴郑蔡许陈颍亳宋辉曹滑濮郓齐淄徐宿兖棣沂青莱登密海	汴郑蔡许陈颍亳宋单曹滑濮郓齐淄徐宿兖棣沂青莱登密海	汴郑蔡许陈颍亳宋单曹滑濮郓齐淄徐宿兖棣沂青莱登密海	汴郑蔡许陈颍亳宋单曹滑濮郓齐淄徐宿兖棣沂青莱登密海	汴郑蔡许陈颍亳宋单曹滑濮郓济齐淄滨徐宿兖棣沂青莱登密海							海				海	《五代史·职方考》，唐末，以宋州之砀山，梁太祖乡里也，为置辉州，唐灭梁，改辉州为单州。 《五代会要》，周广顺二年九月，以郓州巨野升为济州。 《五代会要》，周显德三年六月，以赡国军升为滨州。 《五代史·南唐世家》，周世宗复南征，扬泰滁和寿濠泗楚光海等州，已为周得，李景遂献庐舒蕲黄，画江以为界。
河东道	蒲晋绛潞泽慈隰并宪汾石沁辽岚忻代	蒲晋绛潞泽慈隰并宪汾石沁辽岚忻代	蒲晋绛潞泽慈隰并宪汾石沁辽岚忻代	蒲晋绛潞泽慈隰并宪汾石沁辽岚忻代	蒲解晋绛潞泽慈隰并宪汾石沁辽岚忻代	蒲解晋绛潞泽慈隰并宪汾石沁辽岚忻代											并宪汾石沁辽岚忻代	《五代会要》，汉乾祐元年九月，升解县为州。

续表

唐道别	州名	五季													备考
		梁	唐	晋	汉	周	蜀	后蜀	吴	闽	楚	南唐	吴越	荆南	南汉	北汉	
河东道	朔蔚云应	李晋	朔寰蔚云应	契丹	契丹	契丹											《读史方舆纪要》，唐明宗天成初，置寰州，今为朔方马邑县。
河北道	怀孟卫相磁洺邢赵冀定祁镇易贝魏澶博深德沧景瀛莫 幽蓟涿儒檀顺新武妫营平燕	怀孟卫相惠洺邢赵冀定祁镇易贝魏澶博深德沧景瀛莫 李晋	怀孟卫相磁洺邢赵冀定祁泰镇易贝魏澶博深德沧景瀛莫 幽蓟涿儒檀顺新毅妫营平晋	怀孟卫相磁洺邢赵冀定祁泰镇易贝魏澶博深德沧景契丹瀛莫契丹 丹	怀孟卫相磁洺邢赵冀定祁镇易贝魏澶博深德沧景瀛莫雄霸 契丹												《五代史·职方考》，磁州，梁改曰惠州，唐复曰磁州。 《五代会要》，后唐天成三年三月，升奉化军为泰州，以清苑县为理所，至周广顺二年二月废州，按《五代史·职方考》无，特补入。 《五代史·职方考》，周显德二年，废景州为定远军。 《五代史·晋高祖纪》，天福元年十一月，皇帝即位，以幽涿蓟檀顺瀛漠蔚朔云应新妫儒武寰十六州，入于契丹。 《五代会要》，周显德六年五月，以瓦桥关为雄州，割容城、归义二县隶之；益津关为霸州，割文安、大城二县隶之，地望并为中州，时初平关南故也。 欧阳忞《舆地广记》，长兴元年，改武州为毅州。又《历代地理沿革表》，后唐复曰武州。 《通考·舆地考》，唐末刘仁恭以营平二州遗契丹，后唐庄宗灭仁恭而取其地，既灭梁，复陷契丹。 《唐书·地理志》"幽都"注：建中二年，为朱滔所灭，因废为县。

续表

唐道别	州名	五季 梁	唐	晋	汉	周	蜀	后蜀	吴	闽	楚	南唐	吴越	荆南	南汉	北汉	备 考
山南东道	荆襄邓唐随郢复均房峡归夔万忠	荆襄邓唐泌随郢复均房	襄邓泌随郢复均房夔万忠	襄邓泌随郢复均房	襄邓泌随郢复均房	襄邓唐随郢复均房		峡归夔万忠	夔万忠						荆峡归			《续通志·地理略》，唐州，昭宗乾祐三年，朱全忠徙治泌阳，表更名。《通考·舆地考》，后唐复。晋又为泌州，《太平寰宇记》，汉初复旧名（唐州）。《历代地理沿革表》，梁更复州武威军，唐仍之。晋天福元年，改曰竟陵郡。汉曰复州，周曰沔州。
山南西道	梁洋金商凤兴利阆开果合渝涪渠濛蓬壁巴通集	梁洋金商凤兴利阆开果合渝涪渠蓬壁巴通集	金商凤兴利阆开果合渝涪渠濛蓬壁巴通集	金商凤兴利阆开果合渝涪渠濛蓬壁巴通集	金凤兴利阆开果合渝涪渠濛蓬壁巴通集	梁洋金凤兴利阆开果合渝涪渠濛蓬壁巴通集	梁洋金凤兴利阆开果合渝涪渠濛蓬壁巴通集										《十国春秋·地理表》，蜀复置濛州。按《五代史·职方考》无，特补入。
陇右道	秦成阶渭	秦成阶	秦成阶渭	秦成阶渭	渭	秦成阶	秦成阶										《五代史·后蜀世家》，汉高祖起于太原，中国多故，雄武军节度使何建，以秦成阶三州附于蜀，昶因遣孙汉韶攻下凤州，于是悉有王衍故地。按秦成阶凤四州，汉初即入蜀，而《职方考》列为汉有，误也。又广政十八年，周世宗伐蜀，乃遣高彦俦、李廷珪，出堂仓以拒周师，彦俦大败，于是秦成阶凤复入于周。

续表

唐道别	州名	五季 梁	唐	晋	汉	周	蜀	后蜀	吴	闽	楚	南唐	吴越	荆南	南汉	北汉	备考
陇右道																	按《唐书·地理志》，此下有兰、临、河、洮、岷、叠、宕、鄯、廓、凉、甘、肃、瓜、沙、伊、西等十六州，其地自天宝乱后，陷于吐蕃。宣宗大中五年，沙州人张义潮以河西诸州来归，于是尽复河湟地。僖宗广明以后，中原多故，遂为吐蕃、回纥等所分据，五代时虽有以地内附者，但亦羁縻之而已。
淮南道	扬楚和滁泗濠寿庐舒蕲黄沔安申光	安申	安申	安申	泰通楚和滁泗濠寿庐舒蕲黄安申	扬楚和滁泗濠寿庐舒蕲黄安申光			扬楚和滁泗濠寿庐舒蕲黄光			扬雄泰楚和滁泗濠寿庐舒蕲黄光					《五代史·周纪》，显德五年三月，克淮南十有四州，以江为界。按周得南唐扬雄泰楚和滁泗濠庐舒蕲黄光十四州也。《五代史·职方考》，南唐以六合为雄州，周复故。《十国春秋·地理表》，吴置海陵制置院，南唐升元元年，升为泰州。《历代地理沿革表》，通州，周显德时置。《续通典·州郡典》，唐沔州，废入鄂州。
江南东道	润升常苏湖杭睦歙婺衢越明台处温建				润升常歙	润升常				建镛镡		润升常苏秀湖杭睦婺衢越明台处温建剑	苏秀湖杭睦歙婺衢越明台处温				《五代会要》，晋天福三年十月，两浙钱元瓘奏以杭州嘉兴县置秀州。《十国春秋·地理表》，镛州旧为将乐县，天德元年，升县为镛州。《读史方舆纪要》，南唐以镛州并入镡州。《十国春秋·地理表》，闽王延政置镡州，南唐拔之。马令《南唐书》，保大三年，以延平津为剑州。

续表

唐道别	唐州名	五季 梁	五季 唐	五季 晋	五季 汉	五季 周	五季 蜀	五季 后蜀	五季 吴	五季 闽	五季 楚	五季 南唐	五季 吴越	五季 荆南	五季 南汉	五季 北汉	备 考
江南东道	福泉漳汀									福泉漳汀		泉南汀	福				《读史方舆纪要》，漳泉二州，虽为留从效所据，而羁属于南唐也。《十国春秋·地理表》，南州闽为漳州，南唐改南州。
江南西道	宣池饶信抚虔洪 吉袁郴江鄂岳潭衡永道邵朗澧								宣池饶信抚虔洪 吉袁江鄂		岳潭衡永全道邵朗澧	宣池饶信抚虔洪筠 吉袁江鄂			郴		《十国春秋·地理表》，南唐保大十年正月，复置筠州于高安县。《五代会要》，晋天福四年四月，湖南马希范奏以湘川县置全州。
黔中道	黔施辰叙溪锦奖费 思夷溱南播		黔施			黔施	黔施				辰叙溪锦奖						《五代史·楚马殷世家》，澧州向瓌、辰州宋邺、溆州昌师益等，率溪洞诸蛮皆附于殷。《职方考》未列叙州，特补入。《五代史·楚马希范世家》，溪州刺史彭士然，率锦奖诸蛮攻澧州，希范遣刘勍、刘全明等击之，士然大败，勍等攻溪州，士然走奖州，遣其子师暠率诸蛮酋降于勍，于是南宁州酋长莫彦殊，率其本部十八州，都云酋长尹怀昌，率其昆明等十二部，牂牁张万濬率其夷播等七州，皆附于希范。按此马氏已据有全黔，史无明文，其详待考。《宋史·地理志》，建隆四年，平湖南，得州一十五，监一。注：潭衡邵郴道永全岳澧朗奖辰锦溪叙，桂阳监。按《五代史·职方考》，仅列十州，而奖锦溪不与焉。

续表

唐						五 季								备 考
道别	州名	梁	唐	晋	汉	周	蜀	后蜀	吴	闽	楚	南唐	吴越	荆南	南汉	北汉	
剑南道	益蜀彭汉绵剑梓遂普资昌简陵邛雅黎眉嘉荣泸戎茂文龙维翼松当悉静恭柘保真霸乾扶嶲姚	益蜀彭汉绵剑梓遂普资昌简陵邛雅黎眉嘉荣泸戎茂文龙维					益蜀彭汉绵剑梓遂普资昌简陵邛雅黎眉嘉荣泸戎茂文龙维	益蜀彭灌汉绵剑梓遂普资昌简陵邛雅黎眉嘉荣泸戎茂文龙维									《十国春秋·地理表》，前蜀武成元年，灌州奏武部郎中张道古卒，则灌州为名已久，当不自后蜀始矣。 《历代地理沿革表》，羌人据维州，蜀徙治中州城。 《唐书·地理志》，松州，广德元年没吐蕃，其后松、当、悉、静、柘、恭、保、真、霸、乾、维、翼等为行州，以部落首领世为刺史司马。 按《旧五代史·唐纪》，庄宗同光三年蜀平，得郡六十四，而《五代史·职方考》列有五十七州，除潭衡沣为楚所据未经隶属外，只有五十四州，以此计之，尚阙十州，或者松翼诸州，其时有为蜀所有者，然考之各书，均无确证。即《历代地理沿革表》，亦仅列州名，不详所属。兹姑存其名，以合六十四州之数，其详待考。 《历代地理沿革表》，扶州，大历五年，陷入吐蕃，大中二年，收复后废。 《历代地理沿革表》，嶲州，懿宗时为蒙诏所据。 《历代地理沿革表》，五代栏，姚州属南诏。

续表

唐				五		季							备 考
道别	州名	梁	唐	晋	汉	周	蜀	后蜀	吴	闽	楚	南唐	吴越	荆南	南汉	北汉	
岭南道	广														广		
	诏														英韶		《五代史·职方考》，英州，南汉刘龑割广州之浈阳置。
	循														雄循		《五代史·职方考》，雄州，南汉刘龑割韶州之保昌置。
	潮														祯潮		《十国春秋·地理表》，南汉改旧循州为祯州，而别立循州于北境。
	连										连				敬连		《十国春秋·地理表》，祯州，《欧史·职方考》作惠州。按宋天禧时，以州名犯太子名，始改为惠。五代时，未尝有惠州也。
	端														端		
	康														康		《五代史·职方考》无。兹据《十国春秋·地理表》，及《读史方舆纪要》补入。
	恩														恩		
	春														春		《历代地理沿革表》，南汉乾和四年，割潮州程乡县置敬州。
	勤														勤		
	新														新		《十国春秋·地理表》恭州，乃宋避庙讳而称之。
	封														封		
	潘														潘		
	高														高		《十国春秋·地理表》，辨州，至宋太平兴国五年，改曰化州。《五代史·职方考》，既有辨州，复列化州误。
	辨														辨		
	顺														顺		顺州，《五代史·职方考》无，兹据《十国春秋·地理表》及《历代地理沿革表》补入。
	罗														罗		
	窦														窦		
	陇														陇		
	雷														雷		
	钦														钦		
	廉														廉		
															常乐		《舆地广记》，常乐州，南汉立，开宝五年废。《五代史·职方考》无，兹特补入。
	陆																《读史方舆纪要》，及《历代地理沿革表》，均有陆州，而五季时，未有其名，何时改废，待考。
	崖														崖		
	琼														琼		
	万安														万安		
	儋														儋		
	振														振		《五代史·职方考》无振州，《宋史·地理志》及《十国春秋》，均列其名，兹持补入。
	桂										桂				桂		
	溥										溥				溥		《十国春秋·地理表》，晋开运三年，文昭王奏立溥州，《五代史·职方考》阙，兹特补入。
	严										严				严		
	峦														峦		《五代史·职方考》无峦州，兹据《十国春秋·地理表》及《历代地理沿革表》补入。
	昭										昭				昭		
	富										富				富		
	贺										贺				贺		
	蒙										蒙				蒙		
	梧										梧				梧		
	藤														藤		
	义														义		《五代史·职方考》无义州，兹据《十国春秋·地理表》及《历代地理沿革表》补入。

续表

唐道别	唐州名	五季 梁	五季 唐	五季 晋	五季 汉	五季 周	五季 蜀	五季 后蜀	五季 吴	五季 闽	五季 楚	五季 南唐	五季 吴越	五季 荆南	五季 南汉	五季 北汉	备考
岭南道	郁林容白山牢党禺龚浔贵绣横邕宾澄象柳融宜交										龚				象柳融宜	郁林容白思唐牢党禺龚浔贵绣横邕宾澄象柳融宜交		《读史方舆纪要》，思唐，或曰即唐之山州，《五代史·职方考》无，兹并据《十国春秋·地理表》补入。 《五代史·职方考》无牢州，兹据《十国春秋·地理表》及《历代地理沿革表》补入。 同上。 同上。 同上。 《五代史·职方考》无贵绣，兹据《十国春秋·地理表》，及《历代地理沿革表》补入。 《十国春秋·地理表》，光天元年，即晋天福七年，改邕州为诚州，避庙讳，未几复故。按晋高祖父，名绍雍。 《五代史·职方考》无澄，兹据《历代地理沿革表》补入。 《五代史·南汉世家》，龚，大有三年，遣将攻交趾，擒曲承美。四年，爱州杨廷艺叛，攻交州，刺史李进逋归。按交州初为南汉所有，至此始沦为化外。《职方考》不列其名，兹据以补入。 按《新旧唐书·地志》，属于岭南道诸州，除上列者外，在容管经略使管内，尚有汤瀼岩古四州；邕管内，有田州；安南管内，有武峨、芝、爱、福禄、长、欢、演、峰、笼、环十州，共十五州。唐末南诏之患，率多陷没。唯《五代史·南汉世家》，龚取容管，又取邕管，则该二管内之州，当属南汉。特考各书，率未列其名，姑附志之。
附记		梁盛时，有州七十八。	唐盛时，有州一百七十四，后唐取其五十。	晋盛时，有州一百一十一。	汉盛时，有州一百零七。	周盛时，有州一百一十八。	蜀盛时，有州五十四。	后蜀盛时，有州五十二，后为周取去四。	吴盛时，有州二十八。	闽盛时，有州七。	楚盛时，有州二十九，后为南汉取去十四。	南唐盛时，有州三十六，后为周取去江北。	吴越盛时，有州十三。	荆南盛时，有州三。	南汉盛时，有州六十三，旋失交州。实有	北汉盛时，有州十。	一、本表所列唐州名，以《新旧唐书·地理志》为根据，而参以诸书，其十五道之区分，则依《读史方舆纪要》。 二、本表五季各国州名，以《五代史·职方考》为根据，其间遗漏错误之处，则据诸书是正添补之。 三、各国原有之州，其后失去者，则加圈栏如□，以示区别；其因战争旋得旋失者，概不阑入。

续表

唐道别	州名	五季													备考
		梁	唐	晋	汉	周	蜀	后蜀	吴	闽	楚	南唐	吴越	荆南	南汉	北汉	
附记		一州，契丹取其二州，实有一百廿一州。						州，实有四十八州。			州，实有十五州。	十五州，实有二十百州。			六十二州。		

自唐失其政，天下乘时，鲸髡盗贩，衮冕峨巍，吴暨南唐，奸豪窃攘，蜀险而富，汉险而贫，贫能自强，富者先亡，闽陋荆蹙，楚开蛮服，剥剽弗堪，吴越其尤，牢牲视人，岭蛋遭刘，百年之间，并起争雄。(《五代史》卷六一《世家序》)

二 五代之分争

(一) 民生之痛苦

甲、赋税之繁

【田赋】

及庄宗平定梁室，任吏人孔谦为租庸使，峻法以剥下，厚敛以奉上，民产虽竭，军食尚亏，加之以兵革，因之以饥馑，不三四年，以致颠陨。其义无他，盖赋役重，而襄区失望故也。(《旧五代史》卷一四六《食货志》)

唐同光三年二月，敕魏府小绿豆税，每亩减收三升。城内店肆园圃，比来无税，顷因伪命，遂有配征。……宜示矜蠲，令据紧慢去

处，于见输税丝上，每两作三等，酌量纳钱，收市军装衣赐，其丝仍与除放。(《旧五代史》卷一四六《食货志》)

明年，同光四年。以军食不足，敕河南尹预借夏秋税，民不聊生。(《通考》卷三《田赋考》三)

明宗天成元年四月，敕应纳夏秋税先有省耗，每斗一升，今后止纳正税数，不量省耗。(《旧五代史》卷一四六《食货志》)

长兴三年十二月，三司奏请诸道上供税物，充兵士衣赐不足。其天下所纳斛斗及钱，除支赡外，请依时折纳绫罗绢帛，从之。(《旧五代史》卷一四六《食货志》)

汉隐帝时，三司使王章，聚敛刻急。旧制田税每斛更输二斗，谓之"雀鼠耗"，章始令更输二斗，谓之"省耗"；旧钱出入皆以八十为陌，章始令入者八十，出者七十七，谓之"省陌"。(《通考》卷四《田赋考》四)

吴徐知诰为淮南帅，以宋齐邱为谋主。先是吴有丁口钱，又计亩输钱，民甚病之。齐邱以为钱非耕桑所得，使民输钱，是教之弃本逐末也，请蠲人口钱，自余税悉收谷帛绸绢，匹直千钱者税三十。(《通考》卷三《田赋考》三)

两浙钱氏偏霸一方，急征苛惨，科赋凡欠一斗者，多至徒罪。(郑文宝《江表志》卷中)

吴越旧式，民间尽算丁壮钱，以增赋舆，贫匮之家，父母不能保守，或弃于襁褓，或卖为僮妾，至有提携寄于释老者。真宗一切蠲放，吴俗始苏。(释文莹《湘山野录》卷上)

希范乃立铜柱为表，命学士李皋铭之。……希范作会春园，嘉宴堂，其费巨万，始加赋于国中。(《五代史》卷六六《楚世家》)

刘铢……移镇青州，……立法深峻，令行禁止。……在任擅行赋敛，每秋苗一亩，率钱三千；夏苗一亩，钱二千。(《旧五代史》卷一〇七《刘铢传》)

【盐酒税】

五季暴政所兴，江东西酿酒则有麹引钱，食盐则输盐米，供军须则有鞋钱，入仓库则有蓰钱。(《通考》卷四《田赋考》四)

吴徐知诰用歙人汪台符之策括定田赋，每正苗一斛，别输三斗，官授盐一斤，谓之盐米，入仓则有蓰米。(《通考》卷四《田赋考》四)

凡盐铛户，应纳盐利，每斗折纳白米一斗五升，晋初始令折钱收纳。灶户所纳如此，盐价之贵可知也。海盐界分，每年收钱一千七万贯。以区区数十州之地，而收价如此，其价更可知也。每城坊官，自卖盐乡村，则案户配食，依田税输钱。其私贩之禁，十斤以上，即处死；刮碱煎盐者，不论斤两皆死。凡告者十斤以上，赏钱二十千，五十斤以上三十千，百斤以上五十千。其法令之严可知也。晋高祖知盐贵之病民，乃诏计户征税，每户自一千至二百文，分五等，听商人贩盐，民自买食，一时颇以为便。出帝时，又令诸州郡税盐，过税斤七钱，住税斤十钱，盖已案户征盐钱，不便改法，乃又加征商税，使利归于官也。汉乾使利归于官也。汉乾祐中，青盐一石，抽税一千文，盐一斗，是又加重于出帝时矣。周广顺中，始诏青盐一石抽八百文，盐一斗；白盐一石，抽五百文，盐五升。然盐价既因抽税增贵，而案户所征之盐税，又不放免，是一盐而二税，民益苦之。此盐法之大概也。其酒麴之禁，孔循曾以麴法杀一家于洛阳，注：私麴五斤以上皆死。明宗乃诏乡村人户，于秋田苗上，每亩纳钱五文，听民自造麴酿酒，其城坊亦听自造而榷其税。长兴中，又减五文为三文，寻仍诏官自造麴，减旧价之半，卖民酿酒。汉乾祐中，私麴之禁，不论斤两皆死。周广顺中，仍改为五斤以上。然五斤私麴，即处极刑，亦可见法令之酷矣。此麴法之大概也。注：以上俱见《薛史》及《五代会要》。即此二事，峻法专利，民已不堪命。（赵翼《廿二史劄记》卷二二"五代盐麴之禁"）

【商税】

后唐明宗天成元年，诏省司及诸府，置税茶场院，自湖南至京六七处纳税，以至商旅不通，及州使置杂税务交下烦碎，宜定合税物色

名目，商旅即许收税，不得邀难。二年，敕应三京诸道州府商税等多不系属州府，皆是省司差置场官，特议改更，贵除繁屑。自今已后，诸商税并委逐处州府扑断，依省司常年定额，勾当办集。(《续通典》卷一六《食货》一六)

后周显德五年，敕诸道州府，应有商贾与贩牛畜者，不计黄牛水牛，凡经过处，并不得抽税。如是货卖处，只仰据卖价，每一千抽税钱三十，不得别有邀难。(《通考》卷一四《征榷考》一)

申渐高尝因曲宴，天久无雨，烈祖曰："四郊之外皆言雨足，惟都城百里之地亢旱何也？"渐高云："雨怕抽税，不敢入城。"翌日市征之令得蠲除。(郑文宝《江表志》卷上)

【冶铁税】

后唐长兴二年，敕今后不计农器烧器动使诸物，并许百姓逐便自铸造，诸道监冶除依常年定数铸办供军熟铁并器物外，只管出生铁，比已前价各随逐处见定高低，每斤一例减十文。货卖杂使熟铁，亦任百姓自炼。……乡村百姓，只于夏秋苗亩上，纳农器钱一文，五分足，随夏秋二税送纳。(《通考》卷一八《征榷考》五)

晋天福六年，敕节文，……百姓农具破者，须于官场中卖铸时，却于官场中买铁。今后许百姓取便，铸造买卖，所在场院，不得禁止搅扰。(《通考》卷一八《征榷考》五)

【苛敛】

潞王之发凤翔也，许军士以入洛人赏钱百缗。既至，阅府库，实金帛不过三万匹两，而赏军之费，应用五十万缗，乃率京城民财，数日仅得数万缗。执政请据屋为率，无问士庶自居及僦者，预借五月僦直，百方敛民财，仅得六万。帝怒，下军巡使狱，昼夜督责，囚系满狱，贫者至自经死，而军士游市肆，皆有骄色。(《通考》卷二三《国用考》一)

周广顺二年，敕约每岁民间所收牛皮三分减二，

五代北汉雕塑

五代人物画

计田十顷，税取一皮，余听民自用及买卖，惟禁卖于邻国。先是兵兴以来，禁民私卖牛皮，悉令输国受直。唐明宗之世，有司止偿以盐。晋天福中，并盐不给。汉法，犯牛皮一寸抵死，然民间日用，实不可无，帝素知其弊。至是李谷建议，均于田亩，公私便之。（《通考》卷四《田赋考》四）

鏻乃即皇帝位，……而闽地狭，国用不足，以中军使薛文杰为国计使。文杰多察民间阴事，致富人以罪而籍没其货以佐用，闽人皆怨。（《五代史》卷六八《闽世家》）

茂贞居岐，以宽仁爱物，民颇安之。尝以地狭赋薄，下令榷油，因禁城门无内松薪，以其可为炬也。有优者诮之曰："臣请并禁月明。"茂贞笑而不怒。（《五代史》卷四〇《李茂贞传》）

在礼所至，邸店罗列，积货巨万。……在宋州，人尤苦之。已而罢去，宋人喜而相谓曰："眼中拔钉，岂不乐哉！"既而复受诏居职，乃籍管内口率钱一千，自号"拔钉钱"。（《五代史》卷四六《赵在礼传》）

张崇帅庐江，好为不法，士庶苦之。尝入觐江都，庐人幸其改任，皆相谓曰："渠伊必不复来矣。"崇归闻之，计口征"渠伊钱"。（郑文宝《江表志》卷中）

芊先主以国用不足，税民间鹅卵出双子者，柳花为絮者。（王士禎《五代诗话》卷三引《天中记》）

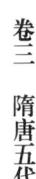

卷三 隋唐五代

乙、钱币滥恶

唐庄宗同光二年三月，知唐州晏骈安奏，市肆间点检钱帛，内有锡镴小钱，拣得不少，皆是江南纲商挟带而来。诏曰："帛布之币，杂以铅锡，惟是江湖之外，盗铸尤多，市肆之间，公行无畏，因是纲商挟带，舟楫往来，换易好钱，藏贮富室，实为蠹弊，须有条流。宜令京城诸道，于坊市行使钱内，点检杂恶铅锡钱，并宜禁断。沿江州县，每有舟船到岸，严加觉察，不许将杂铅锡恶钱往来，换易好钱，如有私载，并行收纳。"(《旧五代史》卷一四六《食货志》)

天成元年八月，中书门下奏：访闻近日诸道州府，所卖器价贵，多是销镕见钱，以邀厚利。乃下诏曰："……如原旧系铜器及碎铜，即许铸造，仍令生铜器物，每斤价定二百文；熟铜器物，每斤四百文。如违省价，买卖之人，依盗铸钱律文科断。"(《旧五代史》卷一四六《食货志》)

晋天福三年，诏曰："国家所资，泉货为重，销蠹则甚，添铸无闻。宜令三京诸道州府，无问公私应，有铜者，并许铸钱，仍以'天福元宝'为文，左环读之，每一钱重二铢四累，十钱重一两。仍禁将铅铁杂铸，诸道应有久废铜冶，许百姓取便开炼，永远为主，官中不取课利，除铸钱外，不得接便别铸铜器。"(《通考》卷九《钱币考》二)

周显德二年，帝以县官久不铸钱，而民间多销钱为器皿及佛像，钱益少，乃立监，采铜铸钱，自非县官法物军器，及寺观钟磬钹铎之类听留外，自余民间铜器佛像，五十日内，悉令输官，给其直。过期隐匿不输，五斤以上罪死。(《通考》卷九《钱币考》二)

江南因唐旧制，饶州置永平监，岁铸钱；池州永宁监，建州永丰监，并岁铸钱；杭州置保兴监铸钱。(《旧五代史》卷一四六《食货志》)

李景表：尽献江北诸州，……困于用兵，钟谟请铸大钱，以一当十，文曰"永通泉货"。谟尝得罪而大钱废，韩熙载又铸铁钱，以一当二。(《五代史》卷六二《南唐世家》)

殷将高郁又讽殷铸铅铁钱，以十当铜钱一。(《五代史》卷六六《楚世家》)

钱有铜铁二等，五代相承用唐钱，诸国割据者，江南曰"唐国通宝"，又别铸如唐制而篆文。其后铸铁钱，每十钱，以铁钱六权铜钱四

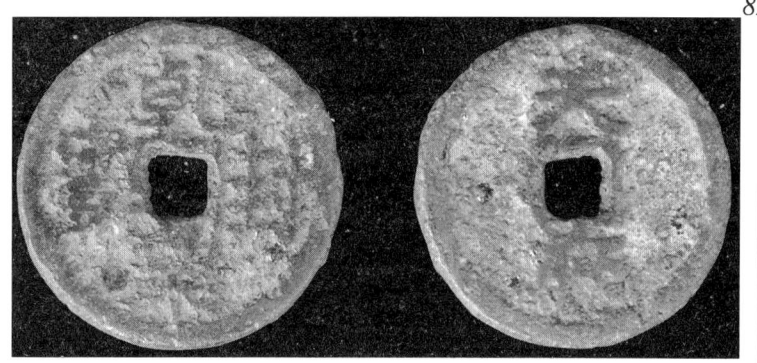

五代时期铁钱

而行。乾德后只以铁钱贸易，凡十当铜钱一。两浙河东，自铸铜钱，亦如唐制。四川、湖南、福建，皆用铁钱，与铜钱兼行。湖南文曰"乾封泉宝"，径寸，以一当十。福建如唐制。（《通考》卷九《钱币考》二）

丙、兵役繁扰

梁太祖开平元年，初帝在藩镇，用法严，将校有战没者，所部兵悉斩之，谓之"拔队斩"，士卒失主将者，多亡逸不敢归。帝乃命凡军士皆文其面，以记军号，军士或思乡里逃去，关津辄执之送所属，无不死者，其乡里亦不敢容。由是亡者皆聚山谷为盗，大为州县之患。（《通考》卷一五二《兵考》四）

天祐三年七月，梁祖自将兵攻沧州，……仁恭……尽发部内男子十五已上、七十已下，……并黥其面，文曰"定霸都"，士人黥其臂，文曰"一心事主"，……得二十万。（《旧五代史》卷一三五《刘守光传》）

晋初置乡兵，号天威军，教习岁余，村民不娴军旅，竟不可用，悉罢之，但令七户输钱十千，其铠仗悉输官，而无赖子弟，不复肯复农桑，多聚山林为盗。（《通考》卷一五二《兵考》四）

开运元年，命诸道州府点集乡兵，率以税，户七家，共出一卒，兵仗器械共力营之。（《通考》卷一六五《兵考》一三）

开宝八年春，阅民为师徒，升元初均量民田以定科赋，自二缗以上出一卒，号"义师"；中有别籍分居，又出一卒，号"新拟生军"；民有新置物产者，亦出一卒，号"新拟军"；又于客户内，有三丁者抽一卒，谓之"围军"；后改为"拔山军"；使物力户为帅以统之。保大中，许郡县村社竞渡，每岁端午，官给彩段，俾两两较其迟速，胜者加以银碗，谓之打标舟子，皆籍其名，至是尽蒐为卒，谓之"凌波军"。又率民间佣奴赘婿，谓之"义勇军"；又募豪民能自备缁帛兵器招集无赖亡命，谓之"自在军"；又括百姓自老弱外能被坚执锐者，谓之"排门军"；并屯田白甲之类，凡一十三等，皆使扞敌守把。（马令《南唐书》卷五《后主》）

人民养马，亦被搜括。

清泰三年，敕诸道州府县镇宾佐至录事参军都押衙教练使已上，各留马一匹乘骑，及乡村士庶有马者，无问形势，马不以牝牡，尽皆抄借，但胜衣甲，并仰印记，差人管押送纳，其小弱病患者印退字。（《通考》卷一五九《兵考》一一）

晋天福九年，发使于诸道州府，括取公私马。（《通考》卷一五九《兵考》一一）

当时将帅，既拥兵自专，视兵为私有，往往别立名目。

天祐十二年，魏州军乱，贺德伦以魏博二州叛于梁来附。王入魏州，行至永济，诛其乱首张彦，以其兵五百自卫，号"帐前银枪军"。（《五代史》卷五《唐庄宗纪》下）

太祖以嗣源所将骑五百，号"横冲都"。（《五代史》卷六《唐明宗纪》）

郓州朱瑾，募其军中骁勇者，黥双雁于其颊，号"雁子都"。太祖闻之，乃更选勇士数百人，号"落雁都"，以汉宾为指挥使。及汉宾贵，人犹以为朱落雁。（《五代史》卷四五《朱汉宾传》）

徐瑶……从建入蜀，勇猛善格斗，建初在韦昭度幕府，其兵皆文身黥黑，衣装诡异，众皆称为"鬼兵"，称瑶为"鬼魁"。（张唐英《蜀梼杌》卷上）

丁、刑法严酷

五代用刑惨酷，据陆游《渭南文集》，凌迟之刑，即始于是时。

五代彩绘浮雕武士石刻

唐庄宗。同光三年六月，敕……罪多连累，翻虑滞淹，若或十人之中，止为一夫抵死，岂可以轻附重，禁锢逾时？……其诸司囚徒，罪无轻重，并宜各委本司，据罪详断，……即时疏理。(《旧五代史》卷一四七《刑法志》)

明宗天成二年，……大理奏：……近年以来，全不覆奏，或蒙赦宥，已被诛夷。(王溥《五代会要》卷一〇)

天成三年正月，……诏曰："……据巡检军使浑公见口奏，有百姓二人，以竹竿习战斗之事。朕初闻奏报，……率尔传宣，令付石敬瑭处置。今日安重诲敷奏，方知悉是幼童为戏，……致人枉法而殂。"(《旧五代史》卷三九《唐明宗纪》五)

高祖尝以生日，遣逢吉疏理狱囚以祈福，谓之"静狱"。逢吉入狱中阅囚，无轻重曲直，悉杀之以报曰："狱静矣。"(《五代史》卷三〇《苏逢吉传》)

魏王破蜀，王衍朝京师，行至秦川，而明宗军变于魏。庄宗东征，虑衍有变，遣人驰诏魏王杀之，诏书已印画，而居翰发视之。诏书言诛衍一行，居翰以谓杀降不祥，乃以诏傅柱，揩去行"字"，改为"一家"。时蜀降人，与衍俱东者千余人，皆获免。(《五代史》卷三八《张居翰传》)

晋天福十二年，敕应天下，凡关强盗捉获，不计赃物多少，按验不虚，并宜处死。(《通考》卷一六六《刑考》五)

汉高祖时，四方多盗，乃敕天下，凡关贼盗捕获，不计赃物多少，按验不虚，并处死，仍分命使者捕逐。由是捕贼使者张令柔，杀平阴十七村民。及三叛连兵，民间震动惊讹，史宏肇掌部禁兵，巡逻京城，得罪人不问情轻重，于法如何，皆专杀不请，或决口断舌、斮筋挫胫无虚日。虽奸盗屏息，而冤死者甚众。(《续通志》卷一四四《刑法略》一)

汉法，窃盗一钱以上皆死。(《续通志》卷一五〇《刑法略》七)

晋出帝开运三年十一月，左拾遗窦俨上疏曰："……淫刑所兴，近闻数等，盖缘外地不守通规，肆率情性，或以长钉贯穿人手足，或以短刀脔割人肌肤，乃至累朝半生半死，俾冤声而上达。……乞……严加禁断。敕曰……'宜依'"。(《旧五代史》卷一四七《刑法志》)

戊、人口减少

晋高祖天福三年六月，金部郎中张铸奏："臣……窃见所在乡村浮居人户，方思垦辟，正切耕耘，种木未满于十年，树谷未臻于三顷，似成产业微有生涯，便被县司系名，定作乡村色役，惧其重敛，畏以严刑，遂舍所居，却思他适。睹兹阻隔，何以舒苏？既乖抚恤之门，徒有招携之令。"（《续通典》卷一《食货》一注）

五代乱亡相继，疆土分裂，中原户口之数，梁、唐、晋、汉纪载莫详。周广顺三年，敕天下州府及县，除赤县、畿县、次赤、次畿外，其余三千户以上为望县，二千户以上为紧县，一千户以上为上县，五百户以上为中县，不满五百户为中下县。……显德六年，总简户，二百三十万九千八百一十二。此周之户数，略可考见者也。（《续通典》卷一〇《食货》一〇）

其减少之状况，特立表以明之。

唐五代宋户口比较简表

唐末时代	宋初时代			比较减数	备　考
	灭国	年　代	得户	总计	
	周	建隆元年	967653		按当时户数，虽未必即确，然竟减去一百六十五万余之多，亦可见其衰耗之甚也。
	荆南	乾德元年	142300		
	湖南	乾德元年	97388		
	蜀	乾德三年	534039		
	广南	开宝四年	170263		
	江南	开宝八年	655065		
	漳泉	太平兴国三年	151978		
	两浙	太平兴国三年	550680		
	北汉	太平兴国四年	35220		
4955151				3304286	1650865

（二）契丹之侵扰

甲、契丹之起源

契丹自后魏以来，名见中国，或曰与库莫奚同类而异种。其居曰枭罗个没里，没里者河也，是谓黄水之南，黄龙之北，得鲜卑之故地，故又以为鲜卑之遗种。当唐之世，其地北接室韦，东邻高丽，西界奚国，而南至营州。其部族之大者，曰大贺氏。后分为八部，其一曰但皆利部，二曰乙室活部，三曰实活部，四曰纳尾部，五曰频没部，六曰内会鸡部，七曰集解部，八曰奚嗢部。(《五代史》卷七二《四夷附录》一)

其在隋世，依纥臣水而居，分为十部，兵多者三千，少者千余，顺寒暑，逐水草畜牧。侵伐则十部相与议，兴兵致役，合契而动，猎则部得自行。至唐，大贺氏胜兵四万三千人，分为八部，大贺氏中衰，仅存五部。有耶律雅里者，分五部为八，立二府以总之，析三耶律氏为七，二审密氏为五，凡二十部。(《辽史》卷三四《兵卫志》上)

辽上京遗址碑

至唐，大贺氏蚕食扶余、室韦、奚、靺鞨之区，地方二千余里。贞观三年，以其地置玄州，寻置松漠都督府，建八部为州，各置刺史。(《辽史》卷三七《地理志序》)

贞观中，……置松漠都督府，拜都督，封无极男，赐姓李，仍分为八部。显庆中，以辱和卓为刺史，酋长库克死，与奚叛，行军总管阿实达枢宾出沙砖道，擒松漠都督鄂博库献东都。库克孙尽忠，与敖曹曾孙万荣为归诚州刺史者，杀赵文翙以叛，武后遣曹仁师等伐之，屡败唐兵。嗣尽忠死，万荣复炽，寻为张九节所杀。达呼尔氏微，别部长果珍代之，果珍寻灭，德呼部长聂呼，立达年札里为苏尔威汗，更号约尼氏。天宝四年，降唐，赐姓名李怀秀。寻叛，唐遣将珠勒格科里，拒安禄山兵于潢水，大败之。唐更封且罗为恭仁王，而聂呼辅之，立制度，置官属，势益强。聂呼生必塔，必塔生海兰，海兰生努尔苏，大度寡欲，令不严而人化，国势复振，是为肃祖。生萨剌达，是为懿祖，懿祖生伊德实，……是为元祖，元祖生色勒达，……是为德祖，即太祖父也。(李有棠《辽史纪事本末》卷一)

卷三　隋唐五代

乙、阿保机之强盛

> 部之长，号大人，而常推一大人，建旗鼓以统八部。至其岁久，或其国有灾疾而畜牧衰，则八部聚议，以旗鼓立其次而代之，被代者以为约本如此，不敢争。某部大人遥辇次立，时刘仁恭据有幽州，数出兵摘星岭攻之，每岁秋霜落，则烧其野草，契丹马多饥死，即以良马赂仁恭，求市牧地，请听盟约甚谨。八部之人以为遥辇不任事，选于其众，以阿保机代之。……是时刘守光暴虐，幽涿之人，多亡入契丹，阿保机乘间入塞，攻陷城邑，俘其人民，依唐州县，置城以居之。汉人教阿保机曰："中国之王，无代立者。"由是阿保机益以威制诸部，而不肯代。其立九年，诸部以其久不代，共责诮之。阿保机不得已，传其旗鼓而谓诸部曰："吾立九年，所得汉人多矣。吾欲自为一部，以治汉城今热河围场县西南。可乎？"诸部许之。……使人告诸部大人曰："我有盐池，诸部所食。然诸部知食盐之利，而不知盐有主人，可乎？当来犒我。"诸部……共以牛酒会盐池，阿保机伏兵，……尽杀诸部大人，遂立不复代。(《五代史》卷七二《四夷附录》一)

契丹疆土，自阿保机始大事开拓。

耶律阿保机像

> 太祖即位五年，讨西奚东奚，悉平之，尽有奚霫之众。……神册元年，亲征突厥、吐浑、党项、小蕃、沙陀诸部，……攻振、武乘胜而东，攻蔚、新、武、妫、儒五州，……尽有代北、河曲、阴山之众，遂取山北八军。四年，亲征于骨里国。……六年，出居庸关，分兵掠檀、顺等州。……天赞四年，又亲征渤海。天显元年，灭渤海国，地方五千里。(《辽史》卷三四《兵卫志》上)

阿保机既并诸部，遂有侵凌中土之心。

> 梁将篡唐，晋王李克用，使人聘于契丹。阿保机以兵三十万，会克用于云州东城，置酒、酒酣、握手约为兄弟，……期共举兵击梁。阿保机……既归而背约，……聘梁。……庄宗天祐十三年，阿保机攻晋蔚州。……时庄宗已得魏博，方南向与梁争天下，遣李存矩发

山北兵。存矩至祁沟关，兵叛，拥偏将卢文进，击杀存矩，亡入契丹。契丹攻破新州，……庄宗遣周德威击刘殷，而文进引契丹数十万大至。德威惧，引军去，为契丹追及。……德威走幽州，……庄宗遣李嗣源……救之，契丹数为嗣源等所败，乃解去。……阿保机稍并服旁诸小国，而多用汉人。汉人教之以隶书之半增损之，作文字数千，以代刻木之约。又制婚嫁，置官号。乃僭称皇帝，自号天皇王，以其所居横帐地名为姓曰世里，世里译者谓之耶律，名年曰天赞。（《五代史》卷七二《四夷附录》一）

阿保机招用汉人，为其强大之因。

初唐末藩镇骄横，互相并吞，邻藩燕人军士，多亡归契丹，契丹日益强大。又得燕人韩延徽，有智略，颇知属文，与语悦之，遂以为谋主，举动访焉。延徽始教契丹建牙开府，筑城郭，立市里，以处汉人，使各有配偶，垦艺荒田。由是汉人各安生业，逃亡者益少。契丹威服诸国，于延徽有力焉。（叶隆礼《契丹国志》卷一《太祖纪》）

阿保机僭号，以延徽为相，号政事令，契丹谓之崇文令公。（《五代史》卷七二《四夷附录》一）

按以前北方民族，不过一时强胜，未脱游牧之习。至契丹沐染汉族文化甚深，形势所以不同。

丙、燕云之割让

敬瑭，其姓石氏，……拜河东节度使。……废帝即位，疑敬瑭必反，……徙镇天平。敬瑭果不受命，谓其属曰："先帝授吾太原，使老焉，今无故而迁，是疑吾反也。且太原地险而粟多，吾当内檄诸镇，外求援于契丹，可乎？"桑维翰、刘知远等共以为然，乃上表论废帝不当立。……废帝下诏削夺敬瑭官爵，命张敬达等讨之。（《五代史》卷八《晋高祖纪》）

石敬瑭反，唐遣张敬达等讨之。敬瑭遣使求救于德光，辽太宗。德光……乃许。

石敬瑭像

……契丹出雁门，……至太原，……敬达大败。敬瑭夜出北门，见德光，约为父子，……乃筑坛晋城南，立敬瑭为皇帝。……契丹当庄宗、明宗时，攻陷营平二州，及已立晋，又得雁门以北幽州节度管内合一十六州，乃以幽州为燕京，改天显十一年为会同元年，更其国号大辽。(《五代史》卷七二《四夷附录》一)

按晋以燕云十六州，割让于契丹。兹将各州，表列于下。

燕云十六州简表

州名	治所	今地	备 考
幽	蓟	北京	《旧唐书·地理志》，隋为涿郡，武德元年，改为幽州总管府。
蓟	渔阳	蓟县	《旧唐书·地理志》，开元十八年，分幽州之三县置蓟州，天宝元年，改为渔阳郡，乾元元年，复为蓟州。
瀛	河间	河间	《旧唐书·地理志》，隋间郡，武德四年，讨平窦建德，改为瀛州，天宝元年，改为河间郡，乾元元年，复为瀛州。
莫	鄚	肃宁县	《旧唐书·地理志》，本瀛州之鄚县，景云二年，于县置鄚州，开元十三年，以鄚字类郑字，改为莫。
涿	范阳	涿县	《旧唐书·地理志》，本幽州之范阳县，大历四年，幽州节度使朱希彩，奏请于范阳县置涿州。
檀	燕乐	密云县	《旧唐书·地理志》，隋置安乐郡，分幽州燕乐、密云二县隶之，武德元年，改为檀州，天宝元年，改属密云郡，乾元元年，复为檀州。
顺	寄治营州	顺义县	《旧唐书·地理志》，贞观六年置，天宝元年，改为顺汉义郡，乾元元年，复为顺州。
新	永兴	涿鹿县	《唐书·地理志》，新州领县四。《读史方舆纪要》，唐末增置新州，领永兴等县四。
妫	怀戎	怀来县	《旧唐书·地理志》，隋涿郡之怀戎县，武德七年，讨平高开导，置北燕州，复北齐旧名，贞观八年，改名妫州，天宝元年，改名妫州郡，乾元元年，复为妫州。
儒	缙山	延庆县	《读史方舆纪要》，唐末置儒州，领缙山县一。
武	文德	宣化县	《唐书·地理志》，武州领县一。《读史方舆纪要》，唐末增置武州，领文德县一。
蔚	灵丘	蔚县	《旧唐书·地理志》，隋雁门郡之灵丘县，武德四年，平刘武周，六年，置蔚州，天宝元年，改为安边郡，至德二年，改为兴唐郡，乾元元年，置蔚州。
云	定襄	大同县	《旧唐书·地理志》，隋马邑郡之云内县，武德四年，平刘武周，六年，置北恒州，七年州废，开元二十年，复为云州，天宝元年，改为云中郡，乾元元年，复为云州。
应	金城	应县	《读史方舆纪要》，唐末又置应州，领金城等县二。
寰	寰清	朔县东	《五代史·职方考》，寰州，唐明宗置。《读史方舆纪要》，后唐天成初又置寰州，治寰清县。
朔	善阳	朔县	《旧唐书·地理志》，隋马邑县，武德四年，置朔州，天宝元年，改为马邑郡，乾元元年，复改为朔州。

晋于割地外，尚竭全国之力以奉之，所以最为屈辱。

晋高祖每遣使聘问，奉表称臣，岁输绢三十万匹，其余宝玉珍异下至中国饮食诸物，使者相属于道无虚日。德光约高祖不称臣，更表为书，称儿皇帝，如家人礼。……终其世，奉之甚谨。(《五代史》卷七二《四夷附录》一)

丁、契丹之入汴

晋高祖崩，出帝即位，德光怒其不先以告，而又不奉表，不称臣而称孙，数遣使者责晋。晋大臣皆恐，而景延广对契丹使者，语独不逊，德光益怒。(《五代史》卷七二《四夷附录》一)

高祖崩，出帝立，延广有力，颇伐其功。初出帝立，晋大臣议告契丹，致表称臣，延广独不肯，但致书称孙而已。……契丹果怒，数以责晋。延广谓契丹使者乔莹曰："先皇帝北朝所立，今天子中国自册，可以为孙，而不可为臣。且晋有横磨大剑十万口，翁要战则来，他日不禁孙子，取笑天下。"……契丹益怒。(《五代史》卷二九《景延广传》)

自开运元年，后晋与契丹兵衅遂开，战争连年，虽各有胜负，但晋以国力疲蔽，藩镇各挟异心，终至不支。

开运三年七月，遣杜重威、李守贞、张彦泽等出兵。……德光……入寇镇州，重威西屯中渡，与德光夹水而军。德光分兵并西山，出晋军后，攻破栾城县，……重威等被围，粮绝遂举军降。……德光至京师，……封出帝负义侯，迁于黄龙府，……改晋国为大辽国。(《五代史》卷七二《四夷附录》一)

德光入汴，汉奸赵延寿实为之作伥，盖欲求立为中国皇帝也。

赵德钧，幽州人也，事刘守光、守文为军校，庄宗伐燕得之，赐姓名曰李绍斌。其子延寿，本姓刘氏，常山人也。其父祁为蓨县令，刘守文攻破蓨县，德钧得延寿，……因以延寿为子。……废帝以德钧为诸道行营都统，延寿为太原南面招讨使。……德钧阴遣人聘德光，求立己为帝，德光指穹庐前巨石，谓德钧使者曰："吾已许石郎矣，石烂可改也。"……明年，天显十年。德钧死，德光以延寿为幽州节度

《卓歇图》

此画描写的是契丹人的生活场景。

使,封燕王。……延寿见晋衰而天下乱,常有意窥中国,而德光亦尝许延寿灭晋而立之。……故契丹击晋,延寿常为先锋,房掠所得,悉以奉德光及其母述律。德光已灭晋而无立延寿意,……止以为中京留守大丞相。(《五代史》卷七二《四夷附录》一)

德光已灭晋,遣其部族酋豪及其通事,为诸州镇刺史节度,使括借天下钱帛以赏军。胡兵人马,不给粮草,日遣数千骑,分出四野,劫掠人民,号为"打草谷",东西二三千里之间,民被其毒,远近怨嗟。汉高祖起太原,所在州镇,多杀契丹守将归汉。德光大惧,又时已热,乃以萧翰……守汴,乃北归。……至临洺,见其井邑荒残,笑谓晋人曰:"致中国至此,皆燕王为罪首。"又顾张砺曰:"尔亦有力焉。"德光行至栾城,得疾卒。(《五代史》卷七二《四夷附录》一)

戊、周世宗恢复之计

太祖攻渤海,拔其夫余城,更命曰东丹国,命长子突欲镇之,号人皇王,一曰东丹王。以其次子德光守西楼自随,号元帅太子。(叶隆礼《契丹国志》卷一《太祖纪》)

阿保机死,长子东丹王突欲当立,其母述律,遣其幼子安端少君之扶余代之,将立以为嗣。然述律尤爱德光,德光有智勇,素已服其诸部,安端已去,而诸部希述律意,共立德光。突欲不得立,长兴元

年，自扶余泛海，奔于唐，明宗因赐其姓为东丹，而更其名曰慕华；以其来自辽东，乃以瑞州为怀化军，拜慕华怀化军节度，瑞慎等州观察处置等，使其部曲五人，皆赐姓名。(《五代史》卷七二《四夷附录》一)

世宗，……让国皇帝人皇王。长子，……太宗爱之如子，……从伐晋，……封永康王。……太宗崩于栾城，……即皇帝位于柩前。(《辽史》卷五《世宗纪》)

帝以领兵继入，辽诸将密议奉帝为主，登鼓角楼，受叔兄拜。……初太祖崩于夫余城，述律杀酋长及诸将数百人。太宗复崩于境外，酋长诸将惧死，乃谋奉帝欲勒兵北归。……述律太后闻帝立，怒曰："我儿南征东讨，有大功业，其子在我侧者当立。汝父弃我走，投外国，乃大逆人也，岂有立逆人之子为帝乎？"发兵拒之。……太后兵败，帝幽太后于太祖墓侧，自称天授皇帝。……帝慕中华风俗，多用晋臣，而荒于酒色，侮诸宰执，由是国人不附，诸部数叛，兴兵追讨，故数年不暇南征。……北汉主自团柏攻周，帝欲引兵会之，与酋长议于九十九泉，诸部皆不欲南，帝强之。行至新州之火神淀，燕王述轧，及伟王之子大宁王沤僧等，率兵作乱，弑帝，而述轧自立。齐王述律太宗之子。逃于南山，诸大臣奉之以攻述轧、沤僧，杀之，并其族党，立述律为帝。穆宗。(叶隆礼《契丹国志》卷四《世宗纪》)

帝穆宗。年少好游戏，不亲国事，每夜酣饮，达旦乃寝，日中方起，国人谓之"睡王"。(叶隆礼《契丹国志》卷五《穆宗纪》)

时辽之国势中衰，而周世宗崛起，励精图治，简练士卒，先服后蜀南唐，遂欲恢复燕云。

显德六年三月，……诏以北境未复，取此月内幸沧州，……车驾发京师。四月，车驾次沧州，……至益津关，《通鉴》，至益津关，契丹守将终廷晖以城降。……至瓦桥关，伪守将姚内斌以城降，郑州刺史刘楚信以州来降。五月，……瀛州刺史高彦晖以本城归顺，关南平，凡得州三，县十七，户一万八千三百六十。……边界城邑，皆望风而下。……议攻幽州，……帝不豫，乃止，……以瓦桥关为雄州，以益津关为霸州，……还京。(《旧五代史》卷一一九《周世宗纪》六)

应历九年，周显德六年。四月，周帝自将攻辽。五月，周将韩通领兵大至，辽失瀛、莫、易、涿、雄、霸六州，其瓦桥关建为雄州，

益津关建为霸州。……周帝趋幽州，有疾，乃还。（叶隆礼《契丹国志》卷五《穆宗纪》）

三 文化之进步

五季百事俱废，独填词及绘事为精，刻板术及瓷器之发明，尤征文物之盛，孟蜀石经亦足继踵开成。

（一）石经

孟蜀石经，至宋继刻三经，遂成十三经，颁行学宫，然蜀刻实本于开成，故先述唐石经。

甲、唐石经

开成石经，创议太和四年，始事于九年，成于开成元年，后遂为孟蜀赵宋石经及五代雕印九经所本。其经文不从注疏者，皆有依据，实有功经学不浅。名曰九经，其实十二经也。

> 开成二年，十月癸卯，宰臣判国子祭酒郑覃，进石壁九经一百六十卷，时上好文，郑覃以经义启道，稍折文章之士，遂奏置五经博士，依后汉蔡伯喈刊碑，列于太学，创立石壁九经，诸儒校正讹谬。上又令翰林勒字官唐玄度复校字体，又乖师法，故石经立后数十年，名儒皆不窥之，以为芜累甚矣。（《旧唐书》卷一七下《文宗纪》下）

> 宝历四年四月，拜工部侍郎。覃长于经学，稽古守正，帝尤重之。覃从容奏曰："经籍讹谬，博士相沿……请召宿儒奥学，校定六籍，准后汉故事，勒石于太学，永代作则，以正其阙。"从之。……九年，……时太学勒石经，覃奏起居郎周墀，水部员外郎崔球，监察御史张次宗，礼部员外郎孔温业等，校定九经文字，旋令上石。……覃以宰相兼判国子祭酒，奏太学置五经博士各一人，缘无职田，请依王府官例赐禄粟；从之。又进《石壁九经》一百六十卷。（《旧唐书》卷一七三《郑覃传》）

> 石刻十二经，并五经文字、九经字样，《易》九石，《书》十

唐开成石经

石，《诗》十六石，《周礼》十七石，《仪礼》二十石，《礼记》三十三石，《春秋左传》六十七石，《公羊传》十七石，《穀梁传》十六石，《孝经》一石，《论语》七石，《尔雅》五石，《五经文字》、《九经字样》共十石。每石七八层，高七八尺，广三四尺不等，正书，题首隶书，在西安府学。……《周易》二万四千四百三十七字，《尚书》二万七千一百三十四字，《毛诗》四万八百四十八字，《周礼》四万九千五百一十六字，《仪礼》五万七千一百一十一字，《礼记》九万八千九百九十四字，《春秋左氏传》一十九万八千九百四十五字，《公羊传》四万四千七百四十八字，《穀梁传》四万二千八十九字，《孝经》二千□百□十三字，《论语》一万六千五百九字，《尔雅》一万七百九十一字，五经文字、九经字样、九经并《孝经论语尔雅字样》等，都计六十五万二千五十二字。开成二年丁巳岁，月次于元，日惟丁亥，书石学生前四门馆明经臣艾居晦，书石学生前四门馆明经臣陈玠，书石学生前文学馆明经臣□□□□，书石官将仕郎守润州句容县尉臣段绛，校勘兼看书上石官将仕郎守秘书省正字臣柏曧，校勘兼看书上石官将仕郎守四门助教臣陈庄士，覆定字体官翰林待诏朝议郎权知河王友上柱国赐绯鱼袋臣唐玄度，校勘官兼专知都勘定经

书检校刊勒上石朝议郎守国子毛诗博士上柱国臣章师道，朝散大夫守国子司业骑都尉赐绯鱼袋臣杨敬之，都检校官银青光禄大夫□□□□□□□□□□，国子祭酒同中书门下平章事太清宫使监修国史上柱国荥阳郡开国公食邑二千户臣覃。（王昶《金石萃编》卷一〇九）

汲郡吕公龙图，领漕陕右之日，持适承乏雍学。一日谒公，公喟然谓持曰：“京兆阛阓间，有唐国子监存焉。其间石经，乃乃开成中镌刻。唐史载文宗时，太学勒石经，而郑覃与周墀等，校定九经文字上石，及覃以宰相兼祭酒，于是进《石壁九经》一百六十卷，即今之石经是已。旧在务本坊，自天祐中，韩建筑新城，而六经石本委弃于野。至朱梁时，刘郡守长安，有幕吏尹玉羽者，白郡请辇入城。郡方备岐军之侵轶，谓此非急务，玉羽绐之曰：'一旦敌兵临城，碎为矢石，亦足以助贼为虐。'郡然之，乃迁置于此，即唐尚书省之西隅也。地杂民居，其处洼下，霖潦冲注，随立辄仆，埋没腐坏，岁久折缺，殆非所以尊经而重道。予欲徙置于学府之北牖，子且伻图来视。"厥既视图，则命徒役其器用，平其沟堑而基之，筑其浮虚而实之。凡石刻之偃者仆者，悉辇置于其地，洗刷尘土，补锢残缺，分为东西，次比而陈列焉。明皇注《孝经》及建学碑，则立之于中央，颜褚欧阳徐柳之书，下迨偏旁字源之类，则分布于庭之左右。……朝廷乃以五百千畀之，不费于公，不役于民。经始于元祐二年初秋，尽孟冬而落成。……自周末至隋，千余载之间，已遭五厄，汗简以载，或焚或脱；缣楮鱼蠹，易腐易裂，道虽无穷，而器则有敝。惟镵之金石，庶可以久有。唐之君相，知物之终始，而忧百世之虑深，故石经之立，殆以此也。然以洛阳蔡邕石经四十六碑观之，其始立也，观视摹写者，车乘日千余两，填塞街陌，可谓盛矣。及范蔚宗所见，其存者才十有二枚，余皆毁坏磨灭，然后知不得其人以护持，虽金石之固，亦难必其可久。此吕公所以为有功于圣人之经，而不可不书也。然持书此者，岂特纪其岁月而已哉，将使后之君子，知古人之用心而不废前功，庶斯文之有寄云尔。元祐五年九月。"（王昶《金石萃编》卷一〇九引黎持《新移石经记》）

今西安府学石经，乃唐文宗时石经也，嘉靖乙卯，地震，石经倒损。西安府学生员王尧惠等，按旧文集其缺字，别刻小石立于碑傍，

以便摹补。又按《唐书》，谓文宗朝石经，违弃师法不足观，然其用笔虽出众人，不离欧虞褚薛法，恐非今人所及，惟王尧惠等补字，大为纰缪。今华下东生文彖家，有乙卯以前拓本，庶几称善焉。（《金石萃编》卷一〇九引《石墨镌华》）

乔三石作《石经记》，恨独无《孟子》，谓自开成至今七百年，无好事及此者，近贾中丞汉复。始为补刻，以成完书。（《金石萃编》卷一〇九引《池北偶谈》）

按石刻十二经，《周易》九卷，《尚书》十三卷，《毛诗》二十卷，《周礼》十二卷，《仪礼》十七卷，《礼记》二十卷，《春秋左氏传》三十卷，《公羊传》十二卷，《穀梁传》十二卷，《孝经》一卷，《论语》十卷，《尔雅》三卷。文宗朝，从宰臣郑覃议，刻石国子监，今尚在西安府学。考刘禹锡《新修五经壁记》，大历中，名儒张参为国子司业，始详定五经，书于论堂东西厢之壁。……《文宗纪》，称开成二年冬，郑覃进《石壁九经》一百六十卷，是书经之事昉于张参，覃因木本难于久远，故奏请刻石，创议于大和四年，始事于九年，至开成元年方拓成而进之也。纪传皆言九经凡一百六十卷，今以诸经卷数合《周易略例》计之，适得百六之数。惟验石刻实十二经，与九经之名不合，《关中金石记》，以为作史者总成数言之，是也。……本朝贾三复巡抚陕西时，补刻《孟子》七篇，文字疏庸，固不待辨，且以厕入唐十二经，亦未考当时之制矣。……近世考据家如万氏斯同、杭氏世骏、严氏可均等，各有专书，论断颇允。惟《金石文字记》掊击石经甚至，而所言不皆确实，以是不为通人所取。……若夫石经文字既多，卷帙孔富，且镌勒时看书上石之人，更代不一，摹刻偶误，或未能免，但当择善而从，不可刻意吹求，亦毋庸曲为回护。而后人磨改凿刻之字，仍复是非参半。至明人补字，则纰缪已极。收藏家往往于褒襮时顺文羼入，考古者一时不察，遽仞以为原刻，转生异议。昆山顾氏，秀水朱氏，正坐此失，最足疑误后来。（王昶《金石萃编》卷一一〇）

乙、蜀石经

蜀石经全本开成，所刻者十经，《公》、《穀》、《孟子》，宋人所补刻也，今俱亡。

毋昭裔，……河中龙门人，蜀……左仆射，……以太子太师致仕。……常按雍都旧本九经，命张德钊书之，刻石于成都学官。（吴任臣《十国春秋》卷五二《毋昭裔传》）

孙逢吉，成都人，广政时，累官国子《毛诗》博士。校定石经，分刻蜀中，逢吉与句中正之功为多。（吴任臣《十国春秋》卷五六《孙逢吉传》）

伪蜀孟昶有国，其相毋昭裔刻《孝经》、《论语》、《尔雅》、《周易》、《尚书》、《周礼》、《毛诗》、《仪礼》、《礼记》、《左传》凡十经于石，其书丹则张德钊、杨钧、张绍文、孙逢吉、朋吉、周德贞也。石凡千数，尽依太和旧本，历八年乃成。《公》、《谷》则有宋田元均所刻，《古文尚书》则晁公武所补也。胡元质宗愈作堂以贮之，名石经堂，在府学。（王昶《金石萃编》卷一二二引《成都记》）

石室十三经，孟蜀所镌，故《周易》后书广政十四年，岁次辛亥，五月二十日。唯三传……后书大宋皇祐元年，岁次己丑，九月辛卯朔，十五日乙巳工毕。（王应麟《玉海》卷四三）

唐太和中，复刻十二经，立石国学。后唐长兴中，诏国子博士田敏，与其僚校诸经，镂之板。故今世太学之传，独此二本尔。按赵清献公《成都记》，伪蜀相毋昭裔，捐俸金，取九经琢石于学官，依太和旧本，令张德钊书。皇祐中，田元均补刻《公羊》、《穀梁》二传，然后十二经始全。至宣和间，席升献又刻《孟子》参焉。今考之《孝经》、《论语》、《尔雅》，广政甲辰岁张德钊书，《周易》辛亥岁杨钧孙逢吉书，《尚书》周德贞书，《周礼》孙朋吉书，《毛诗》、《礼记》、《仪礼》张绍文书，《左氏传》不志何人书，而祥字阙其画，亦必为蜀人所书。然则蜀人之立石盖十经，其书者不独德钊，而能尽用太和本，固已可嘉，凡历八年，其石千数，昭裔独办之，尤伟然也。公武异时守三营，尝对国子监所摹长兴板本读之，其差误盖多矣。昔议者谓太和石本校写非精，时人弗之许，而世以长兴板本为便，国初遂颁布天下，收向日民间写本不用，然有讹舛无由参校判知其谬，犹以为官既刊定，难于独改。由是而观，石经固脱错，而监本亦难尽从。公武至少城，寒暑一再易节，暇日因命学官雠校之。石本《周易·说卦》"乾健也"以下，有韩康伯注，略例有邢璹注；《礼

记·月令》从唐李林甫改定者，监本皆不取。外《周易》经文不同者五科，《尚书》十科，《毛诗》四十七科，《周礼》四十二科，《仪礼》三十一科，《礼记》三十二科，《春秋左氏传》四十六科，《公羊传》二十一科，《穀梁传》一十三科，《孝经》四科，《论语》八科，《尔雅》五科，《孟子》二十七科。其传注不同者尤多，不可胜纪。独计经文犹三百二科，迹其文理，虽石本多误，然如《尚书·禹贡篇》梦土作乂，《毛诗·日月篇》"以至困穷而住"是诗也，《左氏传》昭公十七年"六物之占在宋卫陈郑乎"，《论语·述而篇》"举一隅示之"，《卫灵公篇》"敬其事而后食其禄"之类，未知孰是。先儒有改《尚书》"无颇"为"无陂"，改《春秋》"郭公"为"郭亡"者，世皆讥之。此不取决之以臆，姑两存焉，亦镌诸乐石，附于经后，不诬方将，必有能考而正之者。（晁公武《石经考异》序）

吕陶曰："五代之乱，疆宇割裂，孟氏有剑南，百度草创，犹能取《易》、《书》、《诗》、《春秋》、《礼记》、《周礼》刻于石，以资学者，国朝皇祐中，枢密直学士京兆田公加意文治，附以《仪礼》、《公羊》、《穀梁传》，所谓九经者备焉。"席益《记略》曰："蜀儒文章冠天下，其学校之盛，汉称石室礼殿，近世则石壁九经，今皆存焉。广政七年，其相毋昭裔按雍都旧本九经，命平泉令张德钊书而刻诸石。本朝因礼殿以祀孔子，为宫其旁，置学官弟子，讲习传授，故蜀帅尚书右丞胡公宗愈作堂于殿之东南隅以贮石经。盖自东汉兴平元年岁在甲戌，始作礼殿，逮我宋绍兴六年丙辰，历年六百七十有三。其间伪蜀刻石经之岁，是为晋开运甲辰，至是一百九十有三年。"赵希弁曰："石经《毛诗》二十卷，经注一十四万六千七百四十字，将仕郎试秘书省校书郎张绍文书，盖孟昶时所镌。"曾宏父曰："益郡石经，肇于孟蜀广政，悉选士大夫善书者，模丹入石，七年甲辰，《孝经》、《论语》、《尔雅》先成，时晋出帝改元开运；至十四年辛亥，《周易》继之，实周太祖广顺元年；《诗》、《书》三礼，不书岁月，逮《春秋》三传，则皇祐元年九月讫工，时我宋有天下已九十九年矣。通蜀广政元年肇始之日，凡一百一十二禩，成之若是其艰。又七十五年，宣和五年癸卯，益帅席贡始奏镌《孟子》，运判彭慥继其成，凡十二卷。乾道六年庚寅三月旦，东里晁公武又镌《古文尚

书》暨诸经考略。洪文敏公迈谓孟蜀所镌字体精谨,有贞观遗风,续补经传,殊不逮前。"(朱彝尊《经义考》)

宋人所称引,皆以蜀石经为证,并不及唐陕本石经。其故有二,一则唐石经无注,蜀石经有注,故从其详者;一则南渡后唐石经阻于陕,不至江左,当是故学官颁行之本,皆蜀石经。不知五百年以来,蜀石经何以澌灭殆尽。予留心搜访二十余年,仁和赵征士谷林,始得其《毛诗》二卷,自《周南》至《邶风》耳,如以朝饥为輖饥,盖异文也。唐石经虽非故物,然近来顾先生亭林考证之至详,世颇知留心者,而蜀本则绝无矣。程克斋讥蜀石经,谓其《春秋》以甲午为申午,以癸卯为癸卯。然其书既多,自不无舛错,要之有足资考证者,惜乎所见止此。(全祖望《鲒埼亭集》卷三七)

按蜀石经始刻于广政七年,迄南宋乾道年,经凡十三。……此《二南》、《邶风》只二卷,拓本正书。……卷末……小字双行云,经若干字,注若干字。……洪氏《容斋随笔》,称其书"渊"、"世民"三字皆阙画,为避唐高祖、太宗讳。……孟蜀时,唐讳可不避,盖皆从开成本之原文。(王昶《金石萃编》卷一二二)

(二) 雕板

时以诸经舛缪,与同列李愚,委学官田敏等,取西京郑覃所刊石经,雕为印版,流布天下,后进赖之。(《旧五代史》卷一二六《冯道传》)

长兴三年二月,……中书奏请依石经文字,刻九经印板;从之。(《旧五代史》卷四三《唐明宗纪》九)

乾祐元年五月,国子监奏,《周礼》、《仪礼》、《公羊》、《穀梁》四经,未有印板,欲集学官考校雕造;从之。(《旧五代史》卷一〇一《汉隐帝纪》上)

后唐长兴三年二月,中书门下奏:请依石经文字,刻九经印板。敕令国子监,集博士儒徒,将西京石经本,各以所业本经句度,抄写注出,子细看读,然后顾召能雕字匠人,各部随帙刻印版,广颁天下。如诸色人要写经书,并须依所印敕本,不得更使杂本交错。其年四月,敕差太子宾客马缟,太常丞陈观,太常博士段颙、路航,尚书屯田员外郎田敏,充详勘官,兼委国子监于诸色选人中,召能书人端

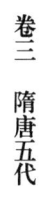

《金刚经》雕本

楷写出，旋付匠人雕刻，每日五纸，与减一选，如无选可减等，第据与改转官资。(王溥《五代会要》卷八)

《通鉴》，后唐长兴三年，二月辛未，初令国子监，校定九经，雕印卖之。又云，自唐末以来，所在学校废绝，蜀毋昭裔，出私财百万，营学馆，且请刻板印九经，蜀主从之，由是蜀中文学复盛。又云，唐明宗之世，宰相冯道、李愚，请令判国子监田敏，校定九经，刻板印卖，朝廷从之。后周广顺三年，六月丁巳，板成献之。由是虽乱世，九经传布甚广。(《爱日斋丛钞》卷一)

孟昶尝立石经于成都，又恐石经流传不广，易以木版。宋世书称刻本始于蜀，今人求宋版，尚以蜀本为佳。(王士禛《五代诗话》卷一引《边州闻见录》)

毋丘俭贫贱时，尝借《文选》于交游间，其人有难色，发愤，异日若贵，当板以镂之遗学者。后仕王蜀为宰，遂践其言刊之，印行书籍，创见于此。事载陶岳《五代史补》。后唐平蜀，明宗命太学博士李锷，书五经，仿其制作，刊板于国子监，监中印书之始。(王明清《挥麈馀话》卷二)

雕印文字，唐以前无之，唐末益州始有墨版，后唐方镂九经，悉收人间所收经史以镂版为正。见两朝国史。（朱翌《猗觉察杂记》卷下）当时刻板风行，私集亦流播一时。

平生为文章，长于短歌艳曲，尤好声誉。有集百卷，自篆于版，模印数百帙，分惠于人焉。（《旧五代史》卷一二七《和凝传》）

昙域后序，……遂寻检稿草，及暗记忆者，约一千首，乃雕刻版部，题号《禅月集》，……时大蜀乾德五年。王衍。（贯休《禅月集》）

（三）瓷器

瓷至五代，傅色始精，为用亦广，上自宗庙，下迄民间，足以为铜之用，为瓷铜器用一大消长。其最著者为：

五代秘色瓷壶

甲、秘色窑

今之秘色瓷器，世言钱氏有国，越州烧进，为供奉之物，不得臣庶用之，故云秘色。比见唐陆龟蒙集，《越器诗》云"九秋风露越窑开，夺得千峰翠色来。好向中宵盛沆瀣，共嵇中散斗遗杯"，乃知唐时已有秘色，非自钱氏始。（赵德麟《侯鲭录》卷六）

乙、柴窑

柴窑出北地，世传柴世宗时烧者，故谓之柴窑。天青色，滋润细媚，有细纹，足多粗黄土，近世少见。（陈元龙《格致镜原》卷三六引《夷门广牍》）

昔人论窑器者，必曰柴……有云，青如天，明如镜，薄如纸，声如磬。（谷应泰《博物要览》卷二）

陶器柴窑最古，今人得其碎片，亦与金翠同价矣。盖色既鲜碧，而质复莹薄，可以妆饰玩具，而成器者，杳不可复见矣。世传柴世宗时烧造，所司请其色，御批云："雨过青天云破处，这般颜色做将来。"（王士禛《五代诗话》卷一引《五杂俎》）

(四) 文艺

甲、诗

十国文物，首推南唐、西蜀，闽则韩、黄、翁、徐诸君子连茵接轸，……楚风不竞，而天策十八学士炳炳琅琅，……吴越似稍亚，然有罗江东一人，……孙光宪之于荆南也亦然。(王士禛《五代诗话·例言》)

韩致光为玉溪之别子，韦端己乃香山之替人，罗昭谏感事伤时，激昂排纂，以追配杜紫微，庶几无愧。(王士禛《五代诗话·例言》)

韩偓，昭宗时为翰林学士承旨，颇与国论，为崔胤、朱全忠所不容，谪濮州司马。其后复官，不敢入朝，挈其族依闽中王审知。(王士禛《五代诗话》卷六引李忠定《梁溪集》)

吴融、韩偓同时，慨叹兵戈之间，诗律精切，皆善用事。(方回《瀛奎律髓》卷三二)

唐史偓传，贬濮州后即不甚详。吾家所得偓诗，皆以甲子历历自记，……终身不食梁禄，大节与司空表圣略相等。(王士禛《五代诗话》卷六引《石林集》)

韩偓，……自号玉山樵人，所著歌诗颇多，其间绮丽得意者数百篇，往往脍炙人口。或乐工配入声律，粉墙椒壁，窃咏者不可胜纪。……行书亦复可喜。(《宣和书谱》卷一○)

韦庄《浣花集》，弟蔼编录，序略云：家兄自庚子乱离前，凡著歌诗文章数十通。属兵火迭兴，简编俱坠，惟余口诵者所存无几。尔后流离漂泛，寓目缘情，迄于癸亥岁，又缀仅千余首。辛酉春，应聘为蜀奏记，明年，浣花溪寻得杜工部旧址，结茅为室，思其人欲成其处。蔼因录兄稿，或默诵者，次为十卷，目之曰《浣花集》，亦杜陵所居之义也。后所制用继于右。时癸亥六月九日。(《全唐诗录》卷九四)

罗隐，字昭谏，新登县人，……本名横。凡十上不中第，遂更名……谒武肃王，……累官钱塘县令，……节度判官。(钱俨《吴越备史》卷一注)

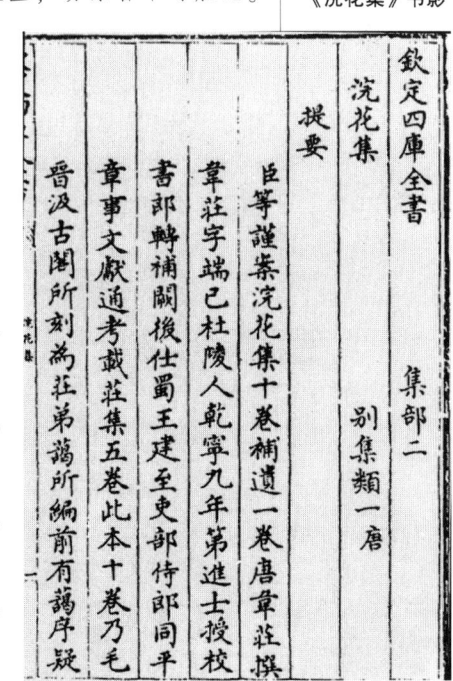

《浣花集》书影

隐有《江东集》十卷，其诗自光启以后，广明以前，海内乱离，乘舆播迁，艰难险阻之事，多见之赋咏。（王士禛《五代诗话》卷五）

韩熙载，字叔言，高密人。事江南三主，……审音能舞，善八分及画，……每献替，多嘉纳，吉凶仪制不如式者，随事稽正，制诰典雅，有元和之风。（释文莹《湘山野录》卷下）

徐……铉事江南后主，为文院学士，随煜纳图，……卒于邠。（释文莹《玉壶诗话》）

此时诗之足以表见当时情事者，以司空图、杜荀鹤为最。

王禹偁《五代史阙文》云，司空图，字表圣，自言泗州人，有俊才，咸通中，登进士第，……昭宗反正，以户部侍郎召至京师，……谢病复归中条，与人书疏，不名官位，但称知非子。（计有功《唐诗纪事》卷六三）

唐失河湟未久，司空图诗云："汉儿尽作胡儿语，却向城头骂汉人。"（刘克庄《后村居士诗话》卷上）

杜荀鹤，字彦之，遇知于朱温，送名春官，于裴贽侍郎下第八人登科。（王士禛《五代诗话》卷二引《洞微志》）

尝读杜荀鹤诗，其《乱后逢村叟》曰："经乱衰翁居破邨，邨中何事不伤魂？因供寨木无桑柘，为著乡兵绝子孙。还似平宁征赋税，未尝州县略安存。至于鸡犬皆星散，日落前山独倚门。"《山中寡妇》曰："夫因兵死守蓬茅，麻苎衣衫鬓发焦。桑柘废来犹纳税，田园荒后尚征苗。时挑野菜和根煮，旋斫生柴带叶烧。任尔深山更深处，也应无计避征徭。"《旅泊遇郡中乱》曰："握手相看谁敢言，军家刀剑在要边。遍搜宝货无藏处，乱杀平人不怕天。古寺拆为修寨木，荒坟掘作甃城砖。郡侯逐去浑闲事，正是銮舆幸蜀年。"然方之今日，始信其非寓言也。（陶宗仪《辍耕录》卷一三）

《后山诗话》云，费氏，蜀之青城人。以才色入蜀，后主嬖之，号花蕊夫人，效王建作宫词百首。国亡，入备后宫，太祖闻之，召使陈诗，诵其国亡诗曰："君王城上竖降旗，妾在深宫那得知？十四万人齐解甲，宁无一个是男儿。"（王士禛《五代诗话》卷八引《渔隐丛话》）

乙、词

词者，诗之余，五代人最擅场，本事纤秾，亦复感均顽艳。"小楼昨夜"，亡国之音哀以思乎？"试香纤手"，词人之赋丽以淫乎？疏星渡河汉，《长门》捣素之遗；鸾胶续断弦，《子夜》懊侬之变。（王士禛《五代诗话·例言》）

晋相和凝，少年时好为曲子词，布于汴洛，洎入相，专托人收拾焚毁不暇。然相国厚重有德，终为艳词玷之，契丹入夷门，号为"曲子相公"。（孙光宪《北梦琐言》卷六）

孙光宪，蜀之资州人，事荆南高氏为从事，有文学名，著《北梦琐言》。其词见《花间集》，"一庭疏雨湿春愁"，秀句也，李后主之"细雨湿流光"本此。（王士禛《五代诗话》卷七引《蜀中诗话》）

后主妙于音律，旧曲有"念家山"，王亲演为"念家山破"，其声焦杀而其名不祥。（马令《南唐书》卷五《后主书》）

冯延巳……著乐章百余阕。……元宗乐府词云"小楼吹彻玉笙寒"，延巳有"风乍起，吹皱一池春水"之句，皆为警策。元宗尝戏延巳曰："吹皱一池春水，干卿何事？"延巳曰："未如陛下'小楼吹彻玉笙寒'。"（马令《南唐书》卷二一《冯延巳传》）

后主，名衍，……童年即能属文，甚有才思，尤酷好靡丽之辞，尝集艳体诗二百篇，号曰《烟花集》。（吴任臣《十国春秋》卷三七《前蜀后主纪》）

昶好文，有功后学，诚未可以成败论。尝言不效王衍作轻薄小词，而其词自工。（王士禛《五代诗话》卷一引《边州闻见录》）

五代时，吴越文物不及南唐、西蜀之盛，而武肃王寄妃书云"陌上花开，可缓缓归矣"，二语艳称千古。（王士禛《渔洋诗话》卷中）

吴越王钱俶博览经史，……手不释卷。平生好吟咏，在国中编三百余篇，目曰《正本集》。（钱俨《吴越备史》卷四）

吴越后王来朝，……献词曰："金凤

蜀后主李煜像

欲飞遭掣搦，情脉脉，看取玉楼云雨隔。"太祖起拊其背曰："誓不杀钱王。"（陈师道《后山居士诗话》）

《花间集》十卷，陈氏曰："蜀欧阳炯作序，称卫尉少卿字弘基者所集，未详何人。按赵崇祚所集也。其词自温飞卿而下十八人，凡五百首，此近世倚声填词之祖也。诗至晚唐五季，气格卑陋，千人一律，而长短句独精巧高丽，后世莫及，此事之不可晓者，放翁陆务观之言云尔。"（《通考》卷二四六《经籍考》七三）

《南唐二主词》一卷，陈氏曰："中主李璟、后主李煜撰，卷首四阕，应天长、望远行各一，浣溪沙二，中主所作，重光尝书之，墨迹在盱江晁氏。赵云，先皇御制歌词，余尝见之于麦光纸上作拨灯书，有晁景迂题字，今不知何在矣。余词皆重光作。"（《通考》卷二四六《经籍考》七三）

丙、书画

江南伪后主李煜，……其作大字不事笔，卷帛而书之，皆能如意，世谓撮襟书。复喜作颤掣势，人又目其状为金错刀。（《宣和书谱》卷一二）

江南徐铉，善小篆，映日视之，画之中心有一缕浓墨，正当其中，至于屈折处，亦当中无有偏侧处，乃笔锋直下不倒侧，故锋常在画中，此用笔之法也。（沈括《梦溪笔谈》卷一七）

南唐后主李煜，……画山水人物禽鸟墨竹，皆清爽不凡，别为一格。（夏文彦《图绘宝鉴》卷三）

梁荆浩，字浩然，河南沁水人。业儒，博通经史，善属文。偶五季多故，……乃隐于太行之洪谷，自号洪谷子。尝画山水树石以自适……著《山水诀》一卷。（刘道醇《五代名画补遗》）

荆浩，……博雅好古，以山水专门，颇得趣向。尝谓吴道元有笔而无墨，项容有墨而无笔，浩兼二子所长而有之。盖有笔无墨者，见落笔蹊径而少自然，有墨而无笔者，去斧凿痕而多变态。（《宣和画谱》卷一〇）

梁关仝，长安人。画山水，早年师荆浩，……笔愈简而气愈壮，景愈少而意愈长也，而深造古淡，如诗中渊明，琴中贺若，非碌碌之画工所能知。……仝于人物非所，长于山间作人物，多求胡翼为之。

(《宣和画谱》卷一〇)

释贯休，字德隐，姓姜，婺州兰溪人。七岁出家，日诵书每过千字，不复遗忘。工为歌诗，多警句，脍炙人口。以至丹青之习，皆怪古不媚，……作字尤奇崛。(《宣和书谱》卷一九)

贯休，王氏建国时，来居蜀中龙华之精舍，因纵笔用水墨画罗汉一十六身并一大士，巨石萦云，枯松带蔓，其诸古貌与他人画不同，或曰梦中所睹，觉后图之，谓之应梦罗汉。……蜀主叹其笔迹狂逸。(《野人诗话》)

南唐徐熙，钟陵人，世……为江南名族。熙善画花竹、林木、蝉蝶、草虫之类，……意出古人之外，自造于妙。评曰："……精于画者，不过薄其彩绘，以取形似，熙独不然，必先以其墨，定其枝叶蕊萼等，而后傅之以色，故其气格前就，态度弥茂。"(刘道醇《圣朝名画评》卷三)

后蜀黄筌者，字要叔。成都人也。幼有画性，……刁处士入蜀，授而教之竹石花雀，又学孙位画龙水松石墨竹，效李升画山水竹树，皆曲尽其妙。(黄休复《益州名画录》卷上)

丁、文具

南唐于饶置墨务，歙置砚务，蜀置纸务，各有官，岁贡有数。求墨工于海，求纸工于蜀中。主好蜀纸，既得蜀工，使行境内，而六合之水与蜀同。李本奚氏，以达赐国姓，世为墨官云。(陈师道《后山丛谈》卷一)

李廷珪墨有数等，其"珪"字作下邦之"邽"者为上，作圭洁之"圭"者次之，作珪璧之"珪"者又次之，其云"奚庭圭"者最下。(陈元龙《格致镜原》卷三七引《王氏谈录》)

荆浩《匡庐图》

卷三 隋唐五代

黄筌
《雪竹文禽图》

南唐元宗时，歙守献砚，荐工李少微擢砚官。（陈元龙《格致镜原》卷三八引《新安志》）

江南李后主造澄心堂纸，前辈甚贵重之。江南平后六十年，其纸犹有存者，欧公尝得之，以二轴赠梅圣俞。……纸制大佳，而幅度低狭，不能与麻纸相及，……然一纸已直百钱，亦已珍矣。（程大昌《演繁露》卷九）

余与丹徒高氏见杨行密节度淮南补将校牒纸，光洁如玉，肤如卵膜，今士大夫所有澄心堂纸不迨也。（陈师道《后山丛谈》卷二）

四　五代之风俗

（一）廉耻丧亡

张全义，字国维，濮州临濮人也。少以田家子役于县，县令数困辱之，全义因亡入黄巢贼中。巢陷长安，以全义为吏部尚书。……巢败去，事诸葛爽于河阳；爽死，事其子仲方。仲方为孙儒所逐，全义……附于梁。……太祖猜忌，晚年尤甚，全义奉事益谨，卒以自免。自梁与晋战河北，……太祖兵败蓓县，道病还洛，幸全义会节园避

暑，留旬日，全义妻女皆迫淫之。其子继祚愤耻不自胜，欲剚刃太祖，全义止之曰："吾为李罕之兵围河阳，……梁兵出之，得至今日，此恩不可忘也。"……全义事梁，……封魏王。……梁亡，庄宗入汴，全义自洛来朝，泥首待罪，……厚赂刘皇后以自托。(《五代史》卷四五《张全义传》)

冯道，字可道，瀛州景城人也。事刘守光为参军，守光败去，事宦者张承业。……庄宗即位，拜户部侍郎，充翰林学士，……明宗……拜中书侍郎，同中书门下平章事。……晋灭唐，道又事晋，晋高祖拜道守司空，同中书门下平章事，……封鲁国公。……契丹灭晋，道又事契丹。……汉高祖立，乃归汉，以太师奉朝请。周灭汉，道又事周，周太祖拜道太师。……道少能矫行以取称于世，及为大臣，尤务持重以镇物，事四姓十君，益以旧德自处。然当世之士无贤愚，皆仰道为元老，而喜为之称誉。……当是时天下大乱，戎夷交侵生民之命，急于倒悬。道方自号长乐老，著书数百言，陈己更事四姓，及契丹所得阶勋官爵以为荣，自谓"孝于家，忠于国，为子，为弟，为人臣，为司长，为夫，为父，有子，有孙，时开一卷，时饮一杯，食味别声被色，老安于当代，老而自乐，何乐如之。"盖其自述如此。(《五代史》卷五四《冯道传》)

郑韬光，字龙府，洛京清河人也。……自襁褓迄于悬车，凡事十一君，越七十载，所仕无官谤，无私过。(《旧五代史》卷九二《郑韬光传》)

胤孙临事多不能决，当时号为"三不开"，谓其不开口以论议，不开印以行事，不开门以延士大夫也。(《五代史》卷五五《马胤孙传》)

孟昶乃命李昊草表以降。……初昊事王衍，为翰林学士，衍之亡也，昊为草降表，至是又草焉。蜀人夜表其门曰："世修降表李家。"(《五代史》卷六四《后蜀世家》)

韩熙载，本高密人。后主即位，颇疑北人，鸩死者多，而熙载且惧，愈肆情坦率，不遵礼法，破其财货，售集妓乐，迨数百人，日与荒乐，蔑家人之法。所受月俸至即散为妓女所有，而熙载不能制以为喜，而日不能给，遂散衣屦作瞽者，持独弦琴，俾舒雅执板挽之，随房歌鼓求丐，以足日膳，旦暮亦不禁其出入。或窃与诸生糅杂而

《韩熙载夜宴图》(局部)

淫，熙载见之，趋过而笑曰"不敢阻兴"而已。及夜奔客寝者，其客诗云："苦是五更留不住，向人头畔著衣裳。"时人议谓北齐徐之才豁达，无以过之。（王士禛《五代诗话》卷三《引细素杂记》）

按唐末以来，干戈饥馑，暴敛横征，而民不聊生，武夫悍卒，逞其武力，嗜杀为雄，于是人人以苟得为荣，苟免为幸，贬气节、夺廉耻而不惜矣。

（二）打破等级制度

中古时代，构成等级制度者，曰门第，曰奴婢。自唐以皇族冠氏族之首，魏晋以来士大夫风习，业已动摇。自科举盛行，榜下择婿，从来士大夫把持之婚宦制度，已打破无余。惟时人尚自贵其所宗，以郡望世系相高。自五季之乱，谱牒散亡，门第风尚，乃完全摧毁。奴婢昔有官奴，有私奴，有罪人籍没为奴，有俘虏为奴。自五代分争，后汉乾祐元年，李崧仆夫葛延遇，上变告崧谋反，遂族诛李崧兄弟，自是仆隶始稍吐平日怨气，奴婢制度，亦遂根本动摇。

唐末天下乱，革避地之中山。唐亡，……庄宗……建唐国，而故唐公卿之族，遭乱丧亡且尽，以革名家子，召为行台左丞相。……唐梁之际，仕宦遭乱奔亡，而吏部铨选，文书不完，因缘以为奸利，至有私鬻告敕，乱易昭穆，而季父、母舅，反拜侄、甥者。（《五代史》卷二八《豆卢革传》）

(三) 服饰诡异

同光二年二月，……诏近年已来，妇女服饰，异常宽博，倍费缣绫，有力之家，不计卑贱，悉衣锦绣，宜令所在纠察。（《旧五代史》卷三一《唐庄宗纪》五）

蜀人富而喜遨，当王氏晚年，俗竞为小帽，仅覆其顶，俯首即堕，谓之"危脑帽"，衍以为不祥，禁之。而衍好戴大帽，每微服出游民间，民间以大帽识之，因令国中皆戴大帽。又好裹尖巾，其状如锥。而后宫皆戴金莲花冠，衣道士服，酒酣免冠，其髻鬇然，更施朱粉，号"醉妆"，国中之人皆效之。（《五代史》卷六三《前蜀世家》）

南汉僭创小国，乃作平顶帽，自冠之，由是风俗一变，皆以安丰顶为尚。（陶毂《清异录》卷下）

后主昭惠国后周氏，小名娥皇，司徒宗之女，十九岁来归，通书史，善歌舞，尤工琵琶，尝为寿元宗前，元宗叹其工，以烧槽琵琶赐之，至于采戏弈棋，靡不妙绝。后主嗣位，立为后，宠嬖专房。创为高髻纤裳，及首翘鬓朵之妆，人皆效之。（陆游《南唐书》卷一六《后妃列传》）

《道山新闻》云，李后主宫嫔窅娘纤丽善舞，后主作金莲高六尺，饰以宝物组带缨络，莲中作五色瑞云，令窅娘以帛绕脚，令纤小屈上作新月状，素袜舞云中曲，有凌云之态。……人皆效之，以弓纤为妙。（周密《浩然斋雅谈》卷中）

(四) 饮食好尚

广顺元年正月，……诏曰："……天下州府，旧贡滋味食馔之物，所宜除减。其两浙进细酒、海味、姜瓜，湖南枕子茶、乳糖、白沙糖、橄榄子，镇州高公米、水梨，易定栗子，河东白社梨、米粉、绿豆粉、玉屑粔籹曲，永兴御田红秔米、新大麦曲，兴平苏栗子，华州麝香、羚羊角、熊胆、獭肝、朱柿、熊白，河中树红枣、五味子、轻锡，同州石鳌饼，晋绛蒲萄、黄消梨，陕府凤栖梨，襄州紫姜、新笋、橘子，安州折粳米、糟味，青州水梨，河阳诸杂果子，许州御李子，郑州新笋、鹅梨，怀州寒食杏仁，申州蘘荷，亳州草薢，沿淮州郡淮白鱼，……今后并不须进奉。"（《旧五代史》卷

一一〇《周太祖纪》一)

晟事李昪父子，二十余年，官至司空，家益富骄，每食不设几案，使众妓各执一器，环立而侍，号"肉台盘"，时人多效之。(《五代史》卷三三《孙晟传》)

魏王继岌，每荐羹，以羊兔猪脔而参之。时卢澄为平章事，趋朝待漏堂，厨具小馔，澄惟进粥，其品曰栗粥、乳粥、豆沙加糖粥，三种并供，澄各取少许并和而食，厨官遂有"王羹亥卯未，相粥白玄黄"之语。(陶毂《清异录》卷下)

江南仰山，善作"道场羹"，脯曲蔬笋，非一物也。(陶毂《清异录》卷下)

吴越有一种"玲珑牡丹鲊"，以鱼叶斗成牡丹状，既熟，出盎中，微红如初开牡丹。(陶毂《清异录》卷下)

(五) 俳优

庄宗既好俳优，又知音，能度曲，至今汾晋之俗，往往能歌其声，谓之御制者，皆是也。其小字亚子，当时人或谓之"亚次"，又别为优名以自目曰"李天下"。(《五代史》卷三七《伶官传》)

卷四

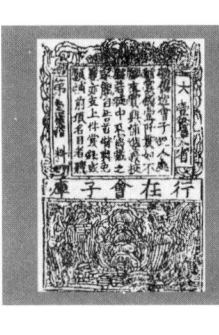

宋辽金夏元

宋辽金夏元

宋世系

自太祖赵匡胤代周，西历960年。至帝昺灭于元，西历1279年。凡十八主，共三百二十年。

太祖，姓赵，名匡胤，涿郡人。仕周，世宗时拜检校太傅，殿前都点检。恭帝即位，改归德军节度，检校太尉。七年春，北汉结契丹入边，命太祖出师御之，次陈桥驿，夜五鼓，诸校露刃列于庭曰："诸军无主，愿策太尉为天子。"未及对，有以黄衣加身者，众皆罗拜。拥还，遂受周禅，国号曰宋，建元建隆、三年。乾德、五年。开宝，八年。在位凡十六年。

太宗，初名匡义，赐改光义，太祖之弟。继立，改元太平兴国、八年。雍熙、四年。端拱、二年。淳化、五年。至道，三年。在位凡二十二年。

真宗，名恒，太宗第三子。嗣立，改元咸平、六年。景德、四年。大中祥符、九年。天禧、五年。乾兴，一年。在位凡二十五年。

仁宗，名祯，真宗第六子。嗣立，改元天圣、九年。明道、二年。景祐、四年。宝元、二年。康定、一年。庆历、八年。皇祐、五年。至和、二年。嘉祐、八年。在位凡四十一年。

英宗，名曙，濮安懿王允让太宗孙。之第十三子，仁宗养之于内。嘉祐七年，立为皇子。仁宗崩，遗诏立为帝，即位，改元治平，四年。在位凡四年。

神宗，名顼，英宗长子。嗣立，改元熙宁、十年。元丰，八年。在位凡十八年。

哲宗，名煦，神宗第六子。嗣立，改元元祐、八年。绍圣、四年。元符，三年。在位凡十五年。

徽宗，名佶，神宗第十一子。继立，改元建中靖国、一年。崇宁、五年。大观、四年。政和、七年。重和、一年。宣和。七年。金兵围汴急，乃禅位于钦宗，尊为教主道君太上皇帝。在位凡二十五年。及金人破汴，胁帝北行，金主封为昏德公，卒于五国城。

钦宗，名桓，徽宗长子。嗣立，改元靖康，一年。在位凡一年。随徽宗北去，金主封为重昏侯，金主亮时殂。

（以上凡九帝，共一百六十七年，自西历960年，至西历1126年。史称为北宋）

高宗，名构，徽宗第九子，封康王。徽钦北去，即帝位于应天府。河南商丘县。旋因金人之逼，避走江南，建都于临安，浙江杭县。改元建炎、四年。绍兴。三十二年。传位于孝宗，称太上皇。在位凡三十六年。

孝宗，名昚，太祖七世孙。高宗诏选太祖之后，绍兴二年，选帝育于禁中。三十年，立为皇子。继立，改元隆兴、二年。乾道、九年。淳熙。十六年。传位于光宗，上尊号曰至尊寿皇圣帝。在位凡二十七年。

光宗，名惇，孝宗第三子。乾道七年，立为皇太子。嗣立，改元绍熙。五年。传位于宁宗，上尊号曰圣安寿仁太上皇帝。在位凡五年。

宁宗，名扩，光宗第二子。嗣立，改元庆元、六年。嘉泰、四年。开禧、三年。嘉定，十七年。在位凡三十年。

理宗，名昀，太祖十世孙。初宁宗无子，择太祖后二人，养之宫中，一曰贵和，一曰贵诚。寻立贵和为皇子，改赐名竑。宁宗崩，史弥远矫诏，立贵诚为帝，改名昀。即位，改元宝庆、三年。绍定、六年。端平、三年。嘉熙、四年。淳祐、十二年。宝祐、六年。开庆、一年。景定，五年。在位凡四十年。

度宗，名禥，太祖十一世孙。父荣王与芮，理宗母弟。理宗无子，宝祐元年，立为皇太子。受遗诏继立，改元咸淳，十年。在位凡十年。

恭帝，名㬎，度宗子。继立，改元德祐。一年。德祐二年正月，元兵南侵，至临安皋亭山，以势穷乃出降。在位凡一年。朝元主于上都，

封瀛国公。

端宗，名昰，度宗庶子，恭帝兄，封吉王。德祐二年五月，陈宜中等立之于福州，改元景炎。二年。元兵袭之，奔粤，殂于碙州。广东吴川县南海中。在位凡二年。

帝昺，度宗庶子，端宗之弟。继立，改元祥兴。二年。避元兵迁于厓山，广东赤溪县东有二山，对峙如门，亦谓之厓门山。元将张弘范袭至，陆秀夫知事已去，乃负帝投海死。在位凡二年。宋亡。

（以上凡九帝，共一百五十三年，自西历1127年，至西历1279年。史称为南宋）

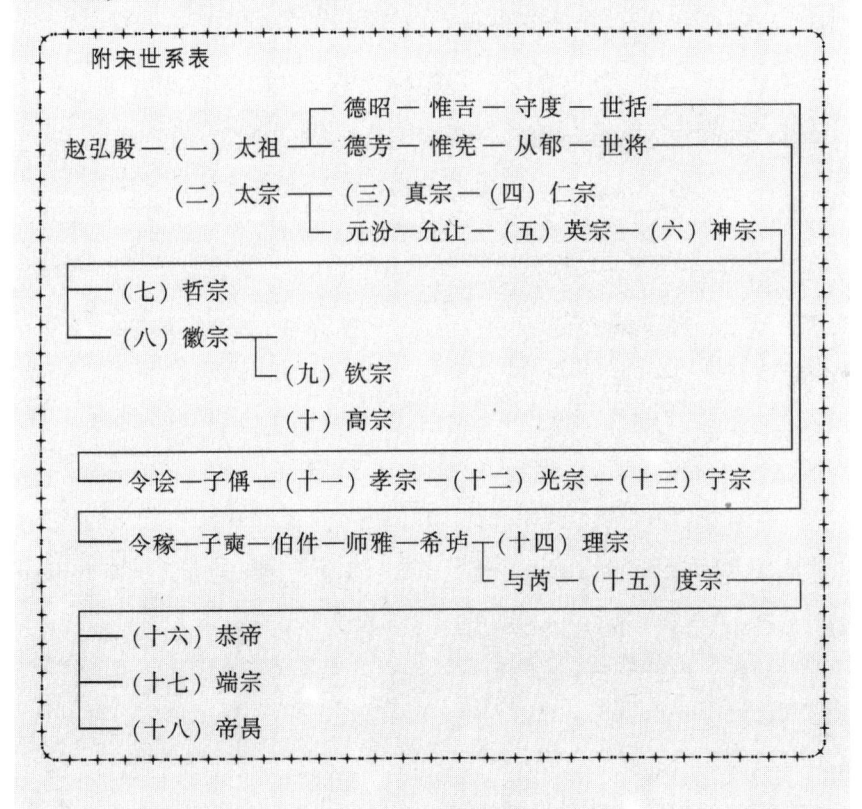

附宋世系表

```
赵弘殷—（一）太祖 ┬ 德昭—惟吉—守度—世栝
                  └ 德芳—惟宪—从郁—世将
          （二）太宗 ┬（三）真宗—（四）仁宗
                    └ 元汾—允让—（五）英宗—（六）神宗
—（七）哲宗
—（八）徽宗 ┬（九）钦宗
            └（十）高宗
—令诋—子偁—（十一）孝宗—（十二）光宗—（十三）宁宗
—令稼—子奭—伯件—师雅—希玶 ┬（十四）理宗
                            └ 与芮—（十五）度宗
—（十六）恭帝
—（十七）端宗
—（十八）帝昺
```

辽世系

自太祖阿保机称帝，西历916年。至天祚帝降于金，西历1125年。凡九主，共二百十年。

太祖，姓耶律氏，名亿，字阿保机，小字啜里只，契丹迭刺部，霞濑益石烈乡，耶律弥里人。事迹详前。于后梁太祖贞明二年称帝，国号

曰契丹，建元神册、六年。天赞、四年。天显、一年。在帝位凡十一年。

太宗，名德光，太祖第二子。嗣立，仍用天显年号。由二年至十一年，凡十年。后晋天福二年，西历937年。改国号曰辽，改元会同、十年。大同。一年。在位凡二十一年。

世宗，名阮，太祖长子托允出镇勃海扶余城，号曰人皇王。之子。太宗爱之如子，从伐晋，太宗崩于栾城，遂即位于柩前。太后闻帝即位，遣太弟李胡率兵拒之，旋罢兵。趋上京，改元天禄，四年。祭于行宫，遇弑。在位凡四年。

穆宗，名璟，太宗长子。继立，改元应历。十八年。帝荒淫无道，猎于怀州，为近侍所弑。在位凡十八年。

景宗，名贤，世宗第二子。继立，改元保宁、十年。乾亨，四年。在位凡十四年。

圣宗，名隆绪，景宗长子。继立，太后萧氏辅政，复国号曰大契丹，改元统和、二十九年。开泰、九年。太平。十年。在位凡四十八年。

兴宗，名宗真，圣宗长子。继立，改元景福、一年。重熙，二十三年。在位凡二十四年。

道宗，名洪基，兴宗长子。继立，改元清宁、十年。咸雍、十年。太康、十年。大安、十年。寿隆、六年。复改国号曰辽，凡在位四十六年。

天祚帝，名延禧，道宗之孙。道宗崩，奉遗诏即帝位，改元乾统、十年。天庆、十年。保大。四年。金兵克上京，帝走云中，复走夹山，内蒙五原县西北。燕京破，又出奔四部，山西阴山附近。金兵袭之，复奔走西夏。帝为谋恢复，至武州，为金兵所败，谋奔党项，被金将完颜娄室等所获。时宋徽宗宣和七年，金太宗天会三年也。至金，封为海滨王，以疾终。在位凡二十四年。辽亡。

```
附辽世系表
(一)太祖 ┬ (二)太宗 ── (四)穆宗
         └ 托允 ── (三)世宗 ── (五)景宗
         ── (六)圣宗 ── (七)兴宗 ── (八)道宗 ── 濬 ── (九)天祚帝
```

金世系

自太祖阿骨打称帝，西历1115年。至哀宗死于蔡州，西历1234年。凡九主，共一百二十年。

太祖，姓完颜氏，名阿骨打，世为生女真节度使。至太祖袭立，叛辽，取辽东北诸州，辽将萧嗣先又大败于混同江，势遂不可制，群臣劝进，即皇帝位，国号曰金，色尚白，更名旻。时宋徽宗政和五年，辽天祚帝天庆五年也。建元收国、二年。天辅，六年。在位凡八年。

太宗，名晟，本名吴乞买。太祖弟。太祖四出征伐，常居守。太祖卒，百官请正位，遂即皇帝位，改元天会，十二年。在位凡十二年。

熙宗，名亶，本名合剌。太祖孙。继立，仍用天会年号，由十三年至十五年，凡三年。改元天眷、三年。皇统，八年。为废帝所弑。在位凡十四年。

废帝，名亮，本名迪古乃。辽王宗幹次子。弑熙宗而自立，改元天德、四年。贞元、三年。正隆，五年。帝自将兵伐宋，师于瓜洲，完颜元宜等变，帝遇害。时宋高宗绍兴三十年。在位凡十二年。

世宗，名雍，本名乌禄。太祖孙，睿宗宗尧子。任东京留守，封曹国公。废帝出师，金人立之于辽阳，改元大定，二十九年。在位凡二十九年。

章宗，名璟，本名麻达葛。显宗允恭子。大定二十六年，立为皇太孙。世宗崩，继立，改元明昌、六年。承安、五年。泰和，八年。在位凡十九年。

卫绍王，名永济，本名兴胜。更名允济，世宗第七子。章宗无子而疏忌宗室，以王柔弱鲜智能，遂使为嗣。章宗卒，继立，改元大安、三年。崇庆、一年。至宁。一年。呼沙呼作乱，以兵入宫，自称监国都元帅，逼帝出宫，载至故邸而禁锢之，寻使宦者杀王而迎立宣宗。在位凡五年。

宣宗，名珣，本名吾睹补。显宗长子，进封升王。卫绍王被杀，呼沙呼迎帝于彰德而立之，改元贞祐、四年。兴定、五年。元光。二年。以蒙古日逼，国蹙兵弱，乃迁都于汴。在位凡十一年。

哀宗，名守绪，又名宁甲速。宣宗第三子。继立，改元正大、八年。

开兴、一年。天兴。三年。蒙古兵围汴，帝走蔡州。宋与蒙古合兵围之，帝知事急，传位于宗室承麟，冀突围而出。未几城破，帝自经，承麟亦为乱兵所杀。时宋理宗端平元年也。在位凡十一年。金亡。

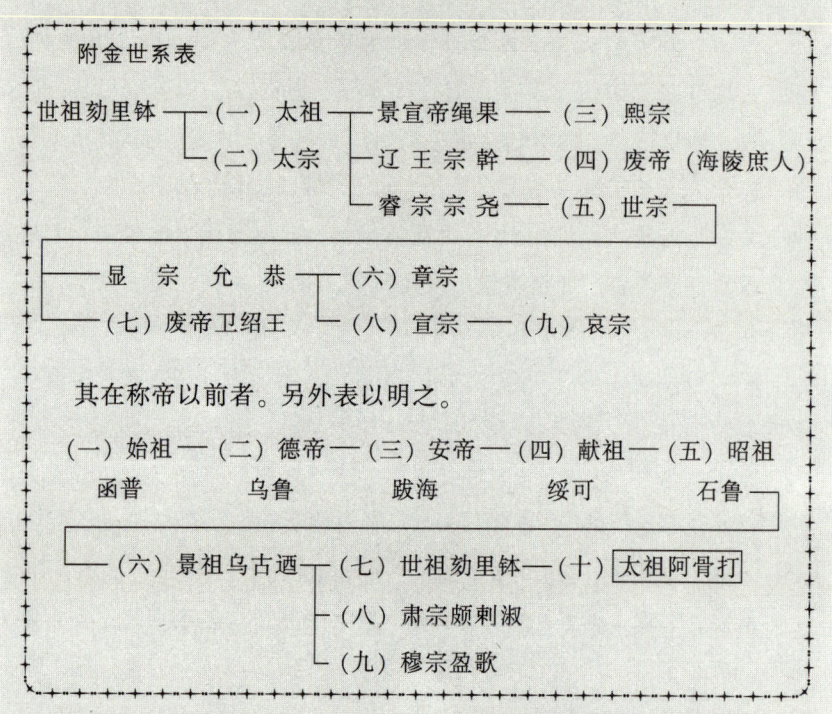

```
附金世系表
世祖劾里钵 ─┬─ (一) 太祖 ─── 景宣帝绳果 ─── (三) 熙宗
            ├─ (二) 太宗 ─┬─ 辽王宗幹 ─── (四) 废帝 (海陵庶人)
                          └─ 睿宗宗尧 ─── (五) 世宗 ─┐
┌─────────────────────────────────────────────────────┘
├─ 显宗允恭 ─── (六) 章宗
└─ (七) 废帝卫绍王    (八) 宣宗 ─── (九) 哀宗

其在称帝以前者。另外表以明之。

(一) 始祖 ── (二) 德帝 ── (三) 安帝 ── (四) 献祖 ── (五) 昭祖
  函普         乌鲁         跋海         绥可         石鲁
└─ (六) 景祖乌古迺 ─┬─ (七) 世祖劾里钵 ── (十) 太祖阿骨打
                    ├─ (八) 肃宗颇剌淑
                    └─ (九) 穆宗盈歌
```

夏世系

自景宗元昊称帝，西历1038年。至末帝降于蒙古，西历1227年。凡十主，共一百九十年。

景宗，本姓拓跋，曾赐姓李氏，名元昊。其先自唐末，即据有银、夏、绥、宥、静诸州。元昊继立，称显道、二年。开运、广运、二年。大庆、二年。旋称帝，国号曰夏。时宋仁宗宝元元年，辽兴宗重熙七年也。改元天授礼法延祚，十一年。在帝位凡十一年。

毅宗，名谅祚，景宗长子也。继立，改元延嗣宁国、一年。天祐垂圣、三年。福圣承道、四年。奲都、六年。拱化、六年。在位凡二十年。

惠宗，名秉常，毅宗长子。继立，改元乾道、二年。天赐礼盛国庆、五年。大安、十年。天定礼定、一年。在位凡十八年。

崇宗，名乾顺，惠宗长子。继立，改元天仪治平、四年。天祐民安、八年。永安、三年。贞观、十三年。雍宁、五年。元德、七年。正德、八年。大德、四年。在位凡五十二年。

仁宗，名仁孝，崇宗长子。继立，改元大庆、五年。人庆、五年。天盛、二十二年。乾祐、二十三年。在位凡五十五年。

桓宗，名纯祐，仁宗长子。继立，改元天庆。十二年。后为镇夷王安全所废。在位凡十二年。

襄宗，名安全，崇宗之孙，越王仁友之子。废桓宗而自立，改元应天、四年。皇建、一年。在位凡五年。

神宗，名遵顼。始以宗室策试进士及第，位至大都督。继立，改元光定。十二年。传位于子德旺，自称太上皇。在位凡十二年。

献宗，名德旺，神宗子，继立，改元干定，四年。闻蒙古兵至，以忧悸卒，在位凡四年。

末帝，名睍，神宗之孙，清平郡王之子。国人立以为主，蒙古太祖攻之，力屈乃降。时宋理宗宝庆三年，金哀宗正大四年也。在位凡一年。夏亡。

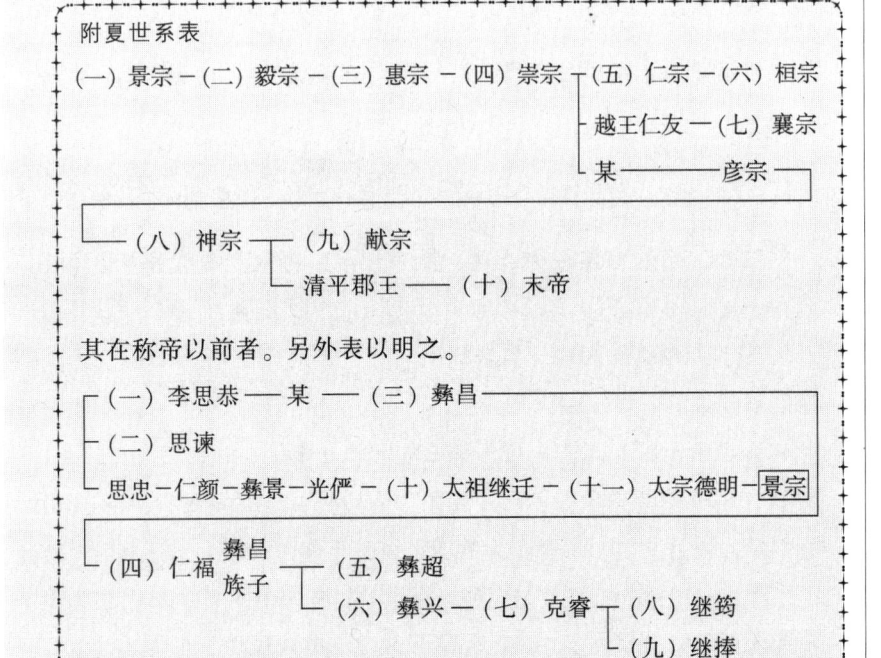

附夏世系表

(一) 景宗 – (二) 毅宗 – (三) 惠宗 – (四) 崇宗 ┬ (五) 仁宗 – (六) 桓宗
　　　　　　　　　　　　　　　　　　　　　├ 越王仁友 – (七) 襄宗
　　　　　　　　　　　　　　　　　　　　　└ 某 ──── 彦宗

┬ (八) 神宗 ┬ (九) 献宗
　　　　　　└ 清平郡王 ── (十) 末帝

其在称帝以前者。另外表以明之。

(一) 李思恭 ── 某 ── (三) 彝昌
(二) 思谏
思忠 – 仁颜 – 彝景 – 光俨 – (十) 太祖继迁 – (十一) 太宗德明 – 景宗
(四) 仁福 彝昌族子 ┬ (五) 彝超
　　　　　　　　　└ (六) 彝兴 – (七) 克睿 ┬ (八) 继筠
　　　　　　　　　　　　　　　　　　　　　　└ (九) 继捧

元世系

自太祖铁木真称帝，西历1206年。至顺帝北走，西历1368年。凡十五主，共一百六十三年。

太祖，名铁木真，姓奇渥温氏，蒙古部人。征服诸部，即帝位于斡难河之源，上尊号曰成吉思可汗。时宋宁宗开禧二年，金章宗泰和六年也。在位凡二十二年。四太子拖雷监国一年。

太宗，名窝阔台，太祖第三子。继立。六年，灭金。在位凡十三年。皇后乃马真氏临朝称制凡四年。

定宗，名贵由，太宗长子。继立，在位凡三年。皇后斡兀立海迷失氏，抱太孙失烈门临朝称制凡二年。

宪宗，名蒙哥，太祖之孙，拖雷长子。继立。九年，攻略蜀地，殁于合州。在位凡九年。

世祖，名忽必烈，拖雷第四子，宪宗母弟。长且贤，任漠南汉地军国庶事。宪宗殁于蜀，世祖还师至开平，自立为帝。时宋理宗景定元年。西历1260年。建元中统、四年。至元。三十一年。至元八年，宋度宗咸淳七年。改国号曰元，取《易》"大哉乾元"之义。十六年灭宋，统一中国。在位凡三十五年。

成宗，名铁穆耳，世祖之孙，太子真金之第三子。继立，改元元贞、二年。大德，十一年。在位凡十三年。

武宗，名海山，真金第二子，答剌麻八剌之长子。继立，改元至大，四年。在位凡四年。

仁宗，名爱育黎拔力八达，武宗之弟。继立，改元皇庆、二年。延祐，七年。在位凡九年。

英宗，名硕德八剌，仁宗嫡子。继立，改元至治。三年。为知枢密院事铁失等所弑。在位凡三年。

泰定帝，名也孙铁木儿，晋王甘麻剌之长子。袭封镇北边，英宗遇弑，诸王等奉皇帝玺，迎帝于镇。即帝位，改元泰定，四年。在位凡四年。以自立故，文宗不为立庙上谥，止称为泰定帝。

天顺帝，名阿速吉八，泰定帝子。上都丞相倒剌沙，立之为帝，改元天顺。时文宗立于大都，乃遣兵攻之，战败逃亡。在位凡月余。

明宗，名和世㻋，武宗长子。泰定帝崩，文宗立二年，以帝居长固让，帝遂即位和宁之北。还京师，于途次暴崩，在位凡八月。

文宗，名图帖睦尔，武宗之次子，明宗之弟。即帝位，改元天历，二年。让位明宗。明宗立帝为皇太子，及明宗崩，复位，改元至顺，三年。在位凡五年。

宁宗，名懿璘质班，明宗次子。继立，旋崩，在位凡月余。

顺帝，名妥欢贴睦尔，明宗之长子。居广西，宁宗崩，迎归京师，即帝位，改元元统、二年。至元、六年。至正，二十七年。在位凡三十五年。明兵陷都城，帝北走，元亡。

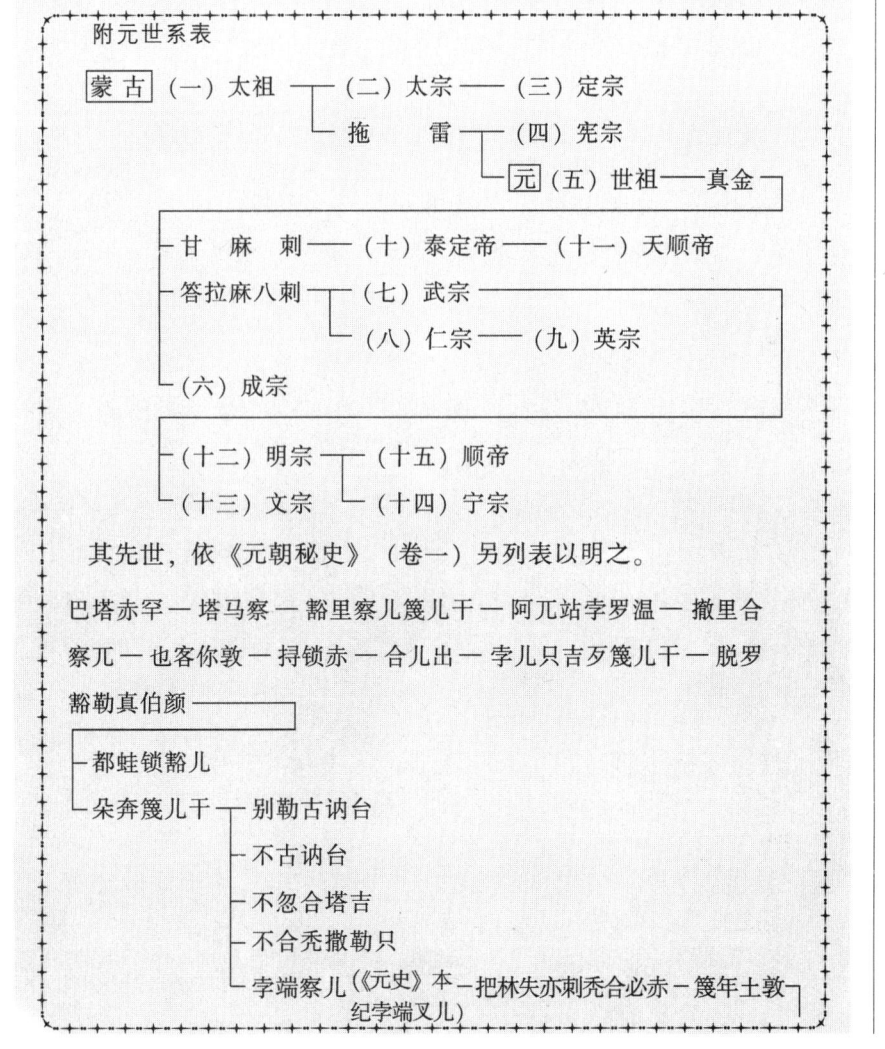

附元世系表

```
蒙古 (一)太祖 ─┬─ (二)太宗 ── (三)定宗
              └─ 拖  雷 ─┬─ (四)宪宗
                        └─ 元 (五)世祖 ── 真金
  ┌─ 甘 麻 刺 ── (十)泰定帝 ── (十一)天顺帝
  ├─ 答拉麻八刺 ─┬─ (七)武宗
  │             └─ (八)仁宗 ── (九)英宗
  └─ (六)成宗
  ┌─ (十二)明宗 ── (十五)顺帝
  └─ (十三)文宗 ── (十四)宁宗
```

其先世，依《元朝秘史》（卷一）另列表以明之。

巴塔赤罕 ─ 塔马察 ─ 豁里察儿篾儿干 ─ 阿兀站孛罗温 ─ 撒里合察兀 ─ 也客你敦 ─ 挦锁赤 ─ 合儿出 ─ 孛儿只吉歹篾儿干 ─ 脱罗豁勒真伯颜 ─┐
┌──┘
├─ 都蛙锁豁儿
└─ 朵奔篾儿干 ─┬─ 别勒古讷台
              ├─ 不古讷台
              ├─ 不忽合塔吉
              ├─ 不合秃撒勒只
              └─ 孛端察儿（《元史》本纪孛端叉儿）─ 把林失亦刺秃合必赤 ─ 篾年土敦

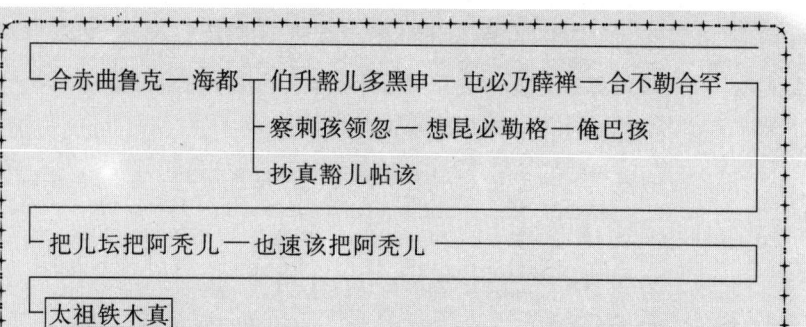

```
┌─合赤曲鲁克─海都─┬─伯升豁儿多黑申─屯必乃薛禅─合不勒合罕─┐
│                  └─察剌孩领忽─想昆必勒格─俺巴孩              │
│─抄真豁儿帖该                                                  │
│─把儿坛把阿秃儿─也速该把阿秃儿─                               │
 └─太祖铁木真
```

一 宋之统一

太祖代周，诸国并峙，次第用兵，先灭荆南、南平、后蜀、南汉、南唐，太宗继之，又灭北汉，吴越先来归，除燕云十六州外，复归一统。

宋太祖赵匡胤像

乾德元年，西历963年。二月，……慕容延钊入荆南，高继冲请归朝，得州三，县十七。（《宋史》卷一《太祖纪》一）

乾德元年，三月，……慕容延钊破三江口，下岳州，克复朗州，湖南平，得州十四，监一，县六十六。（《宋史》卷一《太祖纪》一）

按马希萼时，朗州将王逵、周行逢据州以叛，推辰州刺史刘言为主，南唐破潭州后，未几仍为王逵等所得，尽有马氏故地，王逵自为武安节度使，周行逢自为武安行军司马。三雄并峙，逵与行逢比而杀言，逵亦为其下所杀，行逢代为武平节度使。宋初，行逢卒，子保权继立，部将张文表为乱，据潭州。保权求援于宋，宋遣慕容延钊、李处耘，假道荆南以讨之，未至，保权已克潭州，杀文表。荆南主继冲，闻宋师至，出迎，钊等遂袭取之，荆南亡。更进趋潭州，保权与宋师战，大败被擒，武平遂亡。

　　乾德三年，西历965年。正月，……王全斌取利州，蜀王孟昶降，得州四十五，县一百九十八。（《宋史》卷二《太祖纪》二）

按蜀帝昶，奢纵无度，知枢密院事王昭远，大言欲建奇勋，以蜡书约北汉伐宋。太祖闻之，于乾德二年十一月，以王全斌为西川行营前军兵马都部署，崔彦进副之，将步骑三万，出凤州道；刘光义为西川行营前军兵马都部署，曹彬副之，出归州道以伐蜀。王昭远出战被擒，师至魏城，昶降，后蜀遂亡。昶至京师，封秦国公。

　　开宝四年，西历971年。二月，……潘美克广州，俘刘铱，广南平，得州六十，县二百十四。（《宋史》卷三《太祖纪》二）

按南汉帝铱在位，残酷奢侈，屡侵宋。太祖开宝三年八月，命潭州防御使潘美为贺州道兵马行营都部署，朗州团练使尹崇珂副之，遣使发十州兵，会贺州，以伐南汉。美等克广州俘铱，南汉遂亡。铱至京师，封为恩赦侯。

　　开宝八年，西历975年。十一月，……曹彬夜败江南军于城下，……克升州，俘其国主煜，江南平，凡得州十九，军三，县一百八十。（《宋史》卷三《太祖纪》三）

按宋平南汉，南唐李煜闻之，自贬国号曰江南国主，遣使朝宋。南唐宿将林宏肇，为宋太祖所忌，纵反间，言其将降，煜竟鸩杀之，守备益弛。太祖欲伐之，以师出无名，先征之入朝不至，开宝七年，命曹彬为西南路行营马步军战棹都部署，潘美为都监，曹翰为先锋都指挥使，将兵十万，出荆南以伐之，兼使吴越王俶出师为犄角。彬等由荆南浮江而下，自

采石渡江围金陵，俶亦取江南常州。金陵破，煜降，南唐遂亡。煜至京师，封为违命侯。

太平兴国三年，西历978年。四月，……陈洪进献漳泉二州，凡得县十四。(《宋史》卷四《太宗纪》一)

按闽越为唐所灭，牙将留从效据漳泉。从效卒，子绍镃继立，为统军陈洪进所废，推副使张汉思为留后，自为副使，既复幽汉思而代之。宋平南唐，吴越王入朝，洪进遣子入贡。太平兴国二年八月，洪进入朝。三年四月，献地，诏以为武宁节度使，同平章事。

太平兴国三年五月，……钱俶献其两浙诸州，凡得州十三，军一，县八十六。(《宋史》卷四《太宗纪》一)

按吴越王钱俶，自太祖时已称藩。俶入朝，太祖遇之以礼，赐赉甚厚，留两年遣还。至是举国归朝，封为淮海王，吴越遂亡。

太平兴国四年，西历979年。二月，……帝发京师，四月，……幸太原城，诏谕北汉主刘继元使降。五月，……继元降，北汉平，凡得州十，县四十。(《宋史》卷四《太宗纪》一)

按宋太祖灭蜀后，转伐北汉。时北汉刘继元新立，求救于辽，辽兵入侵晋绛二州，太祖自将攻之，不克而还。是年，太宗自将伐北汉，次太原，招降继元，封为彭城郡公，北汉遂亡。

二　宋之疆域

唐室既衰，五季迭兴，……禹县分裂，莫之能一。宋太祖受周禅，初有州百一十一，县六百三十八。……建隆四年，取荆南，得州府三，县一十七；……平湖南，得州一十五，监一，县六十六，……乾德三年，平蜀，得州府四十六，县一百九十八。……开宝四年，平广南，得州六十，县二百一十四。……八年，平江南，得州一十九，军三，县一百八。……计其末年，凡有州

二百九十七，县一千八十六。……太宗太平兴国三年，陈洪进献地，得州二，县十四；……钱俶入朝，得州十三，军一，县八十六。……四年，平太原，得州十，军一，县四十。……五年，李继捧来朝，得州四，县八。雍熙元年，以四州授继捧，自后不复领职方。至是天下既一，疆理几复汉唐之旧，其未入职方氏者，唯燕云十六州而已。至道三年，西历997年。分天下为十五路，先是淳化四年，法唐制，分天下为十道，曰河南，曰河东，曰河北，曰关西，曰剑南，曰淮南，曰陕西，曰江南东西，曰浙东西，曰广南。天圣仁宗年号。析为十八，元丰神宗年号。又析为二十三，曰京东东西，曰京西南北，曰河北东西，曰永兴，曰秦凤，曰河东，曰淮南东西，曰两浙，曰江南东西，曰荆湖南北，曰成都，曰梓利夔，曰福建，曰广南东西，东南际海，西尽巴僰，北极三关，东西六千四百八十五里，南北万一千六百二十里。崇宁徽宗。四年，西历1105年。复置京畿路。……宣和四年，西历1122年。又置燕山府及云中府路，天下分路二十六，京府四，府三十，州二百五十四，监六十三，县一千二百三十四，可谓极盛矣。……自崇宁以来，益、梓、夔、黔、广西、荆、湖南北，迭相视效，大斥土宇，……凡所建州军关城砦堡，纷然莫可胜纪。(《宋史》卷八五《地理志序》)

高宗苍黄渡江，驻跸吴会，中原陕右，尽入于金，东画长淮，西割商秦之半，以散关为界，其所存者，两浙、两淮、江东西、湖南北、西蜀、福建、广东、广西十五路而已，合京西，共为十六路。(《宋史》卷八五《地理志序》)

是时舆地登于职方者，东尽明越，西抵岷嶓，南斥琼崖，北至淮汉，补短截长。分路十六，曰浙西，曰浙东，曰江东，曰江西，曰淮东，曰淮西，曰湖南，曰湖北，曰京西，曰成都，曰潼川，曰利州，曰夔州，曰福建，曰广东，曰广西。凡府、州、军、监一百九十，县七百有三，而武都、河池、兴元、襄阳、鄂州、庐州、楚州、扬州，皆为重镇。(顾祖禹《读史方舆纪要》卷八)。

宋疆域简表

	北　宋				南　宋		
	太宗时	仁宗时	神宗时	徽宗时	道名	统府州军监	备考
道名	统府州军监	道名	统府州军监	道名	统府州军监	道名	统府州军监
京东路　四界　东至海，西抵汴，南极淮泗，北薄于河。	开封府。宋州、兖州、徐州、曹州、青州、密州、齐州、济州、沂州、登州、莱州、淄州、濮州、单州。广济军、清平军、淮阳军、宣化军、莱芜监、利国监。凡统府一，州十六，军四，监二。	京东路	应天府（宋州升）。兖州、徐州、曹州、青州、郓州、密州、齐州、济州、沂州、登州、莱州、淄州、濮州、单州。广济军、清平军、淮阳军、宣化军、莱芜监、利国监。凡统府一，州十五，军四，监二。	京东东路	齐州、青州、密州、沂州、登州、莱州、淄州、潍州、淮阳军。凡统州八，军一。 应天府。兖州、徐州、曹州、郓州、济州、濮州、单州。广济军。莱芜监、利国监。凡统府一，州七，军一，监二。	京东西路	济南府（齐州升）。青州、密州、沂州、登州、莱州、淄州、潍州、淮阳军。凡统府一，州七，军一。 应天府、袭庆府（兖州升），兴仁府（曹州升），东平府（郓州升）。徐州、济州、濮州、单州、拱州。广济军。莱芜监、利国监。凡统府四，州五，军一，监二。		全路没于金。 全路没于金。
京西路　东暨汝颖，西距崤函，南逾汉沔，北抵河津。	河南府。滑州、郑州、汝州、陈州、许州、蔡州、孟州、唐州、邓州、襄州、均州、房州、金州、随州、郢州。信阳军、光化军。凡统府一，州十六，军二。	京畿路 京西路	开封府。曹州、陈州、郑州、许州、滑州。凡统府一，州五。 河南府。汝州、蔡州、颖州、孟州、唐州、邓州、襄州、均州、房州、金州、随州、郢州。信阳军、光化军。凡统府一，州十二，军二。	京畿路 京西北路 京西南路	开封府。凡统县十六。 河南府。颖昌府（许州升）。滑州、郑州、汝州、陈州、蔡州、颖州、孟州。信阳军。凡统府二，州七，军一。 唐州、邓州、襄州、均州、房州、金州、随州、郢州。光化军。凡统州八，军一。	京畿路 京西北路 京西南路	开封府。置四辅郡。颖昌府为南辅，郑州为西辅，澶州为北辅，拱州为东辅，其后旋罢旋复。开封府界，依旧为京畿。 河南府、颖昌府、淮宁府（陈州升）、顺昌府（颖州升）。滑州、郑州、汝州、蔡州、孟州。信阳军。凡统府四，州五，军一。 襄阳府（襄州升）。均州、房州、随州、郢州。光化军。凡统府一，州四，军二。	襄阳府。均州、房州、随州、郢州。光化军。凡统府一，州四，军二。	全路没于金。 金州并入利州路。唐、邓二州没于金。

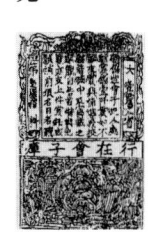

续表

	北　宋				南　宋	
	太宗时	仁宗时	神宗时	徽宗时	道名 统府州军监	备考
河北路	东滨海，西薄太行，南临河，北据三关。大名府。镇州、瀛州、贝州、博州、德州、沧州、棣州、邢州、冀州、赵州、定州、莫州、相州、怀州、卫州、澶州、磁州、祁州、滨州、雄州、霸州、保州。德清军、定远军、破房军、平戎军、静戎军、乾宁军、顺安军、宁边军、天威军、承天军、静安军、通利军。凡统府一，州二十四，军十四。	高阳关路 瀛州、贝州、沧州、冀州、莫州、雄州、霸州。永静军（定远改）、保定军（平戎改）、信安军（破房改）、乾宁军。凡统州七，军四。 大名府路 大名府。博州、棣州、怀州、卫州、德州、澶州、滨州。安利军（通利改）、保顺军、德清军。凡统府一，州七，军三。 真定府路 真定府（镇州升）。洺州、邢州、相州、赵州、磁州。天威军。凡统府一，州五，军一。 定州路 定州、深州、祁州、保州。广信军（威勇改）、安肃军（静戎改）、永宁军（宁边改）、顺安军。凡统州4，军4。	大名府。瀛州、贝州、沧州、冀州、莫州、雄州、霸州、博州、棣州、德州、滨州、澶州。德清军、永静军、保顺军、保定军、信安军、乾宁军。凡统府一，州十二，军六。 真定府。怀州、卫州、洺州、邢州、相州、赵州、定州、深州、祁州、保州。天成军、安利军、广信军、安肃军、永宁军、顺安军。凡统府一，州十一，军六。 河北西路	大名府、开德府（澶州升）、河间府（瀛州升）。沧州、冀州、莫州、雄州、博州、棣州、德州、霸州、恩州（贝州改）、清州（乾宁军升）、滨州。德清军、保顺军、永静军、信安军、保定军。凡统府三，州十一，军五。 真定府、中山府（定州升）、信德府（邢州升）、庆源府（赵州升）。洺州、相州、磁州、怀州、卫州、深州、祁州、保州、濬州（安利军升）。天威军、安肃军、永宁军、广信军、顺安军、北平军。凡统府四，州九，军六。 河北西路		全路没于金。 全路没于金。
河东路	东际常山，西逾河，南距底柱，北塞雁门。并州、代州、忻州、汾州、辽州、泽州、潞州、晋州、绛州、慈州、隰州、岚州、宪州、丰州、麟州、府州。平定军、火山军、定羌军、宁化军、岢岚军、威胜军。永利监、大通监。凡统州十七，军六，监二。	河东路 太原府（并州升）。代州、忻州、汾州、辽州、泽州、潞州、晋州、绛州、慈州、隰州、石州、岚州、宪州、麟州、府州。平定军、火山军、定羌军、宁化军、岢岚军、威胜军。永利监、大通监。凡统府一，州十五，军六，监二。	太原府。代州、忻州、汾州、辽州、泽州、潞州、晋州、绛州、慈州、隰州、石州、岚州、宪州、麟州、府州。平定军、火山军、保德军（定羌改）、宁化军、岢岚军、威胜军。永利监、大通监。凡统府一，州十四，军六，监二。	河东路 太原府、隆德府（潞州升）、平阳府（晋州升）。代州、忻州、汾州、辽州、泽州、绛州、慈州、隰州、石州、岚州、宪州、丰州、麟州、府州。平定军、火山军、保德军、宁化军、岢岚军、威胜军、晋宁军、庆祚军。永利监、大通监。凡统府三，州十四，军八，监二。		全路没于金。

续表

	北宋				南宋		
道名	太宗时	仁宗时	神宗时	徽宗时	道名	统府州军监	备考
陕西路 东尽殽函，西包汧陇，南连商洛，北控萧关。	京兆府、河中府、凤翔府。 华州、同州、解州、虢州、陕州、商州、耀州、干州、丹州、延州、鄜州、坊州、汧州、邠州、宁州、泾州、原州、庆州、环州、渭州、陇州、仪州、凤州、阶州、成州、秦州。 保安军、镇戎军。 开宝监、沙苑监。 凡统府三，州二十五，军二，监二。	京兆府、河中府、凤翔府。 华州、同州、解州、虢州、陕州、商州、耀州、干州、丹州、延州、汧州、坊州、邠州、宁州、泾州、原州、庆州、环州、渭州、陇州、仪州、凤州、阶州、成州、秦州。 保安军、镇戎军、永兴军、庆成军、德顺军。 开宝监、沙苑监。 凡统府三，州二十五，军五，监二。	永兴路 京兆府、河中府。 华州、同州、解州、虢州、陕州、商州、耀州、丹州、延州、汧州、坊州、邠州、宁州、庆州、环州。 保安军、庆成军。 沙苑监。 凡统府二，州十五，军二，监一。 秦凤路 凤翔府。 泾州、原州、渭州、凤州、陇州、阶州、成州、秦州、熙州、兰州、岷州。 镇戎军、德顺军。 凡统府一，州十二，军二。	永兴路 京兆府、河中府、延安府（延州升）、庆阳府（庆州升）。 华州、同州、陕州、解州、虢州、商州、耀州、醴州、丹州、鄜州、坊州、邠州、宁州、环州、银州。 保安军、庆成军、清平军、绥德军、定边军。 凡统府四，州十五，军五。 秦凤路 凤翔府。 泾州、原州、渭州、凤州、陇州、阶州、成州、秦州、熙州、河州、兰州、岷州、巩州（通远军升）、西安州、会州、洮州、廓州、乐州、西宁州。 镇戎军、德顺军、积石军、震武军、怀德军。 凡统府一，州十九，军五。			全路没于金。 成、阶、凤、岷四州、尚为宋有，并入利州路。
淮南路 东至海，西距汉，南濒江，北据淮。	扬州、楚州、濠州、寿州、光州、黄州、蕲州、舒州、庐州、滁州、和州、海州、泗州、亳州、宿州、泰州、通州。 建安军、涟水军、高邮军、无为军、海陵监、利丰监。 凡统州十七，军四，监二。	扬州、楚州、濠州、寿州、光州、黄州、蕲州、舒州、庐州、滁州、和州、海州、泗州、亳州、宿州、泰州、通州（建安军升）。 涟水军、高邮军、无为军。 海陵监、利丰监。 凡统州十八，军三，监二。	淮南东路 扬州、楚州、濠州、寿州、黄州、蕲州、舒州、庐州、滁州、海州、泗州、亳州、宿州、泰州、通州、真州。 高邮军。 海陵监、利丰监。 凡统州十，军一，监二。 淮南西路 寿州、庐州、蕲州、和州、舒州、濠州、光州、黄州。 无为军。 凡统州八，军一。	淮南东路 扬州、楚州、滁州、海州、泗州、亳州、宿州、泰州、通州、真州。 高邮军、涟水军。 海陵监、利丰监。 凡统州十，军二，监二。 淮南西路 寿春府（寿州升）。 庐州、蕲州、和州、舒州、濠州、光州、黄州。 无为军、六安军。 凡统府一，州七，军二。	淮东路 淮西路	扬州、楚州、滁州、泰州、通州、真州、安东州（涟水军升）。 高邮军、招信军、淮安军、清河军。 凡领州七，军四。 安庆府（舒州升）、寿春府。 庐州、蕲州、和州、舒州、濠州、光州、黄州。 无为军、六安军、怀远军。 凡统府二，州六，军三。	海、泗二州没于金。

续表

	北　宋				南　宋	
太宗时	仁宗时	神宗时	徽宗时	道名	统府州军监	备考
东限闽海，西界夏口，南抵大庾，北际大江。 江南路	升州、太平州、宣州、歙州、池州、饶州、信州、抚州、江州、洪州、袁州、筠州、吉州、虔州。 广德军、南康军、兴国军、临江军、南安军、建昌军。 凡统州十四，军六。	江宁府（升州升）。 宣州、歙州、池州、饶州、信州、抚州、江州、洪州、袁州、筠州、吉州、虔州、太平州、广德军。 南康军、兴国军、临江军、南安军、建昌军。 凡统府一，州十三，军六。 江南路	江宁府。 江南东路 太平州、宣州、歙州、池州、饶州、信州、江州、广德军、南康军。 凡统府一，州七，军二。 江南西路 洪州、虔州、吉州、袁州、抚州、筠州。 兴国军、南安军、临江军、建昌军。 凡统州六，军四。	江宁府。 太平州、宣州、徽州（歙州改）、池州、饶州、信州、江州。 广德军、南康军。 凡统府一，州七，军二。 江南东路 洪州、虔州、吉州、袁州、抚州、筠州。 兴国军、南安军、临江军、建昌军。 凡统州六，军四。 江南西路	江南东路	建康府（江宁改）、宁国府（宣州升）。 太平州、徽州、池州、饶州、信州。 广德军、南康军。 凡统府二，州五，军二。 隆兴府（洪州升）、赣州（虔州改）、江州、吉州、袁州、抚州、筠州。 兴国军、南安军、临江军、建昌军。 凡统府一，州六，军四。 江南西路	
东据衡岳，西接蛮獠，南阻五岭，北界洞庭。 荆湖南路	潭州、衡州、道州、永州、邵州、郴州、全州。 桂阳监。 凡统州七，监一。	潭州、衡州、道州、永州、邵州、郴州、全州。 桂阳监。 凡统州七，监一。 荆湖南路	潭州、衡州、道州、永州、邵州、郴州、全州。 桂阳监。 凡统州七，监一。 荆湖南路	潭州、衡州、道州、永州、邵州、郴州、全州。 武冈军。 桂阳监。 凡统州七，军一，监一。 荆湖南路	荆湖南路	宝庆府（邵州升）。 潭州、衡州、道州、永州、郴州、全州。 武冈军、茶陵军、桂阳军（桂阳监改）。 凡统府一，州六，军三。	
东尽鄂渚，西控巴峡，南抵洞庭，北限荆山。 荆湖北路	江陵府。 鄂州、岳州、复州、安州、朗州、峡州、归州、辰州。 汉阳军、荆门军。 凡统府一，州九，军二。	江陵府。 鄂州、岳州、安州、复州、鼎州（朗州改）、澧州、峡州、归州、辰州。 汉阳军、荆门军。 凡统府一，州九，军二。 荆湖北路	江陵府。 鄂州、岳州、安州、复州、鼎州、澧州、峡州、归州、辰州、诚州。 汉阳军、荆门军。 凡统府一，州十一，军二。 荆湖北路	江陵府、德安府（安州升）。 鄂州、岳州、复州、鼎州、澧州、峡州、归州、辰州、靖州（诚州改）、沅州。 汉阳军、荆门军。 凡统府二，州十，军二。 荆湖北路	荆湖北路	江陵府、德安府、常德府（鼎州升）。 鄂州、岳州、复州、澧州、峡州、归州、辰州、沅州、靖州。 汉阳军、荆门军、寿昌军。 凡统府三，州九，军三。	

	北　宋				南　宋		
	太宗时	仁宗时	神宗时	徽宗时	道名	统府州军监	备考
两浙路 东至海，南接岭岛，西控霞泽，北枕大江。	杭州、睦州、湖州、秀州、苏州、常州、润州、越州、婺州、衢州、处州、温州、台州、明州。江阴军、顺化军。凡统州十四，军二。	两浙路 杭州、睦州、湖州、秀州、苏州、常州、润州、越州、婺州、衢州、处州、温州、台州、明州。江阴军。凡统州十四，军一。	两浙路 杭州、睦州、湖州、秀州、苏州、常州、润州、越州、婺州、衢州、处州、温州、台州、明州。《宋史·地理志》，两浙路，熙宁七年，分为两路，寻合为一，九年复分，十年复合。	两浙路 平江府（苏州升）、镇江府（润州升）。杭州、湖州、严州（睦州改）、秀州、常州、越州、婺州、衢州、处州、温州、台州、明州。凡统府二，州十二。	浙西路 浙东路	临安府（杭州升）、平江府、镇江府、嘉兴府（秀州升）、建德府（严州升）、安吉州（湖州改）、常州、江阴军、南兴军。凡统府五，州二，军二。 绍兴府（越州升），庆元府（明州升），瑞安府（温州升），婺州、衢州、处州、台州。凡统府三，州四。	高宗绍兴三十二年，复分两浙为东西路。
福建路 东南际海，西北据岭。	福州、建州、泉州、漳州、汀州、南剑州。兴化军、邵武军。凡统州六，军二。	福建路 福州、建州、泉州、漳州、汀州、南剑州。兴化军、邵武军。凡统州六，军二。	福建路 福州、建州、泉州、漳州、汀州、南剑州。兴化军、邵武军。凡统州六，军二。	福建路 福州、建州、泉州、漳州、汀州、南剑州。兴化军、邵武军。凡统州六，军二。	福建路	福安府（福州升）、建宁府（建州升）。泉州、漳州、汀州、南剑州、兴安州（兴化军升）。邵武军。凡统府二，州五，军一。	
西川路 东距峡江，西控生番，南环泸水，北阻岷山。	成都府。蜀州、彭州、汉州、绵州、梓州、遂州、荣州、简州、资州、陵州、普州、果州、合州、昌州、渠州、戎州、泸州、眉州、嘉州、邛州、雅州、黎州、茂州、维州。永康军、怀安军、广安军。富顺监。凡统府一，州二十四，军三，监一。	成都府。蜀州、彭州、汉州、绵州、梓州、遂州、荣州、简州、资州、陵州、普州、果州、合州、昌州、渠州、戎州、泸州、眉州、邛州、雅州、黎州、茂州、威州（维州改）。永康军、怀安军、广安军。富顺监。凡统府一，州二十四，军三，监一。	成都府路 成都府。蜀州、彭州、绵州、汉州、简州、嘉州、邛州、雅州、黎州、茂州、眉州、威州。永康军、威乐军、通化军。陵井监（陵州废）。凡统府一，州十二，军三，监一。 梓州路 梓州、遂州、果州、资州、普州、泸州、合州、荣州、渠州。怀安军、广安军。清井监。凡统府二，州九，军三，监一。	成都府路 成都府。蜀州、彭州、绵州、汉州、简州、嘉州、邛州、雅州、黎州、茂州、威州。永康军、石泉军。仙井监（陵井监改）。凡统府一，州十二，军二，监一。 潼川府路 潼川府（梓州升）、遂宁府（遂州升）。果州、资州、普州、昌州、叙州（戎州改）、泸州、合州、荣州、渠州。怀安军、广安军、长宁军（清井监改）。富顺监。凡统府三，州八，军三，监一。	成都府路 潼川府路	成都府、崇庆府（蜀州升）、嘉定府（嘉州升）、彭州、绵州、汉州、简州、邛州、雅州、茂州、黎州、威州、隆州（仙井监改）。永康军，石泉军。凡统府三，州十一，军二。 潼川府、遂宁府、顺庆府。资州、普州、昌州、叙州、富安州（泸州改）、合州、荣州、渠州。怀安军、广安军、长宁军。富顺监。凡统府三，州八，军三，监一。	

续表

	北宋				南宋	
	太宗时	仁宗时	神宗时	徽宗时	道名 统府州军监	备考
峡西路	东接三峡，西抵阴平，南扼群僚，北连大散。	兴元府。洋州、兴州、利州、阆州、剑州、文州、龙州、巴州、集州、壁州、渝州、夔州、忠州、万州、开州、达州、涪州、施州、黔州。云安军、梁山军。大宁监。凡统府一，州二十，军二，监一。	兴元府。洋州、兴州、利州、阆州、剑州、文州、龙州、巴州、集州、壁州、渝州、夔州、忠州、万州、开州、达州、涪州、施州、黔州。云安军、梁山军。大宁监。凡统府一，州二十，军二，监一。	利州路 兴元府。洋州、兴州、利州、阆州、剑州、文州、龙州、巴州、蓬州。凡统府一，州九。	利州路 兴元府。洋州、兴州、利州、阆州、剑州、文州、政州（龙州改）、巴州、蓬州。凡统府一，州九。	利州路 兴元府。隆庆府（剑州升）、同庆府（成州升）。沔州（兴州改）、利州、洋州、阆州、龙州（政州复）、巴州、蓬州、金州、阶州、西和州（旧岷州）、凤州。大安军、天水军。凡统府三，州十二，军二。	开禧二年，吴曦叛，以关外阶成和凤四州附于金。明年曦诛，遂复故境。
			夔州路 恭州（渝州改）、夔州、忠州、万州、开州、达州、涪州、施州、黔州。云安军、梁山军、南平军。大宁监。凡统州九，军三，监一。	夔州路 恭州、夔州、忠州、万州、开州、达州、涪州、施州、黔州、珍州、思州。云安军、梁山军、南平军。大宁监。凡统州十一，军三，监一。	夔州路 重庆府（恭州升）、绍庆府（黔州升）、咸淳府（忠州升）。夔州、万州、开州、达州、涪州、施州、恩州、播州。云安军、梁山军、南平军。大宁监。凡统府三，州八，军三，监一。	
广南东路	东南据大海，西北距五岭。	广州、连州、韶州、南雄州、英州、循州、梅州、潮州、端州、康州、新州、封州、贺州。凡统州十六。	广州、连州、韶州、南雄州、英州、循州（桢州改）、梅州、潮州、端州、康州、新州、南恩州（旧恩州）、封州、贺州。凡统州十六。	广南东路 广州、连州、韶州、南雄州、英州、循州、惠州、梅州、潮州、端州、康州、新州、南恩州、封州、贺州。凡统州十五。	广南东路 肇庆府（端州升）。广州、连州、韶州、南雄州、英州、循州、惠州、梅州、潮州、康州、新州、南恩州、封州、贺州。凡统府一，州十三。	广南东路 肇庆府、德庆府（康州升）、英德府（英州升）。广州、连州、韶州、南雄州、循州、惠州、梅州、潮州、新州、南恩州、封州。凡统府三，州十一。	

续表

	北宋				南宋	
	太宗时	仁宗时	神宗时	徽宗时	道名 / 统府州军监	备考
广南西路	桂州、昭州、梧州、龚州、藤州、白州、容州、郁林州、浔州、贵州、横州、邕州、宾州、象州、柳州、融州、宜州、化州、高州、雷州、廉州、钦州、琼州、儋州、万安州、崖州。凡统州二十六。	桂州、昭州、梧州、龚州、藤州、白州、容州、郁林州、浔州、贵州、横州、邕州、宾州、象州、柳州、融州、宜州、化州、高州、雷州、廉州、钦州、琼州、儋州、万安州、崖州。凡统州二十六。	桂州、昭州、梧州、龚州、藤州、白州、容州、郁林州、浔州、贵州、横州、邕州、宾州、象州、柳州、融州、宜州、化州、高州、雷州、廉州、钦州、琼州、昌化军（儋州降），万安军（万安州降），朱崖军（崖州降）。凡统州二十三，军三。	桂州、昭州、梧州、龚州、藤州、白州、容州、郁林州、浔州、贵州、横州、邕州、宾州、象州、柳州、融州、宜州、化州、高州、雷州、廉州、钦州、琼州、平州、观州、贺州。昌化军、万安军、朱崖军。凡统州二十六，军三。	广南西路 / 静江府（桂州升）；庆远府（宜州升）。昭州、梧州、藤州、容州、郁林州、浔州、贵州、横州、宾州、象州、柳州、融州、高州、化州、雷州、廉州、钦州、琼州、贺州。南宁军（昌化改），吉阳军（朱崖改），万安军。凡统府二，州二十，军三。	东北距岭，南控交趾，西抚蛮僚。
				燕山府路 / 燕山府（唐幽州）。涿州、檀州、平州、易州、营州、顺州、蓟州、景州、经州（玉田县改）。凡统府一，州九。		
				云中府路 / 云中府（唐云州）。武州、应州、朔州、蔚州、奉圣州（唐新州），归化州（旧毅州），儒州、妫州。凡统府一，州八。		

附记

一、本表以《宋史》为据，而参以《通考》、《续通考》及顾祖禹《读史方舆纪要》、陈芳绩《历代地理沿革表》诸书。

二、上表所列，北宋有府三十八，州二百五十四，军五十九，南宋有府三十七，州一百二十四，军三十七，其旋增旋废各州、及羁縻诸州、概未阑入。

三、宋初因周制，以大梁为东京开封府、洛阳为西京河南府、真宗建宋州为南京应天府、仁宗又建大名府为北京，谓之四京。高宗南渡，以临安府为行都，后遂定都焉。

三 宋之制度

(一)官制
甲、中央官

中央官制简表

沿革\官别	宋初	元丰以后	政和以后	南宋	备考
三师	太师	太师	太师（三公）	太师（三公）	《宋史·职官志》，三师三公，为宰相、亲王、使相加官，其特拜者，不预政事。大观元年，蔡京为太尉，二年为太师，政和二年九月，诏以太师太傅太保，古三公之官，今为三师，古无此称。合依三代为三公，为真相之任。司徒司空，周六卿之官，太尉，秦主兵之任，皆非三公，并宜罢之。仍考周制，立三孤，少师少傅少保，亦称三少，为三次相之任。至是，京始以三公任真相。三公自国初以来，未尝备官，独宣和末，三公至十八人，三少不计也。自绍熙后，三公未尝备官，其后韩侂胄、史弥远、贾似道专政，皆至太师焉。
三师	太傅	太傅	太傅（三公）	太傅（三公）	
三师	太保	太保	太保（三公）	太保（三公）	
三公	太尉	太尉	少师（三孤）	少师（三孤）	
三公	司徒	司徒	少傅（三孤）	少傅（三孤）	
三公	司空	司空	少保（三孤）	少保（三孤）	
宰执 宰相	同中书门下平章事 参知政事（副相）	门下侍中 中书令 尚书令 尚书左仆射 尚书右仆射 门下侍郎 中书侍郎 尚书左丞 尚书右丞	（不除人） 左辅 右弼 太宰（左仆射改） 少宰（右仆射改） 门下侍郎 中书侍郎 尚书左丞 尚书右丞	（不除人） 左丞相 右丞相 参知政事	徐度《却扫篇》，国朝中书宰相，参知政事，多不过五员，两相则三参，三相则两参。

续表

官别	沿革	宋初	元丰以后	政和以后	南宋	备考
宰执	枢密院	使（或称知院事）副使（或称同知院事）	知院事 同知院事 签书院事	知院事 同知院事 签书院事 同签书院事	使 副使 知院事 同知院事 签书院事 同签书院事	《宋史·职官志》，国初，官无定制，有使则置副，有知院则置同知院，资浅则用直学士签书院事。元丰五年，乃定置知院、同知院二人，副使悉罢。元祐初，复置签书院事。绍兴七年，诏可依故事置枢密使，以宰相张浚兼之。至开禧，以宰臣兼使，遂为永制，使与知院、同知、副使亦或并除，其签书、同签书，并为端明殿学士，恩数特依执政，或以武臣为之，亦异典也。
三省	门下省	侍中（不常除人）侍郎	侍郎 左散骑常侍（不除人）左谏议大夫一人 左司谏一人 左正言一人	侍郎 左散骑常侍（不除人）左谏议大夫一人 左司谏一人 左正言一人	侍郎 左散骑常侍（不除人）左谏议大夫一人 左司谏一人 左正言一人	《宋史·职官志》，侍中，国朝以秩高罕除，自建隆至熙宁，真拜侍中才五人，虽有用他官兼领，而实不任其事。官制行，以左仆射兼门下侍郎，行侍中职，别置侍郎以佐之。南渡后，置左右丞相，省侍中不置。按：左散骑常侍、左谏议大夫、左司谏、左正言，唐末五代时，均为谏院官，宋神宗改定官制，隶于门下省。
	中书省	令（不真除）侍郎	侍郎 右散骑常侍（不除人）右谏议大夫一人 右司谏一人 右正言一人	侍郎 右散骑常侍（不除人）右谏议大夫一人 右司谏一人 右正言一人		《宋史·职官志》，令，国朝未尝真拜，以他官兼领者，不预政事，然止曹佾一人，余皆赠官。官制行，以右仆射兼中书侍郎，行令之职，别置侍郎以佐之。中兴后，置左右丞相，省令不置。又南渡后，复置参知政事，省中书侍郎不置。按：右散骑常侍、右谏议大夫、右司谏、右正言，唐末五代时，均为谏院官，宋神宗改定官制，隶于中书省。

续表

沿革 官别		宋 初	元丰以后	政和以后	南 宋	备 考
三省	尚书省	令（不除人） 左仆射 右仆射 左丞 右丞	令（不除人） 左仆射 右仆射 （任正相） 左丞 右丞 （任副相）	令（不除人） 太宰 少宰 （任正相） 左丞 右丞 （任副相）		《宋史·职官志》，自官制行，不置侍中中书令，以左仆射兼门下侍郎，右仆射兼中书侍郎，行侍中中书令职事。政和中，诏改左仆射为太宰，右仆射为少宰。南渡后，置左右丞相，省仆射不置。
三司使		使一人 副使三人				《宋史·职官志》，元丰官制行，罢三司使，并归户部。
学士院		翰林学士	翰林学士 翰林侍读学士 翰林侍讲学士			
谏院		知谏院六人				《宋史·职官志》，国初虽置谏院，知院官凡六人，以司谏正言充职，而他官领者，谓之知谏院。正言司谏亦有领他职而不预谏诤者。官制行，始皆正名。
六部	吏部	知审官院二人 判部事二人	尚书一人（长） 侍郎一人（贰）	尚书一人 侍郎一人	尚书一人 侍郎一人	《宋史·职官志》，宋初，三省六曹二十四司，类以他官主判。元丰官制成，以阶寄禄，而省、台、寺、监之官，各还所职矣。
	户部	判部事一人	尚书一人（长） 侍郎二人（贰）	尚书一人 侍郎二人	尚书一人 侍郎二人	
	礼部	判礼议院一人 判部事一人	尚书一人（长） 侍郎一人（贰）	尚书一人 侍郎一人	尚书（不常置） 侍郎一人	
	兵部	判部事一人	尚书一人（长） 侍郎一人（贰）	尚书一人 侍郎一人	尚书一人 侍郎一人 （长贰互置）	
	刑部	知审刑院一人 判部事一人	尚书一人（长） 侍郎二人（贰）	尚书一人 侍郎二人	尚书一人 侍郎二人 （长贰互置）	
	工部	判部事一人	尚书一人（长） 侍郎一人（贰）	尚书一人 侍郎一人	尚书一人 侍郎一人	

续表

沿革官别		宋初	元丰以后	政和以后	南宋	备考
御史台		大夫（不除正员）中丞	大夫（不除人）中丞一人（长）	中丞一人	中丞一人	
九寺	太常寺	判寺事判太常礼院	卿一人（长）少卿一人（贰）	卿一人少卿一人	卿一人少卿一人	
	宗正寺	知大宗正事一人判寺事二人	知大宗正事一人卿一人（长）少卿一人（贰）	知大宗正事一人卿一人少卿一人	判大宗正事一人卿（不常置）少卿一人	
	光禄寺	判寺事一人	卿一人（长）少卿一人（贰）	卿一人少卿一人		《宋史·职官志》，中兴后废，并入礼部。
	卫尉寺	判寺事一人	卿一人（长）少卿一人（贰）	卿一人少卿一人		《宋史·职官志》，中兴后，卫尉寺废，并入工部。
	太仆寺	群牧使一人判寺事一人	卿一人（长）少卿一人（贰）	卿一人少卿一人		《宋史·职官志》，中兴后，废太仆寺，并入兵部。
	大理寺	判寺事一人	卿一人（长）少卿二人（贰）	卿一人少卿二人	卿一人少卿二人	
	鸿胪寺	判寺事一人	卿一人（长）少卿一人（贰）	卿一人少卿一人		《宋史·职官志》，中兴后，废鸿胪不置，并入礼部。
	司农寺	判寺事一人	卿一人（长）少卿一人（贰）	卿一人少卿一人	卿一人少卿一人	
	太府寺	判寺事一人	卿一人（长）少卿一人（贰）	卿一人少卿一人	卿一人少卿一人	
五监	国子监	判监事二人	祭酒一人（长）司业一人（贰）	祭酒一人司业一人	祭酒一人司业一人	
	少府监	判监事一人	监一人（长）少监一人（贰）	监一人少监一人	监一人少监一人	
	将作监	判监事一人	监一人（长）少监一人（贰）	监一人少监一人	监一人少监一人	

续表

沿革 官别		宋　初	元丰以后	政和以后	南　宋	备　考
五监	军器监	领于三司	监一人（长）少监一人（贰）	监一人少监一人		《宋史·职官志》，南渡置御前军器所，建炎三年，诏军器监并归工部。绍兴三年，复置丞一员；十一年，诏复置长贰各一员。隆兴初，诏置造军器，已有军器所，隶工部，本监唯置丞一员。
	都水监	判监事一人	使者一人	使者一人		《宋史·职官志》，绍兴十年，诏都水事归于工部，不复置官。

宋初官制，虽承袭于唐，特徒存其名，而任非其官。

宋承唐制，抑又甚焉。三师三公不常置，宰相不专任，三省长官，尚书、门下并列于外，又别置中书禁中，是为政事堂，与枢密对掌大政，天下财赋，内庭诸司，中外管库，悉隶三司。中书省但掌册文，复奏考帐；门下省主乘舆八宝，朝会版位，流外考较；诸司附奏挟名而已，台、省、寺、监，官无定员，无专职，悉皆出入，分莅庶务。故三省、六曹、二十四司，类以他官主判，虽有正官，非别敕，不治本司事，事之所寄，十七二三。故中书令、侍中、尚书令，不预朝政，侍郎、给事不领省职，谏议无言责，起居不记注，中书常阙舍人，门下罕除常侍，司谏正言，非特旨供职，亦不任谏诤。至于仆射、尚书、丞郎、员外，

宋代官服

戴束发冠、穿对襟衫的皇帝与戴幞头的官吏。

居其官不知其职者,十常八九。(《宋史》卷一六一《职官志序》)

其官人受授之别,则有官,有职,有差遣,官以寓禄秩叙位著,职以待文学之选,而别为差遣,以治内外之事。其次又有阶,有勋,有爵。故仕人以登台阁升禁从为显宦,而不以官之迟速为荣滞,以差遣要剧为贵途,而不以阶勋爵邑有无为轻重。时人语曰:"宁登瀛,不为卿;宁抱椠,不为监。"(《宋史》卷一六一《职官志序》)

至其初设官之意,则在集权中央,又为防专擅之弊,不惜颠倒而错综之。而实权所寄,则以中书主政,枢密主兵,三司理财。

【宰相】

宋承唐制,以同平章事为真相之任,无常员,有二人,则分日知印,以丞郎以上至三师为之。其上相为昭文馆大学士,监修国史,其次为集贤殿大学士,或置三相,则昭文、集贤二学士,并监修国史各除。(《宋史》卷一六一《职官志》一)

雪夜访赵普

唐初,始合中书门下之职,故有同中书门下三品,同中书门下平章事,其后又置政事堂。盖以中书出诏令,门下掌封驳,日有争论,纷纭不决,故使两省先于政事堂,议定然后奏闻。开元中,张说奏改政事堂为中书门下,自是相承,……莫之能改。……向日所谓中书者,乃中书门下政事堂也。(《通考》卷五〇《职官考》四)

【枢密使】

掌军国机务,兵防边备戎马之政令,出纳密命以佐邦治,凡侍卫诸班直内外禁兵,招募阅试迁补屯戍赏罚之事,皆掌之。……宋初,循唐五代之制,置枢密院,与中书对持文武二柄,号为二府。(《宋史》卷一六二《职官志》二)

唐末,诸司使皆内臣领之,枢密使

始与宰相分权矣。降及五代，改用士人，枢密使皆天子腹心之臣，……其权重于宰相。太祖受命，以宰相专主文事，参知政事佐之；枢密使专掌武事，副使佐之。(《通考》卷五〇《职官考》四)

【三司使】

国初沿五代之制，置使以总国计，应四方贡赋之入，朝廷不预，一归三司，通管盐铁度支。户部号曰"计省"，位亚执政，目为"计相"。(《宋史》卷一六二《职官志》二)

唐自天宝以后，天下多事，户口凋耗，租税日削。法既变而用不给，故兴利者进而征敛，名额繁矣。方镇握重兵，皆留财赋自赡，其上供殊鲜。五代疆境逼蹙，藩镇益强，率令部曲主场院，其属三司者，补大吏以临之，输额之外，亦私有焉。(《宋史》卷一七九《食货志》下一)

太祖周知其弊，及受命，务恢远略，修建法程，示之以渐。建隆中，牧守来朝，犹不贡奉以助军实，乾德三年，始诏诸州，支度经费外，凡金帛悉送阙下，毋或占留。时藩郡有阙，稍命文臣权知所在场务，或遣京朝官廷臣监临，于是外权始削，而利归公上，条禁文簿，渐为精密。(《宋史》卷一七九《食货志》下一)

淳化元年诏曰："周设司会一职，以一岁为准。汉制上计之法，以三年为期，所以详知国用之盈虚，大行群吏之诛赏，斯乃旧典，其可废乎？三司自今每岁具见管金银钱帛军储等簿以闻。"四年，改三司为总计司，左右大计，分掌十道财赋，令京东西南北，各以五十州为率，每州军岁计金银钱缯帛刍粟等费，逐路关报总计司。总计司置簿，左右计使，通计置裁，给余州亦如之。未几复为三部。宋聚兵京师，外州无留财，天下支用，悉出三司。(《宋史》卷一七九《食货志》下一)

宋朝艺祖开基，惩五季之乱，藩臣擅有财赋，不归王府。自乾德以后，僭伪略平，始置诸道转运使，以总利权。……其转运使之名，国初但曰"勾当某路水陆计度转运事官"，高者则曰"某路计度转运使"。太平兴国初，皆曰使，两省以上，则为都转运使，又置副使，与诸路判官焉。……真宗每用兵，或令都部署兼转运使；王师征讨，则有随军转运使，事毕即停，至道中诏曰："天下物宜，民间利病，

惟转运使得以周知，令更互赴阙延见询问焉。"（《通考》卷六一《职官考》五）。

宋财政职官简表

	名　称	职　掌	备　考
中央	三司使	见前	《宋史·职官志》，太平兴国八年，分置三使。淳化四年，复置使一员，总领三部，又分天下为十道，在京东曰左计，京西曰右计，置使二员分掌。俄又置总计使，判左右计事；左右计使，判十道事。五年，罢十道左右计使，复置三部使。咸平六年，罢三部使，复置三司一员。
地方	都转运使 转运使 副使 判官	《宋史·职官志》，掌经度一路财赋，而察其登耗，有以足上供，及郡县之费，每岁行所部，检察储积，稽者帐籍，凡吏蠹民瘼，悉条以上达，及专举刺史官吏之事。	
临时	随军转运使	《宋史·职官志》，有军旅之事，则供馈钱粮，或令本官随军移运，或别置随军转运使一员。	

但自真仁之际，已起改革之议，至神宗始见诸实行。

> 自真宗、仁宗以来，议者多以正名为请。咸平中，杨亿首言文昌会府，有名无实，宜复其旧；既而言者相继，乞复二十四司之制。至和中，吴育亦言，尚书省，天下之大有司，而废为闲所，当渐复之。然朝论异同，未遑厘正。（《宋史》卷一六一《职官志序》）

> 神宗即位，慨然欲更其制。熙宁末，始命馆阁，校《唐六典》。元丰三年，以摹本赐群臣，乃置局中书，命翰林学士张璪等详定，八月下诏，肇新官制，省台寺监领空名者，一切罢去，而易之以阶。五年，省台寺监法成。六年，尚书新省成，帝亲临幸，召六曹长贰以下，询以职事，因诫敕焉。所置之官，见前表。（《宋史》卷一六一《职官志序》）

徽宗时，蔡京辅政，复加变更，与元丰之制，又多不同。

> 大抵自元祐以后，渐更元丰之制，二府不分班奏事，枢密加置签

书；户部则不令右曹专典常平，而总于其长；起居郎舍人，则通记起居，而不分言动；馆职则增置校勘黄本，凡此皆与元丰稍异也。其后蔡京当国，率意自用，然动以继志为言，……又更两省之长，为左辅右弼，易端揆之称，为太宰少宰。是时员既滥冗，名且紊杂。……宣和末，王黼用事，方且追咎元祐纷更，乃请设局以修官制，格目为正名，亦何补矣。（《宋史》卷一六一《职官志序》）

南宋改革官制，其特异者，则去三省长官虚称，而置丞相。

建炎中兴，参酌润色，因吕颐浩之请，左右仆射，并同中书门下平章事，两省侍郎，改为参知政事，三省之政合乎一。乾道八年，又改左右仆射为左右丞相，删去三省长官虚称，道揆之名遂定。……惟枢密本兵，与中书对掌机务，号东西二府，命宰相兼知院事；建炎四年，实用庆历故典，其后兵兴则兼枢密使，兵罢则免；至开禧初，始以宰臣兼枢密为永制。当多事时，诸部或长贰不并置，或并郎曹使相兼之，惟吏部、户部，不省不并，兵休稍稍增置。（《宋史》卷一六一《职官志序》）

北宋之末，宰相上，复有贵官。

唐初，始定制以三省为宰相之司存，以三省长官为宰相之职任，然省分为三，各有所掌，而其官亦复不一。相职既尊，无所不统，……于是始有同中书门下三品、同平章事、参知机务、参预政事之名焉。……所谓"同平章事"者，唐初虽以称宰相，乃以处资浅之人，在参知政事之下，中世以后，则独为真宰相之官。……自唐开元以来，郭子仪、李光弼相继，以平章事为节度使，谓之使相，而宰相之

宋代官吏像

职,侪于他官自此始。自宋元祐以后,文潞公彦博、吕申公公著。相继,以"平章军国重事"序宰臣上,而宰相之上,复有贵官自此始。
(《通考》卷四九《职官考》三)

平章军国重事,元祐中置,以文彦博太师,吕公著守司空,相继为之,序宰臣上,所以处老臣硕德,特命以宠之也,故或称"平章军国重事",或称"同平章军国事",五日或两日一朝,非朝日不至都堂。其后蔡京、王黼,以太师总三省事,三日一朝,赴都堂治事。开禧元年,韩侂胄拜平章,讨论典礼,乃以"平章军国事"为名,盖省"重事"则所预者广,去"同"字则所任者专,边事起,乃命一日一朝,省印亦归其第,宰相不复知印。其后贾似道专权,窃位日久,尊宠日隆,位皆在丞相上。(《宋史》卷一六一《职官志》一)

翰林学士知制诰,唐时已极重之,至宋特定资权,尤为清要显美之官。

按唐之所谓翰林学士,只取文学之人,随其官之崇卑,入院者,皆为学士,延觐之际,则各随其元官立班,而所谓学士,未尝有一定之品秩也。故其尊贵亲遇者,……参议政事,或一迁而为宰相,而其孤远新进者,或起自初阶,或元无出身,至试令草麻制,甚者或试以诗赋,如试进士之法,其人皆呼学士,自唐至五代皆然。至宋则始定制,资浅者为直院,暂行者为权直,于是真为翰林学士者,职始显贵,可以比肩台长、举武政路矣。(《通考》卷五四《职官考》八)

翰林学士院,……凡他官入院未除学士,谓之直院学士;……他官暂行院中文书,谓之权直。自国初至元丰,官制行,百司事失其实,多所厘正,独学士院承唐旧典不改。(《宋史》卷一六二《职官志》二)

元丰官制,废翰林侍读侍讲学士不置,但以为兼官,然必侍从以上,乃得兼之,其秩卑资浅,则为说书。(《宋史》卷一六二《职官志》二)

学士侍从有学术者,为侍讲侍读,其秩卑资浅而可备讲说者,则为说书。(《宋史》卷一六二《职官志》二)

翰苑经筵,在近代为至清要显美之官。……元丰官制既行,而讲读始去翰林之名,自为经筵之官矣。(《通考》卷五四《职官考》八)

馆阁学士，所选皆英俊，号为储才之地，一经此职，遂为名流，故宋代最重馆职。

　　国初，以史馆、历代多属秘书，唐太宗始移史馆于门下，令宰相监修，玄宗复移之中书。昭文馆、门下省有弘文馆，唐太宗所置，宋改为昭文馆。集贤院中书省有集贤殿书院，唐玄宗所置，皆贮图籍，多大臣兼领。为三馆，皆寓崇文院。(《宋史》卷一六二《职官志》二)

　　其上相为昭文馆大学士，监修国史，其次为集贤殿大学士，或置三相，则昭文、集贤二学士，并监修国史各除。唐以来，三大馆皆宰臣兼，故仍其制。(《宋史》卷一六一《职官志》一)

　　太宗端拱元年，诏就崇文院中堂，建秘阁，择三馆真本书籍万余卷，及内出古画墨迹藏其中，以右司谏直史馆宋泌为直秘阁。直馆直院，则谓之馆职，以他官兼者，谓之贴职。元丰以前，凡状元制科一任还，即试诗赋各一而入，否则用大臣荐而试，谓之入馆。官制行，废崇文院为秘书监，建秘阁于中，自监少至正字，列为职事官，罢直馆直院之名，独以直秘阁为贴职，皆不试而除，盖特以为恩数而已。(《宋史》卷一六二《职官志》二)

　　国朝儒馆仍唐制，有四，曰昭文馆，曰史馆，曰集贤院，曰秘阁，率以上相领昭文大学士，其次监修国史，其次领集贤，若只两相，则首厅兼国史。唯秘阁最低，故但以两制判之。四局各置直官，均谓之馆职，皆称学士，其下则为校理、检讨、校勘，地望清切，非名流不得处。……自熙宁以来，或颇用赏劳。元丰官制行，不置昭文、集贤，以史馆入著作局，而直秘阁只为贴职。至崇宁政宣，以处

苏轼回翰林院

大臣子弟姻戚，其滥及于钱谷文俗吏，士大夫不复贵重。（洪迈《容斋四笔》卷一）

宋朝殿学士，有观文殿大学士、学士，资政殿大学士、学士，端明殿学士。殿学士资望极峻，无吏守，无典掌，惟出入侍从备顾问而已。观文殿大学士，非曾为宰相不除；观文殿学士，资政殿大学士及学士，并以宠辅臣之去位者；端明殿学士惟学士，久次者始除。（《通考》卷五四《职官考》八）

总阁学士、直学士，宋朝庶官之外，别加职名，所以厉行义文学之士，高以备顾问，其次与论议典校雠。得之为荣，选择尤精。（《宋史》卷一六二《职官志》二）

国朝馆阁之选，皆天下英俊，然必试而后命，一经此职，遂为名流。其高者曰集贤殿修撰、史馆修撰、直龙图阁。直昭文馆史馆集贤院秘阁，次曰集贤秘阁校理，官卑者曰馆阁校勘、史馆检讨，均谓之馆职。记注官缺，必于此取之，非经修注，未有直除知制诰者，官至员外郎则任之，中外皆称为学士。及元丰官制行，凡带职者，皆迁一官而罢之，而置秘书省官，大抵与职事官等。（洪迈《容斋随笔》卷一六）

旧贴职止于直秘阁、直龙图阁、右文殿修撰三等，神宗罢集贤院，徽宗政和六年，以集贤院无此名，其见任集贤院修撰，并改为右文殿修撰。政和六年九月，手诏：天下人才富盛，趋事赴功者众，不足以待多士。可增置直徽猷阁、直显谟阁、直宝文阁、直天章阁、秘阁修撰。集英殿修撰凡九等。中兴以后，又增敷文、焕章、华文、宝谟、宝章五等矣。等级既多，迁转亦易，非旧比也。（王栐《燕翼诒谋录》卷四）

乙、地方官

宋初，革五季之患，召诸镇节度，会于京师，赐第以留之。分命朝臣，出守列郡，号权知军州事。军谓兵，州谓民政焉。（《宋史》卷一六七《职官志》七）

太祖始削外权，命文臣往莅之。由是内外所授官，多非本职，惟以差遣为资历。（《宋史》卷一五八《选举志》四）

外官则有"亲民"、"厘务"二等。（《宋史》卷一六一《职官志序》）

外官则惩五代藩镇专恣，颇用文臣知州，复设通判以贰之。阶官未行之先，州县守令，多带中朝职事官。(《宋史》卷一六一《职官志序》)

府州军监，……其后文武官参为知州军事，二品以上，及带中书枢密院宣徽使职事，称判某府、州、军、监。诸府置知府事一人，州、军、监亦如之，掌总理郡政，宣布条教，导民以善而纠其奸慝，岁时劝课农桑，旌别孝悌，其赋役钱谷狱讼之事，兵民之政皆总焉。……察郡吏德义材能而保任之，若疲软不任事，或奸贪冒法，则按劾以闻。……若河南、应天、大名府，则兼留守司公事；太原府、延安府、庆州、渭州、熙州、秦州，则兼经略安抚使、马步军都总管；定州、真定府、瀛州、大名府、京兆府，则兼安抚使、马步军都总管；泸州、潭州、广州、桂州、雄州，则兼安抚使、兵马钤辖；颍昌府、青州、郓州、许州、邓州，则兼安抚使、兵马巡检。其余大藩府或沿边州郡，或当一道冲要者，并兼兵马钤辖巡检，或带沿边安抚提辖兵甲，沿边溪洞都巡检。余州军，则别其地望之高下，与职务之繁简而置之，分曹以理之，而总其纲要，凡属县之事皆统焉。(《宋史》卷一六七《职官志》七)

通判，宋初，惩五代藩镇之弊，乾德初，下湖南，始置诸州通判，命刑部郎中贾玭等充。建隆四年，诏知府公事，并须长史、通判签议连书，方许行下。时大郡置二员，余置一员，州不及万户不置，武臣知州，小郡亦特置焉。其广南小州，有试秩通判兼知州者，职掌倅贰郡政，凡兵民、钱谷、户口、赋役、狱讼、听断之事，可否裁决，与守臣通签书，施行所部，官有善否，及职事修废，得剌举以闻。(《宋史》卷一六七《职官志》七)

县令，建隆元年，令天下诸县，除赤畿外，有望紧上中下，掌总治民政。(《宋史》卷一六七《职官志》七)

建隆三年，始以朝臣为知县，其间复参用京官或幕职为之。(《通考》卷六三《职官考》一七)

按宋初地方官，为两级制度，即以州统县是也。其特异之点，则有节度州、刺史州之别，复分"亲民"、"厘务"二等，且不设正官，而以差遣形式，以京朝官外补。又诸州设通判，以为佐贰，县令亦由吏部殿最，意在集权中央，以杜专擅之弊。其后设置诸使，兼按察之事，始有监司之

官,成为三层等级。

【转运使】

初主一路财权,太宗后,各事无所不总,南宋谓之漕司。

> 宋朝艺祖开基,惩五季之乱,藩臣擅有财赋,不归王府,自乾德以后,僭伪略平,始置诸道转运使,以总利权。……其转运使之名,国初但曰"勾当某路水陆计度转运事官",高者则曰"某路计度转运使"。太平兴国初,皆曰使,两省以上,则为都转运使。……至道中,诏曰:"天下物宜,民间利病,惟转运使得以周知,令更互赴阙延见询问焉。"庆历中,皆带按察之任,《宋史·仁宗纪》,庆历三年五月,诏诸路转运使,并兼按察使,岁具官吏能否以闻。六年罢之。(《通考》卷六一《职官考》一五)

> 都转运使,转运使,……掌经度一路财赋,……岁行所部,检察储积,稽考帐籍,凡吏蠹民瘼,悉条以上达,及专举刺官吏之事。(《宋史》卷一六七《职官志》七)

【提点刑狱公事】

初为转运使属官,真宗时析出,南宋谓之宪司。

> 宋太宗淳化二年,以司门员外郎董循等一十一人,分充诸路转运司提点刑狱,四年省。景德四年,真宗谓王旦曰:"朕虑四方刑狱官吏,未尽得人。……今军民事务,虽有转运使,且地远无由知。先帝尝选朝臣为诸路提点刑狱,今可复置,仍以使臣副之。"于是置诸路提点刑狱公事,以朝臣充。……熙宁十年,复置提点京畿刑狱,……元丰因之,总郡国之庶狱,核其情实而覆以法。督治奸盗,申理冤滥,则隶提刑司。岁察所部廉能而保任之,若疲软或冒法,则随其职事劾奏。(《通考》卷六一《职官考》一五)

> 提点刑狱公事,掌察所部之狱讼,而平其曲直,所至审问囚徒,

详覆案牍，凡禁系淹延而不决，盗窃逋窜而不获，皆劾以闻，及举刺官吏之事。(《宋史》卷一六七《职官志》七)

【提举常平茶盐公事】

提举常平盐茶二司，高宗时合并，谓之仓司。

提举常平司，掌常平、义仓、免役、市易、坊场、河渡、水利之法，视岁之丰歉，而为之敛散以惠农民，凡役钱，产有厚薄，则输有多寡，及给吏禄，亦视其执役之重轻难易，以为之等，商有滞货，则官为敛之，复售于民，以平物价，皆总其政令，仍专举刺官吏之事。熙宁初，先遣官提举河北、陕西路常平，未几诸路悉置提举官。(《宋史》卷一六七《职官志》七)

提举茶盐司，掌摘山煮海之利，以佐国用。皆有钞法，视其岁额之登损，以诏赏罚，凡给之不如期，鬻之不如式，与州县之不加恤者，皆劾以闻。政和改元，诏江淮荆浙六路，共置一员，既而诸路皆置。(《宋史》卷一六七《职官志》七)

中兴后，通置提举常平茶盐司。……绍兴十五年，……诏诸路提举茶盐官，改充提举常平茶盐公事。……是年冬，诏提举官，依旧法为盐司，与转运判官叙官，岁举升改，官员有不职，则按以闻。(《宋史》卷一六七《职官志》七)

宋代衙署

【经略安抚使】

南宋谓之帅司。

> 经略安抚使一人，以直秘阁以上充，掌一路兵民之事，皆帅其属而听其狱讼，颁其禁令，定其赏罚，稽其钱谷甲械出纳之名籍，而行以法；若事难专决，则具可否具奏。……帅臣任河东陕西岭南路，职在绥御戎夷，则为经略安抚使，兼都总管，以统制军旅。（《宋史》卷一六七《职官志》七）

> 宋朝不常置，咸平五年，始以右仆射张齐贤，为邠宁环庆泾原路经略使，判汾州诸路军马，并受节度；又以邓州观察使钱若水，为并代经略使，判并州，自后不除人。宝元中，夏人入寇，始命陕西沿边大将，皆兼经略。皇祐间，侬智高扰边，诏知广桂州并带经略安抚使。自后西南二边，常带经略，所以重帅权，而服羌夷也。（《通考》卷六二《职官考》一六）

此外宣抚、制置不常置。宋本唐制设节度使、大都督，唯徒有其名，南宋都督绾军符，始有实权。

> 节度使，宋初无所掌，其事务悉归本州知州通判兼总之，亦无定员，恩数与执政同。初除锁院降麻，其礼尤异，以待宗室近属、外戚国婿年劳久次者。若外任除殿帅，始授此官，亦止于一员；或有功勋显著，任帅守于外，及前宰执拜者，尤不轻授。又遵唐制，以节度使兼中书令，或侍中，或中书门下平章事，皆谓之使相，以待勋贤故老，及宰相久次罢政者，随其旧职，或检校官，加节度使，出判大藩，通谓之使相。元丰以新制，始改为开府仪同三司，……中兴诸州，升改节政镇，凡十有二。是时诸将勋名，有兼两镇三镇者，实为希阔之典。其后相承，宰执从官，及后妃之族，拜者不一。（《宋史》卷一六六《职官志》六）

> 大都督及长史，掌司牧尹，注：亲王为节度，则大都督领之；庶姓为节度，则长史领之。阙则置知府事一人，通判一人，司马不厘务。旧制，凡都督州，建官如上，南渡后，以见任宰相充都督，次有同都督，有督视军马，多执政为之，虽名称略同，然掌总诸路军马，督护诸将，非旧制比也。（《宋史》卷一六七《职官志》七）

(二) 兵制

五代以来，禁军骄横，藩镇跋扈。宋惩其弊，故所定兵制，集权中央，天子直辖禁军，且使分屯于外。

> 太祖太宗，平一海内，惩累朝藩镇跋扈，尽收天下劲兵，列营京畿，以备藩卫。其分营于外者曰就粮，就粮者，本京师兵，而便廪食于外，故听其家往。其边防要郡，须兵屯守，即遣自京师，诸镇之兵，亦皆戍更。真宗、仁宗、英宗嗣守，其法益以完密，于时天下山泽之利，悉入县官，以资廪赐，将帅之臣，入奉朝请，以备指踪；犷悍之民，收隶尺籍，以给守卫。兵无常帅，帅无常师，内外相维，上下相制，等级相轧，虽有暴戾恣睢，无所厝于其间。(《通考》卷一五二《兵考》四)

其兵之种类有四。

> 制兵之额有四，曰禁兵，曰厢兵，曰乡兵，曰藩兵，分隶殿前侍卫总管司，而籍藏枢密院，凡召募、廪给、训练、屯戍、拣选补之政，皆枢密院掌之。(《通考》卷一五二《兵考》四)

甲、禁兵

> 禁兵者，天子之卫兵也，殿前、侍卫二司总之。其最亲近扈从者，号诸班直，其次总于御前忠佐军头司、皇城骐骥院，皆以守京师，备征伐。其在外者，非屯驻屯泊，则就粮军也。太祖鉴前代之失，萃精锐于京师。(《宋史》卷一八七《兵志》一)

> 殿前司，都指挥使、副都指挥使、都虞候各一人，掌殿前诸班直，及步骑诸指挥之名籍，凡统制、训练、藩卫、戍守、迁补、赏罚，皆总其政令。(《宋史》卷一六六《职官志》六)

> 侍卫亲军马军，都指挥使、副都指挥使、都虞候各一人，掌马军诸指挥之名籍，凡统制

宋代弓弩

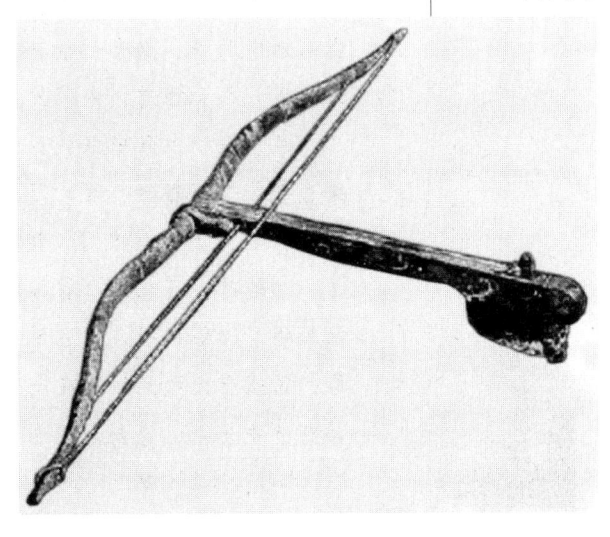

训练藩卫戍守迁补赏罚，皆总其政令。(《宋史》卷一六六《职官志》六)

侍卫亲军步军，都指挥使、副都指挥使、都虞候各一人，掌步军诸指挥之名籍，凡统制、训练、藩卫、戍守、迁补、赏罚，皆总其政令。(《宋史》卷一六六《职官志》六)

石林叶氏曰："……始唐制有十二卫兵，后又有六军。十二卫兵为南衙，汉之南军也；六军为北衙，汉之北军也。末年，常以大臣一人总之。……都指挥使，本方镇军校之名，自梁起宣武军，乃以其镇兵因仍旧号，置在京马步军都指挥使而自将之，盖于唐六军诸卫之外，别为私兵。至后唐明宗，遂改为侍卫亲军，以康义诚为马步军都指挥使，秦王从荣以河南尹为大元帅，典六军，此侍卫司所从始也。"(《通考》卷五八《职官考》一二)

乙、厢兵

厢兵者，诸州之镇兵也，内总于侍卫司，一军之额，有分隶数州者，或一州之管，兼屯数州者。在京诸司之额五，隶宣徽院以分给畜牧缮修之役，而诸州则各以其事属焉。建隆初，选诸州募兵之壮勇者，部送京师，以备禁卫，余留本城，虽无戍更，然罕教阅，类多给役而已。(《宋史》卷一八九《兵志》三)

丙、乡兵

乡兵者，选自户籍，或土民应募，在所团结训练，以为防守之兵也。周广顺中，点秦州税户，充保毅军。宋因之，自建隆四年，分命使臣，往关西道，令调发乡兵赴庆州。咸平四年，令陕西系税人户，家出一丁，号曰保毅，官给粮赐，使之分番戍守。五年，陕西缘边丁壮充保毅者，至六万八千七百七十五人。……天禧间，……河北强壮，恐夺其农时，则以十月至正月旬休日，召集而教阅之。……当是时，河北河东有神锐忠勇强壮，河北有忠顺强人，陕西有保毅强人、砦户强人、弓手，河东陕西有弓箭手，河北东陕西有义勇，麟州有义兵，川陕有土丁壮丁，荆湖南北有弩手土丁，广南东西有枪手土丁，邕州有溪洞壮丁土丁，广南东西有壮丁。(《宋史》卷一九〇《兵志》四)

丁、藩兵

藩兵者，塞下内属诸部落，团结以为藩篱之兵也。(《通考》卷一五六《兵考》八)

又有藩兵，其法始于国初，具籍塞下，团结以为藩篱之兵。其后分队伍，给旗帜，缮营堡，备器械，一律以乡兵之制。(《宋史》卷一八七《兵志》序)

乡兵、藩兵，非所在皆有，而厢兵亦罕教阅，给役而已。是可称为兵者，只有禁兵耳。其招募及训练方法，亦皆有规定。

召募之制，起于府卫之废。唐末士卒，疲于征役，多亡命者。梁祖令诸军悉黥面为字，以识军号，是为长征之兵。方其募时，先度人材，次阅走跃，试瞻视，然后黥面，赐以缗钱衣履而隶诸籍。国初因之，或募土人，就所在团立；或取营伍子弟，听从本军；或募饥民，以补本城；或以有罪配隶给役。取之虽非一途，而优健者迁禁卫，短弱者为厢部，制以队伍，束以法令，……初太祖拣军中强勇者，号兵样，分送诸道，令如样招募。后更为木梃，差以尺寸高下，谓之等长杖，委长吏都监，度人材取之。当部送阙者，军头司覆验，引对便坐分隶诸军。(《宋史》卷一九三《兵志》七)

拣选之制，建隆初，令诸州召募军士部送阙下，至则军头司覆验等第，引对便坐而分隶诸军焉。其自厢军而升禁兵，禁兵而升上军，上军而升班直者，皆临轩亲阅，非材勇绝伦，不以应募，余皆自下选补。(《宋史》卷一九四《兵志》八)

先是太祖惩藩镇之弊，分遣禁旅，戍守边城，立更戍法，使往来道路，以习勤苦、均劳逸，故将不得专其兵，兵不至于骄惰。(《宋史》卷一八八《兵志》二)

惟相沿日久，教阅废弛，遂有"数日增，而其不可一战也，亦愈甚"之弊。故王荆公变法，乃以民兵代募兵，而民兵遂盛于一时。

咸平以后，承平既久，武备渐宽。仁宗之世，西兵招刺太多，将骄士惰，徒耗国用，忧世之士，屡以为言，竟莫之改。神宗奋然更制，于是联比其民，以为保甲，部分诸路，以隶将兵，保甲将兵，详后王安石变法。虽不能尽拯其弊，而亦足以作一时之气。时其所任者王

安石也。（《宋史》卷一八七《兵志序》）

元祐复古，废保甲，罢教阅，于是民兵亦衰。

自元丰而后，民兵日盛，募兵日衰，其募兵阙额，则收其廪给，以为民兵教阅之费。元祐以降，民兵亦衰。崇宁、大观以来，蔡京用事，兵弊日滋，至于受逃亡、收配隶，犹恐不足。政和之后，久废蒐补，军士死亡之余，老疾者徒费廪给，少健者又多冗占，阶级既坏，纪律遂亡。童贯握兵，势倾内外，凡遇阵败，耻于人言，第申逃窜。河北将兵，十无二三，往往多招阙额，以其封椿为上供之用。陕右诸路，兵亦无几，种师道将兵入援，止得万五千人，故靖康之变，虽画一之诏，哀痛激切，而事已无及矣。（《宋史》卷一八七《兵志》一）

童贯与蔡京像

高宗南渡建国，适在扰攘之秋，虽立御前五军之名，而实权仍操之诸帅之手。及罢三宣抚司，诸军直隶于朝廷，旧制始复。

高宗南渡，始建御营司，未几复并御营，归枢密院。绍兴四年，改御前五军为神武军，御营为神武军副，并隶枢密院。五年，上以祖宗故事，兵皆隶三衙，殿前司，及侍卫亲军马、步司。乃废神武中军，隶殿前司，于是殿司兵柄始一。（《宋史》卷一八七《兵志》一）

诸屯驻大军，则皆诸将之部曲，高宗开元帅府，诸将兵悉隶焉。建炎后，诸大将兵浸盛，因时制变，屯无常所。如刘光世军，或在镇江池州太平，韩世忠军，或屯江州江阴，岳飞一军，或屯宜兴蒋山，王彦八字军，随张浚入蜀，吴玠兵，多屯凤州大散关和尚原。是时合内外大军十九万四千余，川陕不与焉。及杨沂中将中军总宿卫，江东刘光世、右军。淮东韩世忠、后军。湖北岳飞、左军。湖南王燮前军后归张俊，刘光世军降齐，以吴玠军升补。四军，共十九万一千六百，亦未尝有屯。绍兴十一年，范同以诸将握兵难制，献谋秦桧，且以柘皋之捷言于上。召张俊、韩世忠、岳飞入觐，张俊首纳所部兵，分命三大帅副校，各统所部，自为一军，更衔曰统制御前军马，罢宣抚司。韩、张、岳均带宣抚使职，号为三宣抚司。遇出师取旨，兵皆隶枢密院，屯驻仍旧。（《宋史》卷一八七《兵志》一）

旧制，出师征讨，诸将不相统一，则拔一人为都统制以总之，未为官称也。建炎初，置御营司，擢王渊为都统制，名官自此始。……绍兴十一年，三大将张、韩、岳。兵罢，诸军皆冠以"御前"二字，擢其偏裨为御前统领官，以统制御前军马入衔，秩高者为御前诸军都统制，且令仍旧驻扎，窥以屯驻州名，冠军额之上。（《宋史》卷一六七《职官志》七）

南宋依江淮为守，故扩水军。

至于水军之制，则有加于前者，南渡以后，江淮皆为边境故也。建炎初，李纲请于沿江淮河帅府，置水兵二军，要郡别置水兵一军，次要郡别置中军，招善舟楫者充立军，号曰凌波楼船军。其战舰则有海鳅水哨马双车得胜十棹大飞旗捷防沙平底水飞马之名。隆兴以后，至于宝祐、景定间，江淮沿流，堡隘相望，守御益繁，民劳益甚。迨咸淳末，广东籍疍丁，闽海拘舶船民船，公私俱弊矣。（《宋史》卷一八七《兵志》一）

（三）刑法

宋之法律，一仍唐旧，至于事势扞格，则事改革，而以敕行之。

宋法制，因唐律令格式而随时损益，则有编敕、一司、一路、一州、一县，又别有敕。建隆初，诏判大理寺窦仪等，上《编敕》四卷，凡一百有六条，诏与《新定刑统》三十卷，并颁天下，参酌轻重为详，世称平允。（《宋史》卷一九九《刑法志》一）

凡断狱本于律，律所不该，以敕令格式定之。凡律之名十有二，曰名例，曰禁卫，曰职制，曰户婚，曰厩库，曰擅兴，曰盗贼，曰斗讼，曰诈伪，曰杂律，曰捕亡，曰断狱。……其一司、一路、海行所

不该者，折而为专法。(《宋史》卷一六三《职官志》三)

厥后敕条递有增加，亦屡经修改。至神宗时，乃变更其目。

> 神宗以律不足以周事情，凡律所不载者，一断以敕，乃更其目曰敕令格式，而律恒存乎敕之外。熙宁初，置局修敕，……元丰中始成书，二千有六卷，复下二府参订，然后颁行。(《宋史》卷一九九《刑法志》一)

> 法令之书，其别有四，敕、令、格、式是也。神宗圣训曰："禁于未然之谓敕，禁于已然之谓令，设于此以待彼之至谓之格，设于此使彼效之谓之式。凡入笞杖徒流死，自例以下至断狱十有二门，丽刑名轻重者皆为敕；自品官以下至断狱三十五门，约束禁止者皆为令；命官庶人之等，俸全分厘之给，有等级高下者皆为格；表奏帐籍关牒符檄之类，有体制模楷者皆为式。"元丰编敕用此，后来虽数有修定，然大体悉循用之。(洪迈《容斋三笔》卷一六)

自此迄于南渡，均遵行此种制度，但经绍兴、乾道、淳熙、庆元、淳祐，凡修改五次。其余一司、一路、一州、一县之敕，时有损益，不可胜记。

> 太祖受禅，始定折杖之制，凡"流"刑四，加役流，脊杖二十，配役三年；流三千里，脊杖二十；二千五百里，脊杖十八；二千里，脊杖十七，并配役一年。凡"徒"刑五，徒三年脊杖二十，徒二年半脊杖十八，二年脊杖十七，一年半脊杖十五，一年脊杖十三。凡"杖"刑五，杖一百臀杖二十，九十臀杖十八，八十臀杖十七，七十臀杖十五，六十臀杖十三。凡"笞"刑五，笞五十臀杖十下，四十三十臀杖八下，二十臀杖七下。(《宋史》卷一九九《刑法志》一)

宋制有加杖、配役、刺配，与唐不同。

> 流配旧制，止于远徙，不刺，而晋天福中，始创刺面之法，遂为戢奸重典。宋因其法。(《通考》卷一六八《刑考》七)

> 凡应配役者傅军籍，用重典者黥其面，会赦则有司上其罪状，轻者纵之，重者终身不释。(《宋史》卷二〇一《刑法志》三)

> 太宗以国初诸方割据，沿五代之制，罪人率配隶西北边，多亡投塞外，诱羌为寇，乃诏当徒者，勿复隶……缘边诸郡，时江广已平，

乃皆流南方。先是犯死罪获贷者，多配隶登州沙门岛，及通州海岛，皆有屯兵使者领护。(《宋史》卷二〇一《刑法志》三)

宋人承五代，为刺配之法，既杖其脊，又配其人，而且刺其面。是一人之身，一事之犯，而兼受三刑也。……聚罪废无聊之人，于牢城之中，使之合群以构怨，……其亡去为盗，挺起为乱，又何怪哉？宋江以三十六人，横行河朔，迄不能制之，是皆刺配之徒，在在而有以为之耳目也。(邱濬《大学衍义补》卷一〇五)

反映宋代刑场实况的壁画

又矫专杀之弊，凡诸州刑狱，皆须上奏，经详断，始命论决。

建隆三年，令诸州奏大辟案，须刑部详覆。寻如旧制，大理寺详断而后覆于刑部，凡诸州狱，则录事参军，与司法掾参断之。……又惧刑部、大理寺用法之失，别置审刑院谳之。(《宋史》卷一九九《刑法志》一)

判刑部李昌龄言，旧制大理定刑，送部详覆，官入法状，主判官下断语，乃具奏。……淳化初，……帝又虑大理、刑部吏舞文巧诋，置审刑院于禁中，……凡狱上奏，先达审刑院印讫，付大理寺、刑部断覆以闻，乃下审刑院详议申覆裁决讫，以付中书省当即下之；其未允者，宰相覆以闻，始命论决。(《宋史》卷一九九《刑法志》一)

国朝旧制，刑部、审刑院、大理寺，主断内外所上刑狱，与凡法律之事，又有纠察在京刑狱司，以参稽审覆。官制既行，审刑院、纠察司皆省，而归其职于刑部；四方之狱，非奏谳者，则提点刑狱主焉。(《通考》卷一六七《刑考》六)

（四）学校

甲、京师学

【国子学】

初国子监，因周旧制，颇增学舍，以应荫子孙隶学受业。开宝八年，国子监上言：生徒旧数七十人，奉诏分习五经，然系籍者，或久不至，而在京进士诸科，常赴讲席肄业，请以补监生之阙；诏从之。景德间，许文武升朝官嫡亲附国学取解，而远乡久寓京师，其文艺可称，有本乡命官保任，监官验之，亦听附学充贡。（《宋史》卷一五七《选举志》三）

【太学】

太学生，以八品以下子弟，若庶人之俊异者为之。（《宋史》卷一五七《选举志》三）

【四门学】

自入品至庶人子弟充学生。（《宋史》卷一五七《选举志》三）

【宗学】

元丰六年，宗室令铄乞建宗学，诏从之。既而中辍。建中靖国元年复置。其后废置无常。（《宋史》卷一六五《职官志》五）

【武学】

庆历三年，诏置武学于武成王庙。……八月，罢武学。……熙宁五年，枢密院言，乞复置武学，诏于武成王庙置学。（《宋史》卷一六五《职官志》五）

【律学】

熙宁六年，始即国子监设学，……凡命官举人，皆得入学。……习断按则试按一道，……习律令则试大义五道，……各以所学，月一公试，三私试。（《宋史》卷一五七《选举志》三）

【算学】

崇宁三年，始建学，以二百一十人为额，许命官及庶人为之。其业以《九章》、《周髀》，及假设疑数为算问，仍兼《海岛》、《孙

子》、五曹、张邱建、夏侯算法，并历算三式天文书为本科。本科外，人占一小经，愿占大经者听。(《宋史》卷一五七《选举志》三)

【书学】

书学生，习篆、隶、草三体，明《说文》、《字说》、《尔雅》、《大雅》、《方言》，兼通《论语》、《孟子》义，愿占大经者听。创于神宗时。(《宋史》卷一五七《选举志》三)

【画学】

画学之业，曰佛道，曰人物，曰山水，曰鸟兽，曰花竹，曰屋木。……仍分士流、杂流，别其斋以居之。士流兼习一大经，或一小经；杂流则诵小经，或读律。创于神宗时。(《宋史》卷一五七《选举志》三)

【医学】

医学，初隶太常寺，神宗时，始置提举判局官，及教授一人，学生三百人，设三科以教之，曰方脉科、针科、疡科。(《宋史》卷一五七《选举志》三)

大观四年，以算学生归之太史局，并书学生入翰林书艺局，画学生入翰林图画局，医学生入太医局。(《宋史》卷一五七《选举志》三)

诸学之中，以国子太学为最重，然时人方注意于科举，视同传舍，故宋初尚未甚盛。

庆历四年，……天章阁侍讲王洙言，国子监每科场诏下，许品官子弟投保试艺，给牒充广文、太学、律学三馆学生，多致千余就试。试已则生徒散归，讲官倚席，但为游寓之所，殊无肄习之法，居常听讲者一二十人尔。乃限在学满五百日，旧已尝充贡者止百日，本授官会其实，京朝官保任，始预秋试，每十人与解。凡入学授业，月旦即

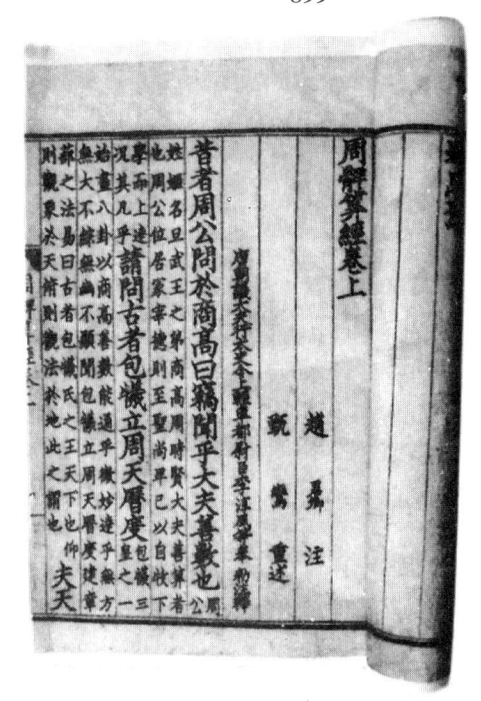

《周髀算经》书影

亲书到历，如过私故或疾告归宁皆给假，违程及期月不来参者去其籍。后谏官余靖极言非便，遂罢听读日限。(《宋史》卷一五七《选举志》三)

至神宗时，锐意兴学，太学经扩充整厘，规模始备。

熙宁四年，侍御史邓绾言：国家治平百余年，虽有国子监，仅容释奠斋庖，而生员无所容。至于太学，未尝营建，止假锡庆院廊庑数十间，生员才三百人。请以锡庆院为太学。……乃诏尽以锡庆院及朝集院西庑，建讲书堂四，诸生斋舍官掌事者直庐略具，而太学栋宇始仅足用。(《通考》卷四二《学校考》三)

自主判官外，增置直讲为十员，率二员共讲一经，令中书遴选，或主判官奏举。生员厘为三等，始入学为外舍，初不限员，后定额七百人；外舍升内舍，员二百；内舍升上舍，员百。各执一经，从所讲官受学，月考试其业，优等上之中书；其正录学谕以上舍生为之，经各二员，学行卓异者，主判直讲，复荐之中书，奏除官。(《宋史》卷一五七《选举志》三)

王安石变法，欲以"学校养士"代"科举取士"，故增广太学生员之额，创设三舍升试之法。

元丰二年，颁学令，太学置八十斋，斋容三十人，外舍生二千人，内舍生三百人，上舍生百人，总二千四百。月一私试，岁一公试，补内舍生；间岁一舍试，补上舍生，封弥誊录如贡举法，而上舍试，则学官不与考校。公试外舍生，入第一第二等，参以所书行艺与籍者，升内舍；内舍试入优平二等，参以行艺，升上舍。上舍分三等，俱优为上，一优一平为中，俱平若一优一否为下，上等命以官，中等免礼部试，下等免解。学正增为五人，学录增为十人，学录参以学生为之。(《通考》卷四二《学校考》三)

岁赐缗钱，至二万五千，又取州县田租屋课息钱之类，增为学费。(《宋史》卷一五七《选举志》三)

凡私试，孟月经义，仲月论，季月策。凡公试，初场经义，次场策论。(《宋史》卷一五七《选举志》三)

旧法，自外舍升内舍，虽有校试，必公试合格，乃许升补，盖私试皆学官自考，而公试则降敕差官。(《宋史》卷一五七《选举志》三)

徽宗时，曾一罢科举，而专以学校取士，是以人数激增。

> 崇宁元年，宰臣请天下州县并置学，州置教授二员，县亦置小学。县学生选考，升诸州学，州学生每三年贡太学，至则附试。别立号考，分三等，入上等补上舍，入中等补下等上舍，入下等补内舍，余居外舍。诸州军解额，各以三分之一充贡士。（《宋史》卷一五七《选举志》三）

> 崇宁元年，徽宗创立辟雍，增生徒共三千八百人，内上舍生二百人，内舍生六百人，教养于太学；外舍生三千人，教养于辟雍。废太学自讼斋，太学之不率教者，移之辟雍。以祭酒总治两学，辟雍别置司业、丞各一人，博士十人，正录各五人。分为百斋，讲堂凡四所。其后王黼反蔡京之政，奏废之，而辟雍之士，太学无所容矣。（王栐《燕翼诒谋录》卷五）

南渡之后，太学仍用三舍之法，待遇益隆，惟受政治与科举影响，日益颓坏。

> 建炎初，即行在置国子监，立博士二员，以随幸之士三十六人为监生。……绍兴十三年，兵事稍宁，始建太学，……养士七百人，上舍生三十员，内舍生百员，外舍生五百七十员，……充弟子员，每岁春秋两试之。旋命一岁一补，于是多士云集，至分场试之。俄又诏三年一试，增至千员，中选者，皆给绫纸赞词以宠之。每科场四取其一，自外舍有月校，而公试入等曰内舍；自内舍有月校，而舍试入等曰上舍。凡升上舍者，皆直赴廷对。（《宋史》卷一五七《选举志》三）

> 光宗绍熙三年，……吏部尚书赵汝愚等合奏曰："……炎祚中兴，始建太学于行都，行贡举于诸郡。然奔竞之风胜，忠信之俗微，亦惟荣辱升沉，皆不由乎学校。至于德行道艺，惟取决于糊名，苟为雕篆之文，无复进修之志，视庠序如传舍，目师儒如路人，季考月书，尽成文具。"（《通考》卷四二《学校考》三）

乙、地方学

宋时书院颇盛，而四大书院最著。

> 宋太宗皇帝太平兴国二年，知江州周述言：庐山白鹿洞，学徒常数千百人，乞赐九经肄习。诏国子监给本，仍传送之。先时南

唐升元中，白鹿洞建学馆，以本道为洞主，掌其教授。(《通考》卷四六《学校考》七)

又赐石鼓书院敕额。书院唐元和间，衡州李宽所建，国初赐额。(《通考》卷四六《学校考》七)

真宗大中祥符二年，应天府民曹诚，即楚邱戚同文旧居，造舍百五十间，聚书数千卷，博延生徒，讲习甚盛。府奏其事，诏赐额曰应天府书院。(《通考》卷四六《学校考》七)

白鹿洞书院

八年，赐潭州岳麓书院额。始开宝中，郡守朱洞，首度基创宇，以待四方学者。(《通考》卷四六《学校考》七)

宋兴之初，天下四书院，建置之本末如此。此外则又有西京嵩阳书院，赐额于至道二年；江宁府茅山书院，赐田于天圣二年。嵩阳、茅山，后来无闻，独四书院之名著。是时未有州县之学，先有乡党之学。……乡党之学，贤士大夫留意斯文者所建也，故前规后随，皆务兴起。后来所至书院尤多，而其田土之锡，教养之规，往往过于州县学，盖皆欲仿四书院云。(《通考》卷四六《学校考》七)

官设州县学，至仁宗时大兴，神宗定试程，哲宗并推行三舍法，规模始可观。

仁宗……即位初，赐兖州学田，已而命藩辅皆得立学。(《宋史》卷一五七《选举志》三)

庆历四年诏曰："……其令州若县皆立学。"……由是州郡奉诏

兴学，而士有所劝矣。（《宋史》卷一五七《选举志》三）

神宗尤垂意儒学，自京师至郡县，既皆有学，岁时月各有试。（《宋史》卷一五七《选举志》三）

景祐四年，诏藩镇始立学，他州勿听。庆历四年，诏诸路州军监，各令立学，学者二百人以上，许更置县学。自是州郡，无不有学。（《宋史》卷一六七《职官志》七）

元符哲宗。二年，初令诸州行三舍法，考选升补，悉如太学。州许补上舍一人，内舍二人，岁贡之。其上舍附太学外舍，试中补内舍生；三试不升舍，遣还其州。其内舍免试，至则补外舍为生。（《宋史》卷一五七《选举志》三）

徽宗时，欲以学校取士，故于地方学校，特定员额。

崇宁徽宗。三年，始定诸路增养县学弟子员，大县五十人，中县四十人，小县二十人。凡州县学生，曾经公私试者复其身，内舍免户役，上舍仍免借，借如官户法。（《宋史》卷一五七《选举志》三）

管理州府学政官，则有教授，其选差初由监司官，后乃命之朝廷，以示尊重。

始置教授，以经术行义，训导诸生，掌其课试之事，而纠正不如规者，委运司及长吏于幕职州县内荐，或本处举人有德义者充。熙宁六年，诏诸路学官，委中书门下选差，至是始命于朝廷。元丰元年，州府学官，共五十三员，诸路惟大郡有之，军监未尽置。元祐元年，诏齐庐宿常等州，各置教授一员，自是列郡各置教官。建炎三年，教授并罢。绍兴三年，复置四十二州。十二年，诏无教授官州军，令吏部申尚书省选差。二十六年，诏并不许兼他职，令提举司常切遵守。若试教官，则始于元丰，添差教授，则始于政和。（《宋史》卷一六七《职官志》七）

提举学事司，掌一路州县学政，岁巡所部，以察师儒之优劣，生员之勤惰，而专举刺之事。崇宁二年置，宣和三年罢。（《宋史》卷一六七《职官志》七）

熙宁八年秋，诏诸州学官，先赴学士院，试大义五道，取优通者选差。（《通考》卷四六《学校考》七）

(五) 科举

甲、贡举

初礼部放举,设"进士"、"九经"、"五经"、"开元礼"、"三史"、"三礼"、"三传"、"学究"、"明经"、"明法"等科,皆秋取解,冬集礼部,春考试。合格及第者,列名放榜于尚书省。(《宋史》卷一五五《选举志》一)

诸科考试之艺业,均有规定,但历朝渐加改易,略有不同。下所述,则最初之制也。

凡"进士",试诗赋论各一首,策五道,帖《论语》十帖,对《春秋》或《礼记》墨义十条。凡"九经",帖书一百二十帖,对墨义六十条。凡"五经",帖书八十帖,对墨义五十条,凡"三礼",对墨义九十条。凡"三传",一百一十条。凡"开元礼",凡"三史",各对三百条。凡"学究",《毛诗》对墨义五十条,《论语》十条,《尔雅》、《孝经》共十条,《周易》、《尚书》各二十五条。凡"明法",对律令四十条,兼经并同《毛诗》之制。各问经引,试通六为合格,仍抽卷问,律本科则否。(《宋史》卷一五五《选举志》一)

士经州考中格,而上送之礼部,谓之发解;再经礼部考试中格,方为及第。

诸州判官试进士,录事参军试诸科,不通经义,则别选官考校而判官监之。试纸长官印署面给之,试中格者,第其甲乙,具所试经义朱书通否,监官、试官署名其下。进士文卷,诸科义卷帖由,并随解牒上之礼部。……凡诸州长吏举送,必先稽其版籍,察其行为,乡里所推,每十人相保,内有缺行,则连坐不得举。(《宋史》卷一五五《选举志》一)

凡见任官应进士举,谓之馈厅试,所属官司,先以名闻,得旨而后解。(《通考》卷三〇《选举考》三)

远方寒士,预乡荐,欲试礼部,假丐不可得,则宁寄举不试,良为可念。谨按开宝二年,十月丁亥,诏西川、山南、荆湖等道所荐举人,并给来往公券,令枢密院定例施行。盖自初起程以至还乡费,皆给于公家。(王栐《燕翼诒谋录》卷一)

开宝六年，是岁诏贡士之下第者，特免将来请解，许直诣贡部。(《通考》卷三〇《选举考》三)

殿试之法，始于太祖。凡举子中礼帏试，复试于内殿，始为及第。此又唐以后科举制度一种变革。

进士之举，至本朝尤盛，而沿革不同。开宝六年，因徐士廉伐鼓诉讼，帝御讲武殿覆试。覆试自此始。(王辟之《渑水燕谈录》卷七)

开宝六年，下第人徐士廉，挝登闻鼓，言久困场屋，乃诏入策进士终场经学，并试殿庭。三月庚午，御讲武殿，覆试新进士。(王栐《燕翼诒谋录》卷一)

按殿前试始于唐武后，然唐制以考功郎中任取士之责，后不过下行其事以取士誉，非于考功已试之后再试之也。开元以后，始以礼部侍郎知贡举，送中书门下详覆。然惟元和间钱徽为侍郎知贡举，宰相段文昌言其取士不公，覆试多不中选，徽坐免官。长庆以后，则礼部所取士，先详覆而后放榜，则虽有详覆之名，而实未曾再试矣。五代以来，所谓详覆者，间有升黜人。宋太祖乾德六年，命中书覆试，则以帝疑陶谷之子，不能文而中选，故覆之，亦未尝别为之升黜也。至开宝六年，李昉知举，放进士后，下第人徐士廉等，打鼓论榜，上遂于讲武殿命题重试，御试自此试始，……亦未尝有省试、殿试之分也。至八年，覆试礼部贡院合格举人王式等，于讲武殿内出试题，得进士三十六人，而以王嗣宗为首；王式者，礼部所定合格第一人，则居其四。盖自是年御试，始别为升降，始有省试、殿试之分，省元、状元之别云。(《通考》卷三〇《选举考》三)

旧制，殿试皆有黜落，临时取旨，或三人取一，或二人取一，或三人取二，故有累经省试取中，屡摈弃于殿试者。故张元以积怨降元昊，大为中国之患，……于是群臣建议，归咎于殿试黜落。嘉祐仁宗。二年，三月辛巳，诏进士与殿试者，皆不黜落，迄今不改。(王栐《燕翼诒谋录》卷五)

科举年限，初无定制，后乃定为三年。

太平兴国三年，……是冬，诸州举人并集，会将亲征北汉，罢之，自是间一年或二年，乃贡举。……英宗即位，议者以间岁贡士法

不便，乃诏礼部，三岁一贡举。(《宋史》卷一五五《选举志》一)

英宗治平三年，诏曰："先帝以士久不贡，急于学，而豪杰者不时举，故下间岁之令。而自更法以来，其弊浸长，里选之牒仍故，而郡国之取减半；计偕之籍屡上，而道途之劳良苦，朕甚闵焉。其令礼部，三岁一贡举，天下解额，于未行间岁之法已前，四分取三为率，明经诸科，不得过进士之数。"恩典不增，而贡举期缓，士得休息，官以不烦矣。(《通考》卷三一《选举考》四)

宋虽设诸科取士，而进士为最盛；若明经等科，殊不为人所重。盖以当时崇尚文学，而帖书墨义，视为记诵之学故也。

宋之科目，有进士，有诸科，……而进士得人为盛。……自唐以来，所谓明经，不过帖书墨义，观其记诵而已，故贱其科，而不通者其罚特重。(《宋史》卷一五五《选举志》一)

乾德元年，诏曰："一经皓首，十上干名，前史之明文，昔贤之苦节，悬科取士，固当优容。按旧制，九经一举，不第而止，非所以启迪仕进之路也。自今一依诸科举人，许令再应。"(《通考》卷三〇《选举考》三)

试场所问本经义疏，不过记出处而已。如吕申公试卷，问子谓子产，有君子之道四焉，所谓四者，何也？答曰："对，其行己也恭，其事上也敬，其养民也惠，其使人也义。谨对。"……虽已封弥，而兼采誉望犹在，观其字画，可以占其为人，而士之应举者，知勉于小学，亦所以诱人为善也。(王栐《燕翼诒谋录》卷二)

礼部贡院试进士日，设香案于阶前，主司与举人对拜，此唐故事也。所坐设位，供张甚盛，有司具茶汤饮浆。至试经生，则悉彻帐幕毡席之类，亦无茶汤，渴则饮砚水，人人皆黔其吻。非故欲困之，乃防毡幕及供应人私传所试经义，盖尝有败者，故事为之防。欧文忠有诗："焚香礼进士，彻幕待经生。"以为礼数重轻如此，其实自有谓也。(沈括《梦溪笔谈》卷一)

朝廷亦重视进士，所定考第之制，遂益详密。

太平兴国八年，试进士，始分三甲。(《通考》卷三〇《选举考》三)

景德真宗。四年，命有司详定考校进士程式，送礼部贡院，颁之诸州，……又定亲试进士条制。……其考第之制凡五等，学识优长、词理精纯为第一，才思该通、文理周率为第二，文理俱通为第三，文理中平为第四，文理疏浅为第五。然后临轩唱第，上二等曰及第，三等曰出身，四等五等曰同出身。(《宋史》卷一五五《选举志》一)

尊崇进士之典，尤加优隆。

太平兴国八年，……进士始分三甲，自是锡宴，就琼林苑。……雍熙二年，廷试初唱名及第。(《宋史》卷一五五《选举志》一)

赐贡士宴，名曰闻喜宴。(《宋史》卷一一四《礼志》一七)

故事，进士闻喜燕，例赐诗以为宠，自何丞相文缜榜后，遂不复赐，易诏书以示训戒。(叶梦得《石林避暑录话》卷下)

范镇，蜀郡忠文公，字景仁。……公少举进士，……及贡院奏名，皆第一。故事殿廷唱第，过三人，则为奏名之首者，必抗声自陈以祈恩，……景仁独不然。(朱熹《三朝名臣言行录》卷五)

国初进士，尚仍唐旧制，每岁多不过二三十人。太平兴国二年，太宗皇帝以郡县阙官颇多，放进士几五百人，比旧二十倍。正月己巳，宴新进士吕蒙正等于开宝寺，赐御制诗二首。故事唱第之后，醵钱于曲江为闻喜之饮，近代于名园佛庙，至是官为供帐，岁以为常。先是进士参选，方解褐衣绿，是岁锡宴后五日癸酉，诏赐新进士并诸科人，绿袍靴笏。自后以唱第日赐之，惟赐袍笏，不复赐靴。(王栐《燕翼诒谋录》卷一)

旧制，进士首选同唱第，人皆自备钱为鞍马费，而京师游手之民，亦自以鞍马候于禁门外，虽号廷魁，与众无以异也。大中祥符八年，二月戊申，诏进士第一人，金吾司差七人，导从两节前引，始与同列特异矣。(王栐《燕翼诒谋录》卷二)

蔡文忠公，……祥符中，擢进士，为天下第一。真宗临轩日，大悦之，……特诏给金吾卫七人清道，时以为荣。寻诏自今第一人及第，给金吾七人当直，许出两引喝。(王辟之《渑水燕谈录》卷六)

旧进士，工于诗赋、有声场屋者，往往一时皆莫与之敌，如王沂公、郑毅夫数人，取解省试殿试，皆为第一，谓之三元。(叶梦得《石林避暑录话》卷上)

诸科经试及第，始赐出身。然亦有例外得之者，则为恩赐，谓之特奏名。

开宝三年，诏礼部阅贡士及十五举尝终场者，得一百六人，赐本科出身。特奏名恩例，盖自此始。(《宋史》卷一五五《选举志》一)

太平兴国二年，……覆试诸科，得二百人，并赐及第。又阅贡籍，得十举以上，至十五举进士诸科一百八十余人，并赐出身。九经七人不中格，亦怜其老，特赐同三传出身，凡五百余人。(《宋史》卷一五五《选举志》一)

太平兴国五年，……有赵昌国者，求应百篇举。注：谓一日作诗百篇，不设此科，求应者即试之。上出杂题二十字，……各令赋五篇，篇八句。逮日昃仅成数十首，率无可观。上以此科久废，特赐及第，以劝来者；仍诏有司，今后应百篇举，约此题为式。(《通考》卷三〇《选举考》三)

雍熙中，著作佐郎乐史，特赐进士及第，诏附于兴国五年第一等之下。赐第附榜始于此。(王辟之《渑水燕谈录》卷七)

宋初场规尚宽，后为防弊，乃有弥封、誊录等法。

国初，进士科场尚宽，礼闱与州郡不异。景德二年，七月甲戌，礼部贡院言，举人除忆案外，……不得怀挟书策，犯者扶出，殿一举。(王栐《燕翼诒谋录》卷二)

大中祥符元年，试礼部进士，内出清明象天赋等题，仍录题解摹印以示之。至景祐元年，始诏御药院，御试日，进士题目，具经史所出，摹印给之。(洪迈《容斋随笔》卷三)

张邓公士逊，以监察御史为诸科考试官，以举子有当避亲者，求免去，主司不从，真宗嘉之。自后试官亲戚，悉牒送别头考校，至今著为令。(王辟之《渑水燕谈录》卷七)

雍熙四年，先是上阅试举人，累日方毕，宰相屡请……如唐故事，乃诏岁命春官知举。……淳化三年，……苏易简知贡举，……既受诏，径赴贡院以避请求，后遂为例。(《通考》卷三〇《选

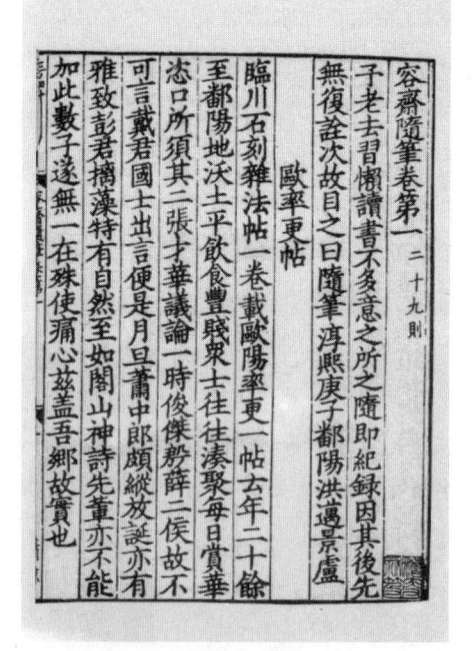

举考》三）

淳化三年，……苏易简知举殿试，始令糊名考校。（《通考》卷三〇《选举考》三）

景德八年，始置誊录院，令封印官封试卷，付之集书吏录本，监以内侍二人。（《宋史》卷一五五《选举志》一）

取士至仁宗，始有糊名考校之律，虽号至公，然尚未绝其弊。其后袁州人李夷宾上言，请别加誊录，因著为令，而后识认字画之弊始绝。（吴曾《能改斋漫录》卷一）

所纳卷子，径发下弥，封所封卷头，……于每卷上打号头，三场共一号。（吴自牧《梦梁录》卷二）

景德四年，……又定亲试进士条制。凡策士，即殿两庑张帘，列几席，标姓名其上，先一日表其次序，揭示阙外，翌旦，拜阙下，乃入就席。试卷内臣收之，付编排官，去其卷首乡贯状别，以字号第之；付封弥官，誊写校勘，用御书院印；付考官定等毕，复封弥送覆考官，再定等；编排官阅其同异，未同者再考之，如复不同，即以相附近者为定，始取乡贯状字号合之，即第其姓名差次，并试卷以闻。（《宋史》卷一五五《选举志》一）

应举之艺，多违实用，范仲淹建议更张，特格于旧例不能行。

范仲淹参知政事，意欲复古劝学，数言兴学校，本行实。诏近臣议，于是宋祁等奏：教不本于学校，士不察于乡里，则不能核名实；有司束以声病，学者专于记诵，则不足尽人材。……莫若使士皆土著，而教之于学校，然后州县察其履行，则学者修饬矣。乃诏州县立学，士须在学三百日，乃听预秋试，旧尝充试者，百日而止。……三场先策，次论，次诗赋，通考为去取，而罢帖经墨义，士通经术，愿对大义者试十道。仲淹既去，而执政意皆异。是冬，诏罢入学日限，言初令不便者甚众，以为诗赋声病易考，而策论汗漫难知。……天子下其议，有司请如旧法。（《宋史》卷一五五《选举志》一）

至王安石变法，改革科举制度，始罢诸科而独存进士；又立明法，以待不能业进士者；且废诗赋、帖经、墨义，而改试诸经大义。

王安石对曰："今人材乏少，且其学术不一，异论纷然，不能一道

德故也。一道德则修学校，欲修学校，则贡举法不可不变。……今以少壮时，正当讲求天下正理，乃闭门学作诗赋，及其入官，世事皆所不习。此科法败坏，人才致不如古。(《宋史》卷一五五《选举志》一)

自京师至郡县，既皆有学，岁时月各有试，程其艺能，以差次升舍，其最优者为上舍，免发解及礼部试，而待赐之第。遂专以此取士，……始命诸州置学官，率给田十顷赡士，初置小学教授。(《宋史》卷一五七《选举志》三)

王安石谓：古之取士，俱本于学。请兴建学校以复古，其明经诸科，欲行废罢，取明经人数，增进士额。……中书门下又言：古之取士，皆本学校，道德一于上，习俗成于下，其人才皆足以有为于世。今欲追复古制，则患于无渐，宜先除去声病偶对之文，使学者得专意经术，以俟朝廷兴建学校，然后讲求三代所以教育选举之法，施于天下，则庶几可以复古矣。于是改法，罢诗赋、帖经、墨义，士各占治《易》、《诗》、《书》、《周礼》、《礼记》一经，兼《论语》、《孟子》，每试四场，初大经，次兼经大义，凡十道，次论一首，次策三道。……中书撰大义式颁行。试义者，须通经有文采，乃为中格，不但如明经墨义，粗解章句而已。……又立新科明法，试律令刑统大义断按，所以待诸科之不能业进士者。(《宋史》卷一五五《选举志》一)

初安石训释《诗》、《书》、《周礼》既成，颁之学官，天下号曰"新义"。晚居金陵，又作《字说》，……其流入于佛老，一时学者，

南京半山园王安石故居

无敢不传习，主司纯用以取士，士莫得自名一说，先儒传注，一切废不用，黜《春秋》之书，不使列于学官，至戏目为"断烂朝报"。(《宋史》卷三二七《王安石传》)

公王安石。改科举，暮年乃觉其失曰："本欲变学究为秀才，不谓变秀才为学究。盖举子专诵王氏章句而不解义，正如学究诵注疏尔。(朱熹《三朝名臣言行录》卷六)

此后党派竞起，兴废不恒，而经试大义，则相沿未改。至徽宗时，曾罢科举，专以学校取士，然其弊也，有不平之讥，故科举终不可废。

崇宁徽宗。三年，诏曰："神考议以三舍取士，而罢州郡科举，其法行于畿甸，……然州郡犹以科举取士，不专于学校。其诏天下，将来科场取士，悉由学校升贡，其州郡发解，及试礼部法并罢。(《通考》卷三一《选举考》四)

四年，诏将来大比，更参用科举取士。……时州县悉行三舍法，当官者子弟，得免试入学，而士之在学者，积岁月累试，乃得应格，……不得如在籍者，三舍解试，兼与而两得。其贫且老者，尤甚病之，时人议其法曰："利贵不利贱，利少不利老，利富不利贫。"故诏书及此。(《通考》卷三一《选举考》四)

南渡以后，仍重进士科，而试经义，试诗赋，则分为两科。其制始于元祐四年，实因南人擅长词藻，北士素好研经，故两立之，以为调剂。

参知政事欧阳修上言：……盖言事之人，但见每次科场，东南进士得多，而西北进士得少，故欲改法，使多取西北进士尔。殊不知天下至广，四方风俗异宜，而人性各有利钝，东南之俗好文，故进士多而经学少；西北之人尚质，故进士少而经学多。……今以进士、经学合而校之，则其数均。(《通考》卷三一《选举考》四)

元祐四年，乃立经义、诗赋两科，均兼试经义、诗赋。……专经者用经义定取舍，兼诗赋者以诗赋为去留，其名次高下，则于策论参之。(《宋史》卷一五五《选举志》一)

高宗建炎二年，定诗赋、经义取士，第一场诗赋各一首，习经者本经义三道，《语》、《孟》义各一道；第二场并论一道，第三场并策三道，殿试策如之。(《宋史》卷一五六《选举志》二)

自经赋分科，声律日盛。帝尝曰："向为士不读史，遂用诗赋，今则不读经，不出数年，经学废矣。"绍兴二十七年，诏复行兼经，如十三年之制。(《宋史》卷一五六《选举志》二)

三十一年，礼部侍郎金安节言：熙宁、元丰以来，经义诗赋，废兴离合，随时更革，初无定制。近合科以来，通经者苦赋体雕刻，习赋者病经旨渊微，心有弗精，智难兼济，……论既并场，策问太寡，议论器识，无以尽人，士守传注，史学尽废，此后进往往得志，而老生宿儒多困也。请复立两科，永为成宪。从之。(《宋史》卷一五六《选举志》二)

按熙宁四年，始罢词赋，专用经义取士，凡十五年，至元祐元年，复词赋，与经义并行。至绍圣元年，复罢词赋，专用经义，凡三十五年，至建炎二年，又兼用经赋。盖熙宁、绍圣，则专用经而废赋；元祐、建炎，则虽复赋而未尝不兼经。……至建炎、绍兴之间，则朝廷以经义取士者，且五六十年，其间兼用诗赋才十余年耳。然共场而试，则经拙而赋工；分科而试，则经少而赋多。流传既久，后来所至场屋，率是赋居其三之二，盖有自来矣。(《通考》卷三二《选举考》五)

综之，宋时科举，虽承于唐，而多所改革，至殿试及第，即行除官，亦为后来相袭不变之制。

宋初承唐制，贡举虽广，而莫重于进士制科。(《宋史》卷一五五《选举志》序)

开宝六年，李昉知贡举。……会有诉昉用情取舍者，上乃……御讲武殿，各赐纸札，别试诗赋，……得进士二十六人，……皆赐及第。……自兹殿试遂为常制。(《通考》卷三〇《选举考》三)

宋自中兴以后，每科进士及第，动以四五百人计，盖倍于唐有余矣。又唐士之及第者，未能便解褐入仕，尚有试吏部一关，韩文公三试于吏部无成，则十年犹布衣，且有出身二十年不获禄者。而宋则一登第之后，即为入仕之期。(《通考》卷二九《选举考》二)

此外武举之试，起于仁宗朝，至南宋孝宗，垂意武事，其制始隆。

唐设武举，以选将帅。五代以来，皆以军卒为将，此制久废。天

《宋代骑射图》

圣仁宗。七年，以西边用兵，将帅乏人，复置武举。至皇祐元年，边事浸息，遂废此科。治平英宗。元年，九月丁卯复置，迄于今不废。(王栐《燕翼诒谋录》卷五)

天圣八年，亲试武举十二人，先阅其骑射，而试之以策为去留，弓马为高下。(《宋史》卷一五七《选举志》三)

孝宗乾道五年，廷试始依文举给黄牒，同正奏名三十三人，榜首赐武举及第，余并赐武举出身。(《通考》卷三四《选举考》七)

乙、制举　即特科也。

制举无常科，所以待天下之才杰，天子每亲策之，然宋之得才，多由进士，而以是科应诏者少。惟召试馆职，及后来博学宏词而得忠鲠文学之士，或起之山林或取之朝著，召之州县，多致大用焉。(《宋史》卷一五六《选举志》二)

历朝特设科目，其目之可记者如下。

太祖始置贤良方正、能直言极谏，经学优深、可为师法，详闲吏理、达于教化，凡三科。不限前资见任职官，黄衣草泽，悉许应诏对策三千言，词理俱优则中选。(《宋史》卷一五六《选举志》二)

仁宗初，天圣七年。诏曰："朕开数路，以详延天下之士，而制举独久不设，意者吾豪杰或以故见遗也。其复置此科。"于是增其名曰：贤良方正能直言极谏科，博通坟典明于教化科，才识兼茂明于体用科，详明吏理可使从政科，识洞韬略运筹帷幄科，军谋宏远材任边

寄科，凡六，以待京朝之被举，及起应选者。又制书判拔萃科，以待选人；又制高蹈丘园科、沉沦草泽科、茂材异等科，以待布衣之被举者。其法先上艺业于有司，有司较之，然后试秘阁，中格，然后天子亲策之。(《宋史》卷一五六《选举志》二)

治平三年，命宰执举馆职各五人。(《宋史》卷一五六《选举志》二)

哲宗……诏罢制科，既而三省言：今进士纯用经术，如诏诰章表箴铭赋颂赦敕檄书露布诫谕，其文皆朝廷官守日用不可阙，且无以兼收文学博异之士。遂改置宏词科，岁许进士及第者，诣礼部请试，如见守官则受代乃请。(《宋史》卷一五六《选举志》二)

大观四年，诏宏词科，格法未详，不足以致文学之士，改立词学兼茂科，岁附贡士院试取，毋过三人。(《宋史》卷一五六《选举志》二)

高宗立博学宏词科，绍兴三年。凡十二题，制、诰、诏、表、露布、檄、箴、铭、记、赞、颂、序，内杂出六题，分为三场，每场体制，一古一今，遇科场年，应命官……公卿子弟之秀者，皆得试。先投所业三卷，学士院考之，拔其尤者召试，定为三等，上等转一官，选人改秩，无出身人赐进士及第，并免诏试除馆职；中等减三年磨勘，与堂除，无出身人赐进士出身；下等减二年磨勘，无出身人赐进士出身，并许召试馆职。(《宋史》卷一五六《选举志》二)

开宝八年，诏诸州察民有孝弟力田、奇才异行，或文武材干，年二十至五十可任使者，其送阙下。(《宋史》卷一五六《选举志》二)

鲁平曰："宋初以来，至真宗方设制科，陈越、王曙为之首，其后夏竦等数人，皆以制科登第，既而中废。今上即位，天圣六年始复置。其后每开科场则置之，有官者举贤良方正，无官者举茂材异等，余四科多不应。皆自投牒献所著文论，差官考校，中者召诣阁下，试论六首，及中选则于殿廷试策一道，五千字以上。其中选者，不过一二人，然数年之后，即为美官。(司马光《涑水记闻》卷三)

故事制科，必先用从官二人，举上其所为文五十篇，考于学士院，中选而后召试，得召者不过三之一。(叶梦得《石林避暑录话》卷下)

四　宋初之政治

（一）削夺藩镇兵权

石守信，开封浚仪人。……建隆二年，移镇郓州，兼侍卫亲军马步军都指挥使。……乾德初，帝因晚朝，与守信等饮酒。酒酣，帝曰："我非尔曹不及此，然吾为天子，殊不若为节度使之乐。吾终夕未尝安枕而卧。"守信等顿首曰："今天命已定，谁复敢有异心，陛下何为出此言耶？"帝曰："人孰不欲富贵？一旦有以黄袍加汝之身，虽欲不为，其可得乎？"守信等谢曰："臣愚不及，此惟陛下哀矜之。"帝曰："人生驹过隙耳，不如多积金帛田宅，以遗子孙，歌儿舞女，以终天年。君臣之间，无所猜嫌，不亦善乎？"守信谢曰："陛下念及此，所谓生死而肉骨也。"明日，皆称病，乞解兵权。帝从之，皆以散官就第，赏赉甚厚。（《宋史》卷二五〇《石守信传》）

太祖初受天命，……普赵普。曰："唐季以来，战争不息，家国不安者，无他，节镇太重、君弱臣强而已。今欲治之，惟稍夺其权，制其钱谷，收其精兵，则天下安矣。"语未卒，帝曰："卿勿复言，吾已悉矣。"顷之，上因晚朝，与故人石守信、王审琦饮酒，……明日，皆称疾请解军政，许之，尽以散官就第。……于是更置易制者使主亲军，其后又置转运使通判，使主诸道钱谷，收天下精兵，以备宿卫，而诸功臣，亦以善终。（邵伯温《河南邵氏闻见前录》卷一）

建隆以来，释藩镇兵权，……以塞浊乱之源。（《宋史》卷三《太祖纪》一赞）

（二）优礼士大夫

甲、制禄之厚

《宋史·职官志》载俸禄之制，京朝官宰相、枢密使月三百千，春冬服各绫二十匹，绢三十匹，绵百两；参知政事、枢密副使月二百千，绫十匹，绢三十匹，绵五十两，其下以是为差。节度使月四百

蔡京像

千，节度观察留后三百千，观察二百千，绫绢随品分给，其下亦以是为差。凡俸钱并支一分见钱，二分折支，此"正俸"也。其禄粟，则宰相、枢密使月一百石，三公三少一百五十石，权三司使七十石，其下以是为差；节度使一百五十石，观察防御使一百石，其下以是为差。凡一石给六斗米麦各半。熙宁中，又诏县令录事等官，三石者增至四石，两石者增至三石，此亦正俸也。俸钱禄米之外，又有"职钱"，御史大夫六曹尚书六十千，翰林学士五十千，其下以是为差。元丰官制行，俸钱稍有增减，其在京官司供给之数，皆并为职钱，如大夫为郎官者，既请大夫俸，又给郎官职钱，视国初之数已优。至崇宁间，蔡京当国，复增供给食料等钱，如京仆射俸外，又请司空俸，视元丰禄制，更倍增矣。俸钱职钱之外，又有"元随傔人衣粮"，注：在京任宰相、枢密使，在外任使相至刺史，皆有随身，余止傔人。宰相、枢密使各七十人，参知政事至尚书左右丞各五十人，节度使百人，留后及观察使五十人，其下以是为差。衣粮之外，又有"傔人餐钱"，注：中书枢密及正刺史以上，傔人皆有衣粮，余止给餐钱。朝官自二十千至五千凡七等，京官自十五千至三千凡八等，诸司使副等官九等。此外又有"茶酒厨料"之给，"薪蒿炭盐"诸物之给，"饲马刍粟"之给，"米面羊口"之给。其官于外者，别有"公用钱"，自节度使兼使相以下，二万贯至七千贯凡四等，节度使自万贯至三千贯凡四等，观察防团以下，以是为差。公用钱之外，又有"职田"之制，两京大藩府四十顷，次藩镇三十五顷，防团以下，各按品级为差。选人使臣无职田者，"别有茶汤钱"。……此宋一代制禄之大略也。其待士大夫可谓厚矣。……然给赐过优，究于国计易耗，恩逮于百官者惟恐其不足，财取于万民者不留其有余。（赵翼《廿二史劄记》卷二五"宋制禄之厚"）

乙、退职之恩礼

宋制，设祠禄之官，以佚老优贤，先时员数绝少，熙宁以后，乃增置焉。在京官观，旧制以宰相执政充使，或丞郎学士以上充副使，两省或五品以上为判官，内侍官或诸司使副注：政和改武臣官制，以使为大夫，以副使为郎。为都监，又有提举提点主管。其戚里近属，及前宰执留京师者，多除官观，以示优礼。（《宋史》卷一七〇《职官志》一〇）

宋制，设祠禄之官，以佚老优贤，自真宗置玉清昭应宫使以王旦为之，后旦以病致仕，乃命以太尉领玉清昭应宫使，给宰相半俸，祠禄自此始也。在京有玉清昭应宫、景灵宫、会灵观、祥源观等，以宰相执政充使，丞郎学士充副使，庶僚充判官、都监提举、提点等，各食其禄。（赵翼《廿二史劄记》卷二五"宋祠禄之制"）

国朝凡登从班，无在外闲居者，有罪则落职，归班亦奉朝请，或黜守偏州，甚者分司安置，不然则告老挂冠。熙宁间，始置在外宫观，本王荆公意以处异论者，而荆公首以观使闲居钟山者八年。（王明清《挥麈前录》卷二）

丙、荫子之滥

荫子……未有如宋代之滥者，文臣自太师及开府仪同三司，可荫子若孙，及期亲大功以下亲，并异姓亲及门客；太子太师至保和殿大学士，荫至异姓亲，无门客；中大夫至中散大夫，荫至小功以下亲，无异姓亲。武臣亦以是为差。凡遇南郊大礼及诞圣节，俱有荫补。宰相执政，荫本宗异姓，及门客、医人各一人；太子太师至谏议大夫，荫本宗一人；寺长贰监以下，至左右司谏，荫子或孙一人，余以是为差。此外又有致仕荫补，曾任宰执及现任三少使相者，荫三人；曾任三少及侍御史者，荫一人，余以是为差。此外又有遗表荫补，曾任宰相及现任三少使相，荫五人；曾任执政官至大中大夫以上，荫一人；诸卫上将军四人，观察使三人，余以是为差。由斯以观，一人入仕，则子孙亲族，俱可得官，大者并可及于门客医士，可谓滥矣。俱见《职官志》。然此犹属定例，非出于特恩也。天圣中，诏五代时三品以上告身存者，子孙听用荫，则并及于前代矣。明道中，录故宰臣及员

外郎以上致仕者子孙授官有差，则并及于故臣矣。甚至新天子即位，监司郡守，遣亲属入贺，亦得授官，见《司马旦传》。则更出于常荫之外矣。曹彬卒，官其亲族门客亲校二十余人；李继隆卒，官其子，又录其门下二十余人；雷有终卒，官其子八人，此以功臣加荫者也。李沆卒，录其子宗简为大理评事，婿苏昂兄之子朱涛，并同进士出身；王旦卒，录其子弟侄外孙门客常从授官者数十人，诸子服除，又各进一官；向敏中卒，子婿并迁官，又官亲校数人；王钦若卒，录其亲属及所亲信二十余人，此以优眷加荫者也。郭遵战殁，官其四子，并女之为尼者，亦赐紫袍；任福战殁，官其子及从子凡六人；石珪战殁，官其三子；徐禧战殁，官其家十二人，此又以死事而优恤者也。范仲淹疏请乾元节恩泽，须在职满三年者，始得荫子，则仲淹未奏以前，甫莅任即得荫矣。阎日新疏言群臣子弟，以荫得官，往往未离童龀即受俸，望自今二十以上始给；龚茂贞亦疏言庆寿礼行，若自一命以上覃转，不知月添给俸几何，是甫荫即给俸矣。朱胜非疏，述宣和中谏官之论曰："尚从竹马之行，已造荷囊之列"，则甫荫得服章服矣。熙宁初，诏齐密等十八州及庆渭等四州，并从中书选授，毋以恩例奏补，则他州通判，皆可以荫官奏补矣。金安节疏言，致仕遗表恩泽，不准奏异姓亲，使得高贵为市，则恩荫并听其鬻卖矣。（赵翼《廿二史劄记》卷二五"宋恩荫之滥"）

（三）台谏之横

宋初，为防制大臣专擅，特假台谏以重权。台省并重，台臣随时随事，得弹劾执政，许以风闻，不加罚遣，终成一代台省相争之局。

御史台，掌纠察官邪，肃正纲纪，大事则廷辩，小事则奏弹。其属有三院，一曰台院，侍御史隶焉；二曰殿院，殿中侍御史隶焉；三曰察院，监察御史隶焉。……咸平四年，以御史二人充左右巡使，分纠不如法者，文官右巡主之，武官左巡主之，分其职掌，纠其违失，常参班簿禄料假告皆主之。（《宋史》卷一六四《职官志》四）

历观秦汉，以及五代，谏争而死，盖数百人。而自建隆以来，未尝罪一言者，纵有薄责，旋即超升。许以风闻，而无官长，风采所系，不问尊卑，言及乘舆，则天子改容；事关廊庙，则宰相待罪。故

仁宗之世，议者讥宰相但奉行台谏风旨而已。(《苏轼文集》卷一〇《上神宗皇帝书》)

宋制京朝官轮对而外，许以专章白事，是亦为臣下交哄之由。

建隆三年二月甲午，御札曰："……今后每遇内殿起居，依旧例次第差官轮对。……如有事干要切，即许非时上章，不必须候轮次。"(岳珂《愧郯录》卷五)

宋人结习，务为高名，好持苛论。于是台谏遂为掀动政潮之地，而朋党之势以成，以废后及濮议之争为烈。新法继之，成一哄之局，始则君子与君子相争，继则君子自命，而以小人目人，其流毒遂不可问。

仁宗郭皇后，……天圣二年，立为皇后。初帝宠张美人，欲以为后，章献太后难之，后既立而颇见疏。其后尚美人、杨美人俱幸，数与后忿争。一日，尚氏于上前有侵后语，后不胜忿，批其颊。上自起救之，误批上颈，上大怒入内。都知阎文应，因与上谋废后，且劝帝以爪痕示执政。上以示吕夷简，且告之故，夷简亦以前罢相怨后，乃曰："古亦有之。"后遂废。……于是中丞孔道辅，谏官御史范仲淹、段少连等十人，伏阁言后无过，不可废，道辅等俱被黜责。(《宋史》卷二四二《仁宗郭皇后传》)

会郭皇后废，率谏官御史，伏阁争之不能得，明日，……诏出知睦州，岁余……召还，……权知开封府事。吕夷简执政，进用者多出其门，仲淹上百官图，指其次第曰："如此为序迁，如此为不次，如此则公，如此则私。……凡超格者，不宜全委之宰相。"夷简不悦，……仲淹乃为四论以献，大抵讥切时政，且曰："汉成帝信张禹，不疑舅家，故有

范仲淹像

新莽之祸。臣恐今日亦有张禹，坏陛下家法。"夷简怒斥曰："仲淹离间陛下君臣，所引用皆朋党也。"仲淹对益切，由是罢知饶州。(《宋史》卷三一四《范仲淹传》)

殿中侍御史韩渎，希宰相旨，请书仲淹朋党，揭之朝堂。于是秘书丞余靖上言曰："仲淹以一言忤宰相，遽加贬窜，……请追改前命。"太子中允尹洙，自讼与仲淹师友，且尝荐己，愿从降黜。馆阁校勘欧阳修，以高若讷在谏官，坐视而不言，移书责之。由是三人者偕坐贬。明年，夷简亦罢。(《宋史》卷三一四《范仲淹传》)

初范仲淹之贬饶州也，修与尹洙、余靖，皆以直仲淹见逐，目之曰党人。自是朋党之论起，修乃为《朋党论》以进。(《宋史》卷三一九《欧阳修传》)

拱辰……拜御史中丞。夏竦除枢密使，拱辰言竦经略西师，无功称而归，今置诸二府，何以厉世，因对极论之。帝未省遽起，拱辰前引裾，乃纳其说，竦遂罢。(《宋史》卷三一八《王拱辰传》)

范仲淹以言事去国，余靖论救之，尹洙请与同贬，欧阳修移书责司谏高若讷，由是三人者皆坐谴，襄作《四贤一不肖》诗。……夏竦罢枢密使，韩琦、范仲淹在位，襄言陛下罢竦而用琦、仲淹，士大夫贺于朝，庶民歌于路，……且退一邪进一贤，……海内有不泰乎？(《宋史》卷三二〇《蔡襄传》)

吕夷简罢相，夏竦既除枢密使，复夺之以衍代，章得象、晏殊、贾昌朝、范仲淹、富弼及韩琦同时执政，欧阳修、余靖、王素、蔡襄并为谏官，介喜曰："此盛事也，歌颂吾职，其可已乎？"作《庆历圣德诗》，……盖斥竦也。(《宋史》卷四三二《石介传》)

时杜衍、范仲淹为政，多所更张，拱辰之党不便。苏舜钦、王益柔皆仲淹所荐，而舜钦衍婿也，故因是倾之。(《宋史》卷三一八《王拱辰传》)

舜钦娶宰相杜衍女，衍时与仲淹、富弼在政府，多引用一时闻人，欲更张庶事。御史中丞王拱辰等不便其所为，会进奏院祠神，舜钦与右班殿直刘巽，辄用鬻故纸公钱，召妓乐，间多会宾客，拱辰廉得之，讽其属鱼周询等劾奏，因欲动摇衍。事下开封府劾治，于是舜钦与巽，俱坐自盗除名。同时会者皆知名士，因缘得罪，逐出四方者

十余人。世以为过薄，而拱辰等方自喜曰："吾一举网尽矣。"(《宋史》卷四四二《苏舜钦传》)

时范仲淹、富弼，欲更理天下事，与用事者不合。仲淹、弼既出宣抚，言者附会，益攻二人之短。帝欲罢仲淹、弼政事，衍独左右之，……以尚书左丞，出知兖州。(《宋史》卷三一〇《杜衍传》)

假借言职，互相攻讦报复，继废后之争而起者，又有濮议之争。

治平二年四月，诏议崇奉濮安懿王典礼。(《宋史》卷一三《英宗纪》)

光料必有追隆本生事，即奏言："汉宣帝为孝昭后，终不追尊卫太子史皇孙；光武上继元帝，亦不追尊巨鹿南顿君，此万世法也。"后诏两制集议濮王典礼，学士王珪等，相视莫敢先，光独奋笔书曰："为人后者为之子，不得顾私亲。王宜准封赠期亲尊属故事，称为皇伯，高官大国，极其尊荣。"议成，珪即命吏，其以手稿为案。既上，与大臣意殊，御史六人争之力，皆斥去，光乞留之，不可，遂请与俱贬。(《宋史》卷三三六《司马光传》)

濮王追崇典礼，珪与侍从礼官合议，宜称皇伯，三夫人改封大国。执政不以为然，其后三夫人之称，卒如初议。(《宋史》卷三一二《王珪传》)

光与珪主议如是，而欧阳修殊非之。

帝将追崇濮王，命有司议，皆谓当称皇伯，改封大国。修引《丧服》记，以为为人后者，为其父母服降三年为期，而不没父母之名，以见服可降而名不可没也。若本生之亲，改称皇伯，历考前世，皆无典据；进封大国，则又礼无加爵之道。(《宋史》卷三一九《欧阳修传》)

议久不决，太后竟出手书，从欧阳修所议。

故中书之职，不与众同，太后出手书，许帝称亲，尊王为皇，王夫人为后，帝不敢当。(《宋史》卷三一九《欧阳修传》)

但修议虽为太后所许，而攻驳者纷起。

于是御史吕诲等，诋修主此议，争论不已，皆被逐。惟蒋之奇之说合修意，修荐为御史，众目为奸邪。(《宋史》卷三一九《欧阳修传》)

濮议起，侍从请称王为皇伯，中书不以为然，诲引义固争，……七上章不听，乞解台职亦不听，遂劾宰相韩琦不忠五罪曰："昭陵之土未干，遽欲追崇濮王，使陛下厚所生而薄所继，隆小宗而绝大宗。言者论辩累月，琦犹遂非，不为改正，中外愤郁，万口一词，愿黜居外藩，以慰士论。"又与御史范纯仁、吕大防共劾欧阳修，首开邪议，以枉道说人主，以近利负先帝，陷陛下于过举。皆不报。已而诏濮王称亲，诲等知言不用，即上还告敕，居家待罪，且言与辅臣势不两立。帝以问执政，修曰："御史以为理难并立，若臣等有罪，当留御史。"帝犹豫久之，命出御史。（《宋史》卷三二一《吕诲传》）

纯仁……迁侍御史。时方议濮王典礼，宰相韩琦、参知政事欧阳修等议尊崇之，翰林学士王珪等议，宜如先朝追赠期亲尊属故事。纯仁言：陛下受命仁宗而为之子，与前代定策入继之主异，宜如王珪等议。继与御史吕诲等更论奏，不听。纯仁还所授告敕，家居待罪。既而皇太后手书，尊王为皇，夫人为后。纯仁复言，……请出不已，遂通判安州。（《宋史》卷三一四《范纯仁传》）

治平三年正月，……皇太后下书中书门下，封濮安懿王，宜如前代故事，至夫人王氏、韩氏、任氏，皇帝可称亲，尊濮安懿王为皇，夫人为后。……黜御史吕诲、范纯仁、吕大防，二月，……黜谏官傅尧俞，御史赵鼎、赵瞻。（《宋史》卷一三《英宗纪》）

按废后与濮议，与时政无关，而朝臣意气用事，攻讦不已，固可见结习之深，而一代朋党之祸，实由此始。

五　王安石之变法

（一）变法之起因

宋初设制，为防前代之失，集权于中央，然矫枉过正，流弊渐生。降及中叶，尤以"军"、"财"两政，为最紊乱。其情况分叙于下。

甲、属于军政者

兵额递见增加，据《宋史》卷一八七。《兵志》，列举以明之，兵额虽多，而不训练，故多而不精，外患愈烈。

兵额简表

开宝（太祖）	378 000人
至道（太宗）	666 000人
天禧（真宗）	912 000人
庆历（仁宗）	1 259 000人
治平（英宗）	1 162 000人

嘉祐仁宗。七年，宰相韩琦言，祖宗以兵定天下，凡有征戍则募置，事已则并，故兵日精而用不广。今二边辽与夏。虽号通好，而西北屯边之兵，常若待敌之至，故竭天下之力，而不能给。不于此时先虑而豫备之，一旦边陲用兵，水旱相继，卒起而图之，不可及矣。（《宋史》卷一八七《兵志》一）

为惩兵骄之害，乃募及灾民，则寻常募置之难可知。

皇祐仁宗。中，河北水灾，农民流入京东三十余万，安抚使富弼募以为兵，拔其尤壮者，得九指挥，教以武技。虽廪以厢兵，而得禁兵之用，且无骄横难制之患。（《宋史》卷一八九《兵志》三）

平时养兵费已巨，每出戍，又各有赏赐，国力所以不支，而姑息已久，兵所以不可用。

每上军遣戍，皆本司整比军头司引对便殿，给以装钱；代还亦入见，犒以饮食，拣拔精锐升补之，或退其疲老者。凡大祀有赏给，每岁寒食、端午、冬至各有特支；戍边每季又加给银鞋；环庆缘边艰于爨给者，又有薪水钱；其役兵劳苦者，或季给钱，或川广而代还者，别给装钱，川广递补卒，或给时服钱屦，凡出外率有口粮。（《通考》卷一五二《兵考》四）

乙、属于财政者

国家财政收支概况，亦据《宋史》卷一七九。《食货志》，列表以明之。

收支简表

时　代	岁　入	岁　出	比　　较	
			盈余	不足
太宗至道末	22 245 800缗		余大半	
真宗天禧末	150 850 100缗	126 775 200缗	24 074 900缗	
仁宗皇祐元年	126 251 964缗	126 251 964缗	无	无
英宗治平二年	116 138 405缗	131 864 452缗（内有非常支出 11 521 278缗）		15 726 047缗

据上表，知在天禧以前，尚有盈余；皇祐元年，收支相抵；至治平二年，竟有巨额亏耗。其变迁情形，详于下列论述。

初吴、蜀、江南、荆湖、南粤皆号富强，相继降附，太祖、太宗，因其蓄藏，守以恭俭简易，天下生齿尚寡，而养兵未甚蕃，任官未甚冗，佛老之徒未甚炽，外无金缯之遗，百姓亦各安其生，不为巧伪放侈，故上下给足，府库羡溢。承平既久，户口岁增，兵籍益广，吏员益众，佛老外国，耗蠹中土，县官之费，数倍于昔，百姓亦稍纵侈，而上下始困于财矣。仁宗承之，经费浸广，……自祥符天书一出，斋醮糜费甚众，京城之内，一夕数处，……京师营造，多内侍传旨呼索，费无艺极。(《宋史》卷一七九《食货志》下一)

是宋之财政所以竭蹶者，因外耗于"募兵"与"馈遗"，而内耗于"祀祠"与"冗禄"也。

会元昊请臣，朝廷亦已厌兵，屈意抚纳，岁赐缯茶增至二十五万，而契丹邀割地，复增岁遗至五十万，自是岁费，弥有所加。西兵既罢，而调用无所减。……初真宗时，……宗室吏员，受禄者九千七百八十五。宝元以后，……宗室蕃衍，吏员岁增，……宗室吏员受禄者万五千四百四十三，禄廪俸赐，从而增广。及景德中，祀南郊，内外赏赍金帛缗钱总六百一万，至是飨明堂，增至一千二百余万，故用度不得不屈。(《宋史》卷一七九《食货志》下一)

国用不足则增税，官司承旨，亦以聚敛为能。

宋聚兵京师，外州无留财，天下支用，悉出三司，故其费浸多。

……真宗嗣位，……是时条禁愈密，较课以租额前界，递年相参。景德初，榷务连岁增羡，三司即取多收者为额。（《宋史》卷一七九《食货志》下一）

其时农民生活困苦，可于司马光所言窥见之。

司马光……抗疏曰："……水旱霜雹蝗蟊间为之灾，幸而收成，公私之债，交争互夺，谷未离场，帛未下机，已非己有。所食者糠秕而不足，所衣者绨褐而不完，直以世服田亩，不知舍此之外，有何可生之路耳。"（《宋史》卷一七三《食货志》上一）

言理财者，已訾及中枢制度不良，遂开后来变法之基。

宋真宗像

至和仁宗。中，谏官范镇上疏曰："陛下每遇水旱之灾，必露立仰天，痛自刻责，而吏不称职，陛下忧勤于上，人民愁叹于下。今岁无麦，朝廷为放税免役，乃发仓廪拯贷，存恤之恩，不为不至。然人民流难，父母妻子不相保者，平居无事时，不少宽其力役，轻其租赋，岁大熟，民不得终岁之饱，及有小歉，虽加重放，已不及事。此无他，重敛之政在前也。国家自陕西用兵以来，赋役烦重，及近年转运使复于常赋外进羡钱，以助南郊，其余无名敛率，不可胜计。"又言古者冢宰制国用，今中书主民，枢密主兵，三司主财，各不相知，故财已匮而枢密院益兵不已，民已困而三司取财不已，中书视民之困，而不知使枢密院减兵、三司宽财者，制国用之职，不在中书也。愿使中书枢密，通知兵民财利大计，与三司量其出入，制为国用，则天下民力，庶几少宽。（《宋史》卷一七九《食货志》下一）

民穷财困，已至此境，非改弦更张，不足以挽救，王安石变法之议，乃乘时而起。

卷四　宋辽金夏元

于是上万言书，以为今天下之财力，日以困穷，风俗日以衰坏，患在不知法度。……因天下之力，以生天下之财，取天下之财，以供天下之费。自古治世，未尝以财不足为公患也，患在治财无其道尔。……愿监苟且因循之弊，明诏大臣，为之以渐，期合于当世之变。（《宋史》卷三二七《王安石传》）

（二）变法之实行

神宗嗣位，尤先理财。熙宁初，命翰林学士司马光等，置局看详，裁减国用制度，仍取庆历二年数比今支费不同者，开析以闻。后数日光等对言："国用不足，在用度太奢，赏赐不节，宗室繁多，官职冗滥，军旅不精。必须陛下与两府大臣，及三司官吏，深思救弊之术，虚以岁月，庶几有效，非愚臣一朝一夕，所能裁减。"帝遂罢裁减局，但下三司共析。王安石执政，议置三司条例司，讲修钱谷之法。（《宋史》卷一七九《食货志》下一）

上问："然则卿所施设，以何为先？"安石曰："变风俗，立法度，正方今之所急也。"上以为然，于是设制置三司条例司，令判知枢密院事陈升之同领之，安石令其党吕惠卿预其事。……诸役相继并兴，号为新法，遣提举官四十余辈，颁行天下。（《宋史》卷三二七《王安石传》）

王安石像

三司条例司为改革总汇，其首先规定者，即为预算。

时天下承平，帝……每以财用为忧不给，日与大臣讲求其故，命官考三司簿籍，商量经久废置之宜，凡一岁用度，及郊祀大费，皆编著定式，……所裁省冗费十之四。（《宋史》卷一七九《食货志》下一）

此后各项新政，次第举行。兹按其性质，叙之如下。

甲、民政上之设施

有"青苗"与"免役"两法，其设施之意义，与反对者之言论，并撮录之，以观其得失。

【青苗法】

常平仓法，以丰岁谷贱伤农，故增价收籴，使蓄积之家，无由抑塞农夫，须令贱粜；凶岁谷贵伤民，故减价出粜，使蓄积之家，无由邀勒贫民，须令贵籴，物价常平，公私两利也。安石以常平法为不善，更将粜本作青苗钱，散与人户令，出息二分，置提举官以督之。（王偁《东都事略》卷七九《王安石传》）

河北转运司干当公事王广廉……奏，乞度僧牒数千道为本钱，于陕西转运司，私行青苗法，春散秋敛，与安石意合，至是请施行之河北。于是安石决意行之，而常平广惠仓之法，遂变而为青苗矣。（《宋史》卷一七六《食货志》上四）

宋神宗像

青苗法之设，为使兼并之家，不能乘人之急以邀利，但实行之后，反对者纷起指摘。

舜俞……上疏自劾曰："民间出举财物，取息重止一倍，约偿缗钱，而谷粟、布缕、鱼盐、薪蕨、耰锄、釜锜之属，得杂取之，朝廷募民贷取有司，约中熟为价，而必偿缗钱，欲如私家杂偿他物不可得，故愚民多至卖田宅，质妻孥。有识耆老，戒其乡党子弟，未尝不以贳贷为苦，祖宗著令，以财物相出，举任从书契，官不为理，其保全元元之意深远如此。今诱之以便利，督之以威刑，方之旧法异矣。诏谓振民乏绝，而抑兼并，然使十户为甲，浮浪无根者，毋得给俵，则乏绝者已不蒙其惠，此法终行，愈为兼并地尔。何以言之？天下之有常平，非能人人计口受饷，但权谷价贵贱之柄，使积贮者，不得深藏以邀利尔。今散为青苗，惟恐不尽，万一饥馑荐至，必有乘时贵粜者，未知将何法以制之？官制既放钱取息，富室藏镪，坐待邻里逋欠之时，田宅妻孥，随欲而得，是岂不为兼并利哉！虽分为夏秋二科，

卷四 宋辽金夏元

而秋放之月与夏敛之期等，夏放之月与秋敛之期等，不过展转计息，以给为纳，使吾民终身以及世世，每岁两输息钱，无有穷已，是别为一赋以敝海内，非王道之举也。(《宋史》卷三三一《陈舜俞传》)

辙曰："以钱贷民，使出息二分，本非为利，然出纳之际，吏缘为奸，虽有法不能禁，钱入民手，虽良民不免非理费用，及其纳钱，虽富民不免违限。如此则鞭笞必用，州县多事矣。唐刘晏掌国计，未尝有所假贷，有尤之者，晏曰：'使民侥幸得钱，非国之福；使吏倚法督责，非民之便。吾虽未尝假贷，而四方丰凶贵贱，知之未尝逾时，有贱必籴，有贵必粜，以此四方无甚贵甚贱之病，安用贷为？'晏之言，汉常平法耳。公诚能行之，晏之功可立俟也。(《宋史》卷一七六《食货志》上四)

"今言青苗之害者，不过谓使者骚动州县，为今日之患耳，而臣之所忧，乃在十年之外，非今日也。夫民之贫富，由勤惰不同，惰者常乏，故必资于人。今出钱贷民，而敛其息，富者不愿取，使者以多散为功，一切抑配，恐其逋负，必令贫富相保，贫者无可偿，则散而之四方，富者不能去，必责使代偿数家之负，春算秋计，展转日滋，贫者既尽，富者亦贫，十年之外，百姓无复存者矣。又尽散常平钱谷，专行青苗，他日若思复之，将何所取？富室既尽，常平已废，加之以师旅，因之以饥馑，民之羸者，必委死沟壑，壮者必聚而为盗贼，此事之必至者也。"(《宋史》卷三三六《司马光传》)

韩琦复上疏曰："……今放青苗钱，凡春贷十千，半年之内，便令纳利二千，秋再放十千，至岁终又令纳利二千，则是贷万钱者，不问远近，岁令出息四千。"……制置司言，比《周礼》取息已不为多，是欺罔圣听。(《宋史》卷一七六《食货志》上四)

时初行青苗法，琦上疏论其害，以为"国之颁号令、立法制，必信其言而使民受实惠。陛下遣使给散青苗，乃令乡村自第一等而下，皆立借钱贯百，三等以上，更许增数，坊郭户有物业抵当者，依青苗例支借。且乡村上三等，并坊郭有物力，乃从来兼并之家也，今皆得借钱，每借一千，令纳一千三百，则是官放息钱，岂抑兼并、济困乏之意哉？"(王偁《东都事略》卷六九《韩琦传》)

光曰："青苗出息，平民为之，尚能使蚕食下户，至饥寒流离，

宋代农业《耕获图》

况县官法度之威乎？"惠卿曰："青苗法，愿取则与之，不愿不强也。"光曰："愚民知取债之利，不知还债之害，非独县官不强，富民亦不强也。"（王偁《东都事略》卷八七上《司马光传》）

当是时，争青苗钱者甚众，翰林学士范镇言：陛下初诏云，公家无所利其入，今提举司以户等给钱，皆令出三分之息，物议纷纭，皆云自古未有天子开课场者。民虽至愚，不可不畏。……台谏官吕公著、孙觉、李常、张戬、程颢等，皆以论青苗罢黜，知亳州富弼，知青州欧阳修，继韩琦论青苗之害，且持之不行，亦坐移镇。（《宋史》卷一七六《食货志》上四）

按反对青苗法者，所持之理由，概括之则为：（一）官放钱取息。（二）取息二分过重。（三）州县以多借出为功，不免勒借。（四）富人不愿借，贫人不易还，且借钱到手，最易浪费，追索之时，州县因之多事。（五）出入之际，吏缘为奸，法不能禁。然当时民间借贷，普通且逾一倍，则二分取息，实为最轻者；其县吏张皇，则奉行不善，非法之不善也。

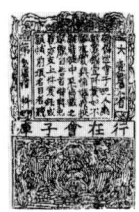

【免役法】

宋之役法，名目繁多，最为秕政。

役法役出于民，州县皆有常数。宋因前代之制，以"衙前"主官物，以"里正"、"户长"、"乡书手"课督赋税，以"耆长"、"弓手"、"壮丁"逐捕盗贼，以"承符"、"人力"、"手力"、"散从"官给使令，县曹司至押录，州曹司至孔目官，下至杂职虞候拣掐等人，各以乡户等第定差，京百司补吏，须不碍役乃听。……京西转运使程能，请定诸州户为九等著于籍，上四等量轻重给役，余五等免之，后有贫富，随时升降，诏加裁定。淳化五年，始令诸县以第一等户为里正，第二等户为户长，勿冒名以给役，自余众役，多调厢军。……然役有轻重劳佚之不齐，人有贫富强弱之不一，承平日久，奸伪滋生，命官形势，占田无限，皆得复役衙前，将吏得免里正户长，而应役之户，困于繁数，伪为券售田于形势之家，假佃户之名以避徭役。……自里正乡户，为衙前主典府库，或輦运官物，往往破产。……民避役者，或窜名浮图籍，号为出家。……韩琦上疏曰："州县生民之苦，无重于里正衙前。有孀母改嫁，亲族分居，或弃田与人，以免上等；或非命求死，以就单丁。规图百端，苟免沟壑之患。每乡被差疏密，与赀力高下不均，……富者休息有余，贫者败亡相继。……请罢里正衙前。（《宋史》卷一七七《食货志》上五）

三司使韩绛言，闻京东民有父子二丁将为衙前役者，其父告其子曰："吾当求死，使汝曹免于冻馁。"遂自缢而死。又闻江南有嫁其祖母及其母，析居以避役者。又有鬻田减其户等者，田归官户不役之家，而役并于同等见存之户。（《宋史》卷一七七《食货志》上五）

熙宁元年，如谏院吴充言：今乡役之中，衙前为重，民间规避重役，土地不敢多耕而避户等，骨肉不敢义聚而惮人丁。故近年上户浸少，中下户浸多，役使频仍，生资不给，……不得已而为盗贼。（《宋史》卷一七七《食货志》上五）

帝阅内藏库奏，有衙前越千里输金七钱，库吏邀乞，逾年不得还者，帝重伤之。（《宋史》卷一七七《食货志》上五）

宋代役夫之名，有衙前、散从。衙前，今之内班门子也；散从，今之外班皂隶也。（杨慎《艺林伐山》卷一三）

按力役，即唐之庸也。庸钱既将入两税，即不应有所谓力役者。自唐中叶以后，仍按"人户等第"出力役，是又重加一层担负。宋沿用之，致有上述之苛酷结果，故荆公改签役而为雇役，以洗其弊。新旧之争，旧人秉政，并免役而推翻之，所以不能服变法者之心。

天下土俗不同，役轻重不一，民贫富不等，从所便为法，凡当役人户，以等第出钱，名免役钱。其……未成丁、单丁、女户、寺观、品官之家，旧无色役而出钱者，名助役钱。凡敛钱，先视州若县应用雇直多少，随户等均取雇直，既已用足，又率其数增取二分，以备水旱欠阁，虽增毋得过二分，谓之免役宽剩钱。（《宋史》卷一七七《食货志》上五）

免役之法，据家赀高下，各令出钱雇人充役，下至单丁女户本来无役者，亦一概输钱，谓之助役钱。（《宋史》卷三二七《王安石传》）

免役法实行，其反对最力者，则为刘挚、杨绘。

监察御史刘挚，谓昨者团结保甲，民方惊扰，又作法使人均出缗钱，非时升降户等，期会急迫，人情惶骇。因陈新法十害，其要曰："上户常少，中下户常多，故旧法上户之役，类皆数而重；下户之役，率常简而轻。今不问上下户，概视物力以差出钱，故上户以为幸，而下户苦之。岁有丰凶，而役人有定数，助钱岁不可阙，则是赋税有时减阁，而助钱更无蠲损也。役人必用乡户，为其有常产则自重。今既招雇，恐止得浮浪奸伪之人，则帑庾场务纲运，不惟不能典干，窃恐不胜其盗用，而冒法者众，至于弓手、耆壮、承符、散从、手力、胥史之类，恐遇寇则有纵逸，因事辄为骚扰也。（《宋史》卷一七七《食货志》上五）

杨绘……疏辩之曰："……助役之利一，而难行有五。请先言其利。假如民田有一家而百顷者，亦有户才三顷者，其等乃俱在第一，以百顷而较三顷，则已三十倍矣，而受役月日，均齐无异，况如官户则除耆长外皆应无役。今例使均出雇钱，则百顷所输，必三十倍于三顷者，而又永无决射之讼，此其利也。然难行之说亦有五，民惟种田而责其输钱，钱非田之所出，一也；近边州军，就募者非土著，奸细难防，二也；逐处田税，多少不同，三也；耆长雇人，则盗贼难止，四也；衙前雇人，则失陷官物，五也。乞先议防此五害，然后著为定制。（《宋史》卷一七七《食货志》上五）

于是同判司农寺曾布,摭杨绘、刘挚所言而加以反诘,其理由至为充足,大为变法者张目。

其略曰:"畿内上等户,尽罢昔日衙前之役,故今所输钱,比旧受役时,其费十减四五。中等人户,旧充弓手、手力、承符、户长之类,今使上等及坊郭、寺观、单丁、官户皆出钱以助之,故其费十减六七;下等人户,尽除前日冗役,而专充壮丁,且不输一钱,故其费十减八九。大抵上户所减之费少,下户所减之费多,言者谓优上户而虐下户,得聚敛之谤,臣所未喻也。提举司以诸县等第不实,故首立品量升降之法,……今品量增减,亦未为非,又况方晓谕民户,苟有未便,皆与厘正,则凡所增减,实未尝行。言者则以谓品量立等者,盖欲多敛雇钱,升补上等,以足配钱之数,……此臣所未喻也。凡州县之役,无不可募人之理,今投名衙前半天下,未尝不典主仓库场务纲运,而承符、手力之类,旧法皆许雇人,行之久矣,惟耆长壮丁,以今所措置,最为轻役,故但轮差乡户,不复募人。言者则以谓衙前雇人,则失陷官物,耆长雇人,则盗贼难止;又以谓近边奸细之人应募,则焚烧仓库,或守把城门,则恐潜通外境,此臣所未喻也。免役或输见钱,或纳斛斗,皆从民便,为法至此,亦已周矣。言者则谓直使输钱,则丝绵粟麦必贱,若用他物准直为钱,则又退拣乞索,且为民害如此,则当如何而可,此臣所未喻也。昔之徭役,皆百姓所为,虽凶荒饥馑,未尝罢役,今役钱必欲稍有余羡,乃所以为凶年蠲减之备,其余又专以兴田利、增吏禄。言者则以谓助钱非如税赋有倚阁减放之期,臣不知昔之衙前、弓手、承符、手力之类,亦尝倚阁减放否,此臣所未喻也。两浙一路,户一百四十余万,所输缗钱七十万尔,而畿内户十六万,

《宋史》书影

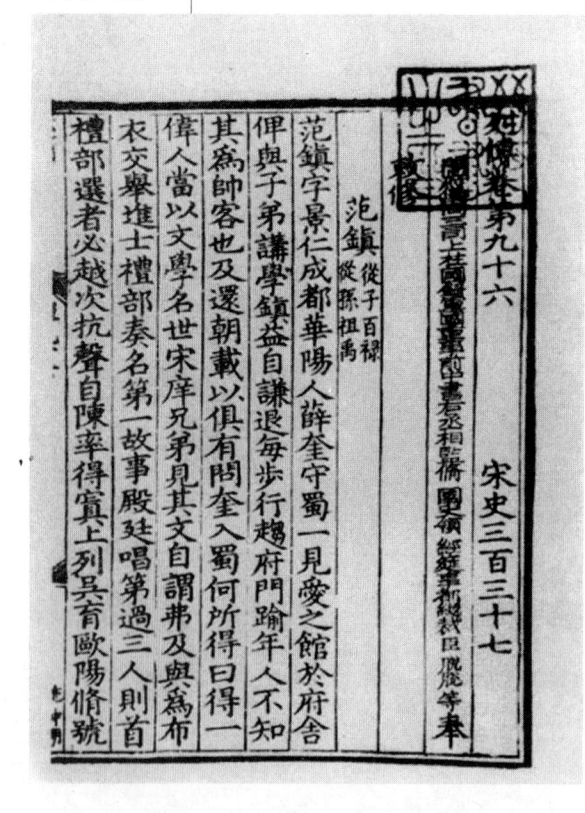

率缗钱亦十六万,是两浙所输,才半畿内,然畿内用以募役,所余亦自无几。言者则以谓吏缘法意,广收大计,如两浙欲以羡钱徼幸,司农欲以出剩为功,此臣所未喻也。(《宋史》卷一七七《食货志》上五)

乙、财政上之设施

有"方田均税"、"农田水利"、"均输"、"市易"诸法。

【方田均税法】

神宗患田赋不均,熙宁五年,重修定方田法,诏司农以均税条约并式,颁之天下,以东西南北各千步,当四十一顷,六十六亩,一百六十步为"一方"。岁以九月,县委令佐,分地计量,随陂原平泽而定其地,因赤淤黑垆而辨其色。方量毕,以地及色参定肥瘠,而分五等,以定税则。至明年三月毕,揭以示民,一季无讼,即书户帖连庄帐付之,以为地符。"均税"之法,县各以其租额税数为限,旧尝收蹙奇零,如米不及十合而收为升,绢不满十分而收为寸之类,今不得用其数均摊增展,致溢旧额,凡越额增数皆禁。若瘠卤不毛,及众所食利,山林陂塘沟路坟墓,皆不立税。凡田方之角,立土为峰,植其野之所宜木以封表之。有方帐,有庄帐,有甲帖,有户帖。其分烟析产,典卖割移,官给契,县置簿,皆以今所方之田为正。(《宋史》卷一七四《食货志》上二)

其利益如何,由蔡京等所称道者可以概见之。

自开阡陌,使民得以田私相贸易,富者恃其有余,厚立价以规利,贫者迫于不足,薄移税以速售,而天下之赋调不平久矣。神宗讲究方田利害,作法而推行之,方为之帐而步亩高下丈尺不可隐,户给之帖而升合尺寸无所遗,以卖买则民不能容其巧,以推收则吏不能措其奸,今文籍具在,可举而行。(《宋史》卷一七四《食货志》上二)

淳熙九年,著作郎袁枢振两淮还,奏民占田不知其数,二税既免,止输谷帛之课,力不能垦,则废为荒地,他人请佃,以疆界为词,官无稽考。是以野不加辟,户不加多,而郡县之计益窘。望诏州县画疆立券,占田多而输课少者,随亩增之,其余闲田,给与佃人,庶几流民有可耕之地,而田莱不至多荒。(《宋史》卷一七三《食货志》上一)

绍熙元年,……熹朱熹。访问讲求,纤悉备至,乃奏言经界最为

民间莫大之利。(《宋史》卷一七三《食货志》上一)

按正理经界,平均担负,实为清厘要政,迨及南宋百年之后,贤者犹思继轨。或其初令佐奉行不善,豪强不免阻挠,致贻人口实。元祐诸人,因噎废食,致一律罢免,实为可惜。

【农田水利法】

神宗熙宁元年,遣使察农田水利,程颢等八人充使。……中书言:诸州县古迹陂塘,异时皆蓄水溉田,民利数倍,近岁多所湮废。诏诸路监司访寻州县,可兴复水利。如能设法劝诱兴修塘堰圩堤,功利有实,当议旌宠。(《通考》卷六《田赋考》六)

于是司农寺请立法,先行之开封,视可行,颁于天下。民种桑柘,毋得增赋,安肃、广信、顺安军、保州,令民即其地植桑榆,或所宜木,因可限阂戎马,官计其活茂多寡,得差减在户租数,活不及数者罚,责之补种。兴修水利田,起熙宁三年,至九年,府界及诸路,凡一万七百九十三处,为田三十六万一千一百七十八顷有奇。神宗元丰元年,诏开废田水利,民力不能给役者,贷以常平钱谷,京西南路流民,买耕牛者免征。五年,都水使者范三渊奏:自大名抵乾宁,跨十五州,河徙地凡七千顷,乞募人耕种。从之。(《宋史》卷一七三《食货志》上一)

按农田水利法实行,已著效于一时矣。

【市易法】

先是有魏继宗者,自称草泽,上言京师百货无常,价贵贱相倾。富能夺,贫能与,乃可以为天下。今富人大姓,乘民之亟,牟利数倍,财既偏聚,国用亦屈。请假榷货务钱,置常平市易司,择通财之官任其责,求良贾为之转易,使审知市物之价,贱则增价市之,贵则损价鬻之,因收余息,以给公上。于是中书奏在京置市易务官,凡货之可市,及滞于民而不售者,平其价市之,愿以易官物者听。若欲市于官,则度其抵而贷之钱,责期使偿,半岁输息十一,及岁倍之,凡诸司配率,并仰给焉。以吕嘉问为提举,赐内库钱百万缗,京东路钱八十七万缗为本。三司请立市易条,有"兼并之家,较固取利,有害新法本务,觉察,三司按治"之文,帝削去之。(《宋史》卷一八六

《食货志》下八）

市易之法，听人赊贷县官财货，以田宅或金帛为抵当，出息十分之二，过期不输息外，每月更加罚钱百分之二。（《宋史》卷三二七《王安石传》）

宋钱币

按市易法取息甚低，章制甚严，所不利者，豪强兼并之家，所利者在贫民，亦非不可行之法也。

【均输法】

均输之法，所以通天下之货，制为轻重敛散之术，使输者既便，而有无得以懋迁焉。熙宁二年，制置三司条例司言：天下财用无余，典领之官，拘于弊法，内外不相知，盈虚不相补。诸路上供，岁有常数，丰年便道，可以多致而不能赢；年俭物贵，难于供亿而不敢不足。远方有倍蓰之输，中都有半价之鬻，徒使富商大贾，乘公私之急，以擅轻重敛散之权。今发运使实总六路赋入，其职以制置茶盐矾酒税为事，军储国用，多所仰给。宜假以钱货，资其用度，周知六路财赋之有无，而移用之，凡籴买税敛上供之物，皆得徙贵就贱，用近易远。今预知中都帑藏年支见在之定数，所当供办者，得以从便变易蓄买以待上令，稍收轻重敛散之权，归之公上，而制其有无，以便转输、省劳费、去重敛、宽农民，庶几国用可足，民财不匮。诏本司具条例以闻。（《宋史》卷一八六《食货志》下八）

均输法者，以发运之职，改为均输，假以钱货，凡上供之物，皆得徙贵就贱，用近易远，预知在京仓库所当办者，得以便宜蓄买。（《宋史》卷三二七《王安石传》）

按均输法，于物价调节最有关系，且为刘晏成法，论者亦攻之不已，以为扰民，其意不在法而在人可知。其攻击最力者，为苏轼兄弟，借口亏税，转为商贾张目，其词虽辩，而非就诸法本身立论，宜其不足以服主新法者之心也。

卷四　宋辽金夏元

轼上书论其不便曰："……昔汉武帝以财力匮竭，用贾人桑弘羊之说，买贱卖贵，谓之均输。于时商贾不行，盗贼滋炽，几至于乱。……不意今日此论复，兴立法之初，其费已厚，纵使薄有所获，……则指为劳绩，……亏商税而取均输之利。……臣窃以为过矣。(《宋史》卷三三八《苏轼传》)

侍御史刘琦，侍御史里行钱顗等言：向小人假以货泉，任其变易，纵有所入，不免夺商贾之利。……条例司检详文字苏辙言：昔汉武外事四夷，内兴宫室，财用匮竭，力不能支。用贾人桑弘羊之说，买贱卖贵，谓之均输，虽曰民不加赋，而国用饶足。然法术不正，吏缘为奸，掊克日深，民受其病。……今此论复兴，众口纷然，皆谓其患必甚于汉。何者？方今聚敛之臣，材智方略，未见有桑弘羊比，而朝廷破坏规矩，解纵绳墨，使得驰骋自有，惟利是嗜，其害必有不可胜言者矣。……权开封府推官苏轼亦言：均输徙贵就贱，用近易远，然广置官属，多出缗钱，豪商大贾，皆疑而不敢动，以为虽不明言贩卖，既已许之变易，变易既行，而不与商贾争利，未之闻也。夫商贾之事，曲折难行，其买也先期而予钱，其卖也后期而取直，多方相济，委曲相通，倍称之息，由此而得。今先设官置吏，簿书廪禄，为费已厚，非良不售，非贿不行。是官买之价，比民必贵，及其卖也，弊复如前，商贾之利，何缘而得？朝廷不知虑此，乃捐五百万缗钱予之，此钱一出，恐不可复，纵使其间薄有所获，而征商之额，所损必多矣。(《宋史》卷一八六《食货志》下八)

丙、军政上之设施

有"置将"、"保甲"、"保马"、"军器监"诸法。

【置将法】

将兵者，熙宁之更制也。先是太祖惩藩镇之弊，分遣禁旅，戍守边城，立更戍法。……淳化、至道以来，持循益谨。……更戍交错，旁午道路。议者以为徒使兵不知将，将不知兵，缓急恐不可恃。神宗即位，乃部分诸路将兵，总隶禁旅，使兵知其将，将练其士，平居知有训厉，而无番戍之劳，有事而后遣焉，庶不为无用矣。熙宁七年，始诏总开封府畿，京东西河北路兵。分置将副，由河北始。(《宋史》卷一八八《兵志》二)

熙丰置将简表

官别	路名及军名 地别	路名及军名 路别	员数	次第
将	京畿及河北	河北	十七将	第一至第十七
		府畿	七将	第十八至第二十四
		京东	九将	第二十五至第三十三
		京西	四将	第三十四至第三十七
	关陇	鄜延	九将	第一至第九
		泾原	十一将	第十至第二十
		环庆	八将	第二十一至第二十八
		秦凤	五将	第二十九至第三十三
		熙河	九将	第三十四至第四十二
	东南	淮南东	一将	第一
		淮南西	一将	第二
		两浙西	一将	第三
		两浙东	一将	第四
		江南东	一将	第五
		江南西	一将	第六
		荆湖北	一将	第七
		荆湖南	二将	第八与第九
		福建	一将	第十
		广南东	一将	第十一
		广南西	二将	第十二与第十三
指挥	马军		十三指挥	
	忠果		十指挥	
	土兵		二指挥	
附记	一、共置将九十二员。 二、凡诸路将，各置副一人。 三、以路将兵数，东南兵三千人以下，指挥各五人。其余史无明文，待考。			

【保甲法】

熙宁初，王安石变募兵而行保甲，……民十家为一保，选主户有

干力者一人为保长，五十家为一大保，选一人为大保长。十大保为一
都保，选为众所服者，为都保正，又以一人为之副。应主客户两丁以
上，选一人为保丁，附保两丁以上，有余丁而壮勇者亦附之，内家资
最厚、财勇过人者，亦充保丁。兵器非禁者听习。每一大保，夜轮五
人儆盗。……既行之畿甸，遂推之五路，以达于天下。时则以捕盗贼
相保任，而未肄以武事也。四年，始诏畿内保丁肄习武事，岁农隙，
所隶官期日于要便乡村，都试骑步射，并以射中亲疏远近为等。（《宋
史》卷一九二《兵志》六）

保甲之法，籍乡村之民，二丁取一，十家为保，保丁皆授以弓
弩，教之战阵。（《宋史》卷三二七《王安石传》）

按保甲法为民兵计划，期以渐革募兵之弊。若以府兵法例之，亦不能
发见若何窒碍，与其不应行也。

【保马法】

保甲养马者，自熙宁五年始，……诏开封府界诸县保甲，愿牧马
者听，仍以陕西所市马选给之。六年，曾布等承诏，上其条约，凡五
路义勇保甲愿养马者，户一匹，物力高愿养二匹者听，皆以监牧见马
给之，或官与其直，令自市，毋或强与。……在府界者，免体量草二
百五十束，加给以钱布；在五路者，岁免折变缘纳钱，三等以上十户
为一保，四等以下十户为一社，以待病毙逋偿者。保户马毙，保户独
偿之；社户马毙，社户半偿之。岁一阅其肥瘠，禁苛留者凡十四条，
先从府界颁焉。五路委监司经略司，州县更度之，于是保甲养马行于
诸路矣。（《宋史》卷一九八《兵志》十二）

保马之法，凡五路义保，愿养马者，户一匹，以监牧见马给之，
或官与其直，使自市，岁一阅其肥瘠，死病者补偿。（《宋史》卷三二
七《王安石传》）

按保马法为马政计划，惟蓄马与牧马迥别，马之死及病，为不可避免
之事，颇为养马者之累，遂为反对者所借口。

【军器监法】

帝欲利戎器，而患有司苟简，王雱上疏曰："……方今外御边
患，内虞盗贼，而天下岁课弓弩甲胄，入充武库者以千万数，乃无一

坚好精利，实可为备者。臣尝观诸州作院，兵匠乏少，至拘市人以备役，所作之器，但形质而已。武库之吏，计其多寡之数而藏之，未尝责其实用，故所积虽多，大抵敝恶。……莫若更制法度，敛数州之作，聚为一处，若今钱监之比，择知工事之臣，使专其职，且募天下良工，散为匠师，而朝廷内置工官，以总制其事，察其精窳而赏罚之，则人人务胜，不加责而皆精矣。……熙宁六年，始置"军器监"，总内外军器之政。……先是军器领于三司，至是罢之，一总于监，凡产材州置都作院，凡知军器监利害者，听诣监陈述，于是吏民献器械法式者甚众。（《宋史》卷一九七《兵志》十一）

此为军器改良计画，亦为整军经武不可少之措施也，当时多痛诋保甲法者，兹撮辩论之点如下。

帝谓府兵与租庸调法相须，安石则曰："今义勇士军，上番供役，既有廪给，则无贫富皆可以入卫出戍，虽无租庸调法，亦自可为，第义勇皆良民，当以礼义奖养。今皆倒置者，以涅其手背也，教阅而糜费也，使之运粮也，三者皆人所不乐，若更殴之就敌，使被杀戮，尤人所惮也。"冯京曰："义勇亦有以挽强得试推恩者。"安石曰："挽强而力有不足，则绝于进取，是朝廷有推恩之滥，初非劝奖使人趋武用也。今欲措置义勇，皆当反此。……臣愿择乡间豪杰以为将校，稍加奖拔，则人自悦服，矧今募兵为宿卫，及有积官至刺史以上者，移此与彼，固无不可。……诚能审择近臣皆有政事之材，则异时可使分将此等军矣。今募兵出于无赖之人，尚可为军厢主，则近臣以上，岂不及此辈。……"帝以为然。时有欲以义勇代正兵者，

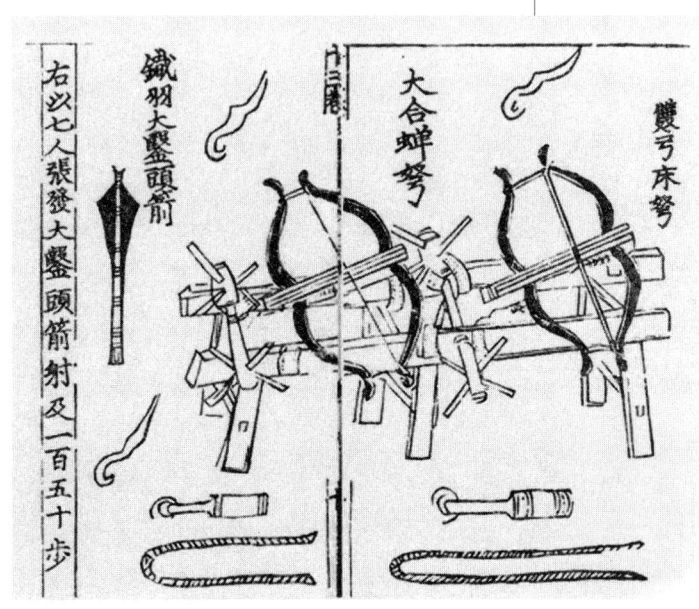

宋代大合蝉弩

曾公亮以为置义勇弓手，渐可以省正兵。安石曰："诚然。第今江淮置新弓手，适足以伤农，……"帝又言节财用，安石对以减兵最急，帝曰："比庆历数已甚减矣，……"安石则曰："精训练募兵，而鼓舞三路之民习兵，则兵可省。臣屡言河北旧为武人割据，内抗朝廷，外敌四邻。……今河北户口蕃息，又举天下财物奉之，常若不足以当一面之敌，其施设乃不如武人割据时，则三路事有当讲画者，在专用其民而已。"帝又言边兵不足以守，徒费衣廪，然固边围又不可悉减。安石曰："今更减兵，即诚无以恃急缓，不减则费财困国无已时。臣以为倘不能理兵稍复古制，则中国无富强之理。……"陈升之欲令义勇以渐戍近州，安石曰："陛下若欲去数百年募兵之敝，则宜果断详立法制，令本末备具，不然无补也。……"帝曰："募兵专于战守故可恃，至民兵则兵农之业相半，可恃以战守乎?"安石曰："唐以前未有黥兵，然亦可以战守。臣以谓募兵与民兵无异，顾所用将帅如何尔。……有将帅，则不患民兵不为用矣。"……时开封鞫保户，有质衣而买弓箭者，帝恐其贫乏，难于出备，安石曰："民贫宜有之，抑民使置弓箭，则法所弗去也。往者冬阅，及巡检番上，惟就用在官弓矢，不知百姓何故，至于质衣也。……夫出钱之多，不足以止盗，而保甲之能止盗，其效已见，则虽令民出少钱以置器械，未有损也。……"帝谓安石曰："曾孝宽言，民有斩指诉保甲者。"安石曰："……大抵保甲法，上自执政大臣，中则两制，下则盗贼及停藏之人，皆所不欲。然臣召乡人问之，皆以为便，则虽有斩指以避丁者，不皆然也，况保甲非特除盗，固可渐习为兵，既人皆能射，又为旗鼓变其耳目，且约以免税上番，代巡检兵，又自正长而上，能捕贼者奖之以官，则人竞劝，然后使与大兵相参，则可以销募兵骄志，且省财费。此宗社长久之计。"……帝遂变三路义勇如府畿保甲法。……或曰："保甲不可代正军上番否?"安石曰："俟其习熟，然后上番。……臣观……今为募兵者，大抵皆偷惰顽猾不能自振之人，为农者皆朴力一心听令之人，则缓急莫如民兵可用。"冯京曰："太祖征伐天下，岂用农兵?"安石曰："太祖时接五代，百姓困极，豪杰多以从军为利。今百姓安业乐生，而军中不复有向时拔起为公侯者，即豪杰不复在军，而应募者，大抵皆偷惰不能自振之人尔。……今厢军既少，禁兵

亦不多。臣愿早训练民兵，民兵成则募兵当减矣。"又为上言："……今保甲阅艺八等，劝奖至优，人竞私习，不必上番，然后就举。臣愚愿以数年，其艺非特胜义勇，必当胜正兵，正兵技艺，取应官法而已，非若保甲人人有劝心也。"（《宋史》卷一九二《兵志》六）

六　党争之误国

（一）新旧党之分张

初安石入相，举朝皆非之。

> 神宗曰："卿去，谁可属国者？王安石何如？"琦曰："安石为翰林学士则有余，处辅弼之地则不可。"上不答。（《宋史》卷三一二《韩琦传》）

> 帝欲用安石，曾公亮因荐之。介言其难大任，帝曰："文学不可任耶？吏事不可任耶？经术不可任耶？"对曰："安石好学而泥古，故论议迂阔，若使为政，必多所变更。"退谓公亮曰："安石果用，天下必困扰。"（《宋史》卷三一六《唐介传》）

> 神宗问王安石可相否，对曰："安石文行甚高，处侍从献纳之职可矣。宰相自有其度，安石狷狭少容。"（《宋史》卷三四一《孙固传》）

> 诲曰："安石虽有时名，然好执偏见，轻信奸回，喜人佞己，听其言则美，施于用则疏，置诸宰辅，天下必受其祸。"（《宋史》卷三二一《吕诲传》）

安石未执政，已中举朝之忌，后来一切施设，不论是非，动遭抨击，不与为伍，安石自不得不引用新进者，以为己助。

> 陈升之，……王安石用事，患正论盈庭，引升之自助。升之……竭力为之用，安石德之，故使先己为相。（《宋史》卷三一二《陈升之传》）

> 吕惠卿，……熙宁初，安石为政，惠卿方编校集贤书籍，安石言于帝曰："惠卿之贤，岂特今人，虽前世儒者，未易此也。"……及

设制置三司，条例司以为检详文字，事无大小必谋之，凡所建请章奏皆其笔。……惠卿为之谋主，而安石力行之。(《宋史》卷四七一《吕惠卿传》)

章惇，……熙宁初，王安石秉政，悦其才，用为编修三司条例官，加集贤校理中书检正，……擢知制诰，直学士院，判军器监。(《宋史》卷四七一《章惇传》)

曾布，……与吕惠卿共创青苗、助役、保甲、农田之法，一时故臣及朝士多争之。布疏言："陛下……思大有为于天下，而大臣玩令倡之于上，小臣横议和之于下，人人窥伺间隙，巧言丑诋以哗众罔上。……诚推赤心以待遇君子而厉其气，奋威断以屏斥小人而消其萌，使四方晓然皆知主不可抗，法不可侮，则何为而不可，何欲而不成哉？"布欲坚神宗意，使专任安石以威胁众，使毋敢言政。(《宋史》卷四七一《曾布传》)

安石为实行政见，凡诋毁新政者皆斥逐之，而新旧党派之争愈烈。

吕公著……亦以请罢新法，出颍州刺史。刘述、刘琦、钱𫖮、孙昌龄、王子韶、程颢、张戬、陈襄、陈荐、谢景温、杨绘、刘挚，谏官范纯仁、李常、孙觉、胡宗愈，皆不得其言，相继去。……知制诰宋敏求、李大临、苏颂，封还词头，御史林旦、薛昌朝、范育、……皆罢逐。翰林学士范镇，三疏言青苗，夺职致仕。……欧阳修乞致仕，……乃听之。富弼以格青苗，解使相。……文彦博言市易与下争利，……出彦博守魏。……富弼、韩琦、……司马光、……悉排斥不遗力。(《宋史》卷三二七《王安石传》)

新党得政，旧派借端攻击，其争愈甚。会新党内讧，安石不安于位，乃辞职以去。

熙宁七年春，天下久旱，饥民流离，帝忧形于色，对朝嗟叹，欲尽罢法度之不善者。……自近臣以至后族，无不言其害。……监安上门郑侠上疏，绘所见流民扶老携幼困苦之状，为图以献曰："旱由安石所致，去安石天必雨。"侠又坐窜岭南，慈圣、宣仁二太后流涕谓帝曰："安石乱天下。"帝亦疑之，遂罢为观文殿大学士，知江陵府。……吕惠卿服阕，安石朝夕汲引之，至是白为参知政事，又乞召韩绛

代已。二人守其成谟不少失，时号绛为传法沙门，惠卿为护法善神。(《宋史》卷三二七《王安石传》)

安石求去，惠卿使其党变姓名，日投匦上书留之。安石力荐惠卿为参知政事，惠卿惧安石去，新法必摇，作书遍遗监司郡守，使陈利害，又从容白帝下诏，言终不以吏违法之故，为之废法，故安石之政，守之益坚。……已而安石弟安国，恶惠卿奸谄面辱之，于是乘势并陷，三人皆获罪。安石以安国之故，始有隙。惠卿既叛安石，凡可以害王氏者无不为，韩绛为相不能制，请复用安石。(《宋史》卷四七一《吕惠卿传》)

惠卿实欲自得政，忌安石复来，因郑侠狱陷其弟安国。……绛觉其意，密白帝，请召之。熙宁八年二月，复拜相，安石承命，即倍道来。(《宋史》卷三二七《王安石传》)

初吕惠卿迎合安石，建立新法，安石故力援引，骤至执政。惠卿既得志，有射羿之意，忌安石复用，遂欲逆闭其途，凡可以害安石者，无所不用其志。一时朝士见惠卿得君，谓可倾安石以媚惠卿，遂更朋附之。(陈邦瞻《宋史纪事本末》卷三七)

雱……取邓绾所列惠卿事杂他书下制狱，安石不知也。省吏告惠卿，于是惠卿以状闻，且讼安石，……又发安石私书曰"无使上知者"。帝以示安石，安石谢无有。归以问雱，雱言其情，安石咎之，雱愤，疽发背死。……上颇厌安石。……安石之再相也，屡谢病求去，及子雱死，尤悲伤不堪，力请解几务。上益厌之，罢为镇南军节度使，同平章事，判江宁府。(《宋史》卷三二七《王安石传》)

(二) 新旧党之倾轧

甲、元祐之政

神宗崩，哲宗继位，时年十岁，太皇太后高氏宣仁太后。临朝，同听政。已而以司马光为相。光素诋新法，既执政，用旧人，复旧制，安石新法，一切俱罢矣。

元丰八年七月，……诏罢保甲法；……十一月，罢方田；……十二月，罢市易法，……罢保马法。哲宗元祐元年三月，……诏修定役书，……八月，诏复常平旧法，罢青苗钱。(陈邦瞻《宋史纪事本末》卷四三)

宣仁后临朝，用司马光、吕公著，欲革弊事，而旧相蔡确、韩缜，枢密使章惇，皆在位窥伺得失，辙皆论去之。吕惠卿……自知不免，乞宫观以避贬窜，辙具疏其奸，以散官安置建州。（《宋史》卷三三九《苏辙传》）

光等措置过急，不免报复，即旧人亦有非难之者。

宣仁后垂帘，司马光为政，将尽改熙宁、元丰法度。纯仁谓光："去其太甚者可也，差役一事，尤当熟讲而缓行，不然滋为民病。愿公虚心以延众论，不必谋自己出。谋自己出，则谄谀得乘间迎合矣，……"光不从，持之益坚。纯仁曰："是使人不得言尔。若欲媚公以为容悦，何如少年合安石，以速富贵哉？"……纯仁虑朋党将炽，与文彦博、吕公著辩于帘前，未解，纯仁曰："……昔先臣与韩琦、富弼同庆历柄任，各举所知，当时飞语，指为朋党，三人相继补外，造谤者公相庆曰一网打尽。此事未远，愿陛下戒之。"……知汉阳军吴处厚，傅致蔡确安州车盖亭诗以为谤宣仁后，上之，谏官欲置于典宪，执政右其说，惟纯仁与左丞王存以为不可，争之。……及确新州命下，纯仁于宣仁后帘前言："圣朝宜务宽厚，不可以语言文字之间，暧昧不明之过，诛窜大臣。今举动宜与将来为法，此事甚不可开端也。"……纯仁面谏朋党难辨，恐误及善人，遂上疏曰："朋党之起，盖因趣向异同，同我者谓之正人，异我者疑为邪党。既恶其异我，则逆耳之言难至；既喜其同我，则迎合之佞日亲，以至真伪莫知，贤愚倒置。国家之患，率由此也。"（《宋史》卷三一四《范纯仁传》）

光曰："先帝之法，其善者虽百世不可变也。若安石、惠卿所建为害天下者，改之当如救焚拯溺。"……遂罢保甲团教，不复置保马；废市易法，所储物皆鬻之，不取息，除民所欠钱；京东铁钱及茶盐之法，皆复其旧。或谓光曰："熙丰旧臣，多憸巧小人，他日有以父子义间上，则祸作矣。"光正色曰："天若祚宗社，必无此事。"（《宋

史》卷三三六《司马光传》)

司马光为相，知免役之害，不知其利，欲复差役，差官置局，轼与其选。轼曰："差役免役，各有利害。免役之害，掊敛民财，……差役之害，民常在官，不得专力于农，而贪吏猾胥，得缘为奸。此二害，轻重盖略等矣。"光曰："于君何如？"轼曰："法相因则事易成，事有渐则民不惊。……自尔以来，民不知兵，兵不知农，农出谷帛以养兵，兵出性命以卫农，天下便之，虽圣人复起，不能易也。今免役之法，实大类此，……"光不以为然。(《宋史》卷三三八《苏轼传》)

旧人意气相争，不久遂有"蜀"、"洛"、"朔"党之分立。

哲宗即位，宣仁后垂帘同听政，群贤毕集于朝，专以忠厚不扰为治，和戎偃武，爱民重谷，庶几嘉祐之风矣。虽然，贤者不免以类相从，故当时有洛党、川党、朔党之语。洛党者，以程正叔侍讲为领袖，朱光庭、贾易等为羽翼；川党者，以苏子瞻为领袖，吕陶等为羽翼；朔党者，以刘挚、梁焘、王岩叟、刘安世为领袖，羽翼尤众。诸党相攻击不已。正叔多用古礼，子瞻谓其不近人情如王介甫，深疾之，或加玩侮，故朱光庭、贾易不平，皆以谤讪诬子瞻，执政两平之。是时既退元丰大臣于散地，皆衔怨刺骨，阴伺间隙，而诸贤者不悟，自分党相毁。至绍圣初，章惇为相，同以为元祐党，尽窜岭海之外，可哀也。吕微仲秦人，戆直无党，范醇夫蜀人，师温公不立党，亦不免窜逐以死，尤可哀也。(邵伯温《河南邵氏闻见前录》卷一三)

同党相争，而调停新旧之说起。

自元祐初，一新庶政，至是五年矣，人心已定，惟元丰旧党，分布中外，多起邪说，以摇撼在位。吕大防、刘挚患之，欲稍引用，以平夙怨，谓之调停。(《宋史》卷三三九《苏辙传》)

乙、绍圣之政

哲宗年幼，诸臣言事，纷纭不已，但取决于太后，帝有言，或无对者，帝积不能平。元祐八年，太后崩，哲宗亲政，复行新法，政局复变。

畏首背大防，称述熙宁、元丰政事，与王安石学术，哲宗信之，遂荐章惇、吕惠卿可大任。……惇入相，……引以自助。(《宋史》卷三五五《杨畏传》)

宋哲宗像

哲宗亲政，有复熙宁、元丰之意，首起惇为尚书左仆射兼门下侍郎，于是专以绍述为国是，凡元祐所革，一切复之。引蔡卞、林希、黄履、来之邵、张商英、周秩、翟思、上官均居要地，任言责，协谋朋奸，报复仇怨，小大之臣，无一得免，死者祸及其孥。甚至诋宣仁后，谓元祐之初，老奸擅国。又请发司马光、吕公著冢，斵其棺，哲宗不听。（《宋史》卷四七一《章惇传》）

布赞惇绍述甚力，……惇遂兴大狱，陷正人，流贬锾废，略无虚日。（《宋史》卷四七一《曾布传》）

中书舍人蹇序辰上疏，言朝廷前日正司马光等奸恶，明其罪罚以告中外，惟变乱典型，改废法度，讪谤宗庙，睥睨两宫，观事考言，实状章著。其章疏案牍，散在有司，若不汇集而藏之，藏久必至沦弃。愿悉讨奸臣所言所行，选官编类，人为一帙，置之二府，以示天下后世之大戒。章惇、蔡卞，请即命序辰及直学士院徐铎编类，凡司马光等一时施行文书，捃拾附著，纤悉不遗，凡一百四十三帙，上之。由是缙绅之士，无得脱祸者矣。（陈邦瞻《宋史纪事本末》卷四六）

又奏元祐初置诉理所，将熙丰以来断过刑名，辄行奏雪，讪谤先朝，归怨君父，其元看详官刘挚、孙觉、胡宗愈、传尧俞等，乞加罪，悉皆坐谪。（王偁《东都事略》卷九七《安惇传》）

踵蹇序辰初议，阅诉理书牍，被祸者七八百人，天下怨疾，为二蔡二惇之谣。（《宋史》卷四七一《安惇传》）

丙、建中崇宁之政

初章惇为相，布草制，极其称美，冀惇引为同省执政。惇忌之，止荐居枢府，故稍不相能。……又奏人主操柄不可倒持，今自丞弼以

至言者，知畏宰相，不知畏陛下。臣如不言，孰敢言者？其意盖欲倾惇而未能。会哲宗崩，皇太后向氏。召宰执问谁可立？惇有异议，布叱惇使从皇太后命。徽宗立，惇得罪罢，遣中使召蔡京，锁院拜韩忠彦左仆射，……拜布右仆射。……忠彦虽居上，然柔懦，事多决于布，布犹不能容。时议以元祐、绍圣，均为有失，欲以大公至正，消释朋党。明年，乃改元建中靖国，邪正杂用。(《宋史》卷四七一《曾布传》)

向太后权同听政，起用陈瓘、邹浩等，而贬蔡卞、蔡京等，又追复文彦博等三十三人官。太后听政仅七月，而徽宗亲政，言绍述者复起。

近时学士大夫，相领竞进，以善求事为精神，以能讦人为风采，以忠厚为重迟，以静退为卑弱，相师成风，莫之或止。正而救之，实在今日。……元祐之际，悉肆纷更；绍圣以来，又皆称颂。夫善续前人者，不必因所为，否者赓之，善者扬焉。元祐纷更，是知赓之而不知扬之之罪也；绍圣称颂，是知扬之而不知赓之之过也。愿咨谋人贤，询考政事，惟其当之为贵，大中之期，亦在今日也。(《宋史》卷三四三《陆佃传》)

陆佃既为尝试之词，时曾布为相，乃进绍述之说，改元崇宁，旧人尽斥逐矣。

京亦出知江宁，颇怏怏，迁延不之官。御史陈次升、龚夬、陈师锡交论其恶，夺职提举洞霄宫，居杭州。……韩忠彦与曾布交恶，谋引京自助，复用为学士承旨。徽宗有意修熙丰政事，……遂决意用京。(《宋史》卷四七二《蔡京传》)

时韩忠彦、曾布为相，洵武因对言：陛下乃先帝子，今相忠彦乃琦之子。先帝行新法以利民，琦尝论其非，今忠彦为相，更先帝之法，是忠彦能继父志，陛下为不能也。必欲继志述事，非用蔡京不可。"京出居外镇，帝未有意复用也。洵武为帝言：陛下方绍述先志，群臣无助者。乃作爱莫助之图以献，其图如《史记》年表，列旁行七重，别者左右，左曰元丰，右曰元祐，自宰相、执政、侍从、台谏、郎官、馆阁、学校各为一重，左序助绍述者，执政中惟

苏轼像

温益一人，余不过三四；……右序举朝辅相公卿百执事咸在，以百数。帝出示曾布，而揭去左方一姓名，布请之，帝曰："蔡京也。洵武谓非相此人不可，以与卿不同，故去之。"（《宋史》卷三二九《邓洵武传》）

忠彦罢，京拜尚书左丞，俄代曾布为右仆射。制下之日，赐坐延和殿，命之曰："神宗创法立制，先帝继之，两遭变更，国是未定。朕欲上述父兄之志，卿何以教之？京顿首谢："愿尽死。"（《宋史》卷四七二《蔡京传》）

曾布初挤蔡京，继排韩忠彦，引京自助，京欲独当国，终逐布去。

京与布异，会布拟陈佑甫为户部侍郎，京奏曰："爵禄者，陛下之爵禄，奈何使宰相私其亲？布婿陈迪，佑甫子也。"布怂然争辩，久之声色稍厉。温益叱布曰："曾布上前，安得失礼！"徽宗不悦而罢，御史遂攻之，罢为观文殿大学士，知润州。（《宋史》卷四七一《曾布传》）

蔡京独专大政，一意排斥旧党，党锢之祸遂成。

崇宁元年八月，……诏司马光等二十一人子弟，毋得官京师。……九月，……诏中书，籍元符三年臣僚章疏姓名，为正上、正中、正下三等，邪上、邪中、邪下三等，治臣僚议复元祐皇后及谋废元符皇后者罪；降韩忠彦、曾布官，……窜曾肇以下十七人；籍元祐及元符末，宰相文彦博等，侍从苏轼等，余官秦观等，内臣张士良等，武臣王献可等，凡百有二十人，御书刻石端礼门。以元符末上书人钟世美以下四十一人为正等，悉加旌擢；范柔中以下五百余人为邪等，降责有差。……十月，……诏责降官观人，不得同一州居住。（《宋史》

卷一九《徽宗纪》一）

时元祐群臣，贬窜死徙略尽。京犹未惬意，命等其罪状，首以司马光，目曰奸党，刻石文德殿门，又自书为大碑，遍班郡国。初元符末，以日食求言，言者多及熙宁、绍圣之政，则又籍范柔中以下为邪等。凡名在两籍者三百九人，皆锢其子孙不得官京师。（《宋史》卷四七二《蔡京传》）

崇宁二年九月，诏宗室不得与元祐奸党子孙为婚姻。……诏上书邪等人知县以上资序，并与外祠选人，不得改官及为县令。……十一月，以元祐学术政事聚徒传授者，委监司举察，必罚无赦。……三年六月，……诏重定元祐、元符党人及上书邪等者，合为一籍，通三百九人，刻石朝堂，余并出籍，自今毋得复弹奏。（《宋史》卷一九《徽宗纪》一）

（三）宣和之衰败

新旧党相争之结果，奸壬悉夤缘登用。靖康初，陈东伏阙上书，论今日之事，蔡京坏乱于前，梁师成阴谋于后，李彦结怨于西北，朱勔结怨于东南，王黼、童贯又结怨于辽金，创开边衅；宜诛六贼，传首四方，以谢天下。钦宗虽并予窜戮，竟无救于北宋之亡。

甲、蔡京

时承平既久，帑庾盈溢，京倡为丰亨豫大之说，视官爵财物如粪土，累朝所储扫地矣。……崇宁五年正月，……帝以言者毁党碑，凡其所建置一切罢之，京免为开府仪同三司。……大观元年，复拜左仆射，……拜太尉，……拜太师。三年，台谏交论其恶，遂致仕。……政和二年，召还京师，复辅政。……又更定官名，以仆射为太少宰，自称公相，总治三省，……省吏不复立额，至五品阶以百数，有身兼十余俸者。……京每为帝言，今泉币所积赢五千万，和足以广乐，富足以备礼。于是铸九鼎，建明堂，修方泽，立道观，作大晟乐，制定命宝，任孟昌龄为都水使者，凿大伾三山，创天成、圣功二桥，大兴工役，无虑四十万，两河之民，愁困不聊生。……又欲广宫室，求上宠媚，召童贯辈五人，风以禁中逼侧之状，贯俱听命，各视力所致，争以侈丽高广相夸尚，而延福宫、景龙江之役起，浸淫及于艮岳矣。

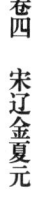

……然公论益不与，帝亦厌薄之。宣和二年，令致仕。六年，以朱勔为地，再起领三省。京至是四当国，目昏眊不能事事，悉决于季子绦，……宰臣白时中、李邦彦，惟奉行文书而已。既不能堪，兄攸亦发其事。上怒，……京亦致仕。……京殊无去意，帝呼童贯使诣京，令上章谢事。……京不得已，以章授贯，……三表请去，乃降制从之。(《宋史》卷四七二《蔡京传》)

攸，……京长子也，……其后与京权势日相轧，浮薄者复间之，父子各立门户，遂为仇敌。……帝留意道家者说，攸独倡为异闻，谓有珠星璧月、跨凤乘龙、天书云篆之符，与方士林灵素之徒，争证神变事，于是神霄玉清之祠遍天下。(《宋史》卷四七二《蔡攸传》)

政和七年正月，召道士林灵素于温州，筑通真宫以处之。皇帝崇尚道教，号教主道君皇帝。二月，改天下天宁观为神霄玉清万寿宫，无观者以寺充，仍设长生大帝君、青华大帝君像，建宝箓宫。(王偁《东都事略》卷一一《徽宗纪》二)

灵素……曰："天有九霄，而神霄为最高，其治曰府。神霄玉清王者，上帝之长子，主南方，号长生大帝君，陛下是也。……"帝心独喜其事，……建上清宝箓宫，密连禁省。天下皆建神霄万寿宫，……令吏民诣宫受神霄秘箓，朝士之嗜进者，亦靡然趋之。每设大斋，辄费缗钱数万，谓之千道会。……其徒美衣玉食，几二万人。(《宋史》卷四六二《林灵素传》)

乙、王黼

黼……迁符宝郎左司谏。张商英在相位，浸失帝意，遣使以玉环赐蔡京于杭。黼觇知之，数条奏京所行政事，并击商英。京复相，德

蔡京书法

其助己，除……御史中丞。……宣和元年，拜特进少宰。……蔡京致仕，黼阳顺人心，悉反其所为，……四方翕然称贤相。……请置应奉局，自兼提领，中外名钱，皆许擅用，竭天下财力以供费。官吏承望风旨，凡四方水土珍异之物，悉苛取于民，进帝所者，不能什一，余皆入其家。……童贯平腊归，黼言于帝曰："方腊之起，由茶盐法也。……"贯谋起蔡京以间黼，黼惧。是时朝廷已纳赵良嗣之计，结女真共图燕，……以兵属贯，命以保民观衅为上策。黼复折简通诚于贯曰："太师若北行，愿尽死力。"时帝方以睦寇故，悔其事，及黼一言，遂复治兵。黼于三省置经抚房，专治边事，不关之枢密，括天下丁夫，计口出算，得钱六千二百万缗，竟买空城五六而奏凯，率百僚称贺。……帝始悟其交结状，……寻命致仕。(《宋史》卷四七〇《王黼传》)

丙、童贯

徽宗立，置明金局于杭，贯以供奉官主之。始与蔡京游，京进，贯力也。京既相，赞策取青唐，因言贯尝十使陕右，审五路事宜，与诸将之能否为最悉，力荐之，合兵十万，……师竟出，复四州。……未几为熙河兰湟秦凤路经略安抚制置使，累迁武康军节度使。讨溪哥藏，征复积石军、洮州，加检校司空。颇恃功骄恣，选置将吏，皆捷取中旨，不复关朝廷。浸怫京意，除开府仪同三司。京曰："使相岂应授宦官？"不奉诏，……庙谟兵柄皆属焉。……不三岁，领枢密院事。……时人称蔡京为公相，因称贯为媪相。将秦晋锐师，深入河陇，……大将刘法，……遇伏而死。法西州名将，既死，诸军恟惧，贯隐其败，以捷闻。……关右既困，夏人亦不能支，乃因辽人进誓表纳款。……政和元年，副郑久中使于辽，得燕人马植，……遂造平燕之谋。……方腊虽平，而北伐之役遂起。(《宋史》卷四六八《童贯传》)

丁、朱勔

徽宗颇垂意花石，京讽勔语其父，密取浙中珍异以进。初致黄杨三本，帝嘉之。后岁岁增加，然岁率不过再三贡，贡物裁五七品。至政和中始极盛，舳舻相衔于淮汴，号"花石纲"。置应奉局于苏，

指取内帑如囊中物，每取以数十百万计。延福宫艮岳成，奇卉异植，充牣其中。勋擢至防御使，东南部刺史郡守，多出其门。……竭县官经常以为奉，所贡物豪夺渔取于民，毛发不少偿。士民家一石一木，稍堪玩，即领健卒直入其家，用黄封表识，未即取，使护视之，微不谨，即被以大不恭罪；及发行，必彻屋抉墙以出。人不幸有一物小异，共指为不祥，惟恐芟夷之不速。民预是役者，中家悉破产，或鬻卖子女以供其须，剧山辇石，程督峭惨。虽在江湖不测之渊，百计取之，必出乃止。……流毒州郡者二十年。方腊起，以诛勔为名。童贯出师，承上旨，尽罢去花木进奉。（《宋史》卷四七〇《朱勔传》）

戊、民变

蔡京等同恶相继，在边衅未开之先，已激成民变。

【宋江之起兵】

宣和三年二月，……淮南盗宋江，犯淮阳军，又犯京东、河北，入楚海州。（王偁《东都事略》卷一一《徽宗纪》二）

宋江寇京东，蒙上书言，江以三十六人，横行齐魏，官军数万，无敢抗者，其才必过人。今青溪盗起，不若赦江，使讨方腊以自赎。帝……命知东平府，未赴而卒。（《宋史》卷三五一《侯蒙传》）

叔夜……再知海州，宋江起河朔，转掠十郡，官军莫敢婴其锋。声言将至，叔夜使间者觇所向，贼径趋海濒，劫巨舟十余载卤获。于是募死士得千人，设伏近城，而出轻兵距海诱之战，先匿壮卒海旁，伺兵合，举火焚其舟。贼闻之，皆无斗志，伏兵乘之，擒其副贼，江乃降。（《宋史》卷三五三《张叔夜传》）

龚圣与作《宋江三十六赞》，并序曰："宋江事见于街谈巷语，不足采著，虽有高如、李嵩辈传写，士大夫亦不见黜。余年少时，壮其人，欲存之画赞，以未见信书载事实，不敢轻为。及异时见《东都事略》中，载《侍郎侯蒙传》有书一篇，陈制贼之计云'宋江以三十六人横行河朔京东，官军数万，无敢抗者，其材必有过人，不若赦过招降，使讨方腊，以此自赎，或可平东南之乱'，余然后知江辈真有闻于时者。于是即三十六人人为一赞，而箴体在焉。盖其本拨矣，将使一归于正，

义勇不相戾，此诗人忠厚之心也。余尝以江之所为，虽不得自齿，然其识性超卓，有过人者，立号既不僭侈，名称俨然，犹循轨辙，虽托之记载可也。古称柳盗跖为盗贼之圣，以其守一至于极处，能出类而拔萃，若江者其殆庶几乎？虽然，彼跖与江，与之盗名而不辞，躬履盗迹而无讳者也，岂若世之乱臣贼子，畏影而自走，所为近在一身，而其祸未尝不流四海。呜呼！与其逢圣公之徒，孰若跖与江也！

呼保义宋江，不假称王，而呼保义，岂若狂卓，专犯忌讳。智多星吴学究，古人用智，义国安民，惜哉所予，酒色粗人。玉麒麟卢俊义，白玉麒麟，见之可爱，风尘太行，皮毛终坏。大刀关胜，大刀关胜，岂云长孙，云长义勇，汝其后昆。活阎罗阮小七，地下阎罗，追魂摄魄，今其活矣，名喝太伯。尺八腿刘唐，将军下短，贵称侯王，汝岂非夫，腿尺八长。没羽箭张清，箭以羽行，破敌无颇，七札难穿，如游斜何。浪子燕青，平康巷陌，岂知汝名，太行春色，有一丈青。病尉迟孙立，尉迟壮士，以病自名，端能去病，国功可成。浪里白跳张顺，雪浪如山，汝能白跳，愿随忠魂，来驾怒潮。船火儿张

宋江聚义

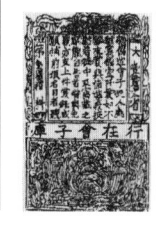

横,太行好汉,三十有六,无此火儿,其数不足。短命二郎阮小二,灌口少年,短命何益,曷不监之,清源庙食。花和尚鲁智深,有飞飞儿,出家尤好,与尔同袍,佛也被恼。行者武松,汝优婆塞,五戒在身,酒色财气,更要杀人。铁鞭呼延绰,尉迟彦章,去来一身,长鞭铁铸,汝岂其人。混江龙李俊,垂龙混江,射之即济,武皇雄争,自惜神臂。九文龙史进,龙数肖九,汝有九文,盍从东皇,驾五色云。小李广花荣,中心慕汉,夺马而归,汝能慕广,何忧数奇。霹雳火秦明,霹雳有火,摧山破岳,天心无妄,汝孽自作。黑旋风李逵,风有大小,不辨雌雄,山谷之中,遇尔亦凶。小旋风柴进,风有大小,黑恶则惧,一噫之微,香满太虚。插翅虎雷横,飞而食肉,有此雄奇,生入玉关,岂伤令姿。神行太保戴宗,不疾而速,故神无方,汝行何之,敢离太行。急先锋索超,行军出师,其锋必先,汝勿锐进,天兵在前。立地太岁阮小五,东家之西,即西家东,汝虽特立,何有吾官。青面兽杨志,圣人治世,四灵在郊,汝兽何名,走旷劳劳?赛关索杨雄,关索之雄,超之亦贤,能持义勇,自命何全?一直撞董平,昔樊将军,鸿门直撞,斗酒炙肩,其言甚壮。两头蛇解珍,左啮右噬,其毒可畏,逢阴德人,杖之亦毙。美髯公朱仝,长髯郁然,美哉丰姿,忍使尺宅,而见赤眉。没遮拦穆横,出没太行,茫无畔岸,虽没遮拦,难离火伴。拼命三郎石秀,石秀拼命,志在金宝,大似河豚,腹果一饱。双尾蝎解宝,医师用蝎,其体贵全,反其常性,雷公汝嫌。铁天王晁盖,毗沙天人,证紫金躯,顽铁铸汝,亦出洪炉。金枪班徐宁,金不可辱,亦忌在秽,盍铸长殳,羽林是卫。扑天雕李应,鸷禽雄长,惟雕最狡,毋扑天飞,封狐在草。(周密《癸辛杂识续集》上)

【方腊之起兵】

方腊者,睦州青溪人也。世居县堨村,托左道以惑众。事魔食菜。初唐永徽中,睦州女子陈硕真反,自称文佳皇帝,故其地相传有天子基万年楼,腊益得凭借以自信。县境梓桐帮源诸峒,皆落山谷幽险处,民物繁伙,有漆楮杉材之饶,富商巨贾多往来。时吴中困于朱勔花石之扰,比屋致怨,腊因民不忍,阴聚贫乏游手之徒。宣和二年十月,起为乱,自号圣公,建元永乐,置官吏将帅,以巾饰为别,自红巾而上,凡六等。……诱胁良民为兵,人安于太平,不识兵革,闻金

鼓声，即敛手听命，不旬日聚众至数万，破杀将官蔡遵于息坑。十一月，陷青溪。十二月，陷睦歙二州，南陷衢，杀郡守彭汝方，北掠新城、桐庐、富阳诸县，进逼杭州，郡守弃城走，州即陷。……凡得官吏，必断脔支体，探其肺肠，或熬以膏油，丛镝乱射，备尽楚毒，以偿怨心。警奏至京师，王黼匿不以闻，于是凶焰日炽。兰溪灵山贼朱言、吴邦，剡县雏道人，仙居吕师囊，方岩山陈十四，苏州石生，归安陆行儿，皆合党应之，东南大震。发运使陈亨伯，请调京畿兵，及鼎澧枪牌手，兼程以来，使不至滋蔓，徽宗始大惊，亟遣童贯、谭稹为宣抚制置使，率禁旅及秦晋番汉兵十五万以东。……三年正月，腊将方七佛，引众六万攻秀州，……大军至，合击贼，……贼还据杭。二月，贯、稹前锋至青州堰，水陆并进，腊复焚官舍府库民居，乃宵遁。……尽复所失城。四月，生擒腊及妻邵子亳、二太子、伪相方肥等五十二人于梓桐石穴中，杀贼七万。四年三月，余党悉平。……腊之起，破六州，五十二县，戕平民二百万，所掠妇女自贼峒逃出，倮而缢于林中者，由汤岩榴岭八十五里间，九邨山谷相望。王师自出至凯旋，四百五十日。（《宋史》卷四六八《童贯传》）

方腊谓其属曰："天下国家，本同一理。今有子弟耕织，终岁劳苦，少有粟帛，父兄悉取而糜荡之，稍不如意，则鞭笞酷虐，至死弗恤，于汝甘乎？……糜荡之余，又悉举而奉之仇雠，仇雠赖我之资，益以富实，反见侵侮，则使子弟应之，子弟力弗能支，则谴责无所不至，然岁奉仇仇之物，初不以侵侮废也。……且声色狗马、土木祷祠、甲兵花石糜费之外，岁赂西北二虏银绢以百万计，皆吾东南赤子膏血也。二虏得此，益轻中国，岁岁侵扰不已，朝廷奉之不敢废，宰相以为安边之长策也。独吾民终岁勤动，妻子冻馁，求一日饱食不可得。"（方勺《青溪寇轨》）

方腊像

七　宋之边患

宋之兵力，远不逮汉唐，北敝于辽，西困于夏，国势为之消耗焉。

（一）辽之建国
甲、辽之疆域

太祖以德呼勒部之众，代约尼氏起临潢，建皇都，东并渤海，得城邑之居百有三。太宗立晋，有……十六州，……迨于五代，辟地东西三千里，约尼氏更八部，……属县四十有一，每部设刺史，县置令。太宗以皇都为上京，升幽州为南京，改南京为东京，圣宗城中京，兴宗升云州为西京，于是五京备焉。又以征伐俘户建州，襟要之地，多因旧居名之，加以私奴，置投下州。总京五，府六，州军城百五十有六，县二百有九，部族五十有二，属国六十，东至于海，西至金山，暨于流沙，北至胪朐河，蒙古人民共和国之克鲁伦河。南至白沟，河北新城县之拒马河。幅员万里。（《辽史》卷三七《地理志序》）

辽初国号契丹，不设都名，其所居曰西楼。西楼者，即上京也。国初设四楼，在木叶山者曰南楼，在龙化州者曰东楼，在唐州者曰北楼，与西楼而四，岁时游猎，皆出入其间。至太祖始建皇都，太宗即皇都为上京，更置东京、南京，为三京，圣宗置中京，兴宗置

契丹人引马图

西京，而五京具焉。(《续通志》卷一一〇《都邑略》)

辽东西，燕、秦、汉、唐已置郡县、设官职矣，高丽渤海因之。至辽五京列峙，包括燕代，悉为畿甸，二百余年，城郭相望，田野益辟，冠以节度，承以观察、防御、团练等使，分以刺史、县令，大略采用唐制。其间宗室外戚大臣之家，筑城赐额，谓之头下州军。惟节度使朝廷命之，后往往皆归王府。不能州者谓之军，不能县者谓之城，不能城者谓之堡。(《辽史》卷四八《百官志》四)

辽疆域简表

道名	辖　　域	备　　考
上京道	京府 　　上京临潢府（今内蒙古巴林附近）。 州 （节度） 　　祖、怀、庆、泰、长春、仪坤、龙化、饶。 （观察） 　　永。 （刺史） 　　乌、降圣。 （头下） 　　徽、成、懿、渭、壕、原、福、横、凤、遂、丰、顺、闾、松山、豫、宁。 （边防） 　　静，镇，维，防，招。	《辽史·地理志》，上京临潢府，本汉辽东郡西安平之地，神册三年城之，名曰皇都。天显十三年，更名上京，府曰临潢。 《辽史·地理志》，头下军州，皆诸王外戚大臣，及诸部从征俘掠，或置生口，各团集建州县以居之。横帐诸王国舅公主，许创立州城，自余不得建城郭，朝廷赐州县额，其节度使朝廷命之，刺史以下，皆以本主部曲充焉，官位九品之下，及井邑商贾之家，征税各归头下，惟酒税课纳上京盐铁司。
东京道	京府 　　东京辽阳府（今辽宁辽阳县）。 府 　　率宾、定理、铁利、安定、长岭、镇海、黄龙、开封。 州 （节度） 　　开，保，辰，兴，海，渌，显，乾，贵德，沈，辽，通，双，尚，咸，信，宾，懿，苏，复，祥。 （观察） 　　益，宁，归，宁江。 （防御） 　　广，冀，衍。 （刺史） 　　穆，贺，宣，卢，铁，崇，耀，嫔，嘉，辽西，康，宗，海北，岩，集，棋，遂，韩，银，安远，威，清，雍，湖，渤，鄀，铜，涑，吉，麓，荆，媵，连，肃，安，荣，率，荷，源，渤海。	《辽史·地理志》，东京辽阳府，本朝鲜之地，唐为渤海大氏所有。太祖建国，攻渤海，拔忽汗城，俘其王，以为东丹王国。天显三年，升为南京。十三年，改南京为东京，府曰辽阳。 《读史方舆纪要》，定理府、率宾府、铁利府、安定府、长岭府、镇海府，皆阿保机时所置。又有黄龙府，本渤海扶余府，契丹改曰黄龙，宋太平兴国七年（辽景宗乾亨四年），契丹主贤，以军将燕颇叛，改曰龙州。又有开封府，故沙貊地。渤海曰龙原府，阿保机时废，宋太平兴国七年，契丹主贤，始置开封府。 《辽史·百官志》，有开州镇国军节度使。

道名	辖　　域	备　考
中京道	京府 　中京大定府（今热河平泉县东北）。 府 　兴中。 州 （节度） 　成，宜，锦，川，建，来。 （观察） 　高，武安，利 （刺史） 　恩，惠，榆，泽，北安，潭，松江，安德，黔严，隰，迁，润。	《辽史·地理志》，中京大定府，秦郡天下，是为辽西。统和二十五年，号曰中京，府曰大定。 《读史方舆纪要》，又兴中府，即故营州，契丹改曰霸州，宋庆历二年，（辽兴宗重熙十一年）契丹主宗真，始升为兴中府。
南京道	京府 　南京析津府（今北京）。 州 （节度） 　平。 （刺史） 　顺，檀，涿，易，蓟，景，滦，营。	《辽史·地理志》，南京析津府，本古冀州之地，隋为幽州总管，唐置大都督府，五代晋高祖以辽有援立之劳，割幽州等十六州以献，太宗升为南京，又曰燕京。 《金史·地理志》，辽太宗会同元年，升南京府曰幽都。圣宗开泰元年，更为析津府。 《辽史·百官志》，有幽州卢龙军节度使。
西京道	京府 　西京大同府（今山西大同县） 州 （节度） 　丰，云内，奉圣，蔚，应，朔。 （刺史） 　弘，德，宁边，归化，可汗，儒，武，东胜。 （边防） 　金肃。 （军） 　天德，河清。	《辽史·地理志》，西京大同府，唐武德四年，置北恒州，开元十八年，置云中州，乾元元年曰云州。晋高祖代唐，以契丹有援立功，割山前代北地为赂，大同来属，因建西京。重熙十三年，升为西京，府曰大同。
附记	一、本表以《辽史》《地理志》与《百官志》为根据，而参以《续通典》、《续通志》、《续通考》及《读史方舆纪要》诸书。 二、《读史方舆纪要》、《金史·张毂传》，契丹八路，盖契丹以五京为五路，而兴中府及龙州、平州，共为八路云。	

乙、辽之制度

【官制】

　　契丹旧俗，事简职专，官制朴实，不以名乱之。……太祖神册六年，诏正班爵。至于太宗，兼制中国，官分南北，以国制治契丹，以汉制待汉人。国制简朴，汉制则沿名之风固存也。辽国官制，分北南院，北面治宫帐部族属国之政，南面治汉人州县租赋军马之事，因俗而治，得其宜矣。(《辽史》卷四五《百官志序》)

辽太祖受位要尼，用其旧俗，职守名称，与古迥异。迨世宗兼有燕代，始增置官班，渐仿唐制。自兹而降，日以浸繁。辽俗东向而尚左，故御帐东向，谓之横帐。其官则分北面、南面，北面治契丹官帐部族属国之政，南面治汉人州县军马租赋之事。叶隆礼《契丹国志》，谓北面在牙帐之北，以主番事；南面在牙帐之南，以主汉事是也。然北面官又自有北、南二院，自宰相、枢密、宣徽、林牙，下至郎君护卫，皆分北南，其实所治皆北面之事，以其牙帐居大内帐殿之北，则谓之北院；居南则谓之南院耳。今观其制，北南枢密以下，略视六部，而以北南宰相总之。北府治兵，南府治民，各有专司，不相侵越。……宫帐部族，体统相承；属国边防，扼制有术。凡此北面之制，创自太祖。……至世宗天禄之际，内设南面三省、六部、台、院、寺、监、诸卫、东宫之属，外设节度、观察、防御、团练之任。始未尝不欲备前代之制，以润色乎大业，而位号张皇，掌寄纷杂，或暂置于一时，或偏设于一地。史家不得其详，往往一官而仅举一曾任其职者以实之，揆其所由，岂非北面官体制已备，南面第袭其名职，事简而权势轻，故不得与北面比也。(《续通志》卷一三二《职官略》三)

辽官制简表

别地	别官	机关	官称	职掌	备考
北面	中央官	大于越府	大于越	无职掌，班百僚之上，非有大功德者不授，辽国尊官，犹南面之有三公。	
		宰相府 北宰相府	左宰相 右宰相 总知军国事 知国事	掌佐理军国之大政，皇族四帐，世预其选。	《续通志·选举略》，世及之制，自国初行之，终其代不易。皇族四帐，世选北宰相；国舅五帐，世选南宰相。
		宰相府 南宰相府	左宰相 右宰相 总知军国事 知国事	掌佐理军国之大政，国舅五帐，世预其选。	

续表

别地	别官	机关	官　称	职　掌	备　考
北面	中央官	枢密院	北枢密院	北院枢密使 知北院枢密使事 知枢密院事 北院枢密副使 知北院枢密副使 同知北院枢密使事 签书北枢密院事	掌兵机武铨群牧之政，凡契丹军马皆属焉。	《辽史·百官志》序，凡辽朝官，北枢密视兵部，南枢密视吏部，北南二王视户部，夷离毕视刑部，宣徽视工部，敌烈麻都视礼部。
			南枢密院	南院枢密使 知南院枢密使事 知南院枢密事 南院枢密副使 知南院枢密副使 同知南院枢密使事 签书南枢密院事	掌文铨部族丁赋之政，凡契丹人民皆属焉。	
		大王院	北大王院	北院大王 知北院大王事	分掌部族军民之政。	
			南大王院	南院大王 知南院大王事	分掌部族军民之政。	
		宣徽院	宣徽北院	北院宣徽使 知北院宣徽事 北院宣徽副使 同知北院宣徽事	掌北院御前祗应之事。	
			宣徽南院	南院宣徽使 知南院宣徽事 南院宣徽副使 同知南院宣徽事	掌南院御前祗应之事。	
		夷离毕院		夷离毕 左夷离毕 右夷离毕 知左夷离毕事 知右夷离毕事	掌刑狱。	
		敌烈麻都司		敌烈麻都 总知朝廷礼仪 总礼仪事	掌礼仪。	
		大惕隐司		惕隐 知惕隐司事 惕隐司事	掌皇族之政教。	《续通志·职官略》，辽之特哩衮，治宗族，即唐之宗正卿，惟不置属官。其制差异，然史称皇族帐官，皆统于大特哩衮司，即其属也。

续表

别地	别官	机关	官称	职掌	备考
北面	中央官	大惕隐司	惕隐 知惕隐司事 惕隐司事	掌皇族之政教。	原按，辽之皇族有二院四帐，肃祖及懿祖之后，共五房谓之二院，玄祖之后，曰孟父房、仲父房、季父房，太祖曰横帐，共三房一帐，谓之四帐。二院治之以北南二大王，四帐治之以大内特哩衮，而总以大特哩衮司统之。又置锡里司，以治军政，而诸王公主院府，亦各设官，其法制详矣。
		大林牙院	北面都林牙 北面林牙承旨 北面林牙 左林牙 右林牙	掌文翰之事。	
	地方官	部族官	大部族 节度使 详稳 石烈		《续通志·职官略》，部落曰部，氏族曰族。契丹故俗，分地而居，合族而处，自太祖析九帐三房之族，列二十部，圣宗之世，分置十有六，增置十有八，并旧为五十四，而大小分焉。大部族四，曰五院部、六院部、伊锡部、奚六部，小部族五十，设官皆同。
			小部族 司徒司空 节度使 详稳 石烈		
		军官	诸路兵马统署司	诸路兵马都统署 诸路兵马副统署	《辽史·百官志》，辽宫帐部族京州属国，各自为军，体统相承，分数秩然，雄长二百余年，凡以此也。
			诸军详稳司	详稳	
南面	中央官	三师	太师 太傅 太保	不常置。	
		三少	少师 少傅 少保	不常置。	
		三公	太尉 司徒 司空	不常置。	

续表

别地	别官	机关	官　称	职　掌	备　考
南面	中央官	枢密院	枢密使 知枢密使事 知枢密院事 枢密副使 同知枢密院事 知枢密院副使事	掌汉人兵马之政。	《辽史·百官志》，太祖初有汉儿司，太宗入汴，因晋置枢密院，初兼尚书省。
		三省 中书省	中书令 大丞相 左丞相 右丞相		《辽史·百官志》，初名政事省，太祖置官。世宗天禄四年，建政事省。兴宗重熙十三年，改中书省。
		门下省	侍中 常侍		
		尚书省	尚书令 左仆射 右仆射		
		六部 吏部	尚书 侍郎		
		户部	尚书 侍郎		
		礼部	尚书 侍郎		
		兵部	尚书 侍郎		
		刑部	尚书 侍郎		
		工部	尚书 侍郎		
		御史台	御史大夫 御史中丞 侍御		《辽史·百官志》，太宗会同元年置。
		翰林院	翰林都林牙 南面林牙 翰林学士承旨 翰林学士	掌天子文翰之事。	
		各寺 太常寺	卿 少卿		
		崇禄寺	卿 少卿		《辽史·百官志》，本光禄寺，避太宗讳改。
		卫尉寺	卿 少卿		
		宗正寺			《辽史·百官志》，职在大惕隐司。

续表

别地	别官	机关	官　称	职　掌	备　考
南面	中央官	各寺	太仆寺	卿 少卿		
			大理寺	卿 少卿		
			鸿胪寺	卿 少卿		
			司农寺	卿 少卿		
		诸监	秘书监	监 少监		
			司天监	监 少监		
			国子监	祭酒		
			太府监	监 少监		
			少府监	监 少监		
			将作监	监 少监		
			都水监	都 少监		
南面	地方官	京官	三京（东中南）宰相府	左相 右相 左平章政事 右平章政事		《辽史·百官志》，辽有五京，上京为皇都，凡朝官京官皆有之。余四京，随宜设官，为制不一，大抵西京多边防官，南京、中京多财赋官。
			五京留守司	留守行府尹事 副留守 知留守事 同知留守事		

续表

别地	别官	机关	官　称	职　掌	备　考
南面	地方官	京官 五京都总管府	都总管知府事 同知府事		
		州官	节度使 观察使 团练使 防御使 刺史		
		县官	县令		

【兵制】

辽之兵类，表列于下。

辽兵制简表

军　名	额　数	说　明
御帐亲军	大帐皮室军 太宗置，凡三十万骑 属珊军 地皇后置，凡二十万骑 总计五十万骑	《辽史·兵卫志》，辽太祖宗室盛强，分迭剌部为二，宫卫内虚，经营四方，未遑鸠集。皇后述律氏居守之际，摘蕃汉精锐，为属珊军；太宗益选天下精甲，置诸爪牙，为皮室军，合骑五十万，国威壮矣。
宫卫骑军	弘义宫　骑军六千 长宁宫　骑军五千 永兴宫　骑军五千 积庆宫　骑军八千 延昌宫　骑军二千 彰愍宫　骑军一万 崇德宫　骑军一万 兴圣宫　骑军五千 延庆宫　骑军一万 太和宫　骑军一万五千 永昌宫　骑军一万 敦睦宫　骑军五千 文忠王府　骑军一万 总计骑军十万一千	《续通志·职官略》，行宫各官，为行在扈从之官，十二宫各官，各掌一宫军民之政，如太祖弘义宫、太宗永兴宫、世宗积庆宫、应天皇太后长宁宫、穆宗延昌宫、景宗彰愍宫、承天皇太后崇德宫、圣宗兴圣宫、兴宗延庆宫、道宗太和宫、天祚永昌宫、孝文皇太弟敦睦宫是也。 《辽史·营卫志》，辽国之法，天子践位，置宫卫，分州县，析部族，设官府，籍户口，备兵马，崩则扈从后妃宫帐以奉陵寝，有调发，则丁壮从戎事，老弱居守。
大首领部族军	直隶属于契丹主。	《辽史·兵卫志》，辽亲王大臣，体国如家，征伐之际，往往置私甲以从王事，大者千余人，小者数百人，著籍皇府，国有戎政，量借三五千骑，常留余兵，为部族根本。

军　名	额　数	说　明
部族军	众部族分隶南北府，守卫四边，北府凡二十八部。南府凡一十六部。	《辽史·营卫志》，太祖之兴，以迭剌部强炽，析为五院六院矣，六部以下，多因俘降而置，胜兵甲者，即著军籍，分隶诸路详稳统军招讨司。
五京乡丁	大约五京民丁可见者，一百一十万七千三百为乡兵。	按乡丁为辽国农民，不常征战。
属国军		《辽史·百官志》，辽制，属国属部官，大者拟王封，小者准部使，命其酋长与契丹人区别而用。《辽史·兵卫志》，辽属国可纪者五十有九，朝贡无常，有事则遣使征兵，或下诏专征，不从者讨之。助军众寡，各从其便，无常额。

辽之国家正式军队为部族军。

番居内地者，岁时田牧平莽间，边防纠户，生生之资，仰给畜牧，……各安旧风，狃习劳事，……家给人足，戎备整完。卒之虎视四方，强朝弱附，……部族实为之爪牙云。(《辽史》卷三二《营卫志》中)

其征调制度如左。

辽国兵制，凡民年十五以上，五十以下，隶兵籍，每正军一名，马三匹，打草谷，守营铺，家丁各一人，人铁甲……皆自备，人马不给粮草，日遣打草谷，骑四出抄掠以供之。铸金鱼符，调发军马。……凡举兵，帝率番汉文武臣僚，以青牛白马祭告天地日神，……乃诏诸道征兵。(《辽史》卷三四《兵卫志》上)

【刑法】

其制刑之凡有四，曰死，曰流，曰徒，曰杖。"死"刑有绞斩凌迟之属，又有籍没之法。"流"刑量罪轻重，置之边城部族之地，远则投诸境外，又远则罚使绝域。"徒"刑，一曰终身，二曰五年，三曰一年半；终身者，决五百，其次递减百。……"杖"刑自五十至三百。(《辽史》卷六一《刑法志》上)

凡杖五十以上者，以沙袋决之，其制用熟皮合缝之，长六寸，广二寸，柄一尺许。又有木剑、大棒、铁骨朵之法。……太祖初年，……治诸弟逆党，……亲王从逆不罄诸甸持，或投高崖杀之；淫乱不轨

者，五车轘杀之，逆父母者视此；讪詈犯上者，以熟铁锥椿其口杀之。……又为枭磔、生瘗、射鬼箭、炮掷、支解之刑。（《辽史》卷六一《刑法志》上）

辽初刑法严重，后屡修订，始渐趋宽平。

太祖神册六年，后梁末帝龙德元年，西历921年。……诏大臣定治契丹及诸夷之法，汉人则断以律令。（《辽史》卷六一《刑法志》上）

太宗时，治勃海人一依汉法，余无改焉。（《辽史》卷六一《刑法志》上）

先是契丹及汉人相殴致死，其法轻重不均。……圣宗统和十二年，宋太宗淳化五年，西历994年。诏契丹人犯十恶，亦断以律。（《辽史》卷六一《刑法志》上）

圣宗太平六年，宋仁宗天圣四年，西历1026年。下诏曰："朕以国家有契丹、汉人，故以南北二院分治之，盖欲去贪枉，除烦扰也。若贵贱异法，则怨必生。夫小民犯罪，必不能动有司以达于朝，惟内族外戚，多恃恩行贿，以图苟免，如是则法废矣。"（《辽史》卷六一《刑法志》上）

据此，知其初有意贵辽贱汉，经道宗修改，始归于平。

道宗咸雍六年，宋神宗熙宁三年，西历1070年。帝以契丹、汉人，风俗不同，国法不可异施，于是命……更定条制，凡合于律令者具载之，其不合者别存之。（《辽史》卷六二《刑法志》下）

至天祚即位，用刑又涉严急。

由是投崖、炮掷、钉割、脔杀之刑复兴焉，或有分尸五京，甚者至取其心以献祖庙。（《辽史》卷六二《刑法志》下）

虽由天祚，救患无策，流为残忍，亦由祖宗有以启之也。（《辽史》卷六二《刑法志》下）

【学校】

辽上京国子监，太祖置祭酒、司业、监丞、主簿等官。圣宗统和十三年，宋太宗至道元年，西历995年。九月，以南京大学生员浸多，特赐水硙庄一区。道宗清宁元年，宋仁宗至和二年，西历1055年。十二

月，诏设学养士，颁五经传疏，置博士、助教各一员。（《续通典》卷五三《礼》九）

按此为太学。

辽黄龙府、兴中府，俱设府学；西京、上京、东京诸道，各立州学。（《续通典》卷五三《礼》九）

辽上京遗迹

按此为郡县学。

【科举制】

辽之科举，专为汉人而设，殊不重视。

太祖龙兴朔漠之区，倥偬干戈，未有科目。数世后，承平日久，始有开辟，制限以三岁，有乡、府、省三试之设。乡中曰乡荐，府中曰府解，省中曰及第。……文分两科，曰诗赋，曰经义，魁各分焉。三岁一试进士，贡院以二寸纸书及第者姓名给之，号"喜帖"。明日举接而出，乐作，及门击鼓十二面，以法雷震。殿试临期取旨，又将第一人特赠一官，授奉直大夫翰林应奉文字；第二人、第三人，止授从事郎，余并授从事郎。圣宗时，止以词赋、法律取士，词赋为正科，法律为杂科。（叶隆礼《契丹国志》卷二三）

辽初官职，多由帐院所选，不设科举保荐之法。至景宗保宁八年，宋太宗太平兴国元年，西历976年。诏复南京礼部贡院。圣宗统和以后，用唐宋之制取士。六年，宋太宗端拱元年，西历988年。诏开贡举，一人及第。……十二年，诏郡邑贡明经茂才异等。自是以后，放进士及第者，每年有之，大约不过二三人，或间一二年举行。开泰中，始广进士之额，兴宗景福以后，增至六十余人；……道宗寿隆后，进士及第，多至百余人。他如制科，则道宗咸雍六年，设贤良科，……然终辽之世，仅三诏而已。（《续通志》卷一四一《选举略》二）

卷四　宋辽金夏元

丙、宋辽之和战

【宋辽之战】

宋太祖时，专力平定中土，对于北方，则取守势。

太祖常注意于谋帅，命李汉超屯关西，瓦桥关。马仁瑀守瀛州，韩令坤领常州，贺惟忠守易州，何继勋领棣州，山东惠民县。以拒北敌；又以郭进控西山，武守琪戍晋州，山西临汾县。李谦溥守隰州，山西隰县。李继勋镇昭义，以御太原。……其族在京师者，抚之甚厚，郡中管榷之利，悉以与之，恣其贸易，免其所过征税，许其召募亡命以为爪牙，凡军中事，皆得便宜，每来朝，必召对命坐，厚为饮食锡赉以遣之。由是边臣富贵，能养死士，使为间谍，洞知敌情，及其入侵，设伏掩击，多致克捷，二十年间，无西北之忧。(《宋史》卷二七三《李进卿列传论》)

开宝八年，辽景宗保宁七年，西历975年。三月，……契丹遣使克沙骨慎思以书来讲和。……七月，……遣阁门使郝崇信，太常丞吕端使契丹。(《宋史》卷三《太祖纪》三)

太宗既平北汉，欲乘机恢复燕云，始与辽连兵。

太原平时，上将有事幽蓟，诸将以为晋阳之役，师罢饷匮，刘继元降，赏赉且未给，遽有平燕之议，不敢言。翰独奏曰："所当乘者势也，不可失者时也，取之易。"上谓然，定议北伐。(《宋史》卷二六〇《崔翰传》)

其第一次出兵之失败如下。

太平兴国四年，辽景宗乾亨元年，西历979年。六月，以将伐幽蓟，遣发京东河北诸州军储，赴北面行营，帝复自将伐契丹。(《宋史》卷四《太宗纪》一)

七月，契丹……知顺州刘廷素来降，知蓟州刘守恩来降，帝督诸军及契丹大战于高梁河，败绩。(《宋史》卷四《太宗纪》一)

乾亨元年，宋侵燕，北院大王奚底、统军使萧讨古等败绩，南京被围。帝命休哥代奚底，将五院军往救，遇大敌于高梁河，与耶律斜轸，分左右翼击败之，追杀三十余里，斩首万余级，休哥被三创。明旦，宋主遁去，休哥以创不能骑，轻车追至涿州，不及而还。(《辽史》卷八三《耶律休哥传》)

其第二次出兵之失败如下。

是年亨咸元年。冬，上命韩匡嗣、耶律沙伐宋，以报围城之役。休哥率本部兵从匡嗣等战于满城，翌日将复战，宋人请降，匡嗣信之，休哥曰："彼众整而锐，必不肯屈，乃诱我耳。宜严兵以待。"匡嗣不听，休哥引兵凭高而视，须臾南兵大至，鼓噪疾驰，匡嗣仓卒不知所为，士卒弃旗鼓而走，遂败绩。休哥整兵进击，敌乃却。诏总南面戍兵为北院大王，车驾亲征，围瓦桥关。宋兵来救，守将张师突围出，帝亲督战，……休哥率精骑渡水击败之，追至莫州。(《辽史》卷八三《耶律休哥传》)

太平兴国五年，十一月，……以秦王廷美为东京留守，……帝伐契丹，发京师，……驻跸大名府，诸军及契丹大战于莫州，败绩。(《宋史》卷四《太宗纪》一)

雍熙三年，辽圣宗统和四年，西历968年。诏彬将幽州行营前军马步水陆之师，与潘美等北伐，分路进讨。……先是贺令图等言于上曰："契丹主少，母后专政，圣宗立，太后萧氏摄政。宠幸用事，请乘其衅以取幽蓟。"遂遣彬与崔彦进、米信自雄州，田重进趣飞狐，潘美出雁门，约期齐举。……美之师先下寰朔云应等州，重进又取飞狐、灵邱、蔚州，多得山后要害地，彬亦连下州县，势大振。……及彬次涿州旬日，食尽，因退师雄州以援饷馈。……时彬部下诸将，闻美及重进累建功，而已握重兵，不能有所攻取，谋议蜂起。彬不得已，乃复裹粮再往攻涿州。契丹大众当前，时方炎暑，军士乏困，粮且尽，彬退军，无复行伍，遂为所蹑而败。(《宋史》卷二五八《曹彬传》)

雍熙三年正月，命将北伐，分兵三路，诏彦进为幽州道行营马步军水陆副都部署，与曹彬、米信出雄州，大军失利，彦进坐违彬节制，别道回军，为敌所败。(《宋史》卷二五九《崔彦进传》)

雍熙三年，诏美及曹彬、崔彦进等北伐。美独拔寰朔云应等州，……会辽兵奄至，战于陈家谷口，不利，骁将杨业死之。(《宋史》卷二五八《潘美传》)

统和四年，宋复来侵，其将范密、杨继业出云州，曹彬、米信出雄易，取岐沟涿州，陷固安置屯。时北南院奚部兵未至，休哥力寡，不敢出战，夜以轻骑出两军间，杀其单弱以胁余众；昼则以精锐张其

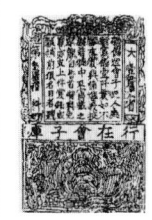

势，使彼劳于防御以疲其力。又设伏林莽，绝其粮道。曹彬等以粮运不继，退保白沟，月余复至。休哥以轻兵薄之，伺彼蓐食，击其离伍，单者出，且战且却。由是南军自救不暇，结方阵，堑地两边而行，军渴乏井，漉淖而饮，凡四日，始达于涿。闻太后军至，彬等冒雨而遁。太后益以锐卒追及之，彼力穷，……余众悉溃，追至易州。（《辽史》卷八三《耶律休哥传》）

宋将曹彬、米信出雄易，杨继业出代州，太后亲帅师救燕，以斜轸为山西路兵马都统。继业陷山西诸郡，各以兵守，自屯代州。斜轸至定安，遇贺令图军击破之，追至五台。……至蔚州，……令都监耶律题子夜伏兵险厄，俟敌至而发。城守者见救至突出，斜轸击其背，二军俱溃，追至飞狐，……遂取蔚州。……斜轸闻继业出兵，令萧挞凛伏兵于路。明旦继业兵至，斜轸拥众为战势，继业麾帜而前，斜轸佯退，伏兵发，斜轸进攻，继业败走至狼牙村，全军皆溃，继业为流矢所中被擒。……继业在宋，以骁勇闻，人号"杨无敌"，首建梗边之策，至狼牙村，心恶之，欲避不可得。既擒三日死。（《辽史》卷八三《耶律斜轸传》）

杨业，并州太原人。……事刘崇，……累迁至建雄军节度使，……劝其主继元降。……帝太宗。以业老于边事，复迁代州，兼三交驻泊兵马都部署，……迁云州观察使，仍判郑州代州。……雍熙三年，大兵北征，……泣谓潘美曰："此行必不利，……今诸君责业以避敌，业当先死于敌。"……业力战，自午至暮，果至陈家谷口，……身被数十创，士卒殆尽，业犹手刃数十百人，马重伤不能进，遂为契丹所擒，其子延玉亦没焉。……业……不食三日死。……朝廷录其子供奉官延朗，延昭本名延朗，官保州防御使，徙高杨关副都部署，在边防二十余年，契丹惮之，目为杨六郎。为崇仪副使，次子殿直延浦、延训并为供奉官，延环、延贵、延彬并为殿直。（《宋史》卷二七二《杨业传》）

长子渊平随殉，次子延浦、三子延训官供奉；四子延环，初名延朗，五子延贵并官殿直；六子延昭，从征朔州功，加保州刺史。真宗时，与七子延彬，初名延嗣者，屡有功，并授团练使。延昭子宗保，《宋史》，延昭子文广，为定州路副都总管，迁步军都虞候。辽人争代州地界，文广献阵图，并取幽燕策，未报而卒，赠同州观察使。官同州观察。世称杨家将。（徐大焯《烬馀录·甲编》）

【宋辽之和】

自太宗以后，宋即不能进取，辽兵迭次南侵，至真宗始成澶渊之盟，定兄弟之称，奉岁币三十万以和。

真宗景德元年，辽圣宗统和二十二年，西历1004年。……契丹内寇，纵游骑掠深祁间，小不利辄引去，徜徉无斗意。准曰："是狃我也。请练师命将，简骁锐，据要害以备之。"是冬，契丹果大入，急书一夕凡五至。……明日，同列以闻，帝大骇以问准，准曰："陛下欲了此，不过五日尔。"因请帝幸澶州，同列惧欲退，准止之，令候驾起。帝难之，欲还内，准曰："陛下入，则臣不得见，大事去矣，请毋还而行。"帝乃议亲征，召群臣问方略。既而契丹围瀛州，直犯贝魏，中外震骇。参知政事王钦若，江南人也，请幸金陵；陈尧叟，蜀人也，请幸成都。帝问准，准心知二人谋，乃阳若不知曰："谁为陛下画此策者，罪可诛也！今陛下……大驾亲征，贼自当遁去，奈何……欲幸楚蜀远地？所在人心崩溃，贼乘势深入，天下可复保邪？"遂请帝幸澶州。及至南城，契丹兵方盛，众请驻跸以觇军势，……准力争之，……帝遂渡河。……相持十余日，其统军挞览出督战。时威虎军头张瓌守床子弩，弩撼机发，矢中挞览额，挞览死。(《宋史》卷二八一《寇准传》)

景德元年九月，契丹统军挞览引兵分掠威虏顺安、北平，侵保州，攻定武，数为诸军所却，益东驻阳城淀，遂攻高阳，不得逞，转窥贝、冀、天雄，兵号二十万。真宗坐便殿问策安出，士安与寇准条所以御备状，又合议请真宗幸澶渊。士安言澶渊之行，当在仲冬，准谓当亟往不可缓；卒用士安议。初咸平六年，云州观察使王继忠战陷契丹，至是为契丹奏请议和，大臣莫敢如何，独士安以为可信，力赞真宗当羁縻不绝，渐许其成。真宗谓敌悍如此，恐不可保，士安曰："臣尝得契丹降人，言其虽深入，屡挫不甚得志，其阴欲引去，而耻无名。……此请殆不妄。继忠之奏，臣请任之。"真宗喜，手诏继忠，许其请和。……已而少间，追至澶渊，见于行在，时已聚兵数十万。契丹大震，犹乘众掠威清，至澶北鄙，为伏弩发，射挞览死，众溃遁去。会曹利用自契丹使还，具得要领，又与其使者姚东之俱来，讲和之议遂定，岁遗契丹银绢三十万。(《宋史》卷二八一《毕士安传》)

乃密奉书请盟，准不从，而使者来请益坚，帝将许之。准欲邀使称臣，且献幽州地，帝厌兵，欲羁縻不绝而已。有谮准幸兵以自取重者，准不得已许之。帝遣曹利用如军中，议岁币，……以三十万成约而还，河北罢兵。(《宋史》卷二八一《寇准传》)

统和二十二年十一月，……宋遣人遗王继忠弓矢，密请求和。诏继忠与使会，许和。……宋遣崇仪副使曹利用请和，即遣飞龙使韩杞持书报聘。十二月，……宋复遣曹利用来，以无还地之意，遣监门卫大将军姚东之持书往报。宋遣李继昌请和，以太后为叔母，愿岁输银十万两，绢二十万匹。许之，即遣阁门使丁振持书报聘，诏诸军解严，是月班师。(《辽史》卷一四《圣宗纪》五)

自此以后，始免战争之祸。然后来仁宗增币，神宗割地，皆不可谓非屈辱也。

重熙十年，宋仁宗庆历元年，西历1041年。十二月，……上闻宋设关河，治壕堑，恐为边患，与南北枢密吴国王萧孝穆、赵国王萧贯宁，谋取宋旧割关南十县地，遂遣萧英、刘六符使宋。(《辽史》卷一九《兴宗纪》二)

时天下无事，户口蕃息，上富于春秋，每言及周取十县，慨然有南伐之志。(《辽史》卷八七《萧孝穆传》)

是时帝欲一天下，谋取三关，集群臣议，惠曰："两国强弱，圣虑所悉。宋人西征有年，师老民疲，陛下亲率六军临之，其必胜矣。"萧孝穆曰："我先朝与宋和好，无罪伐之，其曲在我，况胜败未可逆料。愿陛下熟察。"帝从惠言，乃遣使索宋十城，会诸军于燕，惠与太弟帅师压宋境，宋人重失十城，增岁币请和。(《辽史》卷九三《萧惠传》)

庆历二年，辽兴宗重熙十一年。……契丹屯兵境上，遣其臣萧英、刘六符来求关南地。朝廷择报聘者，皆以其情叵测莫敢行，吕夷简因是荐弼，……先以为接伴。英等入境，中使迎劳之，……弼开怀与语。英感悦，亦不复隐其情，遂密以其主所欲得者告曰："可从从之，不然以一事塞之足矣。"弼具以闻，帝惟许增岁币，仍以宗室女嫁其子，进弼枢密直学士，……遂使为报聘。既至，六符来馆客，弼见契丹主问故，契丹主曰："南朝违约，塞雁门，增塘水，治城隍，

籍民兵，将以何为，群臣请举兵而南，吾以谓不若遣使求地，求而不获，举兵未晚也。"弼曰："北朝忘章圣皇帝之大德乎？澶渊之役，苟从诸将言，北兵无得脱者。且北朝与中国通好，则人主专其利，而臣下无获；若用兵则利归臣下，而人主任其祸。故劝用兵者，皆为身谋耳。……今中国提封万里，精兵百万，……北朝欲用兵，能保其必胜乎？就使其胜，所亡士马，群臣当之欤，抑人主当之欤？若通好不绝，岁币尽归人主，群臣何利焉。"契丹主大悟，首肯者久之。……契丹主谕弼使归曰，……其遂以誓书来。……及至，契丹不复求婚，专欲增币，曰"南朝遗我之辞当曰献，否则曰纳。"弼争之，……朝廷竟以"纳"字与之。（《宋史》卷三一三《富弼传》）

重熙十一年闰月，……宋岁增银绢十万两匹，文书称贡，送至白沟。（《辽史》卷一九《兴宗纪》二）

神宗熙宁七年，辽道宗咸雍十年，西历1074年。三月，辽主以河东路沿边增修戍垒，起铺舍，侵入蔚、应、朔三州界内，使林牙萧禧来言，乞行毁撤，别立界。至禧归，帝面谕以三州地界，俟遣官与北朝官，即境上议之。遂遣太常少卿刘忱等如辽。辽遣枢密副使萧素，会忱于代州境上。……八年三月，……刘忱等与萧素会于大黄平，三议不能决。虏初指蔚朔应三州分水岭土垄为界，及忱与之行视，无土垄，乃但云以分水岭为界，凡山皆有分水，虏意至时可以罔取也。相持久之。……七月，……辽使争议，疆事不决，帝问于王安石，安石劝帝曰："将欲取之，必姑与之。"于是诏分水岭为界，萧禧乃去。至是遣天章阁待制韩缜，如河东割新疆与之。凡东西失地七百里，遂为异日兴兵之端。（陈邦瞻《宋史纪事本末》卷二一）

（二）夏之兴起
甲、夏之先世

李彝兴，夏州人也，本姓拓跋氏。鲜卑种。唐贞观初，有拓跋赤辞者归唐，太宗赐姓李，置静边等州以处之。其后析居夏州者，号平夏部。唐末，拓跋思恭镇夏州，统银、夏、绥、宥、静五州地，讨黄巢有功，复赐李姓。思恭卒，弟思谏代为定难军节度使。思谏卒，思恭孙彝昌嗣。梁开平中，彝昌遇害，将士立其族子蕃部指挥仁福。仁

福卒，子彝兴嗣。……彝兴，彝超之弟也，……宋初加太尉。北汉刘钧结代北诸部，来寇麟州，彝兴遣部将李彝玉，会诸镇兵御之，钧众遂引去。……太祖乾德五年，西历967年。卒，……追封夏王。子克睿立，……累加检校太尉。太宗太平兴国三年，西历978年。卒。……子继筠立，……太平兴国五年卒。弟继捧立，……以太平兴国七年，率族人入朝。自上世以来，未尝亲觐者，继捧至，太宗甚嘉之。……继捧陈其诸父昆弟多相怨，愿留京师，乃遣使夏州，护缌麻以上亲赴阙，授继捧彰德军节度使，并官其昆弟夏州蕃落指挥使克信等十二人有差。……初继捧之入也，弟继迁出奔，及是数来为边患。有言继迁悉知朝廷事，盖继捧泄之，乃出为崇信军节度使。……屡发兵讨继迁不克，用宰相赵普计，欲委继捧以边事令图之，因召赴阙，赐姓赵氏，更名保忠，……充定难军节度使。(《宋史》卷四八五《夏国传》上)

保忠至镇，即言继迁悔过归款，太宗以继迁为银州刺史，然继迁实无降心，复为寇。保忠来乞师，太宗遣翟守素讨之，继迁惶惧，奉表归顺，以为银州观察使，赐姓名赵保吉；又以其弟继忠为绥州团练使，赐姓名曰赵保宁。……保忠为保吉所诱，阴与之合，来寇灵州，太宗命李继隆讨之。……及王师压境，保忠反为保吉所图，……开门迎王师，继隆擒保忠以献。……太宗……削保吉所赐姓名，复为李继迁，……遣使赍诏谕旨，欲授以鄜州节度使，继迁不奉诏。……陕西

西夏王陵

中华二千年史

转运使郑文宝，……建议禁乌白池青盐以困继迁，而戎人益以叛，俄弛其禁。……太宗崩，继迁乃遣使修贡，求领藩任。真宗许之，复赐以姓名，拜定难军节度使，敕诸将勿加兵，以其子德明为行军司马。(王偁《东都事略》卷一二七《西夏》一)

真宗咸平五年，西历1002年。三月，继迁大集蕃部，攻陷灵州，以为西平府，六年春，遂都于灵州。诏遣张崇贵、王涉议和，割河西、银、夏等五州与之。(《宋史》卷四八五《夏国传》上)

吐蕃，……唐末，……其国亦自衰弱，族种分散，大者数千家，小者百十家，无复统一矣，自仪、甘肃华亭县。渭、甘肃平凉县。泾、甘肃泾县。原、甘肃固原县。环、甘肃环县。庆甘肃安化县。及镇戎、甘肃镇原县。秦州、甘肃天水县。暨于灵夏，皆有之，各有首领，内属者谓之熟户，余谓之生户。凉州虽为所隔，然其地自置牧守，或请命于中朝。……咸平四年，知镇戎军李继和言，西凉府六谷都首领潘罗支，愿戮力讨继迁，……乃以为盐州防御使，灵州西面都巡检使。……六年，……罗支又遣蕃官……言感朝廷恩信，愤继迁倔强，已集骑兵六万，乞会王师，收复灵州。……其年十一月，继迁攻西蕃，遂入西凉府，知州丁惟清陷没。罗支伪降，未几集六谷诸豪及者龙族合击继迁，继迁大败，中流矢遁死。(《宋史》卷四九二《吐蕃传》)

真宗景德元年，西历1004年。正月二日，继迁卒，……子德明立。……三年，复遣牙将……奉誓表，……进……西平王。……辽亦遣使，册德明为大夏国王。……德明自归顺以来，每岁旦、圣节、冬至，皆遣牙校来献不绝。……德明卒，……子曩霄立。时宋仁宗明道元年，西历1032年。(《宋史》卷四八五《夏国传》上)

乙、夏之强盛

元昊袭位，励精图治，势始强大。

曩霄，本名元昊，……性雄毅，多大略，善绘画，能创制物，……晓浮图学，通蕃汉文字。……既袭封，明号令，以兵法勒诸部。

李元昊雕像

始衣白窄衫，毡冠红里，冠顶后垂红结绶，自号嵬名吾祖。(《宋史》卷四八五《夏国传》上)

【疆域】

夏之境土，方二万余里，其设官之制，多与宋同。……河之内外州郡，凡二十有二。河南之州九，曰灵，曰洪，曰宥，曰银，曰夏，曰石，曰盐，曰南威，曰会；河西之州九，曰兴，曰定，曰怀，曰永，曰凉，曰甘，曰肃，曰瓜，曰沙；熙秦河外之州四，曰西宁，曰乐，曰廓，曰积石。其地饶五谷，尤宜稻麦，甘凉之间，则以诸河为溉，兴灵则有古渠，曰唐凉，曰汉源，皆支引黄河，故灌溉之利，岁无旱涝之虞。(《宋史》卷四八六《夏国传》下)

【官制】

其官分文武班，曰中书，曰枢密，曰三司，曰御史台，曰开封府，曰翊卫司，曰官计司，曰受纳司，曰农田司，曰群牧司，曰飞龙院，曰磨勘司，曰文思院，曰蕃学，曰汉学。自中书令、宰相、枢使、大夫、侍中、太尉已下，皆分命蕃汉人为之，文职则幞头、靴笏、紫衣、绯衣，武职则冠金帖起云镂冠、银帖间金镂冠、黑漆冠，衣紫旋襕，金涂银束带，垂蹀躞，佩解结锥，短刀弓矢，𩨂马乘鲵皮鞍，垂红缨，打跨钹拂。便服则紫皂地，绣盘毯子花，旋襕束带。民庶青绿，以别贵贱。(《宋史》卷四八五《夏国传》上)

【兵制】

其民一家号一帐，男年登十五为丁，率二丁取正军一人。每负担一人为一抄，负担者，随军杂役也，四丁为两抄，余号空丁。愿隶正军者，得射他丁为负担，无则许射正军之疲弱者为之。故壮者皆习战斗，而得正军为多。凡正军给长生马驼各一。团练使以上，帐一弓一，箭五百，马一，橐驼五，旗鼓、枪剑、棍棓、沙袋、披毡、浑脱、背索、锹钁、斤斧、箭牌、铁爪篱各一；刺史以下无帐，无旗鼓，人各橐驼一，箭三百，幕梁一。兵三人，同一幕梁。幕梁织毛为幕而以木架。有炮手二百人，号泼喜，陡立旋风炮于橐驼鞍，纵石如拳。得汉人勇者为前军，号撞令郎，若脆怯无他伎者，迁河外耕作，或以守肃州。有左右厢十二监军司，曰左厢神勇，曰石州祥祐，曰宥

州嘉宁，曰韦州静塞，曰西寿保泰，曰卓啰和南，曰右厢朝顺，曰甘州甘肃，曰瓜州西平，曰黑水镇燕，曰白马强镇，曰黑山威福。诸军兵总计五十余万，别有擒生十万，与灵之兵精练者又二万五千，别副以兵七万为资赡。号御围内六班，分三番以宿卫，每有事于西，则自东点集而西，于东则自西点集而东，中路则东西皆集。用兵多立虚砦，设伏兵包敌，以铁骑为前军，乘善马重甲，刺斫不入，用钩索绞联，虽死马上不坠。遇战则先出铁骑突阵，阵乱则冲击之，步兵挟骑以进。(《宋史》卷四八六《夏国传》下)

【文化】

元昊自制蕃书，命野利仁荣演绎之，成十二卷。字形体方整，类八分，……教国人纪事用蕃书，而译《孝经》、《尔雅》、《四言杂字》为蕃语。(《宋史》卷四八五《夏国传》上)

其立国规模既具，又败吐蕃、回纥，疆土大辟，国势日强，边备周密，遂不可侮。

阻河依贺兰山为固，……自河北至午腊蒻山七万人以备契丹，河南洪州白豹安、盐州罗洛、天都惟精山等五万人以备环庆，镇戎原州左厢宥州路五万人以备鄜延，麟府右厢甘州路三万人以备西蕃回纥，贺兰驻五万，灵州五万人，兴州兴庆府七万人为镇守，总五十余万。……发兵以银牌，召部长面受约束。(《宋史》卷四八五《夏国传》上)

丙、宋夏之和战

宋宝元元年，西历1038年。元昊表遣使诣五台山供佛，实欲窥河东道路，与诸豪歃血，约先攻鄜延，欲自靖德塞门砦赤城路三道并入，遂筑坛受册，即皇帝位，……国称大夏，年号天授，……诏削夺官爵互市，揭榜于边，募人能擒元昊，若斩首献者，即为定难军节度使。(《宋史》卷四八五《夏国传》上)

两国既开衅，宋以夏竦、范雍往御之。

赵元昊反，拜奉宁军节度使，知永兴军，听便宜行事，徙忠武军节度使，知泾州，还判永兴军，兼陕西经略安抚招讨。……竦……及任以西事，颇依违顾避，又数请解兵柄。改判河中府，徙蔡州。

(《宋史》卷二八三《夏竦传》)

元昊反，拜振武军节度使，知延州。……元昊先遣人通款于雍，雍信之，不设备。一日，引兵数万，破金明砦，乘胜至城下。……雍召刘平于庆州，平帅师来援，……与贼夜战三川口，大败。……雍闭门坚守，会夜大雪，贼解去，城得不陷。(《宋史》卷二八八《范雍传》)

范雍败，以夏守赟代之，亦以无功，改遣韩、范。

刘平……败，守赟……自请将兵击贼，换……陕西马步军都总管，兼经略安抚缘边招讨使，命勾当御药院张德明、黎用信掌御剑以随之。然守赟性庸怯，寡方略，不为士卒所服。(《宋史》卷二九〇《夏守赟传》)

韩琦像

元昊反，琦适自蜀归，论西师形势甚悉，即命为陕西安抚使，……副夏竦为经略安抚招讨使。诏遣使督出兵，琦亦欲先发以制贼，而合府固争，元昊遂寇镇戎。琦画攻守二策，……执政者难之，琦言"元昊虽倾国入寇，众不过四五万人，吾逐路重兵自为守，势分力弱，遇敌辄不支。若并出一道，鼓行而前，乘贼骄惰，破之必矣"。乃诏鄜延泾原同出征。……琦悉兵付大将任福，令自怀远城趋德胜砦，出贼后，如未可战，即据险置伏要其归。……福竟为贼诱，没于好水川。甘肃隆德县东。……琦……夺一官，知秦州。(《宋史》卷三一二《韩琦传》)

元昊反，……会夏竦为陕西经略安抚招讨使，进仲淹……以副之。……延州诸砦多失守，仲淹自请行，……兼知延州。先是诏分边兵总管领万人，钤辖领五千人，都监领三千人，寇至御之，则官卑者先出。仲淹曰："将不择人，以官为先后，取败之道也。"于是大阅州兵，得万八千人，分为六，各将三千人，分部教之，量贼众寡，使更出御贼。时塞门承平，诸砦既废，用种世衡策，城青涧以据贼冲……明年正月，诏诸路入讨，仲淹曰："正月塞外大寒，我师暴露，不如俟春深入，贼马瘦人饥，势易制也。况边备渐修，师出有纪，贼虽猖獗，固已慑其气矣。鄜延密迩灵夏，西羌必由之地也，第按兵不动，以观其衅，许臣稍以恩信招来之。不然情意阻绝，臣恐偃兵无期矣。若臣策不效，当举兵先取绥宥，据要害，屯兵营田为持久计。"……帝皆用其议。……元昊……与仲淹约和，仲淹为书戒喻之。会任福败于好水川，元昊答书语不逊，仲淹对来使焚之。大臣以为不当辄通书，又不当辄焚之，……降……知耀州。（《宋史》卷三一四《范仲淹传》）

韩、范既罢，代以陈执中，与夏竦共图边事。寻以元昊迭陷城砦，二人皆罢去。分陕西为路，以韩琦知秦州，王沿知渭州，范仲淹知庆州，庞籍知延州，各兼经略安抚招讨使，是为四路置帅。

会四路置帅，以琦兼秦凤经略招讨安抚使。庆历二年，夏元昊天授礼法延祚五年，西历1042年。与三帅皆换观察使，范仲淹、庞籍、王沿不肯拜，琦独受不辞。……琦与范仲淹，在兵间久，名重一时。（《宋史》卷三一二《韩琦传》）

庆之西北马铺砦，当后桥川口，在贼腹中。仲淹欲城之，度贼必争，密遣子纯祐与蕃将赵明，先据其地，引兵随之。……旬日而城成，即大顺城是也。……大顺既城，而白豹金汤，皆不敢犯，环庆自此寇益少。……仲淹谢曰："泾原地重，第恐臣不足当此路。与韩琦同经略泾原，并驻泾州。琦兼秦凤，臣兼环庆，泾原有警，臣与韩琦合秦凤环庆之兵，犄角而进；若秦凤环庆有警，亦可率泾原之师为援。臣当与琦练兵选将，渐复横山，以断贼臂，不数年间，可期平定矣。愿诏庞籍兼领环庆，以成首尾之势，秦州委文彦博，庆州用滕宗谅总之，孙沔亦可办集，渭州一武臣足矣。"帝采用其言，复置陕西路安抚经略招讨使，以仲淹、韩琦、庞籍分领之。仲淹与琦，开府泾州。……仲淹为将，号令明白，爱抚士卒，诸羌来者，推心接之不疑，故贼亦不敢辄犯其境。（《宋史》卷三一四《范仲淹传》）

宋与夏至是皆厌战，而和议以成。

元昊虽数胜，然死亡创痍者相半，人困于点集，财力不给，国中

为"十不如"之谣以怨之。元昊乃归，塞门砦主高延德因乞和，知庆州范仲淹，为书陈祸福以喻之，……知延州庞籍，言夏境鼠食稼且旱，元昊思纳款，遂令知保安军刘拯，谕亲臣野利旺荣，言公方恃灵夏兵，倘内附，当以西平茅土分册之。知青涧城种世衡，又遣王嵩以枣及画龟为书……遗旺荣，谕以"早归"之意，欲元昊得之疑旺荣。……元昊使……王嵩以其臣旺荣，其弟旺令，嵬名环卧誉诤三人书议和，然倔强不肯削僭号，……犹称男邦泥定国兀卒，上书父大宋皇帝，更名曩霄，而不称臣。……诏遣邵良佐……往议，且许封册为夏国主。……庆历四年，夏天授礼法延祚七年，西历1044年。始上誓表，……凡岁赐银绮绢茶二十五万五千。(《宋史》卷四八五《夏国传》上)

自此和议后，边境无事。至神宗时，战争再起，宋夏交敝，复归于和。

元昊以庆历八年西历1048年。正月殂，……子谅祚立。……遣吴宗等来贺英宗即位，……语不逊，……遂诏谅祚惩约之。……谅祚迁延弗受，已而……大举攻大顺城，分兵围柔远砦，烧屈乞村，栅段木岭。州兵熟户、蕃官赵明，合击退之。遣西京左藏库副使……诘之，……乃献方物谢罪。……神宗即位，……种谔取绥州，因发兵夜掩嵬名山帐胁降之。谅祚乃诈为会议，诱知保安军杨定，都巡检侍其臻等杀之。……谅祚殂，……子秉常立。时宋神宗熙宁二年，西历1069年。(《宋史》卷四八五《夏国传》上)

谔……以父任，累官左藏库副使，延帅陆诜荐知青涧城。……诜劾谔擅兴，且不禀节制，欲捕治未果，而诜徙秦，言者交攻之，遂下吏，……安置陈州。(《宋史》卷三三五《种谔传》)

既而夏人失绥州，……请以安远、塞门二砦易绥州，……乃赐誓诏，而绥州待得二砦乃还。夏主受册而二砦不归，且欲先得绥州，……知庆州李复圭，合蕃汉兵才三千，逼遣……出战，……遂大败，……而边怨大起矣。……夏人遂大举入环庆，攻大顺城。(《宋史》卷四八六《夏国传》下)

熙宁三年，夏秉常乾道二年。……夏人犯塞，绛请行边，……乃以为陕西宣抚使，既又兼河东，几事不可待报者，听便宜施行，授以空名告敕，得自除吏，……开幕府于延安。绛素不习兵事，举措乖方，

西夏罗兀城遗址

选蕃兵为七军,用知青涧城种谔策,欲取横山,令诸将听命于谔。(《宋史》卷三一五《韩绛传》)

韩绛宣抚陕西,用为鄜延钤辖。绛城啰兀,规横山,令谔将兵二万出无定川,命诸将皆受节度。(《宋史》卷三三五《种谔传》)

熙宁四年正月,种谔谋取横山,领兵先城啰兀,进筑永乐川、赏逋岭二砦,……筑抚宁故城,及分荒堆三泉、吐浑川、开光岭、葭芦川四砦,与河东路修筑,各相去四十余里。二月,夏人来攻,……新筑诸堡悉陷。……元丰四年,夏秉常大安六年,西历1081一年。……鄜延总管种谔乃疏秉常遇弑,国内乱,宜兴师问罪,此千载一时之会。帝然之。(《宋史》卷四八六《夏国传》下)

于是宋以李宪宦者、出熙河,种谔出鄜延,高遵裕出环庆,刘昌祚出泾原,王中正宦者、出河东,分道并进,又诏吐蕃董毡集兵会伐。李宪总熙秦七军,及董毡兵三万,败夏人于西市新城,复古兰州城,种谔克米脂,高遵裕复通远军,王中正克宥州,刘昌祚薄灵州城,大举讨夏,志在灭夏后,再对辽用兵。不意永乐之败,宋师气沮,仍归于和。

初夏人闻宋大举,梁太后问策于廷,诸将少者尽请战,一老将独曰:"不须拒之,但坚壁清野,纵其深入,聚劲兵于灵夏,而遣轻骑

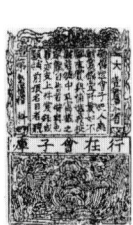

卷四 宋辽金夏元

抄绝其馈运，大兵无食，可不战而困也。"梁后从之，宋师卒无功。知延州沈括请城古乌延城，以包横山，使夏人不得绝沙漠，遂遣侍中徐禧，内侍押班李舜举往议。禧复请于银夏宥之界筑永乐城，……竟城之，赐名银川砦。……夏人来攻，……城遂陷。……自熙宁用兵以来，……而灵州永乐之役，官军熟羌义保死者六十万人，钱粟银绢以万数者不可胜计，……而夏人亦困弊。夏西南都统昂星嵬名济，乃移书刘昌祚曰："……使朝廷与夏国欢好如初，主民重见太平，……"遣使……贡表曰："……自历世以来，贡奉朝廷，无所亏怠，至于近岁，尤甚欢和。不意憸人谗间朝廷，特起大兵，侵夺疆土城砦，因兹构怨，岁致交兵。今乞朝廷示以大义，特还所侵。倘垂开纳，别效忠勤。"乃赐诏曰："……王师徂征，盖讨有罪。今遣使造庭，辞礼恭顺，仍闻国政，悉复故常，益用嘉纳。已戒边吏毋辄出兵，尔亦其守先盟。"遂诏……夏之岁赐如旧。(《宋史》卷四八六《夏国传》下)

按宋夏复和，秉常死，子乾顺立，年仅四岁，归永乐之俘，朝臣亦以神宗所得米脂、葭芦、浮图、安置四砦，还于夏。而画界不定，侵寇仍不绝，于是知渭州章楶，请进城平夏以逼之，诸路同时进兵拓地。而夏介辽人乞和，哲宗元符二年，夏乾顺永安元年，辽道宗寿隆五年，西历1099年。和议再成，终北宋之世，不复用兵矣。

(三) 金之兴起
甲、金之部族与先世

金之先，出靺鞨氏。靺鞨本号勿吉，勿吉古肃慎地也，元魏时，勿吉有七部，曰粟末部，曰伯咄部，曰安车骨部，曰拂涅部，曰号室部，曰黑水部，曰白山部。隋称靺鞨，而七部并同。唐初有黑水靺鞨、粟末靺鞨，其五部无闻。粟末靺鞨始附高丽，姓大氏，李勣破高丽，粟末靺鞨保东牟山，后为渤海称王，传十余世，有文字、礼乐、官府制度。……黑水靺鞨居肃慎地，东濒海，南接高丽，……其后渤海盛强，黑水役属之。……五代时，契丹尽取渤海地，而黑水靺鞨附属于契丹。其在南者，籍契丹，号熟女直；其在北者，不在契丹籍，号生女直。生女直地有混同江、长白山，混同江亦号黑龙江，所谓白山黑水是也。(《金史》卷一《世纪》)

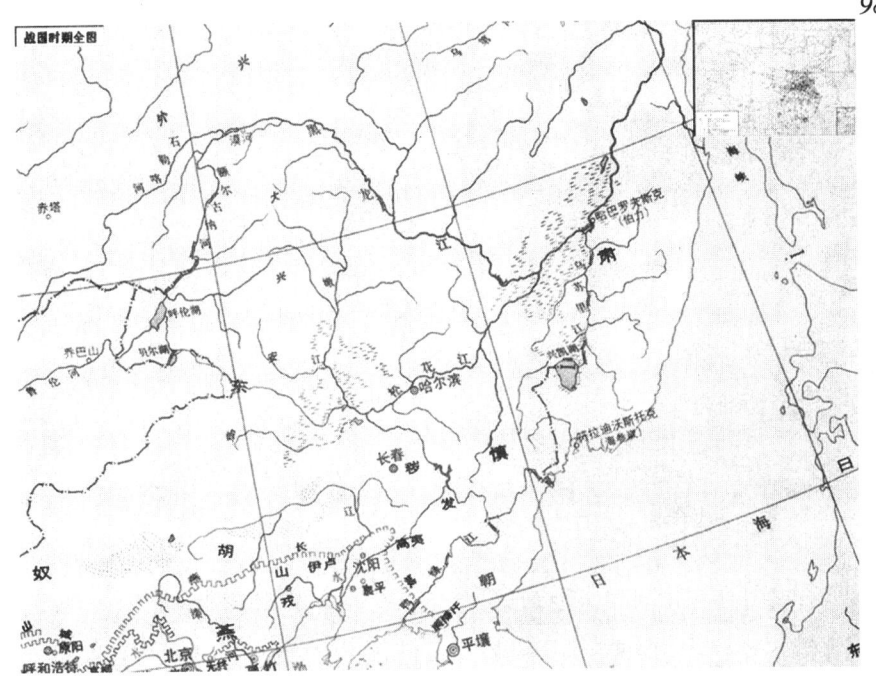

黑水靺鞨地理图

始祖讳哈富，亦曰函普。从高丽来，居完颜部布尔罕水之涯，部众信服之。生子德帝乌噜，德帝生子安帝巴哈，安帝生子献祖绥赫。献祖徙居海古勒水，耕垦树艺，始筑室，有栋宇之制，自此遂定居于安春水之侧。生子昭祖舒噜。昭祖始立条教，约束部众，及耀武于青岭白山，而势乃浸强，辽主以为特哩衮。生子景祖乌古鼐。景祖稍役属诸部，诸部多听命来归，辽主以为生女真节度使，称都太师。自是有官属，渐立纪纲，据其山川险要，以计谋不使辽兵入境，得知其道里。辽主尝欲刻印与之，使系籍，不从。以厚贵易邻铁为甲胄，兵势大振。时鄂敏水富察部，特克绅特布水完颜部，图们水温特赫部，舍音水完颜部，相继来附。卒，……子世祖和哩布，及肃宗颇拉淑，穆宗额噜温。世祖生康宗乌雅舒及太祖。自世祖、肃宗、穆宗、康宗相继为节度使，削平诸部。康宗卒，太祖嗣节度使位。（《续通志》卷四七《金太祖纪》）

乙、辽天祚荒淫与女真之兴

道宗咸雍五年，宋神宗熙宁二年，西历1069年。加守太帅，诏四方有军旅，许以便宜从事，势震中外，门下馈赂不绝，凡阿顺者蒙荐

辽天祚帝像

擢，忠直者被斥窜。太康元年，熙宁八年。皇太子始预朝政，法度修明。乙辛不得逞，谋以事诬皇后。后既死，乙辛不自安，又欲害太子。……时皇太子以母后之故，忧见颜色，乙辛党欣跃相庆，谗谤沸腾，忠良之士，斥逐殆尽。乙辛因……谋构太子。……帝疑，……乃囚皇太子于上京，监卫者皆其党，寻遣……害太子。乙辛党大喜，聚饮数日。（《辽史》卷一一〇《耶律乙辛传》）

萧奉先，天祚后族也。……道宗朝，为内侍供奉，又为承旨，历吏部尚书，缘恩官掖，专尚谄谀，朋结中人，互为党与。至天祚朝，毬猎声色，日蛊其心。（叶隆礼《契丹国志》卷一九《萧奉先传》）

李处温，……伯父俨，……累官参知政事，封漆水郡王，雅与北枢密使萧奉先友旧，执政十余年，善逢迎取媚，天祚又宠任之。俨卒，奉先荐处温为相。处温因奉先有援己力，倾心阿附，以固权位，而贪污尤甚，凡所接引，类多小人。（《辽史》卷一〇二《李处温传》）

辽主好畋猎淫酗，怠于政事，四方奏事，往往不见省。（《金史》卷二《太祖纪》）

辽之国势，以圣宗时为强盛，兴宗、明宗，尚可蒙业而安。至道宗远贤亲佞，辽政遂衰。天祚继以荒淫，国事益坏，而女真乃乘间崛起。

初辽每岁遣使市名鹰海东青于海上，道出境内，使者贪纵，征索无艺，公私厌苦之。康宗尝以不遣阿疏为言，显水纪石烈阿疏，毛睹禄阻兵为难，穆宗自将伐阿疏，阿疏乃自诉于辽，遂留不敢归。稍拒其使者；太祖嗣节度，亦遣蒲家奴往索阿疏，故常以此二者为言。……至是复遣宗室习古乃、完颜银术可往索阿疏。习古乃等还，具言辽主骄肆废弛之状，于是召官僚耆旧以伐辽告之，使备冲要，建城堡，修戎器，以听后命。辽统军司闻之，……辽人始为备，命统军萧挞不野调诸军于宁江州。……太祖……谓诸将佐曰："辽人知我将举兵，集诸路军

备我。我必先发制之，无为人制。"众皆曰"善"。……太祖进军宁江州，……诸路兵皆会于来流水，得二千五百人，致辽之罪，申告于天地。……至辽界，……进军宁江州，时辽天祚天庆四年，宋徽宗政和四年，西历1114年。诸军填堑攻城，……克其城。……辽都统、……副都统，……将步骑十万，会于鸭子河北，太祖自将击之。……及河，辽兵方坏陵道，选壮士十辈击走之，大军继进，遂登岸。……与敌遇于出河店，会大风起，尘埃蔽天，乘风势击之，辽兵溃，……获……车马甲兵珍玩，不可胜计。……辽人尝言，女直兵若满万，则不可敌，至是始满万云。……攻宾州拔之，……降……祥州，……克咸州。（《金史》卷二《太祖纪》）

天庆四年，十月，以守司空萧嗣先为东北路都统，静江军节度使萧挞不也为副，……屯出河店。两军对垒，女直军潜渡混同江，掩击辽众，萧嗣先军溃。……萧奉先惧其弟嗣先获罪，辄奏东征溃军，所至劫掠，若不肆赦，恐聚为患；上从之。……诸军相谓曰："战则有死而无功，退则有生而无罪。"故士无斗志，望风奔溃。……十二月，咸、宾、祥三州，及铁骊、兀惹皆叛入女直。……往援宾州，……咸州并为女直所败。（《辽史》卷二七《天祚帝纪》一）

女真举兵，连战大捷，遂建号称帝，与辽对峙。

收国元年，辽天祚天庆五年，宋徽宗政和五年，西历1115年。正月壬申朔，群臣奉上尊号，是日即皇帝位。上曰："辽以宾铁为号，取其坚也。宾铁虽坚，终亦变坏，惟金不变不坏。金之色白，完颜部色尚白。"于是国号大金，改元收国。（《金史》卷二《太祖纪》）

辽知金不可骤讨，欲与金和，金恃强不允，天祚乃大举攻之。

天庆五年正月，下诏亲征，遣僧家奴持书约和，斥阿骨打名。阿骨打遣赛剌复书，若归叛人阿疏，迁黄龙府于别地，然后议之。（《辽史》卷二八《天祚帝纪》二）

八月，……以围场使阿不为中军都统，耶律张家奴为都监，率番汉兵十万，萧奉先充御营都统诸行营都部署，耶律章奴为副，以精兵二万为先锋，余分五部为正军，贵族子弟千人为硬军，扈从百司为护卫军北出骆驼口；以都检点萧胡睹姑为都统，枢密直学士柴谊为副，

将汉步骑三万，南出宁江州，自长春州分道而进，发数月粮，期必灭女直。(《辽史》卷二八《天祚帝纪》二)

天祚行军至中途，内乱忽起，仓猝而归，为金所蹑，遂致溃败。

> 耶律**章奴**反，奔上京，谋迎立魏国王淳。……章奴知魏国王不听，率麾下掠庆晓怀祖等州，结渤海群盗，众至数万，趋广平淀，犯行宫。顺国女直阿鹘产，以三百骑，一战而胜。……章奴诈为使者，欲奔女直，为逻者所获，缚送行在，腰斩于市。(《辽史》卷二八《天祚帝纪》二)

> 辽主以**张奴**叛，西还。……诸将曰："今辽主既还，可乘怠追击之。……上复曰："诚欲追敌，约斋以往，无事饩馈，若破敌，何求不得。"众皆奋跃，追及辽主于护步答冈。是役也，……辽师败绩，……获舆辇、帘幄、兵械、军资、他宝物、马牛不可胜计。(《金史》卷二《太祖纪》)

> 天庆六年正月，……裨将渤海高永昌僭号。……五月，……女直军攻下沈州，复陷东京，擒高永昌，东京州县……皆降女直。七年正月，……女直军攻春州，东北面诸军，不战自溃，女古皮室四部及渤海人皆降，复下泰州。(《辽史》卷二八《天祚帝纪》二)

章奴、张奴，不同古籍对同一人名的不同音译。

金上京会宁府遗址

天祚帝自大败归，欲图再举，乃置怨军。

> 天庆七年九月，上自燕至阴凉河，置怨军八营，募自宜州者，曰前宜后宜；自锦州者，曰前锦后锦；自乾、自显者，曰乾曰显；又有乾显大营、岩州营，凡二万八千余人，屯卫州蒺藜山。(《辽史》卷二八《天祚帝纪》二)

金初因辽控制过严，欲脱羁绊，举兵以抗。既连胜辽兵，据有东北诸地，已非始愿所及，无复进取之心，辽遣求和，亦有允意。据《辽史》卷二八。《天祚帝纪》天庆八年所复书，其条款如下。

(1) 辽主册金主为皇帝。
(2) 辽主以兄礼事金主。
(3) 割让上京、中京、兴中府三路州县。
(4) 岁贡方物。
(5) 以亲王、公主、驸马、大臣子孙为质。

辽金款议，终因文字关系不能成立。

> 金复遣胡突衮来，免取质子，及上京、兴中府所属州郡，裁减岁币之数，如能以兄事朕，册用汉仪，可以如约。(《辽史》卷二八《天祚帝纪》二)

> 天祚付群臣等议，萧奉先大喜，以为自此无患，差静江军节度使萧习烈，……备天子衮冕、玉册、金印、车辂、法驾之属，册立阿骨打为东怀国至圣至明皇帝。……至金国，扬朴以仪物不全用天子之制，又东怀国，乃小邦怀其德之义，仍无册为兄之文。……阿骨打大怒，……遣萧习烈，……回云：册文骂我，我都不晓。徽号国号，玉辂御宝，我都有之。须称我大金国皇帝兄即已，能从我，今秋可至军前；不然，我提兵取上京矣。"天祚恶闻女真事，萧奉先揣其意，皆不以闻。(叶隆礼《契丹国志》卷一〇《天祚帝纪》上)

> 天庆九年，宋徽宗宣和元年，西历1219年。七月，……金复遣乌林答赞谟来，责册文无兄事之语，不言大金而云东怀，乃小邦怀其德之义，及册文有"渠材"二字，语涉轻侮，若"遥芬多戬"等语，皆非善意，殊乖体式。如依前书所定，然后可从。(《辽史》卷二八《天祚帝纪》二)

和议迁延久不决，兵衅复开。

天辅四年，辽天祚帝天庆十年，宋徽宗宣和二年。三月，上谓群臣曰："辽人屡败，遣使求成，惟饰虚辞以为缓师之计。当议进讨。"……诏咸州路都统司，……以余兵来会于浑河。……四月，上自将伐辽。……五月，……趋上京，……上亲临城，督将士诸军鼓噪而进，……克其外城，留守挞不野以城降。(《金史》卷二《太祖纪》)

丙、辽之灭亡与西辽之建立

耶律余睹，……国族之近者也。……其妻，天祚文妃之妹。文妃生晋王，最贤，国人皆属望。时萧奉先之妹，亦为天祚元妃，生秦王。奉先恐秦王不得立，深忌余睹，将潜图之，……讽人诬余睹，……谋立晋王，尊天祚为太上皇。事觉，……赐文妃死。余睹在军中闻之，惧不能自明被诛，即引兵千余，并骨肉军帐，叛归女直。……余睹既入女直，为其国前锋，引娄室孛堇兵，攻陷州郡。(《辽史》卷一〇二《耶律余睹传》)

金太祖得耶律余睹，尽悉辽情，遂遣将南侵。

天辅五年，辽天祚保大元年，宋徽宗宣和三年。七月，诏咸州都统司曰："自余睹来，灼见辽国事宜，已决议亲，征其治兵以俟师期。"寻以连雨，罢亲征，命吴勃极烈昱为都统，移赉勃极烈宗翰副之，帅师而西。……六年正月，……取中京。(《金史》卷二《太祖纪》)

时天祚帝正猎于鸳鸯泺，河北赤城县境。金兵追袭之，不及而还。

二月，……知辽主猎鸳鸯泺，……遂遣……都统杲，进兵袭之。三月，都统杲出青岭，宗翰出瓢岭，追辽主于鸳鸯泺。辽主奔西京，宗翰复追至白水泺，不及，获其货宝。(《金史》卷二《太祖纪》)

天祚西奔，南京大臣，拥立燕王淳为帝，于是辽分为二。

辽主天祚震惊，率骑兵五千奔云中，留宰相张琳、李处温与燕王耶律淳守燕。天祚至云中，遂取马三千匹，奔入夹山。绥远五原县西北。淳守燕二十年，得人心。天祚既奔夹山，李处温与其弟处能及子奭、都兴萧干挟怨军谋立淳，乃率燕京数万人劝进。淳即位，改怨军为常胜军，自号天锡皇帝，改元建福，降天祚为湘阴王。淳主燕云平

上中京辽西六路，而沙漠以北诸番部，天祚主之，犹称保大二年，辽国自此分矣。（宇文懋昭《大金国志》卷二《太祖纪》下）

保大二年，天祚入夹山，奚王回离保、林牙耶律大石等，……立淳，……改保大二年为建福元年，……以回离保知北院枢密使事，军旅之事，悉委大石。……淳病死，……遗命遥立秦王定，天祚次子。……德妃为皇太后称制，改建福为德兴元年。（《辽史》卷三〇《天祚帝纪》四）

金初与宋有夹击之约，故金置燕京不取。但宋师进攻不利，辽得苟延，及金兵入关，燕京始陷。

天辅五年十二月，……国主……遂分三道进兵，粘罕趋南暗口，挞懒驸马趋北牛口，国主亲趋居庸关，分三路入燕。……抵居庸关，辽人弃关走，……到燕。萧后闻居庸失守，夜率萧干等出奔，……辽相左企弓、虞仲文等迎降，……大石林牙，以萧后归辽主于夹山，天祚杀萧后，萧干以奚渤海人入奚。（宇文懋昭《大金国志》卷二《太祖纪》下）

天祚收集散亡，图复燕云，与金兵遇，兵败被擒，辽遂以亡。

天祚既得林牙耶律大石兵，归又得阴山室韦谟葛失兵，自谓得天助，再谋出兵，复收燕云。大石林牙力谏，……不从。大石遂杀乙薛及坡里括，置北南面官属，自立为王，率所部西去。上遂率诸军出夹山，下渔阳岭，取天德、东胜、宁边、云内等州，南下武州，遇金人战，……复溃，直趋阴山。（《辽史》卷二九《天祚帝纪》三）

金师围青塚寨，天祚子雅里在军中，太保特母哥挟之出走，间道行至阴山，闻天祚失利，趋云内。雅里驰赴时，扈从者千余人，多于天祚。……天祚渡河奔夏，队帅耶律敌列等劫雅里北走。至沙岭，……群僚共立雅里为主，雅里遂即位，改元神历。……致疾卒。（《辽史》卷三〇《天祚帝纪》四）

金太祖完颜阿骨打像

辽德宗
耶律大石像

　　帝幸天德，过沙漠，闻金兵至，……趋党项，……至应州新城东六十里，为金将完颜罗索所获。……至金，降封海滨王。（李有棠《辽史纪事本末》卷三三）

　　辽亡之后，耶律大石建西辽于西域，复延八十四年，灭于乃蛮。

　　耶律大石，……太祖八代孙也。……登……进士第，擢翰林，……辽以翰林为林牙。故称大石林牙，……天祚播越，与诸大臣立秦晋王淳为帝，淳死立其妻萧德妃为太后以守燕。及金兵至，萧德妃归天祚，天祚怒诛德妃而责大石。……大石不自安，……率铁骑二百宵遁，北行，……西至可敦城，驻北庭都护府。会……七州……十八部王众，谕曰："……金以臣属，逼我国家，……使我天祚皇帝，蒙尘于外。……我今仗义而西，欲借力诸蕃，翦我仇敌，复我疆宇。"……遂得精兵万余，置官吏，立排甲，具器仗。明年，天保三年。二月甲午，……整旅而西。先遗书回鹘王毕勒哥曰："……今我将西至大食，假道尔国，其勿致疑。"毕勒哥得书，即迎至邸，……愿质子孙为附庸，送至境外。所过，敌者胜之，降者安之，兵行万里，归者数国，获驼马牛羊财物，不可胜计，军势日盛，锐气日倍。至寻思干，即撒马儿罕。西域诸国，举兵十万，号忽儿珊来拒战，……三军俱进，忽儿珊大败。……驻军寻思干，凡九十日，回回国王来降，贡方物。又西至起儿漫，在撒马儿罕与布哈拉之间。文武百官，册立大石为帝，以甲辰岁宋徽宗宣和六年，金太宗天会二年，西历1124年。二月五日即位，……号葛儿罕，《元史·太祖纪》作菊儿汗，《曷斯麦里传》作阔儿罕，华言普遍汗也。复上汉尊号曰天祐皇帝，改元延庆。……延庆三年，班师东归，马行二十日得善地，遂建都城，号虎思斡耳朵。斡耳朵，蒙古语，宫殿也。……在位二十年，庙号德宗。（《辽史》卷三〇《天祚帝纪》四）

子夷列年幼，遗命皇后权国。后名塔不烟，号感天皇后，称制，改元咸清，在位七年。(《辽史》卷三〇《天祚帝纪》四)

子夷列即位，改元绍兴，籍民十八岁以上，得八万四千五百户，在位十三年殁，庙号仁宗。(《辽史》卷三〇《天祚帝纪》四)

子幼，遗诏以妹普速完权国称制，改元崇福，号承天太后。后与驸马萧朵鲁不弟朴古只沙里通，出驸马为东平王，罗织杀之。驸马父斡里剌，以兵围其宫，射杀普速完及朴古只沙里。普速完在位十四年。(《辽史》卷三〇《天祚帝纪》四)

仁宗次子直鲁古即位，改元天禧，在位三十四年。时秋出猎，乃蛮王屈出律，以伏兵八千擒之而据其位，遂袭辽衣冠，尊直鲁古为太上皇，……朝夕问起居，以侍终焉。直鲁古死，宋宁宗嘉定六年，金卫绍王至宁元年，西历1213年。辽绝。(《辽史》卷三〇《天祚帝纪》四)

八　北宋之灭亡

(一) 宋金之和战
甲、海上之盟

赵良嗣，本燕人马植，世为辽国大族，仕至光禄卿，行污而内乱，不齿于人。政和初，童贯出使，道卢沟，植夜见其侍史，自言有灭燕之策，因得谒。童贯与语，大奇之，载与归，易姓名曰李良嗣，荐诸朝，即献策曰："女真恨辽人切骨，而天祚荒淫失道。本朝若遣使自登莱涉海，结好女真，与之相约攻辽，其国可图也。"……徽宗召见，……嘉纳之，赐姓赵氏，以为秘书丞图燕之议自此始。(《宋史》卷四七二《赵良嗣传》)

天辅元年，……先是宋建隆以来，女真自其国之苏州，泛海至登州卖马，故道犹存。去夏有汉儿郭药师者，泛海来，具言女真攻辽事。宋遣马政，同药师讲买马旧好，由海道入苏州，至其国阿骨打所

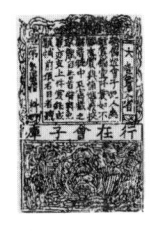

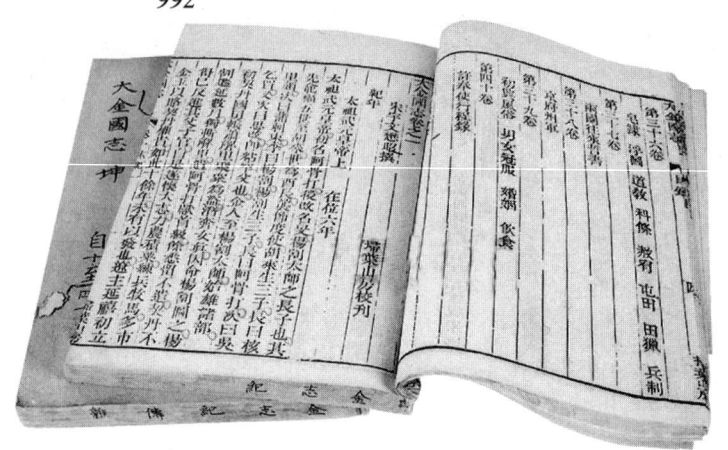

《大金国志》书影

居阿芝州涞流河，问遣使之由，政对以"贵朝在建隆时，讲好已久，今闻贵朝攻破辽国五十余城，欲复前好，共行吊伐"。阿骨打……遣渤海人李善庆，……赍国书，并北珠生金……为贽。……天辅二年，宋徽宗重和元年。……至宋，……宋相蔡京、童贯见之，……居十余日，遣赵有开、马政赍诏及礼物，与善庆等渡海聘之。（宇文懋昭《大金国志》卷一《太祖纪》上）

宋使登州防御使马政，以国书来，其略曰："日出之分，实生圣人，窃闻征辽，屡破勍敌，若克辽之后，五代时陷入契丹汉地，愿畀下邑，……"使散睹如宋报聘，书曰："所请之地，今当与宋夹攻，得者有之。"（《金史》卷二《太祖纪》）

天辅三年，宋徽宗宣和元年。正月，……宋遣其使赵良嗣来。……良嗣之来使也，大概议夹攻辽，使金人取中京，宋朝取燕京，许之岁币，初许三十万，而卒与契丹旧数。良嗣曰："燕京一带，则并西京是也。"国主亦许之，遂以手札付良嗣，约以本国兵自平地松林，内蒙古克什克腾旗地。趋古口，南朝兵自白沟夹攻。……马政回使于金，国书略曰："……共图问罪之师，诚意不渝，义当如约。已差童贯勒兵相应，彼此兵不得过关，岁币依与契丹旧数，仍约毋听契丹讲和。"（宇文懋昭《大金国志》卷一《太祖纪》上）

乙、夹击之始末

金兵攻破中京，……遂引兵至松亭关，已有与宋朝有各不过关之约，止引兵由其西而过。……天祚至云中，……奔入夹山……金兵追至云中，……追天祚几及。（宇文懋昭《大金国志》卷二《太祖纪》下）

宣和四年，金太祖天辅六年。三月，……辽人立燕王淳为帝，金人来约夹攻，命童贯为河北河东路宣抚使，屯兵于边以应之，且招谕幽燕，……五月，……以蔡攸为河北河东宣抚副使，以常德军节度使谭

積为太尉。童贯至雄州，令都统制种师道等分道进兵，辽人击败前军统制杨可世于兰沟甸。……杨可世与辽将萧干战于白沟，败绩，辛兴宗败于范村。六月，种师道退保雄州，辽人追击至城下。帝闻兵败，惧甚，遂诏班师，以王黼为少师。是月，辽燕王淳死，萧干等立其妻萧氏。七月，……王黼以耶律淳死，复命童贯、蔡攸治兵，以河阳三城节度使刘延庆为都统制。……九月，……金人遣徒孤且乌歇等来议师期，……辽将郭药师等以涿易二州来降。十月，……刘延庆与郭药师等统兵出雄州，……师次涿州，郭药师与高世宣、杨可世等袭燕，萧干以兵入援，战于城中，药师等屡败，皆弃马缒城而出，死伤过半。以蔡攸为少傅，判燕山府。刘延庆自卢沟河烧营夜遁，众军遂溃，萧干追至涿水上乃还。（《宋史》卷二二《徽宗纪》四）

药师拥所部八千人，奉涿易二州来归，诏以为恩州观察使。王师北讨，刘延庆与干军于卢沟，药师曰："干以全师抗我，燕城必虚，选劲骑袭之可得也。"延庆遣药师与诸将帅兵六千，夜半渡河，倍道而进，质明，甄五臣领五千骑夺迎春门以入，大军继至。……药师遣人谕萧后使趣降，后密诏萧乾还，战于三市，药师失马，几为所擒，遂以败还。（《宋史》卷四七二《郭药师传》）

延庆营于卢沟南，乾分兵断饷道，擒护粮将王渊，得汉军二人，蔽其目留帐中，夜半伪相语曰："闻汉军十万压吾境，吾师三倍，敌之有余。当分左右翼，以精兵冲其中，左右翼为应，歼之无遗。"阴逸其一人归报。明旦，延庆见火起，以为敌至，烧营而奔，相蹂践死者百余里，自熙丰以来所储军实殆尽，退保雄州，燕人作赋及歌诮之。（《宋史》卷三五七《刘延庆传》）

宋兵两次图燕，皆遭挫败。迨燕京为金所下以归于宋，与原约不符，已伏后来败盟之衅。

初宋朝与金人约，但求石晋故地，初不思平、营、滦三州，乃刘仁恭以遗契丹，故不肯割。至是，赵良嗣、马扩见国主于奉圣州，主令其弟国相蒲结与计事，蒲结以往岁不遣报使，今岁遣兵失期为言云，今更不论元约，特与燕京六州，二十四县。六州谓冀、景、檀、顺、涿、易也。良嗣……辩论数四，卒不从。（宇文懋昭《大金国志·太祖纪》下）

宋又遣良嗣索营、平、滦三州，金主不许，其词甚峻。

(1) 若必欲取营、平、滦三州，并燕京而不与。

(2) 燕京自我得之则当归我，燕租三百万，止取一百万。

(3) 不然还我涿易旧疆。

宋自知力不能抗，终以牵就成盟。

(1) 岁输银绢各二十万两匹，又别输"燕京代税钱"一百万缗。

(2) 遣使贺金主生辰及正旦。

(3) 置榷场贸易。

约定，始实行交割燕京。

童贯、蔡攸入燕，先日交割，后日抚定。凡燕之金帛、子女、职官、民户为金人席卷而东，宋朝捐岁币数百万，所得者空城而已。
(宇文懋昭《大金国志》卷二《太祖纪》下)

（二）宋金之战争

甲、起衅原因

张觉亦作叛。……为辽兴军节度副使，镇民杀其节度使萧谛里，觉拊定乱者，州人推领州事。燕王淳死，觉知辽必亡，籍丁壮五万人，马千匹，练兵为备。……金人入燕，访觉情状于辽故臣康公弼，……请使焉而观之，遂往见觉。觉曰："契丹八路皆陷，今独平州存，敢有异志……"公弼道其语，粘罕信之，升平州为南京，加觉同中书门下平章事，企弓、公弼与曹勇义、虞仲文皆东迁。时燕民尽徙，流离道路，或诣觉诉公弼、企弓等不能守燕，致吾民如是，能免我者，非公而谁。觉召僚属议，皆曰："近闻天祚复振于松漠，金人所以急趋山西者，畏契丹议其后也。公能仗大义，迎故主，以图兴复，责企弓等之罪而杀之，纵燕人归燕，南朝宜无不纳。倘金人西来，内用营平之兵，外借南朝之援，何所惧乎？"觉又访于翰林学士李石，亦以为然。乃杀企弓等四人，复称保大三年……石更名安弼。偕故三司使高党往燕山，说知燕山府王安中，……安中深然之，具奏于朝。……金人闻觉叛，遣阇母国王将三千骑来讨，觉帅兵迎拒之于营州，阇母以兵少不交锋而退。……觉遂妄以大捷闻，朝廷建平州为泰宁军，拜觉节度使，……犒以银绢数万。诏命至，觉喜，远出迎，

金人谍知举兵来，觉不得返，……奔燕。……金人既平三州，始来索觉，王安中讳之。索愈急，乃斩一人貌类者去，金人曰："此非觉也。觉匿于王宣抚甲仗库，若不与我，我自以兵取之。"安中不得已，引觉出，……使行刑。……既死，函首送之，燕之降将，……自是解体。(《宋史》卷四七二《张觉传》)

金中都水关遗址

按此起衅之一因也。

天会二年，宋徽宗宣和六年，西历1124年。三月，……遣使往宋丐粮。先是良嗣使金时，许金人糇粮二十万斛，至是诣宣抚司来索所许。谭稹曰："二十万斛岂易致邪？兼宣抚司未尝有片纸只字许粮之文。"金使曰："去年四月间，赵良嗣已许矣。"稹曰："口许岂足凭邪？"终不之与。(宇文懋昭《大金国志》卷三《太宗纪》一)

按此起衅之又一因也。

乙、金兵南侵

先是金人既获天祚，连遣三使聘宋，初曰报谢通好也，次曰告庆得天祚也，又次曰贺天宁节也。使传继来，河朔至京，供亿疲蔽，其实窥觇道路，使之不疑。……时粘罕已蓄南侵之谋，会义胜军三千畔奔之，具言中国虚实。……由是刘彦宗、余睹、萧庆力劝粘罕，言南朝可图，仍不必众，因粮就兵可也。粘罕遂决意入侵。(宇文懋昭《大金国志》卷三《太宗纪》一)

天会三年，宋徽宗宣和七年，西历1125年。十二月，斡离不、粘罕分道入侵宋，东路之军，斡离不主之，建枢密院于燕山，以刘彦宗主院事；西路之军，粘罕主之，建枢密院于云中，以时立爱主院事。……于是斡离不之军，自燕山侵河北，粘罕之军侵河东。(宇文懋昭《大金国志》卷三《太宗纪》一)

卷四 宋辽金夏元

西路军之情况——

宣和七年,……粘罕南侵,贯在太原,遣马扩、辛兴宗往聘以尝金。金人以纳张觉为责,且遣使告兴兵,……使者劝贯速割两河以谢。贯气褫不能应,谋遁归,太原守张孝纯诮之,……贯奔入都。(《宋史》卷四六八《童贯传》)

童贯自太原遁归京师,中山奏金人斡离不、粘罕,……陷忻、代等州,围太原。(《宋史》卷二二《徽宗纪》四)

东路军之情况——

斡离不军至燕,……破檀蓟州。(宇文懋昭《大金国志》卷三《太宗纪》一)

初王安中知燕山府,詹度与药师同知。药师自以节钺,欲居度上,度称御笔所书有序,药师不从,加以常胜军肆横,药师右之,度不能制。告于朝廷,虑其交恶,命度与河间蔡靖两易。靖至坦怀待之,药师亦重靖,稍为抑损。安中但谄事之,朝廷亦曲徇其意,所请无不从。……专制一路,增募兵,号三十万,而不改左衽,朝论颇以为虑。亟拜太尉,召入朝,辞不至。帝令童贯行边,阴察其去就,不然则挟之偕来。贯至燕,药师迎……拜帐下,……贯释然。……归为帝言,药师必能抗虏,蔡攸亦从中力主之,……谓其可倚,故内地不复防制。屡有告变,及得其通金国书,辄不省。……金兵已南下,破檀蓟,至玉田,蔡靖遣药师、张令徽、刘舜仁帅师出御,其夕令徽遁归,靖与部使者诣药

完颜宗翰塑像

师，……悉锁于家。斡离不及郊，药师率军官迎拜，遂从以南叛。……斡离不至庆源，闻天子内禅，欲回军，药师曰："南朝未必有备，不如姑行。"其后赵趄京城，诘索宫省，与邀取宝器服玩，皆药师道之也。(《宋史》卷四七二《郭药师传》)

药师既畔，金使诣宋国，具言拥兵来因，辞颇不顺，徽宗引咎归己，连下哀痛之诏。……已而徽宗内禅。……欲回，药师曰："南朝未必有备，不如姑行。"至信德府，不移时遂克。(宇文懋昭《大金国志》卷三《太宗纪》一)

先是内侍梁方平，领军在河北岸，铁骑奄至，仓卒奔溃。……方平既溃，何灌军亦望风奔散，宋师在河南者无一人，金人遂取小舟以济。(宇文懋昭《大金国志》卷四《太宗纪》二)

靖康元年，金太宗天会四年，西历1126年。正月，……金人破相州，破濬州，威武军节度使梁方平师溃，河北河东路制置副使何灌，退保滑州。灌奔还，金人济河，……犯京师。(《宋史》卷二三《钦宗纪》)

斡离不围宋京师，先是药师尝打毬于牟驼冈，知天驷监有马二万匹，刍豆山积，至是道斡离不，使奄而取之。……寻攻通天景阳门甚急，宋李纲督将士拒之，又攻陈桥封邱卫州门，纲登城督战，杀数千人乃退。何灌出战败绩，死之。未几马忠以京西兵，败金人于顺天门外，宋师稍振，游骑不敢旁出。(宇文懋昭《大金国志》卷四《太宗纪》二)

汴京被围，而朝臣主战、主和者，尚分两派。

金将斡离不兵渡河，徽宗东幸，宰执议请上暂避敌锋，……上顾宰执曰："策将安出？"纲进曰："今日之计，当整军马，固结民心，相与坚守，以待勤王之师。"上问谁可将者，……纲曰："陛下不以臣庸懦，倘使治兵，愿以死报。"乃以纲为尚书右丞，……命纲为亲征行营使，以便宜从事。纲治守战之具，不数日而毕。(《宋史》卷三五八《李纲传》上)

李纲主固守，以待勤王之师，然后与金决战，而多数主和，不用纲策，遣使与金议款。

李纲像

四方勤王之师，渐有至者，种师道、姚平仲亦以泾原秦凤兵至。纲奏言："金人贪婪无厌，凶悖已甚，其势非用师不可，且敌兵号六万，而吾勤王之师集城下者已二十余万。彼以孤军入重地，……当以计取之，……若扼河津，绝饷道，分兵复畿北诸邑，而以重兵临敌营，坚壁勿战，……俟其食尽力疲，……纵其北归，半渡而击之，此必胜之计也"。……约日举事，姚平仲勇而寡谋，急于要功，先期率步骑万人，……以袭敌营，不克，惧诛亡去。（《宋史》卷三五八《李纲传》上）

姚平仲夜袭金营不克，金人借为口实，益倔强，宋乃罢纲以谢金人。人情愤激，太学生陈东伏阙上书，力请用纲以竟战功。

金使来，宰相李邦彦语之曰："用兵乃李纲、姚平仲，非朝廷意。"遂罢纲，以蔡懋代之。（《宋史》卷三五八《李纲传》上）

李邦彦议和，恶李纲主战罢之。东率诸生伏宣德门上书曰："在廷之臣，奋勇不顾，以身任天下之重者，李纲也。……其忌嫉贤能，动为身谋，不恤国计者，李邦彦、白时中、张邦昌、赵野、王孝迪、蔡懋、李梲之徒，社稷之贼也。"（钱士升《南宋书》卷三〇《陈东传》）

太学诸生陈东等，及都民数万人伏阙上书，请复用李纲及种师道，且言李邦彦等疾纲，恐其成功，罢纲正堕金人之计。会邦彦入朝，众数其罪而骂，吴敏传宣，众不退，遂挝登闻鼓，山呼动地。殿帅王宗濋恐生变，奏上勉从之，遣耿南仲号于众曰："已得旨宣纲矣。"内侍朱拱之宣纲后期，众脔而磔之，并杀内侍数十人。乃复纲右丞，充京城防御使。（《宋史》卷二三《钦宗纪》）

但勤王兵，遇敌辄败，终于不能不和，其所定约条如下。

(1) 宋朝输金五百万两，银五千万两，表缎百万匹，牛马万头。

(2) 尊金主为伯父。

(3) 割太原、中山、河间三镇。

(4) 亲王宰相为质。

于是括借都城金银，及倡优家财，得金二十万两，银四百万两，且以肃王枢为质，斡离不始解围北还。

丙、徽钦被虏

> 粘罕之围太原也，悉破诸县，为锁城法，以困太原。锁城法者，于城外矢石不及之地，筑城环绕，分人防守。（宇文懋昭《大金国志》卷四《太宗纪》二）

太原由张孝纯固守，粘罕攻之不下，兵被牵掣，未得与围汴之役。及闻斡离不议和，饱载而去，亦遣使来索赂，宋却之，于是兵衅又开。

> 先是粘罕遣人来求赂，大臣以勤王兵大集，拘其使人，且约结余睹以图之。至是，粘罕怒，及攻太原不克，分兵趣京师，过南北关，权胜威军李植以城降，陷隆德府。（《宋史》卷二三《钦宗纪》）

宋谓金败盟，即诏三镇固守，且遣兵往援之。

> 诏曰："朕承道君皇帝付托之重，即位十有四日，金人之师，已及都城。大臣建言，捐金帛，割土地，可以纾祸，……而金人要盟，终弗可保。今肃王渡河，北去未还，粘罕深入，南克隆德，又所过残破，……朕夙夜追咎，何痛如之。已诏元主和议李邦彦及奉使许地之人，悉行罢黜，又诏种师道、姚古、种师中往援三镇，……誓当固守，……永保疆土。（王偁《东都事略》卷一二《钦宗纪》）

宋复用离间之策，欲使金人内变，徒为金人兴兵口实。

> 粘罕……差萧仲恭、赵伦等赍书报复。……时宋勤王之师踵至，大臣有轻敌意，狃曰："吾兵盛如此，当与金抗。且彼既领肃王过河，吾盍留其使，与之相当。"于是馆其使，逾月不遣。有都管赵伦者燕人，狡狯惧不得归，乃诈以情告伴使邢倞曰："金国有余睹者，领契丹精锐甚众，贰于金人，愿归大国，可结之以图粘罕、斡离不。"倞遂以闻，宋大臣信之，即以诏书授伦，纳衣领中，仍赐伦等绢各千四、白金千金。伦至粘罕所，首以其书献之。粘罕大怒，以伦书奏闻其主。……又麟府折可求来，献言夏国之北，有大辽天祚梁王与林牙

宋钦宗像

萧太师，……如能合击金人，立我宗社，则当修好如初。吴敏以为然，乃奏上，令致书梁王，由河东入麟府，为粘罕游兵所得。(宇文懋昭《大金国志》卷四《太宗纪》二)

以上两事彰露，金主乃遣粘罕、斡离不大举分道南侵，以不守信约为名。

天会四年，宋钦宗靖康元年，西历1126年。八月，诏左副元师宗翰即粘罕、右副元师宗望即斡离不伐宋。(《金史》卷三《太宗纪》)

于是粘罕发云中，斡离不发保州。

金人既退，大臣不复顾虑，武备益弛。好问言："金人得志，益轻中国，秋冬必倾国复来，御敌之备，当速讲求。今边事经画旬月，不见施设，……此臣所深惧也。"及边警急，大臣不知所出，遣使讲解，金人佯许而攻略自如，诸将以和议故，皆闭壁不出。好问言："彼名和而实攻，朝廷不谋进兵遣将何也？请亟集沧滑邢相之戍，以遏奔冲，而列勤王之师于畿邑，以卫京师。"疏上不省。金人陷真定，攻中山，上下震骇，廷臣狐疑相顾，犹以和议为辞。好问率台属，劾大臣畏懦误国，出好问知袁州。(《宋史》卷三六二《吕好问传》)

粘罕攻下太原，斡离不克真定，宋师皆溃。

金人陷太原，召拜刑部尚书，再出使，许以三镇赋入之数。云至真定，……还言……金人必欲得三镇，不然则进兵取汴都，中外震骇，诏集百官议。(《宋史》卷三五七《王云传》)

宋师既溃，而庙堂和战主张，仍不一致，毫无战守之计。

金骑再来邀割三镇，恪集廷臣议，以为当与者十九，恪从之。使者既行，于是诸道勤王兵大集，辄谕止，……皆反斾而去。(《宋史》卷三五二《唐恪传》)

金人再举向京师，请割三镇，李纲等谓不可和，而南仲力沮之，为主和议，故战守之备皆罢。(《宋史》卷三五二《耿南仲传》)

王云使金帅斡离不军还，言金人怒割三镇缓，却礼币弗纳，曰兼旬使不至，则再举兵。于是百官议从其请，㮚曰："……金人变诈叵测，安能保必信？割亦来，不割亦来。"宰相主割议，㮚论辩不已。……㮚请建四道总管，使统兵入援，以胡直孺、王襄、赵野、张叔夜领之，……而唐恪、耿南仲、聂昌信和议，相与谋曰："方继好息民，而调发不已，使金人闻之奈何？亟檄止之。"㮚解政事。(《宋史》卷三五三《何㮚传》)

王云……言，金坚欲得地，不然进兵取汴京。……集百官议于延和殿，范宗尹等七十人请与之，桧等三十六人持不可。(《宋史》卷四七三《秦桧传》)

主战者遭挫，仍复进行和议，使聂昌赴粘罕军，耿南仲赴斡离不军，皆不得要领。

会金人再议和，割两河，须大臣报聘，诏耿南仲及昌往。昌……行次永安，与金将粘罕遇，……往河东，至绛，绛人闭壁拒之。昌持诏抵城下，缒而登，州钤辖赵子清，麾众害昌，抉其目而脔之。(《宋史》卷三五三《聂昌传》)

南仲偕金使王汭往卫州，乡兵欲杀汭，汭脱去。南仲独趣卫，卫人不纳，走相州。(《宋史》卷三五二《耿南仲传》)

因是和议不成，金兵遂渡河围汴。

粘罕留银朱守太原，斡离不留韶合、韩庆和守真定，各率其众南征。斡离不……由恩州王榆渡趋大名，由李固渡济河，……侵宋京师，屯刘家寺。……粘罕克平阳府，又克西京及河阳府，……克郑州，克怀州，……围宋京师，屯青城。(宇文懋昭《大金国志》卷四《太宗纪》二)

京师守备空虚，终于不守。

时勤王兵不至，城中兵可用者，惟卫士三万，然亦十失五六。金人攻城急，……范琼以千人出战，渡河冰裂，没者五百余人。自是士气益挫。妖人郭京用六甲法，尽令守御人下城，大启宣化门，出攻金

人，兵大败。京托言下城作法，引余兵遁去，金兵登城，众皆披靡。(《宋史》卷二三《钦宗纪》)

命何㮚及济王栩使金军。何㮚入言，金人邀上皇出郊。帝曰："上皇惊忧而疾，必欲之出，朕当亲往。"(《宋史》卷二三《钦宗纪》)

十二月，钦宗往青城与粘罕议和，索金一千万铤，银二千万铤，缣帛如银之数。(宇文懋昭《大金国志》卷四《太宗纪》二)

金人遣使致书欲钦宗再幸其军，……钦宗亦不欲出郊，而㮚独以谓必须出，钦宗信之。……幸金营，……遂留不遣。(王偁《东都事略》卷一〇八《何㮚传》)

时金人根括津搬络绎道路，上遣使归云："朕拘留在此，候金银数足方可还。"于是再增侍从郎中二十四员，再行根括，又分遣搜掘咸里宗室内侍僧道伎术之家，凡八日，得金三十万八千两，银六百万两，衣段一百万，诏令权贮纳。时根括已申了绝，……军前取过教坊人，及内侍蓝折等言，各有窖藏金银，乞搜出。二酋怒甚，于是开封府复立赏限，大行根括，凡十八日，城内复得金七万，银一百十四万，并衣段四万纳军前。二酋以金银不足，杀提举官梅执礼等四人，余各杖数百。(陈邦瞻《宋史纪事本末》卷五七)

靖康元年，闰十一月三十日，……金已许和。……十二月初四日，金人遣使命检视府库，拘收文籍，欲尽竭所有以犒诸军。初五日，金使移文开封府，索良马一万匹。……初六日，……索军器。……初九日，……索金帛，……又取奸臣家属凡二十家。……二十三日，金人索监书藏经，如苏黄文及《资治通鉴》之类。……二十四日，金人持书入城，督责金帛，……检视府库藏积绢，……一千四百万匹，于内准充犒赏所须一千万匹，……今来赏劳诸军，议定合用金一百万锭，银五百万锭。……靖康二年，正月二十七日，金人索郊天仪物、法服、卤簿、冠冕、乘舆种种等物，及台省寺监官吏、通事舍人、内官，数各有差，并取家属，又索犀象宝玉药石，彩色帽幞书籍之属。……二十九日，……开封府逮捕内夫人倡优，……又征求咸里权贵女使，……又押内官二十五人，及百工伎艺千人。……三十日，金人索八宝九鼎车辂等，又索将作监官吏，尚书省吏人，秘书监文籍，国子监印板，及阴阳传神待诏等。……二月初二日，金人索后妃

服琉璃玉器，再要杂工匠、伶人、医官、内官等各家属。……十七日，又追取官嫔以下一千五百人，亲王二十五人，帝姬驸马四十九人。……十八日，金人移文，索太学博通经术者三十人，如法以礼敦聘前来，师资之礼，不敢不厚。学中应募者三十人，大抵多闽人及两河人，官司各给三百千以治装，三十人忻然应聘。……十九日，金人移文，索禅学通经口数僧行数十人，……又索应千经板。……二十二日，金人移文，宗室南班官等，须管二十五日解发尽绝，并不得隐落一人。……三月二十二日，金人移文，节次索金银表段，并犒军之物，……但念楚国肇造，……已议停止。……二十九日，五鼓，太上皇帝主上北行。（丁特起《靖康纪闻》）

宋徽宗像

靖康二年，高宗建炎元年，金太宗天会五年，西历1127年。二月，……金人要上皇如青城，以内侍邓述所具诸王孙名，尽取入军中，金人逼上皇召皇后、皇太子入青城。（《宋史》卷二三《钦宗纪》）

粘罕遣二人持书，一诣太上皇，一诣钦宗。前曰："今日北国皇帝，已有施行事件，请车驾诣军前听候。"……钦宗至金营，粘罕坐而言曰："今北国皇帝不从汝请，别立异姓为主。"使人拥帝，……至一室，以兵刃守之。天明，有人呼帝出曰："太上至矣。"帝视之，见戎衣数十人，引太上……而去，……皇族、后妃、诸王累累至军中，日夜不止。……粘罕坐帐中，使人拥二帝至阶下，宣诏曰：宜择立异姓以代宋后，仍令赵某父子前来燕京，令元帅府差人津遣前来。是日，以青袍易二帝衣服，以常妇之服易二后之服。（宇文懋昭《大金国志》卷五《太宗纪》三）

金人废赵氏，代以异姓，张邦昌因得立为楚帝。楚者指江以南言，盖金人自揣能力尚不足征服全中国，仅先据河北，而援立楚以治江南。后来以河南、山东与刘豫，立为齐帝，亦同此用意。

吴开莫俦,自金营持文书来,令推异姓堪为人主者,从军前备礼册命。留守孙傅等不奉命,表请立赵氏。金人怒,复遣开莫俦促之,劫傅等召百官杂议,众莫敢出声,相视久之,计无所出。……适尚书员外郎宋齐愈至自外,众问金人意所主,齐愈书"张邦昌"三字示之,遂定议以邦昌治国事。……王时雍时为留守,再集百官诣秘书省,至即闭省门,以兵环之,俾范琼谕众以立邦昌,众意唯唯。有太学生难之,琼恐沮众,厉声折之,遣归学舍。时雍先署状,以率百官,御史中丞秦桧不书,抗言,……金人怒,执桧。……金人奉册宝至,邦昌北向拜舞受册,即伪位,僭号大楚。(《宋史》卷四七五《张邦昌传》)

维天会五年,岁次丁未,三月辛亥朔,二十一日辛巳,皇帝若曰:"先皇帝肇造区夏,务安元元,肆朕纂承,不敢荒怠,夙夜兢兢,思与万国,同格于治。粤惟有宋,实乃通邻,贡岁币以交欢,驰星轺而讲好,期于万世,永保无穷,盖我有大造于宋也。不图变誓渝盟,以怨报德,构端怙乱,反义为仇,谲绐成俗,贪婪不已,加以肆行淫虐,不恤黎元,号令滋章,纪纲紊弛;况所退非其罪,所进非其功,贿赂公行,豺狼塞路,天厌其德,民不聊生,而又姑务责人,罔知省己,父既无道于前,子复无断于后。以故征师命将,伐罪吊民,幸赖天高听卑,神幽烛细,旌旗一举,都邑立摧,且眷命攸瞩,谓之大宝,苟历数改卜,未获偷安,故用黜废,以昭元鉴。今者国既乏主,民宜混同,然念厥初,诚非贪土,遂命帅府,与众推贤,佥曰太宰张邦昌,天毓疏通,神资睿哲,处位著忠良之誉,居家闻孝友之名,实天命之有归,乃人情之所傒,择其贤者,非子而谁?是用遣使诸官都部署尚书左仆射权签枢密院事韩某等,持节备礼,以玺册命尔为皇帝,以援斯民,国号大楚,都于金陵,自黄河以外,除西夏新界,疆场仍旧。世辅王室,永作藩臣,贡礼时修,尔勿疲于述职;问音岁致,我无缓于忱诚。於戏!天生蒸民,不能自治,故立君以临之;君不能独理,故树官以教之,乃知民非后不治,后非贤不守,其于有位,可不慎与!予懋乃德,嘉乃丕绩,日慎一日,虽休勿休。钦哉,其听朕命。"(宇文懋昭《大金国志》卷三二)

张邦昌既立,金人挟徽钦二帝,及后妃帝姬宗室数千人北去。

天会六年,宋高宗建炎二年,西历1128年。八月,……以宋二庶人

素服见太祖庙，遂入见于乾元殿，封其父徽宗。昏德公，子钦宗。重昏侯。（《金史》卷三《太宗纪》）

按世传《南渡录》等书，言二帝迁徙无常处，徽宗卒于五国城，钦宗则当金主亮时，以骑兵蹙毙之，其事无佐证。但据《宋史·金史》及蔡鞗《北狩行录》，则徽钦当尚同居，宗室故官，亦许相随，族类甚蕃云。

九　南宋之建国

（一）宋金之战争

甲、金人第一次南侵　宋高宗建炎元年，金太宗天会五年。

金人遂攻取河南、山东，进窥陕西。

> 靖康元年正月，金人犯京师，军于城西北，遣使入城，邀亲王宰臣议和，……帝……请行。……二月……斡离不……请更肃王。……八月，……金帅粘罕复引兵深入。……十月，王云从吏自金先还，言金人须帝再至乃议和。……十一月，诏帝使河北，……至磁州，守臣宗泽请曰："肃王去不返，金兵已迫，复去何益，请留磁。"磁人以云将挟帝入金，遂杀云。时粘罕、斡离不，已率兵渡河，相继围京师，从者以磁不可留，知相州汪伯彦，……请帝还相州。闰月，……初朝廷闻金兵渡河，欲拜帝为元帅，至是……至相，拜帝为河北兵马大元帅。……十二月，帝开大元帅府，有兵万人，分为五军，……率兵离相州，……次大名府。宗泽以二千人先诸军，至知信德府梁扬祖以三千人继至，张俊、苗傅、杨沂中、田师中皆在麾下，兵威稍振。……汪伯彦等皆信和议，惟宗泽请直趋澶渊，帝遂遣泽以万人进屯澶渊，……自是泽不复预府中谋议。……建炎元年四月，粘罕退师，钦宗北迁，邦昌尊元祐皇后孟氏。为宋太后，遣人至济州访帝。……耿南仲率幕僚劝进，……邦昌遣……等持书诣帝，自言从权济事，及将归宝避位之意。……鄜延副总管刘光世，自陕州来会。……西道都统管王襄自襄阳来会，至应天府，……群臣劝进者益众。……五月，

宋高宗像

……即位于府治，改元建炎，……元祐皇后在东京，是日彻帘。(《宋史》卷二四《高宗纪》一)

吕好问谓邦昌曰："人情归公者，劫于金人之威耳。金人既去，能复有今日乎？康王居外久，众所归心，曷不推戴之？"又谓曰："为今计者，当迎元祐皇后，请康王早正大位，庶获保全。"监察御史马伸，亦请奉迎康王，邦昌从之，……乃册元祐皇后曰宋太后，……请元祐皇后垂帘听政，以俟复辟，……邦昌以太宰退处。(《宋史》卷四七五《张邦昌传》)

高宗初立，以无可恃之兵，故李纲建议，借重民兵，资其捍御。故南渡之初，多假民兵以官位。

入对奏曰："今国势不逮靖康间远甚，……非有规模而知先后缓急之序，则不能以成功。夫外御强敌，内销盗贼，修军政，变士风，裕邦财，宽民力，改弊法，省冗官，……俟吾所以自治者政事已修，然后可以问罪金人。……至于所当急而先者，则在于料理河北河东。盖河北河东者，国之屏蔽也，料理稍就，然后中原可保，而东南可安。今河东所失者，恒、代、太原、泽、潞、汾、晋，余郡犹存也；河北所失者，不过真定、怀、卫、濬四州而已，其余三十余郡皆为朝廷守。两路士民兵将，……皆推豪杰以为首领，多者数万，少者亦不下万人。朝廷不因此时置司遣使以大慰抚之，分兵以援其危急，臣恐粮尽力疲，……金人因得抚而用之，皆精兵也。莫若于河北置招抚司，河东置经制司，……有能全一州、复一郡者，以为节度防御团练使。……非惟绝其从敌之心，又可资其御敌之力，使朝廷永无北顾之忧，最今日之先务也。"(《宋史》卷三五八《李纲传》上)

高宗据相州形势之地，金人为尽绝赵氏，故必欲除之。

康王遣王师正奉表，密以书招诱契丹，汉人获其书奏之，太宗下

中华二千年史

诏伐康王。(《金史》卷七四《宗翰传》)

> 先是粘没喝等既北去，留万户银尤可屯太原，副统绍合屯真定，娄室围河中，蒙哥进据磁相渤海，大挞不也围河间。帝命……忻州观察使张换……袭之，……娄室以重兵压河中，……已而城陷。(陈邦瞻《宋史纪事本末》卷六二)

高宗畏金之逼，决意走避东南。李纲请幸关中，宗泽请还东京，以系中原人心。

> 又奏臣章言车驾巡幸之所，关中为上，襄阳次之，建康为下。陛下纵未能行上策，犹当且适襄邓，示不忘故都，以系天下之心，不然中原非复我有。……盖天下精兵健马，皆在西北，一旦委中原而弃之，……金人将乘间以扰内地，……第恐一失中原，则东南不能必其无事，虽欲退保一隅，不易得也。(《宋史》卷三五八《李纲传》上)

> 俄有诏，荆襄江淮悉备巡幸。泽上疏言，开封物价市肆，渐同平时，莫不愿陛下亟归京师，以慰人心。(《宋史》卷三六〇《宗泽传》)

但帝皆不听，竟南幸扬州。金人闻帝出走，分兵追袭，两河从此沦陷。

> 宗翰趋汴州，使娄室等自平阳道先趋河南，……撒刺答破天井关，……降河阳。娄室军至，既渡河，遂薄西京，……西京降。娄室取偃师，永安军巩县降，撒刺答败宋兵于汜水，于是荥阳、荥泽、郑州、中牟相次皆降。(《金史》卷七二《娄室传》)

> 诏伐宋康王，宗辅发河北，宗弼即兀朮攻开德府，粮乏，转攻濮州，……遂克濮州，降旁近五县。攻开德府，宗弼以其军先登，奋击破之。(《金史》卷七七《宗弼传》)

> 建炎二年十一月，……金人……陷德州，兵马都监赵叔皈死之。……金人陷淄州。……十二月……金人犯东平府，京西路制置使权邦彦弃城去；又犯济南府，守臣刘豫以城降。(《宋史》卷二五《高宗纪》二)

山东东北各地，俱为金有。金复会兵攻大名。

契丹文大字碑残石

天会六年，建炎二年。八月，……粘罕既破澶濮，会窝里嗢之众，同攻北京，继攻兖郓。十二月，破袭庆府。……天会七年，建炎三年。春，破徐州，守臣王复死之，……破淮阳泗楚等州。……由是粘罕亦渡黎阳以攻澶濮。澶濮既下，时杜充守东京，虑敌西来，决大河阻之，金不能西，乃东会窝里嗢同下北京，继攻兖郓，故至是由徐泗以攻扬州。（宇文懋昭《大金国志》卷五《太宗纪》三）

金兵进迫扬州，高宗复渡江以避之。

金人陷天长军，内侍邝询报金兵至，帝被甲驰幸镇江府。是日，金兵过杨子桥，游骑至瓜洲。（《宋史》卷二五《高宗纪》二）

金人攻扬州，帝仓卒渡江，渊与内侍康履从至镇江。……帝欲如镇江以援江北，群臣亦固请，渊独言镇江止可捍一面，若金人自通川渡，先据姑苏，将若之何？不如钱塘有重江之险。议遂决，命渊守姑苏。（《宋史》卷三六九《王渊传》）

金人焚扬州……去。（《宋史》卷二五《高宗纪》二）

粘罕既会师东上，复别遣娄室攻陕窥蜀。

使娄室取陕西，败宋将范致虚军，下同华二州，克京兆府，获宋制置使傅亮，遂克凤翔。（《金史》卷七二《娄室传》）

建炎元年十二月，娄室攻陕西。二年正月，入长安、凤翔，关陇大震。二月，义兵起，金人自巩东还。（《宋史》卷三六九《曲端传》）

按金人还兵，河北河东州郡未下者，始尽为所克。

乙、金人第二次南侵 宋高宗建炎三年，金太宗天会七年。

金人南越江淮以追高宗，西取陕西以窥蜀。

> 天会七年，……兀尤请于粘罕及窝里嗢，乞提兵侵淮，从之。以女真万户聂耳银朱拔东，渤海万户大挞不也，汉军万户王伯隆，大起燕云河朔民兵附之。冬，兀尤率众渡江，分路入攻，……遂分两道，一自滁和攻江东，一自蕲黄攻江西，破滁州，破寿春府，官吏以城降；破庐州，帅臣李会降；以檄抵濠州，权守张宗望降；破和州，守臣李铸降；……破吉州，守臣杨渊道；破抚州，守臣王仲山降；破袁州，守臣王仲蕟降。（宇文懋昭《大金国志》卷五《太宗纪》三）

金兵分渡江淮以南侵，江东西皆陷，建康亦不守，高宗由浙入海。

> 宗泽……卒，充代为留守，兼开封尹。初宗泽要结豪杰，图迎二帝，泽卒，充短于抚御，人心疑沮，两河忠义之士，往往皆引去。（《宋史》卷四七五《杜充传》）

> 杜充将还建康，飞曰："中原地尺寸不可弃，今一举足，此地非我有，他日欲复取之，非数十万众不可。"充不听，遂与俱归。……时命充守建康，金人与李成合寇乌江，充闭门不出。……金人遂由马家渡渡江，充遣飞等迎战，王璪先遁，诸将皆溃。（《宋史》卷三六五《岳飞传》）

> 高宗将幸西浙，命韩世忠屯太平，王璪屯常州，以充为江淮宣抚使，留建康，使尽护诸将。刘光世、韩世忠惮充严急，不乐属充，诏移光世江州，世忠常州。时江浙倚充为重，……金人……济……登岸，充亟命统制官陈淬，……邀击于马家渡。……王璪……引兵遁，充军溃，金人陷建康，充渡江保真州。

宗泽像

充尝痛绳诸将，诸将衔之，伺其败，众将甘心焉。充不敢归，……完颜宗弼复遣人说充曰："若降，当封以中原，如张邦昌故事。"充遂叛降金。(《宋史》卷四七五《杜充传》)

驾至平江，闻杜充败绩，上曰："事迫矣，若何？"颐浩遂进航海之策。(《宋史》卷三六二《吕颐浩传》)

高宗既南遁入海，兀朮追至明州不及，始焚掠而北，平江尤遭蹂躏之惨。

宗弼自江宁取广德军路，追袭宋主于越州，至湖州取之。先使阿里蒲卢浑趋杭州，具舟于钱塘江，宗弼至杭州，官守巨室皆逃去，遂攻杭州，取之。宋主闻杭州不守，遂自越奔明州，……阿里蒲卢浑以精兵四千袭之。讹鲁补木列速降越州，大臭破宋周汪军。阿里蒲卢浑破宋兵三千，遂渡曹娥江，去明州二十五里，大破宋兵，追至其城下。城中出兵战，失利，宋主走入于海。宗弼中分麾下兵，会攻明州，克之。阿里蒲卢浑泛海至昌国县，执宋明州守赵伯谔。伯谔言宋主奔温州，将自温州趋福州矣，遂行海，追三百余里不及，阿里蒲卢浑乃还。(《金史》卷七七《宗弼传》)

韩世忠方守江上，虽不能扼兀朮北归之途，听其从容北去，然中土士气从此振作矣。

宗弼军自杭州，遂取秀州；赤盏晖败宋军于平江，遂取平江。阿里率兵先趋镇江，宋韩世忠以舟师扼江口，宗弼舟小，契丹汉军没者二百余人，遂自镇江溯流西上，世忠袭之，夺世忠大舟十艘。于是宗弼循南岸，世忠循北岸，且战且行。世忠艨艟大舰，数倍宗弼军，出宗弼军前后数里，击柝之声，自夜达旦。世忠以轻舟来挑战，一日数接。将至黄天荡，宗弼乃因老鹳河故道，开三十里通秦淮，一日一夜而成，宗弼乃得至江宁。挞懒使移剌古自天长趋江宁援宗弼，乌林答泰欲亦以兵来会，连败宋兵。宗弼发江宁，将渡江而北，宗弼军渡自东，移剌古渡自西，与世忠战于江渡。世忠分舟师绝江流上下，将左右掩击之，世忠舟皆张五纲，宗弼选善射者，乘轻舟以火箭射世忠舟上五纲，五纲著火箭皆自焚，烟焰满江。世忠不能军，追北七十里，舟军歼焉，世忠仅能自免，宗弼渡江北还。(《金史》卷七七《宗弼传》)

兀朮自广德破临安，帝如浙东，世忠以前军驻青龙镇，中军驻江湾，后军驻海口，俟敌归邀击之。……金兵至，则世忠军已先屯焦山寺。……兀朮遣使通问，约日大战，许之。战将十合，梁夫人亲执桴鼓，金兵终不得渡。……挞辣在潍州，遣字董太一趋淮东以援兀朮，世忠与二酋相持黄天荡者四十八日，太一字董军江北，兀朮军江南，世忠以海舰进泊金山下，预以铁绠贯大钩授骁健者。明旦敌舟噪而前，世忠分海舟为两道，出其背，每绁一绠，则曳一舟沉之。兀朮穷蹙，……谓诸将曰："南军使船如使马，奈何？"募人献破海舟策。闽人王某者，教其舟中载土，平版铺之，穴船版以棹桨，风息则出江，有风则勿出，海舟无风不可动也。又有献谋者曰："凿大渠，接江口，则在世忠上流。"兀朮一夕潜凿渠三十里。……次日风止，我军帆弱不能运，金人以小舟纵火，矢下如雨，……敌得绝江遁去。（《宋史》卷三六四《韩世忠传》）

一夜造火箭成。是日，引舟出江，其疾如飞，天霁无风，海舟皆不动，以火箭射海舟蒻蓬，世忠军焚溺而死者，不可胜数。（宇文懋昭《大金国志》卷六《太宗纪》四）

同时别部金兵进攻陕西，张浚经略数年，终能保蜀。

宗翰会宗辅即窝里嗢。伐康王，命娄室、蒲察专事陕西，以婆卢火、绳果监战。绳果等遇敌于蒲城及同州，皆破之。娄室、蒲察克丹州，破临真，进克延安府，遂降绥德军及静边怀远等城寨十六。复破青涧城，宋安抚使折可求，以麟府丰三州及堡寨九降于娄室。晋宁所部九寨皆降，而晋宁军久不下。……城中无井，日取河水以为饮，乃决渠于东，泄其水，城中遂困，李位、石乙启郭门降，……遂降安定堡渭平寨，及鄜坊二州。于是娄室、婆卢火守延安，折可求屯绥德，蒲察还守蒲州。延安鄜坊州皆残破，人民存者无几，娄室置官府辑安之。别将斡论降建昌军，……娄室……遂与阿卢补。谋里也至三原，……攻乾州，……州降，遂进兵克邠州，军于京兆。陕西城邑已降定者，辄复版，于是睿宗以右副元帅总陕西征伐。时娄室已有疾，睿宗与张浚战于富平，宗弼左翼军已却，娄室以右翼力战，军势复振，张浚军遂败。（《金史》卷七二《娄室传》）

宗弼渡江北还，遂从宗辅定陕西，与张浚战于富平。宗弼陷重围

中，韩常……奋呼搏战，遂解围，与宗弼俱出。既败张浚军于富平，遂与阿卢补招降熙河泾原两路，及攻吴玠于和尚原，抵险不可进，乃退军。伏兵起，且战且走，行三十里，将至平地，宋军阵于山口，宗弼大败，将士多战没。(《金史》卷七七《宗弼传》)

建炎三年，……以承宣使张俊为秦凤路总管。俊……将卸兵而西，……浚谓"中兴，当自关陕始，虑金人或先入陕取蜀，则东南不可保"，遂慷慨请行。诏以浚为川陕宣抚处置使，得便宜黜陟。将行，……高宗问浚大计，浚请身任陕蜀之事，置幕府于秦川，别遣大臣与韩世忠镇淮东，令吕颐浩扈跸来武昌，复以张俊、刘光世与秦川相首尾。议既定，浚行，未及武昌而颐浩变初议。浚既抵兴元，金人已取鄜延，骁将娄室、孛堇，引大兵渡渭攻永兴，诸将莫肯相援。浚至即出行关陕，……以搜揽豪杰为先务，诸将慑息听命。会谍报金人将攻东南，浚命诸将整军向敌。已而金人大攻江淮，浚即治军入卫，至房州，知金人北归，复还关陕。时金帅兀术犹在淮西，浚惧其复扰东南，谋牵制之，遂决策治兵，合五路之师以复永兴。金人大恐，急调兀术等由京西入援，大战于富平。泾原帅刘锜，身率将士薄敌陈，杀获颇众。会环庆帅赵哲擅离所部，……惊遁，诸军皆溃。浚……退保兴州，命吴玠聚兵扼险于凤翔之和尚原、大散关，以断敌来路，关师古等聚熙河兵于岷州大潭，孙渥、贾世方等聚泾原凤翔兵于阶成凤三州，以固蜀口。……绍兴元年，金将乌鲁攻和尚原，吴玠乘险击之，金人大败走。兀术复合兵至，玠及其弟璘，复邀击大破之，兀术仅以身免，亟翦其须髯遁归。……浚在关陕三年，训新集之兵，当方张之敌，以刘子羽为上宾，任赵开为都转运使，擢吴玠为大将，守凤翔。子羽慷慨有才略，开善理财，而玠每战辄胜，西北遗民，归附日众。故关陕虽失，而全蜀安堵，且以形势牵制东南，江淮亦赖以安。(《宋史》卷三六《张浚传》)

丙、金人第三次南侵 宋高宗绍兴四年，金太宗天会十二年。

初金人既得河南山东地，虑汉人不易治，因立屏藩，介金宋之间。刘豫得立为齐帝，金兵南侵，即以助豫攻取。

刘豫，……景州阜城人也。……举进士，政和二年，召拜殿中侍御史，……宣和六年，……除河北提刑。金人南侵，豫弃官避乱仪

真。豫善中书侍郎张悫，建炎二年正月，用悫荐除知济南府。……是冬，金人攻济南，……率百姓降金。……三年三月，兀朮闻高宗渡江，乃徙豫知东平府，充京东西淮南等路安抚使，……以子麟知济南府，界旧河以南，俾豫统之。（《宋史》卷四七五《刘豫传》）

天会八年，宋高宗建炎四年，西历1130年。……云中留守高庆裔献议于粘罕曰："吾君举兵，止欲取两河，故汴京既得，而复立张邦昌，后以邦昌废逐，故再有河南之役。方今两河州郡既下之后，而官制不易、风俗不改者，可见吾君意非贪土，亦欲循邦昌之故事也。元帅可首建此议，无以恩归它人。"粘罕从之，于是令右监军兀室，驰请于朝，国主从之。金师自破山东，挞懒久居滨潍，刘豫以相近，奉之尤善，挞懒尝有许豫僭逆之意。庆裔，粘罕心腹也，恐为挞懒所先，遽建此议。……高庆裔自河南归至云中，具陈诸州郡共戴刘豫之意。九月九日，立刘豫于大名府，国号大齐。（宇文懋昭《大金国志》卷六《太宗纪》四）

豫遂僭立于大名，以李孝扬权左丞，张东权右丞兼吏部侍郎，以子麟提领诸路兵马知济南，……遂起四郡强壮为云从子弟，应募者六千人。（宇文懋昭《大金国志》卷三一《齐国刘豫录》）

维天会八年，岁次庚戌，□月辛丑朔，二十七日丁卯，皇帝若曰："朕闻公于御物，不以天位为己私，职在救民，乃知王者为道器，威罚既已殄罪，位号宜乎授能。乃者有辽，运属颠危，数穷否塞，获罪上帝，流毒下民。太祖武元皇帝，仗黄钺而拯黔黎，举白旄而誓师众，妖氛既扫，区宇式宁。越有宋人，来从海道，愿输岁币，祈复汉疆，太祖方务善邻，即从来议。岂期天方肇乱，自启衅阶，阴结叛臣，贼虐宰辅，鸠集奸慝，扰乱边陲。肆朕篡承，仰循先矩，姑存大体，式示涵容，乃复蔽匿逋逃，夸大疆域，肆其贪狠，自起纷争，扰吾外属之藩邻，取其受赐之乡土。因彼告援，遂与解和，终无听从，巧为辞拒，爰命将帅，敦谕盟言，许以自新，全然不改。偏师傅汴，首罪犇淮，嗣子哀鸣，请复欢好，地画三镇，誓卜万年，凡有质委，悉同父约。既而官军未退，夜集众以犯营；誓墨未干，密传檄而坚壁。私结使人，阴起事端，以故再遣师徒，诘兹败类。又起画河之议，复成款战之谋，既昧神明，乃昭元鉴，京城摧破，鼎祚沦亡。

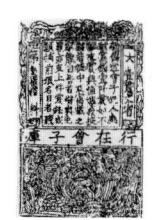

无并尔疆，以示不贪之德；止迁其主，用彰伐罪之心。建楚新封，守宋旧服。不料懦庸，难胜重任，妄为退让，反陷诛锄。奉命出和，已作潜身之计；提兵入卫，反为护己之资。忍视父兄，甘为俘虏，事务虽济，人岂无情；方在殷忧，乐于僭号，心之幸祸，于此可知。乃遣重兵，连年讨捕，始闻远窜，越在岛夷。重念斯民，乱于无主，久罹涂炭，未获昭苏，不委仁贤，孰能保庇？咨尔中奉大夫京东京西淮南等路安抚使兼诸路马步军都总管知东平府节制大名府开德府濮博滨棣德沧等州刘豫，夙擅敢言之誉，素怀济世之才，居于乱邦，生不遇世，百里虽智，亦奚补于虞亡；三仁至高，或愿从于周仕。当奸贼扰攘之际，愚民去就之间，举郡来王，奋然独断，逮乎历试，厥勋克成。委之安抚德化行，任之尹牧狱讼理，付之总戎盗贼息，专之节制郡国清，况又定衰救乱之谋，安变持危之策，使民无事则櫜弓力稼，有役则释耒荷戈，罢无名之征，废不急之务，征隐逸，举孝廉，振纲纪，修制度，省刑罚而出烦酷，发仓廪而息虫螟，神人以和，上下协应。比下明诏，询考舆情，列郡同辞，一心仰戴。宜即始归之地，以昭建业之元。是用遣使留守西京特进检校太保尚书右仆射大同尹兼山西兵马都部署上柱国广陵郡开国公食邑二千户食实封二百户高庆裔，副使金紫光禄大夫尚书礼部侍郎知制诰护军南阳县开国侯食邑一千户食实封一百户韩昉，备礼以玺绶宝命尔为皇帝，国号大齐，都于大名府。世修子礼，永贡虔诚，付尔封疆，并从楚旧，更须安集，自适攸居。尔其上体天心，下从民欲，忠以藩王室，信以保邦圻。惟天难谌，惟命靡常，常厥德，保厥位，尔其勉哉。勿忽朕命。"（宇文懋昭《大金国志》卷三二）

刘豫不惜以汉人攻汉人，为金人前驱，乃与宋构兵。

天会十一年，宋高宗绍兴三年，西历1133年。刘豫陷邓随等州。李成本群盗，降伪齐，既得邓州，知襄阳李横、知随州李道闻之，皆弃城而去，于是宋郢唐信阳军相继陷没。……粘罕遣李永寿等使南宋，取回齐国之俘，及西北士民之在南者，且欲画江以益刘豫。……天会十二年，绍兴四年。春，宋遣章谊来军前，充奉表通问使。时国中所议事，南宋皆不从。……刘豫得随郢襄阳等州，宋岳飞复取之。（宇文懋昭《大金国志》卷八《太宗纪》六）

刘豫用兵不利，乞助于金，合兵攻宋。

天会十二年，……刘豫遣人请于国主乞师，主命诸将议之，粘罕、兀室以为难，窝里嗢以为可，于是窝里嗢、挞懒权左右副元帅，调渤海汉儿军五万人以应豫。（宇文懋昭《大金国志》卷八《太宗纪》六）

刘豫伪齐政权钱币

乞师于金人，伪奉议郎罗诱上南征策，豫大喜，夺民舟五百载战具，以徐文为前军，声言攻定海，……遣子麟入寇及诱金人。宗辅、**挞辣**、兀朮分道南侵，步兵自楚承进，骑兵由泗趋徐。……金主……以兀朮尝渡江，习知险易，俾将前军。（《宋史》卷四七五《刘豫传》）

挞辣，亦作挞懒。

至是宋始亟为战备。盖豫与金不同，对金始终不敢抗，对豫则下诏讨之。一战而捷于大仪，再战而捷于鸦口，宋之士气，至是始振，浸有恢复之望矣。

朝廷震恐，或劝帝他幸。赵鼎曰："战而不捷，去未晚也。"张浚曰："避将安之？"遂决意亲征。豫兵与金人分道渡淮，楚州守臣樊序弃城走，淮东宣抚使韩世忠，自承州退保镇江。……诏张浚援世忠，刘光世移军建康，世忠复还扬州。……世忠战于大仪，解元战于承州，皆捷。豫露榜有窥江之言，帝发临安，……下诏讨豫，始暴豫罪恶，士气大振。（《宋史》卷四七五《刘豫传》）

金人与刘豫合兵，分道入侵，……世忠……遂自镇江济师，俾统制解元守高邮，候金步卒；亲提骑兵驻大仪，当敌骑，伐木为栅，自断归路。会遣魏良臣使金，世忠撤炊爨，绐良臣，有诏移屯守江，良臣疾驰去。世忠度良臣已出境，即上马令军中曰："眂吾鞭所向。"于是引军次大仪，勒五阵设伏二十余所，约闻鼓即起击。良臣至金军中，金人问王师动息，具以所见对，聂儿、孛堇闻世忠退，喜甚，引兵至江口，距大仪五里，别将挞孛也，拥铁骑过五阵东。世忠传小麾鸣鼓，伏兵四起，旗色与金人旗杂出，金军乱。我军迭进，背嵬军各持长斧，上揕人胸，下砍马足，敌被甲陷泥淖，世忠麾劲骑四面蹂

卷四 宋辽金夏元

蹒，人马俱毙，遂擒挞孛也等。……所遣董旼，亦击金人于天长县之
鸦口。……解元至高邮遇敌，设水军夹河阵，日合战十三，相拒未
决。世忠遣成闵将骑士往援，复大战，世忠复亲追至淮，金人惊溃，
相蹂藉溺死甚众。……时挞辣屯泗州，兀朮屯竹墅镇，为世忠所扼。
（《宋史》卷三六四《韩世忠传》）

是时雨雪乏粮，杀马而食，死亡日多，兵皆嗟怨。……又闻宋主
亲征，国主病笃，韩常劝兀朮曰："士卒劳苦，俱无斗志，强驱过
江，恐自常之余无不叛者。况今吾君病笃，内或有变，惟速归为善。"
兀朮然之，夜引还。大军既去，乃遣人谕麟、猊，于是麟、猊等弃辎
重亦遁，昼夜兼行三百余里，至宿州方小憩，西北大恐。（宇文懋昭
《大金国志》卷八《太宗纪》六）

金兵既退，张浚屯盱眙，韩世忠屯楚州，刘光世屯合肥，岳飞屯襄
阳，战储已备。知刘豫不足为患，高宗始诏谕三军，亲征刘豫。

豫闻帝亲征，告急于金主亶。熙宗。领三省事宗磐曰："先帝立豫
者，欲豫辟疆保境，我得按兵息民也。今豫进不能取，退不能守，兵
连祸结，休息无期，从之则豫收其利，而我实受弊，奈何许之！"金主
报豫自行，姑遣兀朮提兵黎阳以观衅。（《宋史》卷四七五《刘豫传》）

金知豫无能为，初则坐视不救，继遂废之。盖知中原不难治，勿须假
手于人，而伪齐之国运终矣。

豫于是籍民兵三十万，分三遣入寇，麟由寿春犯庐州，猊出涡口
犯定远，孔彦舟趋光州，寇六安。……猊兵阻韩世忠不得前，还顺
昌。麟兵从淮西系三净桥以济，次濠寿间，江东安抚使张浚拒战，命
汤沂中至泗州与张俊合，刘光世亦还庐州与沂中相应，统制王德、郦
琼出安丰，遇麟，皆败之。猊众数万，欲趋宣化，犯建康，沂中破之
于越家城，又遇于藕塘，大破之。猊遁，麟闻亦拔砦走。（钱士升
《南宋书》卷一三《刘豫传》）

天会十五年，宋高宗绍兴七年。……刘豫乞兵侵江，且言宋将郦琼
全军新降，……乞兵南征。主以废之议已定，阳许其行。……先是主
已定议废豫，会豫乞师不已，乃建元帅府于太原，及屯兵河间，令齐
国兵权听元帅府节制，遂分戍于陈、蔡、汝、亳、许、颍之间。于是

中兴四将

尚书省檄豫治国无状，金主下诏数之，略曰："建尔一邦，逮兹八稔，尚勤兵戍，安用国为！"遂令挞懒等以侵江南为名，伐汴京。先约刘麟单骑渡河计事，麟以二百骑至武城，与兀尤遇，为所擒。二将同葛王褒驰至汴京，入东华门，逼豫出见，兀尤以鞭麾命赢马载之而去，废为蜀王。是冬十一月也。（宇文懋昭《大金国志》卷九《熙宗纪》一）

自此以后，高宗奠都临安，南宋立国之基始固。

丁、宋之平定内地

自宣和之末，民军蜂起，据有州郡，在南宋初，其最称强劲者有——

【李成】

绍兴元年，帝至会稽。时金人残乱之余，孔彦舟据武陵，张用据襄汉，李成尤悍强，据江淮湖湘十余州，连兵数万，有席卷东南意，多造符谶，蛊惑中外，围江州，……久未解。时方患之，范宗尹请遣将致讨，俊慨然请行。……成党马进在筠州，……俊用杨沂中计……击，……贼骇乱，退走大败。既复筠州，……俊引兵渡江，至黄梅县，亲与成战。成……凭山，以木石投人，俊先遣游卒进退若争险状以诳贼，俊亲冒矢石，帅众攻险，贼众数万俱溃，马进为追兵所杀，成北走降刘豫，诸郡悉平。（《宋史》卷三六九《张俊传》）

【张用】

张用寇江西。用亦相人，飞以书谕之曰："吾与汝同里，南薰门

铁路步之战，皆汝所悉。今吾在此，欲战则出，不战则降。"用得书，……遂降，江淮平。(《宋史》卷三六五《岳飞传》)

【孔彦舟】

孔彦舟，初名彦威，为东平府钤辖，与一宗女私通，知州权邦彦欲按之，彦舟率众走，至南京，众渐盛。钟相反于武陵，鼎州地守孤危，军民迎彦舟入城，……因而袭之，相败，……率众移潭州。……刘豫僭位，……彦舟……畔附。(钱士升《南宋书》卷一三《孔彦舟传》)

【曹成】

曹成拥众十余万，由江西历湖湘，据道贺二州，命飞权知潭州，兼权荆湖东路安抚都总管，……招成。成闻飞将至，……即分道而遁。飞至茶陵，奉诏招之，成不从，飞奏："比年多命招安，故盗力强则肆暴，力屈则就招，苟不略加剿除，蜂起之众，未可遽弭。"许之。飞入贺州境得成谍者，缚之帐下，飞出帐调兵食，吏曰："粮尽矣，奈何？"飞阳曰："姑反茶陵。"已而顾谍若失意状，顿足而入，阴令逸之。谍归告成，成大喜，期翌日来追。飞命士蓐食，潜趋绕岭，未明已至太平场，破其砦。成据险拒飞，飞挥兵掩击，贼大溃。成走据北藏岭、上梧关，遣将迎战，飞不阵而鼓，士争奋，夺二隘据之，……登岭破其众。成奔连州，张宪……与飞会连州，进兵追成，成走宣抚司降，……岭表平。(《宋史》卷三六五《岳飞传》)

【刘忠】

时刘忠有众数万，据白面山，营栅相望。世忠始至，欲急击，宣抚使孟庾不可，世忠，……遂与贼对垒。……世忠先得贼军号，……夜伏精兵二千于白面山，与诸将拔营而进，贼兵方迎战，所遣兵已驰入中军，夺望楼，植旗盖，传呼如雷，贼回顾惊溃，麾将士夹击，大破之，斩忠首，湖南遂平。(《宋史》卷三六四《韩世忠传》)

刘忠据白面山，凭险筑垒。世忠讨之，距贼营三十里而阵。元独跨马涉水薄贼砦，四顾周览。贼因山设望楼，从高瞰下，以兵守之，屯壮锐于四山，视其指呼而出战。元既得其形势，归告世忠曰："易与尔。若夺据其望楼，则技穷矣。"世忠然之，遣元率兵五百，长戟

居中，翼以弓矢，自下趋高，贼众莫支，乃据望楼立赤帜，四面并进，贼遂平。(《宋史》卷三六九《解元传》)

【范汝为】

建安范汝为反，辛企宗等讨捕未克，贼势愈炽。以世忠为福建江西荆湖宣抚副使，世忠曰："建居闽岭上流，贼沿流而下，七郡皆血肉矣。"亟领步卒三万，水陆并进，次剑潭。贼焚桥，世忠策马先渡，师遂济。贼尽塞要路拒王师，世忠命诸军偃旗仆鼓，径抵凤凰山，眺瞰城邑，设云梯火楼，连日夜并攻，贼震怖叵测。五日城破，汝为窜身自焚，斩其弟岳吉以徇，擒其谋主……及裨将……等五百余人。(《宋史》卷三六四《韩世忠传》)

【杨么】

湖寇杨么，亦与伪齐通，欲顺流而下，……帝命飞为之备。绍兴四年，除兼荆南鄂岳州制置使，……命招捕杨么。……么负固不服，方浮舟湖中，以轮激水，其行如飞，旁置撞竿，官舟迎之辄碎。飞伐

岳飞平杨么

君山木为巨筏，塞诸港汊，又以腐木乱草浮上流，而下择水浅处，遣善骂者挑之，且行且骂。贼怒来追，则草木壅积，舟轮碍不行，飞亟遣兵击之，贼奔港中，为筏所拒。官军乘筏，张牛革以蔽矢石，举巨木撞其舟尽坏，幺投水，牛皋擒斩之。飞入贼垒，余酋惊曰："何神也！"俱降。(《宋史》卷三六五《岳飞传》)

江湖南北闽，既已咸定，张浚与诸将始请进兵，为规复中原之计。

张浚至江上，会诸大帅，独称飞与韩世忠可倚大事，命飞屯襄阳以窥中原。(《宋史》卷三六五《岳飞传》)

飞奏襄阳等六郡，为恢复中原基本，今当先取六郡，以除心膂之病。(《宋史》卷三六五《岳飞传》)

与帝论恢复之略，因疏："金人立刘豫，盖以中国攻中国，粘罕休息观衅耳。愿假臣日月，提兵向洛，据潼关号召五路叛将，彼将弃汴而走，京畿可以尽复，然后经略两河，则豫成擒，金人可灭。"(钱士升《南宋书》卷一五《岳飞传》)

时金熙宗新立，权臣觊觎大位，未遑南牧；在宋则秦桧执政，素主议和，不允张浚等恢复之请，兵争稍息。

太宗以武元太祖之弟。升居储位，继登大宝，然一时将相如粘罕、兀朮、兀室皆开国大功臣，桀黠难制，太宗居位，拱默而已。太宗病时，大兵相距江上，既崩，不敢发丧，至军回，于次年春，方告诸路。方武元之立太宗也，元约互传于子孙，太宗既立，即舍己之子宋王宗磐本名蒲卢虎。而以武元之长孙梁王亶为谙版孛极烈，官之尊贵者。仍领都元帅之职。太宗既崩。宋王宗磐与武元之子凉王伦，及左副元帅粘罕皆争立，而亶为嫡，遂立之。盖粘罕为窝里嗢宗辅所代，已失兵柄，故不得立。时窝里嗢、挞辣诸帅自江上回，至燕山，悉赴太宗之丧，……亶即皇帝位。熙宗。(宇文懋昭《大金国志》卷八《太宗纪》六)

粘罕有争立之心，金熙宗即位，即削其兵权，代以宗辅。

初金主……召尼玛哈粘罕为相，以鄂尔多宗辅代守云中，……遂失兵柄。富勒呼即宗磐，亦作蒲卢虎。欲挫尼玛哈，因其所善高庆裔以赃败下狱，尼玛哈乞免官为庶人以赎其罪，金主不许，庆裔临刑，尼

玛哈哭与之别，庆裔曰："公早听我言，岂有今日！"盖庆裔尝教之反。凡尼玛哈之党，连坐者甚众，尼玛哈恚闷绝食。纵饮而死。(《续通鉴纲目》卷一三)

未几宗辅卒，老成唯余兀术与挞懒二人。挞懒行辈最尊，独得柄用，与左相宗隽本名讹鲁观、太师领三省事宗磐，各怀异志。会刘豫之废，宋遣王伦使金，求河南故地，挞懒欲结宋为外援而许之。

乃废刘豫。挞懒以左副元帅守汴京，于是伦适至。挞懒太祖从父兄弟，于熙宗为祖行，太宗长子宗磐，以太师领三省事，位在宗干太宗子本名斡本。上，宗翰粘罕。薨已久，宗干不能与宗磐独抗。明年天眷元年，挞懒与东京留守宗隽俱入朝，熙宗以宗隽为左丞相。宗隽，太祖子也。挞懒、宗磐、宗隽三人，皆跋扈嗜利，阴有异图，遂合议以齐地与宋，自宗干以下争之不能得。(《金史》卷七九《王伦传》)

豫为帝数年，无尺寸功，遂降豫为蜀王。挞懒与右副元帅宗弼俱在河南，宋使王伦求河南陕西地于挞懒。明年挞懒朝京师，倡议以废齐旧地与宋，熙宗命群臣议。会东京留守宗隽来朝，与挞懒合力，宗干等争之不能得。宗隽曰："我以地与宋，宋必德我。"宗宪本名阿懒。折之曰："我俘宋人父兄，怨非一日，若复资以土地，是助仇也，何德之有？勿与便。"……是时太宗长子宗磐为宰相，位在宗干上，挞懒、宗隽附之，竟执议以河南陕西地与宋，张通古为诏谕江南使。(《金史》卷七七《挞懒传》)

天眷二年，宋高宗绍兴九年。……宋王伦来使，充迎奉梓宫奉还两宫交割地界使。金主下诏于河南，以陕西河南故地，归于南宋，略曰："顷立刘豫以守南夏，累年于兹。……倘能偃兵息民，我国家岂贪尺寸之地。……所以去冬特废刘豫，今自河之南，复以赐宋氏。"(宇文懋昭《大金国志》卷一〇《熙宗纪》二)

宋不烦兵力，而得河南陕西失地。会挞懒谋反被诛，兀术执政，竟反前议，宋使王伦被囚于金，南北战端再启。

以伦为东京留守，兼开封尹。伦至东京，见金右副元帅兀术，交割地界，兀术还燕。……初兀术还，密言于金主曰："河南地，本挞懒、宗磐主谋，割之与宋，二人必阴结彼国。今使已至汴，勿令逾

境。"……遂命中山府拘伦。（《宋史》卷三七一《王伦传》）

天眷二年秋，郎君吴矢反，既而擒获下大理狱。事连宋国王宗磐，充国王宗隽，虞国王宗英，滕国王宗伟，前左副点检浑黯。时主与右相陈王兀室，谋诛诸父，因朝旦伏兵于内，宗磐入见，擒送大理狱，悉夷其族，……除兀朮都元帅。兀朮既平宗磐之难，驰至燕山，以图挞懒，下祁州府狱，伏诛。（宇文懋昭《大金国志》卷一〇《熙宗纪》二）

宗磐跋扈尤甚，宗隽亦为丞相，挞懒持兵柄，谋反有状，宗磐、宗隽皆伏诛，诏以挞懒属尊有大功，因释不问，出为行台尚书左丞相，手诏慰遣。挞懒至燕京，愈骄肆不法，复与翼王鹘懒谋反，而朝议渐知其初与宋交通，而倡议割河南陕西之地。宗弼请复取河南陕西，会有上变告挞懒者，熙宗乃下诏诛之。挞懒自燕京南走，追而杀之于祁州。（《金史》卷七七《挞懒传》）

宗弼自军中入朝，进拜都元帅。宗弼察挞懒与宋人交通赂遗，遂以河南陕西与宋，奏请诛挞懒，复旧疆。是时宗磐已诛，挞懒在行台，复与鹘懒谋反。会置行台于燕京，诏宗弼为太子，领行台尚书省、都元帅如故，往燕京诛挞懒，……追至祁州杀之。诏诸州郡军旅之事，决于帅府；民讼钱谷，行台尚书省治之。宗弼兼总其事，遂议南伐。（《金史》卷七七《宗弼传》）

兀朮既得政，乃举兵南下。时宋高宗绍兴十年，金熙宗天眷三年，西历 1140 年。也。

天眷三年，……挞懒诛，兀朮始得政。以归地非其本计，决欲渝盟，乃举国中之兵，集于祁州元帅府大阅，遂分四道南征，命聂黎孛堇出山东，撒离曷侵陕右，李成侵河南，兀朮自将精兵十余万，与孔彦舟、郦琼、赵荣抵汴。至是攻宋东京，孟庾率官吏迎拜，兀朮入城，……诏谕州县，以挞懒擅割河南，且言宋朝不肯徇其所欲，诏词略曰："非予一人有食言，恩威弛张之间，盖不得已。"遂命使持诏，遍诣诸郡，又分兵随之。（宇文懋昭《大金国志》卷一一《熙宗纪》三）

宗弼由黎阳趋汴，右监军撒离喝出河中，趋陕西。宋岳飞、韩世忠，分据河南州郡要害，复出兵涉河，东驻岚石保德之境，以相牵制。宗弼遣孔彦舟下汴郑两州，王伯龙取陈州，李成取洛阳，自

率众取亳州，及顺昌府、嵩、汝等州相次皆下。(《金史》卷七七《宗弼传》)

北师游骑，先至顺昌城下，既而葛王褎及龙虎大王军并至城下，凡三万余人，为宋刘锜所败。……兀朮至，……见其城陋，谓诸将曰："此可以靴尖趯倒耳。"即下令，……平旦并力攻城，……大败……而去。……至陈州，数诸将之罪，自将军韩常以下皆鞭之。于是复以葛王褎守归德府，韩常守许州，兀朮自拥其众还汴京。(宇文懋昭《大金国志》卷一一《熙宗纪》三)

大军在颍昌，诸将分道出战，飞自以轻骑驻郾城，兵势甚锐。兀朮大惧，会龙虎大王议，以为诸帅易与，独飞不可当，欲诱致其师，并力一战。……兀朮怒，合龙虎大王、盖天大王，与韩常之兵逼郾城，……官军奋击，遂大败之，……兀朮遁还汴京。(《宋史》卷三六五《岳飞传》)

其入陕金兵，初战尚利，后示挫败。

绍兴十年，金人败盟，诏璘节制陕西诸路军马。撒离喝渡河，入长安，趋凤翔，陕右诸军，隔在敌后，远近震恐。……璘以书遗金将约战，金鹘眼郎君以三千骑冲璘军，璘使李师颜以骁骑击走之，鹘眼入扶风，复攻拔之。……撒离喝怒甚，自战百通坊，列阵二十里，璘遣姚仲力战破之。……十一年，与金统军胡盏战剡家湾，败之，复秦州及陕右诸郡。(《宋史》卷三六六《吴璘传》)

撒离曷自河中渡河，疾驰二百五十里，趋永兴军，宋权知军事郝远即开门纳之。长安既克，陕西州县，所至迎降。既而撒离曷至凤翔西城外下寨，为李师颜、姚仲所败。又悉兵攻泾州，宋田晟因其壁垒未定击之，金师败走。(宇文懋昭《大金国志》卷一一《熙宗纪》三)

两路金兵均不利，乃谋再举。

皇统元年，宋高宗绍兴十一年。春，兀朮自顺昌失利，遂保汴京，留屯宋亳州，出入许郑之间，签两河军与番部凡十余万，以谋再举。至是果南侵，克寿春府、滁州、亳州、庐州、和州。至柘皋安徽巢县西北。与刘锜相遇，隔河相拒。锜会张俊、杨沂中军迎敌，兀朮败退，屯于紫金山。(宇文懋昭《大金国志》卷一一《熙宗纪》三)

绍兴十一年，兀朮复签两河兵，谋再举。帝亦测知敌情，必不一挫遂已，乃诏大合兵于淮西以待之。金人攻卢和二州，锜自太平渡江，……与张俊、杨沂中会，而敌已大入。锜据东关之险以遏其冲，引兵出清溪，两战皆胜。行至柘皋，与金人夹石梁河而阵。（《宋史》卷三六六《刘锜传》）

兀朮……至柘皋，其地坦平，金人自以为骑兵之利也，隔河相拒。会夜大雨，锜遣人会合张俊及沂中之军，……锜……率先迎敌，沂中军继至。兀朮铁骑十余万，分为两隅，夹道而阵。王德与田师中挥兵先薄其右隅，金阵动，乃以拐子马两翼而进，沂中令万兵各持斧如堵而前，锜与诸军合击之，金兵……即退走。（宇文懋昭《大金国志》卷一一《熙宗纪》三）

金师第四次南侵，胜利虽属于宋，然顺昌、郾城之役，乃兀朮轻敌致败；至于陕西，亦不过成相持之局。

（二）宋金之媾和

给事中兼直学士院汪藻言：金人为患，今已五年，陛下以万乘之尊，而怅然未知税驾之所者，由将帅无人，而御之未得其术也。如刘光世、韩世忠、张俊、王𤫊之徒，身为大将，论其官，则兼两镇之重，视执政之班，有韩琦、文彦博所不敢当者；论其家，则金帛充盈，锦衣肉食，舆台厮养，皆以功赏补官。至一军之中，使臣反多，卒伍反少，平时飞扬跋扈，不循朝廷法度，所至驱虏，甚于夷狄。陛下不得而问，正以防秋之时，责其死力耳。张俊明州，仅能少抗，奈何敌未退数里间，而引兵先遁，是杀明州一城生灵。而陛下再有馆头之行者，张俊使之也。陛下……以……杜充守建康，韩世忠守京口，刘光世守九江，而以王𤫊隶杜充，其措置非不善也，而世忠八九月间，已扫镇江所储之资，尽装海舶，焚其城郭，为逃遁之计。洎杜充力战于前，世忠、王𤫊卒不为用，光世亦晏然坐视，不出一兵，方与韩祒朝夕饮宴，贼至数十里间而不知，则朝廷失建康，虏犯两浙，乘舆震惊者，韩世忠、王𤫊使之也；失豫章而太母播越、六宫流离者，刘光世使之也。呜呼！诸将以负国家罪恶如此，而俊自明引兵至温，道路一空，民皆逃奔山谷；世忠逗遛秀州，放军四掠，至执缚县宰，以取钱粮，虽陛下亲御宸翰，召之三四而不来，元夕取民间子女，张

灯高会；……璩自信入闽，所过要索千计，公然移文曰"无使枉害生灵"，其意果安在哉？臣观今日诸将，用古法皆当诛。（《通考》卷一五四《兵考》六）

起居郎胡寅上疏言：……今之赏功，全阵转授，未闻有以不用命被戮者。……自长行以上，皆以真官赏之人，挟券历请厚俸，至于以官名队。……煮海榷酤之入，遇军之所至，则奄而有之，阛阓什一之利，半为军人所取。至于衣粮，则日仰于大农，器械则必取之武库，赏设则尽出于县官。……总兵者，以兵为家，若不复肯舍者，曹操曰"欲孤释兵，则不可也"，无乃类此乎？……诸军近者四五年，远者八九年，未尝落死损逃亡之数，岂皆不死乎？（《通考》卷一五四《兵考》六）

叶适……又论四屯驻大兵曰："……诸将自夸雄豪，刘光世、张俊、吴玠兄弟、韩世忠、岳飞各以成军，雄视海内，……廪饩惟其所赋，功勋惟其所奏。将版之禄，多于兵卒之数，朝廷以转运使主馈饷，随意诛剥，无复顾惜，志意盛满，仇疾互生。"（《通考》卷一五四《兵考》六）

按建炎中兴之后，兵弱敌强，动辄败北，以致王业偏安者，将骄卒惰、军政不肃所致。……张、韩、刘、岳之徒，……究其勋庸，亦多是削平内寇、抚定东南耳。一遇女真，非败则遁，纵有小胜，不能补过。（《通考》卷一五四《兵考》六）

尝论诸大将拥重兵，浸成外重之势，且陈所以待将帅者三事。后十年，卒如其策。（《宋史》卷四四五《汪藻传》）

郦琼，……康王以为楚州安抚使，淮南东路兵马钤辖。……未几，率所领步骑十余万附于齐。……宗弼再伐江南，以琼素知南方山川险易，召至军，与计事，从容语同列曰："琼尝从大军南伐，每见元帅国王，亲临阵督战，矢石交集，而王免胄指麾三军，意气自若，……亲冒锋镝，进不避难，将士视之，孰敢爱死乎？……江南诸帅，才能不及中人，每当出兵，必身居数百里外，谓之持重；或督召军旅，易置将校，仅以一介之士，持虚文谕之，谓之调发。制敌决胜，委之偏裨，是以智者解体，愚者丧师。幸一小捷，则露布飞驰，增加俘级，以为己功，敛怨将士。纵或亲临，亦必先遁。而又国政不纲，

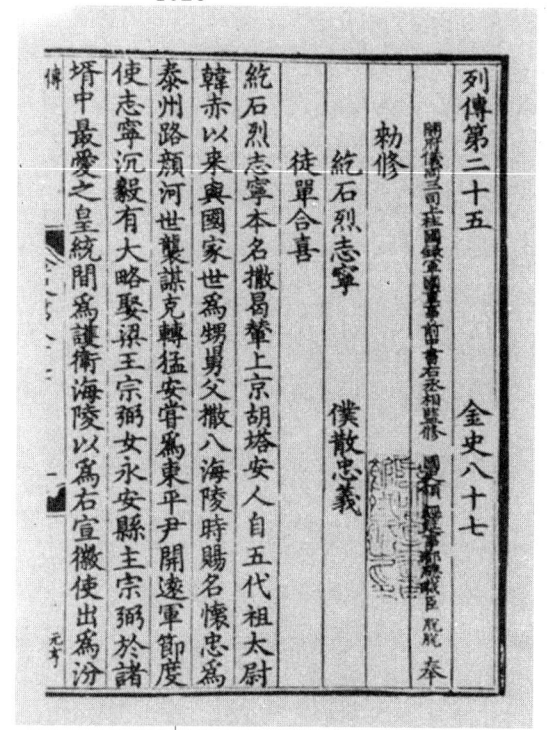

才有微功,已加厚赏,或有大罪,乃置而不诛。不即覆亡,已为天幸,何能振起耶!"(《金史》卷七九《郦琼传》)

主和最力者秦桧,而为桧主持者则宋高宗。

以屡败积弱之余,当百战方张之寇,……欲乘此偏安甫定之时,即长驱北指,使强敌畏威,还土疆而归帝后,虽三尺童子,知其不能也。故秦桧未登用之先,有识者固早已计及于和。……绍兴五年,将遣使至金,通问二帝。胡寅言国家与金世仇,无通使之理,张浚谓使事兵家机权,日后终归于和,未可遽绝,是浚未尝不有意于和也。陈与义云,和议成,岂不贤于用兵,不成则用兵必不免,是与义亦未尝不有意于和也。高宗谓赵鼎曰:"今梓官太后渊圣钦宗。皆在彼,若不与和则无可还之理。"此正高宗利害切己,量度时势,有不得不出于此者。……自胡铨一疏,以屈己求和为大辱,其议论既恺切动人,其文字又愤激作气。天下之谈义理者,遂群相附和,万口一词,牢不可破矣。……故知身在局外者易为空言,身在局中者难措实事。秦桧谓"诸君争取大名以去,如桧但欲了国家事耳",斯言也,正不能以人而废言也。(赵翼《廿二史劄记》卷二六"和议")

和议成,特所订条件,无不屈辱,其大要如下。

(1) 宋称臣奉表于金,金册宋主为皇帝。

(2) 岁贡银绢各二十五万。

(3) 金主生辰及正旦,遣使致贺。

(4) 东以淮水、西以大散关为界。

(5) 割唐邓二州,及商秦之半以畀金。

至高宗奉表之词曰:

臣构言，今来画疆，以淮水中流为界，西有唐邓州，割属上国；自邓州西四十里，并南四十里为界属邓，四十里外并西南，尽属光化军，为敝邑沿边州城。既蒙恩造，许备藩方，世世子孙，谨守臣节。每年皇帝生辰并正旦，遣使称贺不绝，岁贡银绢二十五万两匹，自壬戌年为首，每春季搬送至泗州交纳。有渝此盟，明神是殛，坠命亡氏，踣其国家。今臣既进誓表，伏望上国早降誓诏，庶使敝邑永为凭焉。（陈邦瞻《宋史纪事本末》卷七二）

金亦遣使册高宗为帝。

皇统二年，宋高宗绍兴十二年。三月，……遣左宣徽使刘筈，以衮冕主册，册宋康王为帝。（《金史》卷四《熙宗纪》）

和议既成，秦桧于同时收回诸将兵柄。

桧再主和议，患诸将难制，同献计于桧，请皆除枢府，罢其兵权。桧喜，乃密奏以柘皋之捷，召三大将赴行在，论功行赏。……帝命……分草三制，世忠、俊枢密使，飞副使，并宣押赴枢府治事。张俊与桧意合，且觉朝廷欲罢兵权，即首纳所统兵。（《宋史》卷三八〇《范同传》）

秦会之既主和，惧诸将不从命，于是诏三大将入觐，……于是三枢密拜矣。三人累表辞谢，桧与上约，答诏视常时，率迟留一二日，凡诸礼例恩赐，各自倍多。桧别下诏，三大屯皆改隶御前矣。始诸将苦斗积职，……然皆起卒伍，父事大将，常不得举首，或涵其家室。岳师律尤严，将校有犯，大则诛杀，小亦鞭挞。……命既下诸校新免所隶，可自结和，人人便宽善，共命报应。已略定，三人扰扰未暇问也，稍从容见桧，始以置衔漏挂兵权为请，桧笑曰："诸君知宣抚制置使乎？"此边官尔。诸公今为枢廷官，顾不役属耶。"三人者怅怅而退，始悟失兵柄焉。（周密《齐东野语》卷一三）

当时诸大将极力主战，力攻和议之非，形类久据兵柄，愈中君相之忌。

桧欲画淮以北弃之，风台臣请班师。飞奏金人锐气沮丧，尽弃辎重，疾走渡河，豪杰向风，士卒用命，时不再来，机难轻失。桧知飞志锐不可回，乃先请张俊、杨沂中等归，而后言飞孤军不可留，乞令班师，一日奉十二金字牌。……时和议既决，桧患飞异己，乃密奏召三大

秦会之，秦桧字会之。

卷四 宋辽金夏元

秦桧像

将论功行赏，韩世忠、张俊已至，飞独后。(《宋史》卷三六五《岳飞传》)

金人废刘豫，中原震动，世忠谓机不可失，请全师北讨，招纳归附为恢复计。会秦桧主和议，命世忠徙屯镇江，世忠言金人诡诈，恐以计缓我师，乞留此军蔽遮江淮；又力陈和议之非，愿效死节，率先迎敌，若不胜，从之未晚。(《宋史》卷三六四《韩世忠传》)

诸将复不能和衷共济，自成嫌隙，尤与主和者以可乘之机。

初，飞在诸将中，年最少，以列校起拔，累立显功，世忠、俊不能平。飞屈己下之，幕中轻锐，教飞勿苦降意。金人攻淮西，……飞……解庐州围，……俊反忌之，……还朝，反倡言飞逗遛不进，以乏饷为辞。至视世忠军，俊知世忠忤，桧欲与飞分其背嵬军，飞义不肯，俊大不悦。(《宋史》卷三六五《岳飞传》)

斯际四大屯兵，在江淮之间，张、韩、岳实为主要之人，而不相能如此。飞在诸将中，尤坚意主战，故桧必欲杀之。

桧亦以飞不死，终梗和议，己必及祸，故力谋杀之。(《宋史》卷三六五《岳飞传》)

桧以飞屡言和议失计，且尝奏请定国本，俱与桧大异，必欲杀之。(《宋史》卷四七三《秦桧传》)

叶适……论四屯驻大兵曰："……秦桧虑不及远，急于求和，以屈辱为安者，盖忧诸将之兵未易收，浸成痈赘，则非特北方不可取，而南方亦未易定也。故约诸军支遣之数，分天下之财，特命朝臣以总领之，以为喉舌出纳之要。诸将之兵尽隶御前，将帅虽出于军中，而易置皆由于人主，以示臂指相使之势，向之大将，或杀或废，惕息俟命，而后江左得以少安。(《通考》卷一五四《兵考》六)

桧之甘心屈辱，不过假借和议，以固权位，与金约无故不得易宰相，

此所以遭百世之唾骂。叶适所言，未必确论也。

（三）南宋初年之兵费

宋为筹兵费加重人民担负，江南一隅，岁计七千万缗，人民困苦可知。其税收可记者如下。

甲、川陕

【茶引】

> 建炎元年四月，成都路运判赵开言，榷茶买马五害，……朝廷遂擢开同主管川陕茶马。二年十一月，开至成都，大更茶法，仿蔡京都茶场法，印给茶引，使商人即园户市茶，百斤为一大引，除其十勿算；置合同场以讥其出入，重私商之禁，为茶市以通交易。每斤引钱，春七十，夏五十，市利头子在外，所过征一钱五分，引与茶随，违者抵罪。（《通考》卷一八《征榷考》五）

> 参酌政和二年，东京都茶务所创条约，印给茶引，使茶商执引与茶户自相贸易，改成都旧买卖茶场为合同场，买引所，仍于合同场置茶市，交易者必由市。引与茶必相随，茶户十或十五共为一保，并籍定茶铺姓名，互察影带贩鬻者。凡买茶引，每一斤，春为钱七十，夏五十，旧所输市例头子钱，并依旧，茶所过每一斤征一钱，住征一钱半。其合同场监官，除验引、秤茶、封记、发放外，无得干预茶商茶户交易事。比及建炎四年冬，茶引收息，至一百七十余万缗。（《宋史》卷三七四《赵开传》）

《清明上河图》局部

【榷酤】

高宗建炎三年，张浚用赵开总领四川财赋。开言蜀民已困，惟榷酤尚有赢余，遂大变酒法，自成都始，先罢公帑卖供给酒，即旧扑卖坊场所，置隔酿，设官主之。民以米赴官自酿，每斛输钱三十，头子钱二十二。（《通考》卷一七《征榷考》四）

其酿之多寡，惟钱是视，不限数也。（《宋史》卷三七四《赵开传》）

【钱引】

于秦州置钱引务，兴州鼓铸铜钱，官买银绢，听民以钱引或铜钱买之。凡民钱当入官者，并听用引折纳官，支出亦如之。民私用引为市，于一千并五百上，许从便增高其直，惟不得减削。法既流通，民以为便。初钱引两科通行，才二百五十万有奇，至是添印至四千一百九十余万，人亦不厌其多，价亦不削。（《宋史》卷三七四《赵开传》）

【盐引】

又变盐法，其法……置合同场盐市，与茶法大抵相类。盐引每一斤，纳钱二十五，土产税，及增添等，共纳九钱四分，所过每斤征钱七分，住征一钱五分。若以钱引折纳，别输称提勘合钱共六十。（《宋史》卷三七四《赵开传》）

川陕税收额，几占江南之半。

浚荷重寄，治兵秦川，经营两河，旬犒月赏，期得士死力，费用不赀，尽取办于开。开悉知虑于食货，算无遗策，虽支费不可计，而赢资若有余。（《宋史》卷三七四《赵开传》）

乙、江淮

【经制钱】

宣和末，陈亨伯以发运兼经制使，因以为名。建炎二年，高宗在扬州，四方贡赋不以期至，户部尚书吕颐浩、翰林学士叶梦得等，言亨伯以东南用兵，尝设经制司，取量添酒钱，及增一分税钱、头子、卖契等钱，……于是以添酒钱，添卖糟钱，典卖田宅增牙税钱，官员等请给头子钱，楼店务增三分房钱，令两浙、江东西、荆湖南北、福

建、二广收充经制钱，以宪臣领之，通判敛之，季终输送。绍兴五年，参政孟庾提领措置财用，请以总制司为名，又因经制之额，增析而为总制钱，而总制钱自此始矣。……诸路州县出纳系省钱，所收头子钱，贯收钱二十三文，……一十文，……上供，余一十三文，充本路郡县并漕司用。……诸路州县杂税，出纳钱贯，收头子钱，……增作二十三文，……漕司及州旧，合得一十三文，省余尽入经制。……常平钱物旧法，贯收头子钱五文，……增作二十三文，足除五文依旧法支用，余增到钱与经制司。(《宋史》卷一七九《食货志》下一)

【月桩钱】

所谓月桩钱者，始于绍兴之二年，时韩世忠驻军建康，宰相吕颐浩、朱胜非议令江东漕臣，月桩发大军钱十万缗，以朝廷上供经制及漕司移用等钱供亿。当时漕司不量州军之力，一例均科，……于是郡县横敛，铢积丝累，江东西之害尤甚。(《宋史》卷一七九《食货志》下一)

【板帐钱】

所谓板帐钱者，……如输米则增收耗剩，交钱帛则多收糜费，幸富人之犯法而重其罚，恣胥吏之受赇而课其入，索盗赃则不偿失主，检财产则不及卑幼，亡僧绝户，不俟核实而入官，逃产废田，不与消除而抑纳，他如此类，不可遍举。州县之吏，固知其非法，然以板帐钱额太重，虽欲不横取于民，不可得已。(《宋史》卷一七九《食货志》下一)

按和议成后，高宗虽渐免诸苛敛，据《宋史·高宗纪》所载者，如绍兴十二年二月，蠲广南东西路骆科残抚州县今年租，七月，蠲广南湖北沿边州军免行钱；十三年二月，蠲雷化等十州免行钱，闰月，蠲诸路无名月桩钱，七月，蠲浙西贫民逋负丁盐钱，九月，蠲淮南逋欠坊场钱及上供帛；十四年三月，蠲江浙京湖积欠上供钱米，蠲汀漳泉建四州经贼残蹂民户赋役一年；十五年七月，蠲庐光二州上供钱米一年，免汀漳二州秋税，及处州三县被水民家绸绢、鄂州旧额绢各一年，蠲四川转运司积贷常平钱十三万缗，八月，蠲京西路请佃田租及州县场务税钱二年，十月，蠲安丰军上供钱米二年；十六年四月，禁州县预借民税及和买钱，十一月，罢州

县新创税场；十七年七月，减放四川重敛，九月，减四川科率虚额钱岁二百八十五万缗，蠲江南东西道诸州月桩钱，减江浙诸州折帛钱，然人民负担，仍较前代为重，而南方开发，却为从古未有之盛，此可注目者也。

十　南宋与金之对峙

（一）金之立国规模
甲、疆域

宋政和三年，辽天祚帝天庆三年。阿骨打嗣位，四年，遂叛辽，陷宁江州，屡败辽军，遂称帝，……陷黄龙府，辽主延禧自将讨之，复败还。六年，金太祖收国二年。辽将高永昌，据辽阳以叛，阿骨打击破之，辽东京路州县，悉没于金。明年，七年，金太祖天辅元年。拔显州，辽西诸州，次第降下。宣和二年，辽天祚帝天庆十年，金太祖天辅四年。陷辽上京。四年，辽天祚帝保大二年。陷中京，尽略居庸以北地，进取辽西京路诸州县，又取辽之东胜州，乃还入居庸。辽人以燕

宋辽金夏时期地图

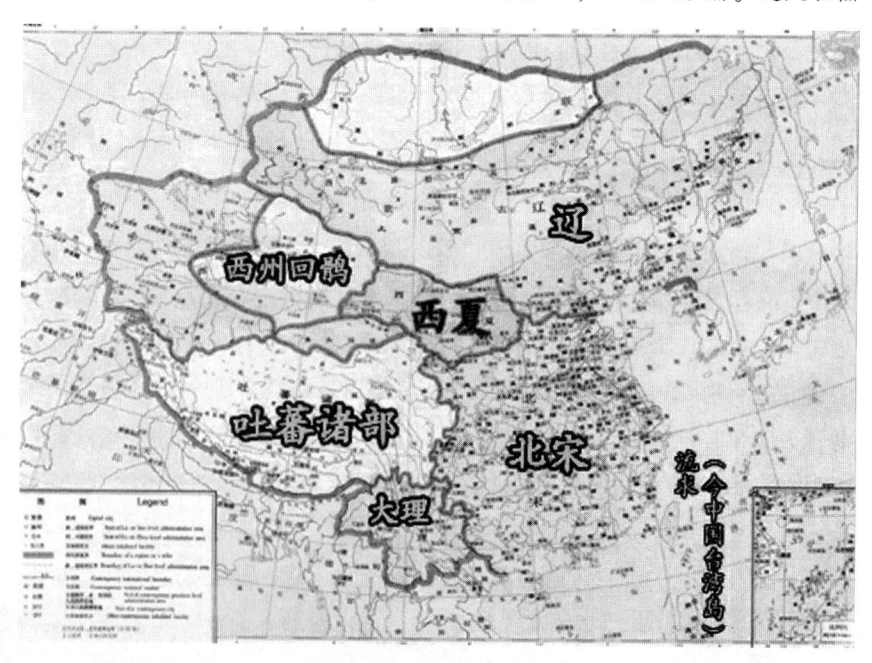

京降，于是五京诸路，皆为金有。……五年，金太宗天会元年。阿骨打殂，弟吴乞买代立，七年击擒辽主，……辽亡，遂遣将分道南寇，粘没喝自云州围太原，斡离不自燕山寇河北，渡河攻汴，不克而去。既而粘没喝陷太原，复南寇，斡离不亦自保州陷真定，引军南下，合攻汴，汴京陷。……建炎元年，金太宗天会五年。金人尽取两河州郡，复分道寇京东西及陕西诸路，所至摧陷。宗泽守东京，与金人相持。二年，金人略取陕西诸州镇，又陷大名，略河济而南。三年，陷徐州，遂逾淮泗入扬州。时京东诸州，多没于金，金人以刘豫知东平府，畀旧河以南，俾豫统之。未几兀朮大举入寇，陷磁单诸州，及兴仁府，进陷南京，遂入淮南，乃分道，一自滁和入江东，一自蕲黄入江西，东陷明越，西陷潭岳，乃还。自是中原四京，及陕西六路，悉陷于金，金人尽以畀刘豫。绍兴二年，金太宗天会十年。豫自大名迁汴。……五年，金阿骨打之孙合剌嗣位。金熙宗。是时刘豫数引金人入寇，为宋所败。八年，金熙宗天眷元年。金人遂袭汴执刘豫，废徙临潢，因议以河南陕西地与宋。十年，兀朮复自黎阳趋河南，撒离喝自河中趋陕西，尽夺所归地。宋因诏诸将进讨，岳飞等军屡胜，中原州镇，次第恢复，而秦桧专主割地请和，诏飞等班师，兀朮等旋复南寇。十一年，金熙宗皇统元年。和议始定，西复大散，东限长淮，皆为金境。

(顾祖禹《读史方舆纪要》卷八)

金之壤地封疆，东极吉林密雅呼达噶境，北自扶余路之北三千余里和罗和博穆昆地为边，右旋入泰州博勒果所浚界壕，而西经临潢、金山，跨庆桓，抚昌净州之北，出天山外包东胜、接西夏、逾黄河，复西历葭州及米脂寨，出临洮府会州积石之外，与生羌地相错，复自积石诸山之南，左折而东，逾洮州，越盐州堡，循渭至大散关北，并山入京兆，络商州，南以唐邓西南皆四十里，取淮之中流为界，而与宋为表里。袭辽制，建五京，置十四总管府，是为十九路，其闲散府九，节镇三十六，防御郡二十二，刺史郡七十三，军十有六，县六百三十二。后世宗大定二十二年。复尽升军为州，或升城堡寨镇为县。是以金之京府州凡百七十九，县加于旧五十一，城寨堡关百二十二，镇四百八十八。东极海，西逾积石，北过阴山，南抵淮汉，地方万余里。(《续通典》卷一三一《州郡》一一)

金疆域简表

路名	辖地	备考
上京路	会宁府，隆安府。 肇州，信州。 （附属路） 蒲与路，合懒路，速频路，胡里改路。 凡府二，州二，路四。	《金史·地理志》上，上京路，金之旧土也，国初称为内地。天眷元年，号上京。海陵贞祐二年，迁都于燕，削上京之号，止称会宁府。大定十三年七月，复为上京。
东京路	辽阳府。 澄州，沈州，贵德州，盖州，复州，来远州。 （附属路） 婆速府路。 凡府一，州六，路一。	《金史·地理志》上，辽阳府，辽郡名东平。天显三年，升为南京，府曰辽阳，十三年，更为东京。
北京路	大定府，广宁府，兴中府，临潢府。 利州，义州，锦州，瑞州，懿州，建州，全州，庆州，兴州，泰州。 凡府四，州十。	《金史·地理志》上，大定府，辽圣宗统和二十五年，建为中京，国初因称之。海陵贞元元年，更为北京。又临潢府，辽为上京，国初因称之。天眷元年，改为北京。天德二年，改北京为临潢府路，三年罢。贞元元年，以大定府为北京，后但置北京临潢路提刑司。大定后罢路，并入大定府路。
西京路	大同府，德兴府。 丰州，弘州，净州，桓州，抚州，昌州，宣德州，朔州，武州，应州，蔚州，云内州，宁边州，东胜州。 凡府二，州十四。	《金史·地理志》上，大同府，辽重熙十三年，升为西京，府名大同，金因之。 又德兴府，晋新州，辽奉圣州，国初因之。大安元年，升为府，名德兴。
中都路	大兴府。 通州，蓟州，易州，涿州，顺州，平州，滦州，雄州，霸州，保州，安州，遂州，安肃州。 凡府一，州十三。	《金史·地理志》上，中都路，辽会同元年，为南京。开泰元年，号燕京。海陵贞元元年，定都，以燕乃列国之名，不当为京师号，遂改为中都。
南京路	开封府，归德府，河南府。 睢州，单州，寿州，陕州，邓州，唐州，裕州，嵩州，汝州，许州，钧州，亳州，陈州，蔡州，息州，郑州，颍州，宿州，泗州。 凡府三，州十九。	《金史·地理志》中，南京路，国初曰汴京，贞元元年，更号南京。
咸平路	咸平府。 韩州。 凡府一，州一。	《金史·地理志》上，咸平府，辽为咸州，国初为咸州路，天德二年八月，升为咸平府。
河北东路	河间府。 蠡州，莫州，献州，冀州，深州，清州，沧州，景州。 凡府一，州八。	《金史·地理志》中，河北东路，天会七年，析河北为东西路。

续表

路名	辖地	备考
河北西路	真定府,彰德府,中山府。 威州,沃州,邢州,洺州,磁州,祁州,濬州,卫州,滑州。 凡府三,州九。	
山东东路	益都府,济南府。 潍州,滨州,沂州,密州,海州,莒州,棣州,淄州,莱州,登州,宁海州。 凡府二,州十一。	《金史·地理志》中,山东东路,为宋京东东路。
山东西路	东平府。 济州,徐州,邳州,滕州,博州,兖州,泰安州,德州,曹州。 凡府一,州九。	
大名府路	大名府。 恩州,濮州,开州。 凡府一,州三。	《金史·地理志》下,大名府路,宋北京魏郡。
河东北路	太原府。 晋州,忻州,平定州,汾州,石州,葭州,代州,隩州,宁化州,岚州,岢岚州,保德州,管州。 凡府一,州十三。	《金史·地理志》下,河东北路,宋河东路,天会六年,析河东为南北路。
河东南路	平阳府,河中府,晋安府。 隰州,吉州,解州,泽州,潞州,辽州,沁州,怀州,孟州。 凡府三,州九。	《金史·地理志》下,绛州,兴定二年十二月,升为晋安府。
京兆府路	京兆府。 商州,虢州,乾州,同州,耀州、华州。 凡府一,州六。	《金史·地理志》下,京兆府路,宋为永兴军路。熙宗皇统二年,省并陕西六路为四,曰京兆,曰庆原,曰熙秦,曰鄜延。
凤翔路	凤翔府,平凉府。 德顺州,镇戎州,秦州,陇州。 凡府二,州四。	《金史·地理志》下,凤翔路,宋秦凤路。 《读史方舆纪要》,金主雍,世宗大定二十七年,分熙秦为凤翔临洮二路。
鄜延路	延安府。 丹州,保安州,绥德州,鄜州,坊州。 凡府一,州五。	
庆原路	庆阳府。 环州,宁州,邠州,原州,泾州。 凡府一,州五。	
临洮路	临洮府。 积石州,洮州,兰州,巩州,会州,河州。 凡府一,州六。	《金史·地理志》下,临洮路,皇统二年,改熙秦为临洮府,置熙秦路总管府。大定二十七年,更今名。

乙、制度

【官制】

金自景祖，始建官属，统诸部以专征伐。……其官长皆称曰勃极烈，故太祖以都勃极烈嗣位，太宗以谙版勃极烈居守。"谙版"，尊大之称也。其次曰国论忽鲁勃极烈，"国论"言贵，"忽鲁"犹总帅也。又有国论勃极烈，或左右置，所谓国相也。其次诸勃极烈之上，则有国论、乙室、忽鲁、移赉、阿买、阿舍、吴迭之号，以为升拜宗室功臣之序焉。……其部长曰孛堇，统数部者曰忽鲁。凡此，至熙宗定官制皆废。……汉官之制，自平州人不乐为猛安谋克之官。天辅七年，以左企弓行枢密院于广宁，尚踵辽南院之旧。天会四年，建尚书省，遂有三省之制。至熙宗颁新官制，及换官格，除拜内外官，始定勋封食邑入衔，而后其制定，然大率皆循辽宋之旧。海陵庶人正隆元年，罢中书门下省，止置尚书省。自省而下，官司之别，曰院、曰台、曰府、曰司、曰寺、曰监、曰局、曰署、曰所，各统其属以修其职。职有定位，员有常数，纪纲明，庶务举，是以终金之世守而不敢变焉。(《金史》卷五五《百官志序》)

金之地方官制，其初亦颇单简，厥后采用汉制，组织始渐完密。

其部长曰孛堇，统数部者曰忽鲁，凡此至熙宗定官制皆废。其后惟镇抚边民之官，曰秃里乌鲁。国之下，有详稳脱朵，详稳之下，有么忽习尼昆，此则具于官制而不废，皆踵辽官名也。汉官之制，自平州人不乐为猛安谋克见下兵制。之官，始置长吏以下。(《金史》卷五五《百官志序》)

熙宗皇统五年，以古官曰牧曰长，各有总名，今庶官不分类为名，于文移不便。遂定京府尹牧、留守、知州，县令、详稳、群牧为"长官"，同知、签院、副使、少尹、通判、丞曰"佐贰官"，判官、推官、掌书记、主簿、县尉为"幕职官"，兵马司，及它司军者曰"军职官"，警巡、市令、录事、司候、诸参军、知律、勘事、勘判，为"厘务官"，应管仓库院务者曰"监当官"，知事、孔目以下，行文书者，为"吏"。(《金史》卷五五《百官志》一)

金内外官制简表

区别	机关与官员		地位与职掌	备 考
中央官	三师	太师 太傅 太保	师范一人，仪刑四海。	
	三公	太尉 司徒 司空	论道经邦，燮理阴阳。	
	尚书省	宰相：尚书令 左丞相 右丞相 平章政事	总领纪纲，仪刑端揆，与左右丞相、平章政事为宰相，掌丞天子，平章万机。	
		执政官：左丞 右丞 参知政事	为宰相之贰，佐治省事。	
		司官：左司郎中 右司郎中	掌本司奏事，总察吏、户、礼三部受事付事。 掌本司奏事，总察兵、刑、工三部受事付事。	《金史·百官志》一注：国初置左右司侍郎，天眷三年，始更今名，旧凡视朝，执政官亲执奏，自天德二年，诏以付左右司官，为定制。
		六部：吏部尚书侍郎 户部尚书侍郎 礼部尚书侍郎 兵部尚书侍郎 刑部尚书侍郎 工部尚书侍郎		《金史·百官志》一，六部国初与左右司通署，天眷三年，始分治。
	枢密院（都元帅府）	枢密使 枢密副使 签书枢密院事 同签枢密院事	掌凡武备机密之事。	《金史·百官志》一"都元帅府"注：掌征讨之事，兵罢则省。天会二年，伐宋始置，泰和八年，复改为枢密院。 又"枢密院"注：天辅七年，始置于广宁府，初犹如辽南院之制，后则否。 《金史·兵志》，循辽制立枢密院。天会三年，以伐宋为元帅府。天德三年，以元帅府为枢密院。
	宣徽院	左宣徽使 右宣徽使	掌朝会燕享，凡殿庭礼仪，及监知御膳。	
	翰林学士院	翰林学士承旨 翰林侍读学士 翰林侍讲学士	掌制撰词命。	《金史·百官志》一注：天德二年，命翰林学士院，自侍读学士，至应奉文字，通设汉人十员，女直、契丹各七员。
	谏院	左谏议大夫 右谏议大夫 左司谏 右司谏		

续表

区别	机关与官员		地位与职掌	备考
中央官	御史台	御史大夫 御史中丞	掌纠察朝仪，弹劾官邪，勘鞫官府公事，凡内外刑狱所属，理断不当，有陈诉者，付台治之。	
	大宗正府	判大宗正事。	掌敦睦纠率宗属，钦奉王命。	《金史·百官志》一，泰和六年，避睿宗讳改为大睦亲府。
	殿前都点检司	殿前都点检兼侍卫将军都指挥使 殿前左副都点检兼侍卫将军副都指挥使 殿前右副都点检兼侍卫将军副都指挥使	掌亲军。	
	卫尉司	中卫尉 副尉	掌总中宫事务。	
	诸寺	太常寺 大理寺		
	诸监	秘书监 国子监 太府监 少府监 军器监 都水监		
地方官	监司府州	五京留守司	留守带本府尹兼本路兵马都总管		
		诸总管府	府尹兼领都总管	掌统诸城隍兵马甲仗，总判府事。	
		都转运司	都转运司使	掌税赋钱谷仓库出纳权衡度量之制。	
		按察司	按察使		《金史·百官志》三，按察司，本提刑司。《续通考·职官考》，宣宗贞祐三年又罢，止委监察，采访使一人。
		诸府	府尹	总判府事。	《金史·百官志》三"诸府"注：谓非兼总管府者。
		节镇	节度使	掌镇抚诸军防刺，总判本镇兵马之事，兼本州管内观察使事。	
		防御州	防御使	掌防捍不虞，御制盗贼，余同府尹。	

区别	机关与官员		地位与职掌	备考
地方官	监司府州	刺史州 刺史	掌同府尹，兼治州事。	
	县	县令	总判县事。	《金史·百官志》三"赤县"注：谓大兴宛平县。又凡县二万五千户以上，为次赤为剧，二万以上为次剧。在诸京倚郭者曰京县，自京县而下，以万户以上为上，三千户以上为中，不满三千为下。

【兵制】

> 金之初年，诸部之民，无它徭役，壮者皆兵，……有警则下令部内，及遣使诣诸孛堇征兵。……其部长曰孛堇，行兵则称曰猛安、谋克，从其多寡以为号。猛安者，千夫长也；谋克者，百夫长也。……部卒之数，初无定制，至太祖即位之二年，……始命以三百户为谋克，谋克十为猛安。继而诸部来降，率用猛安谋克之名，以授其首领，而部伍其人。(《金史》卷四四《兵志》)

金初之兵，多东北部族之人，及灭辽，兼收辽汉人，兵制为之一变。

> 东京既平，山西继定，内收辽汉之降卒，外籍部族之健士，尝用辽人讹里野，以北部百三十户为一谋克；汉人王六儿，以诸州汉人六十五户为一谋克；王伯龙及高从祐等，并领所部为一猛安。(《金史》卷四四《兵志》)

至熙宗移兵柄于国人，而废辽东、汉人、渤海诸部承袭之制，金兵制又为之一变。

> 熙宗皇统五年，宋高宗绍兴十五年。又罢辽东、汉人、渤海猛安谋克承袭之制，浸移兵柄于其国人，乃分猛安谋克为上中下三等，宗室为上，余次之。(《金史》卷四四《兵志》)

海陵恢复旧制，然移兵中原，使就耕食，始渐失尚武之风，金之兵力始衰。

至海陵庶人天德二年，……削上中下之名，但称为诸猛安谋克，循旧制，间年一征发，以补老疾死亡之数。贞元迁都，遂徙上京路太祖辽王宗幹、秦王宗翰之猛安，并为合札猛安即亲军。及右谏议乌里补猛安、太师勗、宗正宗敏之族，处之中都；斡论、和尚、胡剌三国公，太保昂，詹事乌里野，辅国勃鲁骨，定远许烈，故梁国公勃迭八猛安，处之山东；阿鲁之族，处之北京；按达族属，处之河间。……授牛田，使之耕食，以蕃卫京国。(《金史》卷四四《兵志》)

宣宗之时，将骄卒惰，兵制益坏。

　　宣宗南迁，……尽拥猛安户之老稚渡河，侨置诸总管府以统之。器械既缺，粮糗不给，朘民膏血而不足，乃行括粮之法，一人从征，举家待哺。又谓无以坚战士之心，乃令其家，尽入京师。不数年，至无以为食，乃听其出，而国亦屈矣。(《金史》卷四四《兵志》)

　　贞祐三年，……上书……曰："往岁王师屡战屡衄，卒皆自败。承平日久，人不知兵，将帅非才，既无靖难之谋，又无效死之节，外托持重之名，而内为自安之计，择骁果以自随，委疲懦以临阵，阵势稍动，望尘先奔，士卒从而大溃，朝廷不加诘问，辄为益兵。是以法度日紊，仓庾日虚，闾井日凋，土地日蹙。(《金史》卷一〇六《刘炳传》)

　　上章言九事……曰："……从来掌兵者，多用世袭之官。此属自幼骄惰，不任劳苦，且心胆怯懦，何足倚办？"(《金史》卷一〇八《侯挚传》)

最后金兵已不能用，乃签发汉人。

　　刘祁谓金之兵制最弊，每有征伐及边衅，辄下令签军，使远近骚动。民家丁男，若皆强壮，或尽取无遗，号泣动乎乡里，嗟怨盈于道路。驱此使战，欲其胜敌难矣。(《金史》卷四四《兵志》)

其禁军之编制——

　　禁军之制，本于合札谋克。"合札"者，言亲军也，以近亲所领，故以名焉。贞元迁都，更以太祖辽王宗幹、秦王宗翰军为合札猛安，谓之侍卫亲军，故立侍卫亲军司以统之。旧常选诸军之材武者，为护驾军，……正隆……后，于侍卫亲军四猛安内，选三十以下千六

百人，骑兵曰龙翔，步兵曰虎步，以备宿卫。五年，罢亲军司，以所掌付大兴府，置左右骁骑，所谓从驾军也。置都副指挥使，隶点检司；步军都副指挥使，隶宣徽院。（《金史》卷四四《兵志》）

其地方军之编制——

诸路各设兵马都总管府，州镇置节度使，沿边州则置防御使。凡州府所募"射粮军"、"牢城军"，每五百人，为一指挥使司，设使分为四都，都设左右什将，及承局押官。其军数若有余或不足，则与近者合置；不可合者，以三百人或二百人，亦设指挥使；若百人则止设军使。百人以上，立为都，不及百人，止设什将及承局管押官各一员。（《金史》卷四四《兵志》）

射粮军，诸路所募，五年一籍，皆刺三十以下、十七以上强壮者，兼充杂役。（《续通考》卷一二七《兵考》七）

牢城军，司防筑之役，以尝为窃盗者充之。（《续通考》卷一二七《兵考》七）

土军，司警捕之事。（《续通考》卷一二七《兵考》七）

其边军之编制——

所谓镇防军，则诸军中取以更代戍边者也。在西北边则有分番屯戍军，及永屯军、驱军之别。驱军则国初所免辽人之奴婢，使屯守于泰州者也；边铺军，则河南陕西居守边界者。（《金史》卷四四《兵志》）

东北路部族乣军，曰迭剌部，曰唐古部，二部五乣，户五千五百八十五。其他若助鲁部族，乌鲁古部族，石垒部族，萌骨部族，计鲁部族，孛特本部族，数皆称是。西北、西南二路之乣军十，曰苏谟典乣，曰耶剌都乣，曰骨典乣、唐古乣、霞马乣、木典乣、萌骨乣、咩乣、胡都乣，凡九。其诸路曰曷懒、曰蒲与、曰婆速、曰恤频、曰胡里改、曰移懒，

金军兵器

移懒后废，皆在上京之鄙，或置总管府，或置节度使。(《金史》卷四四《兵志》)

按《辽史·地志》，东北部族置节度使，西北部族置详稳，后渐改猛安谋克，而临之招讨司，凡诸乣军与上京宗室猛安谋克，内外相维，以镇压契丹余众。与辽人有别。迨蒙古兴起，乣军溃去，金边疆先不守，以至于亡。此外诸军，多役属降人充之。

所谓渤海军，则渤海八猛安之兵也。所谓奚军者，奚人遥辇昭古牙九猛安之兵也。……其汉军中都永固军，大定所置者也。……凡汉军有事，则签取于民，事已则或亦放免。……正隆间，又尝罢诸路汉军，而所存者，犹有威勇、威烈、威捷、顺德，及韩常之军之号。(《金史》卷四四《兵志》)

按金以兵立国，猛安谋克，最为根本。猛安之上，置军帅，上置万户，隶于都统，而以都元帅总之，指挥极便。然猛安谋克，皆由世袭，滋生蕃息，军费钱绢，供给最烦。后移屯中原，刷括民田入官以给之，人三十亩，自不耕种，奴蓄汉人为之佃莳，取租而已。军媠民疲，驯至于亡，亦可鉴也。

【刑法】

金国旧俗，轻罪笞以柳棕，杀人及盗劫者，击其脑杀之，没其家赀，以十之四入官，其六赏主，并以家人为奴婢，其亲属欲以马牛杂物赎者从之。或重罪亦听自赎，然恐无辨于齐民，则劓刵以为别。其狱，则掘地深广数丈为之。(《金史》卷四五《刑志》)

自太宗以后，采用隋唐宋辽成法，制定法律，渐有规模。

熙宗天眷三年，复取河南地，乃诏其民，约所用刑法，皆从律文。……至皇统间，诏诸臣，以本朝旧制，兼采隋唐之制，参辽宋之法，类以成书，名曰"皇统制"，颁行中外。……海陵庶人……又多变易旧制。至正隆间者，为续降制书，与皇统制并行焉。……世宗……遂置局，命大理卿移剌愸，总中外明法者共校正。乃以皇统正隆之制，及大定军前权宜条理，后续行条理，……凡校定千一百九十条，分为十二卷，以"大定重修制条"为名，诏颁行焉。……章宗明昌五年，正月，复令钩校制律，……详定官……采前代刑书宜于今者

以补遗阙，取刑统疏文以释之，著为常法，名曰"明昌律义"。……泰和元年十二月，所修律成，凡十有二篇，一曰名例，二曰卫禁，三曰职制，四曰户婚，五曰厩库，六曰擅兴，七曰贼盗，八曰斗讼，九曰诈伪，十曰杂律，十一曰捕亡，十二曰断狱，实唐律也。……附注以明其事，疏义以释其疑，名曰"泰和律义"。(《金史》卷四五《刑志》)

金之用刑，过于严酷。

金法以杖折徒，累及二百。州县立威，甚者置刃于杖，虐以肉刑。季年君臣，好用筐箧故习，由是以深文傅致为能吏，以惨酷办事为长才，百司奸赃真犯，此可决也，而微过亦然。风纪之臣，失纠皆决，考满校其受决多寡，以为殿最。原其立法初意，欲以同疏戚、一小大，使之咸就绳约于律令之中，莫不齐手并足，以听公上之所为。……是以待宗室少恩，待大夫士少礼，终金之代，忍耻以就功名，虽一时名士，有所不免，至于避辱远引，罕闻其人。……是故论者，于教爱立廉之道，往往致太息之意焉。(《金史》卷四五《刑志序》)

【学校】

金自海陵时，始设学校，至世宗而大备。

凡养士之地曰国子监，始置于天德三年。后定制词赋经义生百人，小学生百人，以宗室及外戚、皇后、大功以上亲、诸功臣及三品以上官兄弟子孙年十五以上者入学，不及十五者入小学。(《金史》卷五一《选举志》一)

世宗大定六年，始置太学，初养士百六十人，后定五品以上官兄弟子孙百五十人，曾得府荐及终场人二百五十人，凡四百人。府学亦大定十六年置，凡十七处，共千人。(《金史》卷五一《选举志》一)

世宗大定十三年，置女直国子学，……以女直大小字译《尚书》，颁行诸路，择明安即猛安。穆昆即谋克。内良家子弟为学生，至三千人。……取其尤俊秀者百人至京师，以编修官……教之。(《续通考》卷四七《学校考》一)

【科举】

金设科，皆因辽宋制，有词赋、经义、策试、律科、经童之制。……世宗大定十一年，创设女直进士科，初但试策，后增试论，所谓

策论进士也。明昌初，又设制举宏词科，以待非常之士。故金取士之目有七焉，其试词赋、经义、策论中选者谓之进士，律科、经义中选者举人。（《金史》卷五一《选举志》一）

凡诸进士举入，由乡试至府府试，由府至省会试及殿廷御试，凡四试皆中选则官之。至廷试五被黜则赐之第，谓之恩例。又有特命及第者，谓之特恩。（《金史》卷五一《选举志》一）

恩例者，……始于太宗天会元年十一月，时以急欲得汉士以抚辑新附，初无定数，亦无定期。……五年，以河北河东初降，职员多阙，以辽宋之制不同，诏南北各因其素所习之业取士，号为南北选。……海陵庶人天德二年，始增殿试之制，而更定试期。三年，并南北选为一。……贞元元年，定贡举程式条理格法。（《金史》卷五一《选举志》一）

武举，尝设于熙宗皇统时，……有上中下三等。分府试、省试。（《金史》卷五一《选举志》一）

【冠服】

金之冠服，据《金·舆服志》所载，冠冕五服，及后妃之服，略同中国，其衣服通制，则存女真之俗。兹略举其制如下。

巾之制，以皂罗若纱为之，上结方顶，折垂于后，顶之下际。两角各缀方罗，径二寸许。方罗之下，各附带，长六七寸。当横额之上，或为一缩襞积。贵显者，于方顶循十字缝饰以珠，其中必贯以大者，谓之顶珠，带旁各络珠结，绶长半带垂之。（《金史》卷四三《舆服志》下）

衣色多白，三品以皂。窄袖盘领，缝腋下为襞积而不缺袴。其胸臆肩袖，或饰以金绣，其从"春水"之服，则多鹘捕鹅，杂花卉之饰，其从"秋山"之服，则以熊鹿山林为文，其长中骭取便于骑也。（《金史》卷四三《舆服志》下）

束带曰吐鹘，玉为上，金次之，犀、象、骨、角又次之。銙周鞋，小者间置于前，大者施于后，左右有双铊尾，纳方束中，其刻琢多如春水秋山之饰。左佩牌，右佩刀。（《金史》卷四三《舆服志》下）

其妇女衣服，可考者如下。

金人服饰

妇人服襜裙，多以黑紫上编绣全枝花，周身六襞积。上衣谓之团衫，用黑紫或皂及绀，直领左衽，掖缝两傍，复为双襞积，前拂地后曳地尺余，带色用红黄，前双垂至下齐。年老者，以皂纱笼髻如巾状，散缀玉钿于上，谓之玉逍遥。……许嫁之女，则服绰子，制如妇人服，以红或银褐明金为之，对襟彩领，前齐拂地，后曳五寸余。(《金史》卷四三《舆服志》下)

为区别等威，乃勒为限制，以分士庶。

明昌六年，制文武官六贯石以上，承应人并及荫者，许用牙领紫圆板皂绦罗带皂靴，上得兼下。系籍儒生，止服白衫，领系背带，并以紫圆绦罗带，乾皂靴。余人用纯紫领，不得用缘，杂色圆板绦罗带，不得用紫，靴用黄及黑油皂蜡等。妇人各从便。(《金史》卷四三《舆服志》下)

所用衣饰之料，亦有等级之分。

在官承应，有出身人，带八品以下官，未带官，亦同许服花纱绫罗纻丝丝绸，家属同，妇人许用珠为首饰。……庶人止许服纯绸绢布、毛褐、花纱、无纹素罗丝绵，其头巾系腰领帕，许用芝麻罗，绦用绒织成者，……妇人首饰，不许用珠翠钿子等物，翠毛除许装饰花环冠子，余外并禁。兵卒许服无纹压罗纯绸绢布毛褐，奴婢止许服纯绸

绢布毛褐，倡优遇迎接公筵承应，许暂服绘画之服，其私服与庶人同。(《金史》卷四三《舆服志》下)

金人又为保存其固有之俗，禁止族人效汉服。

初女直人，不得改为汉姓，及学南人装束，违者杖八十，编为永制。(《金史》卷四三《舆服志》下)

(二) 南宋与金之和战
甲、完颜亮南侵

废帝海陵庶人亮，……辽王宗幹第二子也。……以宗室子，为奉国上将军，赴梁王宗弼军前任使，……加龙虎卫上将军，为中京留守。……为人僄急多猜忌，残忍任数。初熙宗以太祖嫡孙嗣位，亮意以为宗幹太祖长子，而己亦太祖孙，遂怀觊觎，在中京专务立威，以压伏小人。猛安萧裕，倾险敢决，亮结纳之，每与论天下事。裕揣知其意，因劝海陵举大事。……皇统八年，宋高宗绍兴十八年，西历1148年。……拜右丞相，九年，……兼都元帅。……学士张钧草诏忤旨死，熙宗问谁使为之，左丞相宗贤对曰："太保实然。"熙宗不悦，遂出为领行台尚书省事，……至良乡召还，……复为平章政事，由是益危迫。熙宗尝以事杖左丞相唐括辩，及右丞相秉德，辩乃与大理卿乌带谋废立，而乌带先以此谋告海陵，……于是旦夕相与密谋。……结内使兴国为内应，而兴国亦以被杖怨熙宗，遂与亮约。十二月丁巳，……是夜兴国取符钥启门纳海陵，……入至寝殿，遂弑熙宗、秉德等。……乃奉海陵坐，皆拜称万岁，诈以熙宗欲议立后熙宗被酒杀死皇后。召大臣，遂杀曹国王宗敏，左丞相宗贤，……改皇统九年为天德元年。(《金史》卷五《海陵纪》)

金主亮即位后，欲混一天下，乃营汴京而迁都之，举兵以伐宋。

正隆五年，……国主聚兵将南征，令户部尚书梁珠，兵部尚书萧德温，先计女真、契丹、奚家三部之众，不限丁数悉签起之，凡二十四万，壮者为正军，弱者为阿里喜，一正军，一阿里喜副之，类为一十二万。又中原汉儿与渤海军，总一十七路，惟中都路造军器、河南路修汴京免签外，其一十五路，每路一万。通为二十七万，仿唐制，

分二十七军。(宇文懋昭《大金国志》卷一四《海陵炀王纪》中)

正隆六年,宋高宗绍兴三十一年,西历1161年。九月,上自将三十二总管兵伐宋,进自寿春;工部尚书苏保衡为浙东道水军都统制,……由海道径趋临安;太原尹刘萼为汉南道行营兵马都统制,济南尹仆散乌者副之,进自蔡州;河中尹徒单合嘉为西蜀道行营兵马都统制,……由凤翔取散关。(《金史》卷五《海陵纪》)

金师甚锐,临采石未渡,复折至扬州,兵势仍盛。虞允文江上之捷,颇不足信。

绍兴三十一年,金主亮调军六十万,自将南来,弥望数十里,不断如银壁,中外大震。时宿将无在者,乃以锜为江淮浙西制置使,节制逐路军马。八月,锜引兵屯扬州,……金人议留精兵在淮东以御锜,而以重兵入淮西。大将王权,不从锜节制,不战而溃,自清河口退师扬州。……锜病,求解兵柄,诏锜专防江,锜遂还镇江。(《宋史》卷三六六《刘锜传》)

金主命李通为大都督,造浮梁于淮水上,金主自将,兵号百万,……自涡口渡淮。先是刘锜措置淮东,王权措置淮西,至是权首弃庐州,锜亦回扬州。中外震恐,上欲航海,陈康伯力赞亲征。……枢臣叶义问督江淮军,允文参谋军事,权又自和州遁归,锜回镇江,尽失两淮矣。……金主率大军临采石,而别以兵争瓜洲,朝命成闵代锜,李显忠代权,……命允文往芜湖趋显忠交权军,且犒师采石。……允文至采石,权已去,显忠未来,敌骑充斥,我师三五星散,解鞍束甲坐道旁,皆权败兵也。……遂立招诸将,勉以忠义,……乃命诸将列大阵不动,分戈船为五,其二并东西岸而行,其一驻中流藏精兵待战,其二藏小港备不测。部分甫毕,敌已……直薄宋军,……士殊死战,中流官军亦以海鳅船冲敌舟,……日暮未退,会有溃军自光州至,允文授以旗鼓,从山后转出,敌疑援兵至始遁,又命劲弓尾击追射,大败之。(《宋史》卷三八三《虞允文传》)

完颜亮石头像

卷四 宋辽金夏元

完颜亮方至扬州，乌禄已自立于辽阳，进退失据，以致被弑，其兵北归。至是宋知和议不可恃，始有戒备。

  九月，……上发南京，……将士自军中亡归者，相属于道。曷苏馆猛安福寿，东京谋克金住等，始授甲于大名，即举部亡归，从者众至万余，皆公言于路曰："我辈今往东京，立新天子矣。"（《金史》卷五《海陵纪》）

  世宗，……本讳乌禄，太宗孙睿宗子也，……性仁孝，沉静明达，……起复东京留守，……海陵……使谋良虎，图淮北诸王，上知之，心常隐忧。……故吏六斤，乘传自南来，具言海陵杀其母……等，又曰且遣人来害宗室兄弟矣。上闻之益惧，及闻副留守高存福图己事且有迹，帝舅李石劝上早图之，于是以议备贼事召官属会，……于座上执之。……十月，南征万户完颜福寿、高忠建、卢万家奴等，自山东率所领兵二万，完颜谋衍自长安率兵五千皆来附。谋衍即以臣礼上谒，诸军入城，共击杀存福等。……官属诸军劝进，……御宣政殿，即皇帝位，……改元大定。（《金史》卷六《世宗纪》上）

  东京留守曹国公乌禄即位于辽阳，……数海陵过恶……数十事，……左司郎中兀不喝等，闻赦，入白东京即位改元事，上拊髀叹曰："我本欲灭宋后，改元大定，岂非天命乎。"（《金史》卷五《海陵纪》）

  主海陵。……乃回扬州，召诸将约三日毕济，过期尽杀之。诸将相与谋曰："南军有备如此，进有沕杀之祸，退有尽戮之忧，奈何？"其中一将曰："等死，求生可乎？"众皆曰："愿闻教。"有总管万载曰："杀郎主却与南宋通和，归乡则生矣。"众皆一辞曰诺。主有细苷等军国主令诸处统军，择其精于射者得五千人，皆用苷丝联甲，紫苷为上，黄苷、青苷次之，号硬军，亦曰细军。不遣临敌，专以自卫，诸将虽欲杀逆，而细军卫之甚严，众因谓细军曰："淮东子女玉帛，皆逃在秦州，我辈急欲渡江，汝等何不白郎主往取之？"细军欣然共请，主从之，于是细军去者过半。……诸将集兵万余人，控弦直入主寝帐中，左右亲军散走，诸将射帐中，矢下如雨，主即崩。……皇子光瑛留汴京，亦为众所杀。（宇文懋昭《大金国志》卷一五《海陵炀王纪》下）

  金兵北还，宋人乘机收复两淮州郡，又取唐、邓、陈、蔡、海、泗，而陕西方面，取秦、陇、商、虢诸州，兵势颇振。时高宗倦勤，传位于孝

宗。孝宗素志恢复，遂起用张浚，委以军事。

> 孝宗即位，……除少傅，江淮东西路宣抚使，进封魏国公。……隆兴元年，除枢密使，都督建康，镇江府、江州、池州、江阴军军马。时金将蒲察徒穆，及知泗州大周仁屯虹县，都督萧琦屯灵壁，积粮修城，将为南攻计。浚欲及其未发攻之，会主宰殿前司李显忠，建康都统邵宏渊，亦献捣二邑之策，浚……乃遣显忠出濠州，趋灵壁，宏渊出泗州，趋虹县，而浚自往临之。显忠至灵壁，败萧琦，宏渊围虹县，降徒穆、周仁，乘胜进克宿州，中原震动。(《宋史》卷三六一《张浚传》)

> 是时李显忠名出邵宏渊右，时符离府军中，尚有金……银……绢……钱，……乃纵亲信部曲，恣其搬取。所余者，始以犒军人，三兵共一缗，士卒怨怒。……既而复出战，悉弃钱沟壑，由是军情愤罟，人无斗志。浚乃移书令宏渊听显忠节制，宏渊不悦，已而复令显忠、宏渊同节制，于是悉无体统矣。孝宗闻之，手书与浚曰："近日边报，中外鼓舞，十年来无此克捷。以盛夏人疲，急召李显忠等还师。"未达间，忽报金人副元帅纥石烈志宁，大军且至，遇夜军马未整，中军统制周宏先率军逃归，继逃归者，……二将皆不能制。于是显忠、宏渊大军，并丁夫等十三万众，一夕大溃，器甲资粮，委弃殆尽。……浚时在盱眙，去宿尚四百里，传言金且至，遂亟渡淮入泗州，已而复退维扬，窘惧无策，……乃奏乞致仕，又乞遣使求和。孝宗怒曰："方败而求和，是何举措？"于是下诏罪己，有云："朕明不足以见万里之情，智不足以择三军之帅，号令既乖，进退失律，……"张浚……诸将递降贬窜有差。(周密《齐东野语》卷二)

张浚恢复无功，值金世宗新立，不欲用兵，和议再起。

> 金帅仆散忠义，贻书三省枢密院，索四郡及岁币，不然以农隙治兵。(《宋史》卷三六一《张浚传》)

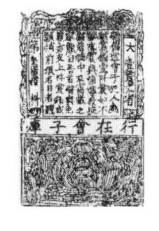

汤思退建和议，命杞为金通问使，孝宗面谕，今遣使（一）正名。（二）退师。（三）减岁币。（四）不发归附人。……行次盱眙，金所遣大将仆散忠义、纥石烈志宁等，方拥兵窥淮，……疑国书不如式，又求割商秦地，及归正人，且欲岁币二十万。（《宋史》卷三八五《魏杞传》）

宋人议和，不能决，都元帅仆散忠义移军泰和，志宁移军临涣，遂渡淮。徒单克宁取盱眙、濠、庐、和、滁等州，宋人惧，乃决意请和，使者六七往反，议遂定。（《金史》卷八七《纥石烈志宁传》）

和约之成立，在孝宗隆兴二年，金世宗大定四年，西历1164年。宋金始为对等之国，绍兴屈辱十三事，亦得改削，其大要如下。

(1) 宋主称金主为叔父。

(2) 改诏表为国书。

(3) 岁币银绢，各减五万两匹。

(4) 疆界如绍兴时。

宋金再和以后，金世宗锐意内治，宋亦滋为休养生聚，南北宴然无事者三十余年。

即位五载，而南北讲好，与民休息，于是躬节俭，崇孝弟，信赏罚，重农桑，慎守令之选，严廉察之责，……孳孳为治，夜以继日，可谓得为君之道矣。当此之时，群臣守职，上下相安，家给人足仓廪有余，……号称小尧舜。（《金史》卷八《世宗纪赞》）

南北……和好既成，迄三十年，无寸兵尺铁之用。尝遇饥年，每命所在官司，开仓赈恤，……户口殷繁充实，北人谓小尧舜云。（宇文懋昭《大金国志》卷一八《世宗纪》下）

但金治理中国北部，对待汉人，殊不平等，而以茶为宋所产，勒禁尤严。

女直为本户，汉人及契丹为杂户。……汉人、渤海人，不得充明安穆昆户。（《续通典》卷一〇《食货》一〇）

金世宗大定十六年，……金代茶自宋人岁供之外，皆贸易于宋界之榷场，至是以多私贩，乃更定罪赏格。……章宗……时，以茶为费国用而资敌，遂命设官制之。（《续通考》卷二二《征榷考》五）

省臣……奏曰："……茶本出于宋地，非饮食之急，而自昔商贾以金帛易之，是徒耗也。泰和间，尝禁止之，后以宋人求和，乃罢。兵兴以来，复举行之，然犯者不少衰，而边民又窥利，越境私易。……今河南、陕西凡五十余郡，郡日食茶率二十袋，袋直银二两，是一岁之中，妄费民银三十余万也。奈何以吾有用之货而资敌乎？"乃制亲王公主及见五品以上官，素蓄者存之，禁不得卖馈，余人并禁之，犯者徒五年，告者赏宝泉一万贯。(《续通考》卷二二《征榷考》五)

乙、开禧用兵

韩侂胄得政之由——

淳熙十六年，金世宗大定二十九年，西历1189年。二月，……下诏传位皇太子。是日皇太子即皇帝位，……上尊号曰至尊寿皇圣帝，皇后曰寿成皇后。(《宋史》卷三五《孝宗纪》三)

后……性妒悍，尝诉太子左右于高孝二宫，高宗不怿，……孝宗亦屡训后。……光宗欲诛宦者，近习皆惧，遂谋离间三宫。会帝得心疾，孝宗购得良药，欲因帝至宫授之，宦者遂诉于后曰："太上合药一大丸，俟官车过即投药，万一有不虞，其奈宗社何？"后觇药实有，心衔之。顷之内宴，后请立嘉王名扩，即宁宗。为太子，孝宗不许。……后退持嘉王泣诉于帝，谓寿皇有废立意，帝惑之，遂不朝太上。(《宋史》卷二四三《光宗李皇后传》)

孝宗崩，……皇帝不出，百官相与恸哭于宫门，……乞太皇太后降旨，以皇帝有疾，暂就宫中成服。(《宋史》卷三九二《赵汝愚传》)

韩侂胄，……知阁门事。孝宗崩，光宗以疾不能执丧，中外汹汹，赵汝愚议定策立皇子嘉王。时宪圣太后高宗后吴氏。居慈福宫，而侂胄雅善慈福内侍张宗尹，汝愚乃使侂胄介宗尹，以其议密启太后。侂胄两至宫门不获命，仿徨欲退，遇重华宫提举关礼问故，入白宪圣，言甚恳切。宪圣可其议，礼以告侂胄，侂胄驰白汝愚。日已向夕，汝愚亟命殿帅郭杲以所部兵，夜分卫南北内。翌日，宪圣太后即丧次垂帘，宰臣传旨，命嘉王即皇帝位。(《宋史》卷四七四《韩侂胄传》)

传位之事，韩侂胄欲居其功，宰相赵汝愚故遏抑之，遂至互相排挤。

宁宗既立，侂胄欲推定策恩，汝愚曰："吾宗臣也，汝外戚也，侂胄为光宗皇后韩氏季父。何可以言功？"……侂胄始觖望。(《宋史》卷四七四《韩侂胄传》)

上命汝愚兼权参知政事，……特进右丞相。……侂胄终不怿，自以有定策功，且依托肺腑，出入宫掖，居中用事。朱熹……劾之未果，……熹因讲毕时熹为待制经筵。奏疏，……遽出内批，除熹宫观。……侂胄恃功，为汝愚所抑，日夜谋引其党为台谏，以摈汝愚。……侂胄欲逐汝愚而难其名，或教之曰："彼宗姓，诬以谋危社稷，则一网无遗。"侂胄然之，擢其党将作监李沐为正言，……奏汝愚以同姓居相位，将不利于社稷，乞罢其政。汝愚出浙江亭待罪，遂罢右相。(《宋史》卷三九二《赵汝愚传》)

侂胄既排去汝愚，汝愚之党群起攻之。侂胄欲谋恢复，以间执人口，而伐金之事以起。

或劝侂胄立盖世功名以自固者，于是恢复之议兴。……安丰守厉仲方言，淮北流民愿归附。会辛弃疾入见，言敌国必乱必亡，愿属元老大臣，预为应变计，郑挺、邓友龙等又附和其言。开禧改元，进士毛自知廷对，言当乘机以定中原。侂胄大悦，诏中外诸将，密为行军之计。(《宋史》卷四七四《韩侂胄传》)

是时金世宗已崩，章宗继立，北部鞑靼等部叛变，连岁用兵，财匮盗起，国势日弱，亦实予宋以恢复之机。

泰和五年，宋宁宗开禧元年，西历1205年。五月，以平章政事仆散揆为河南宣抚使，籍诸道兵以备宋。(《金史》卷一二《章宗纪》四)

时镇江武锋军统制陈孝广复泗州及虹县，江州统制许进复新息县、光州，孙成复褒信县。捷书闻，侂胄乃议降诏趣诸将进兵。(《宋史》卷四七四《韩侂胄传》)

兵衅既开，金师起大兵应战。

泰和六年，宋宁宗开禧二年，西历1206年。十一月，起民兵于河南，十七万入淮，十万入荆襄。(宇文懋昭《大金国志》卷二一《章宗纪》下)

同时四川吴曦叛降金，谋东下夹攻。未几曦为安丙所诛，蜀疆得保。

> 初吴玠、吴璘俱为宋大将，兄弟父子，相继守西土，得梁益间士众心。璘孙曦，……出兵兴元，有窥关陇之志。……上金章宗闻韩侂胄忌曦威名，可以间诱致之，梁益居宋上游，可以得志于宋，封曦蜀国王，……诏纲经略之。(《金史》卷九八《完颜纲传》)

> 金遣吴端持诏书金印至罝口，封曦蜀王，曦密受之。……曦遣将利吉，引金兵入凤州，以四郡付之，表铁山为界。……曦所统军，……分隶十统帅，……戍万州，泛舟下嘉陵江，声言约金人夹攻襄阳。……合江仓官杨巨源，倡义讨逆，未有以发，遂与随军转运安丙共谋诛曦。会李好义与兄好古、李贵等皆有谋，交相结纳。……夜漏尽，巨源、好义首率勇敢七十人，斧门以入，李贵即曦室斩其首，……函曦首献于朝。(《宋史》卷四七五《吴曦传》)

金兵渡淮，宋师不利，韩侂胄知不可再战，始议媾和。

> 泰和六年，……国兵自清河口渡淮，宋守将郭超失利，遂进围楚州，偏师趋枣阳军，又围庐州，守将田林拒我师，八日围解。又围和州，克信阳军，围襄阳府。又克随州，宋守将遁，……遂之德安，攻真州，于是濠梁安丰及并边储戍，皆为国兵所破。又破西和州。……宋……守将郭倪弃扬州，走瓜洲渡。(宇文懋昭《大金国志》卷二一《章宗纪》下)

> 乃以丘崈……督视江淮军马，侂胄输家财二十万以助军，而谕丘崈募人持书币赴敌营。……又遗书许还河北流民，及今年岁币，金人乃有许意。(《宋史》卷四七四《韩侂胄传》)

> 泰和七年，……时国所索于宋者五事，一割两淮，二增岁币，三犒军金帛，四取陷没及归正人，五取韩侂胄首级。侂胄闻之大怒，复有用兵意。(宇文懋昭《大金国志》卷二一《章宗纪》下)

宋诛韩侂胄以谢金人，且不免加增岁币，最为中国之辱。南渡诸人无一正其非者，则侂胄为道学所恶故也。

> 韩侂胄见妃任权术，而曹美人性柔顺，劝帝立曹，而贵妃颇涉书史，知古今，性复机警，帝竟立之。后兄次山客王梦龙，知其谋，密以告后。后深衔之，与次山欲因事诛侂胄。会侂胄议用兵，……择廷

臣可任者与共图之，礼部侍郎史弥远，素与侂胄有隙，遂欣然奉命。……开禧三年，金章宗泰和七年。十一月三日，侂胄方早朝，弥远密遣中军统制夏震伏兵六部桥侧，率健卒拥侂胄至玉津园，槌杀之。(《宋史》卷二四三《宁宗杨皇后传》)

侂胄既死，宋允金之请，函送其首以易侵地，并定立和议条件如下。

(1) 两国境界如前。

(2) 依靖康故事，世为伯侄之国。

(3) 增岁币为银绢各三十万两匹。

(4) 宋别以犒军银三百万与金，金亦尽以所侵地归宋。

(三) 南宋之不振

甲、相权极重

南宋宰相最擅权者，为秦桧、韩侂胄、史弥远、贾似道四人。盖南宋宰相兼总兵财，权莫与比，一人得政，俨然首辅，其他执政，陪位画诺而已。当艰难缔造之会，非此不能有所施设，史乃尽以奸臣目之，不免门户道学之见。实则秦桧始终受金人操纵，卖国之罪难逭；韩、史操弄威福，有废立之渐，无不臣之心。其所行事，亦善恶互见，不尽如《宋史》所诋。兹姑疏其专擅之迹如次。

【秦桧】

自秦桧用事，塞言路。及上总揽权纲，……浩与王十朋，……始相继言事。(《宋史》卷三八八《李浩传》)

绍兴二十六年，……高宗躬亲政事，收揽威柄，召诸贤于散地。(《宋史》卷三七二《王纶传》)

允文言：自古人主大权，不移于奸臣，则落于近幸。秦桧盗权十有八年，桧死，权归陛下。(《宋史》卷三八三《虞允文传》)

桧两据相位，凡十九年，一时忠臣良将，诛锄略尽。其顽钝无耻者，率为桧用，争以诬陷善类为功。……察事之卒，布满京城，小涉讥议，即捕治中以深文。又阴结内侍，……伺上动静，郡国事惟申省，无一至上前者。(《宋史》卷四七三《秦桧传》)

秦桧权倾天下，然颇谨小嫌，故思陵眷之，虽桧死犹不释。小相熺尝衣黄葛衫侍桧侧，桧目之曰："换了来。"熺未谕，复易黄葛，

桧瞪目视之曰："可换白葛。"熺因请以为葛黄乃贵贱所通用，桧曰："我与尔却不可用。"盖以色之逼上。（叶绍翁《四朝闻见录·乙集》）

宪圣召桧夫人入禁中赐宴，进淮青鱼。宪圣顾问夫人曾食此否，夫人对以食此已久，又鱼视此更大且多，容臣妾翌日供进。夫人归，亟以语桧，桧恚之曰："夫人不晓事。"翌日，遂易糟鲚鱼大者数十枚以进，宪圣笑曰："我便道是无许多青鱼，夫人误耳。"（叶绍翁《四朝闻见录·乙集》）

秦桧夫妇跪像

绍兴金国使持盟书要玉辂以载，百官朝服迎于丽正，桧使人谕以玉辂非祀天不用，且非可载书。辂虽不用，金使必欲百官迎拜，桧许之。翌日，命省吏杂以绯紫，迎拜于丽正，班如仪。金使造庭，讶百官已立班上，既受书毕，百官呵殿缀金使以出。金使见向之绯紫诸吏犹立于门，始悟秦计。又使人至庭，必欲上兴躬下殿受书，左右相顾莫敢孰何。时王汴在班内，起而语使曰："尔实有书无书？"使遂出书示之，汴夺书而进。使计屈，归其国，以生事被诛云。绍翁据勾龙如渊《退朝录》，绍兴八年十二月，二十七日己卯，上召王伦入，责以取书事。既晚，伦见金使于馆，以二策动之，金使皇恐，遂许明日。上诏宰职就馆见金使受书纳入，人情始安。或曰秦桧未有以处，给事中楼炤举谅阴三年之说以语桧，桧悟，于是上不出而桧摄冢宰，即馆受书以归，金始知朝廷有人。绍翁尝疑省吏及夺书一节，得于所闻，未敢遽载。如渊之论，有据甚明，若就馆授书，则省吏与夺书之说，真齐东云。（叶绍翁《四朝闻见录·丙集》）

秦会之、范觉民同在庙堂，二公不相咸。虏骑初退，欲定江西二守臣之罪，康倬知临江军，弃城而走，抚州守王仲山以城降。仲山会之妇翁也，觉民欲宽之，会之云："不可。既已投拜，委质于贼，甚

卷四 宋辽金夏元

么话不曾说，岂可贷邪？"盖诋觉民尝仕伪楚耳。(王明清《挥麈录馀话》卷二)

张子公为户侍，苦用度窘，欲出祠部改盐钞。见秦相桧，秦曰："且止，若干年不出，若干年不改盐钞矣。"子公乃具陈当时利害，俱不听。子公怒，乃勃然曰："相公言大好看，势不可行。今日事势如此，安得沽虚誉、妨事实？一旦缓急，相公何处措办？"(施彦执《北窗炙輠》卷上)

【韩侂胄】

侂胄除平章军国事，……三日一朝，因至都堂，序班丞相之上，……用事十四年，威行官省，权震宇内。(《宋史》卷四七四《韩侂胄传》)

韩外有陈自强，内有周筠，启韩有图之者，韩犹以一死报国为辞。(叶绍翁《四朝闻见录·戊集》)

苏师旦尝以窘乏，求金于韩，韩不知其受诸将贿，动以亿万，每辍俸金与之。……及江上诸将致败，而丘公崈为督视，廉知败将之赂师旦，尺牍往来具存，因作书以遗韩。韩大怒，遂窜师旦于海上。(叶绍翁《四朝闻见录·戊集》)

寿皇雄心远虑，无日不在中原。侂胄习闻其说，且值金虏浸微，于是患失之心生，立功之念起矣。殊不知时移事久，人情习故，一旦骚动，怨嗟并起，而茂陵宁宗。乃守成之君，无意兹事，任情妄动，自取诛僇，宜也。身陨之后，众恶归焉，然其间是非，当未尽然。若杂记所载赵师罤犬吠，乃郑斗所造，以报挞武学生之愤，至如许及之屈膝，费士寅狗窦，亦皆不得志抱私仇者撰造丑诋。所谓僭逆之类，悉无其实。李心传蜀人，去天万里，轻信纪载，疏舛固宜，而一朝信史，乃不择是否而尽取之何哉！(周密《齐东野语》卷三)

【史弥远】

弥远死，帝亲政。(《宋史》卷四〇六《洪咨夔传》)

端平元年，上既亲总庶政，赫然独断。(《宋史》卷四一四《郑清之传》)

弥远薨，上亲政。(《宋史》卷四三七《真德秀传》)

弥远薨,上亲庶政。(《宋史》卷四三七《魏了翁传》)

弥远既诛韩侂胄,相宁宗十有七年。迨宁宗崩,废济王,非宁宗意,立理宗,又独相九年,擅权用事,专任憸壬。理宗德其立己之功,……虽台谏言其奸恶,弗恤也。(《宋史》卷四一四《史弥远传》)

越王自草表中自序云,"逡巡岁月,七十有三",而未得所对。有客以今余大参父能四六为荐者,越王召见,试以表中语,俾为属对,余应声曰:"此甚易,以'补报乾坤,万分无一'为对足矣。"越王大加赏识。(叶绍翁《四朝闻见录·甲集》)

史弥远像

【贾似道】

理宗崩,度宗又其所立,每朝必答拜,称之曰师臣而不名,朝臣皆称为周公。……入朝不拜,朝退帝必起,避席目送之,出殿廷始坐。(《宋史》卷四七四《贾似道传》)

似道既专恣日甚,畏人议己,务以权术驾驭,不爱官爵牢笼一时名士,……由是言路断绝,威福肆行。(《宋史》卷四七四《贾似道传》)

时襄阳围已急,似道日坐葛岭,起楼阁亭榭,取官人娼尼有美色者为妾,日淫乐其中,惟故博徒日至纵博,人无敢窥其第者。……尝与群妾踞地斗蟋蟀,所狎客入戏之曰:"此军国重事邪?"酷嗜宝玩,建多宝阁,日一登玩。(《宋史》卷四七四《贾似道传》)

似道误国之罪,上通于天,不可悉数,然其制外戚、抑北司、戢学校等事,亦是所不可及者,固不可以人而废也。外戚诸谢,惟堂最深险,其才最颉颃难制。似道乃与之日亲狎,而使之不疑,未几,不动声色,悉皆换班,堂虽知堕其术中,然亦未如之何矣。北司之最无状者,董宋臣、李臣辅,前是当国者,虽欲除之,往往反受其祸。似道谈笑之顷,出之于外,余党慑伏,惴惴无敢为矣。学舍在当时最为横议,而啖其厚饵,方且讼盛德赞元功之不暇,前庑

贾似道像

一得罪，则黥决不少贷，莫敢非之。福邸帝父也，略不敢以斜封墨敕，以丐恩泽。内庭无用事之人，外阃无怙势之将，宫中府中，俱为一体。凡此数事，世以为极难，而似道乃优为之，谓之无才可乎？其所短者，专功而怙势，忌才而好名，假崇尚道学、旌别高科之名，而专用一等委靡迂缓不才之徒，高者谈理学，卑者矜时文，略不知兵财政刑为何物，垢面弊衣，冬烘昏愦，以致糜烂渐尽，而不可救药。此皆不学而任术，独运而讳言之罪也。呜呼！古人以集众思、广忠益为相业，真万世之名言也欤。（周密《癸辛杂识·后集》）

按秦桧甘心作人民之公敌，史弥远结蒙古，与北宋海上之盟何以异。韩侂胄冤死，送首北廷，金人以为忠于谋国，谬于谋身，谥之曰"忠谬"，而宁宗谕大臣曰："恢复岂非美事，但不量力尔。"乃被以一世恶名，岂不令力主恢复者短气？若贾似道，以国事为儿戏，又非三人之比，乃有谓其"不敢犯清议言和，以致身死国灭"者，不知是时蒙古必欲渡江，不战即亡，岂有求和余地耶。

乙、太学生之论政

是时独有太学生邓肃，上十诗备述花石之扰。（王明清《挥麈后录》卷一）

陈东……以贡入太学，钦宗即位，率其徒伏阙上书，论今日之事。……伏阙之士，先自东始。（《宋史》卷四五五《陈东传》）

太学生论列时政，自二陈始。

王荆公在中书，作《新经义》以授学者，故太学诸生几及三千人。……又令判监直讲，程第诸生之业，处以上中下三舍。而人间传以为凡试而中上舍者，朝廷将以不次升擢，于是轻薄书生，矫饰言行，坐作虚誉，奔走公卿之门者若市矣。（魏泰《东轩笔录》卷六）

崇宁以来，蔡京群天下学者，纳之黉舍，校其文艺，等为三品，

饮食之给，因有差。旌别人才，止付于鱼肉铢两间，学者不以为羞，且逐逐然贪之。（邓志宏《沙县重修县学记》）

宋太学生上书，始于徽宗大观三年，太学生陈朝老，疏蔡京之恶十四事，士人争相传写。又十六年，至宣和七年，钦宗即位，而有陈东。东凡七上书，其一请诛蔡京、梁师成、李彦、朱勔、王黼、童贯六贼；其一童贯挟徽宗东行，请追贯还，正典刑；其一金人迫京师，又请诛六贼；其一请用李纲，斥李邦彦等；其一又请诛蔡氏。此五上书，皆在太学时。其一乞留李纲，而罢黄潜善、汪伯彦；其一请亲征，以还二圣，治诸将不进兵之罪，以作士气，车驾归京师，勿幸金陵。此两上书，皆在高宗召赴行在时。内惟请诛六贼，及论李纲，乃率诸生高登等，余皆东一人言耳。时与东同斩于市者，有抚州布衣欧阳澈，亦以上书得罪。越三年，高宗感悟，赠东、澈俱承事郎。东无子，官有服亲一人。刘豫即伪位，立陈东、欧阳澈庙于归德，如张巡、许远制，此在高宗赠官之先。忠义之士，虽乱臣贼子，亦知敬也。及驾过镇江，东乃镇江丹阳人。遣守臣祭东墓，赐缗钱五百。绍兴四年，东、澈并加朝奉郎秘阁修撰，官其后二人，赐田十顷。戴埴鼠璞云，高宗尝曰："朕即位，听用非人，至今痛恨之。赠官推恩，未足称朕悔过之意。死者不可复生，追痛无已。"圣心恻怛如此。高登凡六上书，高宗时，召赴都堂审察，上疏万言，及时议六篇，授古县令，秦桧恶之，谪漳州。又后五十年，朱子为漳州守，乞褒赠。绍兴末，太学生程鸿图，上书讼岳飞冤，诏飞家自便。至孝宗淳熙时，太学生乃有受赂陈书者，监察御史洪天锡，论宦者卢允升、董宋臣，疏留中不下，赵崇璠移书左丞相谢方叔。翼日，御笔授天锡大理少卿，天锡辞去。宦者赂太学生林自养，力诋天锡、方叔，乞诛二人。学舍恶自养党奸，相与鸣鼓攻之，上书申其罪是一小人，不足以掩众君子也。光宗绍熙五年，光宗以疾，久不省重华宫，太学生汪安仁等二百余人上书。宁宗庆元元年，韩侂胄引李沐为右正言，劾赵汝愚，窜永州，侍御史章颖以奏留汝愚斥逐，太学生杨宏中、林仲麟、徐范、张衢、蒋傅、周端朝，上书辨诬，皆被罪，天下号为六君子。又宁宗时，王居安以言事夺官，太学诸生有举幡乞留者。逮理宗淳祐十年，丁大全劾丞相董槐去国，太学生刘黻、陈宗、黄唯、陈宜中、林则祖伏阙上

书，后程公许、黄之纯被诬劾罢出，戴又率诸生上书。刘汉弼劾史嵩之之党，感末疾，遂卒，人皆疑嵩之致毒，太学生蔡之润等百七十有三人，伏阙上书，以为暴卒。杜范劾李鸣复，太学诸生亦上书交攻之，后范去政府，太学诸生又上书留范。史嵩之父丧，起复右丞相，太学生黄恺伯、金九万、孙翼凤等，百四十四人，上书论嵩之不当起复。陈垓劾程公许，太学生刘戴等百余人，上书论垓。徐元杰暴疾卒，三学诸生相继叩阍讼冤。丁大全为谏议大夫，三学诸生叩阍言不可，诏禁戒，旋逮诸生下狱。宋末，有太学生萧规、叶李等，上书言贾似道专政。而帝㬎德祐时，王爚之子，嗾太学刘九皋等上书，言宜中擅权庇赵溍，其误国甚于似道，宜中遂去，遣使四辈召之不至，乃命临安府，捕逮太学生，下刘九皋临安狱，罢王爚，遣使召宜中还。元兵至，宜中仍遁。当时太学生动辄上书，诚衰世之景象。（汪师韩《韩门缀学》卷五）

南渡而后，太学生势益盛。

庆元间，赵忠定汝愚去国，太学生周端朝、张衜、徐范、蒋傅、林仲麟、杨宏中以上书屏斥，遂得六君子之名。开元间，丁大全用事，以法绳多士，陈宜中兴权、刘黼声伯、黄镛器之、林则祖兴周、曾唯师孔、陈宗正学，亦以上书得谪，号六君子。（周密《齐东野语》卷二〇）

三学之横，盛于景定、淳祐之际，凡其所欲出者，虽宰相台谏，亦直攻之使必去，权乃与人主抗衡。……其所以招权受赂，豪夺庇奸，动摇国法，作为无名之谤，扣阍上书，经台投卷，人畏之如狼虎，若市井商贾，无不被害，而无所赴愬，非京尹不敢过问，虽一时权相如史嵩之、丁大全，不恤行之，亦未如之何也。（周密《癸辛杂识·后集》）

然或志在利禄，故易受权相笼络。

至贾似道作相，度其不可以力胜，遂以术笼络，每重其恩数，丰其馈给，增拨学田，种种加厚。于是诸生啖其利而畏其威，虽目击似道之罪，而嗫不敢发一语。及贾要君去国，则上书赞美，极意挽留，今日曰师相，明日曰元老，今日曰周公，明日曰魏公，无一人敢少指

其非。(周密《癸辛杂识·后集》)

贾公似道欲优学舍以邀誉，乃以校尉告身钱帛等，俾京庠拟试。时黄文昌方自江闻入为京尹，益增赏格，虽未缀，犹获数百千，于是群四方之士，试者纷然。(周密《齐东野语》卷一七)

丙、道学之禁

南渡以后，秦桧主张王安石之学，赵鼎主张程颐之学，党派之分，遂基于此。厥后互相倾轧，愈演愈烈，至赵汝愚与韩侂胄争权，益纠结不已，致使政治食其恶果。

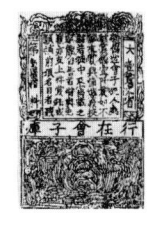

命朱熹待制经筵，悉收召士君子之在外者。(《宋史》卷三九二《赵汝愚传》)

宁宗之立，韩侂胄自谓有定策功，居中用事，熹忧其害政，数以为言。……庆元元年，初赵汝愚既相，收召四方知名之士，中外引领望治。熹独惕然以侂胄用事为虑，既屡为上言，又数以手书启汝愚，当用厚赏酬其劳，勿使得预朝政……之语，汝愚方谓其易制，不以为意。(《宋史》卷四二九《朱熹传》)

按朱熹为道学派宗主，故汝愚引之为助。

韩侂胄，……琦曾孙也，父娶高宗宪圣慈烈皇后女弟，仕至宝宁军承宣使。侂胄以父任入官，历阁门祗候，……知阁门事……侂胄雅善慈福内侍张宗尹。(《宋史》卷四七四《韩侂胄传》)

《朱熹著书图》

侂胄……出入宫掖，居中用事。(《宋史》卷三九二《赵汝愚传》)

　　按韩侂胄结交宫掖，以挤赵汝愚。汝愚既失位，所引用之人竞起攻侂胄者，皆为侂胄所贬窜。

　　汝愚既斥，……朱熹、彭龟年、黄度、李祥、杨简、吕祖俭等，以攻侂胄得罪。(《宋史》卷四七四《韩侂胄传》)

同时大学生与道学接近，亦攻侂胄不已。

　　太学生杨宏中……等，又以上书论侂胄编置，朝士以言侂胄遭责者数十人。(《宋史》卷四七四《韩侂胄传》)

所谓道学派之人，其行径亦有可訾之处。

　　世又有一种浅陋之士，自视无堪以为进取之地，辄亦自附于道学之名，褒衣博带，危坐阔步，或抄节语录以资高谈，或闭眉合眼号为默识。而扣击其所学，则于古今无所闻知；考验其所行，则于义利无所分别。此圣门之大罪人，吾道之大不幸，而遂使小人得以借口为伪学之目，而君子受玉石俱焚之祸者也。(周密《齐东野语》卷一一)

韩侂胄为排除异己，遂倡伪学之禁。

　　韩侂胄用事，……凡不附己者，指为道学，尽逐之。已而自知"道学"二字，本非不美，于是更目之为"伪学"，臣僚之荐举，进士

《齐东野语》书影

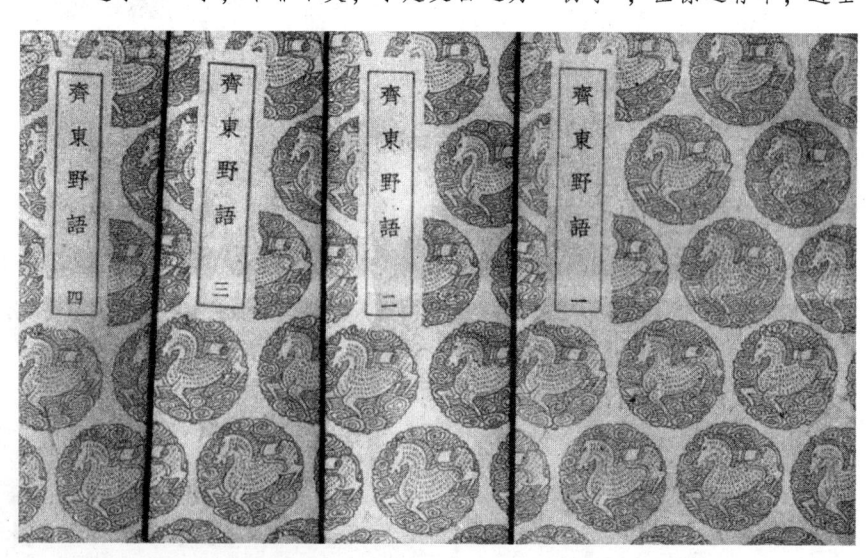

之结保，皆有如是伪学者，甘伏朝典之辞。一时嗜利无耻之徒，虽尝自附于道学之名者，往往旋易衣冠，强习歌鼓，欲以自别，甚者……向之得罪于庆元初者，亦从而和之，可叹也已。（周密《齐东野语》卷一一）

又设伪学之目，以网括汝愚、朱熹门下知名之士，用何澹、胡紘为言官，澹言伪学宜加风厉，或指汝愚为伪学罪首，紘条奏汝愚有十不逊。……刘三杰入对言：前日伪党，今变而为逆党。……而坐伪学逆党，得罪者五十有九人。王沇献言，令省部籍记伪学姓名，姚愈请降诏严伪学之禁，二人皆得迁官。（《宋史》卷四七四《韩侂胄传》）

庆元三年十二月，以知绵州王沇奏，诏省部籍伪学姓名，宰执四人，赵汝愚、留正、王蔺、周必大；待制以上十三人，朱熹、徐谊、彭龟年、陈傅良、薛叔似、章颖、郑湜、楼钥、林大中、黄由、黄黼、何异、孙逢吉；余官三十一人，刘光祖、吕祖俭、叶适、杨方、项安世、李埴、沈有开、曾三聘、游仲鸿、吴猎、李祥、杨简、赵汝谈、赵汝谠、陈岘、范仲黼、汪达、孙元卿、袁燮、陈武、田澹、黄度、张体仁、蔡幼学、黄灏、周南、吴柔胜、王厚之、孟浩、赵巩、白炎震；武臣三人，皇甫斌、范仲任、张致远；士人八人，杨宏中、周端朝、张衟、林仲麟、蒋傅、徐范，以上六人为太学生。蔡元定、吕祖泰，凡五十九人。（钱士升《南宋书》卷四《宁宗纪》）

攻击道学最力者，有沈继祖攻朱熹一疏，胡紘所草，其词过峻，不免诬枉。然道学号召徒党，互助标榜，欲以隐执朝政，亦或有其事。

庆元三年丁巳，春二月癸丑，省札，臣窃见朝奉大夫秘阁修撰提举鸿庆宫朱熹，资本回邪，加以忮忍。初事豪侠，务为武断，自知圣世此术难售，寻变所习，剽张载、程颐之余论，寓以吃菜事魔之妖术，以簧鼓后进，张浮驾诞。私立品题，收召四方无行义之徒，以益其党伍，相与餐粗食淡，衣褒带博，或会徒于广信鹅湖之寺，或呈身于长沙敬简之堂，潜形匿影，如鬼如魅，士大夫之沽名嗜利，觊其为助者，又从而誉之。涛之根株既固，肘腋既成，遂以匹夫窃人主之柄，而用之于私室，飞书走疏，所至响答，小者得利，大者得名，不

惟其徒咸遂所欲，而熹亦富贵矣。

臣窃谓熹有大罪者六，而他恶又不与焉。人子之于亲，当极甘旨之奉，熹也不天，惟母存焉。建宁米白，甲于闽中，而熹不以此供其母，乃日籴仓米以食之，其母不堪食，每以语人，尝赴乡邻之招，归谓熹曰："彼亦人家也，有此好饭。"闻者怜之。昔茅容杀鸡食母，而与客蔬饭，今熹欲餐粗钓名，而不恤其母之不堪，无乃太戾乎！熹之不孝其亲，大罪一也。熹于孝宗之朝，屡被召命，偃蹇不行，及监司郡守，或有招致，则趣驾以往。说者谓召命不至，盖将辞小而要大，命驾趣行，盖图朝至而夕馈。其乡有士人连其姓者，贻书痛责之，熹无以对。其后除郎，则又不肯入部供职，托足疾以要君，此见于侍郎林栗之章。熹之不敬于君，大罪二也。孝宗大行，举国之论，礼合从葬于会稽，熹乃以私意，倡为异论，首入奏札，乞召江西福建草泽，别图改卜，其意盖欲借此以官其素所厚善之妖人蔡元定，附会赵汝愚改卜他处之说。不顾祖宗之典礼，不恤国家之利害，向非陛下圣明，朝论坚决，几误大事。熹之不忠于国，大罪三也。昨者汝愚秉政，谋为不轨，欲借熹虚名，以招致奸党，倚腹心羽翼，骤升经筵，蹴取次对。熹既用法，从恩例封赠其父母，奏荐其子弟，换易其章服矣，乃忽上章，佯为辞免。岂有以职名而受恩数，而却辞职名？玩侮朝廷，莫此为甚，此而可忍，孰不可忽。熹之大罪四也。汝愚既死，朝野交庆，熹乃率其徒百余人哭之于野。熹虽怀卵翼之私恩，盍顾朝廷之大义，而乃犹为死党，不畏人言，至和储用之诗，有"除是人间别有天"之句。人间岂容别有天耶，其言意何止怨望而已！熹之大罪五也。熹既信妖人蔡元定之邪说，谓建阳县学风水，有侯王之地，熹欲得之。储用逢迎其意，以县学不可为私家之有，于是以护国寺为县学，以为熹异日可得之地。遂于农月，伐山凿石，曹牵伍拽，取捷为路，所过骚动，破坏田亩，运而致之于县下方，且移夫子于释迦之殿，设机造械，用大木巨缆，绞缚圣像，撼摇通衢闹市之内，而手足堕坏，观者惊叹。邑人以夫子为万世仁义礼乐之宗主，忽遭对移之罚，而又重以折肱伤股之患，其为害于风教大矣。熹之大罪六也。

以至欲报汝愚援引之恩，则为其子崇宪执柯，娶刘珙之女，而奄

有其身后巨万之财。又诱引尼姑二人以为宠妾，每之官则与之偕行，谓其能修身可乎？冢妇不夫而自孕，诸子盗牛而宰杀，谓其能齐家可乎？知南康军则妄配数人而复与之改正，帅长沙则匿藏赦书而断徒刑者甚多，守漳州则搜古书而妄行经界，千里骚动，莫不被害，为浙东提举则多发朝廷赈济钱粮，尽与其徒，而不及百姓，谓其能治民可乎？又如据范染祖业之山，以广其居，而反加罪于其身；发掘崇安弓手父母之坟，以葬其母，而不恤其暴露，谓之恕以及人可乎？男女婚嫁，必择富民，以利其奁聘之多；开门授徒，必引富室子弟，以责其束修之厚，四方馈赂，鼎来踵至，一岁之间，动以万计，谓之廉以律己可乎？夫廉也，恕也，修身也，齐家也，治民也，皆熹平日窃取《中庸》、《大学》之说，以欺惑斯世者也。今其言如彼，其行乃如此，岂不为大奸大憝也耶！

昔少正卯言伪而辩，行僻而坚，夫子相鲁七日而诛之。夫子圣人之不得位者也，犹能亟去之如是，而况陛下居德政之位，操可杀之势，而熹有浮于少正卯之罪，其可不亟诛之乎？臣愚欲望圣慈，特赐睿断，将朱熹褫职罢祠，以为欺君罔世之徒，污行盗名者之戒。仍将储用镌官，永不得与亲民差遣。其蔡元定乞行下建宁府追送别州编管。庶几奸人知惧，王道复明，天下学者，自此以孔孟为师，而恮人小夫，不敢假托凭借，横行于清明之时，诚非小补。(叶绍翁《四朝闻见录·丁集》)

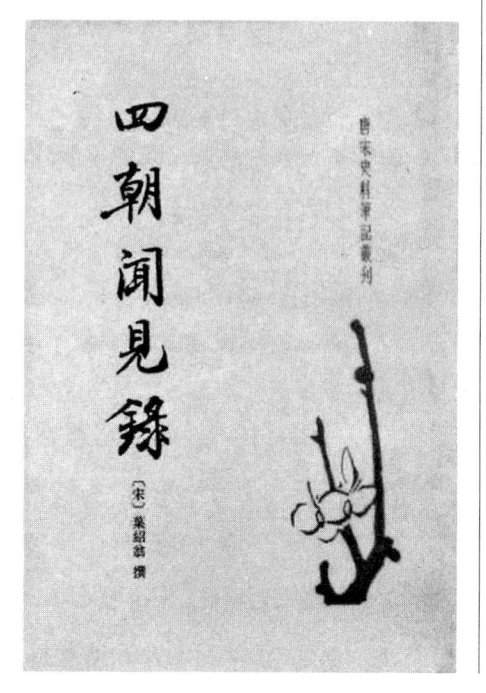

道学党徒甚盛，操纵时局，隐然为物望所归，侂胄虽加镇抑，终不能不弛其禁。

初韩侂胄用事，患人不附，……举海内知名士，贬窜殆尽。其后侂胄亦悔，……禁网渐解矣。(《宋史》卷四三四《叶适传》)

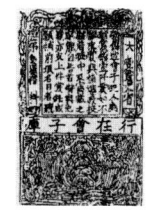

《四朝闻见录》书影

是时士之绳趋尺步，稍以儒名者，无所容其身；从游之士，特立不顾者，屏伏丘壑，……而熹日与诸生讲学不休。或劝其谢遣生徒者，笑而不答。有耤田令陈景思者，故相康伯之孙也，与侂胄有姻连，劝侂胄勿为已甚，侂胄意亦渐悔。(《宋史》卷四二九《朱熹传》)

　　侂胄亦稍厌前事，张孝伯以为不弛党禁，后恐不免报复之祸，侂胄以为然，……伪党之禁浸解。(《宋史》卷四七四《韩侂胄传》)

及史弥远初执国柄，乃引用道学派以自厚，而终于不合。

　　雪赵汝愚之冤，乞褒赠赐谥，厘正诬史，一时伪学党人，朱熹、彭龟年、杨万里、吕祖俭虽已殁，或褒赠易名，或录用其后，召还正人故老于外。(《宋史》卷四一四《史弥远传》)

　　时史弥远方以爵禄縻天下士，德秀慨然谓刘爚曰："吾徒须急引去，使庙堂知世亦有不肯为从官之人。"遂力请去。(《宋史》卷四三七《真德秀传》)

　　朝廷收召诸贤，了翁预焉。会史弥远入相，专国事，了翁察其所为，力辞召命。(《宋史》卷四三七《魏了翁传》)

其实当时所谓贤者，多流于矫伪。

　　士大夫汲汲好名，正救之力少，而附和沽激之意多；扶持之意微，而诋訾扇摇之意胜。既虑君上之或不能用，又恐朝廷之或不能容。姑为激怒之辞，退俟斥逐之命，始则慷慨而激烈，终则恳切而求去，将以树奇节而求令名。此臣之所未解。盖阴诋真德秀等。(《宋史》卷四二二《李知孝传》)

　　大佞似忠，大辩若讷，或好名以自鬻，或立异以自诡，或假高尚之节以要君，或饰矫伪之学以欺世，言若忠鲠，心实回邪，一不察焉，薰莸同器，泾渭杂流矣。言不达变，谋不中机，或巧辩以为能，或诡讦以市直，或设奇险之说以骇众听，或肆妄诞之论以惑士心，所行非所言，所守非所学，一不辨焉，枘凿不侔，矛盾相激矣。(《宋史》卷四二二《梁成大传》)

弥远愤诸人之不同于己，始尽斥逐之。

　　而弥远反用李知孝、梁成大等以为鹰犬，于是一时之君子，贬窜

斥逐，不遗余力云。(《宋史》卷四一四《史弥远传》)

贾似道利用道学愦愦，名为尊崇，其实愚弄之。

尝闻吴兴老儒沈仲固先生，云道学之名，起于元祐，盛于淳熙。其徒有假其名以欺世者，真可以嘘枯吹生，凡治财赋者则目为聚敛，开闾扞边者则目为粗材，读书作文者则目为玩物丧志，留心政事者则目为俗吏。其所读者止《四书》、《近思录》、《通书》、《太极图》、《东西铭》、《语录》之类，自诡其学为正心修身齐家治国平天下，故为之说曰"为生民立极，为天地立心，为万世开太平，为前圣继绝学"。其为太守，为监司，必须建立书院，立诸贤之祠，或刊注《四书》，衍辑语录，然后号为贤者，则可以钓声名、致膴仕；而士子场屋之文，必须引用以为文，则可以擢巍科、为名士，否则立身如温国，文章气节如坡仙，亦非本色也。于是天下竞趋之，稍有议及其党，必挤之为小人，虽时君亦不得而辨之矣，其气焰可畏如此。然夷考其所行，则言行了不相顾，卒皆不近人情之事，异时必将为国家莫大之祸，恐不在典午清谈之下也。余时年甚少，闻其说如此，颇有嘻其甚矣之叹，其后至淳祐间，每见所谓达官朝士者，必愦愦冬烘，敝衣菲食，高巾破履，人望之知为道学君子也。清班要路，莫不如此。然密而察之，则殊有大不然者，然后信仲固之言不为过。盖师宪当国，独握大柄，惟恐有分其势者，故专用此一等人，列之要路，名为尊崇道学，其实幸其不才愦愦，不致掣其肘耳。以致万事不理，丧身亡国，仲固之言，不幸而中，呜呼，尚忍言之哉！(周密《癸辛杂识·续集》下)

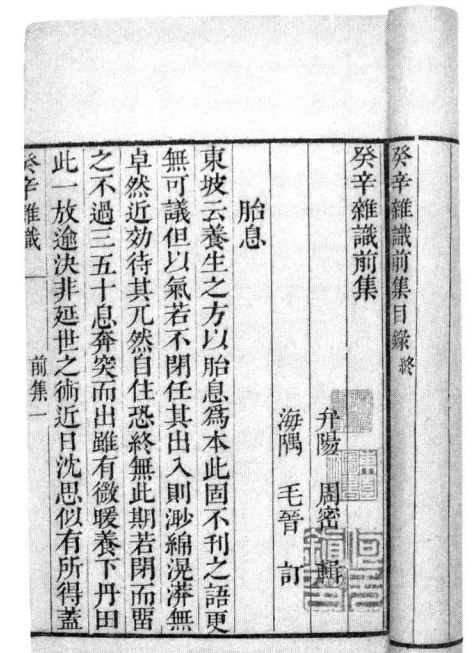

《癸辛杂识》书影

卷四　宋辽金夏元

十一　南宋之灭亡

（一）蒙古之兴起

甲、蒙古起原

蒙古即唐之蒙兀，曰盲骨，曰朦骨，曰朦辅，曰萌骨，曰蒙古思，皆音译。

> **达靼**，靺鞨之遗种，本在奚契丹之东北。后为契丹所攻，而部族分散，或属契丹，或属渤海。别部散居阴山者，自号达靼。（《五代史》卷七四《四夷附录》三）

达靼，今通作鞑靼。

> 黑靼之国，号大蒙古。沙漠之地，有蒙古山，靼语谓银曰蒙古，女真名其国曰大金，故靼名其国曰银。（徐霆《黑靼事略》）

> 所谓白靼靼者，容貌稍细，……所谓生靼靼者，甚贫且拙，且无能为，但知乘马随众而已。今成吉思皇帝，及将相大臣，皆黑靼靼也。（孟珙《蒙靼备录》）

金之初起，尝假蒙古兵马，既得国，不偿原约，由是蒙古有怨言。至熙宗时，蒙古侵扰边鄙，金兵讨之不克，遂与议和。

> 皇统五年，宋高宗绍兴十五年，西历1145年。……时有蒙兀之扰。（宇文懋昭《大金国志》卷一二《熙宗纪》四）

> 皇统六年，……女真万户湖沙虎，北攻盲骨子，粮尽而还，为盲骨子袭之，至上京之西北，大败于海岭。（宇文懋昭《大金国志》卷一二《熙宗纪》四）

> 皇统七年，……是岁朦骨国平。初挞懒既诛，其子胜花都郎君者，率其父故部曲以叛，与朦骨通。兀术之未死也，自将中原所教神臂弓手八万人讨之，连年不能克。皇统之六年八月，复遣萧保寿奴与之和议，割西平河蒙古人民共和国克鲁伦河。以北二十七团寨与之，岁遗牛羊米豆，且册其酋长熬罗孛极烈为朦辅国主，至是始和，岁遗甚厚。于是熬罗孛极烈自称祖元皇帝，改元天兴，大金用兵连年，卒不

能讨，但遣精兵分据要害而还。（宇文懋昭《大金国志》卷一二《熙宗纪》四）

其他记载，有谓蒙兀与鞑靼为东西二族者。然《大金国志》所载祖元皇帝之称，他书亦言之，《国志》熬罗孛极烈与《元史》噶布勒汗，即《元秘史》之合不勒。音亦相类，或为一人，《国志》不为无本。至谓东西相望千里，则游牧人民，居处不常。据《金史·兵志》，东北西北部族乣军，俱有萌骨部族可证。鞑靼本出靺鞨，或由东北而渐出西南，世因混塔塔儿与鞑靼为一，乃疑蒙、鞑为二族耳。

旧有蒙古斯国，在金人伪天会间，亦尝扰金虏为患，金虏尝与之战，后乃多与金帛和之。按李谅《征蒙记》曰："蒙人尝改元天兴，自称太祖元明皇帝。今鞑人甚朴野，略无制度，珙尝讨究于彼，闻蒙已残灭久矣。"（孟珙《蒙鞑备录》）

又有蒙国者，在女真之东北，唐谓之蒙兀部，金人谓之蒙兀，亦谓之萌骨。人不火食，夜中能视，以鲛鱼皮为甲，可捍流矢。自绍兴初始叛，都元帅宗弼用兵连年，卒不能讨，但分兵据守要害，反厚贿之，其祖亦僭称祖元皇帝，至金亮之时，与鞑靼并为边患，其来久矣。蒙人既侵金国，得其契丹、汉儿妇女而妻妾之，自是生子，不全类蒙人，渐有火食。至是鞑靼乃自号大蒙古国，边吏因以蒙鞑称之，然二国居东西两方，相望凡数千里，不知何以合为一名也。盖金国盛时，置东北招讨司，以捍御蒙兀、高丽，西南招讨司，以统隶鞑靼、西夏，蒙兀所据，盖吴乞买创业时二十七团寨，而鞑境东接临潢府，西与夏国为邻，南距静州，北抵大人国。（李心传《建炎以来朝野杂记·乙集》卷二〇）

乙、成吉思汗之崛起

蒙古至也速该世，国势渐强大。

噶布勒汗即合不勒，以《元秘史》世系推

《蒙鞑备录》书影

之，当即祖元皇帝。殁，子巴尔达木嗣，巴尔达木殁，子伊苏克依嗣，国势愈盛大。(《元史》卷一《太祖纪》)

当蒙古初兴时，大漠南北，诸部错列，为表如下。

蒙古初兴诸部简表

名称	居所		备考
	原名	今地	
翁吉剌	苦烈儿温都儿斤	呼伦淖尔附近。	《圣武亲征录》作弘吉剌，《蒙古源流》作鸿吉剌。
塔塔儿	捕鱼儿海附近。	达里泊。	《元史》本纪作塔塔尔。
蔑里乞	斡儿洹、薛凉格两水流域。	鄂尔坤、色楞格两河流域。	
兀良孩	游牧之地，亦在不儿罕山。	蒙古人民共和国西北部。	即《明史》之兀良哈，今之乌梁海。
客列	欠欠州。	华克穆克、穆齐克两河会流之处。	《元史》列传作怯烈，本纪与《亲征录》作克烈，《源流考》作克里叶特。
汪古	近塞地。	呼和浩特北。	《元史译文证补》，此族属白鞑靼，为金守长城者。
乃蛮	金山，及兀鲁黑塔黑之地。	科布多等地。	
斡亦剌		散居西伯利亚南境。	《元秘史》称之曰秃绵斡亦剌，即明之瓦剌。
乞儿吉速	也儿的石河。	额尔齐斯河。	
失必儿	乞儿吉斯正北。	鄂必河流域。	

及**成吉思汗**崛起，扫平诸部，乃归于统一。

也速该即依苏克依。并吞诸部，势愈盛。……攻塔塔儿部，获其长铁木真，还次跌里温盘陀山，而宣懿太后月伦适生帝，……因名曰铁木真，志武功也。宋高宗绍兴二十五年，金海陵贞元三年，西历1155年。及……崩，帝方幼。时年十三岁。时蒙古部，有泰赤乌，《元史》本纪作泰楚特。有札木合，又有克烈、乃蛮诸部。惟泰赤乌强，众多归之，而札木合部者，与帝麾下有隙，遂与泰赤乌合谋，以众三万来攻。帝与母月伦，分部人为十三翼，大战破走之。泰赤乌地广民众，无纪律，诸部多苦其非法，见帝宽仁，谋曰："铁木真太子，……真

我主也。"多相率慕义来降。是时西北诸国皆附金，会塔塔儿叛金，帝自斡难河鄂伦河，帅众会金师，击杀其渠长，金主以功授帝为察兀秃鲁。注：犹言招讨使也。克烈部长名脱里者，受金爵为王。初脱里多戮辱兄弟，其叔父菊儿攻之，仅百余骑来奔，烈祖也速该亲将兵逐菊儿，夺还其部众，脱里德之，遂请盟，称按答。注：犹言交好之友。既而脱里之弟叛归乃蛮，其部长为发兵伐克烈，复夺其众。脱里走，中道粮绝，困乏甚，帝以其与烈祖交也，亲迎抚劳之，为伐蔑里乞部，取其资财田禾遗之。脱里见部众稍集，遂不告于帝，自率兵再攻蔑里乞，大掠而还，于帝一无所遗。……会乃蛮卜鲁欲可汗不服帝，复与脱里合兵攻之。时札木合起兵援乃蛮，见乃蛮败，欲帝与脱里有隙，乃言于脱里，……脱里闻之疑，乃移部众于别所。未几，帝与脱里议昏各不成，札木合复乘间谓脱里子亦剌合曰："铁木真太子，尝通信乃蛮，将不利于君父子。君能加兵，我当阴为助。"亦剌合数言于其父，脱里信之，……遂举兵来侵。帝击败之，……遂整兵至班朱尼河。……时脱里势强，众颇危惧，与战，……脱里败走，路逢乃蛮将，为所杀，克烈部由是遂灭。（邵远平《元史类编》卷一《太祖纪》）

成吉思汗像

时乃蛮部长太阳罕其部长亦难察可汗，生二子，长为塔阳可汗，次为不亦鲁黑汗，兄弟不合，分国而治，塔阳居金山之阳，不亦鲁黑居地，南近阴山。心忌帝能，遣使谋于白达达部主阿剌忽思曰："吾闻东方有称帝者，……君能益吾右翼，吾将夺其弧矢也。"阿剌忽思即以是谋报帝，居无何，举部来归，岁甲子。宋宁宗嘉泰四年，金章宗泰和四年，西历1204年。帝大会于帖麦该川，外蒙古土谢图汗西境。议伐乃蛮，……进遂兵伐乃蛮，……太阳罕至自按台即阿尔泰山，营于沆海山，即杭爱山。与蔑里乞部长脱脱、克烈部长阿怜太石、猥剌部长忽都花别吉、暨秃鲁班、塔塔儿、哈答斤、散只兀诸部合兵，势颇盛。……太阳罕

……索战。……时札木合从太阳罕来，见帝军容整肃，……遂引所部兵遁去。是日，帝与乃蛮军大战，至晡，禽杀太阳罕，诸部军一时皆溃。……明日，余众悉降。于是朵鲁班、塔塔儿、哈答斤、散只兀四部亦来降。已而复征蔑里乞部，其长脱脱，奔太阳罕之兄卜鲁欲汗即不亦鲁黑汗。(《元史》卷一《太祖纪》)

先是蒙古居乌桓之北，……世修贡于辽金，号微弱，至是灭克烈，降乃蛮，兼取朵鲁班、塔塔儿、哈答吉、散只儿四部，駸駸乎称雄矣。(邵远平《元史类编》卷一《太祖纪》)

元年丙寅，宋宁宗开禧二年，金章宗泰和六年，西历1206年。帝大会诸王群臣，建九斿白旗，即皇帝位于鄂诺河之源，黑龙江之北源。诸王群臣，共上尊号，曰青吉斯皇帝。(《元史》卷一《太祖纪》)

帝既即位，遂发兵复征奈曼即乃蛮。时博啰汗猎于乌尔图山，禽之以归，迪延汗即太阳罕、子库楚类汗即屈出律与托克托即脱脱，奔雅尔达实河上西辽。(《元史》卷一《太祖纪》)

(二) 西夏之灭亡
甲、夏金之和战

天辅六年，宋徽宗宣和四年，辽天祚保大二年，夏崇宗元德三年，西历1122年。金破辽兵，辽主走阴山。夏将李良辅，将兵三万来救辽，次天德境，……娄室败之于宜水。……宗望至阴山，以便宜与夏国议和。……天会二年，宋宣和六年，夏元德五年，西历1124年。始奉誓表，以事辽之礼称藩。……天眷二年，宋高宗绍兴九年。国王乾顺薨，子仁孝立，遣使册命，加开府仪同三司，上柱国。(《金史》卷一三四《西夏传》)

自西夏臣服于金，与宋不复通使，至金宣宗时，始叛金与开兵衅。

大安三年，宋宁宗嘉定四年，夏神宗光定元年，西历1211年。……是春，西夏始为大军蒙古。所攻，遣使求援。国主新立，不能救，大军至兴灵而反，夏人恨之。时金国亦为所扰，势益衰，夏人恨之，遂叛，乃改元光定。(宇文懋昭《大金国志》卷二二《东海郡侯纪》上)

自天会议和，八十余年，与夏人未尝有兵革之事。及贞祐之初，金宣宗贞祐元年，宋宁宗嘉定六年，夏神宗光定三年，西历1213年。小有

侵掠，以至构难十年不解，一胜一负，精锐皆尽，而两国俱敝。是岁，宣宗元光二年。遵顼传位于子德旺。正大元年，宋宁宗嘉定十七年，夏献宗干定元年，西历1224年。和议成，自称兄弟之国。（《金史》卷一三四《西夏传》）

乙、蒙古之侵夏

宁宗嘉定二年，夏襄宗应天四年，金卫绍王大安元年，西历1209年。三月，蒙古主入河西，夏主安全，遣其世子率师拒战，败之，薄其中兴府。……夏主安全，纳女请降于蒙古，夏自是益衰。（张鉴《西夏纪事本末》卷三五）

嘉定十六年，夏献宗乾定元年，金宣宗元光二年，西历1223年。……十二月，蒙古兵攻夏，夏主遵顼传国于其子德旺，遵顼自号上皇。（张鉴《西夏纪事本末》卷三六）

夏遭蒙古之侵略，土地日削，最后力屈，降于蒙古。

理宗宝庆二年七月，蒙古主取夏西凉府掤罗河罗等县。……夏国主德旺惊悸而卒，……国人立其弟南平王睍。（张鉴《西夏纪事本末》卷三六）

宝庆三年，金哀宗正大四年，蒙古太祖二十二年，西历1227年。六月，……蒙古铁木真，尽克夏城邑。……蒙古主避暑于六盘山，甘肃固原县南。仍命阿术鲁总兵，与赐银印怀都等，与敌大战于合剌合察

儿之地。逾月，夏国主眠力屈出降，遂絷以归，……夏……至是乃亡。(张鉴《西夏纪事本末》卷三六)

(三) 金之灭亡

甲、蒙古之来侵

五年，宋宁宗嘉定三年，金卫绍王大安二年，西历1210年。春，帝遣将遮别，袭金乌沙堡，遂略地而东。初帝未建号时，南称藩于金，会进岁币，金主使卫王永济受贡于静州，帝见其庸懦，不为礼。及金主璟章宗。殂，永济嗣位，有诏至，使者令下拜，帝问新君为谁，使者曰卫王，帝不顾而唾，即乘马北去。永济闻之怒，欲俟帝入贡图之，帝觉，遂与金绝，数侵掠其西北鄙。(邵远平《元史类编》卷一《太祖纪》)

金独吉千家奴，完颜胡沙，至乌沙堡，未及设备，蒙古兵奄至，拔乌沙堡及乌月营。蒙古主乘胜破白登城，遂攻西京，凡七日，……金兵大败，追至翠屏口，遂取西京及桓、河北独石县北。抚河北张北县北。州。(《续通鉴纲目》卷一八)

七年正月，……帝破桓、抚、奉圣等州，师次野狐岭。金将纥石烈完颜九斤等，率兵号四十万来援，与战于獾儿嘴，大败之。秋围金西京，……十二月，遮别克金东京。八年七月，帝克宣德、德兴二府，进至怀来，及金行省完颜纲、左监军高琪战，败之。乘锐至古北口。金兵退保居庸，帝留可忒薄刹，顿兵拒守，而自以众趋紫荆关，败金师于五回岭，拔涿、易二州，分命遮别反自南口，攻居庸破之，出古北，与可忒薄刹军合。(邵远平《元史类编》卷一《太祖纪》)

是时金适发生内变，

至宁元年，宋宁宗嘉定六年，蒙古太祖八年，西历1213年。八月，起纥石烈执中即胡沙虎。为右副都元帅，将武艺军三千，复往迎敌。二十日，发燕京至紫金关，……闻大军过关，一时溃走，不可禁遏。执中还京，见上言"大军势盛难敌，臣急来保守京城"。上遣完颜纲将兵御之，战于易州，国兵大败。纲……至都，密奏执中受北赂，故放入关，执中闻之，惧诛。先是左副元帅南平者，迎合主意，沮格军赏，众皆怨之。执中因人心之愤，欲废主，遂回军以诛南平为名。二

十四日，军至东华门外，召南平计事，手刃杀之。宫中闻变，门皆不开，……执中欲纵火焚门，守门将军合住启之。执中引兵入宫，侍卫皆散走，进至大安殿，主望见之，遥呼曰："令我何往？"曰："归旧府耳。"主入后宫，邀皇后俱出，后留之曰："出则被执矣。"执中见其久不至，遣兵执之，并其后囚于旧府。二十六夜，执中遣内侍李监成，弑主于其府。（宇文懋昭《大金国志》卷二三《东海郡侯纪》下）

纥石烈执中，召番汉群臣，共议所立，……乃以符宝，……迎立丰王。（宇文懋昭《大金国志》卷二四《宣宗纪》上）

蒙古因乘间进围燕京，并分掠河北山东各地。

八年，金宣宗贞祐元年，宋宁宗嘉定六年。八月，……帝兵东过平滦，南至青沧，山临潢，涉辽河，西南至忻代，皆为所有。而帝欲留中都以困金，乃分军屯其城北，号北军，阳缀之，而阴发兵三道，命皇子尤赤等为右军，循太行而南，破保州、中山、邢、洺、磁、相、卫辉、怀、孟诸郡，径抵黄河，掠平阳、太原间；皇弟哈撒儿等为左军，遵海而东，破滦蓟，掠辽西之北；帝与皇子拖雷为中军，由中道破雄、漠、青、沧、景、献、河间、滨、棣、济南等郡，两河山东数千里，城郭丘墟。……是冬，帝复至燕京，三道兵还，合屯大口，以逼中都。（邵远平《元史类编》卷一《太祖纪》）

九年三月，复与北军合围燕京。诸将请乘胜破燕，而帝欲遗孤城不取，俾力守以困之，遣使谓金主曰："今山东河北诸境，悉为我取，所存惟燕京耳。天既弱汝，我不忍迫人于险，我今还军，汝当犒师，以弭诸将之怒。"金主复请和，许以故主永济女及金、缯、童男

蒙古铁骑

女为献，帝遣使如金逆女，既成昏北还。（邵远平《元史类编》卷一《太祖纪》）

蒙古兵既退，金宣宗因河北残破，迁都于汴。

九年五月，金主迁都于汴，命平章完颜承晖，及左丞抹撚尽忠，辅太子守忠留中都。帝闻之怒曰："既和而迁，是有疑心而不释憾也。"复兴师南伐，所过州郡皆下。……六月，金纠军反，众推斫答为帅，遣使乞降。帝方怒金南迁，遂遣石抹明安援斫答，合兵围中都。……十年二月，……金主遣兵救燕，至霸州大溃。……五月，金燕京留守完颜承晖仰药死，抹撚、尽忠弃城走，石抹明安入城。……盖围中都，三年而克之。（邵远平《元史类编》卷一《太祖纪》）

乙、蒙古之经略中原

十二年，宋宁宗嘉定十年，金宣宗兴定元年，西历1217年。八月，以木华黎有佐命功，拜太师，封鲁国王，统领番汉诸军，谓曰："太行以北，朕自经略；太行以南，卿其勉之。"……始置行省于燕云，以图中原，于是木华黎得专征。（邵远平《元史类编》卷一《太祖纪》）

宋理宗像

河北各地，俱为蒙古所有，金仅划河而守，聚兵一隅以御之，蒙古不能克，乃有后来与宋夹攻之事。

正大四年，宋理宗宝庆三年，蒙古太祖二十二年，西历1227年。是时大军长驱而南，自宣宗时，凡大河以北，东至于山东，西至于关陕，不一二年，陷没几尽，而凤翔最后下。国兵于是并力守黄河，保潼关，自黄河洛阳、三门、析津，东至邳州之源雀镇，东西长二千余里，差四行院，每院各分地界五百里，统以总率精兵不下二十万，民兵不在其数，夜则传令坐守，冬则燃草敲冰，率以为常。潼关一带，西南边山一千余里，大小关口三十六处，亦差四行省分地界而守，统以总率

精兵不下十万，民兵不在其数，布满周密。（宇文懋昭《大金国志》卷二六《义宗纪》）

时金兵尽在河南，饷无所出，宋又罢其岁币，乃思用兵于宋。

嘉定七年，……金人来督二年岁币。……金人迫于蒙古，迁都汴，遣使来告。……起居舍人真德秀，奏罢金国岁币。（钱士升《南宋书》卷四《宁宗纪》）

初……王世安献攻取盱眙、楚州策，枢密院奏乞以世安为招抚使，……高琪请伐之，以广疆土。……遣元帅左都监乌古论庆寿，签枢密院事完颜赛不，经略南边。（《金史》卷一〇六《术虎高琪传》）

宣宗与宋绝好连兵，复与西夏开衅，不能专力以御蒙古。至哀宗继立，始与西夏和，而宋人正主乘机恢复，因不允金人求和之请。

二十二年七月，……帝临崩，谓左右曰："金精兵在潼关，南据连山，北限大河，难以遽破。若假道于宋，宋金世仇，必能许我，则下兵唐邓，直捣大梁，金急必征兵潼关。然以数万之众，千里赴援，人马疲敝，虽至弗能战，破之必矣。（《元史》卷一《太祖纪》）

蒙古太宗，遵太祖遗嘱，继续伐金。

二年，宋理宗绍定三年，金哀宗正大七年，西历1230年。七月，帝自将入陕西，命太弟拖雷、皇侄蒙哥率师，……渡河趋凤翔。……三年二月，克凤翔，并下洛阳、河中诸城。……五月，帝将合南北军攻汴，命拖雷先趋宝鸡，遣行人速不罕诣宋假道淮东，以捣河南，……至沔州，宋统制张宣诱杀之。……十月，帝围河中府拔之。……拖雷闻宋杀使者，即移师伐宋，破兴元，入大散关，直趋饶风关，军民散走。……四年正月，帝……渡河，会拖雷已渡汉江，遣使来告，即诏诸军进发。入郑州，次新郑，

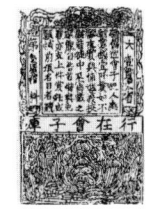

拖雷及金师战于钧州之三峰山，河南禹县。金师大溃。帝亲至三峰，攻克钧州，……遂下商、虢、嵩、汝等州。金尽撤秦蓝诸关兵援汴，金守将李平以潼关降，师遂长驱入陕。……三月，命速不台围南京即汴。(邵远平《元史类编》卷一《太宗纪》)

天兴元年，宋理宗绍定五年，蒙古太宗四年。时大军尽至，合围汴京，国兵百计守城。至四月八日，以天时向热，将还师，于是又讲和好，取太子金紫为质，东海郡侯之女小四公主，元为皇后者，索其一位骨肉以北，所予金帛无数。(宇文懋昭《大金国志》卷二六《义宗纪》)

和议既成，蒙古兵解围，退师河洛之间。未几以金杀使者唐庆，又复用兵。

天兴元年七月，……飞虎军事申福蔡元，擅杀北使唐庆等三十余人于馆，诏贳其罪，和议遂绝。(《金史》卷一七《哀宗纪》上)

天兴元年……春，天使复至，命主黜尊号，拜诏称臣，去冠冕，髡剔发，为西京留守，交割京城，主难之。防城提辖张玉，饵飞虎军三百人为变，大军传令添兵围城，河南路……皆陷，驱其壮士攻汴。(宇文懋昭《大金国志》卷二六《义宗纪》)

汴京粮尽援绝，金哀宗乃突围出走归德。

天兴元年，……主亲率护卫军五千人，突围而出，与大军战，主获胜。左丞相完颜白撒，奏请过河取卫州，截其归路，主允之。比至卫州，大军云集，主急回，被其追。……主既不克西去，又不可复入汴京，仅以二千余骑走归德，决水以自固。……二年六月，归德粮绝，上遂自亳趋蔡。(宇文懋昭《大金国志》卷二六《义宗纪》)

丙、南宋与蒙古夹攻金人

四年，宋理宗绍定五年，西历1232年。十二月，……使宣抚王楫至宋，议共伐金。宋遣邹伸之报谢，帝许俟成功，以河南地归宋。(邵远平《元史类编》卷一《太宗纪》)

绍定五年十二月，……金主奔归德府，寻奔蔡州。大元再遣使议攻金，史嵩之以邹伸之报谢。(《宋史》卷四一《理宗纪》一)

宋与蒙古既定盟，即出兵相应。

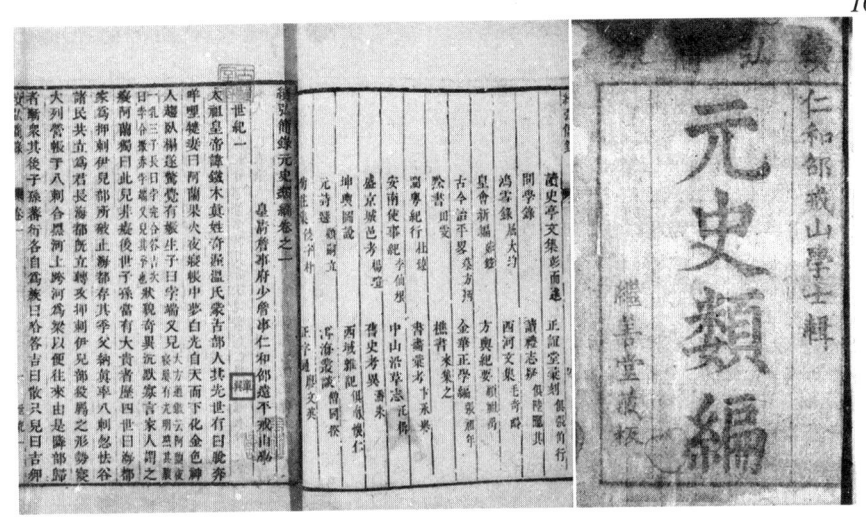

《元史类编》书影

珙请以二万人行，因命珙尽护诸将。……得蔡降人，言城中饥，珙曰："已窘矣，当尽死而守，以防突围。"珙与倎盏约，南北军毋相犯。（《宋史》卷四一二《孟珙传》）

五年六月，金主奔蔡，塔齐尔率师围之。……十一月，宋遣荆鄂都统孟珙以兵粮来助。十二月，诸军与宋兵合攻蔡。（《元史》卷二《太宗纪》）

天兴二年十一月，……宋遣其将江海孟珙，帅兵万人，献粮三十万石，助大元兵攻蔡。（《金史》卷一八《哀宗纪》下）

宋及蒙古兵攻蔡，金兵虽能死守，终致陷没。

天兴二年九月，……大元兵筑长垒围蔡城。……十二月，尽籍民丁防守，括妇人壮健者假男子衣冠，运大石。上亲出抚军，……以总帅孛术鲁娄室，殿前都点检兀林答胡土皆权参政，都尉完颜承麟为东面元帅，权总帅。……上微服率兵夜出东城谋遁，及栅不果，战而还。（《金史》卷一八《哀宗纪》下）

天兴三年，宋理宗端平元年，蒙古太宗六年，西历1234年。正月，……上集百官传位于东面元帅承麟，承麟固让，诏曰："朕所以付卿者，岂得已哉。以肌体肥重，不便鞍马驰突。卿平日矫捷有将略，万一得免，祚胤不绝，此朕志也。"承麟即皇帝位，百官称贺。礼毕，亟出捍敌，而南面已立宋帜。俄顷四面呼声震天地，南面守者弃门，大军入，与城中军巷战。城中军不能御，帝自缢于幽兰轩。末帝退保

卷四 宋辽金夏元

子城，闻帝崩，……哭奠未毕，城溃。……末帝为乱兵所害，金亡。(《金史》卷一八《哀宗纪》下)

(四) 南宋之亡
甲、三京之复

宋乘金亡，进兵复三京，遂与蒙古开衅。

端平元年八月，……议收复三京，以赵范为东京留守，赵葵为南京留守，全子才为西京留守。赵葵将杨谊至洛，为蒙古所乘，师大溃。(钱士升《南宋书》卷五《理宗纪》)

端平元年，朝议收复三京，葵上疏请出战，乃以为……南京留守。……时盛暑行师，汴堤破决，水潦泛溢，粮运不继，所复州郡皆空城，无兵食可因。未几北兵南下渡河，发水牐，兵多溺死，遂溃。(《宋史》卷四一七《赵葵传》)

六年七月，……宋图复三京，遣淮东制置使赵葵，知庐州全子才会兵趋汴。速不台闻宋来争河南，还师赴之，决黄河……之水灌宋军，多溺死。八月，引兵至洛阳，赵葵等弃汴走。(邵远平《元史类编》卷一《太宗纪》)

宋首先败盟，蒙古复遣使来诘责，于是兵连祸结，无复宁岁。

六年十二月，再使王楫诣宋，责败盟，宋复遣邹伸之报谢。(邵远平《元史类编》卷一《太宗纪》)

六年七月，……议自将伐宋，国王扎拉呼请行，遂遣之。……七年宋理宗端平二年，西历1235年。春，……皇子库春，及呼图克亦作胡土虎伐宋。……十月，库春围枣阳拔之，遂徇襄邓入郢，虏人民牛马数万而还。……八年二月，命应州郭胜、钧州富珠哩玖珠、邓州赵祥，从库春充先锋伐宋。……七月，……奎腾亦作阔端率汪世显等入蜀，取宋关外数州，斩蜀将曹友闻。十月，奎腾入成都，诏招谕秦巩等二十余州皆降。……张柔等攻郢州拔之，襄阳府来附，以游显领襄阳樊城事。(《元史》卷二《太宗纪》)

按其时蒙古方遣兵分伐西域、高丽，未以全力攻宋，故孟珙得恢复襄阳、四川等地。

乙、蒙古大举南侵

蒙古太宗崩，定宗嗣立。后三年，定宗崩，宪宗蒙哥继立。时西域略定，乃大举攻宋。

六年宋理宗宝祐四年。六月，……诸王伊逊克、驸马约索尔等请伐宋，帝亦以宋人违命囚使，会议伐之。（《元史》卷三《宪宗纪》）

八年宋理宗宝祐六年，西历1258年。二月，……帝自将伐宋，由西蜀以入，命呼必烈攻鄂州，墙察儿《元史》作塔察攻荆山，以分宋兵力，又诏兀良合台，自交广引兵会鄂。（邵远平《元史类编》卷一《宪宗纪》）

蒙哥攻合州，死于城下。

时军四万，号十万，分三道而进。帝由陇州入散关，诸王默格即莫哥由祥州入米仓关，布尔察克万户由渔关入泗州。（《元史》卷三《宪宗纪》）

宝祐六年四月，……蒙古主率诸将兵，号十万，分三道来侵，一趋散关，一趋米仓关，一趋泗州。（钱士升《南宋书》卷五《理宗纪》）

八年七月，率兵由宝鸡攻重贵口，所至辄下。……十一月，诸王莫哥、墙察儿并略地还，引军来会。……九年正月，……进次钓鱼山，注：时宋合州徙治于此。遣降人晋国宝招谕知州王坚，坚杀之。……二月，帝……督战合州城下，会师围之，凡五阅月不克。……七月，帝崩于钓鱼山，……或云，为飞矢所中，诸王大臣，奉榇北还。（邵远平《元史类编》卷一《宪宗纪》）

蒙古兵围合州，……守臣王坚，固守力战，蒙古主蒙哥卒于城下，乃解围。（钱士升《南宋书》卷五《理宗纪》）

其忽必烈一军，渡江围鄂州，中外大震。

岁己未宪宗九年。七月，……命大将巴图尔等前行，备粮汉上。……八月，渡淮，入大胜关，宋戍兵皆遁，次黄陂，……会于鄂州。……九月，亲王穆格即莫哥自合州钓鱼山，遣使以宪宗凶问来告，且请北归以系天下之望。帝曰："吾奉命南来，岂可无功遽还？"登香炉

忽必烈像

山，俯瞰大江，江北曰武湖，湖之东曰阳逻堡，其南岸即浒黄洲。宋以大舟扼江渡，帝遗兵夺二大舟。是夜，遣玛拉噶齐、张文谦等具舟楫，……敕将帅扬旗伐鼓，三道并进，……与宋师接战者三，……径达南岸，……围鄂。……十一月，乌兰哈达即兀良合台略地诸蛮，由交趾，历邕桂，抵潭州，闻帝在鄂，遣使来告。(《元史》卷四《世祖纪》一)

宋闻边报紧急，乃遣贾似道等御之。

开庆初，宪宗皇帝自将征蜀，世祖皇帝时以皇弟攻鄂州，元帅兀良哈台由云南入交趾，自邕州蹂广西，破湖南，传檄数宋背盟之罪。理宗大惧，乃以赵葵军信州，御广兵；以似道军汉阳，援鄂。……似道时自汉阳入督师。(《宋史》卷四七四《贾似道传》)

惟似道畏缩，不敢与蒙古交兵，欲以和议，图苟且息事而已。

攻城急，城中死伤者至万三千人。似道乃密遣宋京诣军中，请称臣，输岁币。不从。(《宋史》卷四七四《贾似道传》)

似道惧，密遣宋京如师，愿称臣纳币请和。帝不许，攻益急。(邵远平《元史类编》卷二《世祖纪》一)

时蒙古忽发生继立问题，忽必烈急欲北归，似道得此机会，再往请和，遂退兵。

会宪宗皇帝晏驾于钓鱼山，合州守王坚使……走报鄂；似道再遣京议岁币，遂许之。(《宋史》卷四七四《贾似道传》)

俄闻先朝诸臣阿蓝答儿、浑都海等，谋立帝弟阿里不哥，《元史》作额呼布格。辄乘传调兵，去龙冈开平仅百余里。会似道再遣京至，约岁奉银绢各二十万，帝从郝经、廉希宪议，许之，……大军北还。(邵远平《元史类编》卷二《世祖纪》一)

贾似道私订和议，而妄腾捷报于朝。

贾似道私与蒙古议和，奏鄂州围解，诏论功行赏。(钱士升《南宋书》卷五《理宗纪》)

大元兵拔砦而北，留张杰、阎旺以偏师候湖南兵。……兵至，杰作浮梁新生矶，济师北归，似道用刘整计，攻断浮梁，杀兵百七十，

钓鱼山遗址

遂上表以肃清闻。帝以其有再造功，以少傅右丞相召入朝，百官郊劳。(《宋史》卷四七四《贾似道传》)

忽必烈归至开平内蒙古多伦县，诸大臣皆劝进，遂即帝位。遣郝经使于宋，索取岁币。似道惧事泄，乃拘经等。

中统元年，宋理宗景定元年，西历1260年。三月，……车驾至龙冈新城，亲王合丹、莫哥、墙察儿等，率东西二道宗王来会，与诸大臣皆劝进。帝即位，……建元中统。(邵远平《元史类编》卷二《世祖纪》一)

以翰林侍读学士郝经为国信使，翰林待制何源、礼部郎中刘人杰副之，使于宋。(《元史》卷四《世祖纪》一)

大元世祖皇帝登极，遣翰林侍读学士国信使郝经等，持书申好息兵，且征岁币。似道方使廖莹中辈撰福华编，称颂鄂功，通国皆不知所谓和也。似道乃密令淮东制置司，拘经等于真州江苏仪征县忠勇军营。(《宋史》卷四七四《贾似道传》)

元世祖以宋拘留使臣为名，下诏伐宋。

中统二年七月，……谕将士举兵攻宋，诏曰："朕即位之后，深以戢兵为念，故年前遣使于宋，以通和好。宋人不务远图，伺我小隙，反启边衅，东剽西掠，曾无宁日。朕今春还宫，诸大臣皆以举兵

南伐为请，朕重以两国生灵之故，犹待信使还归，庶有悛心，以成和议。留而不至者，今又半载矣，往来之礼遽绝，侵扰之暴不已。……曲直之分，灼然可见。……秋高马肥，水陆分道而进，以为问罪之举。"（《元史》卷四《世祖纪》一）

贾似道称臣乞和之计，恐一时暴露，为公议所不许，既留元使郝经等不遣，复不作守计，方以援鄂论功。沿边诸将，知事不可为，纷降于蒙古。

时贾似道方论鄂功，专务欺蔽朝廷，不以闻。似道又忌诸将，欲污蔑置之罪，乃行打算法于诸路，以军兴时支取官物为赃私，于是赵葵、史岩之、杜庶皆坐侵盗掩匿罢，而向士璧、曹世雄下狱死。刘整时为潼川安抚使，亦以边费为蜀帅俞兴所持。整素与兴有隙，自遣使诉于朝，不得达，心益疑惧，遂籍泸州十五郡、户三十万降于蒙古。……蒙古既得整，由是尽知国事虚实，南伐之谋益决。（陈邦瞻《宋史纪事本末》卷一〇六）

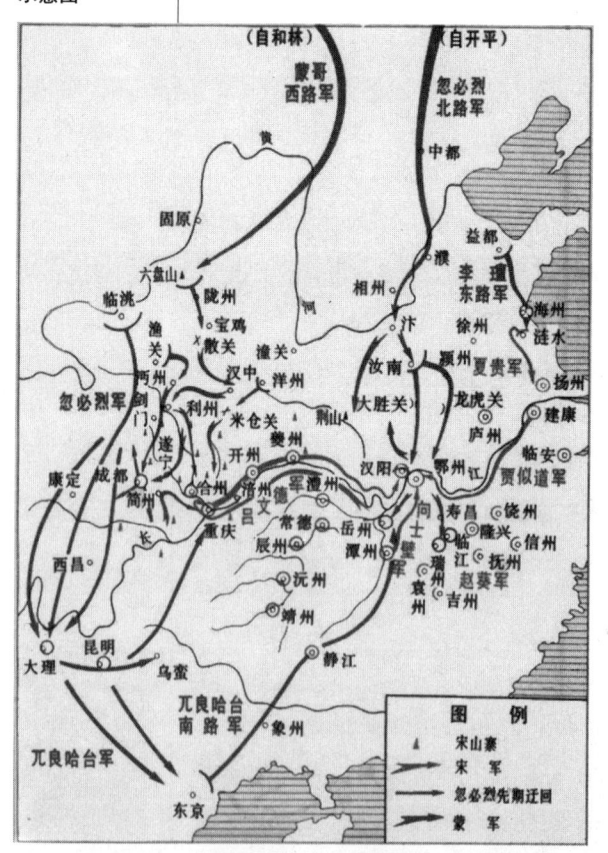

蒙古图自江东下，乃定先攻取襄鄂之计。

刘整献计，谓宋人所恃，惟吕文德在鄂州，然可利诱，乃遗以玉带，求置榷场于樊城，文德许之。既而言安丰等货物，每为盗所掠，愿筑土墙以护居积，遂筑垒，置堡江心，起万人台，立撒星桥，以遏宋南北之援，时出兵哨掠襄樊城外，兵威益炽，文德始悟为整所卖，疽发背死。……阿朮攻襄阳，文焕文德弟拒守，久之。……至元十年，……阿里海牙等拔樊城，世祖降诏谕文焕曰："尔等拒守孤城，于今五年，……然势穷援绝，……若能纳款，

刘整宋蒙战争示意图

悉赦勿治。"……文焕……遂……与其子俱来降。（邵远平《元史类编》卷一八《吕文焕传》）

自围襄阳以来，每上书请行边，而阴使台谏上章留己。……吕文焕以急告，似道复申请之。事下公卿杂议，监察御史陈坚等，以为师臣出顾襄，未必能及淮，顾淮未必能及襄，不若居中以运天下为得。乃就中书置机速房，以调边事。……襄阳降，似道曰："臣始屡请行边，先帝皆不之许。向使早听臣出，当不至此尔。"（《宋史》卷四七四《贾似道传》）

元兵既据长江上游，遂分道东下。

至元十一年，宋度宗咸淳十年，西历1274年。大举伐宋，……乃以伯颜领河南等路行中书省，所属并听节制，……会师于襄阳，分军为三道，并进。（《元史》卷一二七《伯颜传》）

元兵大会于襄阳，寻分兵，一入淮，一趋鄂，一徇荆南。（钱士升《南宋书》卷六《帝昺纪》）

伯颜分大军为两道，自与阿尤由襄阳入汉济江，……博罗欢由东道取扬州，监淮东兵。……伯颜一军自分三道，唆都将一军，由枣阳哨司空山；翟招讨将一军，由老鸦山徇荆南；而自与阿尤，……水陆趋鄂。（陈邦瞻《宋史纪事本末》卷一〇六）

元兵顺流而下，沿江各邑，纷纷破降，遂下建康。

至元十二年，宋恭帝德祐元年。二月，……次丁家洲，贾似道都督诸路军马十三万，号百万，步军指挥使孙虎臣为前锋，淮西制置使夏贵，以战舰二千五百艘，横亘江中，似道将后军。伯颜命左右翼万户，率骑兵夹江而进，炮声震百

伯颜像

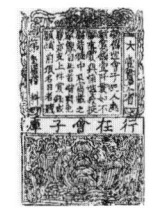

里。宋军阵动,贵先遁,以扁舟掠似道船呼曰:"彼众我寡,势不支矣。"似道闻之,仓皇失措,遽鸣金收军,军溃……似道东走扬州,贵走庐州,虎臣走泰州。……师次建康,……三月,……都统徐王荣、翁福等以城降,……江东诸郡皆下,淮西滁州诸郡亦相继降。(《元史》卷一二七《伯颜传》)

贾似道误国至此,宋始罢其平章都督,然事已不可为矣。

陈宜中请诛似道,谢太后曰:"似道勤劳三朝,安忍以一朝之罪,失待大臣之礼?"止罢平章都督,予祠官。(《宋史》卷四七四《贾似道传》)

丙、德祐与二王之亡

至元十二年十一月,……伯颜分军为三趣临安,阿剌罕率步骑自建康、四安、广德以出独松岭,董文炳率舟师循海趣许浦、澉浦以至浙江,伯颜、阿塔海由中道节度诸军,期并会于临安。(《元史》卷八《世祖纪》五)

元兵长驱直入,遂迫临安,宋恭帝出降。

常州破,兵薄独松关,邻邑望风皆遁,宜中遣使如军中请和不得,……伯颜将兵,至皋亭山。(《宋史》卷四一八《陈宜中传》)

遣监察御史杨应奎上传国玺降,……大元使者入临安府,封府库,收史馆礼寺图书,及百司符印告敕。(《宋史》卷四七《瀛国公纪》)

德祐二年,至元十三年。三月丁丑,元伯颜入临安,……以帝及皇太后……等北去。……五月,元主以帝为瀛国公。(钱士升《南宋书》卷六《帝㬎纪》)

自临安破后,二王播越于闽广,但终为元攻灭。

二王者,度宗庶子也,长建国公㬎。……季永国公昺,

宋恭帝像

……大元兵迫临安，……乃徙封昰为益王，判福州，……昺为广王，判泉州。……大元兵至皋亭山，驸马都尉杨镇等奉之走……温州，陆秀夫、苏刘义继追及于道，遣人召陈宜中于清澳。宜中来谒，复召张世杰于定海，世杰亦以所部兵来。……宜中等乃立昰于福州，以为宋主，改元景炎，元世祖至元十三年。……宜中为左丞相，……李庭芝为右丞相，……改福州为安福府。……文天祥自镇江亡归，初天祥赴元营请和，为伯颜所拘。以为右丞相，兼知枢密院事，遣其将吕武入江淮招豪杰，杜浒如温州募兵。(《宋史》卷四七《附二王纪》)

时宋之疆域，丧失殆尽，惟李庭芝、姜才犹坚守淮东，张钰坚守重庆不下，其余仅有闽广及浙赣南部而已。元兵日逼，李庭芝、姜才、张钰皆战死，浙东闽广，相继覆没，以至于亡。

景炎元年，至元十三年。十月，……时元兵分三道来侵。十一月，……阿剌罕兵至建宁府，执守臣。……陈宜中、张世杰以元兵渐迫，奉帝及卫王昺、杨太后以下，俱航海，……阿剌罕入福安府。……帝至泉州，招抚使蒲寿庚作乱，遂如潮州。……十二月，……次惠之海丰。广东惠阳县。……帝舟至广州港口，……元兵守江者拒之不果入，帝舟还大海，驻师秀山，广东东莞县西南海中。寻次于惠州之甲子门。……二年，至元十四年。九月，……帝舟次广之浅湾。南澳岛附近。……十一月，……刘深攻帝于浅湾，张世杰战败，乃奉帝退保秀山。……十二月，帝至井澳，广东中山县南海中横琴岛下。飓风大作，舟败几溺，帝惊悸成疾。……三年，至元十五年。三月，……帝欲往居占城，不果，遂驻化之碙洲。广东吴川县南海中。四月，帝崩，……卫王，昺立，……庙号端宗。帝昺……嗣位于碙洲，……是年为祥兴元年。……六月，……帝徙居新会之厓山。广东赤溪县东，有两山对峙如门，亦谓之厓门山。十月，元蒙古汉军数路并进。……二年，至元十六年，西历1279年。正月，……张世杰以舟师碇海中。……二月，……世杰……军溃，……陆秀夫……负帝投海中，……世杰亦自溺死，……宋……亡。(钱士升《南宋书》卷六《端宗纪》)

十二　元之建国

(一) 元初之武功
甲、西域

当蒙古初起时，新疆天山南路为畏兀儿所据，伊犁河、吹河流域为哈剌鲁即唐西突厥葛逻禄。所据。及太祖破乃蛮，先后来降。又尤赤平斡亦剌、吉利吉思、失必儿等部，于是通西域之道，南北两路皆通。

四年己巳宋宁宗嘉定二年，西历1209年。春，辉和尔即畏兀儿国来归。(《元史》卷一《太祖纪》)

巴而木阿而忒的斤亦都护。亦都护者，高昌国主号也，先世居畏兀儿之地，……统别失八里之地，北至阿术河，南接酒泉，东至兀敦甲石哈，西临西蕃。……至巴而木阿而忒的斤，臣于契丹。岁己巳，闻太祖兴朔方，遂杀契丹所置监国等官，欲来附，未行，帝遣使使其

高昌国遗址

国，亦都护大喜，即遣使入奏。……时帝征太阳可汗屈出律，射其子脱脱，蔑乞里部长。杀之。脱脱之子大都、赤剌、温、马札儿、秃薛十四人，以不能归全尸，遂取其头，涉也儿的石河，将奔亦都护，先遣使往，亦都护杀之。四人者至，与大战于禶河，亦都护遣其国相来报，帝复遣使还谕，亦都护遂以金宝入贡。(《元史》卷一二二《巴而木阿而忒的斤传》)

六年辛未春，帝居吉鲁尔河，西域哈喇娄部主阿尔斯兰汗来降。(《元史》卷一《太祖纪》)

太祖命忽必来，征合儿鲁兀惕种即哈剌鲁，其主阿儿思兰即投降了，来拜见太祖，太祖以女子赐他。(《元朝秘史》卷一一)

乃蛮王屈出律既袭据有西辽地，思复前仇，伐喀什噶尔及和阗，频东向以谋捣蒙古之虚，成吉思汗遣哲别将二万人讨之。时屈出律驻喀什噶尔，战败，遁走巴达哈伤，帕米尔高原附近地。为哲别追及，杀之，西辽地遂全定。

甲戌，太祖九年，宋宁宗嘉定七年，西历1214年。从帝讨契丹遗族，即西辽。历古徐、鬼国、讹夷朵等城，破其兵三十余万。宝玉胸中流矢，帝命剖牛腹置其中，少顷乃苏，寻复战，收别失八里即乌鲁木齐、别失兰等城，次忽章河即锡耳河。西人列两阵迎拒，战方酣，宝玉望其众疾呼曰："西阵走矣！"其兵果走，追杀几尽。进兵下挦思干城即撒马儿罕城，次暗木河即阿母河。敌筑十余垒，陈船河中。俄风涛暴起，宝玉令发火箭射其船，一时延烧，乘胜直前，破护岸兵五万，斩大将佐里，遂屠诸垒，收马里四城。马里即马鲁城。(《元史》卷一四九《郭宝玉传》)

曷思麦里，西域谷则斡儿朵人，即虎思耳朵，西辽都城。初为西辽阔儿罕即菊儿汗，西辽主之称谓，华言普遍汗。近侍，后为谷则斡儿朵所属，可散八思哈长官。太祖西征，曷思麦里率可散等城酋长迎降。大将哲伯以闻，帝命曷思麦里从哲伯为先锋，攻乃蛮，即西辽。克之，斩其主曲出律。哲伯令曷思麦里持曲出律首，往徇其地，若可失哈儿、押儿牵、斡端诸城，皆望风降附。(《元史》卷一二〇《曷思麦里传》)

蒙古攻灭西辽，遂西与花剌子模接壤。时成吉思汗，方有事于金夏，贻书花剌子模，愿修好。花剌子模王杀其使者，成吉思汗乃大举西征，扫荡中亚，蹂躏欧洲，继续构兵，几达三十年之久。

十四年己卯，宋宁宗嘉定十二年，西历1219年。六月，西域杀使者，帝亲征，遂取鄂托喇尔城，《元史·地理志》"西北地附录"，作兀提剌耳。擒其酋哈济尔济兰图。（《元史》卷一《太祖纪》）

十五年庚辰三月，帝克布哈城，即不花剌城，今布哈尔。五月，克塔什干城，即塔什干城。（《元史》卷一《太祖纪》）

十六年辛巳春，帝攻卜哈儿即布哈城、薛迷思干即寻思干，等城，上年攻下，此处重文。皇子术赤，攻养吉干锡尔河入阿拉尔湖口处、八儿真等城，并下之。四月，驻跸铁门关。……秋，帝攻班勒纥等城，皇子术赤、察合台、窝阔台分攻玉龙杰赤花剌子模都城等城，下之。十月，皇子拖雷，克马鲁察叶可、马鲁二城在今麦格哈伯河上、昔剌思今海里路德河畔等城。（《元史》卷一《太祖纪》）

十七年壬午春，皇子拖雷克徒思在今美歇德西北、匿察兀儿《元史》"西北地附录"，作乃沙不耳。等城，还经木剌夷国，据里海南岸一带。大掠之，渡挒挒阑河，即今海里路德河。克也里等城，遂与帝会，

成吉思汗率蒙古大军西征

合兵攻塔里寒寨，《元史》"西北地附录"，作塔里干。拔之。……夏，避暑塔里寒寨，西域主札阑丁阿拉哀丁谟罕默德子。出奔，与灭里可汗似札阑丁之忠臣，帖木儿灭里。合，时札阑丁在哥疾宁，收拾余烬，以图复逞。忽都忽与战不利，帝自将击之，擒灭里可汗，札阑丁遁去，遣八刺追之不获。（《元史》卷一《太祖纪》）

壬午，帝征回回国，其主灭里，委国而去。命速不台与只别即哲别追之，及于灰里河，只别战不利，速不台驻军河东，戒其众，人爇三炬，以张军势，其王夜遁。复命统兵万人，由不罕川、必里罕城追之，凡所经历，皆无水之地。既度川，先发千人为游骑，继以大军，昼夜兼行。比至，灭里逃入海，不月余病死，尽获其所弃珍宝以献。（《元史》卷一二一《速不台传》）

壬午夏，避暑于塔里寒寨高原。时西域速里坛札兰丁遁去，遂命哲别为前锋追之，再遣速不台、拔都为继，又遣脱忽察儿殿其后。哲别至蔑里可汗城，不犯而过，速不台、拔都亦如之。脱忽察儿至，与其外军战，蔑里可汗惧，弃城走。忽都忽、那颜闻之，率兵进袭。时蔑里可汗与札兰丁合，就战，我不利，遂遣使以闻。上自塔里寒寨，率精锐亲击之，追及辛自速河，即辛头河，今印度斯河。获蔑里可汗，屠其众。札兰丁脱身入河，泳水而遁，遂遣八剌、那颜将兵急追之，不获，因大掠忻都人民之半而还。（元《圣武亲征录》）

十八年癸未，宋宁宗嘉定十六年，西历1224年。夏，帝避暑八鲁弯川，在印度库斯山中。皇子朮赤察合台、窝阔台。等，以兵来会，遂定西域，初置达鲁花赤。注：译言"掌印官"也。（邵远平《元史类编》卷一《太祖纪》）

十九年甲申，宋宁宗嘉定十七年，西历1224年。……是岁，帝至东印度国，角端

《圣武亲征录》书影

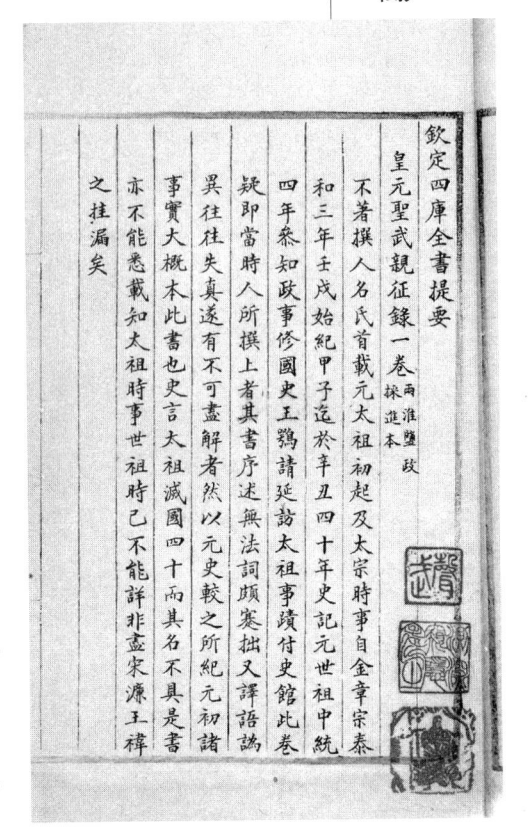

独角兽。见，班师。(《元史》卷一《太祖纪》)

二十年乙酉宋理宗宝庆元年，西历1225年。正月，还行宫。自出师西域，至此凡七年。(《元史》卷一《太祖纪》)

当哲别、速不台，迫花刺子模王入里海之后，乃乘胜北进，大败钦察及阿罗斯，降之。

土土哈，其先本武平北折连川按答罕山部族，自曲出徙居西北玉里伯里山，因以为氏，号其国曰钦察。……曲出生唆末纳，唆末纳生亦纳思，世为钦察国主。(《元史》卷一二八《土土哈传》)

十八年癸未，西历1223年。大将速不台击钦察，大掠西番边鄙而还。(邵远平《元史类编》卷一《太祖纪》)

太祖征蔑里乞，其主火都奔钦察，亦纳思纳之。太祖遣使谕之曰："汝奚匿吾负箭之麋？亟以相还，不然祸且及汝。"亦纳思答曰："逃鹯之雀，丛薄犹能生之，吾顾不如草木耶。"太祖乃命将讨之，亦纳思已老，国中大乱。亦纳思之子忽鲁速蛮，遣使自归于太祖，而宪宗受命帅师已扣其境，忽鲁速蛮之子班都察，举族迎降。(《元史》卷一二八《土土哈传》)

癸未，速不台上奏，请讨钦察，许之。遂引兵绕宽定吉思海，里海。展转至太和岭，高加索山。凿石开导，出其不意，至则遇其酋长玉里吉，及塔塔哈儿方聚于不租河，纵兵奋击，其众溃走。矢及玉里吉之子，逃于林间，其奴来告而执之，余众悉降，遂收其境。又至阿里吉河，喀勒喀河。与斡罗思即俄罗斯。部大小密赤思老遇，一战降之，略阿速部而还。(《元史》卷一二一《速不台传》)

帝遣使趣哲伯疾驰以讨钦察，命曷思麦里招谕曲儿忒、失儿湾沙等城悉降。至谷儿只部，及阿速部，以兵拒敌，皆战败而降。又招降黑林城，进击斡罗思于铁儿山，克之，获其国主密只思腊。……寻征康里，至孛子八里城，与其主霍脱思罕战，又败其军。进至钦察，亦平之，军还。(《元史》卷一二〇《曷思麦里传》)

太祖东归后，札阑丁回归故地，图谋恢复。太宗元年，西历1229年。遣搠马儿罕征之，札阑丁溃走底格里斯河及幼发拉的河分水岭之地，为高达土人所杀，花刺子模之王统遂绝。七年，以西北部尚未尽服，特组织

"长子军"以征之，遂深入于欧洲。

> 七年乙未，宋理宗端平二年，西历1235年。春，……遣诸王巴图、即拔都，尤赤子。皇子库裕克、即定宗贵由。皇侄莽赉扣即宪宗蒙哥。征西域。(《元史》卷二《太宗纪》)

> 再有康里乞卜察即钦察。等十一种城池百姓，曾命速别额台征进去了，为那里城池难攻拔的上头，如今再命各王长子巴秃、拔都。不里、察合台长子木阿秃儿长子、古余克贵由、蒙格蒙哥等做后援征去。其诸王内教巴秃为长，在内出去的教古余克为长，凡征进去的诸王驸马万千百户，也都教长子出征。这教长子出征的缘故，因兄察阿歹说，将来长子出征呵，则人马众多，威势盛大。(《元朝秘史》卷一四)

> 乙未，太宗命诸王拔都西征八赤蛮，即钦察部酋。且曰："闻八赤蛮有胆勇，速不台亦有胆勇，可以胜之。"遂命为先锋。(《元史》卷一二一《速不台传》)

> 九年丁酉，宋理宗嘉熙元年，西历1237年。春，……莽赉扣征钦察，破之，擒其酋巴齐玛克。(《元史》卷二《太宗纪》)

> 与八赤蛮战，继又令统大军，遂虏八赤蛮妻子于宽田吉思海，八赤蛮闻速不台至，大惧，逃入海中。(《元史》卷一二一《速不台传》)

> 尝攻钦察部，其酋长巴齐玛克，逃于海岛。帝闻亟进师，至其地，适大风刮海水去，其浅可渡，帝喜曰："此天开导与我也。"遂进屠其众，擒巴齐玛克。(《元史》卷三《宪宗纪》)

钦察既平定，遂复进兵征服阿罗斯。

> 与诸王巴图，征俄罗斯部。至额里齐城亦作烈也赞城，躬自搏战，破之。(《元史》卷三《宪宗纪》)

> 辛丑，蒙古太宗十三年，宋理宗淳祐元年，西历1241年。太宗命诸王拔都等，讨兀鲁思部主也烈班，为其所败，围秃里思哥城，不克。拔都奏遣速不台督战，速不台选哈必赤军，怯怜口等五十人赴之，一战获也烈班。进攻秃里思哥城，三日克之，尽取兀鲁思所部而还。(《元史》卷一二一《速不台传》)

钦察与阿罗斯被征服后，重组军队，分三军西征，欧洲为之大震。会

蒙古军队远征欧洲

多脑河，今通作多瑙河。

太宗讣音至，乃班师。

　　兀良合台，……继从诸王拔都征钦察、兀鲁思、阿孛烈儿即波兰，诸部。丙午，蒙古定宗元年，宋理宗淳祐六年，西历1246年。又从拔都讨孛烈儿，及捏迷思部即德意志，平之。（《元史》卷一二一《兀良合台传》）

　　经哈咂里山，攻马札儿，即匈牙利。部主怯怜。速不台为先锋，与诸王拔都、吁里兀、昔班、哈丹五道分进，众曰："怯怜军势盛，未可轻进。"速不台出奇计，诱其军至漷宁河，诸王军于上流，水浅马可涉，中复有桥，下流水深，速不台欲结筏潜渡，绕出敌后，未渡，诸王先涉河与战，拔都军争桥，反为所乘，没甲士三十人，并亡其麾下将八哈秃。既渡，诸王以敌尚众，欲要速不台还，徐图之，速不台曰："王欲归自归，我不至秃纳河即**多脑河**。马茶城匈牙利京城。不还也。"乃驰至马茶城，诸王亦至，遂攻拔之而还。……壬寅太宗崩，癸卯，宋理宗淳祐二年，西历1242年。诸王大会，拔都欲不往，速不台曰："大王于族属为兄，安得不往？"甲辰，遂会于也只里河。（《元史》卷一二一《速不台传》）

　　至是西域之地，只有木剌夷与报答未服。宪宗时，遣旭烈兀等将兵往征之。

二年壬子，宋理宗淳祐十二年，西历1252年。正月，……遣乞都不花亦作怯的不花。攻末来，即木剌。吉儿都怯寨。木剌夷要塞。……七月，命……乞都不花征没里奚，亦作木剌夷。旭烈兀征西域素丹亦作算滩。诸国。(《元史》卷三《宪宗纪》)

三年癸丑，宋理宗宝祐元年，西历1253年。六月，命诸王旭烈兀及兀良合台等，帅师征西域哈里发、即报达。八哈塔《元史·地理志》"西北地附录"作八吉打。等国。(《元史》卷三《宪宗纪》)

七年丁巳，宋理宗宝祐五年，西历1257年。春，……乞都不花等讨平末来吉儿都怯寨。(《元史》卷三《宪宗纪》)

侃……从宗王旭烈兀西征，癸丑至木乃兮。即木剌夷。其国垫道置毒水中，侃破其兵五万，下一百二十八城，斩其将忽都答而兀朱算滩。算滩，华言王也。丙辰，蒙古宪宗六年，宋理宗宝祐四年，西历1256年。至乞都卜，其城在檐寒山上，悬梯上下，守以精兵悍卒，乃筑夹城围之，莫能克。侃架炮攻之，守将卜者纳失儿，开门降。旭烈兀遣侃往说兀鲁兀乃算滩来降，其父阿力据西城，侃攻破之，走据东城，复攻破杀之。(《元史》卷一四九《郭侃传》)

新得国曰木乃奚，即木剌夷。……所属山城，三百六十，已而皆下，唯檐寒西一山，城名乞都不，孤峰峻绝，不能矢石。丙辰年，王师至城下，城绝高险，仰视之，帽为坠。诸道并进，敌大惊，令相大者纳失儿来纳款，已而兀鲁兀乃算滩出降。……其父领兵别据山城，令其子取之，七日而陷。(刘郁《西使记》)

按以上为蒙古征服波斯北部之事。

师还西南至石罗子，今树离斯坦。敌人来拒，侃直出掠阵，一鼓败之，换斯干阿答毕算滩降。(《元史》卷一四九《郭侃传》)

按以上为蒙古征服波斯西部之事。

丁巳，……至乞石迷部，……西戎大国也，地方八千里，父子相传四十二世，胜兵数千万。侃兵至，破其兵七万，屠西城，又破其东城。东城殿宇，皆构以沉檀木，举火焚之，香闻百里。得七十二弦琵琶，五尺珊瑚灯檠。两城间有大河，侃预造浮梁以防其遁，城破，合里法算滩登舟，睹河有浮梁扼之，乃自缚，诣军门降。其将纣答儿遁

去，侃追之，至暮，诸军欲顿舍，侃不听，又行十余里乃止。夜暴雨，先所欲舍处，水深数尺。明日获纥答儿，斩之，拔三百余城。(《元史》卷一四九《郭侃传》)

又西行三千里，至大房。其将住石，致书请降，左右以住石之请为信然，易之不为备。侃曰："欺敌者亡。军机多诈，若中彼计，耻莫大焉。"乃严备以待。住石果来邀我师，侃与战，大败之，巴儿算滩降，下其城一百八十五。(《元史》卷一四九《郭侃传》)

又西行四十里，至密昔儿，今麦西。……可乃算滩……遂降。戊午，蒙古宪宗八年，宋理宗宝祐六年，西历1258年。旭烈兀命侃西渡海，收富浪，今塞普洛斯岛。侃喻以祸福，兀都算滩……即来降，师还。……西域平，侃以捷告，至钓鱼山，会宪宗崩，乃还。(《元史》卷一四九《郭侃传》)

按以上为蒙古侵入阿剌伯半岛之事。

八年戊午二月，……诸王旭烈兀，讨回回哈里发平之，禽其王，遣使来献捷。(《元史》卷三《宪宗纪》)

至此，西域俱为所据。然蒙古实行分封制度，所得西域之地，以封有功，遂成立四汗国，皆太祖之子孙也。

四汗国简表

国名	领地	都治 原称	都治 今释	备考
钦察汗国	东自吉利吉思荒原，西至匈牙利，举欧洲东北之地尽有之。	萨来	苏联窝瓦河下流之地。	后来其国分裂为金党、白党、青党、克里米诸汗，西历1480年，即明宪宗成化十六年，为俄莫斯科大公伊凡三世所灭。
窝阔台汗国	阿尔泰山一带，及新疆北部之地。	也米里	新疆塔城县境。	国为元所灭，以其地并于察合台汗国
察合台汗国	阿母河以东，至天山附近一带之地。	阿穆尔	新疆伊犁西境。	元亡之年，即明洪武二年，西历1369年，帖木儿建立帝国，其国统遂绝。
伊儿汗国	苏联中亚南部伊朗高原西，及小亚西亚一带之地皆有之。	玛拉固阿	伊朗西北乌罗米亚湖畔。	亦为帖木儿所灭。

成吉斯汗（太祖）$\begin{cases}（一）尤赤……………拔都……………（钦察汗国）\\（二）察合台………………………………（察合台汗国）\\（三）窝阔台（太宗）—贵由（定宗）……（窝阔台汗国）\\（四）拖雷………………\begin{cases}蒙哥（宪宗）\\忽必烈（世祖）……元\\旭烈兀…………伊儿汗国\end{cases}\end{cases}$

乙、高丽

高丽……以平壤城为国邑。……唐……高宗命李勣征之，遂拔其城，分其地为郡县。唐末，中原多事，遂自立君长。后唐同光、天成中，其主高氏，累奉职贡。长兴中，权知国事王建，承高氏之位，遣使朝贡，以建为玄菟州都督，充大义军使，封高丽国王。（《宋史》卷四八七《高丽传》）

高丽，……其国都曰平壤城。……后辟地益广，并古新罗、百济、高句丽三国而为一，其主姓高氏，自初立国至唐乾封初而国亡，垂拱以来，子孙复封其地，后稍能自立。至五代时，代主其国，迁都松岳者，姓王氏名建，自建至焘，凡二十七王，历四百余年，未始易姓。（《元史》卷二〇八《高丽传》）

按新罗自臣服于唐后，至唐文宗时，子弟争立，国内乱。唐昭宗时，女主曼在位，委政佞幸，刑政紊乱，民不聊生，事变纷乘，疆宇日蹙。有弓裔者，叛于北原，<small>朝鲜江原道原州</small>。取西北诸州。有甄萱者，据完山<small>朝鲜</small>

新罗王宫遗址

全罗道全州。称王，号后百济。弓裔亦建国号曰摩震，然残虐骄恣，不为众所服，五代时，王建破之，弓裔走死。建定都松岳，朝鲜京畿道开城府。国号后高丽，半岛之地，复成鼎足之势。后高丽以平壤为西京，国势甚盛，与新罗及后百济，战争常不绝。后百济攻陷新罗首都，新罗降于高丽，高丽复讨灭后百济，于是王建奄有古朝鲜及三韩之地，为高丽一统建国之始。

晋……开运二年，西历945年。建死，子武袭位。汉乾祐末，武死，子昭权知国事。……宋太祖建隆三年，西历962年。十月，昭遣……使……来朝贡，四年春，降制曰："……爰致宾王，宣优锡命，开府仪同三司，检校太师，玄菟州都督，充大义军，使高丽国王。"（《宋史》卷四八七《高丽传》）

太宗淳化五年，西历994年。六月，遣使元郁来乞师，诉以契丹寇境。朝廷以北鄙甫宁，不可轻动干戈，为国生事，但赐诏慰抚，厚礼其使遣还。自是受制于契丹，朝贡中绝。（《宋史》卷四八七《高丽传》）

圣宗统和二十八年，宋真宗大中祥符三年，西历1010年。……五月，高丽西京留守康肇，弑其主诵，擅立诵从兄询。八月，圣宗自将伐高丽。……十一月，……询弃城遁走，遂焚开京，至清江而还。……开泰九年，宋真宗天禧四年，西历1020年。耶律资忠还，以询降表进，释询罪。（《辽史》卷一一五《高丽传》）

按高丽虽称臣于辽，然亦兼用宋辽年号。辽灭，复臣事于金。其后国内频乱，王室无权，强臣相继，而崔氏最强，累世执政，殆及百年。当金末之际，辽东守官，乘机独立，地方遂陷于混乱。

七年壬申，宋宁宗嘉定五年，西历1212年。正月，故辽人耶律留哥，取金辽东诸境，自号都元帅，遣使来附。（邵远平《元史类编》卷一《太祖纪》）

契丹人金山元帅禄格即留哥等领众九万余，窜入其国，……攻拔江东城据之。（《元史》卷二〇八《高丽传》）

十年乙亥，宋嘉定八年，西历1251年。十月，金宣抚布希万努亦作蒲鲜万奴据辽东，僭称天王，国号大真。……十一年十月，布希万努降，……既而复叛，僭称东夏。（《元史》卷一《太祖纪》）

元太祖欲肃清辽东，遣兵征讨东夏，乃与高丽结好。

十三年，宋嘉定十一年，西历1218年。帝遣哈齐济、札拉等，领兵征之。国人洪大宣诣军中降，与哈齐济等同攻围之。高丽王㬚亲奉牛酒，出迎王师，且遣……赵冲，共讨灭禄格，札拉与冲约为兄弟。(《元史》卷二〇八《高丽传》)

但后因杀使者问题，致起事端，高丽不能抗，复请和。

十九年，宋嘉定十七年，西历1224年。二月，札古雅等复使其国；十二月，又使焉，盗杀之于途，自是连七岁绝信使矣。太宗三年，宋理宗绍定四年，西历1231年。八月，命萨里台征其国，国人洪福源迎降于军，……旁近州郡，亦有来归者。萨里台即与福源攻未附州郡，又使阿尔图与福源抵王京，招其主王㬚，㬚遣其弟怀安公侹请和，许之，置京府州县达噜噶齐七十二人监之，遂班师。(《元史》卷二〇八《高丽传》)

因高丽权臣崔瑀，尽杀蒙古所置之达鲁花赤，兵衅复起。

太宗四年六月，㬚尽杀朝廷所置达鲁噶齐七十二人以叛，遂率王京及诸州县民窜海岛。……八月，复遣萨里台领兵讨之。……十月，遣……㬚金宝鼎……赵瑞章上表陈情。……十二年，宋理宗嘉熙四年，西历1240年。三月，……奉表入贡。……十三年秋，㬚以族子绰为己子入质。当定宗、宪宗之世，岁贡不入，故自定宗二年宋淳祐七年，西历1247年。至宪宗八年，宋理宗宝祐六年，西历1258年。凡四命将征之，共拔其城十有四。(《元史》卷二〇八《高丽传》)

高丽屡受兵祸，遂臣服于元。

宪宗末，㬚遣其世子倎入朝。世祖中统元年，宋理宗景定元年，西历1260年。三月，㬚卒，命倎归国为高丽国王，以兵卫送之。……至元六年，宋度宗咸淳五年，西历1269年。八月，世子愖入朝，奏本国臣下擅废禃，倎所更之名。立其弟安庆公淐。……十月，帝以禃、淐废置，乃林衍所为，遣……诏禃、淐、衍等，……同诣阙下，面陈情实，审听其是非。又遣国王特讷克等率兵压境，如逾期不至，即当穷治首恶，进兵剿戮。……十一月，……禃受诏复立，……奉表入朝。

(《元史》卷二〇八《高丽传》)

至元七年正月，诏西京内属，改东宁府，画慈悲岭，朝鲜平安南道平壤东南为界，置安抚使，率兵戍之。……十一年五月，皇女和塔拉都哩默色下嫁于愖。七月，禃薨，子愖袭。……二十年，西历1283年。五月，立征东行中书省，以高丽国王与安塔哈共事。(《续通考》卷二三七《四裔考》一)

按元以高丽为内属国，置行省以统治之，自此一切内政，为元人所操持，直至元亡，始脱羁绊。

丙、日本

日本为国，去中土殊远，又隔大海，自后汉历魏晋宋隋皆来贡，唐永徽、显庆、长安、开元、天宝、上元、贞元、元和、开成中，并遣使入朝。(《元史》卷二〇八《日本传》)

按自唐时，日本慕中国文化，使臣来者甚多。五代及宋，使聘中绝，所来者仅僧侣、商而已。当高丽崔瑀擅权时，日本频扰朝鲜近海，高丽苦之。

元世祖之至元二年，西历1265年。以高丽人赵彝等言，日本国可通，择可奉使者。三年八月，命兵部侍郎赫德给虎符，充国信使，礼都侍郎殷弘给金符，充国信副使，持国书使日本，……不至而还。……五年九月，命赫德弘复持书往，至对马岛，日本人拒而不纳，执其塔二郎、弥二郎二人而还。六年，……十二月，又命秘书监赵良弼往。……八年，……九月，高丽王禃遣其通事……导送良弼使日本，

《元史》书影

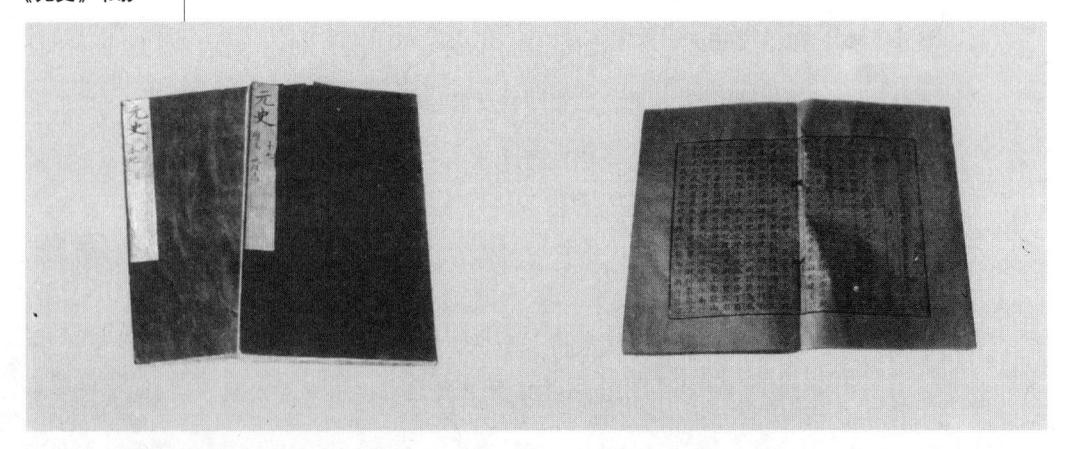

日本始遣弥四郎者入朝。……九年，……五月，高丽王又以书往，令必通好大朝，皆不报。十年六月，赵良弼复使日本，至太宰府而还。(《元史》卷二〇八《日本传》)

世祖屡欲通日本而不得，始有用兵征讨之举。

十一年，宋度宗咸淳十年，西历1274年。三月，命凤州经略使实都，高丽军民总管洪茶丘，以……舟……九百艘，载士卒一万五千，……征日本。十月入其国，败之，而官军不整，又矢尽，惟虏掠四境而归。……十八年，西历1281年。正月，命日本行省右丞相阿喇罕，右丞范文虎及实都征东元帅、洪茶丘等，率十万人征日本。(《元史》卷二〇八《日本传》)

八月，诸将未见敌，丧全师以还，乃言至日本，欲攻太宰府，暴风破舟，犹欲议战，万户厉德彪、招讨王国佐、水手总管陆文政等，不听节制辄逃去。……败卒于阊脱归言，官军六月入海，七月，至平壶岛，移五龙山。八月一日，风破舟，五日，文虎等诸将，各自择坚好船乘之，弃士卒十余万于山下。众议推张百户者为主帅，号之曰张总管，听其约束，方伐木作舟欲还。七日，日本人来战，尽死，余二三万，为其虏去。九日，至八角岛，尽杀蒙古、高丽、汉人，谓新附军为唐人，不杀而奴之，阊辈是也。盖行省官议事不相下，故皆弃军归。久之，莫青与吴万五亦逃还，十万之众，得还者三人耳。(《元史》卷二〇八《日本传》)

按忻都、范文虎宋降将。东征，一偕高丽兵发合浦，一发江南，约会于壹歧、平户即平壶。等岛。忻都兵先至对马，进攻壹歧，至宗像洋，与文虎兵会，泊于能古、志驾二岛。元将多苦航海，士气不振，不肯即行进攻，于是移泊鹰岛，即五龙山。遇飓风，文虎等弃军而逃，遂致惨败。世祖议再出师，诏各路集水手，造船舰，以群臣多谏，又适用兵于安南，遂不果再讨。

丁、大理与吐蕃

二年壬子，宋理宗淳祐十二年，西历1252年。七月，命呼必赉征大理。(《元史》卷三《宪宗纪》)

六月，入觐宪宗，……奉命帅师征云南。……八月，师次临洮。

甘肃岷县。……九月，师次塔拉，分三道以进，大将乌兰哈达，率西道兵由晏当路，诸王察罕伊兆尔，帅东道兵由白蛮，帝由中道，至满陀城，留辎重。十月，过大渡河，又经行山谷二千余里，至金沙江，乘革囊及筏以渡，摩娑蛮主迎降，其地在大理北四百余里。十一月，……师至白蛮打郭寨，其主将出降，其侄坚壁拒守，攻拔杀之。……次三甸，白蛮送款。十二月，军薄大理城。初大理主段氏微弱，国事皆决于高祥、高和兄弟，是夜祥率众遁去，命大将伊克及巴图尔追之。帝既入大理，……西道兵亦至，……南出龙首城，……获高祥，斩于姚州，留大将乌兰哈达戍守，以刘时中为宣抚使，与段氏同安辑大理，遂班师。(《元史》卷四《世祖纪》一)

宪宗即位之明年，世祖以皇弟总兵讨西南夷、乌蛮、白蛮、鬼蛮诸国，以兀良合台总督军事。……自出师至此凡二年，平大理五城、八府、四郡、洎乌白等蛮三十七部，兵威所加，无不款附。……丁巳，蒙古宪宗七年，宋理宗宝祐五年，西历1257年。以云南平，遣使献捷于朝，且请依汉故事，以西南夷悉为郡县，从之。(《元史》卷一二一《兀良合台传》)

分兵取附都鄯阐、乌爨等部，进入吐蕃，渠长唆火脱惧，出降。(邵远平《元史类编》卷二《世祖纪》一)

大军自旦当岭入云南境，摩岁二部酋长唆火脱，因塔里马来迎降。(《元史》卷一二一《兀良合台传》)

当世祖攻大理之时，并分兵征服吐蕃。吐蕃自唐玄宗后，喇嘛教传播日盛，威势或陵其主。是时喇嘛扮底达之威令，行于全国，闻蒙古军至，与其酋唆火脱，同出降。自此蒙古人信奉喇嘛教，而蒙古文之制作，亦得吐蕃人八思巴之力而成。

戊、安南与占城

安南国，古交趾也，……唐始分岭南为东西二道，置节度立五管，安南隶焉。宋封丁部领为交趾郡王，其子琏亦为王。传三世，为李公蕴所夺，即封公蕴为王。李氏传八世至昊昱，陈日煚为昊昱婿，遂有其国。(《元史》卷二〇九《安南传》)

遣使招降交趾，不报，……进兵压境。(《元史》卷一二一《兀良合台传》)

七年丁巳，西历1257年。十一月，乌兰哈达即兀良合台伐交趾，败之，入其国，安南主陈日煚，窜海岛，遂班师。……八年二月，陈日煚传国于长子光昺，光昺遣婿与其国人，以方物来见，乌兰哈达送诣行在所。(《元史》卷三《宪宗纪》)

世祖中统二年，宋理宗景定二年，西历1261年。……光昺遣其族人……诣阙上书，乞三年一贡，帝从其请，遂封光昺为安南国王。……至元四年，宋度宗咸淳三年，西历1267年。九月，……复下诏谕以六事，一君长亲朝，二子弟入质，三编民数，四出军役，五输纳税赋，六仍置达噜噶齐统治之。……十二年正月，光昺上表请罢本国达噜噶齐。……二月，复降诏，……谕以六事，且遣阿萨尔哈雅，充达噜噶齐，仍令子弟入侍。(《元史》卷二〇九《安南传》)

十四年，西历1277年。光昺卒，国人立其世子日烜。……十五年八月，……谕日烜入朝受命。……十八年，西历1281年。十月，立安南宣慰司，以巴延特穆尔为参知政事，行宣慰使都元帅，别设僚佐有差。是月，诏以光昺既殁，其子日烜不请命而自立，遣使往召，又以疾为辞，止令其叔遗爱入觐，故立遗爱代为安南国王。(《元史》卷二〇九《安南传》)

安南既臣服，元人遂进兵攻占城。

占城近琼州，顺风舟行，一日可抵其国。世祖至元十五年，西历1278年。左丞索多以宋平遣人至占城，还言其王失里咱牙信合八剌哈迭瓦，有内附意。……十七年，西历1280年。二月，占城国王……遣使贡方物，奉表降。十九年，西历1282年。十月，朝廷以占城国王孛由补剌者吾，曩岁遣使来朝，称臣内属，遂命左丞索多等，即其地立省，以抚安之。既而其子补的专国，负固弗服，……使……舟经占城，皆被执，故遣兵征之。……十一月，占城行省官，率兵自广州航海至占城港。(《元史》卷二一〇《占城传》)

十九年，率战船千艘出广州，浮海伐占城，占城迎战，……唆都即索多率敢死士击之，……又败之于大浪湖，……占城降。(《元史》卷一二九《唆都传》)

兵出广州，航海至占城港，港口北连海，旁有小港五，通其国大州，东南止山，西傍木城。官军依海岸屯驻，蛮兵治木城，四面约二

十余里，起楼棚，立炮百余座。又木城西十里，建行宫，其国王亲率重兵屯守。……以兵由水路攻木城北面、……东面、……南面……蛮兵开木城南门……迎敌，战良久，败之。官军入木城，复与东北二军合击，其王弃行宫，……与其臣逃入山谷，……官军入大州。（邵远平《元史类编》卷四二《占城传》）

水路军已破占城，其陆路军为假道问题，与安南发生战事。

初镇南王脱欢，奉命征占城，遣荆湖行省左丞唐兀觬，右丞唆都将兵来会。帝疑安南通谋占城，令军行假道于其国，且责日烜运粮至占城助军。比官军至衡山县，闻日烜从兄兴道王陈峻，提兵拒守境上，言本国至占城水陆非便，愿献粮退军。……至禄州，闻日烜阻兵，……遂分军两道并进。……官军……进攻至万劫江，尽破诸隘，……峻败走。官军乘间缚筏为桥，渡富良江，日烜沿江立栅，布战具，比官军至，……日烜弃城遁。……大军既渡江，壁于安南城下，……入其国都。……时交兵弃船登岸者犹众，日烜引宗族官吏于天长长安屯聚，峻复领兵船，聚万劫江口，整军以待。会唐兀觬、唆都等兵回自占城，与大军合，自入其境，大小凡七战，略地二千余，燔皇宫四所，分遣右丞宽彻……由陆路，左丞李恒……由水路，败其兵船。日烜逃去，追至胶海口，不知所往。……占城无粮，军难久驻，王命唆都引本军于长安就粮。……诸将以交人虽数败散，然增兵转盛，我军暑雨疫作，死伤亦众，占城既不可达，欲决计退兵。脱欢不得已，引军还至如月江，日烜遣兵蹑其后。行至册江，未及渡，林箐伏发，唆都、李恒皆中流矢死，官军力战，始护脱欢得出境，亡者过半。此至元二十二年，西历1285年。之一败也。（邵远平《元史类编》卷四二《安南传》）

世祖闻败大怒，乃罢征日本之兵，大举伐安南，竟不成功。

以阿八赤为征交趾行省左丞，发江淮、江西、湖广三省蒙古汉券军七万人，船五百艘，云南兵六千人，海外四州黎兵万五千人，海道万户张文虎等运粮十七万石，分道讨安南，……并受镇南王节制。……王师诸军渡富良江，次城下，败其守兵，日烜弃城走……入海。诸军追之不及，遣乌马儿由大滂口迓文虎船粮。会文虎船至屯山，遇

交兵，杀略相当。至绿水洋，贼船益众，度不支，且船胶不可行，已沉米于海，而自趋琼州。时官军已乏食，分道入山求粮，……诸将……言……天时已热，粮且尽，宜还师，脱欢从其言。……日烜分兵，……守女儿关及邱急岭，……遏归路。诸军且战且行，交人乘高发毒矢，樊楫、张玉、阿八赤皆死之，脱欢……间道出，次思明州，命奥鲁赤以诸军北还。……此至元二十五年，西历1288年。之再败也。（邵远平《元史类编》卷四二《安南传》）

世祖谋再举，会日烜死，子日燇立，奉表请降。未几，世祖亦崩，成宗嗣，命罢安南之征，日燇乃奉职，占城亦内附。

己、缅甸与暹罗

世祖至元八年，西历1271年。大理鄯阐等路宣慰司都元帅府，遣……使缅，招谕其王内附。四月，……导其使博来以闻。……十二年四月，……金齿头目阿郭……云，……至元九年三月，缅王恨父阿必，故领兵数万来侵，执父阿必而去，不得已厚献其国，乃得释之。……云南省因言缅王无降心，去使不返，必须征讨。……十四年三月，缅人以阿禾内附怨之，攻其地，欲立砦腾越、永昌之间。时大理路蒙古万户忽都，……奉命伐永昌之西，腾越、蒲骠、阿昌、金齿未降部族，驻劄南甸。阿禾告急，忽都等昼夜行，与缅军遇，……贼败走，……追之至干额，不及而还。（《元史》卷二一〇《缅传》）

云南省遣本省宣慰使都元帅尼雅斯拉鼎，率蒙古爨僰摩些军三千八百四十余人征缅，至江头，……以天热还师。（《元史》卷二一〇《缅传》）

二十年，王师伐缅，克之。先是帝听纳速剌丁言，发四川军万人，……暨金思播叙三州军，及亦奚不薛诸蛮兵征缅，不果行。至是诏宗王相答吾儿、右丞太卜、参知政事也罕的斤，将兵征之。大军发中庆，至南甸，太卜由罗碧甸进，军王命也罕的斤取道阿昔江，达镇西阿禾江，造舟二百艘，顺流至江头城，断缅人水路；自将一军，从骠甸径抵其国，与太卜军会，令诸将分地攻取。……二十二年，缅王……纳款……乞降，旨许其悔过。（邵远平《元史类编》卷四二《缅传》）

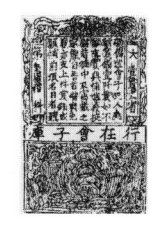

二十四年，西历1287年。正月，缅王为其庶子不速速古里所执，囚于昔里怯答剌之地，又害其嫡子三人，与大官木浪周等四人，为逆。……二月，……云南王与诸王进征至蒲甘，……缅始平，乃定岁贡方物。（《元史》卷二一〇《缅传》）

暹国，在占城极南，……其国土瘠，不宜耕种。有罗斛国者，土地平衍多稼，暹人岁仰给之。元世祖至元二十六年，西历1289年。罗斛遣使入贡。成宗元贞初，暹人亦遣使入贡。……顺帝至正间，暹始降于罗斛，因合为暹罗国。（邵远平《元史类编》卷四二《占城传附暹国》）

按缅甸，即汉之掸人，唐曰骠，宋以后曰缅。其国之部落曰甸，有大甸、中甸等名，故曰缅甸。元初其王强盛，西并阿剌干，孟加拉湾沿海地。南并白古，仰光北境地。进略暹罗，威振后印度，所以恃强与元相抗。

庚、南洋群岛

海外诸番国，以……奉诏招谕，……来降诸国凡十，曰马八儿，曰须门那，曰僧急里，曰南无力，曰马兰丹，曰那旺，曰丁呵儿，曰来来，曰急兰亦觯，曰苏木都剌，皆遣使贡方物。（《元史》卷二一〇《马八儿等国传》）

按马八儿即今之麻打拉萨，马兰丹即麻六甲，苏木都剌即苏门答腊，可以译音推求。其余《元史》不载其道里、位置、风俗、物产与事迹，未详何地。至于曾经用兵者则有瓜哇，欲用兵而不果者则有琉球。

至元二十九年，西历1292年。拜……福建等处行中书省平章政事，往征瓜哇，以亦黑迷失、高兴副之。……弼以五千人，合诸军发泉州。……时瓜哇与邻国葛郎构怨，瓜哇主哈只葛达那加剌，已为葛郎主哈只葛当所杀，其婿土罕必阇耶，攻哈只葛当不胜，退保麻喏八歇，闻弼等至，遣使以其国山川户口及葛郎国地图迎降求救。弼与诸将进击葛郎兵，大破之，哈只葛当走归国。高兴言瓜哇虽降，倘中变，与葛郎合，则孤军悬绝，事不可测，弼遂分兵三道，与兴及亦黑迷失，各将一道攻葛郎，至答哈城，……遂围之。哈只葛当出降，并取其妻子官属以归。（《元史》卷一六二《史弼传》）

世祖至元二十八年，西历1291年。九月，海船副万户杨祥，请以

六千军往降之，不听命则遂伐之，朝廷从其请。继有书生吴志斗者上言，生长福建，熟知海道利病，以为若欲收附，且就彭湖发船往谕，相水势地利，然后兴兵未晚也。十月，乃命杨祥充宣抚使，……往使琉求。……二十九年四月二日，至彭湖……而还。(《元史》卷二一〇《琉求传》)

(二) 元之疆域

自封建变为郡县，有天下者，汉隋唐宋为盛，然幅员之广，咸不逮元。汉梗于北狄，隋不能服东夷，唐患在西戎，宋患常在西北，若元则起朔漠，并西域，平西夏，灭女真，臣高丽，定南诏，遂下江南，而天下为一。故其地北逾阴山，西极流沙，东尽辽左，南越海表，盖汉东西九千三百二里，南北一万三千三百六十八里。唐东西九千五百一十一里，南北一万六千九百一十八里，元东南所至不下汉唐，而西北则过之，有难以里数限者矣。(《元史》卷五八《地理志序》)

立中书省，一行中书省十有一，曰岭北，曰辽阳，曰河南，曰陕西，曰四川，曰甘肃，曰云南，曰江浙，曰江西，曰湖广，曰征东。

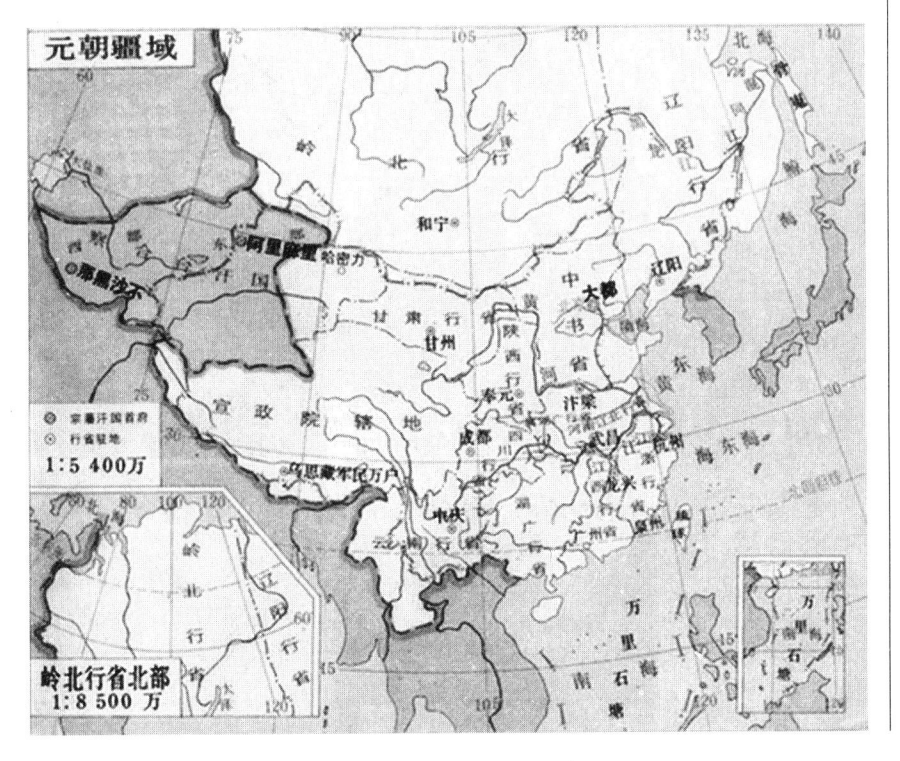

元朝疆域图

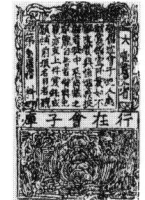

……唐以前以郡领县而已，元则有路、府、州、县四等，大率以路领州领县，而腹里或有以路领府、府领州、州领县者。(《元史》卷五八《地理志序》)

元疆域简表

区别	名称	辖地	治所 原名	治所 今释	备考
中书省	腹里	(路) 大都，上都，兴和，永平，德宁，净州，泰宁，集宁，应昌，全宁，宁昌，保定，真定，顺德，广平，彰德，大名，怀庆，卫辉，河间，东平，东昌，济宁，益都，济南，般阳府，大同，冀宁，晋宁。 (直隶省之州) 曹，濮，高唐，泰安，德，恩，冠，宁海。 凡为路二十九，州八，属府三，属州九十一，属县三百四十六。	京师	北京	《元史·地理志》，中书省统山东西、河北之地，谓之腹里。
行中书省	岭北	(路) 和宁。 和宁路总管府。	和林	蒙古人民共和国喀喇和林山之北	
行中书省	辽阳	(路) 辽阳，广宁府，大宁，东宁，沈阳，开元，合兰府水达达等路。 (直隶省之府) 咸平。 凡为路七，府一，属州十二，属县十。徒存其名而无城邑者，不在此数。	辽阳	辽宁辽阳县	
行中书省	河南江北	(路) 汴梁，河南府，襄阳，蕲州，黄州，庐州，安丰，安庆，扬州，淮安，中兴，峡州。 (直隶省之府) 南阳，汝宁，归德，高邮，安陆，沔阳，德安。 (直隶省之州) 荆门。 凡为路十二，府七，州一，属州三十四，属县一百八十二。	汴梁	河南开封县	

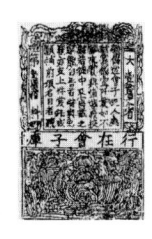

续表

区别	名称	辖地	治所原名	治所今释	备考
行中书省	陕西	（路）奉元，延安，兴元，河州，图沙玛。 （直隶省之府）凤翔，巩昌，平凉，临洮，庆阳。 （直隶省之州）邠，泾，开成，庄浪，秦，陇，宁，定西，镇原，西和，环，金，静宁，兰，会，徽，阶，成，金洋，雅，黎，洮，贵德，茂，岷，铁，文。 凡为路五，府五，州二十七，属州十二，属县八十八。	奉天	陕西乾县	
	四川	（路）成都，嘉定府，广元，顺庆，永宁，重庆，夔，叙州，马湖。 （直隶省之府）潼川，绍庆，怀德。 凡为路九，府三，属府二，属州三十六，军一，属县八十一。蛮夷种落，不在其数。	成都	四川成都县	
	甘肃	（路）甘州，永昌，肃州，沙州，额齐纳，宁夏府，乌拉海。 （直隶省之州）山丹，西宁。 凡为路七，州二，属州五。	甘州	甘肃张掖县	
	云南	（路）中庆，威楚，开南，武定，鹤庆，云远，广南西，丽江，东川，茫部，孟杰，普安，曲靖，澄江，普定，建昌，德昌，会川，临安，广西，元江，大理，蒙怜，蒙莱，柔远，茫施，镇康，镇西，平缅，麓川，木连，蒙光，木邦，孟定，谋粘，孟隆，木朵，蒙兀。 （直隶省之府）仁德，柏兴。 凡为路三十七，府二，属府三，属州五〇四，属县四十七。其余甸寨军民等府，不在此数。	中庆	云南昆明县	

续表

区别	名称	辖地	治所 原名	治所 今释	备考
行中书省	江浙	（路）杭州，湖州，嘉兴，平江，常州，镇江，建德，庆元，衢州，婺州，绍兴，温州，台州，处州，宁国，徽州，饶州，集庆，太平，池州，信州，广德，福州，建宁，泉州，兴化，邵武，延平，汀州，漳州。（直隶省之府）松江。（直隶省之州）江阴，铅山。凡为路三十，府一，州二，属州二十六，属县一百四十三。	杭州	浙江杭县	
	江西	（路）龙兴，吉安，瑞州，袁州，临江，抚州，江州，南康，赣州，建昌，南安，广州，韶州，惠州，南雄，潮州，德庆，肇庆。（直隶省之州）南丰，英德，梅，南恩封，新，桂阳，连，循。凡为路十八，州九，属州十三，属县七十八。	龙兴	江西南昌县	
	湖广	（路）武昌，岳州，常德，澧州，辰州，沅州，兴国，靖州，天临，衡州，道州，永州，郴州，全州，宝庆，武冈，桂阳，静江，南宁，梧州，浔州，柳州，思明，太平，田州，来安，镇安，雷州，化州，高州，钦州，廉州。（直隶省之府）汉阳，平乐，定远。（直隶省之州）归，茶陵，耒阳，常宁郁林，容，象，宾，横，融，藤，贺，贵。凡为路三十二，府三，州十三，属府三，属州十七，属县一百五十。	武昌	湖北武昌县	

续表

区别	名称	辖　地	治所原名	治所今释	备　考
行中书省	征东	（路）统高丽国。（直隶省之府）沈阳，耽罗。	开城	朝鲜开城	
附记	一、元疆域极广，本表所列限于东方。二、太祖建都于和林，世祖初都于开平。中统五年，迁都燕京，以开平为上都，燕京为大都，而和林置行中书省，为岭北要地。					

（三）元之制度

甲、官制

元太祖起自朔土，统有其众，部落野处，非有城郭之制；国俗淳厚，非有庶事之繁。惟以万户统军旅，以断事官官曰扎鲁忽赤，位在三公上，丞相曰大必阇赤。治政刑，任用者不过一二亲贵重臣耳。及取中原，太宗始立十路宣课司，选儒术用之。金人来归者，因其故官，若行省，若元帅，则以行省、元帅授之，草创之初，固未暇为经久之规矣。世祖即位，登用老成，大新制作，……遂命刘秉忠、许衡，酌古今之宜，定内外之官。其总政务者曰中书省，秉兵柄者曰枢密院，司黜陟者曰御史台，体统既立。其次在内者，则有寺、有监、有卫、有府；在外者，则有行省、有行台、有宣慰司、有廉访司。其牧民者，则曰路、曰府、曰州、曰县。（《元史》卷八五《百官志序》）

元内外官制简表

区分	机关与官员		职掌与任用	备　考
中央官	三公	太师 太傅 太保	元袭其名号，特示尊崇。	《元史·百官志》，太祖十二年，以国王置太师一员。太宗即位，建三公。世祖之世，其职常缺，而仅置太保一员。至成宗、武宗而后，三公并建，而无虚位矣。又有所谓大司徒、司徒、太尉之属，或置或不置，其置者或开府，或不开府。

续表

区分	机关与官员		职掌与任用	备考
中央官	中书省	宰执 中书令 右左丞相 平章政事 右左丞 参知政事	中书令，典领百官，会决庶务。太宗以相臣为之，世祖以皇太子兼之。 左右丞相，统六官，率百司，居令之次，令缺则总省事，佐天子理万机。 平章政事，掌机务，贰丞相，凡军国重事，无不由之。 右左丞，副宰相，裁成庶务，号左右辖。 参政，副宰相以参大政，而其职亚于右左丞。	《续通典·职官典》，元之相职，较前代独多，虽分长贰，皆佐天子出令。
		参议府 参议中书省事	参议典右左司文牍，为六曹之管辖，军国重事，咸预决焉。	
		六部 吏部　尚书侍郎 户部　尚书侍郎 礼部　尚书侍郎 兵部　尚书侍郎 刑部　尚书侍郎 工部　尚书侍郎		
	枢密院	枢密使 枢密副使 知枢密院事 同知枢密院事 佥书枢密事	掌天下兵甲机密之务，凡宫禁宿卫，边庭军翼，征讨戍守，简阅差遣，举功转官，节制调度，无不由之。	《元史·百官志》"行枢密院"，国初有征伐之事，则置行枢密院，大征伐则止曰行院。为一方一事而设，则称某处行枢密院，或与行省代设，事已则罢。
	御史台	御史大夫 御史中丞 侍御史 治书侍御史	掌纠察百官善恶，政治得失。	《元史·百官志》，江南诸道行御史台，设官品秩同内台。至元十四年，始置江南行御史台于扬州。《元史类编》，至元十四年七月，初立行御史台于扬州。注：初置行台，其秩如内台。二十七年，专莅江南之地，号南台。西行台初由云南廉访司升，大德初，移治陕西，号西台，其秩如南台。
	诸院	翰林院 翰林兼国史院 　置学士、承旨、侍读等官		
		蒙古翰林院 　置学士、承旨、直学士等官	掌译写一切文字，及颁降玺书，并用蒙古新字，仍各以其国字副之。	

续表

区分	机关与官员		职掌与任用	备考
中央官	诸院	集贤院 大学士 学士	掌提调学校，征求隐逸，召集贤良，凡国子监玄门道教、阴阳祭祀、占卜祭遁之事悉隶焉。	《元史·百官志》，国初集贤与翰林国史院，同一官署，至元二十二年，分置两院。 《续通考·职官考》，国子监，属集贤院。
		宣政院 院使 副使 同知	掌释教僧徒，及吐蕃之境，而隶治之。遇吐蕃有事，则为分院往镇，小别有印。如大征伐，则会枢府议。其用人则自为选，僧俗并用。	
		宣徽院 院使 同知 副使 佥院	掌供玉食、燕享宗戚宾客之事，及诸王宿卫怯怜口粮食，蒙古万户千户合纳差发等事。	《续通典·职官典》，光禄寺隶宣徽院。
		太常礼仪院 卿 少卿	掌大礼乐祭享宗庙社稷，封赠谥号等事。	《续通考·职官考》，世祖中统元年，中都立太常寺。武宗至大元年，改升院。
		太史院 院使 同知 佥院	掌天文历数之事	《元史·百官志》，至元十五年，始立院。
		太医院 院使 同知 佥院	掌医事，制奉御药物，领各属医职。	《元史·百官志》，中统元年置。
		将作院 院使 同知 同佥	掌成造金玉珠翠犀象宝贝，冠佩，器皿，织造刺绣缎匹纱罗，异样百色造作。	《元史·百官志》，至元三十年始置。
		通政院	国初置驿，以给使传	《元史·百官志》，至元七年，初立诸站都统领使司以总之。十三年，改通政院。
地方官	监司	行中书省 丞相 平章政事 右丞 左丞 参知政事	掌国庶务，统郡县，镇边鄙与都省。为表里，凡钱粮、兵甲、屯种、漕运军国重事无不领之。	
		行御史台 设官职掌同内台		《元史·百官志》，国初立提刑按察司，至元二十八年，改按察司曰肃政廉访司。三十年，定为二十一道，内道八隶御史台，江南十道隶江南行台，陕西四道隶陕西行台。

续表

区分	机关与官员		职掌与任用	备考
地方官	宣慰使司	使 同知 副使	掌军民之务，分道以总郡县，凡六道。行省有政令，则布于下；郡县有请，则为达于省；有边陲军旅之事，则兼都元帅府。其次则止为元帅府。	《续通考·职官考》，六道，山东东西道，益都路置；河东山西道，大同路置；淮东道，扬州置；浙东道，庆元路置；荆湖北道，中兴路置；湖南道，天临置。
	路府	府 达鲁花赤一员 知府或府尹一员	掌府事。	《元史·百官志》，至元三年，定一万五千户之上者为上州，六千户之上者为中州，六千户之下者为下州。江南既平，二十年，又定其地五万户之上者为上州，三万户之上者为中州，不及三万户者为下州。
		州 达鲁花赤一员 州尹一员	掌州事。	
	县	州 达鲁花赤一员 知州一员	掌州事。	《元史·百官志》，至元三年，合并江北州县，六千户之上者为上县，二千户之上者为中县，不及二千户者为下县。二十年，又定江淮以南三万户之上者为上县，一万户之上者为中县，一万户之下者为下县。
		县 达鲁花赤一员 尹一员	掌县事。	
附记	一、元之官制多仿唐宋，兹表所记，为其改革上之重要者，其余从略。 二、元官制特异之点有四。（1）诸官或蒙汉并置。（2）宗教官较前朝为重，宣政院权颇大，因崇信喇嘛故也。（3）工艺官，设置甚多，如大都及各路，均有诸色人匠总管府，此外又随处设局，各置专官。（4）理财官，亦较前朝为详密。《元史·百官志》，户部属官之多，可以知之。			

元制百官，皆蒙古人为之长，汉人、南人为之贰。

世祖……定内外之官，……官有常职，位有常员，其长则蒙古人为之，而汉人、南人贰焉。（《元史》卷八五《百官志序》）

故一代之制，未有汉人、南人为正官者。中书省为政本之地，太祖、太宗时，以契丹人耶律楚材为中书令，宏州人杨惟中继之，楚材子铸，亦为左丞相，元制尚右。此在未定制以前。至世祖时，惟史天泽以元勋宿望为中书右丞相。仁宗时，欲以回回人哈散为相，哈散以故事丞相必用蒙古勋旧，故力辞，帝乃以伯苓沙为右丞相。……太平本姓贺，名惟一，顺帝欲以为御史大夫，故事台端非国姓不授，惟一固辞，帝乃改其姓名曰太平，后仕至中书省左丞相。终元之世，非蒙

古而为丞相者，止此三人。……丞相之下，有平章政事，有左右丞，有参知政事，则汉人亦得为之。……然中叶后，汉人为之者亦少。《顺帝纪》，至正十三年，始诏南人有才学者，依世祖旧制，中书省、枢密院、御史台皆用之。是时江淮兵起，故以是收拾人心，然亦可见久不用南人，至是始特下诏也。……中书省分设于外者曰行省，初本不设丞相，后以和林等处多勋戚，行省官轻不足以镇之，乃设丞相，而他处行省遂皆设焉。《董文用传》，行省长官素贵，同列莫敢仰视，跪起禀白如小吏，文用至则坐堂上，侃侃与论，可见行省中蒙古人之为长官者，虽同列不敢与讲钧礼也。(赵翼《廿二史劄记》卷三〇"元制百官皆蒙古人为之长")

乙、兵制

【种类】

若夫军士，则初有"蒙古军"、"探马赤军"。蒙古军皆国人，探马赤军则诸部族也。……既平中原，发民为卒，是为"汉军"。……继得宋兵，号"新附军"。(《元史》卷九八《兵志序》)

又有辽东之"乣军"、"契丹军"、"女直军"、"高丽军"，云南之"寸白军"，福建之"畲军"，则皆不出戍他方者，盖乡兵也。(《元史》卷九八《兵志序》)

又有以技名者，曰"炮军"、"弩军"、"水手军"。(《元史》卷九八《兵志序》)

【征调】

蒙古军，探马赤军，……其法家有男子，十五以上，七十以下，无众寡尽签为兵，十人为一牌，设牌头，上马则备战斗，下马则屯聚牧养。孩幼稍长，又籍之曰"渐丁军"。(《元史》卷九八《兵志序》)

汉军，或以贫富为甲乙，户出一人，曰"独户军"，合二三而出一人则为"正军户"，余为"贴军户"。或以男丁论，尝以二十丁出一卒，至元七年，十丁出一卒；或以户论，二十户出一卒，而限年二十以上者。充士卒之家为富商大贾，则又取一人，曰"余丁军"。(《元史》卷九八《兵志序》)

或取匠为军，曰"匠军"。或取诸侯将校之子弟充军，曰"质子军"，又曰"秃鲁华军。"(《元史》卷九八《兵志序》)

天下既平，尝为军者，定入尺籍，伍符不可更易。"诈增损丁产"者，觉则更籍其实，而以印印之；"病死戍所"者，百日外役次丁；"死阵"者，复一年。贫不能役，则聚而一之曰"合并"；贫甚者，老无子者，落其籍；"户绝"者，别以民补之。(《元史》卷九八《兵志序》)

【统辖】

国初典兵之官，视兵数多寡为爵秩崇卑。长万夫者为"万户"，千夫者为"千户"，百夫者为"百户"。(《元史》卷九八《兵志序》)

太祖功臣博尔忽、博尔朮、木华黎、赤老温，时号"掇里班曲律"，犹言四杰也，太祖命其世领怯薛之长。"怯薛"者，犹言番直宿卫也。(《元史》卷九九《兵志》二《宿卫》)

世祖时，颇修官制，"内"立五卫以总宿卫诸军，卫设亲军都指挥使；"外"则万户之下置总管，千户之下置总把，百户之下置弹压。立枢密院以总之，遇方面有警，则置行枢密院，事已则废。(《元史》卷九八《兵志序》)

【驻防】

元制，宿卫诸军在内，而镇戍诸军在外，内外相维，以制轻重之势。(《元史》卷九九《兵志》二《宿卫》)

其镇戍之制，所以压制汉族，与当时政治，颇有关系。

世祖之时，海宇混一，然后命宗王将兵镇边徼襟喉之地，而河洛山东，据天下腹心，则以蒙古探马赤军，列大府以屯之；淮江以南，地尽南海，则名藩列郡，又各以汉军及新附等军戍焉，皆世祖……与二三大臣之所共议。(《元史》卷九九《兵志》二《镇戍》)

至元十五年十一月，……先是以李瓄叛，分军民为二而异其属。后因平江南，军官始兼民职，……凡以千户守一郡，则率其麾下从之，百户亦然。不便，至是令军民各异属如初制。(《元史》卷九九《兵志》二《镇戍》)

元制，各路立万户府，各县立千户所。其所部之军，每岁第迁口粮，府县关支，而各道以宣慰司元帅总之。(《续通考》卷一二八《兵考》八)

国制，郡邑镇戍士卒，皆更相易置。……既平江南，以兵戍列城，其长军之官，皆世守不易，故多与富民树党，因夺民田宅居室，蠹有司政事。(《元史》卷九九《兵志》二《镇戍》)

按蒙古初起，兵力震荡一世，其控制中国，纯用兵力镇压。江淮镇戍，历久废弛，故元未东南先乱。

兵籍系军机重务，汉人不阅其数，虽枢密近臣职专军旅者，惟长官一二人知之。故有国百年，而内外兵数之多寡，人莫有知之者。(《元史》卷九八《兵志序》)

卒之，承平既久，将骄卒惰，军政不修，而天下之势，遂至于不可为。(《元史》卷九九《兵志》二《镇戍》)

丙、刑法

元兴，其初未有法守，百司断理狱讼，循用金律，颇伤严刻。及世祖平宋，疆理混一，由是简除繁苛，始定新律，颁之有司，号曰"至元新格"。仁宗之时，又以格例条画，有关于风纪者，类集成书，号曰"风宪宏纲"。至英宗时，复命宰执儒臣，取前书而加损益焉，书成，号曰"大元通制"。其书之大纲有三，一曰诏制，二曰条格，三曰断例，……大概纂集世祖以来法制事例而已。(《元史》卷一〇二《刑法志序》)

但元朝用法，颇失之于宽纵。

古者以墨、劓、剕、宫、大辟为五刑，后世除肉刑，乃以笞、杖、徒、流、死，备五刑之数。元因之，更用轻典，……凡郡国有疑狱，必遣官覆谳而从轻，死罪审录无冤者，亦必待报，然后加刑，……笞、杖，十减为七。……其君臣之间，惟知轻典之为尚。……然其弊也，南北异制，事类繁琐，挟情之吏，舞弄文法，出入比附，用谲行私。而凶顽不法之徒，又数以赦宥获免，至于西僧岁作佛事，或恣意纵囚，以售其奸宄，俾善良者喑哑而饮恨，识者病之。(《元史》卷一〇二《刑法志序》)

宗教徒，在法律上享有特权。

诸僧道儒人有争，有司勿问，止令三家所掌会问。(《元史》卷一〇二《刑法志》一《职制》上)

诸僧人但犯奸盗、诈伪、致伤人命及诸重罪，有司归问，其自相争告，从各寺院住持本管头目归问。若僧俗相争田土与有司约会，约会不至，有司就便归问。(《元史》卷一〇二《刑法志》一《职制》上)

又对待蒙古人与汉人，亦不平等。

诸蒙古人因争及乘醉殴死汉人者，断罚出征，并全征烧埋银。(《元史》卷一〇五《刑法志》四《杀伤》)

丁、服色

属于百官者——

公服，制以罗，大袖盘领，俱右衽，一品紫，大独科花，径五寸；二品，小独科花，径三寸；三品，散荅花，径二寸，无枝叶；四品五品，小杂花，径一寸五分；六品七品，绯罗，小杂花，径一寸；八品九品，绿罗无文。(《元史》卷七八《舆服志》一)

幞头，漆纱为之，展其角。(《元史》卷七八《舆服志》一)

笏，制以牙，上圆下方，或以银杏木为之。(《元史》卷七八《舆服志》一)

偏带，正从一品以玉，或花或素，二品以花犀，三品四品，以黄金为荔枝，五品以下以乌犀，并八胯，鞓用朱革。(《元史》卷七八《舆服志》一)

靴，以皂皮为之。(《元史》卷七八《舆服志》一)

至于"命妇"衣服，亦有规定。

衣服，一品至三品，服浑金；四品五品，服金荅子；六品以下，惟服销金，并金纱荅子。(《元史》卷七八《舆服志》一)

首饰，一品至三品，许用金珠宝玉；四品五品，用金玉珍珠；六品以下，用金，惟耳环用珠玉。(《元史》卷七八《舆服志》一)

属于庶人者——

帽子系腰，元服也，庶民服之。(《续通考》卷九二《王礼考》六)

官民帽檐，或圆，或前圆后方。其发或辫，或打纱练，惟庶民椎髻，服用深金，缘为纳奇实，或腰线绣通神襕，上下均服焉。(《续通考》卷九二《王礼考》六)

庶人除不得服赭黄，惟许服暗花纻丝䌷绫罗毛毳，帽笠不许饰用金玉，靴不得裁制花样，首饰许用翠花，并金钗鈚各一事，惟耳环用金珠碧甸，余并用银。(《元史》卷七八《舆服志》一)

内外有出身，考满应入流，……服用与九品同。(《元史》卷七八《舆服志》一)

诸乐艺人等，服用与庶人同。(《元史》卷七八《舆服志》一)

娼家出入，止服皂褙子，不得乘坐车马，余依旧例。(《元史》卷七八《舆服志》一)

戊、学校

【国子学】

世祖至元二十四年，立国子学而定其制，设博士通掌学事，分教三斋生员，……复设助教同掌学事，而专守一斋。……其生员之数，定二百人，先令一百人及伴读二十人入学。其百人之内，蒙古半之，色目、汉人半之。(《元史》卷八一《选举志》一《学校》)

乃酌旧制，立升斋积分等法，每季考其学行，以次递升。既升上斋，又必逾再岁，始与私试。孟月、仲月试经疑经义，季月试古赋诏诰章表策，蒙古、色目试明经策问，辞理俱优者一分，辞平理优者为半分，岁终积至八分者充高等，以四十人为额。然后集贤礼部定其艺业，及格者六人，以充岁贡。三年不通一经，及在学不满一岁者，并黜之。(《元史》卷一七二《齐履谦传》)

此外又特设蒙古与回回国子学。

世祖至元八年春正月，始下诏立京师蒙古国子学，教习诸生，于随朝蒙古、汉人百官，及怯薛歹官员，选子弟俊秀者入学，然未有员数。以《通鉴节要》，用蒙古语言译写教之。俟生员习学成效，出题试问，观其所对精通者，量授官职。(《元史》卷八一《选举志》一《学校》)

至元二十六年，尚书省臣言：伊斯提斐文字，宜施于用，今翰林院伊普迪哈鲁鼎，能通其字学，乞授以学士之职。凡公卿大夫，与富

民之子，皆依汉人入学之制，日肄习之。帝可其奏，乃置回回国子监。(《续通志》卷一四三《选举略》四)

【地方学】

至元六年，……定制命诸路府官子弟入学，上路二人，下路二人，府一人，州一人。余民间子弟，上路三十人，下路二十五人。愿充生徒者，与免一身杂役，以蒙古字译写《通鉴节要》，颁行各路，俾肄习之。……大德五年十月，又定生员，散府二十人，上、中州十五人，下州十人。(《续通考》卷五〇《学校考》四)

至元二十八年，令江南诸路学，及各县学内，设立小学，选老成之士教之。或自愿招师，或自受家学于父兄者，亦从其便。其他先儒过化之地，名贤经行之所，与好事之家出钱粟赡学者，并立为书院。
(《元史》卷八一《选举志》一《学校》)

督学官员，设置如下。

元世祖中统二年，……时翰林学士承旨王鹗，请于各路选委博学老儒一人，提举本路学校，因立十道提举学校官。……至元二十四年，……浙西道儒学提举叶李，召至京师奏言，……请复立提举司，专令提调学官，课诸生，……上其成材于太学，以备录用。……帝可其奏。是年闰二月，设江南各道儒学提举司。二十六年九月，置高丽国儒学提举司。至仁宗皇庆、延祐间，辽阳、甘肃、四川、云南，并置儒学提举司。(《续通考》卷五〇《学校考》四)

凡师儒之命于朝廷者，曰教授，……命于礼部及行省及宣慰司者，曰学正、山长、学录、教谕。……路设教授、学正、学录各一员，散府、上中州设教授一员，下州设学正一员，县设教谕一员，书院设山长一员。中原州县学正、山长、学录、教谕，并受礼部付身；各省所属州县学正、山长、学录、教谕，并受行省及宣慰司劄付。
(《元史》卷八一《选举志》一《学校》)

除国学与地方学外，特设者有"医学"与"阴阳学"两种。

【医学】

世祖中统二年夏五月，……诸路设立医学。(《元史》卷八一《选举志》一《学校》)

官医提举司，……至元二十五年置。(《元史》卷八八《百官志》四)

至元二十二年四月，定选试太医法，每三年一次，……试十三科。……十三科者，大方脉杂医科，小方脉科，风科，产科，眼科，口齿兼咽喉科，正骨兼金疮科，疮肿科，针灸科，祝由书禁科。其法考较医经，辨验药味。合试经书，则《素问难经》、《圣济录》、《木草》、《千金翼方》也。(《续通考》卷四二《选举考》九)

【阴阳学】

至元十三年正月，诏凡儒学卜筮及通晓天文历数之士，所在官司具以名闻。(《续通考》卷四二《选举考》九)

世祖至元二十八年，夏六月，始置诸路阴阳学，其在腹里江南，若有通晓阴阳之人，各路官司详加取勘，依儒学、医学之例，每路设教授以训诲之。其有术数精通者，每岁录呈省府，赴都试验。……延祐初，令阴阳人依儒医例，于路府州设教授员，凡阴阳人皆管辖之，而上属于太史焉。(《元史》卷八一《选举志》一《学校》)

元为通行蒙古字，遂有"蒙古学"之设立。

至元六年二月，……诏以新制蒙古字，颁行天下。……七月，……立诸路蒙古字学。(《元史》卷六《世祖纪》三)

至元十九年，定路设教授国字，在诸字之右。(《续通考》卷五〇《学校考》四)

按元对于学校，颇知注重，所定制度，亦颇完备。虽在元世未发生若何之效果，而实开明清两代学校制度之先声焉。

己、选举

【科举】

仁宗皇庆二年十月，中书省臣奏科举事，……十一月，乃下诏曰："……三代以来，取士各有科目，要其本末，举人宜以德行为首，试艺则以经术为先，词章次之。"……爰命中书，参酌古今，定其条制，其以皇庆三年八月，天下郡县，兴其贤者能者，充赋有司，次年二月，会试京师。……考试程式，"蒙古色目人"，第一场，经问五条，……第二场，策一道；……"汉人南人"，第一场，明经经疑二问，……经义一道，……第二场，古赋、诏、诰、章表，内科一

道，……第三场，策一道。(《元史》卷八一《选举志》一《科目》)

蒙汉考试上难易已不同，而待遇上亦厚薄各异。

延祐二年三月，始开科分进士为左右榜，蒙古色目人为右，汉人南人为左。……凡蒙古由科举出身者，授从六品，色目、汉人，递降一级。(《续通考》卷二一四《选举考》一)

【选官】

当时仕进有多歧，铨衡无定制。其出身于"学校"者，有国子监学，有蒙古字学、回回国学，有医学，有阴阳学；其策名于"荐举"者，有遗逸，有茂异，有求言，有进书，有童子。其出于"宿卫勋臣"之家者，待以不次；其用于"宣徽中政"之属者，重为内官。又"荫叙"有循常之格，而"超擢"有选用之科。由"直省侍仪"等入官者，亦名清望；以"仓庾赋税"任事者，例视冗职。"捕盗"者以功叙，"入粟"者以赀进，至"工匠"皆入班资，而"舆隶"亦跻流品。诸王公主，宠以"投下"，俾之保任；远夷外徼，授以长官，俾之世袭。凡若此类，殆所谓吏道杂而多端者欤。矧夫"儒"有岁贡之名，"吏"有补用之法，曰掾史令史，曰书写铨写，曰书吏典吏，所设之名，未易枚举；曰省台院部，曰路府州县，所入之途，难以指计。……故其铨选之备，考核之精，曰随朝外任，曰省选部选，曰文官武官，曰考数，曰资格，一毫不可越，而或援例，或借资，或优升，或回降，其纵情破律，以公济私，非至明者不能察焉，是皆文繁吏弊之所致也。(《元史》卷八一《选举志序》)

十三　元之衰亡

(一) 帝位之纷争

甲、蒙古之分裂

蒙古初制，大汗之立，开会推举，所谓"忽烈而台"是也。成吉思汗死，大位继承，亦遵此制，唯所推者必其血胤。大汗遗命，亦可以预定继

承者，故宪宗之立，遂成纠纷。

定宗崩，宋理宗淳祐八年，西历1248年。至是三岁无君，皇后斡兀立海迷失氏，抱皇太孙失烈门临朝称制。中外人心咸属意于帝。诸王拔都、莫哥、阿里不哥及大将兀良合台等，咸会议所立，拔都首先推戴。时定宗后所遣使者八剌在坐争曰："失烈门，皇孙也，先帝尝言其可君天下，今故在而议他属，将置之何地？"莫哥曰："太宗有命，谁敢违之。"然拔都固亦遵先帝遗言也，初帝之幼也，太宗雅爱之，尝命坐膝上，抚其首曰："是可以君天下，他日用特按豹。"皇孙失烈门在侧曰："以特按豹，则犊将何恃？"太宗以为有仁心，亦曰："是可以为君。"至是二人各举以为言，八剌语塞。兀良合台曰："蒙哥即宪宗聪明睿智，人所共知，拔都之言良是。"议遂定。（邵远平《元史类编》卷一《宪宗纪》）

元年辛亥，宋理宗淳祐十一年，西历1251年。六月，西方诸王伯尔克托、海特穆尔，东方诸王伊克托欢、伊逊克、阿齐台、塔齐尔伯、勒格台，西方诸大将巴哩济等，东方诸大将伊苏布哈等，复大会于奎腾敖拉之地，共推帝即皇帝位于鄂诺河。（《元史》卷三《宪宗纪》）

二年夏，帝驻和林，以诸王欲立失烈门者多后言，乃分迁合丹太宗第六子。于别失八里地，蔑里太宗第七子。于叶儿的石河，海都太宗孙。于海押立地，……脱脱太宗孙。于叶密立地，蒙哥都太宗孙。及太宗三皇后乞里吉忽帖尼于扩端所居之西，定宗后及失烈门母，以厌禳事觉，并赐死，禁锢失烈门于没脱赤之地。（邵远平《元史类编》卷一《宪宗纪》）

按宪宗为太祖派系，诸王为太宗派系，既处置如是，两系蕴仇益深，内争遂不可解。至世祖竟破成例，不经大会推举，自立于开平，而世祖弟阿里不哥不服，首先称兵，复与宪宗一系合。战端一发，响应者纷起，垂四十余年而后底定，然蒙古之业衰矣。

阿里不哥，当宪宗南伐，命留守和林。宪宗崩于蜀时，宋理宗开

蒙哥像

庆元年，西历1259年。世祖以太弟渡淮，围宋鄂州，国内虚，诸大臣各观望所立。陕西行省丞相阿蓝答儿等，谋立阿里不哥为帝，遣脱忽思括民兵。世祖北还，……阿里不哥……闻世祖既即位，乃命阿蓝答儿发兵漠北，分遣腹心，易置将佐，散金帛以赉士卒，又命行尚书省刘太平、霍鲁怀，拘收关中钱谷。时浑都海屯军六盘，太平等相与结纳为表里，阿里不哥遂称帝于和林。……世祖命廉希宪安抚陕西，比至，……即遣人捕诛太平、鲁怀等。既而浑都海、阿蓝答儿合军而东，官兵追斩之。中统二年，宋理宗景定二年，西历1261年。十一月，帝自将讨阿里不哥，遇于昔木土脑儿之地，命……前锋歼其兵三千人，追北五十余里，帝亲率诸军蹑其后，降其部将，阿里不哥乃北遁。至元元年，宋理宗景定五年，西历1264年。七月，与诸王玉龙答失、阿速带、昔里吉来归，世祖以诸王皆太祖之裔，并释不问。（邵远平《元史类编》卷三〇《拖雷附阿里不哥传》）

继此而起者，有北边之变，而海都实煽诱之。

海都以太宗孙，世居北方，久蓄叛志，方俟衅而起。未几果反，帝将亲征，又念懿亲之故，犹欲怀之以德，遣尚书昔班往谕，令罢兵入朝。海都已听命退军，会丞相安童，率兵先破其部曲，……海都惧，不敢至。自后屡寇边，叛者又附海都为名。（邵远平《元史类编》卷三〇《合失附海都传》）

初海都称兵内向，诏以右丞相安童，佐皇子北平王那木罕，统诸军于阿力麻里备之。至元十四年，西历1277年。诸王昔里吉，劫北平王，拘安童，胁宗王以叛，命伯颜帅师讨，……破之，昔里吉走死。（《元史》卷一二七《伯颜传》）

至元二十四年，西历1287年。四月，……诸王乃颜反。五月……帝自将征，……六月，……至撒儿都鲁之地，乃颜党塔不带，率所部六万，逆行在而阵，遣前军败之。……车驾驻干大利斡鲁脱之地，获乃颜。……七月，乃颜党失都儿犯咸平，宣慰塔出，从皇子爱牙亦，合兵出沈州进讨，宣慰亦儿撒合，分兵趣懿州，其党悉平。（《元史》卷一四《世祖纪》一一）

十八年二月，命从燕王真金，抚军北边。……二十六年，进知枢密院事，镇和林。二十九年，宗王明里铁木儿，附海都叛，诏伯颜往

讨，……明里铁木儿……来降。未几海都复犯边，留伯颜拒守。廷臣或谮其久居北边，与海都通好，帝以御史大夫玉昔帖木儿代之。（邵远平《元史类编》卷一九《伯颜传》）

大德成宗。三年，西历1299年。成宗命兄子海山即武宗，往镇北边，数败海都于阔别列之地。五年，海都与笃哇伊儿汗诸部大举入寇，海山亲督钦察军奋击，大破之，射笃哇中膝，号遁去，海都不得志，旋走死。当笃哇之败也，诸叛王相聚谋曰："……连年遘兵，致相残杀，是自隳祖宗业也。……吾谁与争哉！"遂与海都子察八儿、笃哇子款彻，群请罢兵，通一家之好。帝嘉之，诏安西王……饬军士安置驿传，以俟其来。……武宗至大三年，察八儿入朝，诏赦其罪。（邵远平《元史类编》卷三〇《合失附海都传》）

乙、权臣之拥立

宪宗之立，……已启大臣拥立之端，世祖有鉴于此，故预立珍戬旧作真金。为皇太子。其后珍戬早薨，未及即位，世祖崩后，成宗珍戬子。方抚军北边，以长幼而论，则母兄晋王噶玛拉旧名甘麻刺。当立，而伊实特穆尔旧名玉昔帖木儿。以成宗在军时，世祖曾以皇太子旧玺付之，遂告晋王曰："昔储闱之玺，既有所归，王为宗盟长，奚俟而不言？"晋王乃曰："皇帝践阼，愿北面事之。"于是成宗遂即位。是"成宗"之立，由伊实特穆尔之力也。成宗崩，太子德寿先卒，丞相阿固岱旧名阿忽台。等，欲奉皇后称制，以诸王阿南达旧名阿难答。辅之，丞相哈剌哈斯旧名哈剌哈孙。则以武宗、仁宗皆珍戬之孙，理宜继统，而武宗方抚军北边，仁宗亦在怀州，乃先迎仁宗入京，诛阿固岱等，而趣武宗入即位。是"武宗"、"仁宗"之相继御极，皆哈剌哈斯之力也。仁宗既为帝，立子英宗为皇太子，故英宗继立之际，朝臣亦无异言。迨英宗为特克实旧名铁失。所弑，特克实即遣使迎泰定帝入即位。是"泰定帝"之立，由特克实之力也。泰定帝崩于上都，丞相都尔苏旧名倒剌沙。立其皇太子喇实晋巴旧名阿速吉八。为皇帝，固亦父子相传之正理，而枢密使雅克特穆尔，旧名燕铁木儿。私念武宗旧恩，欲立其子明宗、文宗。时明宗远在沙漠，文宗亦在江陵，乃先迎文宗入即位。其时上都诸王方举兵入讨，雅克特穆尔力战胜之，而文宗之立遂定。及明宗归，雅克特穆尔又害之于途，

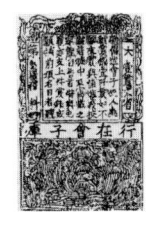

文宗旋复为帝。是"文宗"之立，由雅克特穆尔之力也。厥后文宗、宁宗相继崩，皇后布达实哩，旧名卜答失里。已遣人迎明宗长子托欢特穆尔即顺帝。入京，欲付以位，而雅克特穆尔不愿，遂不得立。迨雅克特穆尔死，始立焉；倘不死，则"顺帝"之立不立，尚未可知也。是则宪宗、成宗、武宗、仁宗、泰定帝、明宗、文宗，皆大臣所立。（赵翼《廿二史劄记》卷二九"元诸帝多由大臣拥立"）

（二）政治之不良

元起朔漠，入主中夏，为历史上一大变局。溯其初起，以武功震耀一世，除租税、站赤、达鲁花赤而外，无所谓政治。迨取金灭宋，知儒术可以羁縻全国，太祖用耶律楚材，至世祖用许衡、姚枢，尊优孔儒，粉饰为政。考有元一代诏令，率用蒙古文，蒙古色目，尽居显位，与汉人隔阂，故政治施设，罕有足观。然劝农桑，兴水利，北方当金源大乱之后，户口减少，得此亦稍稍休息。后来逐渐开发，北方繁盛，蒙元不为无功。唯赋敛烦数，刑政废弛，种族见解过深，不百年而亡，盖有由矣。

甲、崇信番僧

帝师帕克斯巴亦作八思巴者，土番……人，……相传自其祖……以其法佐国主霸西海者十余世。帕克斯巴生七岁，诵经数十万言，能

八思巴朝见忽必烈

约通大义，国人号圣童，故名帕克斯巴。……年十有五，谒世祖于潜邸，与语大悦，日见亲礼。中统元年，世祖即位，尊为国师。……至元十一年，请告西还，留之不可，乃以其弟琳沁，亦作亦怜。嗣焉。（《元史》卷二〇二《释老传》）

世祖崇信番僧，原为利用之，以怀柔西土。

元起朔方，固已崇尚释教，及得西域，世祖以其地广而险远，民犷而好斗，思有以因其俗而柔其人，乃郡县土番之地，设官分职，而领之于帝师，乃立宣政院。其为使位居第二者，必以僧为之，出帝师所辟举，而总其政于内外者，帅臣以下，亦必僧俗并用，而军民通摄。于是帝师之命，与诏敕并行于西土。（《元史》卷二〇二《释老传》）

但因待遇过优，转遗政治上无穷之害。

百年之间，朝廷所以敬礼而尊信之者，无所不用其至，虽帝后妃主，皆因受戒而为之膜拜，正衙朝会，百官班列，而帝师亦或专席于坐隅。且每帝即位之始，降诏褒护，必敕章佩监络珠为字以赐，盖其重之如此。其未至而迎之，则中书大臣，驰驿累百骑以往，所过供亿送迎，……虽其昆弟子姓之往来，有司亦供亿无乏。泰定间，以帝师弟衮噶伊实戬将至，诏中书持羊酒郊劳，而其兄索诺木藏布，尚公主，封白兰王，……其弟子之号司空、司徒、国公、佩金玉印章者，前后相望。其徒怙势恣睢，日新月盛，气焰熏灼，延于四方，为害不可胜言。（《元史》卷二〇二《释老传》）

其肆扰之情况，实为从来所未有。

二年冬，以西域僧那摩为国师，总天下释教。（邵远平《元史类编》卷一《宪宗纪》）

有嘉木扬喇勒智者，亦作杨琏真珈。世祖用为江南释教总统，发掘故宋赵氏诺陵之在钱塘、绍兴者，及其大臣塚墓，凡一百一所，戕杀平民四人，受人献美女宝物无算，且攘夺盗取财物，计金一千七百两银，六千八百两，玉带九，玉器大小百一十有一，杂宝贝百五十有二，大珠五十两，钞一十一万六千二百锭，田二万三千亩，私庇平民不输公赋者二万三千户。（《元史》卷二〇二《释老传》）

杨琏真珈，西番僧也，……为江南释教总统。及桑哥专政，相与表里为奸，怙恩横肆，威焰烁人，穷骄极淫，不可具状。（邵远平《元史类编》卷四一《杨琏真珈传》）

其所给地亩，率多强占民业，僧徒犹贪利无厌，营结近侍，奏请布施莽斋要求百端，岁需费以千万计。且因好事奏释罪囚，凡杀人作奸之徒，悉皆夤缘幸免，甚或取空名宣敕用为布施，而任其人，赏罚皆由其手。……武宗至大元年，西历1308年。上都开元僧强夺民薪，民诉诸留守李璧，璧方询其由，僧遽率党持白梃入公府，隔案引璧发摔诸地，曳归幽之空室，久乃得脱，奔诉诸朝，僧竟遇赦免。未几其徒龚柯等，与诸王合儿八剌妃争道，拉妃堕车，捶扑交下，事闻亦释不问。而宣政院方取旨，凡殴西僧者截其手，詈者断其舌，赖仁宗……奏寝其令。（邵远平《元史类编》卷四一"按语"）

泰定二年，西台御史李昌，言尝经平凉府、静会、定西等州，见西番僧佩金字圆符，络绎道途，驰骑累百，传舍至不能容，则假馆民舍，因迫逐男子，奸污女妇。奉元一路，自正月至七月，往返者百八十五次，用马至八百四十余匹，较之诸王行省之使，十多六七，驿户无所控诉，台察莫得谁何。且国家之制圆符，本为边防警报之虞，僧人何事而辄佩之。乞更正僧人给驿法，且令台宪得以纠察；不报。（《元史》卷二○二《释老传》）

其作多尔康者，或一所二所，以至七所作；攃攃者，以泥作小浮屠。或十万二十万，以至三十万。又尝造浮屠二百一十有六，实以七宝珠玉，半置海畔，半置水中，以镇海灾。延祐四年，宣徽使会每岁内廷佛事所供，其费以斤数者，用面四十三万九千五百，油七万九千，酥二万一千八百七十，蜜二万七千三百。自至元三十年间，醮祠佛事之目，仅百有二，大德七年，再立功德司，遂增至五百有余。僧徒贪利无已，营结近侍，欺昧奏请，布施莽斋，所需非一，岁费千万，较之大德，不知几倍。又每岁必因好事，奏释轻重囚徒，以为福利。（《元史》卷二○二《释老传》）

乙、重用计臣

元代赏赐特多，后以振济为姑息之政，费用不给，钞法易敝，故不能不用聚敛之臣。若卢世荣所为，颇有计划，非阿合玛特辈所能比也。

太宗引西域商人奥都剌合蛮扑买课税。……帝崩，……皇后乃马真氏称制，崇信奸回，庶政多紊。奥都剌合蛮，以货得政柄，廷中悉畏附之。……后以御宝空纸付奥都剌合蛮，使自书填行之。……又有旨，凡奥都剌合蛮所建白，令史不为书者，断其手。(《元史》卷一四六《耶律楚材传》)

阿哈玛特，回纥人，……世祖中统三年，西历1262年。始命领中书左右部，兼诸路都转运使，财赋之任专委之。……至元元年，西历1264年。八月，罢领中书左右部，并入中书，超拜阿哈玛特为中书平章政事。……三年正月，立制国用使司，阿哈玛特又以平章政事领使职。……阿哈玛特多智巧言，以功利成效自负，众咸称其能。世祖急于富国，试以行事，颇有成绩，……授以政柄，言无不从，而不知其专愎益甚矣。……阿哈玛特在位日久，益肆贪横，援引奸党，……骤升同列，阴谋交通，专事蒙蔽，逋赋不蠲，众庶流移。京兆等路，岁办课至五万四千锭，犹以为未实，民有附郭美田，辄取为已有。内通货贿，外示威刑，廷中相视，无敢论列。……十九年，西历1282年。三月，世祖在上都，皇太子从，有益都千户王著者，素志疾恶，因人心愤怨，密铸大铜钟，誓愿击阿哈玛特首，……诈称皇太子还都作佛事。……即牵去，以所袖铜钟碎其脑立毙。(《元史》卷二〇五《阿哈玛特传》)

卢世荣，大名人也，阿哈玛特专政，世荣以贿进。……阿哈玛特死，廷臣讳言财利事，皆无以副世祖裕国足民之意。有僧格者，荐世荣有才术，谓能救钞法，增课额。……世祖召见，奏对称旨。……安图奏世荣所陈数事，乞诏示天下，……乃下诏云，金银系民间通行之物，自立平准库，禁百姓私相买卖，今后听民间从便交易。怀孟诸路竹货，系百姓栽植，有司拘禁发卖，使民重困，又致南北竹货不通，今罢各处竹监，从民货卖收税。江湖鱼课已有定例，长流采捕，贫民特以为生，所在拘禁，今后听民采用。军国事务往来，全资站驿，马价近增，又令各户供使臣饮食，以致疲弊，今后除驿马外，其余官为支给。既而中书省又奏，盐每引十五两，国家未尝多取，欲便民食，今官豪诡名周利，停货待价，至一引卖八十贯，京师一百二十贯，贫者多不得食，议以二百万引给商，一百万引散诸路，立常平盐局，或

贩者增价，官平其直以售，庶民用给而国计亦得。……世荣言，京师富豪户酿酒酤卖，价高味薄，且课不时输，宜一切禁罢，官自酤卖。……世荣奏，臣言天下岁课钞九十三万二千六百锭之外，臣更经画，不取于民，裁抑权势所侵，可增三百万锭。……世荣奏，……自王文统诛后，钞法虚弊，为今之计，莫若依汉唐故事，括铜铸至元钱，及制绫券，与钞参行。……又奏于泉杭二州立市舶都转运司，造船给本，令人商贩，官有其利七，商有其三，禁私泛海者。……产铁之所，官立炉鼓铸，为器鬻之，以所得利合常平盐课，籴粟积于仓，待贵时粜之。……各路立平准周急库，轻其月息，以贷贫民。……又随朝官吏增俸，州郡未及，可于各都立市易司，领诸牙侩人，计商人物货四十分取一，以十为率四，给牙侩，六为官吏俸。……以九事说世祖诏天下，其一免民间包银三年；其二官吏俸免民间带纳；其三免大都地税；其四江淮民失业贫困鬻妻子以自给者，所在官为收赎，使为良民；其五逃移复业者，免其差税；其六乡民造醋者免收课；其七江南田主收佃客租课，减免一分；其八添支内外官吏俸五分；其九定百官考课升擢之法。……世荣居中书才数月，恃委任之专，肆无忌惮，视丞相犹虚位也。……监察御史陈天祥，上章劾之，大概言其苛刻诛求，为国敛怨，将见民间凋耗，天下空虚。考其所行，与所言者已不相副，始言能令钞法如旧，今弊愈甚；始言能令百物自贱，今百物愈贵；始言课程增至三百万锭，不取于民，今迫胁诸路，勒令如数虚认而已；始言令民快乐，今所为无非扰民之事。若不早为更张，待其自败，正犹蠹虽除而木已病矣，……遂下世荣于狱，……有旨诛世荣。（《元史》卷二〇五《卢世荣传》）

　　僧格，丹巴国师之弟子也，……为人狡黠豪横，好言财利事，世祖喜之。……至元二十四年，西历1287年。闰二月，复置尚书省，遂以僧格与特穆尔为平章政事。……僧格以理算为事，毫分缕析，入仓库者无不破产，及当更代，人皆弃家避之。……以……王巨济……等十二人，理算江淮、江西、福建、四川、甘肃、安西六省。……当是时天下骚然，江淮尤甚，而谀佞之徒，方且讽都民，……为僧格立石颂德，……题曰"王公辅政之碑"。……僧格既专政，……久而言者益众，世祖始决意诛之，……下狱究问，……乃伏诛。（《元史》卷二〇五《僧格传》）

阿合马……奏括天下户口，下至药材榷茶，亦纤屑不遗，其所设施，专以掊克敛财为事。……阿合马既死，又用卢世荣，亦以增多岁入为能，盐铁、榷酤、商税、田课，凡可以罔利者，益务搜括。……又用桑哥，……遣忻都、阿散等十二人，理算六省钱谷，天下骚然。……计帝在位三十余年，几与此三人者相为终始，此其嗜利贪得，牢固而不可破也。（赵翼《廿二史劄记》卷三〇"元世祖嗜利黩武"）

按世祖开苛敛之端，后世踵而行之。成宗之世，贪官污吏，其发觉者，至万数千人；其未发觉者，尚不可知。武宗之世，复置尚书省，重用托克托，亦以聚敛，流毒百姓。仁宗时，用张闾经理浙江、江西、河南三省民田，限民四十日，以所有田自实于官，期限猝迫，贪刻用事，富民黠吏并缘为奸。于是民不聊生，多自杀者，变乱纷起，田野荒芜，虽旋罢之，而民生之困苦已极矣。

（三）治河之役

元代特重治河，水利交通，俱有成效，内立都水监，外设各处河渠司。

至正四年，西历1244年。夏五月，大雨二十余日，黄河暴溢，水平地深二丈许，北决白茅堤，六月，又北决金堤，并河郡邑济宁、单州、虞城、砀山、金乡、鱼台、丰、沛、定陶、楚丘、武城，以至曹州、东明、巨野、郓城、嘉祥、汶上、任城等处，皆罹水患，民老弱昏垫，壮者流离四方。……省臣以闻，朝廷患之。……九年，西历1349年。冬，脱脱既复为丞相，慨然有志于事功，论及河决，即言于帝，请躬任其事。……都漕运使贾鲁，……以二策进献，一议修筑北隄，以制横溃，其用功省；一议疏塞并举，挽河使东行，以复故道，其功费甚大。……脱脱韪其后策，议定，乃荐鲁于帝，大称旨。十一年，西历1351年。四月初四日，下诏中外，命鲁以工部尚书，为总治河防使，……发汴梁大名十有三路民十五万人，庐州等戍十有八翼军二万人，供役一切。……是月二十二日鸠工，七月疏凿成，八月决水故河，九月舟楫通行，十一月水土工毕，诸埽诸堤成，河乃复故道，南汇于淮，又东入于海。……先是岁庚寅，河南北童谣云："石人一只眼，挑动黄河天下反。"及鲁治河，果于黄陵冈得石人一眼，而汝

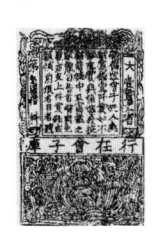

颖之妖寇，乘时而起。议者往往以谓天下之乱，皆由贾鲁治河之役，劳民动众之所致。(《元史》卷六六《河渠志》二《黄河》)

按贾鲁疏浚黄河，用土、用石、用铁、用木、用草、用缅之法，后世治河者多遵用之，且亦无劳扰实迹。江南、汀州、汴梁、关中、京畿等处，水灾甚重，民不聊生，汝颖不过乘机发难耳。

(四) 人民之反抗

甲、压制政策

太祖之世，岁有事西域，未暇经理中原，官吏多聚敛自私，……而官无储偫。近臣别迭等言，汉人无补于国，可悉空其人，以为牧地。……旧制，凡攻城邑，敌以矢石相加者，即为拒命，既克必杀之。汴梁将下，大将速不台遣使来言，金人抗拒持久，师多死伤，城下之日，宜屠之。……楚材曰："奇巧之工，厚藏之家，皆萃于此，若尽杀之，将无所获。"帝然之，诏罪止完颜氏，余皆勿问。(《元史》卷一四六《耶律楚材传》)

议籍中原民，大臣忽都虎等，议以丁为户，……争之再三，卒以户定。时将相大臣，有所驱获，往往寄留诸郡，楚材因括户口，并令为民。(《元史》卷一四六《耶律楚材传》)

东平将校，占民为部曲户，谓之"脚寨"，擅其赋役。(《元史》卷一五九《宋子贞传》)

德辉遂起为山西宣慰使，权势之家籍民为奴者，咸按而免之。(《元史》卷一六三《李德辉传》)

先是荆湖行省阿里海牙，以降民三千八百户，没入为家奴，自置吏治之，岁责其租赋。……雄飞入朝奏其事，诏还籍为民。(《元史》卷一六三《张雄飞传》)

兵后，孱民多依庇豪右，及有以身佣借衣食，岁久掩为家奴，悉遣还之为民。(《元史》卷一六三《张德辉传》)

江南新附，诸将市功，且利俘获，往往滥及无辜，或强籍新民以为奴隶。膺出令，得还为民者以数千计。(《元史》卷一七〇《雷膺传》)

都元帅塔海，抑巫山县民数百口为奴民，屡诉不决，利用承檄覆问，尽出为民。(《元史》卷一七〇《王利用传》)

南京总管刘克兴,掠良民为奴隶。(《元史》卷一七〇《袁裕传》)

中统二年四月,听儒士被俘者,赎为民。(邵远平《元史类编》卷二《世祖纪》一)

世祖至元十八年闰八月,以江南民户,分赐诸王、贵戚、功臣。时先后受赐者,诸王十六人,后妃公主九人,勋臣三十六人。凡先朝勋戚亦加赐,诸王自一二万户以上,有多至十万户者,勋臣自四万户以下,至数千、数百、数十户不等。(《续通考》卷一三《户口考》二)

元平江南以后,亦尝以缓恤人民为言,然种族见解,分别过严,人民受种族歧视,江南尤甚。兹据王光鲁《元史备忘录》所记氏族等级,录之如下。

氏族第一,蒙古七十二种——

阿剌剌	扎剌儿歹	忽神忙兀歹	瓮吉剌歹
晃忽摊	永吉列思	兀鲁兀	郭儿剌思
别剌歹	怯烈歹	秃别歹	八鲁剌忽
曲吕律	也里吉斤	扎剌只剌	脱里别歹
塔塔儿	哈答吉	散儿歹	乞要歹
列尤歹	颜不花歹	歹列里养赛	散尤兀歹
灭里吉歹	阿大里吉歹	兀罗歹	别帖里歹
蛮歹	也可抹合剌	那颜吉歹	阿塔里吉歹
亦乞列歹	合忒乞歹	木里乞	外兀歹
外抹歹	阿儿剌歹	伯要歹	担吉歹
外剌歹	末里乞歹	许大歹	晃兀摊
别速歹	颜不草歹	木温塔歹	忙兀歹
塔塔歹	那颜乞台	阿塔力吉歹	忽神
塔一儿	兀鲁歹	撒尤歹	灭里吉
阿火里力歹	扎马儿歹	兀罗罗歹	别帖乞乃蛮歹
苫苫儿歹	也可林合剌	瓮吉歹	木里歹
忙古歹	外抹歹乃	朵里别歹	入怜
察里吉歹	八鲁忽歹	哈荅歹	外剌

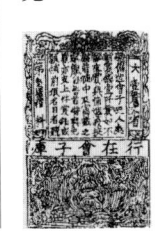

氏族第二，色目三十一种——

哈剌鲁	钦察	唐兀	阿速
秃八	康里	苦里鲁	剌乞歹
赤乞歹	畏兀儿	回回	乃蛮歹
阿儿浑	合鲁歹	火里剌	撒里哥
秃伯歹	雍古歹	密赤思	夯力
苦鲁丁	贵赤	匣剌鲁	秃鲁花
哈剌吉荅歹	拙儿察歹	秃鲁八歹	火里剌
甘木鲁	彻儿哥	迄失迷儿	

陶宗仪《辍耕录》卷一所列氏族，汉人、女真人各有支族。

汉人八种——

契丹 高丽 女直 竹因歹 术里阔歹 竹温 竹亦歹 渤海（女直同）

金人姓氏——

完颜汉姓曰王	乌古论曰商	乞石烈曰高
徒单曰杜	女奚烈曰郎	兀颜曰朱
蒲察曰李	颜盏曰张	温迪罕曰温
石抹曰萧	奥屯曰曹	孛术鲁曰鲁
移剌曰刘	斡勒曰石	纳剌曰康
夹谷曰仝	裴满曰麻	尼忙古曰鱼
斡准曰赵	阿典曰雷	阿里侃曰何
温敦曰空	吾鲁曰惠	抹颜曰孟
都烈曰强	散答曰骆	呵不哈曰由
乌林荅曰蔡	仆散曰林	术虎曰董
古里甲曰汪		

四等人，权利义务，极不平等，而防制汉人、南人为尤甚。

中统四年正月，……申禁民家兵器。……二月，……诏诸路置局造军器，私造者处死。民间所有不输官者，与私造同。（《元史》卷五《世祖纪》二）

诸汉人南人，投充宿卫士，总宿卫官辄收纳之，并坐罪。（《元史》卷一〇二《刑法志》一《卫禁》）

诸民间，有藏铁尺、铁骨朵及舍刀铁柱杖者，禁之。诸私藏甲全副者，处死，……枪，若刀，若弩，私有十件者处死。（《元史》卷一〇五《刑法志》四《禁令》）

四等之外，且有强分人民为十级之说。

一官，二吏，三僧，四道，五医，六工，七猎，八民，九儒，十丐。（《郑所南集》）

大元制典，人有十等，一官，二吏，先之者贵之也，……七匠，八娼，九儒，十丐，后之者贱之也。（谢枋得《叠山集》卷二《送方伯载归三山序》）

又有编二十家为甲，置甲主之说。

诸出入宫禁，各有从者，男女止以十人为朋，出入毋得相杂。军中凡十人置甲长，听其指挥。（《元史》卷二《太宗纪》）

鼎革后，编二十家为甲，以北人为甲主，衣服饮食惟所欲，童男少女惟所命。……鼎革后，城乡遍设甲主，孥人妻女，有志者皆自裁。……欲求两全者，……竟出下策为舟妓，以舟人不设甲主，舟妓向不辱身也。（徐大焯《烬馀录·乙编》）

乙、群雄并起

武宗至大元年，西历1308年。五月，禁白莲社，毁其寺宇，以其民还隶民籍。仁宗延祐六年十月，省臣言白云宗总摄沈明仁，诳诱愚俗十万人，请汰其徒；从之。（《续通考》卷一三《户口考》二）

按白莲教出于佛教之白莲宗。先是晋沙门慧远结白莲社，以皈依净土为宗。后之白莲宗，本此而出。延至元时，其教尤盛。顺帝荒淫乱政，于是韩山童等，遂假借白莲教首先发难，而群雄纷起。

【韩山童】

韩林儿，真定栾城人，父山童，自其先以白莲会烧香惑众，谪徙永平。顺帝至正初，山童倡言天下将乱，弥勒佛下生，明王出，愚民翕然信之。……颍州妖人刘福通，因诡言山童实宋徽宗八世孙，走海外得还，当为中国主，……与其党杜遵道、盛文郁、罗文素、韩咬儿聚众于白鹿庄，……谋为乱。……十一年，西历1351年。五月，福通

遂起兵，以红巾为号。官兵捕之急，山童被禽，其妻杨氏，及子林儿，逃匿武安山。……惟福通党尤盛，……不数月，拔颍州，据朱皋，破罗山、上蔡、真阳、确山、舞阳、叶县及汝宁、光、息等州，众至十万。……十五年，西历1355年。福通自砀山夹河，求得林儿，立为帝，又号小明王，都亳州，伪号宋，改元龙凤。……遵道、文郁称丞相，福通与文素称平章。……遵道得宠，专威福，福通使甲士挝杀之，自为丞相，称太保。（邵远平《元史类编》卷四一《韩林儿传》)

【李二】

萧县人李二，亦以烧香聚众，与其党赵均用、彭早住，攻陷徐州。……明年，至正十二年。帝命脱脱亲征徐州，李二败死。早住、均用走濠州，一称鲁淮王，一称永义王，二人互争雄长。未几，早住中流矢死，均用寻依福通。（邵远平《元史类编》卷四一《韩林儿传》)

【徐寿辉】

徐寿辉，……罗田人，又名真一，业贩布。元末盗起，袁州僧彭莹玉，以妖术与麻城邹普胜，聚众为乱，用红巾为号，奇寿辉状貌，遂推为主。至正十一年九月，陷蕲水及黄州路，……遂即蕲水为都，称皇帝，国号天完，建元治平，以普胜为太师。未几陷饶信。明年，十二年。分兵四出，陷湖广、江西诸郡县，遂破昱岭关，陷杭州，别将赵普胜等陷太平诸路，势大振。……明年，十三年。为元师所破，寿辉走免。已而复炽，迁都汉阳，为其丞相倪文俊所制。十七年，西历1357年。九月，文俊谋弑寿辉，不克，奔黄州。时陈友谅隶文俊麾下，数有功，为领兵元帅，遂乘衅杀文俊，并其兵，自称宣慰司，寻称平章政事。明年，十八年。陷安庆，又破龙兴、瑞州，分兵取邵武、吉安，而自以兵入抚州，已又破建昌、赣、汀、信、衢。……始友谅破龙兴，寿辉欲徙都之，友谅不可，未几寿辉遽发汉阳，次江州。江州，友谅治所也，伏兵郭外，迎寿辉入，即闭城门，悉杀其所部，即江州为都，奉寿辉以居，而自称汉王。……挟寿辉东下攻太平，……克之，……进驻采石矶，遣部将阳白事寿辉前，戒壮士挟铁挝，击碎其首。寿辉既死，……即皇帝位，国号汉，改元大义。（《明史》卷一二三《陈友谅传》)

【方国珍】

方国珍，黄岩人，……世以贩盐浮海为业。元至正八年，西历1348年。有蔡乱头者，行剽海上，有司发兵捕之，国珍怨家，告其通寇，国珍杀怨家，遂与兄国璋、弟国瑛、国珉亡入海，聚众数千人，劫运艘，梗海道。……先是天下承平，国珍兄弟始倡乱海上，有司惮于用兵，一意招抚，……国珍既授官，据有庆元温台之地，益强不可制。（《明史》卷一二三《方国珍传》）

【张士诚】

张士诚，小字九四，泰州白驹场亭人。有弟三人，并以操舟运盐为业，缘私作奸利，颇轻财好施，得群辈心。常鬻盐诸富家，富家多陵侮之，或负其直不酬，而弓手邱义，尤窘辱士诚甚。士诚怨，即帅诸弟及壮士李伯升等十八人，杀义，并灭诸富家，纵火焚其居，入旁郡场，招少年起兵。盐丁方苦重役，遂共推为主，陷泰州，高邮，……自称诚王，僭号大周，建元天祐。是岁至正十三年也。明年，十四年。元右丞相脱脱，总大军出讨，数败士诚，围高邮。……解脱脱兵柄，……以他将代之，士诚乘间奋击，元兵溃去，由是复振。逾年，淮东饥，士诚乃遣弟士德，由通州渡江，入常熟。十六年二月，陷平江，并陷湖州、松江及常州诸路，改平江为隆平府，士诚自高邮来都之。……士诚为明元兵所扼，兵不得四出，势渐蹙，……遂决计请降。江浙右丞相达识帖睦迩，为言于朝，授士诚太尉，官其将吏有差。……士诚虽去伪号，擅甲兵土地如故。达识帖睦迩在杭，与杭守将杨完者有隙，阴召士诚兵，士诚遣史文炳袭杀完者，遂有杭州。……二十三年，西历1363年。九月，士诚复自立为吴王。……当是时，士诚所据，南抵绍兴，北逾徐州，达于济宁之金沟，西距汝颍濠泗，东薄海，二千余里，带甲数十万。（《明史》卷一二三《张士诚传》）

张士诚像

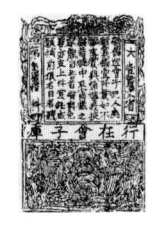

【郭子兴】

郭子兴，其先曹州人，父郭公，少以日者术游定远，言祸福辄中。邑富人有瞽女，无所归，郭公乃娶之，家日益饶。生三子，子兴其仲也。……及长任侠，喜宾客。会元政乱，子兴散家资，椎牛酾酒，与壮士结纳。至正十二年春，集少年数千人袭据濠州，太祖朱元璋。往从之，……子兴奇太祖状貌，……收帐下为十夫长。数从战有功，子兴喜，……乃妻以所抚马公女。……子兴同起事者，孙德崖等四人，与子兴而五，各称元帅不相下，四人……合谋倾子兴。……元师破徐州，徐帅彭大、赵均用帅余众奔濠，德崖等以其故盗魁有名，乃共推奉之，使居己上。……元师围濠州，……五阅月围解，大、均用皆自称王，而子兴及德崖等为元帅如故。未几大死，……均用专狠益甚，挟子兴攻盱眙、泗州将害之。太祖已取滁，……均用闻太祖兵甚盛，心惮之，……子兴用是得免，乃将其所部万余，就太祖于滁。……未几发病卒，……韩林儿檄子兴子天叙为都元帅，张天祐及太祖副之。（《明史》卷一二二《郭子兴传》）

【明玉珍】

明玉珍，随州人。……徐寿辉起，玉珍与里中父老，团结千余人，屯青山。及寿辉称帝，使人招玉珍，曰来则共富贵，不来举兵屠之，玉珍引众降。……玉珍帅斗船五十艘，掠粮川峡间。……元右丞完者都，……与右丞哈麻秃不相能，……玉珍……袭重庆，走完者都，执哈麻秃，……寿辉授玉珍陇蜀行省右丞。至正十七年也，……于是诸郡县相次来附。二十年，陈友谅弑徐寿辉自立，玉珍……命以兵塞瞿塘，绝不与通，……自立为陇蜀王。……二十二年春，僭即皇帝位于重庆，国号夏，建元天统。……玉珍……性节俭，颇好学，折节下士，既即位……定赋税，以十分取一，蜀人悉便安之。（《明史》卷一二三《明玉珍传》）

（五）元对义师与内讧

汝颍之间，妖寇聚众反，以红巾为号，襄樊唐邓，皆起而应之。至正十一年，脱脱乃奏以弟御史大夫也先帖木儿为知枢密院事，将诸卫兵十余万讨之，克上蔡。既而驻兵沙河，军中夜惊，也先帖木儿尽

弃军资器械，北奔汴梁，收散卒，屯朱仙镇。朝廷以也先帖木儿不习兵，诏别将代之。……十二年，红巾有号芝麻李者即李二，据徐州，脱脱请自行讨之。……九月，师次徐州，攻其西门，……贼不能支，城破，芝麻李遁去，……遂屠其城。……十四年，张士诚据高邮，屡招谕之不降，诏脱脱总制诸王诸省军讨之。……十一月，至高邮，……连战皆捷，……贼势大蹙。俄有诏罪其老师费财，以……太不花……代将其兵，削其官爵，安置淮安。先是脱脱之西行也，别儿怯不花欲陷之死，顺帝幸臣哈麻屡言于帝召还近地，脱脱深德之，至是引为中书右丞。而是时脱脱信用汝中柏，……见其议事，莫敢异同，惟哈麻不为之下，汝中柏因潜之脱脱，改为宣政院使，位居第三。于是哈麻深衔之，……脱脱将出师也，……遂谮脱脱于皇太子及皇后奇氏，……监察御史袁赛因不花等，承哈麻风旨，上章劾之，三奏乃允，……而脱脱亦有淮安之命。……十五年三月，台臣犹以谪轻，……于是诏流脱脱于云南。十二月，哈麻矫诏，遣使鸩之死。(《元史》卷一三八《脱脱传》)

脱脱既死，民兵益得进展。

元师大败福通于太康，进围亳，福通挟林儿走安丰，未几兵复盛，遣其党分道略地。至正十七年，李武、崔德陷商州，遂破武关，以图关中，而毛贵陷胶、莱、益都、滨州，山东郡邑多下。是年六月，福通帅众攻汴梁，且分军三道，关先生、破头潘、冯长舅、沙刘二、王士诚趋晋冀，白不信、大刀敖、李喜喜趋关中，毛贵出山东北犯。(《明史》卷一二二《韩林儿传》)

其战况撮录如下。

甲、西路

白不信、大刀敖、李喜喜陷兴元，遂入凤翔，屡为察军帖木儿、李思齐所破，走入蜀。(《明史》卷一二二《韩林儿传》)

脱脱像

察罕帖木儿，……系出北庭，曾祖阔阔台，元初随大军收河南，至祖乃蛮台、父阿鲁温，皆家河南，为颍州沈丘人。……至正十一年，盗发汝颍，……不数月，江淮诸郡皆陷，朝廷征兵致讨，卒无成功。十二年，察罕帖木儿乃奋义起兵，沈丘之子弟，从者数百人，与信阳之罗山人、李思齐合兵，同设奇计袭破罗山。事闻朝廷，授……汝宁府达鲁花赤，于是所在义士，俱将兵来会，得万人自成一军，屯沈丘，……转战而北，遂戍虎牢。……十七年，贼寻出襄樊，陷商州，攻武关，……遂直趋长安，至灞上，分道掠同华诸州，三辅震恐。……察罕帖木儿即领大众入潼关，长驱而前，与贼遇，战辄胜，……贼余党皆散溃，走南山，入兴元。朝廷嘉其复关陕有大功，授……陕西行省左丞。未几，贼出自巴蜀，陷秦陇，据巩昌，遂窥凤翔。察罕帖木儿……击之，……贼大溃，……关中悉定。(《元史》卷一四一《察罕帖木儿传》)

乙、中路

关先生、破头潘等，又分其军为二，一出绛州，一出沁州，逾太行，破辽潞，遂陷冀宁，攻保定不克，陷定州，掠大同、兴和、塞外诸郡，至陷上郡，毁诸宫殿，转掠辽阳，抵高丽。至正十九年，陷辽阳。……二十年，关先生等陷大宁，复犯上都。……二十一年，……李喜喜、关先生等东西转战，已多走死，余党自高丽还寇上都，孛罗复击降之。(《明史》卷一二二《韩林儿传》)

丙、东路

田丰者，元镇守黄河义兵万户也，叛附福通，陷济宁，寻败走。……至正十八年，田丰复陷东平、济宁、东昌、益都、广平、顺德，毛贵亦数败元兵，陷清沧，据长芦镇。寻陷济南，益引兵北，杀宣慰使董抟霄于南皮，陷蓟州，犯漷州，略柳林，以逼大都。顺帝征四方兵入卫，议欲迁都避其锋，……贵旋被元兵击败，还据济南。……毛贵稍有智略，其破济南也，立宾兴院，选用元故官姬宗周等分守诸路，又于莱州立屯田三百六十所，每屯相距三十里，造挽运大车百辆，凡官民田十取其二，多所规画，故得据山东者三年，(《明史》卷一二二《韩林儿传》)

当三路出兵时，刘福通自将，经略河南。

至正十七年，……其秋福通兵陷大名，遂自曹濮陷卫辉。……十八年，……福通出没河南北，五月，攻下汴梁，守将竹贞遁去，遂迎林儿都焉。(《明史》卷一二二《韩林儿传》)

福通锐意攻汴梁，守将竹贞弃城走，福通入城，迎林儿于安丰居之，以为都。(邵远平《元史类编》卷四一《韩林儿传》)

元察罕帖木儿，既平关陕，又定河东，遂进兵攻汴。

至正十八年，山东贼分道犯京畿，朝廷征四方兵入卫，诏察罕帖木儿，以兵屯涿州。察罕帖木儿即留兵……屯潼关，……而自将锐卒往赴召，而曹濮贼方分道逾太行，焚上党，掠晋冀，陷云中、雁门、代郡，……复大掠南且还，察罕帖木儿……击之，贼皆弃辎重走，……河东悉定。……乃诏察罕帖木儿守御关陕晋冀，抚镇汉沔荆襄，便宜行阃外事(《元史》卷一四一《察罕帖木儿传》)

至正十九年五月，……察罕帖木儿大发秦晋诸军讨汴梁，围其城。(《元史》卷四五《顺帝纪》八)

至正十九年，察罕帖木儿图复汴梁，五月，以大军次虎牢，先发游骑，南道出汴南，略归、亳、陈、蔡，北道出汴东，战船浮于河，水陆并下，略曹南，据黄陵渡，乃大发秦兵出函关，过虎牢，晋兵出太行，逾黄河，俱会汴城下。……八月，……各分门而攻，……遂拔之，刘福通奉其伪主，……出东门遁走。(《元史》卷一四一《察罕帖木儿传》)

察罕帖木儿数破贼，尽复关陇。是年至正十九年。五月，大发秦晋之师，会汴城下，屯杏花营。诸军环城而垒，林儿兵出战辄败，婴城守百余日，食将尽，福通计无所出，挟林儿，从百骑，开东门遁还安丰。

察罕帖木儿的军队

(《明史》卷一二二《韩林儿传》)

是时山东刘福通部将，自相攻杀，察罕乘势进兵平定之。

> 至正十九年四月，……毛贵为赵君用所杀。……七月，……赵君用既杀毛贵，其党续继祖，自辽阳入益都，杀君用，遂与其所部，自相仇敌。(《元史》卷四五《顺帝纪》八)

> 时毛贵已为其党赵均用所杀，有续继祖者，又杀均用，所部自相攻击，独田丰据东平，势稍强。(《明史》卷一二二《韩林儿传》)

> 河南既定，……谋大举以复山东。……谍知山东群贼，自相攻杀，……察罕帖木儿乃舆疾自陕抵洛，大会诸将，与议师期，发并州军出井陉，辽沁军出邯郸，泽潞军出磁州，怀卫军出白马，及汴洛军水陆俱下，分道并进，而自率铁骑，建大将旗鼓，渡孟津，逾覃怀，鼓行而东，复冠州、东昌。……遣其子扩廓帖木儿亦作库库帖木儿。及诸将等，以精卒五万捣东平，……以田丰据山东久，军民服之，乃遗书谕……丰及王士诚皆降，遂复东平。……进逼济南城，……郡邑闻风皆送款。攻围济南，……城乃下，……遂移兵围益都。……时山东俱平，独益都孤城犹未下，……田丰、王士诚阴结贼，复图叛。……察罕帖木儿……至丰营，遂为王士诚所刺，……扩廓帖木儿……袭总其父兵，……攻城益急，……拔其城，……于是山东悉平。(《元史》卷一四一《察罕帖木儿传》)

经察罕之扫荡，黄河流域，几于肃清。惟帝后分党，内讧屡起，以致无暇南顾。

> 博啰特穆尔，亦作孛罗帖木儿。……从父讨贼，屡立功。……至正十九年，……三月，……诏博啰特穆尔移兵至大同，置大都督兵农司，专督屯种，以博啰特穆尔领之。(《元史》卷二〇七《博啰特穆尔传》)

> 扩廓帖木儿，……察罕帖木儿甥也，察罕养为子。……初察罕定晋冀，孛罗帖木儿在大同，以兵争其地，数相攻，朝廷下诏和解，终不听。扩廓既平齐地，引军还驻太原，与孛罗构难如故。(《明史》卷一二四《扩廓帖木儿传》)

扩廓帖木儿与孛罗帖木儿二人，互攻不已，而帝后分党，各倚为援，嫌怨益深。

完者忽都皇后，奇氏，高丽人，生皇太子爱猷识理达腊。……时帝颇怠于政治，后与皇太子……遽谋内禅。(《元史》卷一一四《后妃传》)

哈玛尔即哈麻尝阴进西天僧，以运气术媚帝，帝习之，号延彻尔法，……华言大喜乐也。哈玛尔之妹婿集贤学士图噜特穆尔，故有宠于帝，……亦荐西番僧且琳沁于帝。僧善秘密法，……帝又习之，其法亦名双修法，…皆房中术也。……君臣宣淫，而群僧出入禁中，无所禁止，丑声秽行，著闻于外。……皇太子年日以长，尤深疾图噜特穆尔等所为，欲去之未能也。……托克托即脱脱贬逐以死，……哈玛尔遂拜中书左丞相。……哈玛尔既为相，……以皇太子年长，不若立以为帝，而奉上为太上皇。其妹闻之，归告其夫图噜特穆尔，恐皇太子为帝，则己必先见诛。即闻于帝，……遂诏哈玛尔于惠州安置，……比行，俱杖死。(《元史》卷二〇五《哈玛尔传》)

至正十七年五月，召为中书左丞相。……二皇后奇氏，与皇太子谋欲内禅，遣宦者……朴不花，谕意于太平，太平不答。皇后又召太平至宫中，举酒申前意，太平依违而已，……益决意去太平。(《元史》卷一四〇《太平传》)

至正二十年三月，复拜中书右丞相。继太平为相。……时帝益厌政，而宦者资政院使保布哈即朴布花，乘间用事，……吹斯戬即搠思监因与结构相表里，四方警报，及将臣功状，皆壅不上闻。博啰特穆尔、库库特穆尔，各拥强兵于外，以权势相轧，……吹斯戬与保布哈党于库库特穆尔。(《元史》卷二〇五《吹斯戬传》)

于是监察御史也先帖木儿……等，乃劾奏朴不花……奸邪，当屏黜。御史大夫老的沙以其事闻，皇太子执不下，而皇后庇之尤固，御史皆坐左迁。……老的沙执其事颇力，皇太子因恶之，而皇后因谮之于内。帝以老的沙母舅故，封为雍王，遣归国。(陈邦瞻《元史纪事本末》卷二七)

《元史纪事本末》书影

初朝廷既黜御史大夫鲁达实，即老的沙。安置东胜州，帝别遣宦官密谕博啰特穆尔，令留军中，而皇太子累遣官索之，博啰特穆尔匿不发。……皇太子以博啰特穆尔握兵跋扈，……又匿不轨之臣，遂与丞相吹斯戬议，请削其官。……博啰特穆尔谓非帝意，故不听命。（《元史》卷二〇七《博啰特穆尔传》）

朝臣老的沙、秃坚，获罪于太子，出奔孛罗，孛罗匿之。诏削孛罗官，解其兵柄，孛罗遂举兵反，犯京师，杀丞相搠思监，自为左丞相，老的沙为平章，秃坚知枢密院。太子求援于扩廓，扩廓遣其将白锁住以万骑入卫，战不利，举太子奔太原。逾年，扩廓以太子令，举兵讨孛罗，入大同，进薄大都，顺帝乃袭杀孛罗于朝，扩廓从太子入觐，以为太傅左丞相。……扩廓……起行间，骤至相位，中朝旧臣多忌之者，而扩廓久典军，亦不乐在内，……即请出治兵，南平江淮，诏许之，封河南王，俾总天下兵，代皇太子出征，分省中官属之半以自随。……乃驻军河南，檄关中四将军，会师大举。四将军者，李思齐、张思道、孔兴、脱列伯也。思齐，罗山人，与察罕同起义兵，齿位略相埒，得檄大怒曰："吾与若父交，若发未燥，敢檄我耶？"令其下一甲不得出武关。思道等亦皆不听调。扩廓……自引兵西入关攻思齐等，……乃遣其骁将貊高趋河中，欲出不意捣凤翔，覆思齐巢穴。貊高所将，多孛罗部曲，行至卫辉军变，胁貊高叛扩廓，袭卫辉、彰德据之，罪状扩廓于朝。初太子之奔太原也，欲用唐肃宗灵武故事自立，扩廓不可。及还京师，皇后谕指令以重兵拥太子入城，胁顺帝禅位，扩廓……以数骑入朝，由是太子衔之，而顺帝亦心忌扩廓。……及貊高奏至，顺帝乃……分其军隶诸将，而以貊高知枢密院事。……太子开抚军院于京师，总制天下兵马，专备扩廓。……诏李思齐等东出关，与貊高合攻扩廓，而令关保以兵戍太原。扩廓愤甚，引军据太原，尽杀朝廷所置官吏，于是顺帝下诏，尽削扩廓官爵，令诸军四面讨之。是时明兵已下山东，收大梁，……余皆望风降遁，无一人抗者。既迫潼关，思齐等仓皇解兵西归，而貊高、关保皆为扩廓所擒杀。顺帝大恐，下诏归罪于太子，罢抚军院，悉复扩廓官，令与思齐等分道南讨。诏下一月，明兵已逼大都，顺帝北走。时元顺帝至正二十九年，明太祖洪武二年，西历1369年。……明兵已定元都，将军

汤和等，自泽州徇山西，扩廓遣将御之，战于韩店，明师大败。会顺帝自开平命扩廓复大都，扩廓乃北出雁门，将由保安径居庸以攻北平。徐达、常遇春乘虚捣太原，扩廓还救，部将豁鼻马潜约降于明，明兵夜劫营，营中惊溃，扩廓仓卒……北走，明兵遂西入关。思齐以临洮降，思道走宁夏，其弟良臣以庆阳降，既而复叛，明兵破诛之。于是元臣皆入于明，惟扩廓拥兵塞上，西北边苦之。（《明史》卷一二四《扩廓帖木儿传》）

太祖洪武元年，大将军徐达，率师取元。元主自北平遁出塞，居开平。……明年，二年。常遇春击败之，师进开平。……时元主奔应昌，多伦县之东。其将王保保，即扩廓帖木儿。据定西为边患。三年春，以徐达为大将军，使出西安捣定西；李文忠为左副将军，冯胜为右副将军，使出居庸捣应昌，……大破元兵于骆驼山，遂趋应昌。未至，知元主已殂，进围其城克之，获元主孙买的里八剌及其妃嫔大臣、宝玉图籍，太子爱猷识理达腊，独以数十骑遁去，而徐达亦大破王保保兵于沈儿峪口，走之。（《明史》卷三二七《鞑靼传》）

当时朔漠略定，惟元遗臣梁王把匝剌瓦尔密据云南，洪武十四年，遣傅友德、沐英、蓝玉讨平之，而辽东方面。复有元遗臣纳哈出出没为患，洪武二十年，命冯胜、蓝玉往讨，纳哈出降，于是即命蓝玉为大将军，移军北征。

王保保拥太子爱猷识理达腊居和林。……洪武十一年，西历 1378 年。夏故元太子爱猷识理达腊卒，……子脱古思帖木儿继立。……二十年，西历 1387 年。纳哈出既降，帝以故元遗寇，终为边患，乃即军中拜蓝玉为大将军，冯胜、郭英副之，……率师十五万往征之。……明年二十一年。春，玉以大军由大宁至庆州，闻脱古思帖木儿在捕鱼儿海，内蒙古克什克腾旗西北。从间道驰进，……大破其军，……脱古思帖木儿，以其太子天保奴……等数十骑遁去，获其次子地保奴。……脱古思帖木儿既遁，将依丞相咬住于和林，行至土剌河，为其下也速迭儿所袭，……缢杀之。……自脱古思帖木儿后，部帅纷挐，五传至坤帖木儿，咸被弑，不复知帝号。有鬼力赤者，篡立称可汗，去国号，遂称鞑靼云。（《明史》卷三二七《鞑靼传》）

自鬼力赤篡立，改称鞑靼可汗，蒙古大汗之统系，于是中绝。兹依《蒙古源流》卷五列顺帝以后世次于下。

顺帝以后世次表

(一) 托欢特穆尔汗 ——┬── (二) 阿裕锡哩达喇汗（即爱猷识理达腊。
(即元顺帝。殁于庚　　│　　殁于戊午，即潜洪武十一年）
戌，即洪武三年，与　│
《明史》合）　　　　 └── (三) 特古斯特穆尔汗（即脱古思帖木儿，
　　　　　　　　　　　　唯《明史》系爱猷识理达腊子，殁于戊辰，即
　　　　　　　　　　　　洪武二十一年）

── (四) 恩克卓哩克图汗（殁于壬申，即洪武二十五年）
── (五) 额勒伯克汗 ──┬── (六) 琨特穆尔汗（即《明史》之坤帖木儿，殁
(己卯，即建文元年被杀)│　　于壬午，即建文四年）
　　　　　　　　　　　│
　　　　　　　　　　　└── (七) 额勒锥特穆尔汗 ── (八) 德勒伯克汗
　　　　　　　　　　　　　(殁于庚寅，即永乐八年)　(殁于乙未，即永
　　　　　　　　　　　　　　　　　　　　　　　　　乐十三年)

宋辽金元之社会

一 民生状况

(一) 田赋
甲、宋

宋制岁赋,其类有五,曰"公田之赋",凡田之在官、赋民耕而收其租者是也;曰"民田之赋",百姓各得专之者是也;曰"城郭之赋",宅税地税之类是也;曰"丁口之赋",百姓岁输身丁钱米是也;曰"杂变之赋",牛革蚕盐之类,随其所出,变而输之是也。岁赋之物,其类有四,曰谷,曰帛,曰金铁,曰物产是也。"谷"之品七,一曰粟,二曰稻,三曰麦,四曰黍,五曰穄,六曰菽,七曰杂子;"帛"之品十,一曰罗,二曰绫,三曰绢,四曰纱,五曰绝,六曰绸,七曰杂折,八曰丝线,九曰绵,十曰布葛;"金铁"之品四,一曰金,二曰银,三曰铁钂,四曰铜铁钱;"物产"之品六,一曰六畜,二曰齿革翎毛,三曰茶盐,四曰竹木麻草刍菜,五曰果药油纸薪炭漆蜡,六曰杂物。其输有常处,而以有余补不足,则移此输彼,移近输远,谓之"支移"。其入有常物,而一时所输,则变而取之,使其直轻重相当,谓之"折变"。其输……之期,……开封府等七十州,"夏税"旧以五月十五日起纳,七月三十日毕;河北河东诸州,气候差晚,五月十五日起纳,八月五日毕;颍州等一十三州,及淮南、江南、两浙、福建、广南、荆湖、川陕,五月一日起纳,七月十五日毕。"秋税"自九月一日起纳,十二月十五日毕。(《宋史》卷一七四《食货志》上二)

按宋制田税与丁税，本于唐之两税法，然两税已将"租庸调"包括在内。自唐中叶以至于宋，始有所谓"力役"者，是于庸之外复取庸；又有所谓杂变之赋者，是于调之外又额外征取之。故宋之赋税，较唐初为重也。其中最扰民者，莫过于"支移"与"折变"。

重和元年，献言者曰："物有丰匮，价有低昂，估丰贱之物，俾民输送，……而州县之吏，但计一方所乏，不计物之有无，责民所无，其费无量，至于支移。……豪民赇吏，故徙歉以就丰，赍挟轻货，以贱价输官，其利自倍；而贫下户各免支移，估值既高，更益脚费，视富户反重，因之逋负困于追胥。（《宋史》卷一七四《食货志》上二）

观此知折变既费无量，支移更须别出脚费，而担负重重矣。

国朝混一之初，天下岁入缗钱千六百余万，太宗皇帝以为极盛，两倍唐室矣。天禧之末，所入又增至二千六百五十余万缗；嘉祐间，又增至三千六百八十余万缗。其后月增岁广，至熙丰间，合苗役易税等钱所入，乃至六千余万。元祐之初，除其苛急，岁入尚四千八百余万。渡江之初，东南岁入不满千万，逮淳熙末，遂增六千五百三十余万焉。今东南岁入之数，独上供钱二百万缗，此祖宗正赋也。其六百六十余万缗，号"经制"，盖吕元直在户部时复之；七百八十余万缗，号"总制"，盖孟富文秉政时创之；四百余万缗，号"月桩钱"，盖朱藏一当国时取之。自经制以下钱，皆增赋也，合茶盐酒算、坑冶、榷货、籴本、和买之入，又四千四百九十余万缗，宜民力之困矣。……景祐中，天下岁收，商税钱四百五十余万缗，酒课四百二十八万余缗，盐课三百五十五万余缗，和买绢二百万匹。庆历中，商税钱一千九百七十五万余缗，酒课一千七百一十余万缗，盐课七百一十五万余缗，和买绢三百万匹。绍兴末，东南及四川酒课一千四百余万缗，盐课二千一百余万缗，

《建炎以来朝野杂记》书影

折帛绢三百余万匹。(李心传《建炎以来朝野杂记·甲集》卷一四)

据此，知南宋增赋，较正供不啻数倍，而南方富源尽辟，始能供此重敛，亦可互参焉。

乙、辽

辽赋税之制，自太祖任韩延徽，始制国用。太宗籍五京户丁，以定赋税。圣宗太平七年，宋仁宗天圣五年，西历1027年。诏诸在屯者力耕公田，不输税赋，此"公田"制也。十五年，募民耕滦河旷地，十年始纳租，此"在官闲田"制也。又诏山前后，未纳税户，并于密云、燕乐两县，占田置业入税，此"私田"制也。各部大臣，从上征伐，俘掠人户，自置郛郭，为头下军州，凡市井之赋即归之，此"头下军州赋"制也。其余若南京岁纳三司盐铁钱折绢，大同岁纳三司税钱折粟，又开远军民岁输税，向例斗粟折五钱，耶律穆济守郡时，表请折六钱，各随地异宜，当时称为利民之政焉。(《续通典》卷九《食货志》九)

按辽之田赋制度，史文简略，无从详知。

丙、金

租赋，金制官地输"租"，私田输"税"。租之制不传，大率分田之等为九而差次之，"夏税"亩取三合，"秋税"亩取五升。又纳秸一束，束十有五斤。夏税六月，止八月；秋税十月，止十二月，为初中末三限，州三百里外，纡其期一月。(《金史》卷四七《食货志》二)

牛头税，即牛具税，猛安谋克部，女直户所输之税也，其制每未牛三头为一具，限民口二十五，受田四顷四亩有奇，岁输粟，大约不过一石。官民占田，无过四十具。(《金史》卷四七《食货志》二)

按金之田赋制度，史亦不详。

丁、元

元之取民，大率以唐为法，其取于内郡者，曰"丁税"，曰"地税"，此仿唐之租庸调也，取于江南者；曰"秋税"，曰"夏税"，此仿唐之两税也。丁税、地税之法，自太宗始行之。初太宗每户科粟二石，后又以兵食不足，增为四石。至丙申年，蒙古太宗八年，宋理宗端平三年，西历1236年。乃定科征之法，令诸路验民户成丁之数，每丁

岁科粟一石，驱丁五升，新户丁驱各半之，老幼不与。其间有耕种者，或验其牛具之数，或验其土地之等征焉。丁税少而地税多者，纳地税；地税少而丁税多者，纳丁税。（《元史》卷九三《食货志》一）

元初算赋之制，中原以户，西域以丁，蒙古以马牛羊，至世祖定户籍之制。（《续通考》卷一三《户口考》二）

至元十七年，西历1280年。遂命户部，大定诸例，"全科户"丁税，每丁粟三石，驱丁粟一石，地税每亩粟三升；"减半科户"丁税，每丁粟一石；"新收交参户"，第一年五斗，第三年一石二斗五升，第四年一石五斗，第五年一石七斗五升，第六年入丁税；"协济户"丁税，每丁粟一石，地税每亩粟三升。随路近仓输粟，……富户输远仓，下户输近仓。……每石带纳鼠耗三升，分例四升。……输纳之期，分为三限，初限十月，中限十一月，末限十二月。……初世祖平宋时，除江东浙西，其余独征秋税而已。至元十九年，用姚元之请，命江南税粮，依宋旧例，折输绵绢杂物；是年二月，又用耿左丞言，令输米三之一，余并入钞以折焉。（《元史》卷九三《食货志》一）

元代税户简表

户	丁税		地 税
	丁	驱丁	
全科户	粟三石	粟一石	每亩粟三升
减半科户	一石		
协济户	一石		每亩粟三升
新收交参户	第一年至第五年减收其数，至第六年入丁税。		

（二）职役

宋初役法，扰民滋甚，王安石变法，改为雇役，一时称便。及司马光执政，复差役，旧党亦颇非之。最后议定折衷之法，但因施行滞碍，又屡有变更焉。

甲、宋

于是役人，悉用见数为额，惟衙前，用坊场河渡钱雇募，不足方许揭簿定差，其余役人，惟该募者得募，余悉定差，遂罢官户、寺观、单丁、女户出助役法。……寻以衙前不皆有雇直，遂改雇募为招

募，凡熙丰尝立法，禁以衙前及役人非理役使，及令陪备圆融之类，悉申行之。……如一州钱不供用，许移别州钱用之；一路不足，许从户部通他路移用。其或有余，毋得妄用；其或不足，毋得减募。（《宋史》卷一七七《食货志》上五）

绍兴以来，讲究"推割"、"推排"之制最详。应人户典卖产业推割税赋，即与物力一并推割。至于推排，则因其赀产之进退，与之升降，三岁一行，固有赀产百倍于前，科役不增于今者。其如贫乏下户，赀产既竭，物力犹存，朝夕经营，而应酬之不给者，非推排不可也。然当时推排之弊，或以小民粗有米粟，仅存屋宇，凡耕耨刀斧之器，鸡豚犬彘之畜，纤微细琐，皆得而籍之，吏视其赂之多寡，以为物力之低昂，又有计田家口食之余，尽载之物力者上之。人忧之，于是又为之限制，除质库、房廊、停塌、店铺、租牛、赁船等外，不得以猪羊杂色估纽，其贫民求趁衣食不为浮财，后耕牛租牛，亦与蠲免。若夫江之东西以田地亩头计税，亦有不待推排者。（《通考》卷一三《职役考》二）

宋孝宗乾道五年，处州松阳县，首倡"义役"，众出田谷助役，户轮充，……自是所在推行浸广。……十一年，御史谢谔，言义役之行，当从民便，其不愿义役者，乃行差役；上然之。（《通考》卷一三《职役考》二）

按义役之利有三。（一）役户既无破产之苦。（二）官吏又不能借升降物力，以肆扰害。（三）一处役费，均摊之于众，既由人民自办，可得公平也。

常平苗役之制，自熙宁始，建炎初遂罢之。其二年冬，吕元直、叶少蕴、张达明、孙仲益，在从班奉诏讨论常平法，元直等以为此法不宜废，如免役坊场亦可行，惟青苗、市易当罢。上曰："青苗敛散，永勿施行。"遂置诸路主管官，追还籴本。绍兴八年冬，李泰发参政复为上言，常平法本于汉耿寿昌，岂可以王安石而废之，九年，遂复提举官使掌其政。然自军兴后，常平窠名，往往拨以赡军，无复如曩时之封桩矣。免役钱，自熙宁以来，已有宽剩之数。建炎元年，既增射士，议者恐费不给，明年二年。夏，乃诏官户役钱勿复减半，而民户役钱概增三分。三年，复减之，其后命拨已增钱赴行在。绍兴

《清明上河图》局部

二十九年，又用赵直阁议，诏品官子孙名田减父祖之半，余同编户差役，其诡名寄产皆并之。乾道二年，李侍郎复请令官户全纳役钱，上初不可，既而卒行耆户长雇钱者，旧以免役钱给之。建炎四年，广西漕司请罢户长，而用熙丰法，每三十户逐料轮甲头催租，绍兴初，遂尽取其庸钱隶提刑司。既而言者以差甲头不便者五，乃不复行，而耆户长雇钱，因不复给。五年，诏其钱分季起发赴行在，后遂为总制窠名焉。（李心传《建炎以来朝野杂记·甲集》卷一五）

乙、辽

圣宗乾亨间，以上京云，为户皆具实饶，善避徭役，遗害贫民，遂勒各户，凡子钱到本，悉送归官，与民均差。统和中，耶律昭言，西北之众，每岁农时，一夫侦候，一夫治公田，二夫给糺官之役。（《辽史》卷五九《食货志》上）

辽兴宗重熙初……诏天下言治道之要，制问：……今之徭役，何者最重，何者尤苦，何所蠲省，则为便益，补役之法，何可以复？……韩家奴对曰："臣伏见比年以来，……选'富民防边'，自备粮糗，道路修阻，动淹岁月，比至屯所，费已挺半，只牛单毂，鲜有还者。其无丁之家，倍直佣僦。人惮其劳，半途亡窜，故戍卒之食，多不能给，求假于人，则十倍其息，至有鬻子割田，不能偿者。或逋役

不归，在军物故，则复补以少壮。……富者从军，贫者侦候，……民以日困，盖势使之然也。方今最重之役，无过西戍，如无西戍，虽遇凶年，困弊不至于此。若能徙西戍稍近，则往来不劳，民无深患。……诸部皆有'补役'之法，昔补役始行，居者行者，类皆富实，故累世从戍，易为更代，近岁边虞数起，民多匮乏，既不任役事，随补随缺，苟无上户，则中户当之，旷日弥年，其穷益甚，所以取代为艰也。非惟补役如此，在戍边兵亦然。……欲为长久之便，莫若使远戍疲兵，还于故乡，薄其徭役，使人人给足，则补役之道，可以复故也。"（《辽史》卷一〇三《萧韩家奴传》）

当时民所甚患者，驿递马牛旗鼓，乡正、厅隶、仓司之役，至破产不能给，人望使民出钱，官自募役，时以为便。（《辽史》卷一〇五《马人望传》）

按《辽史》文不详，观上所举，知颇采差役制度。

丙、金

金制，男女二岁以下为黄，十五以下为小，十六为中，十七为丁，六十为老，无夫为寡妻妾，诸笃废疾不为丁。户主推其长充，内有物力者，为"课役户"，无者为"不课役户"。令民以五家为保。泰和六年，……从唐制，五家为邻，五邻为保，以相检察，京府州县郭下，则置"坊正"；村社则随户众寡为乡，置"里正"，以按比户口，催督赋役，劝课农桑；村社三百户以上，则设"主首"四人，二百以上三人，五十户以上二人，以下一人，以佐里正禁察非违。置"壮丁"以佐主首，巡警盗贼。猛安谋克都村寨，五十户以上，设寨使一人，掌同主首。寺观则设纲首。凡坊正、里正，以其户十分内取三分，富民均出顾钱，募强干有抵保者充，人不得过百贯，役不得过一年。（《金史》卷四六《食货志》一）

天会十年，宋高宗绍兴二年，西历1132年。正月，……诏曰："昔辽人分士庶之族，赋役皆有等差，其悉均之。"（《金史》卷三《太宗纪》）

金之役法，于官地输租、私田输税之外，计民"田园"、"邸舍"、"车乘"、"牧畜"。"种植"之资，"藏镪"之数，征钱有差，谓之"物力钱"。遇差科，必按版籍，先及富者，势均则以丁多寡定

甲乙；有横科，则视物力，循大至小均科，其或不可分摘者，率以次户济之。（《续通考》卷一五《职役考》一）

物力之征，上自公卿大夫，下逮民庶，无苟免者。近臣出使外国，归必增物力钱，以其受"馈遗"也。（《金史》卷四六《食货志》序）

金自国初占籍之后，至大定四年，宋孝宗隆兴二年，西历1164年。承正隆师旅之余，民之贫富变更，赋役不均，世宗下诏，……遣……张弘信等十三人，分路"通检"天下物力而差定之，以革前弊。……又命凡监户事产，除官所拨赐之外，余凡置到百姓有税田宅，皆在通检之数。时诸使往往以苛酷多得物力为功，弘信检山东州县，尤为酷暴。……五年，有司奏诸路通检不均，诏再以户口多寡富贵轻重适中定之，既而又定通检地土等第税法。十五年，宋孝宗淳熙二年，西历1175年。九月，上以天下物力，自通检以来十余年，贫富变易，赋调轻重不均，遣……二十六人分路"推排"。（《金史》卷四六《食货志》一）

按宋高宗以推排物力法，行于江南，金世宗从而效之，自大定以迄泰和，朝议纷纭，使车旁午，闾阎之劳扰滋甚。

丁、元

科差之名有二，曰"丝料"，曰"包银"，其法各验其户之上下而科焉。丝料之法，太宗丙申年始行之，每二户出丝一斤，并随路丝线颜色输于官；五户出丝一斤，并随路丝线颜色输于本位。此系诸王后妃公主功臣等之收入，但不得私征，仍由地方有司代行征收给与，故曰输本位。包银之法，宪宗乙卯年始定之，……汉民科纳包银……四两，二两输银，二两折收丝绢颜色等物。逮及世祖，而其制益详。中统元年，宋理宗景定元年，西历1260年。立十路宣抚司，定户籍科差条例，然其户大抵不一，有"元管户"、"交参户"、"漏籍户"、"协济户"，于诸户之中，又有"丝银全科户"、"减半科户"、"止纳丝户"、"止纳钞户"，外又有"摊丝户"、"储也速觯儿所管纳丝户"、"复业户"，并"渐成丁户"。户既不等，数亦不同。……然丝料、包银之外，又有俸钞之科，其法亦以户之高下为等。……于是以合科之数，作"大门摊"，分为三限输纳。……二年，复定科差之期，丝料限八月，包银初限八月，中限十月，末限十二月。……至元二十八年，西历1291年。以至元新格，定科差法，诸差税皆司县正官，监视

人吏，置局均科，诸夫役皆先富强、后贫弱，贫富等者，先多丁、后少丁。（《元史》卷九三《食货志》一）

其户之区别，与所纳丝银之数目，兹据《元史·食货志》卷九三。所载，为元代科差户别表。

元代科差户别简表

户别	丝银全科户 甲	丝银全科户 乙	减半科户	止纳丝户 甲	止纳丝户 乙	止纳钞户
元管户	系官丝一斤六两四钱。包银四两。	系官丝一斤。五户丝六两四钱。包银四两。	系官丝八两。五户丝三两二钱。包银二两。	上都、隆兴、西京等路，系官丝十户十斤者，每户一斤；大都以南等路，十户十四斤者，每户一斤六两四钱。	系官丝一斤。五户丝六两四钱	
交参户	系官丝一斤六两四钱，包银四两。					
漏籍户				系官丝一斤六两四钱。		初年一两五钱，以后每年增五钱，增至四两止。
协济户	系官丝十两二钱。包银四两。			系官丝十两二钱。		
摊丝户	每户摊丝四斤。					
储也速觯儿所管户	每户科丝四斤。					
复业户	初年免，第二年减半，第三年全科，与旧户等。					
渐成丁户	同上。					

（三）官卖品

甲、宋

宋之官卖物品约五，盐、茶、酒、香、矾。

【盐】

盐之类有二，引池而成者曰颗盐，《周官》所谓盬盐也；鬻海、鬻井、鬻碱而成者曰末盐，《周官》所谓散盐也。宋自削平诸国，天下盐利，皆归县官，官鬻通商，随州郡所宜，然亦变革不常，而尤重

私贩之禁。引池为盐，曰解州解县、安邑两池，垦地为畦，引池水沃之，谓之种盐，水耗则盐成。籍民户为"畦夫"，官廪给之，复其家。(《宋史》卷一八一《食货志》下三)

鬻海为盐，曰京东、河北、两浙、淮南、福建、广南，凡六路。其鬻盐之地，曰"亭场"，民曰"亭户"，或谓之"灶户"。户有盐丁，岁课入官，受钱或折租赋，皆无常数。两浙又役军士，定课鬻焉。诸路盐场废置，皆视其利之厚薄，价之赢缩，亦未尝有一定之制。(《宋史》卷一八一《食货志》下三)

凡禁榷之地，官立标识候望以晓民，其通商之地，"京西"则蔡、襄、邓、随、唐、金、房、均、郢州，光化、信阳军，"陕西"则京兆，凤翔府，同、华、耀、干、商、泾、源、邠、宁、仪、渭、鄜、坊、丹、延、环、庆、秦、陇、凤、阶、成州，保安镇戎军，及澶州诸县之在"河北"者。颗末盐，皆以五斤为斗。颗盐之直，每斤自四十四至三十四钱，有三等。(《宋史》卷一八一《食货志》下三)

国朝盐筴，旧有三路，解盐行于关中，东北盐行于东西畿甸，东南盐行于江淮。东南盐者，通泰煎盐也，旧为江湖六路漕计。蔡京为政，始行钞法，取其钱以赡中都，自是淮浙之盐，则官给亭户本钱，诸州置仓，许商人买钞算请。闽广盐则官般官卖，以助岁计，其后亦行钞法，然罢复不常。旧淮盐息钱岁八百余万缗，绍兴初才三十五万缗而已。以后朝廷益修其政，至绍兴末年，东南岁产盐二万七千八百六十万斤，自福建外，每五十斤为一石，淮浙盐六石为一袋，钞钱十有八千，绍兴四年正月，增三千，九月，以入纳迟，遂罢之。今六路二十二州，通收息钱约一千九百二十余万。(李心传《建炎以来朝野杂记·甲集》卷一四)

【茶】

榷茶之制，择要会之地，曰江陵府，曰真州，曰海州，曰汉阳军，曰无为军，曰蕲州之蕲口，为榷货务六，……自为场置吏，总之谓之"山场"。……采茶之民皆隶焉，谓之"园户"。岁课作茶输租，余则官悉市之。其售于官者，皆先受钱而后入茶，谓之"本钱"。又民岁输税，愿折茶者，谓之"折税"。……茶有二类，曰"片茶"，曰"散茶"。……凡民茶折税外，匿不送官，及私贩鬻者没入之，计其直

论罪；园户辄毁败茶树者，计所出茶，论如法；……主吏私以官茶贸易，及一贯五百者死。(《宋史》卷一八三《食货志》下五)

东南茶，旧法官买官卖，天禧三年，合六榷货务十三山场所收茶钱十三万缗，除买茶本钱外，止有息钱三万缗而已。天圣中，稍改其法，岁所得亦不过数十万缗，人多盗贩抵罪，上下苦之。嘉祐中，韩魏公当国，遂弛其禁，但收茶租净利钱三十三万八千余缗，时以为便。元丰复榷，辇致都下，即汴流为水磨，官自鬻之。政和初，蔡京欲尽笼天下钱，实中都，乃创引法，即汴京置都茶场，印卖茶引，许商人赴官算请，就园户市茶，赴所在合同场秤发，岁收息钱至四百余万缗。建炎渡江，不改其法。至绍兴末年，东南十路六十州二百四十二县，岁产茶一千五百九十余万斤，收钞钱二百七十余万。(李心传《建炎以来朝野杂记·甲集》卷一四)

【酒】

榷酤之法，诸州城内皆置"务"酿酒，县镇乡间，或许民酿而定其"岁课"。……太宗……淳化五年，西历994年。诏募民自酿，输官钱减常课三之二，使其易办，民有应募者检视其赀产，长吏及大姓共保之，后课不登则均偿。……渡江后，绌于养兵，随时增课，名目杂出。……建炎三年，西历1129年。……赵开遂大变酒法，自成都始，先罢公帑，实供给酒，即旧扑买初令民承办酿酒，更易时令出价竞争，谓之扑买。坊场所，置"隔酿"，设官主之。民以米入官自酿，斛输钱三十，头子钱二十二。明年，四年。遍下其法于四路，岁递增至六百

宋代酒馆

选自《清明上河图》。

九十余万缗，……于是东南之酒额，亦日增矣。……自赵开行隔槽法，……然隔槽之法始行，听就务分槽酤卖，官计所入之米而收其课，若未病也。行之既久，酤卖亏欠，则责入米之家认输，不复核其米，而第取其钱，民始病矣。(《宋史》卷一八五《食货志》下七)

三京官造曲，听民纳直以取。……仁宗天圣以后，北京售曲，如三京法，官售酒曲，亦画疆界，戒相侵越，犯皆有法。(《宋史》卷一八五《食货志》下七)

【矾】

唐于晋州置平阳院，以收其利。……五代以来，复创"务"，置官吏。宋因之，……设官典领，有"镬户"鬻造入官市，……私售矾，禁如私售茶法。(《宋史》卷一八五《食货志》下七)

矾，国朝旧制，晋州矾行于河东北，京畿、淮南矾行于东南九路。今独无为军昆山场为盛，岁额白矾六十万斤，韶州岑水场十万斤，信州铅山场青胆黄矾无定额。其法自榷货务给引赴场，许客人算请，每百斤为一大引，输引钱十二千，头子市利雇人工墨钱二百七十六，又许增二十斤勿算以优之；五十斤为中引，三十斤为小引，引钱及加货，以是为差。十四年，以商贩利薄，减为十千，十四年，又增一千。昆山矾则民间自煮，官置场买纳，岁收息钱四万缗有奇。铅山矾则官自煎，以十分为率，四分充工本，六分赴榷货务焉。(李心传《建炎以来朝野杂记·甲集》卷一四)

【香】

宋之经费，茶盐矾之外，惟香之为利博，故以官为市焉。建炎四年，泉州抽买乳香，一十三等……诏取赴榷货务，打套给卖，陆路以三千斤，水路以一万斤为一纲。(《宋史》卷一八五《食货志》下七)

太宗时，置榷署于京师，诏诸蕃"香药"、"宝货"至广州，交阯，两浙，泉州，非出官库者，无得私相贸易。(《宋史》卷一八六《食货志》下八)

榷货务都茶场者，旧东京有之，建炎二年春，始置于扬州，明年，三年。又置于江宁，绍兴三年，又置于镇江及吉州。五年冬，省吉州务，而行在务场随移临安，以都司提领。其始岁收茶盐香息钱六

百九万余缗。六年九月，诏岁收及一千三百万缗，许推赏，时以为极盛矣。休兵浸久，岁课倍增。乾道三年三月，诏以二千四百万缗为额，建康千二百万缗，临安八百万缗，镇江四百万缗，于是淮东总领所实在镇江，因指榷货钱三十万缗，为赡军之用。淳熙中，三务场官吏互争课赏，始禁镇江务钞引，不得至临安。（李心传《建炎以来朝野杂记·甲集》卷一七）

官卖物品，与边防经费，多有关连，辄因弊生而变革之。

自元昊反，聚兵西鄙，并边"入中"、"刍粟"者寡，县官急于兵食，调发不足，因听入中、刍粟予券，趋京师榷货务受钱。（《宋史》卷一八一《食货志》下三）

太宗雍熙后用兵，切于馈饷，多令商人入刍粮塞下，酌地之远近而为其直，取市价而厚增之，授以要券，谓之"交引"，至京师给以缗钱。（《宋史》卷一八三《食货志》下五）

按"入中"者，商人输钱于京师榷货务，官给以券，至一定之地方，取一定之官卖品。"入刍粟"者，则商人纳刍粟于边塞，给以券，或至京师与其他积钱之地取钱，或偿之以官卖品。

真宗乾兴以来，西北兵费不足，募商人入中、刍粟，如雍熙法，给券以茶偿之，后又益以东南缗钱、香药、犀齿，谓之"三说"。而塞下急于兵食，欲广储偫，不爱"虚估"。入中者以虚钱得实利，人竞趋焉。及其法既弊，则虚估日益高，茶日益贱，入实钱金帛日益寡。而入中者非尽行商，多其土人，既不知茶利厚薄，且急于售钱得券，则转鬻于茶商，或京师"交引铺"，获利无几，茶商及交引铺，或以券取茶，或收蓄贸易，以射厚利。由是虚估之利，皆入豪商巨贾，券之滞积，虽二三年，茶不足以偿。而入中者，以利薄不趋，边备日蹙。（《宋史》卷一八三《食货志》下五）

天圣元年，命三司使李咨等，较茶盐矾税，岁入登耗，更定其法。……首考茶法，……罢三说，行"贴射法"。其法以十三场茶，买卖本息，并计其数，罢官给本钱，使商人与园户自相交易，一切定为中估，而官收其息。如鬻舒州罗源场茶，斤售钱五十有六，其本钱二十有五，官不复给，但使商人输息钱三十有一而已。然必辇茶入

宋仁宗像

官，随商人所指予之，给券为验，以防私害，故有贴射之名。……商人入刍粟塞下者，随所在实估，度地里远近，量增其直，……一切以缗钱偿之，谓之"见钱法"。愿得金帛，若他州钱，或茶盐香药之类者听，大率使茶与边籴，各以实钱出纳，不得相为轻重，以绝虚估之弊。（《宋史》卷一八三《食货志》下五）

仁宗庆历八年，西历1048年。三司盐铁判官董沔，亦请复三说法。三司以为然，……请如沔议，以茶、盐、香药、缗钱四物如之，于是有"四说"之法，初诏止行于并边诸州。……自是三说、四说二法，并行于河北，不数年间，茶法复坏。……至和二年，西历1055年。河北提举籴便粮草薛向建议，……请罢并边入粟，自京辇钱帛至河北，专以见钱和籴。时杨察为三司使，请用其说。……自是茶法不复为边籴所须，而"通商"之议起矣。（《宋史》卷一八四《食货志》下六）

仁宗嘉祐四年，西历1059年。弛茶禁，取租钱，谓之"嘉祐通商法"。历英宗、神宗、哲宗三朝，无甚改革。

初所遣官既议弛禁，因以三司岁课，均赋茶户，……岁输县官，……为损其半，……谓之"租钱"，与诸路本钱，悉储以待边籴。自是唯腊茶禁如旧，余茶肆行天下矣。（《宋史》卷一八四《食货志》下六）

徽宗时，蔡京建议，重行禁榷之法。

崇宁元年，西历1102年。右仆射蔡京言，祖宗立禁榷法，岁收净利，凡三百二十余万贯，而诸州商税七十五万贯有奇，食茶之算不在焉，其盛时几五百余缗。庆历之后，法制浸坏，私贩公行，遂罢禁榷，行通商之法，自后商旅所至，与官为市，四十余年，利源浸失。谓宜……仍旧禁榷官买，勿复科民。即产茶州郡，随所置场，申商人

园户私易之禁，凡置场地园户租折税仍旧，产茶州军，许其民赴场输息，量限斤数，给"短引"，于旁近郡县便鬻，余悉听商人于榷货务入纳金银缗钱；或并边粮草，即本务给"钞"，取便算，请于场别给"长引"，从所指州军鬻之。商税自场给长引，沿道登时批发，至所指地，然后计税尽输，则在道无苛留。……诏悉听焉。……四年，京复议更革，遂罢官置场，商旅并即所在州县，或京师，给"长""短"引，自买于园户，茶贮以笼篰，官为抽盘循第叙输息讫，批引贩卖，茶事益加密矣。……政和二年，西历1112年。大增损茶法。……初客贩茶用旧引者，未严斤重之限，影带者众，于是……"合同场"之法出矣。场置于产茶州军，而簿给于都茶场，凡不限斤重茶，委官司秤制，毋得止凭批引为定，有赢数即没官，别定新引限程，及重商旅规避秤制之禁，凡十八条。……建炎元年，成都转运判官赵开，……仿蔡京都茶场法，以引给茶商，即园户市茶，百斤为一大引，……置合同场，以讥其出入，重私商之禁，为茶市以通交易。（《宋史》卷一八四《食货志》下六）

蔡京于盐法，亦有改革。

东南末盐钱，为河北之备，东北盐为河东之备，解池盐为陕西之备。其钱并积于京师，随所积多寡，给钞于三路，如河北粮草钞，至京并支见钱，号"飞钞法"；河东三路，至京半支见钱，半支银绸绢；陕西解盐钞，则支请解盐。或有"泛给钞"，亦以京师钱支给，为钱积于京师，钞行于三路，至则给钱，不复滞留。当时商旅皆悦，争运粮草入于边郡，……边境仓廪，所在盈满。自熙宁来，钞法屡更，人不敢信，京师无见钱之积，而给钞数倍于昔年，钞至京师，无钱可给，遂至钞直十不得一。……法既屡变，蔡京更欲巧笼商贾之利，乃议措置十六条，裁定买官盐价，……大抵……欺夺民利。……初盐钞法之行，积盐于解池，积钱于京师榷货务，积钞于陕西沿边诸郡，商贾以物斛至边，入中请钞以归物斛，至边有数倍之息，惟患无回货，故极利于得钞，径请盐于解池，而解盐通行地甚宽，或请钱于京师，每钞六千二百，登时给与，但输头子等钱数十而已。以此所由州县，贸易者甚众。崇宁间，蔡京始变法，俾商人先输钱请钞，赴产盐郡授盐，欲囊括四方之钱，尽入中都，以进羡要宠。钞法遂废，商贾不

通，边储失备。东南盐禁加密，犯法被罪者多，民间食盐，杂以灰土，解池天产美利，乃与粪壤俱积矣。大概常使见行之法，售给才通，辄复变易，名"对带法"，季年，又变对带为"循环"。循环者，已卖钞未授盐，复更钞，已更钞盐未给，复贴输钱，凡三输钱，始获一直之货。民无赀更钞，已输钱悉乾没，数十万券，一夕废弃，朝为豪商，夕侪流丐，有赴水投缳而死者。（《宋史》卷一八二《食货志》下四）

乙、辽

辽制不详，官卖品盐、酒两项，尚可考见。

【盐】

自太祖以所得汉民数多，即八部中分古汉城，别为一部治之。城在炭山南，有盐池之利，即后魏滑盐县也，八部皆取食之。及征幽蓟还，次于鹤刺泺，命取盐给军，自后泺中盐益多，上下足用。会同初，太宗有大造于晋，晋献十六州地，而瀛、莫在焉，始得河间煮海之利，置榷盐院于香河县，于是燕云迤北，暂食沧盐。一时产盐之地，如渤海、镇城、海阳、丰州、阳洛城、广济湖等处，五京计司，各以其地领之。（《辽史》卷六〇《食货志》下）

【酒】

辽自神册以来，未有榷酤之法，自冯延休、韩绍勋建议，乃兴酒税，东辽之地，与南京诸路一例，然诸税皆纳于头下军州，唯酒税课纳上京。（《续通志》卷一五五《食货略》四）

丙、金

金制多沿仿于宋，其榷货之目有十，酒、曲、茶、醋、香、矾、丹、锡、铁，而盐为称首。

【盐】

海陵王贞元初，蔡松年为户部尚书，始复钞引法，设官置库，以造钞引，钞合盐司簿之符，引会司县批缴之数，七年一厘革之。初辽金故地滨海，多产盐，上京、东北二路，食肇州盐，速频路食海盐。临潢之北，有大盐泺，乌古里石垒部有盐池，皆足以食境内之民，尝征其税。及得中土，盐场倍之，故设官立法加详焉。……世宗大定二

十五年，宋孝宗淳熙十二年，西历1185年。更狗泺为西京盐司，是后惟置山东、沧、宝坻、莒、解、北京、西京七盐司，山东、沧、宝坻，斤三百为袋，袋二十有五为"大套钞引"，公据三者俱备，然后听鬻；"小套"袋十或五或一，每套钞一引，如袋之数。宝坻零盐，较其斤数，或六之三，或六之一，又为"小钞引"给之，以便其鬻。解盐斤二百有五十为一席，席五为套钞引，则与陕西转运司同鬻，其输粟于陕西军营者，许以公牒易钞引。西京等场盐，以石计，大套之石五，小套之石三；北京大套之石四，小套之石一；辽东大套之石十，皆套一钞，石一引。零盐积十石，亦一钞而十引。其行盐之界，各视其地宜。(《金史》卷四九《食货志》四)

世宗大定三年二月，定军私煮盐，及盗官盐之法，命猛安谋克巡捕。(《金史》卷四九《食货志》四)

【酒】

金榷酤，因辽宋旧制，太宗天会三年，宋徽宗宣和七年，西历1125年。始命榷官，以周岁为满。世宗大定三年，诏宗室私酿者，从转运司鞫治，……命设军百人，隶兵马司，同酒使副，合千人巡察，虽权要家，亦许搜索，奴婢犯禁，杖其主百。……承安五年四月，省奏旧随处酒税务所设杓栏人，以射粮军历过随朝差役者充，大定二十六年罢去，其随朝应役军人，各给添支钱粟，酬其劳。今拟将元收杓栏钱，以代添支，令各院务验所收之数，百分中取三，随课代输，更不入比。……泰和四年，宋宁宗嘉泰四年，西历1204年。九月，省奏……宜依旧法，以八年通核课程，均其一年之数，仍取新增诸物之分税钱，并入通为课额，以后之课，每五年一定其制。又令随处酒务元额上，通取三分，作糟酵钱。六年，制院务卖酒数各有差，若数外卖，及将带过数者罪之。(《金史》卷四九《食货志》四)

【醋】

醋税自大定初，以国用不足，设官榷之，……二十三年，以府库充初，遂罢之。章宗明昌五年，宋光宗绍熙五年，西历1194年。以有司所入不充所出，言事者请榷醋息，遂令设官榷之，其课额，俟当差官定之，后罢。承安三年，宋宁宗庆元四年，西历1198年。三月，省臣以

国用浩大，遂复榷之，五百贯以上设都监，千贯以上设同监一员。（《金史》卷四九《食货志》四）

【茶】

茶自宋人岁贡之外，皆贸易于宋界之榷场。世宗大定十六年，以多私贩，乃更定香茶罪赏格。章宗承安三年八月，以为费国用而资敌，遂命设官制之。……四年三月，于淄、密、宁、海、蔡州，各置一坊造新茶，依南方例，每斤为袋，直六百文，以商旅卒未贩运，命山东河北四路转运司，以各路户口，均其袋数，付各司县鬻之，买引者，纳钱及折物，各从其便。（《金史》卷四九《食货志》四）

丁、元

元制，属于官卖者，约有盐、茶、酒、醋四种。

【盐】

太宗庚寅年，二年，宋理宗绍定三年，西历1230年。始行盐法，每盐一引，重四百斤。……至元十三年，既取宋，而江南之盐，所入尤广。……凡伪造盐引者，皆斩，籍其家产。……行盐各有郡邑，犯界者，……以其盐之半没官，半赏告者。（《元史》卷九四《食货志》二《盐法》）

【茶】

世祖至元五年，宋度宗咸淳四年，西历1268年。用运使白赓言，榷成都茶，于京兆、巩昌，置局发卖，私自采卖者，其罪与私盐法同。六年，始立西蜀四川监榷茶场使司掌之。……十三年，宋端宗景炎元年，西历1276年。定"长引"、"短引"之法，以三分取一，长引每引计茶一百二十斤，……短引计茶九十斤。……十七年，置榷茶都转运司于江州，总江淮、荆湖、福广之税，而遂除长引，专用短引。……三十年，……每茶商货茶，必令赍引，无引者，与私茶同；引之外，又有"茶由"以给卖零茶者，……自三斤至三十斤，分为十等。（《元史》卷九四《食货志》二《茶法》）

【酒醋】

元之有酒醋课，自太宗始，其后皆著定额，为国赋之一焉。……

初太宗辛卯年，三年。立酒醋务坊场官，榷酤办课，仍以各州府司县长官，充提点官隶征收课税所，其课额，验民户多寡定之。甲午年，六年。颁酒曲醋货条禁，私造者，依条治罪。……世祖至元二十二年，诏免农民醋课。是年二月，命随路酒课，依京师例，每石取一十两。三月，用右丞卢世荣等言，罢上都醋课，其酒课亦改榷沽之制，令酒户自具工本，官司拘卖，每石止输钞五两。（《元史》卷九四《食货志》二《酒醋课》）

（四）杂税

甲、宋

宋之杂税，列举如下。

【征商】

商税，凡州县省置"务"，关镇亦或有之，大则专置官监临，小则"令"、"佐"兼领，诸州仍令"都监"、"监押"同掌。行者赍货，谓之"过税"，每千钱算二十；居者市鬻，谓之"住税"，每千钱算三十。大约如此，然无定制。其名物，各随地宜而不一焉。……应算物货而辄藏匿，为官司所捕获，没其三分之一，以半畀捕者，贩鬻而不由官路者罪之。有官须者，十取其一，谓之"抽税"。……光宗、宁宗以降，亦屡与放免商税。……而贪吏并缘，苛取百出，私立税场，算及缗钱，斗米束薪菜茹之属，擅用稽察、措置、添置、专栏、收检，……闻者咨嗟，指为大小法场，……而其弊有不可胜言矣。（《宋史》卷一八六《食货志》下八）

按所税之物品，据《宋史·食货志》所载，先后蠲免者，有"耕牛"、"鱼鸡"、"果蔬"、"竹木"、"柴炭"、"力胜钱"，载果商船所出。"典卖牛畜舟车"、"农器"、"衣履"、"谷粟"、"油面"等等，殊近于苛敛。

互市舶法，……太祖开宝四年，西历971年。置"市舶司"于广州，后又于杭明州置司，凡大食、古逻、阇婆、占城、勃泥、麻逸、三佛齐诸番，并通货易，以金、银、缗钱、铅锡、杂色帛、瓷器、市香药、犀象、珊瑚、琥珀、珠琲、镔铁、鼊皮、玳瑁、玛瑙、车渠、水精、番布、乌楠苏木等物。太宗时，置榷署于京师，诏诸蕃香药宝

《泉州市舶司图》

货至广州、交阯、两浙、泉州,非出官库者,无得私相贸易。……雍熙中,遣内侍八人,赍敕书金帛,分四路招致南海诸蕃商人出海外蕃国贩易者,令并诣两浙司市舶司,请给官券,违者没入其宝货。……大抵海船至,十先征其一,价直酌蕃货轻重而差给之。……哲宗元祐三年,西历1088年。……置密州板桥市舶司。……建炎元年,诏市舶多以无用之物费国用,自今有博买笃耨香环、玛瑙、猫儿眼睛之类,皆置于法,惟宣赐臣僚象笏、犀带,选可者输送。(《宋史》卷一八六《食货志》下八)

胡人谓三百斤为一"婆兰",凡舶舟最大者曰"独樯",载一千婆兰;次者曰"牛头",比独樯得三之一;又次曰"木舶",曰"料河",递得三之一。(《宋史》卷一八六《食货志》下八)

孝宗隆兴二年,西历1164年。臣僚言,熙宁初立市舶,以通货物,旧法抽解有定数,而取之不苛,输税宽其期,而使之待价。……迩来抽解既多,又迫使之输,致货滞而价减。(《宋史》卷一八六《食货志》下八)

按以上国外贸易。

契丹在太祖时，虽听缘边市易，而未有官署。太平兴国二年，辽景宗保宁九年，西历977年。始令镇易、雄、霸、沧州，各置榷务，辇香药、犀象、及茶与交易，……凡官鬻物如旧，而增缯帛、漆器、秔糯，所入者，有银钱、布、羊、马、橐驼，岁获四十余万。……熙宁九年，辽道宗太康二年，西历1076年。立与化外人私贸易罪赏法，河北四榷场。自英宗治平四年，辽道宗咸雍三年，西历1067年。其货物专掌于三司之催辖司，而度支赏给案，判官置簿督计之，至是以私贩者众，故有是命。（《宋史》卷一八六《食货志》下八）

西夏自真宗景德四年，西历1007年。于保安军置榷场，以缯帛罗绮，易驼马牛羊、毡毯、甘草，以香药、瓷漆器、姜桂等物，易蜜蜡麝脐、毛褐、羱羚角、硇砂、柴胡、苁蓉、红花、翎毛，非官市者，听与民交易，入贡至京者，纵其为市。仁宗天圣中，陕西榷场二，并代路亦请置场和市，许之。及元昊反，即诏陕西、河东绝其互市。……治平四年，夏毅宗拱化五年，西历1067年。乃复许之。（《宋史》卷一八六《食货志》下八）

绍兴四年，夏崇宗正德八年，西历1134年。诏川陕即永兴军威茂州，置博易场。……十二年，盱眙军置榷场官监，与北商金人。博易，淮西、京西、陕西榷场亦如之。（《宋史》卷一八六《食货志》下八）

按以上南北贸易。

【坑冶】

坑冶，凡金、银、铜、铁、铅、锡，监冶场务二百有一。……大率山泽之利有限，或暴发辄竭，或采取岁久，所得不偿其费，而岁课不足，有司必责主者取盈。……宋初旧有坑冶，官置场监，或民承买，以分数中卖于官，初隶诸路转运司，本钱亦资焉，其物悉归之内帑。崇宁已后，广搜利穴，榷赋益备，凡属之提举司者，谓之新坑冶，用常平息钱，与剩利钱为本，金银等物，往往皆积之大观库。自蔡京始，政和间，数罢数复，然告发之地，多坏民田，承买者立额重，或旧有今无，而额不为损。钦宗即位，诏悉罢之。（《宋史》卷一八五《食货志》下七）

政和间，臣僚言，诸路产铁多，民资以为用，而课息少，请仿茶

宋代炼铜壁画

盐法榷而鬻之。于是户部言详度官置炉冶，收铁给引，召人通市，苗脉微者，令民出息承买，以所收中卖于官，毋得私相贸易；从之。（《通考》卷一八《征榷考》五）

高宗建炎七年，工部言知台州黄岩县刘觉民，乞依熙宁法，以金银坑冶，召百姓采取，自备物料烹炼，十分为率，官收二分，其八分许坑户自便货卖。江西运司相度江州等处金银坑冶，亦乞依熙丰法，从之。（《通考》卷一八《征榷考》五）

金银坑冶，湖广闽浙皆有之，祖宗时，除沙石中所产黄金外，岁贡额银至一千八百六十余万两，渡江后，停闭金坑一百四十二，银坑八十四。绍兴七年，诏江浙金银坑冶，并依熙丰法，召百姓采取，自备物料烹炼，十分为率，官收二分，然民间得不偿课，本州县多责取于民，以备上用。三十年，用提点官李植言，更不定额，饶州旧贡黄金千两，孝宗时诏损三之一，今诸道上供银两，皆置场买发，蜀中银每法秤一两，用本钱六引，而行在左藏库折银才直三千三百云，然民间之直，又不满三千。高宗尝谕辅臣，以非刘晏懋迁之术，欲更革之，户部以铁钱折半为词而止，其实吴蜀钱币不能相通，舍银帛无以致远，故莫如之何。（李心传《建炎以来朝野杂记·甲集》卷一六）

【牙契】

税契始于东晋，历代相承，史文简略，不能尽考。宋太祖开宝二年，西历969年。始收民印契钱，令民典卖田宅，输钱印契，税契限两月。（《通考》卷一九《征榷考》六）

徽宗崇宁三年，西历1104年。敕诸县，典卖牛畜契书，并税租钞旁等印卖田宅契书，并从官司印卖，除纸笔墨工费外，量收息钱，……其收息不得过一倍。（《通考》卷一九《征榷考》六）

孝宗乾道七年，西历1171年。户部言：每交易一千贯，纳正税钱一贯，……违限不纳，或于契内减落价贯，规免税钱，许牙人并出产户陈首，将物业半给赏，半没官。每正税钱一百文，带纳头子钱二十一文二分，州县过数拘收，公人邀阻作弊，并重置典宪。从之。（《通考》卷一九《征榷考》六）

臣僚言，乞诏有司，应民间交易，并令先次过割，而后税契，凡进产之家，限十日缴，连小契自陈，令本县取索两家砧基赤契，并以三色官簿，夏税簿，秋苗簿，物力簿。令主簿点对批凿。如不先经过割，不许投税。（《通考》卷一九《征榷考》六）

【和买】

宋承前代之制，调绢绸布丝绵以供军须，又就所产折科和市。……太宗太平兴国中，……马元方为三司判官，建言方春乏绝时，预给库钱贷民，至夏秋冬输绢于官。真宗大中祥符三年，西历1010年。河北转运使李士衡又言，……请预给帛钱，俾及时输送，则民获利，而官亦足用，诏优予其直。自是诸路亦如之，或蚕事不登，许以大小麦折纳，仍免仓耗及头子钱。……初"预买"绸绢，务优直以利民，然犹未免烦民，后或令民折输钱，或物重而价轻，民力浸困，其终也，官不给直，而赋取益甚矣。……建炎三年春，高宗初至杭州，……两浙转运副使王琮言，本路上供和买夏税绸绢，……每匹折输钱二千以助用，诏许之，东南折帛钱自此始。（《宋史》卷一七五《食货志》上三）

江浙四路民苦折帛和买重输，大中曰："有产则有税，于税绢而科折帛，犹可言也，如和买折帛，则重为民害。盖自咸平马元方建

言，于春预支本钱，济其乏绝，至夏秋使之输纳，则是先支钱而后输绢，其后则钱盐分给，又其后则直取于民，今又令纳折帛钱，以两缣折一缣之直，大失立法初意。"（《宋史》卷三九三《林大中传》）

【和籴】

和籴，宋岁漕以广军储，实京邑；河北、河东、陕西三路，及内郡，又自籴买，以息边民飞挽之劳，其名不一。建隆初，河北连岁大稔，命使置场，增价市籴，自是率以为常。……熙宁八年，西历1075年。河东察访使李承之言，太原路，二税外有"和籴"，粮草官虽量予钱布，而所得细微，民无所济，遇岁凶不蠲，最为弊法。……神宗元丰元年，西历1078年。……其后……有司议以岁和籴见数十分之，裁其二，用八分为额，随户色高下裁定，毋更给钱，岁灾同秋税蠲放，以转运司应给钱补之，灾不及五分，听以久例支移，遂易和籴之名为"助军粮草"。……南渡，三边馈饷，籴事所不容已。绍兴间，于江浙湖南博籴，多者给官告，少者给度牒，或以钞引，类多不售，而吏缘为奸，人情大扰。……理宗绍定五年，西历1232年。臣僚言，若将民间合输缯钱，使输斛斗，免令贱粜输钱，在农人亦甚有利，此广籴之良法也；从之。（《宋史》卷一七五《食货志》上三）

按"和买"与"和籴"，其初乃官与民交易，预给民钱。其后弊病丛生，强配勒取，人民遂加重一层担负。至南渡后，和买变为"折帛钱"，竟成为一种税制矣。此外南宋创兴之税，又有"经总制钱"、"月桩钱"、"板帐钱"等。前于南宋兵费，略已论列，兹不复赘。

乙、辽

辽之杂税，列举如下。

【征商】

征商之法，则自太祖置羊城于炭山北，起榷务以通诸道市易。太宗得燕置南京，城北有市，百物山偫，命有司治其征，余四京及它州县，货产懋迁之地，置亦如之。东平郡城中置看楼，分南北市，禺中交易市北，午漏下交易市南。雄州、高昌、渤海，亦立互市，以通南宋西北诸郡高丽之货。故女直以金帛、布、蜜蜡诸药材，及铁离靺、鞨、于厥等部以蛤珠、青鼠、貂鼠、胶鱼之皮，牛羊驼马毳罽等物，

来易于辽者,道路繦属。圣宗乾亨间,燕京留守司言,民艰食,请弛居庸关税,以通山西籴易,又令有司谕诸行宫布帛短狭不中为度者,不粥于市。明年,诏以南北府市场人少,宜率当部车百乘,赴集开奇峰路,以通易州贸易。二十三年,宋真宗景德二年,西历1005年。振武军及保州并置榷场。时北院大王耶律室鲁,以俸羊多阙,部人贫乏,请以赢老之羊及皮毛,易南中之绢,上下为便。至天祚之乱,赋敛既重,交易法坏,财日匮而民日困矣。(《辽史》卷六〇《食货志》下)

开泰元年,宋真宗大中祥符五年,西历1012年。十二月,……贵德、龙化、仪坤、双、辽、同、祖七州,至是诏始征商。(《辽史》卷一五《圣宗纪》六)

【坑冶】

坑冶则自太祖始并室韦,其地产铜铁,……又有易术部者多铁,置三冶,曰柳湿河,曰三黜古斯,曰手山。神册初,平渤海,……地亦多铁,东平县,……产铁卝,置采炼者三百户,随赋供纳。以诸坑冶多在国东,故东京置户部司,长春州置钱帛司。太祖征幽蓟,师还次山麓,得银铁卝,命置冶。圣宗太平间,于潢河北阴山,及辽河之源,各得金银卝,兴冶采炼。自此以讫天祚,国家皆赖其利。(《辽史》卷六〇《食货志》下)

丙、金

金之杂税,列举如下。

【征商】

世宗大定二年,宋高宗绍兴三十二年,西历1162年。制院务,创亏及功酬格。……二十年,宋孝宗淳熙七年,西历1180年。正月,定商税法,金银百分取一,诸物百分取三。章宗……明昌元年,宋光宗绍熙元年,西历1190年。正月,敕尚书省定院务课商税额,诸路使司院务,千六百一十六处。(《金史》卷四九《食货志》四)

对宋、夏、高丽,皆置榷场,互通贸易。

榷场,与敌国互市之所也,皆设场官,严厉禁,广屋宇,以通二国之货。……熙宗皇统二年,宋高宗绍兴十二年,西历1142年。五月,许宋人之请,遂各置于两界;九月,命寿州、邓州、凤翔府等处皆

置。海陵正隆四年，宋绍兴二十九年，西历1159年。正月，罢凤翔府、唐、邓、颍、蔡、巩、洮等州，并胶西县所置者，而专置于泗州。……泰和八年八月以与宋和，宋人请如旧置之，遂复置于唐、邓、寿、泗、息州，及秦、凤之地。(《金史》卷五〇《食货志》五)

国初于西北招讨司之燕子城北，羊城之间，尝置之，以易北方牧畜。世宗大定三年，市马于夏国之榷场。(《金史》卷五〇《食货志》五)

兴定二年，宋宁宗嘉定十一年，西历1218年。四月，……侍御史……完颜素兰，请宣谕高丽，复开互市，从之。(《金史》卷一五《宣宗纪》中)

【坑冶】

金银之税，大定三年，制金银坑冶，许民开采，二十分取一为税。(《金史》卷四九《食货志》四)

正隆而降，始议鼓铸，民间禁铜，甚至铜不给用，渐兴窑冶，凡产铜地脉，遣吏境内访察无遗，且及外界，而民用铜器不可阙者，皆造于官而鬻之。既而官不胜烦，民不胜病，乃听民冶铜造器，而官为立价以售，此铜法之变也。(《续通考》卷二三《征榷考》六)

世宗大定二十七年，尚书省奏，听民于农隙采银，承纳官课。(《续通考》卷二三《征榷考》六)

【苛敛】

物力之外，又有铺马、军须、输庸司吏、河夫、桑皮故纸等钱，名目琐细，不可殚述。……金季，……括粟阑籴，一切掊克之政，靡不为之，加赋数倍，豫借数年，或欲得钞，则豫卖下年差科。高琪为相，议至榷油，进纳滥官，辄售空名宣敕，或欲与以五品正班，僧道入粟，始自度牒，终至德号、纲副、威仪、寺观主席，亦量其赀而鬻之，甚而丁忧鬻以求仕，监户鬻以从良，进士出身，鬻至及第。(《金史》卷四六《食货志序》)

海陵军兴，为一切之赋，有菜园、房税、养马钱。(《金史》卷七三《宗尹传》)

世宗大定三年，以尚书工部令史刘行义言，定城郭出赁房税之制。(《续通考》卷二四《征榷考》七)

丁、元

元之杂税，列举如下。

【征商】

商贾之有税，……太宗甲午年，六年，宋理宗端平元年。始立征收课税所，凡仓库院务官并合干人等，命各处官司，选有产有行之人充之。其所办课程，每月赴所输纳。(《元史》卷九四《食货志》二《商税》)

太宗初立，楚材……乃奏立燕京等十路征收课税使。(《元史》卷一四六《耶律楚材传》)

世祖至元七年，遂定三十分取一之制。(《元史》卷九四《食货志》二《商税》)

元时海外贸易，较宋为盛。

自世祖定江南，凡邻海诸郡，与番国往还，互易舶货者，其货以十分取一，粗者十五分取一，以市舶官主之。其发舶回帆，必著其所至之地，验其所易之物，给以公文，为之期日。……至元十四年，立市舶司。泉州、上海、澉浦、温州、广东、杭州、庆元七处。……时客舡自泉福贩土产之物者，其所征亦与番货等。上海市舶司提控……以为言，于是定"双抽"、"单抽"之制，双抽者番货也，单抽者土货也。……二十年，遂定抽分之法。……二十一年，设市舶都转运司于杭泉二州，官自具船给本，选人入番，贸易诸货，其所获之息，以十分为率，官取其七，所易人得其三。凡权势之家，皆不得用己钱入番为贾，犯者罪之，仍籍其家产之半。其诸番客旅，就官船卖买者，依例抽之。……二十九年，命市舶验货抽分，……中书省定抽分之数及漏税之法，凡商旅贩泉福等处，已抽之物，于本省有市舶司之地卖者，细色于二十五分之中取一，粗色于三十分之中取一，免其输税；其就市舶司买者，止于卖处收税，而不再抽。漏舶物货，依例断没。三十年，又定市舶抽分杂禁，凡二十一条。(《元史》卷九四《食货志》二《市舶》)

【铁冶】

世祖中统三年正月，诸王塔齐尔，请置高丽铁冶，从之。……四

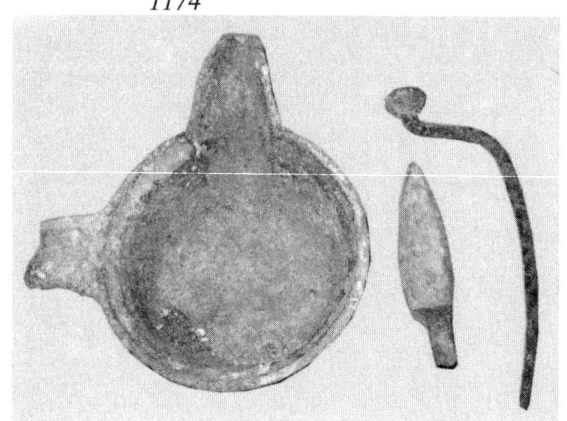

元代铁器

年正月，领部阿哈玛，特请兴河南等处铁冶，从之。四月，以漏籍户一万一千八百，附籍四千三百，于各处起冶，岁课铁四百八十万七千斤。(《续通考》卷二三《征榷考》六)

成宗元贞元年，西历 1295 年。又置河东山西铁冶提举司。武宗至大元年，西历 1308 年。罢顺德广平铁冶提举司，听民自便，有司税之如旧。后各路所设铁冶官，或归中政院，或仍以其事隶有司，或以年饥而免其课，皆因时制宜，无定制也。(《续通典》卷一四《食货》一四)

此外有额外课，名目至多，大半皆为苛税。

元有额外课，谓之额外者，岁课皆有额，而此课不在其额中也。……课之名，凡三十有二，其一曰历日，二曰契本，三曰河泊，四曰山场，五曰窑冶，六曰房地租，七曰门摊，八曰池塘，九曰蒲苇，十曰食羊，十一曰荻苇，十二曰煤炭，十三曰撞岸，十四曰山查，十五曰曲，十六曰鱼，十七曰漆，十八曰酵，十九曰山泽，二十曰荡，二十一曰柳，二十二曰牙例，二十三曰乳牛，二十四曰抽分，二十五曰蒲，二十六曰鱼苗，二十七曰柴，二十八曰羊皮，二十九曰瓷，三十曰竹苇，三十一曰姜，三十二曰白药。(《元史》卷九四《食货志》二《额外课》)

(五) 币制

宋金元皆亡于钞法，大约钱少始用钞，钞弊遂通用银矣。

甲、银

《宋史》：仁宗景祐二年，西历 1035 年。诏福建二广，岁输缗钱易以银，此银为"岁赋征银"之始。绍熙中，臣僚言，今之为绢者，一倍折而为钱，再倍折而为银，银愈贵，钱愈难得，此又南宋时"折绢收银"之始。金章宗承安五年，宋宁宗庆元六年，西历 1200 年。以旧例银每锭重五十两，其直钱百贯，民间或有截凿用之者，其价亦随轻重为低昂，乃更铸承安宝货，一两至十两，分五等，凡官俸军须，皆银

钞兼支，此"朝廷用银"之始。宣宗兴定三年，宋宁宗嘉定十二年，西历1219年。省臣奏，向来犯赃者，计钱论罪则太重，于是以银为则，每两作钱二贯，今受通宝赃，钞也。至三十贯者，已得死刑，若准以金银价，才为钱四百有奇，则当杖，实觉轻重悬殊，遂准犯时银论罪，此"以银计赃"之始。是时又诏除市易用银，及银与宝泉相易之禁。其后哀宗正汉大间，民间但以银市易，并钱钞亦废矣。元宪宗五年，定汉民包银额，征四两者，以半输银，半折丝绢等物，因张晋亨言，五方土产各异，必责以输银，有破产不能办者，乃诏民听输土物，不复征银。（赵翼《陔馀丛考》卷三〇）

乙、钱

钱有铜铁二等，而折二，折三，当五，折十，则随时立制。行之久者，唯小平钱。夹锡钱最后出，宋之钱法，至是而坏。……太祖初铸钱，文曰"宋通元宝"，……太宗改元太平兴国，更铸"太平通宝"。淳化更铸，又亲书"淳化元宝"，作真行草三体，后改元更铸，皆曰元宝，而冠以年号。……熙宁四年，陕西转运副使皮公弼，……请以旧铜铅尽铸，诏听之，自是"折二"钱遂行于天下。……熙丰间，铜铁钱常并行，铜钱千，易铁钱千五百，……及后铜钱日少，铁钱滋多，绍圣初，铜钱千，遂易铁钱二千五百，铁钱浸轻。……蔡京当政，……令陕西及江池饶建州，以岁所铸"小平钱"增料，改铸"当五"大铜钱，……继而并令舒睦衡鄂钱监，……铸"折十钱"，……募私铸人一为官匠，并其家，设营以居之，号"铸钱院"。……崇宁四年，立钱纲验样法，……缗用铜九斤七两有奇，铅半之，锡居三之一，诏颁其式于诸路。……蔡京主行"夹锡钱"，……其法以夹锡钱一，折铜钱二，每缗用铜八斤，黑锡半之，白锡又半之。……夹锡钱既复推行，钱轻不与铜等，而法必欲其重，乃严擅易抬减之令，凡以

太平通宝
宋代铸币。

金银丝帛等物贸易，有弗受夹锡、须要铜钱者，听人告论，以法惩治，市井细民，朝夕鬻饼饵熟食以自给者，或不免于告罚。(《宋史》卷一八〇《食货志》下二)

鼓铸之法，先代撒剌的为夷离堇，以土产多铜，始造钱币。……太宗置五冶太师，以总四方钱铁。……景宗以旧钱不足于用，始铸"乾亨新钱"。……圣宗……铸"太平钱"，新旧互用。……道宗之世，钱有四等，曰"咸雍"、曰"太康"、曰"大安"、曰"寿隆"。……天祚之世，更铸"乾统"、"天庆"二等新钱，而上下穷困，府库无余积。(《辽史》卷六〇《食货志》下)

金初用辽宋旧钱，……正隆二年，历四十余岁，始议鼓铸。……三年，宋高宗绍兴二十八年，西历1158年。二月，中都置钱监二，东曰宝源，西曰宝丰；京兆置监一，曰利用。三监铸钱，文曰"正隆通宝"，轻重如宋小平钱，而肉好，字文峻整过之，与旧钱通用。……章宗泰和四年，……铸大钱，一直十，篆文曰"泰和重宝"。(《金史》卷四八《食货志》三)

元之交钞、宝钞，虽皆以钱为文，而钱则弗之铸也。武宗至大三年，西历1310年。初行钱法，立资国院，泉货监以领之，其钱曰"至大通宝"者，一文准至大银钞一厘；曰"大元通宝"者，一文准至大通宝钱一十文。历代铜钱，悉依古例，与至大钱通用，其当五，当三，折二，并以旧数用之。明年，仁宗复下诏，以鼓铸弗给，新旧资用，其弊滋甚，与银钞皆废不行，所立院监，亦皆罢革，而专用至元中统钞云。(《元史》卷九三《食货志》一《钞法》)

当时使用之钱数目，虚而不足。

自唐天祐中，兵乱窘乏，以八十五钱为百。后唐天成中，减五钱，汉乾祐初，复减三钱。宋初凡输官者，亦用八十，或八十五为百，然诸州私用，则各随其俗，至有以四十八钱为百者，至是诏所在用七十七钱为百。(《宋史》卷一八〇《食货志》下二)

民间以八十为陌，谓之"短钱"；官用足陌，谓之"长钱"。大名男子斡鲁补者上言，谓官司所用钱，皆当以八十为陌，遂为定制。(《金史》卷四八《食货志》三)

丙、钞

交子之法，盖有取于唐之飞钱。真宗时，张咏镇蜀，患蜀人铁钱重，不便贸易，设"质剂"之法，一交一缗，以三年为一界而换之，六十五年，为二十二界，谓之"交子"，富民十六户主之。后富民赀稍衰，不能偿所负，争讼不息。转运使薛田、张若谷，请置益州交子务，以榷其出入，私造者禁之。仁宗从其议，界以百二十五万六千三百四十缗为额。……神宗熙宁二年，乃诏置交子务于潞州，……遂……罢之，四年，复行于陕西，……未几竟罢。五年，交子二十二界将易，而后界给用已多，诏更造二十五界者百二十五万，以偿二十三界之数，交子有两界自此始。时交子给多而钱不足，致价大贱，既而竟无实钱，法不可行。……绍圣以后，界率增造，以给陕西沿边籴买，及募兵之用，少者数十万缗，多者或至数百万缗，而成都之用，又请印造，故每岁书放，亦无定数。……崇宁四年，令诸路更用"钱引"，准新样印制，四川如旧法。……时钱引通行诸路，惟闽浙湖广不行，赵挺之以为闽乃蔡京乡里，故得免焉。……大观元年，诏改四川交子务为钱引务，自用兵取湟廓西宁，籍其法以助边费，较天圣一界，逾二十倍，而价愈损，及更界年，新交子一当旧者四。……大凡旧造一界，备本钱三十六万缗，新旧相因。大观中，不蓄本钱，而增造无艺，至引一缗，当钱十数。（《宋史》卷一八一《食货志》下三）

高宗绍兴元年，有司因婺州屯兵，请桩办合用钱，而路不通舟，钱重难致，乃造"关子"，付婺州，召商人入中，执关子于榷货务请钱，愿得茶盐香货钞引者听。……

宋纸币交子

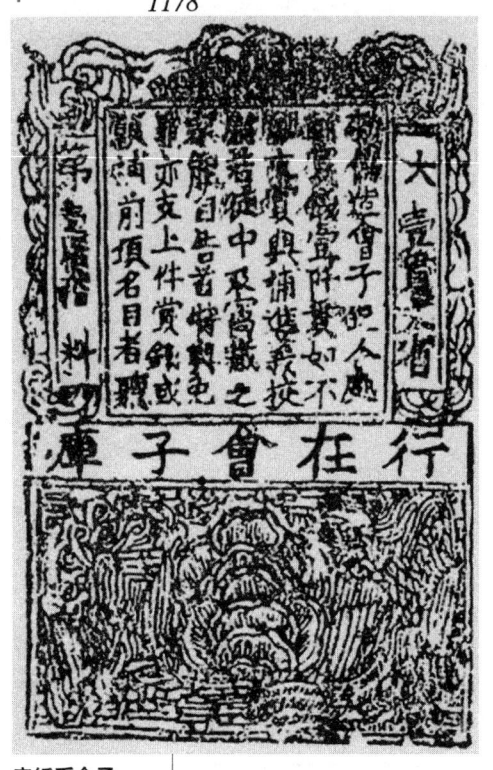

宋纸币会子

六年，……罢交子务，令榷货务储见钱，印造关子。二十九年，印"公据"、"关子"付三路总领所，淮西湖广关子各八十万缗，淮东公据四十万缗，皆自十千至百千凡五等，内"关子"作三年行使，"公据"二年，许钱银中半入纳。（《宋史》卷一八一《食货志》下三）

绍兴三十年，户部侍郎钱端礼，被旨造"会子"，储见钱于城，内外流转，其合发官钱，并许兑会子，输左藏库。……初行止于两浙，后通行于淮、浙、湖北、京西，除亭户盐本用钱，其路不通舟处，上供等钱，许尽输会子；其沿流州军，钱会中半；民间典卖田宅马牛舟车等如之，全用会子者听。孝宗隆兴元年，诏……更造五百文会，又造二百三百文会。……宁宗嘉定二年，西历1209年。以三界会子数多，"称提"收回也。无策，……诏封桩库拨金，……度牒，……官告，陵纸，乳香，……收易旧会，品搭入输，以旧会之二，易新会之一。……理宗淳祐七年，以……会子更不立限，永远行使。（《宋史》卷一八一《食货志》下三）

以上宋之钞法。

海陵庶人贞元二年，宋高宗绍兴二十四年，西历1154年。迁都之后，户部尚书蔡松年，复钞引法，遂制交钞，与钱并用。……初贞元间，既行钞引法，遂设印造钞引库，及交钞库，……印一贯、二贯、三贯、五贯、十贯五等，谓之"大钞"，一百、二百、三百、五百、七百五等，谓之"小钞"，与钱并行，以七年为限，纳旧易新，犹循宋张咏四川交子之法，而纾其期尔，盖亦以铜少权制之法也。时有欲罢之者，至是，大定二十九年。二监既罢，有司言，交钞旧同见钱，商旅利于致远，往往以钱买钞，盖公私俱便之事，岂可罢去。止因有厘革年限，不能无疑，乞削七年厘革之法，令民得常用，若岁久字文磨灭，许于所在官库，纳旧换新，或听便支钱。遂罢七年厘革之限，交钞字昏方换，法自此始。而收敛无术，出多入少，民浸轻之，厥后其法屡更，

而不能革弊，亦始于此焉。(《金史》卷四八《食货志》三)

交钞之制，外为阑，作花纹，其上衡书贯例，左曰某字料，右曰某字号，料号外，篆书曰："伪造交钞者斩，告捕者，赏钱三百贯"，料号衡阑下曰："中都交钞库，准尚书户部符，承都堂劄付户部覆点勘"，令史姓名押字，又曰："圣旨印造逐路交钞，于某处库纳钱换钞，更许于某处库纳钞换钱，官私同见钱流转，其钞不限年月行用"。如字文故暗，钞纸擦磨，许于所属库司，纳旧换新。若到库支钱，或倒换新钞，每贯克工墨钱若干文，库招攒司、库副、副使，使各押字，年月日，印造钞引库，库子、库司、副使各押字，上至尚书户部官亦押字，其搭印支钱处合同，余用印，依常例。(《金史》卷四八《食货志》三)

章宗明昌五年，宋光宗绍熙五年，西历1194年。三月，宰臣奏民间钱所以艰得，以官豪家多积故也。……定制令官民之家以品从物力限见钱，多不过三万贯；猛安谋克则以牛具为差，不得过万贯。凡有所余，尽令易诸物收贮之，有能告数外留钱者，……以十之一为赏，余皆没入。……国虚民贫，经用不足，专以交钞愚百姓，而法又不常，……以至泰和三年，宋宁宗嘉泰三年，西历1203年。其弊弥甚，乃谓宰臣曰："大定间钱至足，今民间钱少，而又不在官何耶？"……七年，……七月，……敕民间之交易典质，一贯以上，并用交钞，毋得用钱；须立契者，三分之一用诸物；……商旅赍见钱，不得过十贯。……濮王守纯，……奏曰："自古军旅之费，皆取于民，向朝廷以小钞殊轻，……复禁用钱，小民浅虑，谓楮币易坏，不若钱可久，于是得钱则珍藏，而券则亟用之，惟恐破裂而至于废也。今朝廷知支而不知收，所以钱日贵，而券日轻。"(《金史》卷四八《食货志》三)

章宗寻崩，卫绍王继立。大安二年，宋宁宗嘉定三年，西历1210年。溃河之役，至以八十四车为军赏，兵衄国残，不遑救弊，交钞之轻，几于不能市易矣。至宣宗贞祐二年，宋嘉定七年，西历1214年。二月，思有以重之，乃更作二十贯至百贯例交钞，又造二百贯至千贯例者。然自泰和以来，……至是则愈更而愈滞矣。南迁之后，国蹙民困，军旅不息，供亿无度，轻又甚焉。三年，……七月，改交钞名为"贞祐宝券"。……平章高琪奏，军兴以来，用度不赀，惟赖宝券，然

兴定宝泉

所入不敷所出，是以浸轻，今千钱之券，仅直数钱。……造"贞祐通宝"，兴定元年二月，始诏行之，凡一贯当千贯。……五年闰十二月，宰臣奏，向者宝券既弊，乃造贞祐通宝以救之，迄今五年，其弊又复如宝券之末。初通宝四贯，为银一两，今八百余贯矣。宜复更造"兴定宝泉"，……每贯当通宝四百贯，以二贯为银一两。……元光元年二月，始诏行之。二年五月，更造每贯当通宝五十，又以绫印制"元光珍货"，同银钞及余钞行之。行之未久，银价日贵，宝泉日贱，民但以银论价。至元光二年，宝泉几于不用，乃定法，银一两不得过宝泉三百贯，凡物可直银三两以下者，不许用银，以上者三分为率，一分用银，二分用宝泉及"珍货重宝"。京师及州郡，置平准务，以宝泉银相易，其私易及违法，而能告者罪赏有差。是令既下，市肆昼闭，商旅不行，朝廷患之，乃除市易用银，及银宝泉私相易之法。然上有限用之名，而下无从令之实，有司虽知，莫能制矣。义宗正大间，民间但以银市易。（《金史》卷四八《食货志》三）

以上金之钞法。

世祖中统元年，始造交钞，以"丝"为本，每银五十两，易丝钞一千两，诸物之直，并从丝例。是年十月，又造"中统元宝钞"，其文以十计者四，曰一十文、二十文、三十文、五十文；以百计者三，曰一百文、二百文、五百文；以贯计者二，曰一贯文、二贯文。每一贯同交钞一两，两贯同白银一两。又以文绫织为"中统银货"，其等有五，曰一两、二两、三两、五两、十两，每一两，同白银一两，而银货盖未及行云。……至元十二年，添造"厘钞"，其例有三，曰二文、三文、五文。……十五年，以厘钞不便于民，复命罢印。然元宝交钞，行之既久，物重钞轻，二十四年，遂改造"至元钞"，自二贯至五文，凡十有一等，与中统钞通行，每一贯文，当中统钞五贯。……随路设立官库贸易金银，平准钞法，每花银一两入库，其价至元钞二贯，……赤金一两入库二十贯。……至大二年，武宗复以物重钞轻，改造"至大银钞"，自二两至二厘，定为一十三等，每一两准至元钞五贯，白银一两，赤金一钱。……大抵至元钞五倍于中统，至大钞又五倍于至元。然未及期年，仁宗即位，以倍数太多，轻重失宜，遂有罢银钞之诏，而中统、至元二钞，终元之世，盖常行焉。（《元史》卷九三《食货志》一《钞法》）

至正十年，西历1350年。十一月，……更定钞法，诏曰："爰自世祖颁行中统交钞，以钱为文，厥后造至元宝钞，以一当五，名曰子母相权，而钱实未用。历岁滋久，钞法偏虚，物价腾踊，民用匮乏。其以中统交钞一贯文，省权铜钱一千文，准至元宝钞二贯，仍铸至正通宝钱，与历代铜钱并用，以实钞法，可颁示天下。（邵远平《元史类编》卷一〇《顺帝纪》）

中书左丞叶公亦愚，李。钱唐人，宋大学生，上书诋贾似道公田关子不便，专权误国。似道怒，嗾林德夫告公泥金饰斋扁不法，令狱吏鞫之，云"只要你做一个麻糊"，……遂遭黥，流岭南。……归附后入京，上书言时相，并献"至元钞样"。此样在宋时固尝进呈，请以代关子，朝廷不能用，故今别改年号而复献之。世皇嘉纳，使用铸板。（陶宗仪《辍耕录》卷一九）

以上元之钞法。

（六）江浙官田

建炎元年，西历1127年。籍蔡京、王黼等庄，以为"官田"，诏见佃者就耕，岁减租二分。……开禧三年，西历1207年。韩侂胄既诛，金人讲解。明年，嘉定元年。用廷臣言，置安边所，凡侂胄与其他权幸没入之田，及围田湖田之在官者皆隶焉，输米七十二万二千七百斛有奇，钱一百三十一万五千缗有奇，籍以给行人金缯之费。……理宗景定四年，元世祖中统四年，西历1263年。殿中侍御史陈尧道，右正言曹孝庆，监察御史虞虑、张晞颜等，言廪兵和籴造楮之弊，乞依祖宗限

宋代《耕劳图》

田。议自两浙江东西，官民户逾限之田，抽三分之一，买充公田，得一千万亩之田，则岁有六七百万斛之入，可以饷军，可以免籴，可以重楮，可以平物而安富，一举而五利具矣。有旨从其言。……丞相贾似道，奏捄楮之策，莫切于住造楮，住造楮莫切于免和籴，免和籴莫切于买逾限田，因历诋异议者之非。（《宋史》卷一七三《食货志》上一）

买公田以罢和籴，浙西田亩有值千缗者，似道均以四十缗买之，数稍多，予银绢，又多予度牒、告身，吏又恣为操切，浙中大扰，有奉行不至者。提领刘良贵劾之，有司争相迎合，务以买田多为功，皆缪以七八斗为石。其后田少与硗瘠亏租，与佃人负租而逃者，率取偿田主，六郡之民，破家者多。包恢知平江，督买田，至以肉刑从事。（《宋史》卷四七四《贾似道传》）

贾似道行公田，为一代大政，世多加以非议，独周密言其经制甚详，持论亦颇公允。

景定二年壬寅，贾师宪丞相欲行富国强兵之策。是时刘良贵为都漕，尹天府吴势卿饷淮东，入为浙漕，遂交赞公田之事，欲先行之浙右，候有端绪，则诸路仿行之。于是殿院陈尧道，正言曹孝庆等合奏，谓限田之法，自昔有之，买官户逾限之田，严归并飞走之弊，回买官田可得一千万亩，则每岁六七百万之入，其于军饷沛然有余，可免和籴，可以饷军，可以住造楮币，可平物价，可安富室，一事行而五利兴，实为无穷之利。御笔批依，而买田之事起矣。时势卿已死，良贵独任提领之职，以太府丞陈訔为检阅官以副之，且乞内批下都省，严立赏罚，究归并之弊。然上意终出勉强，内批云"永免和籴，无如买逾限之田为良法，然东作方兴，权俟秋成，续议施行"，则上意盖可见矣。贾相愤然以去就争之，于是再降圣旨云："买田永免和

籴，自是良法美意，要当始于浙西，庶他路视为则也。所在利病各有不同，行移难于一律。可令三省照此施行。"既而贾相内引入札，力言其便，御笔遵依，转札侍从台谏给舍左右司三省奉行惟谨焉。贾相遂先以自己浙西万亩为官田表倡，嗣荣王继之，浙西师机赵孟奎，亦申省自陈投卖。自是朝野卷舌，嗫不敢发一语。独礼书夕郎徐经孙一疏，力陈买田之害，言多剀切，竟不付外，遂四乞休致，而寂无和之者。

先是议以官品逾限田外，"回买"立说，此犹有抑强嫉富之意，既而转为"派买"之说，除二百亩已下免行派买外，余悉各买三分之一。及其后也，虽百亩之家亦不免焉。立价以租一石者，偿十八界四十楮，不及石者，价随以减，买数少者则全支楮券，稍多则银券各半，又多则副以度牒，至多则加以登仕、将仕、校尉、承信、承节、安人、孺人告身准直。以登仕三千楮，将仕千楮，许赴漕试，校尉万楮，承信万五千，承节二万，则理为进纳；安人四千，孺人二千，此则几于白没矣。遂檄府丞陈岊往湖秀，将作丞廖邦杰往常润，任督催之职，六郡则又有专官，"平江"则知郡包恢，抚参成公策；"嘉兴"则知郡潘墀，抚干李补，寓公焦焕炎；"安吉"则知郡谢弈㷍，寓公赵与訔，抚干王唐珪；"临安"察判马元演；"常州"则知郡洪穟，运属刘子耕；"镇江"则知郡章埛，漕司准遣郑梦熊；"江阴"则知军杨珏，准遣谢司户黄伸，并俟竣事各转一官，选人减一，前守臣并以主管公田系衔。既而提领刘佐司，劾罢嘉兴宰段浚、宜兴宰叶愻佐以不即奉行之罪，又按长洲宰何九龄，追毁告身，永不收叙，以不合出给官由，令田主包纳，失田业相维之初意。至五月，乃命江阴、平江隶浙西宪司，安吉、嘉兴隶两浙漕司，常州、镇江隶总所，每岁秋租输之官仓，特与减饶二分，或水旱则别议收数。遂立四分司，王大吕平江，方梦玉嘉兴，董楷安吉，黄震镇江、常州、江阴三郡。初以选人为之，任满理为须入州县乡都，则分差庄官，以富饶者充应，两年一替，每乡创官庄一所，每租一石，明减二斗，不许多收斛面。约束虽严详，而民之受害亦不少。其间毗陵、澄江，一时迎合，止欲买数之多，凡六斗七斗者，皆作一石，及收租之际，元额有亏，则取足于田主，以为无穷之害；或内有硗瘠，及租佃顽恶之处，又从而责换于田主，其害尤惨。

时中书刘震孙，与京尹魏克愚湖边倡和，词语偶犯时忌，则随命劾去之。甲子秋，彗见求言，公卿大夫士庶始得以伸田里愁叹不平于上，然至此业已成矣。贾相遂力辩人言，丐辞相位，御笔答云："言事易，任事难，自古然也。使公田之策不可行，则卿建议之始，朕已沮之矣。惟其上可以免朝廷造楮币之费，下可以免浙右和籴之扰，公私兼济，所以命卿决意举行之。今业已成矣，一岁之军饷，皆仰给于此。若遽因人言而罢之，虽可以快一时之异议，其如国计何？如军饷何？卿既任事，亦当任怨。礼义不愆，何恤人言，卿宜安心奉职，毋孤朕倚毗之意。"自此公沦颇沮，而刘良贵以人言籍籍，遂陈"括田"之劳，乞从罢免，不允。至咸淳戊辰正月，遂罢庄官，改为召佃，或一二千，或数百亩，召人承佃，自耕自种，自运自纳，止令分司任责拘催，凡承佃之家，复以二分优之。且以既罢庄官，则分司恐难任责，平江增差催督官三员，安吉嘉兴各一员，常州二员，镇江、江阴共一员，从各分司奏辟。时提领官编修黄梦炎也，既而常润分司刘子澄，力陈毗陵向来多买虚数之弊，遂下提领所，径将常州公租，拨隶淮东总领所催纳，殊不知朝廷既不可催，总所又可催乎？当是时，人不敢言而敢怨，南康江天锡以入奏而罢言职，教授谢枋得以发策而遭贬斥，大社令杜渊，太常簿陆达，国子簿谢章，皆于轮对及之，或逐去，或补外。

至乙亥春，贾既去国，北军已抵升润，察院季可，奏乞罢公田之籍以收农心，谓此事苛扰，民皆破家荡产，怨入骨髓，若尽还原主，免索原钱，而除其籍，庶使浙西之人，永绝公田之苦。然而仅放欠租。季遂再奏，始有旨云："公田之创，非理宗之本意，稔祸召怨，最为民苦。截日住罢，其田尽给付原佃主，仰率租户义兵，会合防拓。"其后勘会，谓招兵非便，且其田当还业主，于种户初无相干，秋成在迩，饷军方急，合且收租一年，其还田指挥，候秋成后，集议施行。有旨将平江、嘉兴、安吉公田，照指挥蠲放，却从朝廷照净催米数回籴，其钱一半给佃主，一半给种户，以溥实惠，然则业主竟无与矣。只业主、佃主之分，当时用事者，亦不能晓，况大于此者。然边遽日急，是时仍收公租，还田之事，竟不及行。呜呼悲哉！昔隋凿汴渠以召民怨，乃为宋漕运之利；今宋夺民田以失人心，乃为大元饷

军之利。古今害民兴利之事，于此亦可鉴矣，於戏悲哉！（周密《齐东野语》卷一七）

此种官田，至元时颁赐之于臣下。

> 江苏田粮之重，……比他处独重，……今检宋元二史，究其由来。……元代所赐臣下之田，……即南宋之入官田，内府庄田，即贾似道创议所买之公田也。《宋史》，朱勔败，籍其家田至三十万亩，建炎元年，籍蔡京、王黼等庄以为官田，……共收米七十二万一千七百斛，钱一百三十一万五千缗。后理宗又诏华亭奉宸庄，亦助边费。景定四年，陈尧道……倡议买公田，贾似道主之，平江、江阴、安吉、常州、镇江六郡，共买田三百五十余万亩。德祐元年，又以阎贵妃集庆寺田，贾贵妃演福寺田，皆入安边所。元之有天下也，此等田皆别领于官，其赏赐臣下，则有如世祖赐郑温常州田三十顷，叶李平江田四顷，又以王积翁使日本被害于途，赐其子都中平江田八千亩，武宗赐雕阿不剌平江田一千五百顷，仁宗赐丑驴答剌罕平江田百顷，英宗赐拜珠平江田万亩，文宗赐雅克特穆尔平江官地五百顷，……又赐鲁国大长公主平江等处官田三百顷，雅克特穆尔又奏"松江淀山湖田五百顷，当入官粮七千七百石，臣愿增为万石入官，令人佃种，以所得余米，赡臣弟萨敦"，顺帝以完者铁木儿苏州田二百顷，赐郯王彻彻秃，又赐公主不答昔你平江田五十顷，此皆见于《元史》本纪，及各本传者。……可见皆宋末官田，平宋后仍入于官，故得任意赏赐。……元时，又籍宋后妃田以供太后，曰江淮财赋都总管府；又籍朱清、张瑄等田，以供中宫，曰江浙财赋府；又籍朱国珍、管明等田，以赐丞相托克托，曰稻田提领所；又有拨赐庄，领宋亲王及新籍明庆妙行二寺田，并白云宗僧田，皆不隶州县，此又元时所增官田也。（赵翼《廿二史劄记》卷三〇"元代以江南田赐臣下"）

> 天下官田，……累朝以是田分赐诸王公主驸马，及百官宦者寺观之属，……其受田之家，各任土著奸吏为赃官，催甲斗级，巧名多取。又且驱迫邮传，征求饩廪，折辱州县，闭偿逋负，至仓之日，变鬻以归，官司交愆，农民窘窘。（《元史》卷一七五《张珪传》）

（七）物产

甲、农产

最著者为茶与棉花。

【茶】

> 茶有二类，曰片茶，曰散茶。"片茶"蒸造实卷模中串之，惟建剑则既蒸而研，编竹为格，置焙室中，最为精洁，他处不能造，有"龙凤"、"石乳"、"白乳"之类十二等，以充岁贡及邦国之用。其出虔、袁、饶、池、光、歙、潭、岳、辰、澧州，江陵府，兴国、临江军，有"仙芝"、"玉津"、"先春"、"绿芽"之类二十六等，两浙及宣、江、鼎州，又以上中下或第一至第五为号。"散茶"出淮南、归州、江南、荆湖，有"龙溪"、"雨前"、"雨后"之类十一等，江浙又有以上中下或第一至第五为号者。（《宋史》卷一八三《食货志》下五）

> 茶之产于东南者，浙东西、江东西、湖南北、福建、淮南、广东西，路十，州六十有六，县二百四十有二，霅川顾渚生石上者，谓之"紫笋"，毗陵之"阳羡"，绍兴之"日铸"，婺源之"谢源"，隆兴之"黄龙"、"双井"，皆绝品也。……建宁腊茶，北苑为第一，其最佳者，曰"社前"，次曰"火前"，又曰"雨前"，所以供玉食，备赐予。……大观以后，制愈精，数愈多，胯式屡变，而品不一，……蜀茶之细者，其品视南方已下，惟广汉之"赵坡"，合州之"水南"，峨眉之"白牙"，雅安之"蒙顶"，土人亦珍之，但所产甚微，非江建比也。（《宋史》卷一八四《食货志》下六）

【棉】

> 古时未有棉布，凡布皆麻为之，记曰"治其麻丝，以为布帛"是也。木棉作布，邱文庄谓元时始入中国。……棉花布惟交广有之，其种其法，俱未入中土。……陶九成《辍耕录》，记松江乌泥泾，土田硗瘠，谋食不给，乃觅木棉种于闽广，初无踏车椎弓之制，率用手去其子，线弦竹弧，按掉而成，其功甚艰。有黄道婆自崖州来，教以纺织，人遂大获其利。未几道婆卒，乃立祠祀之，三十年祠毁，乡人赵愚轩重立云。九成元末人，当时所记立祠始末如此，益可见黄道婆之事未远，而松江之有木棉布，实自元始也。《琅琊代醉编》，又谓棉

花乃番使黄始所传,今广东人立祠祀之。合诸说观之,盖其种本来自外番,先传于粤,继及于闽,元初始至江南,而江南又始于松江耳。《元世祖本纪》,至元二十六年,置浙东、江东、江西、湖广、福建木棉提举司,责民岁输木棉布十万匹。……木棉特设专官,则其初为民利可知。(赵翼《陔馀丛考》卷三〇)

乙、矿产

"白矾"出晋慈坊州、无为军,及汾州之灵石县,"绿矾"出慈隰州,及池州之铜陵县。(《宋史》卷一八五《食货志》下七)

"金"产商、饶、歙、抚四州,南安军。"银"产凤、建、桂阳三州,……饶、信、虔、越、衢、处、道、福、汀、漳、南剑、韶、广、英、连、恩、春十七州,建昌、邵武、南安三军,……秦、陇、兴元三州。……"铜"产饶、处、建、英、信、汀、漳、南剑八州,南安、邵武二军。……"铁"产徐、兖、相三州,……河南、凤翔、同、虢、仪、蕲、黄、袁、英九州,兴国军,……晋、磁、凤、澧、道、渠、合、梅、陕、耀、坊、虔、汀、吉十四州,……信、鄂、连、建、南剑五州,邵武军。……"铅"产越、建、连、英、春、韶、衢、汀、漳、南剑十州,南安、邵武二军。……"锡"产河南、南康、虔、道贺、潮、循七州,南安军。……"水银"产秦、阶、商、凤四州。……"朱砂"产商、宜二州。(《宋史》卷一八五《食货志》下七)

广西诸洞产生金,洞丁皆能淘取,其碎粒如蚯蚓泥,大者如甜瓜子,故世名"瓜子金";其碎者如麦片,则名"麸皮金"。金色深紫,比之寻常金色,复加二等,此金之绝品也。银之品,有纹如罗甲者,有松纹者,有中洼而郭高者,皆为精银。其绝品则色青,故官品有金紫银青之目,盖金至于紫,银至于青,为绝品也。(周密《癸辛杂识·续集》下)

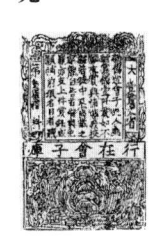

铜铁铅锡坑冶者，闽、蜀、湖广、江淮、浙路皆有之，祖宗时，天下岁产铜七百五万斤，铁一百十六万斤，铅三百二十一万斤，锡七十六万斤，皆有奇。渡江后，其数日减，至绍兴末，江东西、福建、广西、湖南、潼川府，利、路十四州，岁产铜二十六万三千一百六十九斤九两；江东西、广西、湖南、福建二十州，产铁八十八万三百二斤十三两，而蜀中所产不与焉；江湖、闽广、浙东二十州，产铅十九万一千二百四十斤十三两；湖广、四川，产锡二万五百四十八斤六两，视祖额，铁才及四分余，铅及六厘，铜及四厘，锡及三厘，皆弱。东南铁锡，输岑水、铅山、永兴、兴利四场，浸铜为泉司之用，惟川铁以铸钱云。旧婺州铜，融福峡州南安军铅，赣宜州南安军锡坑皆废。胆铜者，盖以铁为片，浸之胆水中，后数十日即成铜。凡铜场十四，铁场三十八，铅场二十四，锡场五云。（李心传《建炎以来朝野杂记·甲集》卷一六）

二 学术思想

（一）理学
甲、理学之起源

周子太极图，创自河上公，乃方士修炼之术也，……周子更为太极图，穷其本而反于老庄，……但缀说于图，而又冒为《易》之太极，则不俟矣。……考河上公本图，名无极图，魏伯阳得之以著《参同契》，钟离权得之以授吕洞宾，洞宾后与陈图南同隐华山，而以授陈抟，陈刻之华山石壁。陈又得先天图于麻衣道者，皆以授种放。放以授穆修与僧寿涯，修以先天图授李挺之，挺之以授邵天叟，天叟以授子尧夫；修以无极图授周子，周子又得先天地之偈于寿涯，其图自下而上，以明逆则成丹之法。（黄宗羲《宋元学案》卷一二）

至宋中叶，周敦颐出于舂陵，乃得圣贤不传之学，作《太极图说》、《通书》，推明阴阳五行之理，命于天而性于人者，瞭若指掌。张载作

《西铭》，又极言理一分殊之情，然后道之大原，出于天者，灼然而无疑焉。仁宗明道初年，程颢及弟颐寔生，及长受业周氏，已乃扩大其所闻，表章《大学》、《中庸》二篇，与《语》、《孟》并行，……融会贯通，无复余蕴。迄宋南渡，新安朱熹得程氏正传，其学加亲切焉，大抵以格物致知为先，明善诚身为要。凡诗书六艺之文，与夫孔孟之遗言，颠错于秦火，支离于汉儒，幽沉于魏晋六朝者，至是皆焕然而大明，秩然而各得其所。……邵雍高明英悟，程氏实推重之。(《宋史》卷四二七《道学传》序)

《宋元学案》书影

陈抟—种放—穆修┬僧涯—李挺之—邵天叟—邵雍
　　　　　　　　└周敦颐┬程颢
　　　　　　　　　　　　└程颐—杨时—罗从彦—李侗—朱熹

按理学有表里二端，以儒家为表，而以释道为里。儒家自汉学琐碎、六朝空虚以后，孔孟之道，已若存若亡。自王通、韩愈，论道论性，其义稍彰；宋儒继之，究心修己治平之道，起于人伦，终于万物，舍传注而言经，以疑古为翻案，此其表也。论其里，则混合禅宗及《参同契》之说，以言心言性，由致知格物而归本于太极无极，标举主敬主静之说，以为为学之方，冶儒释道为一炉，集中国、印度思想之大成。自宋迄清，理学之思想规律，深入上层社会，影响甚巨。

乙、理学派别

周敦颐字茂叔，道州湖南道县。营道人。……家庐山莲花峰下，前有溪，合于溢江，取营道所居濂溪以名之。……博学力行，著《太极图》，明天理之根源，究万物之终始。其说曰："无极而太极，太极动而生阳，动极而静，静而生阴，静极复动。一动一静，互为其根，分阴分阳，两仪立焉；阳变阴合，……五气顺布，四时行焉。五

卷四　宋辽金夏元

周敦颐像

行一阴阳也,阴阳一太极也。太极本无极也,五行之生也,各一其性。无极之真,二五之精,妙合而凝,乾道成男,坤道成女,二气交感,化生万物,……惟人也得其秀而最灵。形既生矣,神发知矣,五性感动,而善恶分、万事出矣。圣人定之以中正仁义,而主静,立人极焉。……故曰:立天之道,曰阴与阳;立地之道,曰柔与刚;立人之道,曰仁与义。又曰:原始反终,故知死生之说。大哉《易》也,斯其至矣。"又著《通书》四十篇,发明太极之蕴。(《宋史》卷四二七《周敦颐传》)

程颢,字伯淳,世居中山,后从开封徙河南。……自十五六时,与弟颐闻汝南周敦颐论学,遂厌科举之习,慨然有求道之志,泛滥于诸家,出入于老释者几十年,返求诸六经,而后得之。……教人自致知至于知止,诚意至于平天下,洒扫应对至于穷理尽性,循循有序。病学者厌卑近而骛高远,卒无成焉,故其言曰:"……昔之害近而易知,今之害深而难辨。昔之惑人也乘其迷暗,今之惑人也因其高明。自谓之穷神知化,而不足以开物成务;言为无不周遍,实则外于伦理。穷深极微,而不可以入尧舜之道,天下之学,非浅陋固滞,则必入于此。自道之不明也,邪诞妖妄之说竞起,涂生民之耳目,溺天下于污浊,虽高才明智,胶于见闻,醉生梦死,不自觉也。是皆正路之榛芜,圣门之蔽塞,辟之而后可以入道。颢之死,……文彦博采众论,题其墓曰明道先生。(《宋史》卷四二七《程颢传》)

程颐,字正叔。……胡瑗问……学之道如何,曰:"天地储精,得五行之秀者为人。其本也,真而静,其未发也,五性具焉,曰仁、义、礼、智、信;形既生矣,外物触其形而动其中矣,其中动而七情出焉,曰喜、怒、哀、乐、爱、恶、欲。情既炽而益荡,其性凿矣,是故觉者,约其情,使合于中,正其心,养其性。……然学之道,必先明诸心,知所养,然后力行以求至,所谓自明而诚也。诚之之道在乎信道笃,信道笃则行之果,行之果则守之固。仁义忠信不离乎心,

造次必于是，颠沛必于是，出处语默必于是，久而弗失，则居之安，动容周旋中礼，而邪僻之心无自生矣。"……颐于书无所不读，其学本于诚，以《大学》、《语》、《孟》、《中庸》为标指，而达于六经。……著《易》、《春秋传》以传于世。……平生诲人不倦，故学者出其门最多，……世称为伊川先生。(《宋史》卷四二七《程颐传》)

张载，字子厚，长安人。……谒范仲淹，……因劝读《中庸》。载读其书，犹以为未足，又访诸释老，累年究极其说，……反而求之六经。……为祁州司法参军云岩令，政事以敦本善俗为先，每月吉，具酒食，召乡人高年会县庭，亲为劝酬，使人知养老事长之义，因问民疾苦，及告所以训戒子弟之意。……与诸生讲学，每告以知礼成性、变化气质之道，……故其学尊礼、贵德、乐天、安命，以《易》为宗，以《中庸》为体，以孔孟为法。……又论定井田宅里发敛学校之法，皆欲条理成书，使可举而措诸事业。……载学古力行，为关中士人宗师，世称为横渠先生，著书号《正蒙》，又作《西铭》。(《宋史》卷四二七《张载传》)

邵雍，字尧夫，……河南人。……北海李之才，摄共城令，闻雍好学。……乃事之才，受河图洛书，宓羲八卦，六十四卦图像。之才之传，远有端绪，而雍探赜索隐，妙悟神契，洞彻蕴奥，汪洋浩博，多其所自得者。……遂衍宓羲先天之旨，著书十余万言行于世。……元祐中，赐谥康节。……所著书曰《皇极经世》、《观物内外篇》、《渔樵问对》，诗曰《伊川击壤集》。(《宋史》卷四二七《邵雍传》)

邵雍像

杨时，字中立，南剑将乐人。……河南程颢与弟颐，讲孔孟绝学于熙丰之际，河洛之士翕然师之。时调官不赴，以师礼见颢于颍昌，……又见程颐于洛。……关西张载，尝著《西铭》，二程深推服之，时疑其近于兼爱，与其师颐，辩论往复，闻理一分殊之说，豁然无疑。……四方之士，不远千里从之游，号曰龟山先生。

……既渡江，东南学者，推时为程氏正宗。……朱熹、张栻之学得程氏之正，其源委脉络，皆出于时。(《宋史》卷四二八《杨时传》)

罗从彦，字仲素，南剑人。……闻同郡杨时，得河南程氏学，慨然慕之，……遂徒步往学焉。……朱熹谓龟山倡道东南，士之游其门者甚众，然潜思力行，任重诣极如仲素，一人而已。……学者称之曰豫章先生。(《宋史》卷四二八《罗从彦传》)

李侗，字愿中，南剑州剑浦人。……闻郡人罗从彦得河洛之学，遂以书谒之，……其言曰："学问之道，不在多言，但默坐澄心，体认天理，若是虽一毫私欲之发，亦退听矣？……"又曰："读书者知其所言，莫非吾事，而即吾身以求之，则凡圣贤所至，而吾所未至者，皆可勉而进矣。若直求之文字以资诵说，其不为玩物丧志者几希。……吏部员外郎朱松，与侗为同门友，雅重侗，遣子熹从学，熹卒得其传。(《宋史》卷四二八《李侗传》)

朱熹，字元晦，一字仲晦，徽州婺源人。……家故贫，少依父友刘子羽，寓建之崇安，福建崇安县。后徙建阳福建建瓯县。之考亭。……熹少时，慨然有求道之志，父松病亟，尝属熹曰："籍溪胡原仲，白水刘致中，屏山刘彦冲，三人学有渊源，吾所敬畏。吾即死，汝往事之，而惟其言是听。"三人谓胡宪、刘勉之、刘子翚也。故熹之学，既博求之经传，复遍交当世有识之士。延平李侗老矣，尝学于罗从彦，熹归自同安，不远数百里，徒步往从之，其为学。大抵穷理以致其知，反躬以践其实，而以居敬为主。尝谓圣贤道统之传，散在方册，圣经之旨不明，而道统之传始晦。于是竭其精力，以研穷圣贤之经训。所著书，有《易本义》、《启蒙》、《蓍卦考误》、《诗集传》、《大学中庸章句》、《或问》、《论语孟子集注》、《太极图通书西铭解》、《楚辞集注辨证》、《韩文考异》，所编次有《论孟集议》、《孟子指要》、《中庸辑略》、《孝经刊误》、《小学书》、《通鉴纲目》、《宋名臣言行录》、《家礼》、《近思录》、《河南程氏遗书》、《伊洛渊源录》，皆行于世。熹没，朝廷以其《大学语孟中庸训说》，立于学官。(《宋史》卷四二九《朱熹传》)

按宋之理学，向分濂、洛、关、闽四派。所谓濂、洛、关、闽者，周敦颐、程颢与弟颐、张载、朱熹也，周居濂溪，二程洛阳人，张载关中

人，朱熹侨居建州，故云。其学说之主张，撮志如下。

宗羲案，周子之学，以诚为本，从寂然不动处，握诚之本，故曰主"静"立极。（黄宗羲《宋元学案》卷一二）

唐一庵曰："明道之学，嫡衍周派，一天人，合内外，主于'敬'而行之以恕，明于庶物而察于人伦，务于穷神知化，而能开物成务。"（黄宗羲《宋元学案》卷一四）

宗羲案，明道、伊川，大旨虽同，而其所以接人，伊川已大变其说，故朱子曰："明道宏大，伊川亲切。"大程夫子，当识其明快中和处；小程夫子，当识其初年之严毅，晚年又济以宽平处。是自周元公主静立人极开宗，明道以静字稍偏，不若专主于敬，然亦唯恐以把持为敬有伤于静，故时时提起。伊川则以敬字未尽，益之以穷理之说，而曰"涵义须用敬，进学在致知"，又曰"只守一个敬字，不知集义却是都无事也然"，随曰"敬以直内，义以方外，……义是敬之著，敬是义之体，……"自此旨一立，至朱子又加详焉。（黄宗羲《宋元学案》卷一六）

横渠先生，"精思力践"，毅然以圣人之事为己任，凡所议论，率多超卓。至于变化气质，谓形而后有气质之性，善反之，则天地之性存焉。故气质之性，君子有弗性焉。此尤自昔圣贤之所未发，警教后学最为切至者也。（黄震《黄氏日钞》卷三三）

古人所以从事于学者，其果何为而然哉？天之生斯人也，则有常性；人之立于天地之间也，则有常事。在身有一身之事，在家有一家之事，在国有一国之事。……弗胜其事，则为弗有其性；弗有其性，则为弗克若天矣。克保其性而不悖其事，所以顺乎天也，然则舍讲学其能之哉？凡天下之事，皆人之所当为。君臣父子兄弟夫妇朋友之

张载像

际，人事之大者也，以至于视听言动周旋食息，至纤至悉，何莫非事者。一事之不贯，则天性之陷溺也，然则讲学其可不汲汲乎？学所以明万事而奉天职也，虽然，事有其理而著于吾心。心也者，万事之宗也，惟人放其良心，故事失其统纪；学也者，所以收其放而存其良也，夏葛而冬裘，饥食而渴饮，理之所固有，而事之所当然者。凡吾于万事，皆见其若是也，而后为当，其可学者，求乎此而已。（黄宗羲《宋元学案》卷四八）

与朱熹同时，有陆九渊一派，与之立异。

陆九渊，字子静。……谓人曰："闻人诵伊川语，自觉若伤我者。"又曰："伊川之言，奚为与孔子、孟子之言不类？近见其间多有不是处，初读《论语》，即疑有子之言支离。他日读古书，至宇宙二字，解者曰四方上下曰宇，往古来今曰宙，忽大省曰：宇宙内事，乃己分内事；己分内事，乃宇宙内事。"又尝曰："东海有圣人出焉，此心同也，此理同也。至西海、南海、北海有圣人出，亦莫不然。千百世之上，有圣人出焉，此心同也，此理同也；至于千百世之下，有圣人出，此心此理，亦无不同也。"……还乡，学者辐凑，每开讲席，户外屦满，耆老扶杖观听。自号象山翁，学者称象山先生。尝谓学者曰："汝耳自聪，目自明，事父自能孝，事兄自能弟，本无欠阙，不必它求，在乎自立而已。"又曰："此道与溺于利欲之人言犹易，与溺于意见之人言却难。"或劝九渊著书，曰："六经注我，我注六经。"又曰："学苟知道，六经皆我注脚。"……初九渊尝与朱熹会鹅湖，江西铅山县。论辩所学，多不合，……至于无极而太极之辩，则贻书往来论难不置焉。（《宋史》卷四三四《陆九渊传》）

按自程颐以下，大抵主"格物""致知"之说，至南宋朱熹，乃集此

派学说之大成。陆九渊主张与朱氏不同，朱主道问学，陆主尊德性；朱以"穷理为始事，以理已明，则可以诚意正心"，陆欲"先发人之本心，而后使之博览，以应万物之变"；朱以陆为"太简"，陆以朱为"支离"，始终相诋而不能相容，世所谓朱陆异同是也。

丙、理学之变迁

> 古之公卿，皆自幼时便教之，以为异日之用。（吕祖谦《周礼说》）

> 今世之儒士，自以为得"正心""诚意"之学者，皆风痹不知痛痒之人也。举一世安于君父之仇，而方低头拱手以谈性命，不知何者谓之性命乎。……尝曰："研穷义理之精微，辨析古今之同异，原心于秒忽，较礼于分寸，以积累为工，以涵养为正，睟面盎背，则于诸儒诚有愧焉。至于堂堂之陈，正正之旗，风雨云雷，交发而并至，龙蛇虎豹，变现而出没，推倒一世之智勇，开拓万古之心胸，自谓差有一日之长。"亮意盖指朱熹、吕祖谦等云。（《宋史》卷四三六《陈亮传》）

> 仁人正谊不谋利，明道不计功，此语初看极好，细看全疏阔。古人以利与人而不自居其功，故道义光明。……既无功利，则道义者，乃无用之虚语尔。（叶适《习学记言》卷二三）

> 金履祥，字吉父，婺之兰溪人。……凡天文、地形、礼乐、田乘、兵谋、阴阳、律历之书，靡不毕究。及壮，知向濂洛之学，事同郡王柏，从登何基之门，基则学于黄榦，而榦亲承朱熹之传者也。……会襄樊之师日急，……履祥因进牵制捣虚之策，请以重兵由海道直趋燕蓟，则襄樊之师，将不攻而自解；且备叙海舶所经，凡州郡县邑，下至巨洋别坞，难易远近，历历可据以行，宋终莫能用。及后朱瑄、张清，献海运之利，而所由海道，视履祥先所上书，咫尺无异者。（《元史》卷一八九《金履祥传》）

按理学家之立说，多偏重修养。自朱陆好重事功，与朱熹同时友善之吕祖谦，讲理学而兼治史学，教人必以致用为事；其同受学程门之陈亮、叶适，则颇诋理学而昌言事功；金履祥固传朱子之学者，而有海道图燕之建议。是南宋学者之思想，一变北宋理学之面目，而趋于事功。盖因金元之逼，士大夫皆志切恢复，有以使之然也。吕、陈、叶皆浙东人，故后人谓之浙学或永嘉学。

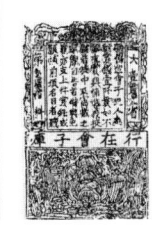

丁、理学之影响

自理学创兴，人以传道自命，故又称为道学，皆自以为直接于孔门，而得其心传者也。

程颐像

程颢像

其弟颐序之曰："周公没，圣人之道不行；孟轲死，圣人之学不传。道不行，百世无善治；学不传，千载无真儒。无善治，士犹得以明夫善治之道，以淑诸人，以传诸后；无真儒，则贸贸焉莫知所之，人欲肆而天理灭矣。先生生于千四百年之后，得不传之学于遗经，以兴起斯文为己任，……使圣人之道，焕然复明于世。盖自孟子之后，一人而已。"(《宋史》卷四二七《程颢传》)

淳祐元年正月，……诏以张周二程及熹，从祀孔子庙。黄榦曰："道之正统，待人而后传。自周以来，任传道之责者，不过数人，而能使斯道章章较著者，一二人而止耳。由孔子而后，曾子、子思继其微，至孟子而始著；由孟子而后，周程张子继其绝，至熹而始著。"(《宋史》卷四二九《朱熹传》)

不唯不受古经籍拘束，且发生疑义。

初安石训释《诗》、《书》、《周礼》既成，颁之学官，天下号曰"新义"。晚居金陵，又作《字说》，多穿凿傅会，其流入于佛老，一时学者，无敢不传习。……先儒传注，一切废不用。黜《春秋》之书，不使列于学官，至戏目为"断烂朝报"。(《宋史》卷三二七《王安石传》)

童子问曰："《系辞》非圣人之作乎？"曰："何独《系辞》焉，《文言》、《说卦》而下，皆非圣人之作。而众说淆乱，亦非一人之言

也。"(《欧阳修全集》卷七八《易童子问》三)

又曰:"今《诗》三百五篇,岂尽定于夫子之手,所删之诗,容或有存于闾巷浮薄之口,汉儒取于补亡,乃定二南各十有一篇,两两相配,退何彼秾矣,《甘棠》,归之王风,削去《野有死麕》,黜郑卫淫奔之诗。"又作《春秋发挥》。又曰:"《大学》致知格物章,未尝亡,还知止章于听讼之上。"谓《中庸》古有二篇,诚明可为纲,不可为目,定《中庸》诚明各十一章。(《宋史》卷四三八《王柏传》)

五季风俗败坏,廉耻扫地,宋儒专讲修养,砥砺名节,有"饿死事小,失节事大"之说,婥阿之习,始为之一变。妇人女子,夫死守节不嫁,亦自斯而盛,则为有伤人道,明清有旌表节妇之事,流弊实多。

士大夫忠义之气,至于五季,变化殆尽。宋之初兴,范质、王溥,犹有余憾,况其他哉。艺祖首褒韩通,次表卫融,足示意向。……真仁之世,田锡、王禹偁、范仲淹、欧阳修、唐介诸贤,以直言谠论倡于朝,于是中外缙绅,知以名节相高,廉耻相尚,尽去五季之陋矣。(《宋史》卷四四六《忠义传序》)

无愧于口,不若无愧于身;无愧于身,不若无愧于心。(邵雍《皇极经世书》)

人之生不幸不闻过,大不幸无耻,必有耻,则可教。……实胜,善也;名胜,耻也,故君子……德业有未著,则恐恐然畏人知,远耻也。(周敦颐《通书》)

按宋儒主躬行实践,是其特长,然持论太过,论人则失之"苛刻",论事则失之"负气",矫激沽名,此党祸之所由起。至于南宋胡安国《春秋传》一派,主张尊王攘夷,是又因外力压迫,发愤而兴者矣。

戊、理学之北传

元初姚枢、许衡,师事赵复,理学遂大盛于北方。

赵复,字仁甫,德安人也。太宗乙未岁,七年。命太子阔出帅师伐宋,德安以尝逆战,其民数十万,皆俘戮无遗。……姚枢奉诏即军中求儒道释医卜士,凡儒生挂俘籍者,辄脱之以归。复在其中,……不欲北,……枢晓以……随吾而北,必可无他,复强从之。先是南北道绝,载籍不相通,至是复以所记程朱所著诸经传注,尽录以付枢。

自复至燕，学子从者百余人。……杨惟中闻复论议，始嗜其学，乃与枢谋建太极书院，……选取遗书八千余卷，请复讲授其中。复以周程而后，其书广博，学者未能贯通，乃原羲农尧舜所以继天立极，孔子颜孟所以垂世立教，周程张朱氏所以发明绍续者，作传道图，而以书目条列于后，别著《伊洛发挥》，以标其宗旨。……又取伊尹、颜渊言行，作《希贤录》。……枢既退隐苏门，乃即复传其学，由是许衡、郝经、刘因，皆得其书而尊信之。北方知有程朱之学，自复始。……复家江汉之上，以江汉自号，学者称之曰江汉先生。(《元史》卷一八九《赵复传》)

姚枢，字公茂，柳城人，后迁洛阳。少力学，……从惟中……拔德安，得名儒赵复，始得程颐、朱熹之书，……因弃官去，携家来辉州，作家庙，别为室，奉孔子及宋儒周敦颐等像，刊诸经惠学者。……时许衡在魏，至辉就录程朱所注书以归。(《元史》卷一五八《姚枢传》)

许衡，字仲平，怀之河内人也。……往来河洛间，从柳城姚枢，得伊洛程氏及新安朱氏书，益大有得。寻居苏门，与枢及窦默相讲习，凡经传、子史、礼乐、名物、星历、兵刑、食货、水利之类，无所不讲。(《元史》卷一五八《许衡传》)

吴澄像

吴澄，字幼清，抚州崇仁人。……既长，于经传皆通之，……乃著《孝经章句》，校定《易》、《书》、《诗》、《春秋》、《仪礼》及《大小戴记》。……先是许文正公衡为祭酒，始以朱子《小学》等书授弟子，久之渐失其旧。澄至旦燃烛堂上，诸生以次受业，日昃退燕居之室，执经问难者，接踵而至，澄各因其材质反覆训诱之，每至夜分，虽寒暑不易也。……又尝为学者言，朱子于"道问

学"之功居多，而陆子静以"尊德性"为主。问学不本于德性，则其敝必偏于言语训释之末，故学必以德性为本，庶几得之。议者遂以澂为陆氏之学，非许氏尊信朱子本意，然亦莫知朱陆之为何如也。……尝著说曰："道之大原，出于天，神圣继之，尧舜而上，道之元也，尧舜而下，其亨也；洙泗邹鲁，其利也；濂洛关闽，其贞也，分而言之。上古则羲黄其元，尧舜其亨，禹汤其利，文武周公其贞乎？中古之统，仲尼其元，颜曾其亨乎？子思其利，孟子其贞乎？近古之统，周子其元，程张其亨也，朱子其利也，孰为今日之贞乎？未之有也，然则可以终无所归哉？"其早以斯文自任如此，……四方之士，……来学山中者，常不下千数百人。少暇即著书，……于《易》、《春秋》、《礼记》，各有纂言，尽破传注穿凿，以发其蕴，条归纪叙，精明简洁，卓然成一家言。作《学基》、《学统》二篇，使人知学之本，与为学之序。……又校正《老子》、《庄子》、《太玄经》、《乐律》及八阵图，郭璞《葬书》。初澂所居草屋数间，程巨夫题曰"草庐"，故学者称之为草庐先生。（《元史》卷一七一《吴澂传》）

按姚、许推衍朱熹之说，吴则颇融合朱陆，然元世祖笼络汉人之政策，皆自姚、许诸人启之。

（二）史学

宋代史学，最为发皇，学者多精于史学，考证与记载同重，故撰作极富。官修前史而外，国史亦有成书。南宋以后野史，若《三朝北盟会编》、《建炎以来系年要录》、《齐东野语》、《四朝闻见录》诸书，皆能记当代之事。会要一体，尤能贯串一朝掌故。其风播于元明，三史体例流传，旧闻不至放失，即缘公私留心史事，秉笔者得有依据，非近代知古而不知今者，可得仰望也。

甲、正史

【《唐书》】

唐代屡经修撰国史，已具有规模。五季之际，历朝加以征集补缀，至后晋出帝时，书始告成，凡本纪二十，志三十，列传一百五，共二百卷，所谓《旧唐书》者是也。

开运二年六月，……监修国史刘昫、史官张昭远等，以新修唐书

纪、志、列传并目录，凡二百三卷上之。赐器帛有差。(《旧五代史》卷八四《晋少帝纪》四)

至宋仁宗，以刘昫等所撰《唐书》多阙漏，命宋祁、欧阳修等重删撰之。历十七年而书成，凡本纪十，志五十，表十五，列传百五十，共二百二十五卷，世称《新唐书》。

祁，字子京。……初贾昌朝建议修唐书，始令馆职日供唐书所未载者二事，附于本传，命祁与王尧臣、杨察、张方平为修撰，又命范镇、邵必、宋敏求、吕夏卿为编修，而以昌朝提举。昌朝举王畴编修，必以为史出众手非是，辞之。昌朝罢相，以丁度兼领；度卒，刘沆代之；沆罢，王尧臣代之；尧臣卒，曾公亮代之。唐书初修，而尧臣以忧去，方平、察、相继出外，祁遂独秉笔，虽外官，亦以稿自随。久之又命欧阳修刊修，分作纪志；刘羲叟修律历、天文、五行志。将卒业，而梅尧臣入局，修方镇、百官表。祁与范镇在局一十七年，王畴一十五年，宋敏求、吕夏卿并各十年。(王偁《东都事略》卷六五《宋祁传》)

修唐书十余年，自守亳州，出入内外，尝以稿自随，为列传百五十卷。(《宋史》卷二八四《宋祁传》)

奉诏修唐书纪、志、表。(《宋史》卷三一九《欧阳修传》)

与修《唐书》者，皆一时闻人，其可考者如下。

刘羲叟，字仲更，泽州晋城人也。欧阳修……荐其学术该博，留修唐书。羲叟强记，于经史百家，无不通晓，至于国朝典故、财赋、刑名、兵械、钟律，皆知其要，其乐律、星历、数术尤过人。(王偁《东都事略》卷六五《刘羲叟传》)

梅尧臣，字圣俞，宣城人也。……所撰《唐载》二十六卷，多补

正旧史阙谬。乃命编修唐书，书成未奏而卒。（王偁《东都事略》卷一一五《梅尧臣传》）

敏求，字次道。……王尧臣修唐书，以敏求习唐事，奏为编修官，……补唐武宗以下六世实录，百四十八卷。（《宋史》卷二九一《宋敏求传》）

吕夏卿，字缙叔，泉州晋江人。……学长于史，贯穿唐事，博采传记杂说数百家，折衷整比。又通谱学，创为世系诸表，于《新唐书》最有功云。（《宋史》卷三三一《吕夏卿传》）

赵邻几，字亚之，郓州须城人。……常欲追补唐武宗以来实录，孜孜访求遗事，殆废寝食，会疾革，惟以书未成为恨。至淳化中，参知政事苏易简，因言及邻几追补唐实录事，……太宗遣直史馆钱熙往取其书，得邻几所补会昌以来日历二十六卷。（《宋史》卷四三九《赵邻几传》）

孙甫，字之翰，许州阳翟人，少好学，日诵数千言，慕孙何为古文章，……著《唐史记》七十五卷，每言唐君臣行事，以推见当时治乱，若身履其间，而听者晓然如目见之。时人言终日读史，不如一日听孙论也。《唐史》藏秘阁。（《宋史》卷二九五《孙甫传》）

陈彭年，字永年，抚州南城人，……所著……《唐纪》四十卷。（《宋史》卷二八七《陈彭年传》）

赵瞻，字大观，……著……《唐春秋》五十卷。（《宋史》卷三四一《赵瞻传》）

新旧两书，详略互见，要为不可偏废，新书志较详。

五代纷乱之时，唐之遗闻往事，既无人记述，残编故籍，亦无人收藏，虽悬诏购求，而所得无几，故《旧唐书》援据较少。至宋仁宗时，则太平已久，文事正兴，人间旧时记载，多出于世，故《新唐书》采取转多。今第观新书《艺文志》所载，如吴兢《唐书备阙记》，王彦威《唐典》，蒋乂《大唐宰辅录》、《凌烟功臣》、《秦府十八学士史臣》等传，凌璠《唐录政要》，南卓《唐朝纲领图》，薛璠《唐圣运图》，刘肃《大唐新语》，李肇《国史补》，林恩《补国史》等书，无虑数十百种，皆《旧唐书》所无者，知新书之"文省于前，而事增于旧"，有由然也。试取旧书各传相比较，《新书》之增于旧书者有

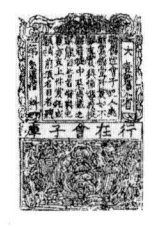

二种，一则有关于当日之事势，古来之政要，及本人之贤否，所不可不载者；一则琐言碎事，但资博雅而已。(赵翼《廿二史劄记》卷一七"新书增旧书处")

惟欧、宋不喜骈文，删改诏诰章疏，使一代典制不传，是其失也。

欧宋二公，不喜骈体，故凡遇诏诰章疏四六行文者，必尽删之。……夫一代自有一代文体，……今以其骈体而尽删之，遂使有唐一代馆阁台省之文，不见于世，究未免偏见也。……其他如章疏之类，有关政体治道者，或就四六改为散文，或节其要语存之。(赵翼《廿二史劄记》卷一八"新书尽删骈体旧文")

【《五代史》】

宋太祖命薛居正等，修梁、唐、晋、汉周五朝史，逾年而成，凡本纪六十一，志十二，列传七十七，共一百五十卷，所谓《旧五代史》者是也。

薛居正，字子平，开封浚仪人。……又监修《五代史》，逾年毕，锡以器币。(《宋史》卷二六四《薛居正传》)

其后欧阳修，私撰《五代史》记，凡本纪十二，列传四十五，考三，世家年谱十，附录三，及目录，共七十五卷，世称《新五代史》。

自撰《五代史记》，法严词约，多取《春秋》遗旨。(《宋史》卷三一九《欧阳修传》)

新旧二史撰修之经过，传布之显晦，与内容之特点，略记于下。

宋太祖开宝六年四月，诏修梁唐晋汉周书，其曰《五代史》者，乃后人总括之名也。七年闰十月，书成，凡一百五十卷，目录二卷。监修者为司空同中书门下平章事薛居正，同修者为卢多逊、扈蒙、张澹、李昉、刘兼、李穆、李九龄。见《宋史》及晁公武《读书志》，《玉海》所引《中兴书目》。皆本各朝实录为稿本，此官修之史也。其后欧阳修私撰《五代史记》七十五卷，藏于家，修没后，熙宁五年，诏求其书刊行。见《宋史》。于是薛欧二史，并行于世。至金章宗泰和七年，诏止用欧史，于是薛史渐湮，惟前明《永乐大典》，多载其遗文，然已割裂淆乱，非薛史篇第之旧。……开四库馆，命诸臣就《永乐大典》中，甄录排纂，其缺逸者，则采宋人书中之征引薛史者补之，于

《新唐书》书影

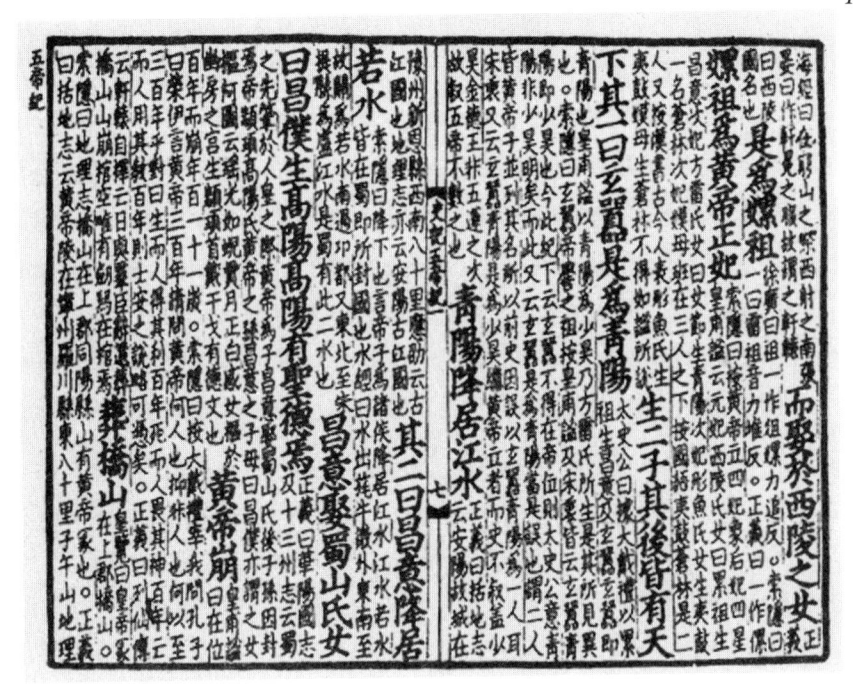

是薛史复为完书。……今覆而案之，虽文笔迥不逮欧史，然事实较详，盖欧史专重书法，薛史专重叙事，本不可相无。(赵翼《廿二史劄记》卷二一"薛居正五代史")

宋初记五代事者颇众，欧阳得以参用之，较《旧五代史》固为精核，然笔削自负，自立门目，学究气过重，其事亦嫌缺略，不足以尽五代之事也。

范质，字文素，大名宗城人，……又述朱梁至周五代，为《通录》六十五卷，行于世。(《宋史》卷二四九《范质传》)

王溥，字齐物，并州祁人。……溥好学，手不释卷，尝集苏冕《会要》及崔铉《续会要》，补其阙漏，为百卷，曰《唐会要》。又采朱梁至周，为三十卷，曰《五代会要》。(《宋史》卷二四九《王溥传》)

郑向，字公明，开封陈留人。……五代乱亡，史册多漏失，向著《开皇纪》三十卷，摭拾遗事，颇有补焉。(《宋史》卷三〇一《郑向传》)

子融，字熙仲，……又集五代事，为《唐徐录》六十卷以献。(《宋史》卷三一〇《王子融传》)

卷四 宋辽金夏元

路振，字子发，永州祁阳人。……又尝采五代末，九国君臣行事，作世家、列传，书未成而卒。(《宋史》卷四四一《路振传》)

此外又有孙光宪《北梦琐言》，陶岳《五代史补》，王禹偁《五代史阙文》，刘恕《十国春秋》，龚颖《运历图》，见于《宋·艺文志》，及晁公武《读书志》者，皆在欧公之前，足资考订。其出自各国之书，如钱俨之《吴越备史》、《备史遗事》，汤悦之《江南录》，徐铉之《吴录》，王保衡之《晋阳见闻要录》，又皆流布，而徐无党注中所引证之《唐摭言》、《唐新纂九国志》、《五代春秋》、《鉴戒录》、《纪年录》、《三楚新编》、《纪年通谱》、《闽中实录》等书，又皆欧所参用者。盖薛史第据各朝实录，故成之易，而记载或有沿袭失实之处；欧史博采群言，旁参互证，……卷帙虽不及薛史之半，而订正之功倍之，文直事核，所以称良史也。(赵翼《廿二史劄记》卷二一"欧史不专据薛史旧本")

【《宋史》】

本纪四十七，志一百六十二，表三十二，列传、世家二百五十五，凡四百九十六卷。

【《辽史》】

本纪三十，志三十一，表八，列传四十六，凡一百十六卷。

【《金史》】

本纪十九，志三十九，表四，列传七十三，凡一百三十五卷。

辽、宋、金三史，皆元人所修。《辽史》，至正四年三月，中书右丞相都总裁脱脱等表进。《金史》，至正四年十一月，中书右丞相领三史事阿鲁图等表进。《宋史》，至正五年十月，阿鲁图等表进。(王鸣盛《蛾术编》卷一〇)

初元世祖立国史院，首命王鹗修辽、金二史，宋亡，又命史臣通修三史。延祐仁宗年号、天历文宗年号之间，屡诏修之，以义例未定，竟不能成。顺帝至正三年，命托克托《元史》作脱脱。为都总裁，特穆尔达实《元史》作铁木儿塔识、张起岩、欧阳玄、吕思诚、揭傒斯为总裁官，修之。或欲如晋书例，以宋为《世纪》，而辽金为《载记》；或又谓辽立国先于宋五十年，宋南渡后，常称臣于金，以为不可。待制王理者，著《三史正统论》，欲以辽金为北史，太祖至靖康为宋史，

建炎以后为南宋史。一时持论不决，诏辽、宋、金各为史。凡再阅岁，书成上之，举例论赞表奏，多玄属笔云。(《续通考》卷一六一《经籍考》二一)

元顺帝时，命托克托等修辽、宋、金三史，自至正三年三月开局，至正五年十月告成，以如许卷帙，成之不及三年，……实皆有旧本，非至托克托等始修也。各朝本有各朝旧史，元世祖时，又已编纂成书，至托克托等，已属第二三次修辑，故易于告成耳。《辽史》在辽时，已有耶律俨本，在金时又有陈大任本，此《辽史》旧本也。金亡后，累朝实录在顺天张万户家，后据以修史，此《金史》旧本也。宋亡后，董文炳在临安，主留事，曰"国可灭，史不可灭"，遂以《宋史》馆诸记注，尽归于元都，贮国史院，见《元史·董文炳传》。此《宋史》旧本也。元世祖中统二年，王鹗请修辽金二史，诏左丞相耶律铸、平章政事王文统监修，寻又诏史天泽亦监修，其金朝卫绍王记注已亡失，则王鹗采当时诏令及杨云翼等所记足成之，及宋亡，又命史臣通修三史，此元世祖时纂修三史之本也。故至正中，阿鲁图、托克托等《进〈辽史〉表》云，耶律俨语多避忌，陈大任词乏精详，世祖皇帝敕词臣撰次三史，首及于辽；《进〈金史〉表》云，张柔归《金史》于先，王鹗采金事于后；《进〈宋史〉表》云，世祖皇帝，拔宋臣而列政途，载《宋史》而归秘府，既编裁定之勋，寻奉纂修之旨。可见元世祖时，三史俱以修订，而《元史·托克托传》，并谓延祐天历间，又屡诏修之，则不惟修之于世祖时，而世祖后，又频有修辑矣。……其所以未有成书者，……以义例未定，……各持论不决故耳。至顺帝时，诏宋、辽、金各为一史，于是据以编排，而纪传表志，本已完备，故不三年遂竣事。(赵翼《廿二史劄记》卷二三"宋辽金三史")

耶律俨，字若思，析津人，本姓李氏。道宗寿隆六年，……迁知枢密院事，……封越国公，修《皇朝实录》七十卷。……又善伺人主意，妻邢氏，有美色，尝出入禁中，俨教之曰："慎勿失上意。"由是权宠益固。(《辽史》卷九八《耶律俨传》)

好问字裕之，……以金源氏有天下，典章法度，几及汉唐，国亡史作，已所当任。时金国实录，在顺天张万户家，乃言于张，愿为撰

述，既而为乐夔所阻而止。好问曰："不可令一代之迹，泯而不传。"乃构亭于家，著述其上，因名曰《野史》，凡金源君臣遗言往行，采撷所闻，有所得辄以寸纸细字为纪录，至百余万言。今所传者，有《中州集》，及壬辰杂编若干卷。(《金史》卷一二六《元好问传》)

顺帝至正三年，诏修辽金宋三史，命脱脱为都总裁官。(《元史》卷一三八《脱脱传》)

铁木儿塔识，字九龄，国王脱脱之子。资禀宏伟，补国子学诸生，读书颖悟绝人。……修辽金宋三史，铁木儿塔识为总裁官，多所协赞云。(《元史》卷一四〇《铁木儿塔识传》)

揭傒斯，字曼硕，龙兴富州人。……特授翰林国史院编修官。时平章李孟监修国史，读其所撰功臣列传，叹曰："是方可名史笔，若他人直誉吏牍尔。"……诏修辽金宋三史，傒斯与为总裁官。……且与僚属言："欲求作史之法，须求作史之意。古人作史，虽小善必录，小恶必记，不然何以示惩劝。"由是毅然以笔削自任，凡政事得失，人材贤否，一律以是非之公，至于物论之齐，必反覆辩论，以求归于至当而后止。至正四年，《辽史》成，有旨奖谕，仍督早成金宋二史。傒斯留宿史馆，朝夕不敢休，因得寒疾，七日卒。(《元史》卷一八一《揭傒斯传》)

张起岩，字梦臣，……诏修辽金宋三史，复命入翰林为承旨，充总裁官。……起岩熟于金源典故，宋儒道学源委，尤多究心。史官有露才自是者，每立言未当，起岩据理窜定，深厚醇雅，理致自足。(《元史》卷一八二《张起岩传》)

欧阳玄，字原功，……诏修辽金宋三史，召为总裁官，发凡举例，俾论撰者有所据依。史官中有悻悻露才、论议不公者，玄不以口舌争，俟其呈稿，援笔窜定之，统系自正。至于论赞表奏，皆玄属笔。(《元史》卷一八二《欧汤玄传》)

吕思诚，字仲实，平定州人，……总裁辽金宋三史。(《元史》卷一八五《吕思诚传》)

乙、通史

通史之中，以司马光之《资治通鉴》，贯串古今，精博详审，为史家之创体，朱子《纲目》，不足道也。

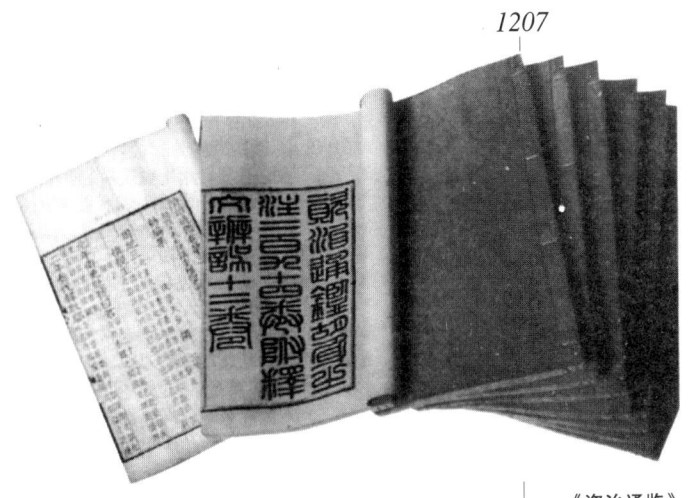

光常患历代史繁，人主不能遍览，遂为《通志》八卷以献，英宗悦之，命置局秘阁续其书。至是，神宗名之曰《资治通鉴》，自制序授之。(《宋史》卷三三六《司马光传》)

《资治通鉴》书影

光有……《资治通鉴》二百九十四卷，目录三十卷，考异三十卷。……初光患历代史繁重，学者不能综，况于人主，遂约战国至秦二世，如《左氏》体为《通志》以进。英宗命光续其书，置局秘阁，以其素所贤者刘攽、刘恕、范祖禹为属，凡十九年而成。神宗尤重其书，以为贤于荀悦，亲为制叙，赐名《资治通鉴》。(王偁《东都事略》卷八七《司马光传》)

攽，字贡父。……尤邃史学，作《东汉刊误》，为人所称颂，司马光修《资治通鉴》，专职汉史。(《宋史》卷三一九《刘攽传》)

刘恕，字道源，筠州人。……笃好史学，自太史公所记，下至周显德末，纪传之外，至私记杂说，无所不览，上下数千载间，巨微之事，如指诸掌。司马光编次《资治通鉴》，英宗命自择馆阁英才共修之，光对曰："馆阁文学之士诚多，至于专精史学，臣得而知者，唯刘恕耳。"即召为局僚，遇史事纷错难治者，辄以诿恕。恕于魏晋以后事，考证差谬，最为精详。……著《五代十国纪年》，以拟《十六国春秋》，又采太古以来，至周威烈王时事，《史记》、《左氏传》所不载者，为《通鉴外纪》。(《宋史》卷四四四《刘恕传》)

祖禹，字淳甫，一字梦得。……从司马光编修《资治通鉴》，在洛十五年，不事进取，书成，光荐为秘书省正字。(《宋史》卷三三七《范祖禹传》)

晁氏曰："皇朝治平中，司马光奉诏编集历代君臣事迹，许自辟官属，借以馆阁书籍，在外听以书局自随。至元丰七年，凡十七年，始奏御上，上起战国，始于周威烈王二十三年命魏赵韩为诸侯。下终五

代，凡一千三百六十二年。又略举事目，年经国纬，以备检阅，别为目录；参考异同，俾归一途，别为考异，各一编。(《通考》卷一九三《经籍考》二〇)

公子康公休，告其友晁说之曰："此书成，盖得人焉。史记前后汉，则刘贡父；三国历九朝而隋，则刘道原；唐迄五代，则范淳甫。(《通考》卷一九三《经籍考》二〇)

致堂胡氏曰："司马公六任冗官，皆以书局自随。……"高氏《纬略》曰："公与宋次道书曰：某自到洛以来，专以修《资治通鉴》为事，于今八年，仅了得晋宋齐梁陈隋六代以来奏御，唐文字尤多，托范梦得将诸书依年月编次为草卷，每四丈截为一卷，自课三日删一卷，有事故妨废则追补，自前秋始删，到今已二百余卷，至大历末年耳。向后卷数，又须倍此，共计不减六七百卷，更须三年，方可粗成编。又须细删，所存不过数十卷而已。其费工如此，温公居洛十五年，故能成此书，……"一事用三四处出处纂成，是其为功大矣。不观正史精熟，未易决《通鉴》之功绩也。《通鉴》采正史之外，其用杂史诸书，凡二百二十二家。(《通考》卷一九三《经籍考》二〇)

李焘仿《资治通鉴》之体，记北宋一祖八宗之事，不敢言续，自居于"长编"，其体既尊，事亦详尽，诚一代巨制。惟其书缺佚，使言宋事者无可据依，深为可惜。

李焘，字仁甫，眉州丹棱人。……博极载籍，搜罗百氏，慨然以史自任，本朝典故，尤悉力研核，仿司马光《资治通鉴》例，断自建隆，迄于靖康，为编年一书，名曰《长编》。……淳熙七年，《长编》全书成，上之，诏藏秘阁。焘自谓此书宁失之繁，无失之略，故一祖八宗之事，凡九百七十八卷，卷第总目五卷，依熙宁修三经例，损益修换四千四百余事，上孝宗。谓其书无愧司马迁。焘尝举汉石渠、白虎故事，请上称制临决，又请冠序，上许之，竟不克就。……张栻尝曰："李仁甫……《长编》一书，用力四十年。"(《宋史》卷三八八《李焘传》)

《续通鉴长编》一百六十八卷。陈氏曰：礼部侍郎眉山李焘仁父撰，"长编"云者，司马公之为《通鉴》也，先命其属丛目，丛目既成，乃修长编，然后删之以成书，唐长编六百卷，今《通鉴》惟八十

卷耳。焘所上表，自言未可谓之"通鉴"，止可谓之"长编"，故其书虽繁芜，而不嫌也。其卷数虽如此，而册数至余三百，盖逐卷又分子卷，或至十余。（《通考》卷一九三《经籍考》二〇）

袁枢因司马光《资治通鉴》，分类排纂，各详起讫，而有纪事本末之作，于史家二体之外，自为一体，迄今不可磨灭。

袁枢，字机仲，建之建安人。……枢常喜诵司马光《资治通鉴》，苦其浩博，乃区别其事而贯通之，号《通鉴纪事本末》。参知政事龚茂良得其书，奏于上，孝宗读而嘉叹，以赐东宫，及分赐江上诸帅，且令熟读曰："治道尽在是矣。"（《宋史》卷三八九《袁枢传》）

《通鉴纪事本末》四十二卷，陈氏曰：工部侍郎袁枢机仲撰，……杨诚斋为之序。"朱子曰：……司马温公，受诏纂述《资治通鉴》，然后一千三百六十二年之事，编年系日，如指诸掌。……然一事之首尾，或散出于数十百年之间，不相缀属，读者病之。今建安袁机仲，乃以暇日，作为此书，以便学者。其部居门目，始终离合之间，又皆曲有微意，于以错综温公之书，其亦《国语》之流矣。（《通考》卷一九三《经籍考》二〇）

元胡三省之《通鉴音注》，亦称博洽，为《通鉴》功臣。

胡三省《资治通鉴音注》一百九十四卷，《资治通鉴释文辨误》十二卷。（《续通考》卷一六一《经籍考》二一）

胡三省，字身之，浙江天台人。博学能文章，尤笃于史学，登宋宝祐四年进士。……宋亡，隐居不仕，著《资治通鉴音注》及《释文辨误》百余卷，今行于世。其《音注》序曰："……是书依陆德明《经典释文》，厘为广注九十七卷，著论十篇，自周讫五代，略叙兴亡大致，以考异及所注者，散入《通鉴》各文之下，历法天文，则随目录所书而附注焉。凡纪事之本末，地名之同异，州县之建置离合，制度之因革损益，悉疏其所以然。若《释文》之舛谬，悉改正之，别著辨误十二卷。……其《释文辨误》序曰："《通鉴》释文行世，有史炤本，有公休本。史炤本，冯时行为之序，公休本温公修《通鉴》，公休为检阅文字官。刻于海陵乡斋，前无序，后无跋，直署公休官位姓名于卷首而已。又有成都府广都县费氏进修堂版行。《通鉴》于正文下

附注，多本之史炤，间以己意附之，世人以其有注，遂谓之善本，号《龙爪通鉴》，要之《海陵释文》，《龙爪注》，大同而小异，皆蹈袭史炤者也，讹谬相传。而海陵本，乃托之公休以欺世，适所以诬玷公休，此不容不辨也。（邵远平《元史类编》卷三四《胡三省传》）

郑樵《通志》，以通史自居，时有新论，以评泊见长，然其二十略，亦多及文献掌故。

郑樵，字渔仲，兴化军莆田人。好著书，不为文章，自负不下刘向、扬雄，居夹漈山，谢绝人事。久之，乃游名山大川，搜奇访古，遇藏书家，必借留读尽乃去，赵鼎、张浚而下，皆器之。初为经旨礼乐文字天文地理虫鱼草木方书之学，皆有论辨，绍兴十九年上之，诏藏秘府。樵归益厉所学，从者二百余人。……授右迪功郎，礼兵部架阁，以御史叶义问劾之，改监潭州南岳庙，给札归钞所著《通志》。书成，入为枢密院编修官。……高宗幸建康，命以《通志》进，会病卒，……学者称夹漈先生。（《宋史》卷四三六《郑樵传》）

《通志》书影

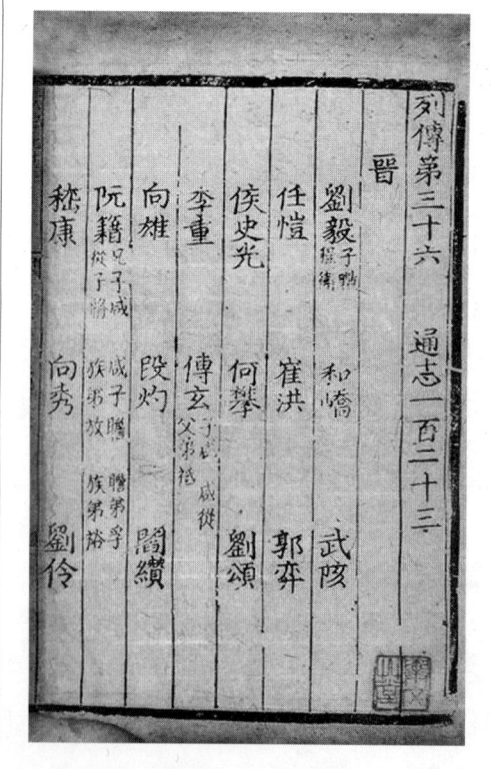

自序略曰："江淹有言，修史之难，无出于志。诚以志者，宪章之所系，非老于典故者，不能为也。不比纪传，纪以年包事，传以事系年，儒学之士，皆能为之。……臣今总天下之大学术，而条其纲目，名之曰略，凡二十略，百代之宪章，学者之能事，尽于此矣。其五略，汉唐诸儒所得而闻；其十五略，汉唐诸儒所不得而闻也。曰《氏族略》、《六书略》、《七音略》、《天文略》、《地理略》、《都邑略》、《谥略》、《器服略》、《乐略》、《艺文略》、《校雠略》、《图谱金石略》、《灾祥略》、《昆虫草

木略》,凡十五略,出臣胸臆,不涉汉唐诸儒议论;曰《礼略》、《职官略》、《选举略》、《刑罚略》、《食货略》,凡前五略,虽本诸前人之典,亦非诸史之文也。(《通考》卷二〇一《经籍考》二八)

按郑氏此书,名之曰《通志》,其该括甚大,卷首序论,讥诋前人,高自称许,盖自以为无复遗憾矣。然夷考其书,则氏族、六书、七音等略,考订详明,议论精到,所谓"出臣胸臆,非诸儒所得闻者",诚是也;至于天文、地理、器服,则失之太简。……若礼及职官、选举、刑罚、食货五者,……杜岐公《通典》之书,五者居十之八,然杜公生贞元间,故其所记述,止于唐天宝,今《通志》既自为一书,……天资以后,则竟不复陆续。(《通考》卷二〇一《经籍考》二八)

丙、政史

政史名著,有马端临《文献通考》,昔人以拟《通鉴》,谓为"二通"。其书虽录《通典》,而自具面目,缀辑宋事,尤足以补《宋史》之阙。

马端临,字贵舆,江西乐平人。……宋亡不仕,著《文献通考》,自唐虞至南宋,补杜佑《通典》之阙,二十余年而成。其自序曰:"……考制度,审宪章,博闻而强识之,固通儒事也。……是以忘其固陋,辄加考评,旁搜远绍,门分汇别,曰田赋、曰钱币、曰户口、曰职役、曰征榷、曰市籴、曰土贡、曰国用、曰选举、曰学校、曰职官、郊社、曰宗庙、曰王礼、曰乐、曰兵、曰刑、曰舆地、曰四裔,俱仿《通典》之成规,自天宝以前,则增益其事迹之所未备,离析其门类之所未详。自天宝以后,至宋嘉定末,则续而成之,曰经籍、曰帝系、曰封建、曰象纬、曰物异,则《通典》元未有论述,而采撫诸书以成之者也。凡叙事则本之经史,而参以历代会要,及百家传记之书,信而有证者从之,乖

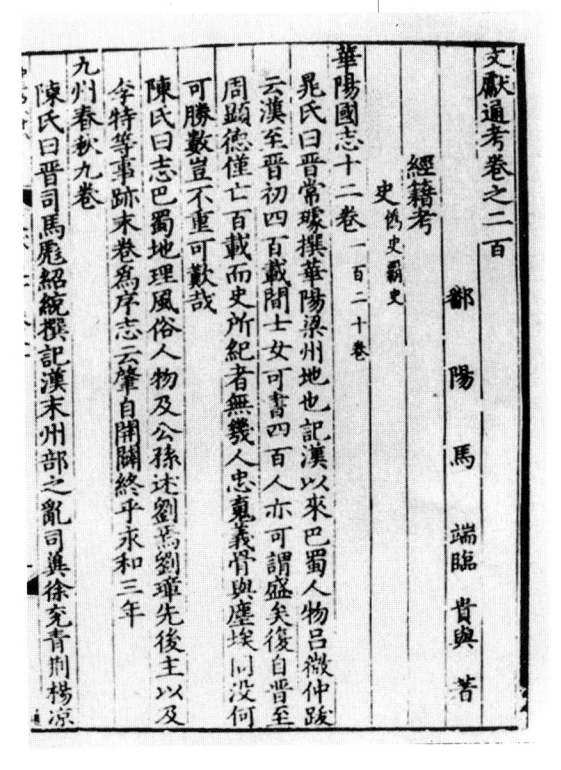

《文献通考》书影

异传疑者不录，所谓"文"也。凡论事，则先取当时臣僚之奏疏，次及近代诸儒之评论，以至名流之燕谈，稗官之纪录，凡一话一言，可以订典故之得失、证史传之是非者，则采而录之，所谓"献"也。其载诸史传之纪录而可疑，稽诸先儒之论辨而未当者，研精覃思，悠然有得，则窃以己意附其后焉。命曰《文献通考》，为门二十有四，为卷三百四十有八，其每门著述之成规，考订之新意，则各以小序详之。……仁宗延祐四年，遣真人王寿衍，寻访有道之士，至饶州路，录其书上进，诏官为镂版，以广其传。（邵远平《元史类编》卷三四《马端临传》)

（三）文学

甲、文

通行文字体裁，有古文、骈俪、制艺之区分，兹分别列叙之。

【古文】

自唐末历五代，文格卑弱，至宋初，柳开始为古文，洙与穆修复振起之。（《宋史》卷二九五《尹洙传》）

国初杨亿、刘筠，犹袭唐人声律之体，柳开、穆修志欲变古，而力弗逮。庐陵欧阳修出，以古文倡，临川王安石，眉山苏轼，南丰曾巩，起而和之，宋文日趋于古矣。南渡文气不及东都，岂不足以观世变欤。（《宋史》卷四三九《文苑传序》）

柳开，字仲涂，大名人。……既就学，喜讨论经义。五代文格浅弱，慕韩愈、柳宗元为文，因名肖愈，字绍元，既而改名字，以为能开圣道之途也。著书自号东郊野夫，又号补亡先生，作二传以见意。……范杲好古学，大重开文，世称为柳范。（《宋史》卷四四〇《柳开传》）

穆修，字伯长，郓州人。……自五代文散，国初柳开，始为古文，其后杨亿、刘筠尚声偶之辞，天下学者，靡然从之。修于是时，独以古文称，苏舜钦兄弟，多从之游。修虽穷死，然一时士大夫，能称文者，必曰穆参军。（《宋史》卷四四二《穆修传》）

柳穆提倡古文，排斥骈偶，然矫枉过正，而流于艰涩难通。

往岁士人，多尚对偶为文，穆修、张景辈，始为平文，当时谓之

古文。穆、张尝同造朝，待旦于东华门外，方论文次，适见有奔马，践死一犬，二人各记其事，以较工拙，穆修曰："马逸，有黄犬遇蹄而毙。"张景曰："一犬死奔马之下。"时文体新变，二人之语皆拙涩，当时已谓之工。（沈括《梦溪笔谈》卷一四）

嘉祐中，士人刘几，累为国学第一人，骤为怪险之语，学者翕然效之，遂成风俗，欧阳公深恶之。会公主文，决意痛惩，凡为新文者，一切弃黜。时体为之一变，欧阳之力也。有一举人论曰："天地轧，万物茁，圣人发。"公曰："此必刘几也。"戏续之曰"秀才刺，试官刷"，乃以大朱笔横抹之，自首至尾，谓之"红勒帛"，判大纰缪字榜之，既而果几也。（沈括《梦溪笔谈》卷九）

自欧阳修起，法度细密，所谓古文者始盛。

尹洙，字师鲁，河南人也。……博学有识度，通六经，尤深于《春秋》，为文章，简而有法。（王偁《东都事略》卷六四《尹洙传》）

欧阳修，字永叔，庐陵人。……幼敏悟过人，……及冠，嶷然有声。宋兴且百年，而文章体裁，犹仍五季余习，锼刻骈偶，淟涊弗振，士因陋守旧，论卑气弱。苏舜元、舜钦、柳开、穆修辈，咸有意作而张之，而力不足。修游随，得唐韩愈遗稿于废书簏中，读而心慕焉，苦志探赜，……必欲并辔绝驰而追与之并。举进士，……调西京推官，始从尹洙游，为古文议论当世事，迭相师友；与梅尧臣游，为歌诗相倡和，遂以文章名冠天下。……知嘉祐二年贡举。时士子尚为险怪奇涩之文，号太学体，修痛排抑之，凡如是者辄黜，……场屋之习，从是遂变。……奖引后进，如恐不及，赏识之下，率为闻人，曾巩、王安石、苏洵、洵子轼、辙，布衣屏处，未为人知，修即游其声誉，谓必显于世。（《宋史》卷三一九《欧阳修传》）

欧阳修像

景祐初，欧阳文忠公与尹师鲁，专以古文相尚，而公得之自然，……超然独骛，众莫能及。……于是文风一变，时人竞为模范。(朱熹《三朝名臣言行录》卷二)

修之在滁也，自号醉翁，作亭琅琊山，以醉翁名之。晚年又自号六一居士，曰吾集古录一千卷，藏书一万卷，有琴一张，有棋一局，而尝置酒一壶，吾老于其间，是为"六一"。自为传刻石，居颖一年而卒。(王偁《东都事略》卷七二《欧阳修传》)

欧氏汲引后进，于是曾、王、三苏之文风行一时。

曾巩，字子固，建昌南丰人。生而警敏，……甫冠，名闻四方，欧阳修见其文奇之。……为文章上下驰骋，愈出而愈工，本原六经，斟酌于司马迁、韩愈，一时工作文词者，鲜能过也。少与王安石游，安石声誉未振，巩道之于欧阳修，及安石得志，遂与之异。(《宋史》卷三一九《曾巩传》)

王安石，字介甫，抚州临川人，……其属文，动笔如飞，初若不经意，既成，见者皆服其精妙。友生曾巩，携以示欧阳修，修为之延誉。(《宋史》卷三二七《王安石传》)

苏洵，字明允，眉州眉山人。年二十七，始发愤为学，岁余举进士，又举茂才异等，皆不中。悉焚常所为文，闭户益读书，遂通六经百家之说，下笔顷刻数千言。至和嘉祐间，与其二子轼、辙，皆至京师。翰林学士欧阳修上其所著书二十二篇，既出，士大夫争传之，一时学者，竞效苏氏为文章。(《宋史》卷四四三《苏洵传》)

欧阳修得洵书二十篇，大爱其文辞，以为贾谊、刘向不过也。……父子隐然名动京师，而苏氏文章，遂擅天下，一时学者……皆学其文，以为师法。以其父子俱知名，号为老苏。(王偁《东都事略》卷一一四《苏洵传》)

苏轼，字子瞻，眉州眉山人。……比冠，博通经史，属文日数千言。好贾谊、陆贽书，既而读《庄子》，叹曰："吾昔有见，口未能言，今见是书，得吾心矣。"嘉祐二年，试礼部，方时文磔裂诡异之弊胜，主司欧阳修思有以救之，得轼《刑赏忠厚论》，惊喜欲擢冠多士。……后以书见修，修语梅圣俞曰："吾当避此人出一头地。"闻者始哗不厌，久乃信服。……轼与弟辙师父洵为文，既而得之于天。

尝自谓作文如行云流水，初无定质，但当行于所当行，止于所不可不止。虽嬉笑怒骂之辞，皆可书而诵之，其体浑涵光芒，雄视百代，有文章以来，盖亦鲜矣。……一时文人，如黄庭坚、晁补之、秦观、张耒、陈师道，举世未之识，轼待之如朋俦，未尝以师资自予也。(《宋史》卷三三八《苏轼传》)

苏辙，字子由，年十九，与兄轼，同登进士科。……致仕，筑室于许，号颍滨遗老，自作传万余言。……性沉静简洁，为文汪洋淡泊，似其为人，不愿人知之，而秀杰之气终不可掩，其高处殆与兄轼相近。(《宋史》卷三三九《苏辙传》)

南宋之文，皆不能纯，唯朱熹不以文名，而文自雄奇，效法韩、曾，毫无萎苶之气，实一大家也。

王十朋，字龟龄，温州乐清人，资颖悟，日诵数千言。及长，有文行，聚徒梅溪，受业者以百数。(《宋史》卷三八七《王十朋传》)

叶适，字正则，温州永嘉人，为文藻思英发。(《宋史》卷四三四《叶适传》)

陈亮，字同父，婺州永康人。……为人才气超迈，喜谈兵，论议风生，下笔数千言立就。……亮自以豪侠，屡遭大狱，归家益厉志读书，所学益博。(《宋史》卷四三六《陈亮传》)

吕祖谦，字伯恭，……自其祖始居婺州。祖谦之学，本之家庭，有中原文献之传。长从林之奇、汪应辰、胡宪游，既又友张栻、朱熹，讲索益精。……晚年会友之地，曰丽泽书院，在金华城中。(《宋史》卷四三四《吕祖谦传》)

陈傅良，字君举，温州瑞安人。……为文章，自成一家，人争传诵，从者云合，由是其文擅当世。当是时，永嘉郑伯熊、薛季宣，皆

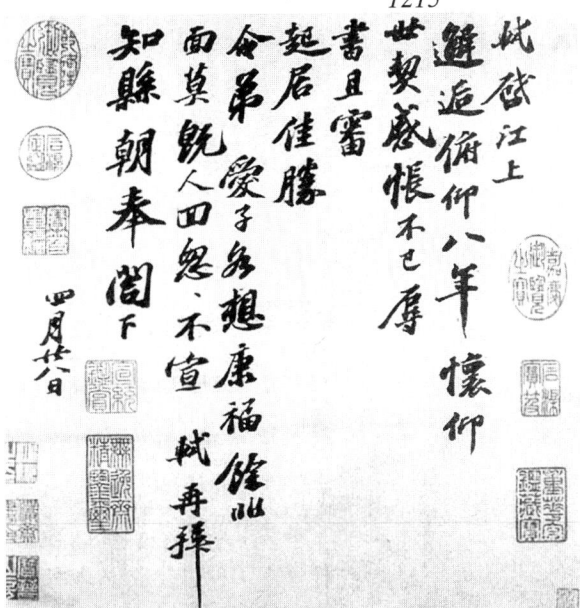

苏轼手迹

以学行闻，而伯熊于古人轻制治法，讨论尤精，傅良皆师事之，而得季宣之学为多。及入太学，与广汉张栻、东莱吕祖谦友善。祖谦为言本朝文献相承条序，而主敬集义之功，得于栻为多。……傅良为学，自三代秦汉以下，靡不研究，一事一物，必稽于极而后已。（《宋史》卷四三四《陈傅良传》）

金文大率取法苏轼，而以金石文字擅场者为大家，赵秉文、元好问，其尤著者也。

蔡珪，字正甫，松年子也。……珪博物，且识古文奇字，……朝廷稽古礼文之事，取其议论为多。（宇文懋昭《大金国志》卷二八《蔡珪传》）

赵秉文，字周臣，磁州滏阳人也。幼颖悟，读书若夙习。……金自泰和大安以来，科举之文其弊益甚，盖有司惟守格法，所取之文，卑陋陈腐，苟合程度而已，稍涉奇峭，即遭黜落，于是文风大衰。……秉文之文，长于辨析，极所欲言而止，不以绳墨自拘。（《金史》卷一一〇《赵秉文传》）

元德明，系出拓拔魏，太原秀容人。……子好问，……字裕之，……从陵川郝晋卿学，不事举业，淹贯经传百家。六年而业成，下太行，渡大河，为箕山琴台等诗。礼部赵秉文见之，以为近代无此作也，于是名震京师。……金亡不仕。为文有绳尺，备众体。……好问蔚为一代宗工，四方碑板铭志，尽趋其门，……晚年尤以著作自任。（《金史》卷一二六《元德明传》）

元文更颓茶不振，然纪事之文，常窥见元事。

戴表元，字帅初，一字曾伯，庆元奉化州人。七岁学古诗文，多奇语。稍长，从里师习词赋，辄弃不肯为。……初表元闵宋季文章，气萎茶而辞骫骳，疲弊已甚，慨然以振起斯文为己任。时四明王应麟、天台舒岳祥，并以文学师表一代，表元皆从而受业焉。故其学博而肆，其文清深雅洁，化陈腐为神奇，蓄而始发，间事摹画，而隅角不露，施于人者多，尤自秘重，不妄许与。至元大德间，东南以文章大家名重一时者，唯表元而已。（《元史》卷一九〇《戴表元传》）

姚燧，字端甫，柳城人，后迁洛阳。……生三岁而孤，育于伯父

枢。枢隐居苏门，……年十三，见许衡于苏门，十八，始受学于长安。时未尝为文，视流辈所作，惟见其不如古人，则心弗是也。二十四，始读韩退之文，试习为之，人谓有作者风；稍就正于衡，衡亦赏其辞。……燧之学，有得于许衡，由穷理致知，反躬实践。……为文闳肆该洽，豪而不宕，刚而不厉，春容盛大，有西汉风，宋末弊习，为之一变。盖自延祐以前，文章大匠，莫能先之。……当时孝子顺孙，欲发挥其先德，必得燧文，始可传信，其不得者，每为愧耻，故三十年间，国朝名臣世勋，显行盛德，皆燧所书。每来谒文，必其行业可嘉，然后许可，辞无溢美，又稍广置燕乐，燧则为之喜，而援笔大书，否则弗易得也。时高丽沈阳王父子，连姻帝室，倾赀结朝臣，一日欲求燧诗文，燧靳不与，至奉旨乃与之。……然颇恃才轻视赵孟頫、元明善辈。……所著有《牧庵文集》五十卷行于世。（《元史》卷一七四《姚燧传》）

其门人最著名者，曰袁桷。桷之文，其体裁议论一取法于表元者也。（《元史》卷一九〇《戴表元传》）

袁桷，字伯长，庆元人。幼学文，脱去凡近，长益留心典故，常谓宋末文缛滥，克自奋厉，希古作者。（邵远平《元史类编》卷二二《袁桷传》）

马祖常，字伯庸，世为雍古部，居靖州天山。……父润，同知漳州路总管府事，家于光州。祖常七岁知学，得钱即以市书。……既长益笃于学，蜀儒张𬘭讲道仪真，往受业其门，质以疑义数十，𬘭甚器之。……祖常工于文章，宏赡而精核，务去陈言，专以先秦两汉为法，而自成一家之言。……有文集行于世。（《元史》卷一四三《马祖常传》）

赵孟頫，字子昂，宋太祖子秦王德芳之后也。……赐第于湖州，故孟頫为湖州人。……幼聪敏，读书过目辄成诵，为文操笔立就。……仁宗在东宫，素知其名，及即位，召除集贤侍讲学士，……拜翰林学士承旨，荣禄大夫。帝眷之甚厚，以字呼之而不名。帝尝与侍臣论文学之士，以孟頫比唐李白、宋苏子瞻，又尝称孟頫操履纯正，博学多闻，书画绝伦，旁通佛老之旨，皆人所不及。……诗文清邃奇逸，读之使人有飘飘出尘之想。……前史官杨载称孟頫之才，颇为书

赵孟頫《二羊图》

画所掩,知其书画者,不知其文章,知其文章者,不知其经济之学,人以为知言云。(《元史》卷一七二《赵孟頫传》)

虞集,字伯生,宋丞相尤文五世孙也。……集与弟槃,皆受业家庭,出则以契家子从吴澂游,授受具有源委。……集学虽博洽,而究极本原,研精探微,心解神契,其经纬弥纶之妙,一寓诸文,蔼然庆历乾淳风烈。尝以江左先贤甚众,其人皆未易知,其学皆未易言,后生晚进,知者鲜矣,欲取太原元好问《中州集》遗意,别为《南州集》以表章之,以病目而止。平生为文万篇,稿存者十二三。早岁与弟槃同辟书舍为二室,左室书陶渊明诗于壁,题曰陶庵;右室书邵尧夫诗,题曰邵庵,故世称邵庵先生。……游其门见称许者,莆田陈旅,旅亦有文行世。国学诸生若苏天爵、王守诚辈,终身不名他师,皆当世称名卿者。(《元史》卷一八一《虞集传》)

杨载,字仲弘,其先居建之浦城,后徙杭,因为杭人。少孤,博涉群书,为文有跌宕气。……初吴兴赵孟頫在翰林,得载所为文,极推重之,由是载之文名,隐然动京师,凡所撰述,人多传诵之。其文章一以气为主,博而敏,直而不肆,自成一家言。(《元史》卷一九〇《杨载传》)

范梈,字亨父,一字德机。……梈天资颖异,所诵读,辄记忆,……耽诗工文,用力精深。……所著诗文,多传于世。……持身廉正,……吴澂以道学自任,少许可,尝曰:"若亨父,可谓特立独行之士矣。"为文志其墓。学者称文白先生。(《元史》卷一八一《范梈传》)

揭傒斯，字曼硕，龙兴富州人。……幼贫，读书尤刻苦，昼夜不少懈，……贯通百氏。早有文名，……为文章，叙事严整，语简而当，……朝廷大典册，及元勋茂德当得铭辞者，必以命焉。殊方绝域，咸慕其名，得其文者，莫不以为荣云。(《元史》卷一八一《揭傒斯传》)

黄溍，字晋卿，婺州义乌人。……长以文名于四方，……视弟子如朋交，未始以师道自尊，……而来学者滋益恭。……溍之学，博极天下之书，而约之于至精，剖析经史疑难，及古今因革制度名物之属，旁引曲证，多先儒所未发。文辞布置谨严，援据精切，俯仰雍容，不大声色，譬之澄湖不波，一碧万顷，鱼鳖蛟龙，潜伏不动，而渊然之光，自不可犯。(《元史》卷一八一《黄溍传》)

同郡柳贯、吴莱，皆浦阳人。贯字道传，……自幼至老，好学不倦，凡六经百氏、兵刑律历、数术方技、异教外书，靡所不通。作文沉郁舂容，涵肆演迤，人多传诵之。……与溍，及临川虞集、豫章揭傒斯齐名。(《元史》卷一八一《黄溍传附传》)

吴莱，字立夫，……辈行稍后于贯溍。天资绝人，七岁能属文，凡书一经目，辄成诵。莱尤喜论文，尝云："作文如用兵。兵法有正有奇，正是法度，要部伍分明；奇是不为法度所缚，举眼之顷，千变万化，坐作进退击刺，一时俱起，及其欲止，什伍各还其队，元不曾乱。"闻者服之。贯平生极慎许与，每称莱为绝世之才。溍晚年谓人曰："莱之文崭绝雄深，类秦汉间人所作，实非今世之士也。吾纵操觚一世，又安敢及之哉？"其为前辈所推许如此，……卒，……私谥曰渊颖先生。(《元史》卷一八一《黄溍传附传》)

【骈体文】

宋人继六朝唐后，别创四六一体，代言之作如制诰，述恩之作如笺表，以隶事为工、对仗为巧，亦自创一风格。工此者每能得盛名显位，杨刘二宋，称为首出，沉博艳丽；欧王苏轼，继以昌大，而意无不尽，语无不工，尤尽四六之能事，宋代最重宏词，所习者即此也。

杨亿，字大年，建州浦城人。……天性颖悟，自幼及终，不离翰墨。文格雄健，才思敏捷，……当时学者，翕然宗之。而博览强记，尤长典章制度，时多取正。喜诲诱后进，以成名者甚众，人有片辞可

纪，必为讽诵，手集当世之述作，为《笔苑时文录》数千篇。(《宋史》卷三〇五《杨亿传》)

刘筠，字子仪，大名人。……其文辞善对偶，尤工为诗。初为杨亿所识拔，后遂与齐名，时号杨刘。(《宋史》卷三〇五《刘筠传》)

宋庠，初名郊。字公序，安州安陆人，后徙开封之雍丘。……自应举时，与祁俱以文学名擅天下。俭约不好声色，读书至老不倦，善正讹谬。(《宋史》卷二八四《宋庠传》)

祁，字子京，与兄庠同时举进士，……人呼曰二宋，以大小别之。……祁兄弟皆以文学显，而祁尤能文，善议论，然情约庄重不及庠，……论曰："……庠明练故实，文藻虽不逮祁，孤风雅操，过祁远矣。"(《宋史》卷二八四《宋祁传》)

大抵史近古，对偶宜今，以对偶之文入史策，如粉黛饰壮士，笙匏佐鼙鼓。(宋祁《笔记》上)

欧阳修以古文排奡之调为四六。

臣闻神功不宰，而万物得以曲成者，惟各从其欲；天鉴孔昭，而一言可以感动者，在能致其诚。敢倾虔至之心，再渎高明之听。(《欧阳修全集》卷九三《亳州乞致仕第二表》)

王安石，喜运经史语入文，谓之典雅。

懋昭贤业，寅亮圣时，伯夷之直惟清，仲山之明且哲。所居之名赫赫，岂独后思；尔瞻之节岩岩，方当上辅。(王安石《临川集》卷七九《贺致政赵少保启》)

苏轼制表，驱遣经史语文，如出诸己，在欧王二家之外，尤号雄杰，涵造化之妙，尽笔端之巧。南宋古文益衰，工四六者愈众，以流丽稳妥为能事，体乃愈卑矣。

汪藻，字彦章，饶州德兴人。……徽宗亲制君臣庆会阁诗，群臣皆赓进，惟藻和篇，众莫能及。时胡伸亦以文名，人为之语曰："江左二宝，胡伸汪藻。"……高宗……时多事，诏令类出其手。……藻通显三十年，无屋庐以居。博极群书，老不释卷，尤喜读《春秋左氏传》及《西汉书》。工俪语，多著述，所为制词，人多传诵。(《宋史》卷四四五《汪藻传》)

綦崇礼，字叔厚，高密人。……幼颖迈，十岁能作邑人墓铭。……太学诸生溺于王氏新说，少能词艺者，徽宗幸太学，崇礼出二表，祭酒与同列，大称其工。……高宗时，再入翰林，凡五年，所撰诏命数百篇，文简意明，不私美，不寄怨，深得代言之体。……崇礼妙龄秀发，聪敏绝人，不为崖岸斩绝之行，廉俭寡欲，独覃心辞章，洞晓音律，酒酣气振，长歌慷慨，议论风生，亦一时之英也。……楼钥尝叙其文，以为气格浑然天成，一旦当书命之任，明白洞达，虽武夫远人，晓然知上意所在云。(《宋史》卷三七八《綦崇礼传》)

适，字景伯，番易人。……幼敏悟，日诵三千言，……以文学闻望，遭时遇主。(《宋史》卷三七三《洪适传》)

遵，字景严，……从师业文，不以岁时寒暑辍。(《宋史》卷三七三《洪遵传》)

迈，字景卢，……幼读书，日数千言，……博极载籍，虽稗官虞初，释老傍行，靡不涉猎。……迈兄弟皆以文章取盛名，跻贵显。迈尤以博洽受知，孝宗谓其文备众体。迈考阅典故，渔猎经史，极鬼神事物之变，……有《容斋五笔》、《夷坚志》行于世，其他著述尤多。(《宋史》卷三七三《洪迈传》)

周必大，字子充，一字洪道，其先……倅庐陵，因家焉。……高宗读其策曰："掌制手也。"……必大在翰林几六年，制命温雅，周尽事情，为一时词臣之冠。(《宋史》卷三九一《周必大传》)

杨万里，字廷秀，吉州吉水人。……精于诗，尝著易传，行于世。光宗尝为书"诚斋"二字，学者称诚斋先生。(《宋史》卷四三三《杨万里传》)

真德秀，字景元，后更为景希，建之浦城人。……立朝不满十年，奏疏无虑数十万言，皆切当世要务。……四方人士，诵其文，想见其风采。(《宋史》卷四三七《真德秀传》)

魏了翁，字华甫，邛州蒲江人。……年十五，著《韩愈论》，抑扬顿挫，有作者风。……进华文阁待制，……上章论十弊，……疏列万言，先引故实，次陈时弊，分别利害，粲若白黑。(《宋史》卷四三七《魏了翁传》)

【制艺文】

宋熙宁中，王安石始废诗赋用经义，元祐后复罢。迨元仁宗延祐中，定科举考试法，于是王克耘始造八比一法，名书义矜式，遂为八股滥觞。学者俯就绳式，推敲揣摩，有害于学术文学者甚大。

自宋以来，以取中士子所作之文，谓之"程文"。《金史》承安五年，诏考试词赋官，各作程文一道，示为举人之式，试后，赴省藏之。（顾炎武《日知录》卷一六"程文"）

唐之取士以赋，而赋之末流，最为冗滥；宋之取士以论策，而论策之弊，亦复如之。（顾炎武《日知录》卷一六"程文"）

宋季有魏天应《论学绳尺》一书，皆当时应举文字，有破题、接题、小讲、大讲、入题、原题诸式。（顾炎武《日知录》卷一六"试文格式"注）

乙、诗

宋诗初学西昆晚唐，欧阳修、王安石锐意学韩学杜，苏王不主一格，巍然大家，宋诗体格，至是始成。

王禹偁，字元之，济州巨野人，……赋咏人多传诵。……太宗亲试贡士，召禹偁赋诗立就，上悦曰："此不逾月，遍天下矣。"……禹偁词学敏赡，遇事敢言，……所与游必儒雅，后进有词艺者，极意称扬之。……有……诗三卷。（《宋史》卷二九三《王禹偁传》）

丞相莱国寇忠愍公，名准，字平仲，华州下邽人。……平生著述，于章疏尤工，旨粹言简，多所开益。……好为诗，警策清悟，有刘梦得、元微之风格，其气焰奇拔，则又过之。（朱熹《五朝名臣言行录》卷四）

魏野，字仲先，陕州陕人也。……及长嗜吟咏，不求闻达，居州之东郊，手植竹树，清泉环绕，旁对云山，景趣幽绝。凿土袤丈，曰乐天洞，前为草堂，弹琴其中，好事者，多载酒肴从之游，啸咏终日。……野不喜巾帻，无贵贱皆纱帽白衣以见，出则跨白驴。过客居士

寇准像

往来，留题命话，累宿而去。野为诗精苦，有唐人风格，多警策句。……有《草堂集》十卷。(《宋史》卷四五七《魏野传》)

林逋，字君复，杭州钱塘人。少孤力学，不为章句。……初放游江淮间，久之，归杭州，结庐西湖之孤山，二十年，足不及城市。……自为墓于其庐侧，临终为诗，有"茂陵他日求遗稿，犹喜曾无封禅书"之句。既卒，州为上闻，仁宗嗟悼，赐谥和靖先生。……逋善行书，喜为诗，其词澄浃峭特，多奇句。既就稿随辄弃之，或谓何不录以示后世，逋曰："吾方晦迹林壑，且不欲以诗名一时，况后世乎？"然好事者，往往窃记之，今所传，尚三百余篇。(《宋史》卷四五七《林逋传》)

杨亿，字大年，……六岁学吟诗。……年十一，以童子召对，试诗赋五篇，下笔立成，太宗叹异。……太宗观华后苑，召命赋诗，明年，苑中曲宴，亿复以诗献。……有《西昆酬倡等》集。……真宗尝谓王旦曰："亿辞学无比，后学皆师慕之，文章有贞元元和风格，自亿始也。"旦曰："后学皆师慕亿，唯李宗谔久与之游，终不得其鳞甲，谓其体弱，不宗经典"云。(王偁《东都事略》卷四七《杨亿传》)

刘筠，……善对偶，尤工为诗。初为杨亿所识拔，后遂与齐名，时号杨刘。(《宋史》卷三〇五《刘筠传》)

石延年，字曼卿，……家于宋城。延年为人跌宕任气节，……于诗最工。(《宋史》卷四四二《石延年传》)

苏舜钦，字子美。……当天圣中，学者为文，多病偶对，独舜钦与河南穆修，好为古文歌诗，一时豪俊多从之游。……舜钦既放废，寓于吴中，其友人韩维，责以……去离都下，隔绝亲交，舜钦报书曰："……三商而眠，高春而起，静院明窗之下，罗列图史琴樽以自愉悦，有兴则泛小舟，出盘阊二门，吟啸览古于江山之间。渚茶野酿，足以消忧，蒓鲈稻蟹，足以适口。又多高僧隐君子，佛庙胜绝。家有园林，珍花奇石，曲池高台，鱼鸟留连，不觉日暮，……以彼此较之，孰为然哉？"……在苏州买水石，作沧浪亭，益读书，时发愤懑于歌诗，其体豪放，往往惊人。(《宋史》卷四四二《苏舜钦传》)

梅尧臣，字圣俞，宣州宣城人。……工为诗，以深远古淡为意，

间出奇巧。初未为人所知，……为河南主簿，钱惟演留守西京，特嗟赏之，为忘年交，引为酬倡，一府尽倾。欧阳修与为诗文，自以为不及。尧臣益刻厉，精思苦学，由是知名于时。宋兴以诗名家为世所传，如尧臣者盖少也。尝语人曰："凡诗意新语工，得前人所未道者，斯为善矣。必能状难写之景，如在目前，含不尽之意，见于言外，然后为至也。"世以为知言，……尧臣家贫喜饮酒，贤士大夫多从之游，时载酒过门。善谈笑，与物无忤，诙嘲讥刺托于时，晚益工。（《宋史》卷四四三《梅尧臣传》）

与梅尧臣游，为歌诗相倡和，……苏轼叙其文曰："……诗赋似李白。"（《宋史》卷三一九《欧阳修传》）

苏轼、王安石，叠为诗家宗主，苏门有黄、晁、秦、张诸人尤盛。

黄庭坚，字鲁直，洪州分宁人。……苏轼尝见其诗文，以为超轶绝尘，独立万物之表，世久无此作，由是声名始震。……庭坚学问文章，天成性得，陈师道谓其诗得法杜甫，学甫而不为者。……与张耒、晁补之、秦观俱游苏轼门，天下称为四学士。而庭坚于文章，尤长于诗，蜀、江西君子以庭坚配轼，故称苏黄。轼为侍从时，举庭坚自代，其词有"瑰伟之文，妙绝当世……"之语，其重之也如此。初游灊皖山谷寺石牛洞，乐其林泉之胜，因自号山谷道人云。（《宋史》卷四四四《黄庭坚传》）

晁补之，字无咎，济州巨野人。……父端有工于诗，补之聪敏强记，才解事，即善属文。……十七岁，从父官杭州，倅钱塘，山川风物之丽，著七述以谒州通判苏轼。轼先欲有所赋，读之叹曰："吾可以阁笔矣。"又称其文博辩隽伟，绝人远甚，必显于世，由是知名。……补之才气飘逸，嗜学不知倦，文章温润典缛，其凌丽奇卓，出于天成。尤精楚词，论集屈宋以来赋咏，为《变离骚》等三书。（《宋史》卷四四四《晁补之传》）

黄庭坚像

秦观，字少游，一字太虚，扬州高邮人。少豪隽慷慨，溢于文词。……见苏轼于徐，为赋黄楼，轼以为有屈宋才；又介其诗于王安石，安石亦谓清新似鲍谢。……放还至藤州，出游华光亭，为客道梦中长短句，索水欲饮，水至，笑视之而卒。先自作挽词，其语哀甚，读者悲伤之。(《宋史》卷四四四《秦观传》)

张耒，字文潜，楚州淮阴人。幼颖异，十三岁能为文，十七时作《函关赋》，已传人口。游学于陈，学官苏辙爱之，因得从轼游。轼亦深知之，称其文汪洋冲淡，有一倡三叹之声。……耒仪观甚伟，有雄才，笔力绝健，于骚词尤长。……作诗晚岁亦务平淡，效白居易体，而乐府效张籍。(《宋史》卷四四四《张耒传》)

陈师道，字履常，一字无己，彭城人。少而好学苦志，年十六，蚤以文谒曾巩，一见奇之，许其以文著，时人未之知也。……元祐初，苏轼、傅尧俞、孙觉荐其文行。……喜作诗，自云学黄庭坚，至其高处或谓过之，然小不中意，辄焚去，今存者才十一。世徒喜诵其诗文，至若奥学至行，或莫之闻也。(《宋史》卷四四四《陈师道传》)

李廌，字方叔，其先自郓徙华。……长以学问称乡里。谒苏轼于黄州，贽文求知，轼谓其笔墨澜翻，有飞沙走石之势。……又数年，再见轼，轼阅其所著，叹曰："张耒，秦观之流也。"(《宋史》卷四四四《李廌传》)

南宋诗，以尤、杨、范、陆为四大家。宋元之际，若真山民、汪水云为诗，凄凉感叹，虽为亡国遗音，而可窥见当时史事。

尤袤，字延之，常州无锡人。……入太学，以词赋冠多士。……上……使人密察，民诵其善政不绝口，乃录其东湖四诗归奏，上读而叹赏，遂以文字受知。……尝取孙绰《遂初赋》以自号。(《宋史》卷三八九《尤袤传》)

范成大，字致能，吴郡人。……素有文名，尤工于诗，……自号石湖，有《石湖集》。(《宋史》卷三八六《范成大传》)

杨万里，字廷秀，吉州吉水人。……名读书之室曰诚斋，……精于诗。(《宋史》卷四三三《杨万里传》)

陆游，字务观，越州山阴人。……范成大帅蜀，游为参议官，以

文字交。不拘礼法，人讥其颓放，因自号放翁。……游才气超逸，尤长于诗。（《宋史》卷三九五《陆游传》）

金诗多学苏黄一派，至元好问而大，中州一集，汾河诸老，稍嫌浅率，然征金事者，所不废也。

蔡松年，……文词清丽，尤工乐府，与吴激齐名，时号吴蔡体。（《金史》卷一二五《蔡松年传》）

赵秉文，……七言长诗，笔势纵放，不拘一律；律诗壮丽，小诗精绝，多以近体为之；至五言古诗，则沉郁顿挫。（《金史》卷一一○《赵秉文传》）

党怀英，字世杰，……能属文，……当时称为第一，学者宗之。……上章宗。谓宰臣曰："郝俣赋诗颇佳，旧时刘迎能之，李晏不及也。"（《金史》卷一二五《党怀英传》）

刘昂，字之昂，兴州人。……律赋自成一家，作诗得晚唐体，尤工绝句。（《金史》卷一二六《刘昂传》）

李汾，字长源，太原平晋人。……工诗，雄健有法，……平生诗甚多，不自收集，世所传者，十二三而已。（《金史》卷一二六《李汾传》）

其诗奇崛而绝雕刿，巧缛而谢绮丽，五言高古沉郁，七言乐府，不用古题，特出新意，歌谣慷慨，挟幽并之气。其长短句，揄扬新声以写恩怨者，又数百篇。（《金史》卷一二六《元好问传》）

元诗颇矫江西派粗犷之病，虞集以高亢胜，萨都剌以秾丽胜，末流或失之于纤。杨维桢读史乐府当行，别开一体，亦有足多。

虞伯生先生集，杨仲弘先生载，同在京日，杨先生每言伯生不能作诗，虞先生载酒请问作诗之法，杨先生酒既酣尽为倾倒，虞先生遂超悟其理。继……以所作诗介他人质诸杨先生，先生曰："此诗非虞伯生不能也。"或曰："先生尝谓伯生不能作诗，何以有此？"曰：

"伯生学问高，余曾授以作诗法，余莫能及。"……故国朝之诗称虞、赵、杨、范、揭焉。范即德机先生榛，揭即曼硕先生傒斯。也。尝有问于虞先生曰："仲弘诗如何?"先生曰："仲弘诗如百战健儿。""德机诗如何?"曰："德机诗如唐临晋帖。""曼硕诗如何?"曰："曼硕诗如美女簪花。""先生诗如何?"笑曰："虞集乃汉廷老吏。"盖先生未免自负，公论以为然。（陶宗仪《辍耕录》卷四）

张翥，字仲举，晋宁人。……留杭，又从仇远字仁近，钱塘人。先生学。远于诗最高，翥学之，尽得其音律之奥，于是翥遂以诗文知名一时。……翥长于诗，其近体长短句尤工。（《元史》卷一八六《张翥传》）

萨都剌，字天锡，别号直斋，本答失蛮氏。……有诗名，……晚年寓居武林，每风日晴好，辄肩一杖，挂瓢笠，踏芒蹻，凡深岩邃壑、人迹不到处，无不穷其幽胜，兴至则发为诗歌。（邵远平《元史类编》卷三六《萨都剌传》）

诗社之集，以元时为最盛。

元季士大夫，好以文墨相尚，每岁必联诗社，四方名士毕集，燕赏穷日夜，诗胜者，辄有厚赠。饶介为淮南行省参政，豪于诗，自号醉樵，尝大集诸名士，赋醉樵歌。《明史·文苑传》。……浦江吴氏，结月泉社，聘谢皋羽为考官。……注：见《怀麓堂诗话》。松江吕璜溪，尝走金帛，聘四方能诗之士，请杨铁崖为主考，第其甲乙，厚有赠遗，一时文人毕至，倾动三吴。注：见《四友斋丛说》。又顾仲瑛玉山草堂，杨廉夫、柯九思、倪元镇、张伯雨、于彦成诸人，尝寓其家，流连觞咏，声光映蔽江表。注：见《元诗选》。此皆林下之人，扬风扢雅，而声气所届，希风附响者，如恐不及。……有元之世，文学甚轻，当时有"九儒十丐"之谣，科举亦屡兴屡废。宜乎风雅之事，弃如弁髦，乃搢绅之徒，风流相尚如此。盖自南宋遗民故老，相与唱叹于荒江寂寞之滨，流风余韵，久而弗替，遂成风会。（赵翼《廿二史劄记》卷三〇"元季风雅相尚"）

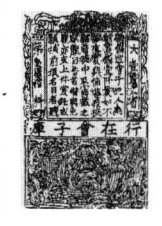

虞集像

卷四　宋辽金夏元

丙、词

词至宋而极盛，宋人填词，皆能被之乐府。北宋多小令，而气格浑成，南宋多为长调，而不免失之堆砌。苏辛盛气汪洋，别为一体；周邦彦实为一代词宗，光前启后。其诗文亦有规律，故不同靡靡之作。

宋人编集歌词，长者曰慢，短者曰令。初无中调、长调之目，自顾从敬编《草堂词》以臆见分之，后遂相沿。（朱彝尊《词综·发凡》）

晏殊，字同叔，……有《珠玉词》一卷。（朱彝尊《词综》卷四）

晏几道，……殊幼子，……有《小山词》一卷。（朱彝尊《词综》卷五）

柳永，初名三变，字耆卿，……有《乐章集》九卷。……叶少蕴云，尝见一西夏归朝官云：凡有井水饮处，即能歌柳词。……黄叔旸云：耆卿长于纤艳之词。（朱彝尊《词综》卷五）

有客谓子野张先字曰："人皆谓公张三中，即心中事，眼中泪，意中人也。"（朱彝尊《词综》卷五）

晁无咎云：东坡居士词，人谓多不谐音律，然横放杰出，自是曲子内缚不住者。……陆务观云：……东坡……词，……但豪放不喜裁剪以就声律耳，……歌之曲终，觉天风海雨逼人。（朱彝尊《词综》卷六）

贺铸，字方回，……有《东山寓声乐府》三卷，……妙绝一世。……有"梅子黄时雨"之句，人谓之贺梅子。……山谷有诗云："解道江南断肠句，只今惟有贺方回"，其为前辈推重如此。（朱彝尊《词综》卷七）

周邦彦，字美成，……有《清真集》二卷。……张叔夏云：美成词浑厚和雅，善于融化诗句。沈伯时云：作词当以清真为主。（朱彝尊《词综》卷九）

辛弃疾，字幼安，齐之历城人，……善长短句，悲壮激烈，有《稼轩集》行世。（《宋史》卷四〇一《辛弃疾传》）

辛弃疾像

刘克庄，字潜夫，……有《后村别调》一卷。（朱彝尊《词综》卷一四）

姜夔，字尧章。号白石。……范石湖成大。云：白石有裁云缝月之妙手，敲金戛玉之奇声。……黄叔旸云：白石词极精妙，不减清真，其高处，有美成所不能及。……张叔夏云：姜白石如野云孤飞，去留无迹。（朱彝尊《词综》卷一五）

史达祖，字邦卿。号梅溪。……姜尧章云：邦卿词奇秀清逸，融情景于一家，会句意于两得。张功甫云：……妥帖轻圆，辞情俱到。（朱彝尊《词综》卷一七）

吴文英，字君特，……有《梦窗甲乙丙丁稿》四卷。张叔夏云：吴梦窗如七宝楼台，眩人眼目，拆碎下来，不成片段。……沈伯时云：梦窗深得清真之妙，但用事下语太晦处，人不易知。（朱彝尊《词综》卷一九）

张炎，字叔夏，……有《玉田词》三卷。……仇仁近云：……意度超玄，律吕协洽，当与白石老仙相鼓吹。（朱彝尊《词综》卷二一）

周密，字公谨，……有《草窗词》二卷，一名《蘋洲渔笛谱》。（朱彝尊《词综》卷二〇）

高观国，字宾王。号竹屋。……张叔夏云：竹屋、白石、邦卿、梦窗，格调不凡，句法挺异。（朱彝尊《词综》卷一七）

朱淑真，钱塘人，有《断肠集词》一卷。（朱彝尊《词综》卷二五）

李清照，字易安，格非之女，嫁赵明诚，有《漱玉集》一卷。（朱彝尊《词综》卷二五）

（四）通俗文学

唐时佛教流行，因以俗文敷衍教义，传播既久，用之以作传记。至宋语体尤盛，出使专对则有口语，讲学则有语录。小说戏曲之作，则雅俗并陈。元人《水浒传》，纯以语体行之，遂成章回说部一体。自此以后，小说戏曲，深入人心，弥漫社会，风俗思想，为之一变。

甲、宋元人小说

【《五代史平话》】

宋巾箱本《五代史平话》，于梁唐晋汉周，各分上下二卷，惜梁

史汉史皆缺下卷，虽上卷尚存回目，而梁史已敚去数叶，不能补矣。元忠于光绪辛丑游杭，得自常熟张大令敦伯家，以压归装，顾各家书目皆未著录。……偶忆《梦粱录》"小说讲经史"门，有云：讲史者，谓讲说《通鉴》汉唐历代书史文传兴废争战之事，有戴书生、周进士、张小娘子、宋小娘子、丘机山、徐宣教。疑此平话，或出南渡小说家所为，而书贾刻之，故目录及每卷首尾，辄大书"新编五代某史平话"也。（曹元忠《五代史平话跋》）

【《京本通俗小说》】

余避难沪上，索居无俚，闻亲串按即冯誉骥家妆奁。中，有旧钞本书，类乎平话，假而得之。……搜得四册，破烂磨灭，的是影元人写本，首行"京本通俗小说第几卷"，按缪刻本存第十、第十一、第十二、第十三、第十四、第十五、第十六，凡七卷。通体皆减笔小写，阅之令人失笑。三册尚有钱遵王图书，盖即也是园中物。《错斩崔宁》、《冯玉梅团圆》二回，见于书目。而宋人词话标题，"词"字乃"评"字之讹耳。按词话与评话异，此说不然。所引诗词，皆出宋人，雅韵欲流，并有可考者。如《碾玉观音》一段，三镇节度使延安郡王指韩蕲王，秦州雄武军刘两府是刘锜，杨和王是杨沂中，官衔均不错。尚有《定州三怪》一回，破碎太甚；《金主亮荒淫》两卷，过于秽亵，未敢传摹。与也是园有合有不合，亦不知其故。（缪荃孙《京本通俗小说》跋）

【《大唐三藏取经诗话》】

宋椠《大唐三藏取经诗话》三卷，……阙卷上第一叶，卷中第一二三叶。卷末有"中瓦子张家"印款一行。中瓦子为宋临安府街名，……此云中瓦子张家印，盖即《梦粱录》之张官人经史子文籍铺。……此书与《五代平话》、《京本小说》及《宣和遗事》，体例略同。三卷之书，共分十七节，亦后世小说分章回之祖。其称"诗话"，非唐宋士夫所谓诗话，以其中有诗有话，故得此名。其有词有话者，则谓之词话。……皆《梦粱录》、《都城纪胜》所谓"说话"之一种也。书中载元奘取经，皆出猴行者之力，即《西游演义》所本。（王国维《大唐三藏取经诗话跋》）

【《宣和遗事》】

世所传《宣和遗事》，极鄙俚，然亦是胜国时间阎俗说，中有"南儒"及"省元"等字面，又所记宋江三十六人，卢俊义作李俊义，杨雄作王雄，关胜作关必胜，其余俱小不同，并花石纲等事，皆似是《水浒》事本，倘出《水浒》后，必不更创新名。（胡应麟《少室山房笔丛》卷四一）

余于戊辰冬，得《宣和遗事》二册，识是述古旧藏。……《述古堂书目》"宋人词话"门，有《宣和遗事》四卷。……后检之高儒《百川书志》，于史部传记类云：《宣和遗事》二卷，载徽钦二帝屯泰二百七十余事，虽宋人所记，辞近謷史，颇伤不文。（黄丕烈《宣和遗事跋》）

【《水浒传》】

今世传街谈巷语，有所谓演义者，盖尤在传奇杂剧下，然元人武林施某所编《水浒传》，特为盛行，世率以其凿空无据，要不尽尔也。余偶阅一小说序，称施某尝入市肆，绸阅故书，于散楮中得宋张叔夜禽贼招语一通，备悉其一百八人所由起，因润饰成此编。（胡应麟《少室山房笔丛》卷四一）

乙、金人院本

两宋戏剧，均谓之杂剧，至金而始有院本之名。院本者，《太和正音谱》云，行院之本也。初不知"行院"为何语，后读元刊《张千替杀妻》杂剧云"你是良人良人宅眷，不是小末小末行院"，则行院者，大抵金元人谓倡伎所居。其所演唱之本，即谓之院本云尔。院本名目六百九十种，见于陶九成《辍耕录》卷二十五者，不言其为何代之作。而院本之名，金元皆有之，故但就其名，颇难区别。以余考之，其为金人所作，殆无可疑者也。自此目观之，甚与宋官本杂剧段数相似，而复杂过之。其中又分子目若干，曰"和曲院本"者十有四本，其所著曲名，皆大曲法曲，则和曲殆大曲法曲之总名也。曰"上皇院本"者十有四本，其中如金明池、万岁山、错入内、断上皇等，皆明示宋徽宗时事，他可类推，则上皇者，谓徽宗也。曰"题目院本"者二十本，按题目即唐以来合生之别名，高承《事物纪原》卷九

金代杂剧人物砖雕

"合生"条，言《唐书·武平一传》，平一上书，"比来妖伎胡人，于御座之前，或言妃主情貌，或列王公名质，咏歌舞蹈，名曰合生，始自王公，稍及闾巷"，即合生之原，起于唐中宗时也。今人亦谓之"唱题目"云云，此云题目，即唱题目之略也。曰"霸王院本"者六本，疑演项羽之事。曰"诸杂大小院本"者一百八十有九。曰"院么者"二十有一。曰"诸杂院爨"者一百有七，陶氏云"院本又谓之五花爨弄"，则爨亦院本之异名也。曰"冲撞引首"者一百有九。曰"拴搐艳段"者九十有二，案《梦粱录》卷二十云，"杂剧先做寻常熟事一段，名曰艳段，次做正杂剧"，则引首与艳段，疑各相类。艳段《辍耕录》又谓之"焰段"，曰焰段亦院本之意，但差简耳，取其如火焰易明而易灭也。其所以不得为正杂剧者当以此，但不知所谓冲撞拴搐作何解耳。曰"打略拴搐"者八十有八。曰"诸杂砌"者三十，案《芦浦笔记》，谓街市戏谑有打砌打调之类，疑杂砌亦滑稽戏之流，然其目则颇多故事，则又似与打砌无涉。《云麓漫钞》，卷八。"近日优人作杂班"，似杂剧而稍简略。金房官制，有文班武班，若医卜倡优，谓之杂班，每宴集，伶人进，曰杂班上，故流传作此。然《东京梦华录》，已有杂扮之名，《梦粱录》亦云"杂扮，或曰杂班，又名经当作纽。元子，又谓之拔和，即杂剧之后散段也。顷在汴京时，村落野夫，罕得入城，遂撰此端，多是借装为山东河北村叟，以资笑端"，则自北宋已有之。今打略拴搐中，有和尚家门、先生家门、秀才家门、列良家门、禾下家门各种，每种各有数本，疑皆装此种人物，以资笑剧，或为杂扮之类，而所谓杂砌者，或亦类是也。（王国维《宋元戏曲史》）

丙、元人杂剧

曲至元而盛。曲本词之余，宋人间用俚语，金元愈臻浅俗，杂以胡语。南人所作，谓之南曲以别之。南曲两人对唱，北曲一人独唱，若易人必换宫，又南北之别也。

唐有传奇，宋有戏曲、唱诨、词说，宋赵德邻取唐元微之《会真记》，或仍原文，或加删削，于吃紧处，则系以蝶恋花词，谓之诨词。金有院本、杂剧、诸公调。院本、杂剧，其实一也。国朝院本、杂剧始厘而二之，院本则五人，一曰副净，古谓之参军；一曰副末，古谓之苍鹘，鹘能击禽鸟，末可打副净，故云；一曰引戏；一曰末泥；一曰孤装，又谓之五花爨弄，或曰宋徽宗见爨国人来朝，衣装鞋履巾裹，傅粉墨，举动如此，使优人效之以为戏。又有焰段，亦院本之意，但差简耳，取其如火焰，易明而易灭也。（陶宗仪《辍耕录》卷二五）

稗官废而传奇作，传奇作而戏曲继。金季国初，乐府犹宋词之流，传奇犹宋戏曲之变，世传谓之杂剧。金章宗时，董解元所编《西厢记》，世代未远，尚罕有人能解之者，况今杂剧中曲调之冗乎？（陶宗仪《辍耕录》卷二七）

元人著北曲者至多，关汉卿、王实甫为最著。

关汉卿，解州人，工乐府，著北曲六十本。世称宋词元曲，然词在唐人，已优为之，惟曲自元始，有南北十七宫调。……一时文人才士辈，所撰杂剧，计五百四十九种，皆精审于字之阴阳、韵之平仄，可以被管弦、协律吕，……又曰升平乐。（邵远平《元史类编》卷三六《关汉卿传》）

马致远，《汉宫秋》等十三本，如鹏抟九霄，白仁甫，《梧桐雨》等十七本，如朝阳鸣凤；李寿卿，《临歧柳》等十一本，如春晓洞天；乔孟符，《金钱记》等八本；如神鳌鼓浪，费唐臣，《贬黄州》等三本；如三峡波涛；……王

关汉卿画像

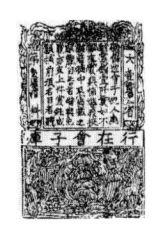

实甫,《西厢记》等二十二本,如花间美人;……郑德辉,细柳营等二十本,如碧汉晴云,……并称杰构。(邵远平《元史类编》卷三六《关汉卿传》注)

南曲以高则诚《琵琶记》为称首。

自金元入中国,所用胡乐,嘈杂凄紧,缓急之间,词不能按,乃更为新声以媚之,而诸君如贯酸斋、马东篱……辈,咸富有才情,……所谓宋词元曲,殆不虚也。但大江以北,渐染胡语,……沈约四声,遂阙其一;……复变新体,号为南曲,高拭则成,遂掩前后。……凡曲北字多而调促,……南字少而调缓;……北宜和歌,南宜独奏。(王世贞《艺苑卮言》附录一)

高明则诚者,温之永嘉人。以春秋中元至正乙酉榜,授处州录事。……方国珍聘置幕下,不行,旅寓明州,以词曲自娱。……有王四者,以学闻,则诚与之友善,劝之仕,登第即弃其妻,而赘于不花太师家,则诚恶之,故作此记以讽谏。名之曰"琵琶"者,取其头上四王,为"王四"云尔,元人呼牛为"不花",故谓之牛太师。(何元朗《曲论》)

(五) 书画
甲、书
【宋】

句中正,字坦然,益州华阳人。……精于字学,古文篆隶行草无不工。太平兴国二年,献八体书。(《宋史》卷四四一《句中正传》)

李建中,字得中,其先京兆人。……建中善书札,行笔尤工,多构新体,草隶篆籀八分亦妙,人多摹习,争取以为楷法。(《宋史》卷四四一《李建中传》)

陈尧佐,……善古隶八分,为方丈字,笔力端劲,老犹不衰。(《宋史》卷二八四《陈尧佐传》)

李行简,……家贫,……聚木叶学书,笔法遒劲。(《宋史》卷三〇一《李行简传》)

王荆公书,清劲峭拔,飘飘不凡,世谓之横风疾雨。黄鲁直谓学王蒙,米元璋谓学杨凝式,以余观之,乃天然如此。(张邦基《墨庄漫

录》卷一）

蔡襄，字君谟，兴化仙游人。……襄工于书，为当时第一，仁宗尤爱之，制元舅陇西王碑文，命书之。及令书温成后父碑，则曰："此待诏职耳。"不奉诏。（《宋史》卷三二〇《蔡襄传》）

东坡……尺牍狎书，姿态横生，……萧散容与，霏霏如零春之雨；森疏掩敛，熠熠如丛月之星；纤徐婉转，缅缅如抽茧之丝，恐学者所未到也。（杨慎《昇庵合集》卷一六九"书品"）

黄庭坚，……善行草书，楷法亦自成一家。（《宋史》卷四四四《黄庭坚传》）

东坡题鲁直草书《尔雅》后云：鲁直以真实心出游戏法，以平等观作欹侧字，以磊落人录细碎书，亦三反也。（赵德麟《侯鲭录》卷三）

米芾，字元章，吴人也，……特妙于翰墨，沉着飞翥，得王献之笔意。（《宋史》卷四四四《米芾传》）

鲁公蔡京……授笔法于伯父君谟，……字势豪健，痛快沉着，迨绍圣间，天下号能书，无出鲁公之右者，……晚……遂自成一法，为海内所宗焉。（蔡絛《铁围山丛谈》卷四）

吴激，……米芾之婿也，工诗能文，字画俊逸，得芾笔意。（《金史》卷一二五《吴激传》）

【金】

张即之，……字温夫，……其书当时所重，完颜有国时，每重购其迹。（文徵明《文待诏题跋》卷下）

王竞，……博学而能文，善草隶书，工大字，两都官殿榜题，皆竞所书，士林推为第一云。（《金史》卷一二五《王竞传》）

赵公秉文，……有才藻，工书翰，……字画则有晋魏以来风调，而草书尤警绝，殆天机所到，非学能至。（元好问《中州集》卷三）

蔡襄书法

卷四 宋辽金夏元

赵沨……正书体兼颜苏，行草备诸家体，其超放又似杨凝式，当处苏黄伯仲间。(《金史》卷一二六《赵沨传》)

王庭筠，……书法学米元璋，与赵沨、赵秉文俱以名家。(《金史》卷一二六《王庭筠传》)

【元】

嶷嶷，善真行草书，识者谓得晋人笔意，单牍片纸，人争宝之，不翅金玉。(《元史》卷一四三《嶷嶷传》)

赵孟頫，……篆籀分隶，真行草书，无不冠绝古今，遂以书名天下。天竺有僧，数万里来求其书归，国中宝之。(《元史》卷一七二《赵孟頫传》)

揭傒斯，……善楷书行草，朝廷大典册，……必以命焉。(《元史》卷一八一《揭傒斯传》)

虞集，……真行草篆，皆有法度，古隶为当代第一。(陶宗仪《书史会要》卷七)

乙、画

【宋】

荆浩山水，为唐末之冠，关仝尝师之。……宋世山水超绝唐世者，李成、董元、范宽三人而已。尝评之，董元得山之神气，李成得山之体貌，范宽得山之骨法，故三家照曜古今为百代师法。(汤厚《古今画鉴》)

江南中主时，有北苑使董源，善画，尤工秋岚远景，多写江南真山，不为奇峭之笔。其后建业僧巨然，祖述源法，皆臻妙理。大体源及巨然画笔，皆宜远观，其用笔甚草草，近视之，几不类物象，远观则景物粲然，幽情远思，如睹异境。(沈括《梦溪笔谈》卷一七)

李成，字咸熙，唐宗室，避地营丘。……画师关仝，凡烟云变灭，水石幽闲，树木萧森，山川险易，莫不曲尽其妙。(夏文彦《绘图宝鉴》卷三)

范宽，初名中正，字仲立，……以其豁达，有大度，故以宽名之。……北宋时，天下为山水者，惟范宽与李成称绝，议者谓李成之笔，近视如千里之遥，范宽之笔，远望不离坐外，皆造乎神也。(陈

仁锡《潜确居类书》卷八二）

　　李公麟，字伯时，舒州人。……病痺，遂致仕。既归老，肆意于龙眠山岩壑间。雅善画，自作山庄图，为世宝传。写人物尤精，识者以为顾恺之、张僧繇之亚。（《宋史》卷四四四《李公麟传》）

　　米芾，……画山水人物，自名一家。……子友仁，字元晖，……亦善书画，世号小米。（《宋史》卷四四四《米芾传》）

　　米芾，字元章，天姿高迈。……作画喜写古贤像，山水其源出董源，天真发露，怪怪奇奇，枯木松石，自有奇思。（夏文彦《图绘宝鉴》卷三）

　　米友仁，字元晖，元章之子。能传家学，……烟云变灭，林泉点缀，草草而成，不失天真，……每自题其画曰墨戏。（夏文彦《图绘宝鉴》卷四）

　　文同，字与可，梓州梓潼人。……苏轼，同之从表弟也。同又善画竹，初不自贵重，四方之人，持缣素请者足相蹑于门，同厌之，投缣于地，骂曰："吾将以为袜。"好事者传之，以为口实。（《宋史》卷四四三《文同传》）

　　徽宗……好书画，兴学较艺，如取士法。……尤注意花鸟，点睛多用黑漆，隐然豆许，高出缣素。（夏文彦《图绘宝鉴》卷三）

【金】

　　赤盏君实，女真人，居燕城，画竹学刘自然，颇有意趣。（夏文彦《图绘宝鉴》卷五）

　　蘧然子赵滋，……画入能品。（元好问《中州集》卷一〇）

【元】

　　赵孟頫，……其画山水、木石、花竹、人马尤精致。……子雍、奕，并以书画知名。（《元史》卷一七二《赵孟頫传》）

范宽《雪山萧寺图》

元四大家，赵孟頫，字子昂，号松雪；吴镇，字仲圭，号梅花道人；黄公望，字子久，号大痴，又号一峰老人；王蒙，字叔明，号黄鹤山樵，……以画名家。(陈仁锡《潜确居类书》卷八二)

倪迂画，……可称逸品。……元之能者虽多，然率承宋法，稍加萧散耳。吴仲圭大有神气，黄子久特妙风格，王叔明奄有前规，而三家未洗纵横习气，独云林古淡天然，米痴后一人而已。(陈继儒《妮古录》卷一)

元人善画者多，其在大都，山水则刘融伯熙、乔达达之、韩绍晔子华、高克恭彦敬、李希闵克孝，竹石则李衎仲宾、于士行遵道、张德琪廷玉、李有仲方、刘德渊仲渊及张敏夫、高吉甫、刘广之，花果则谢佑之，人物则李士传，传写则焦善甫、冷起岩。(朱彝尊《日下旧闻》卷二一九"补遗"引《粉墨春秋》)

按宋元画家辈出，大抵规范唐人，然自元黄公望、倪瓒等，以简逸为天下倡，画风乃一变。

(六) 印刷

五代雕板之术兴，官书家刻，同时并盛，印刷术日精。迨宋庆历间，活字版兴，文化臻进，裨益不少。

宋版书内页

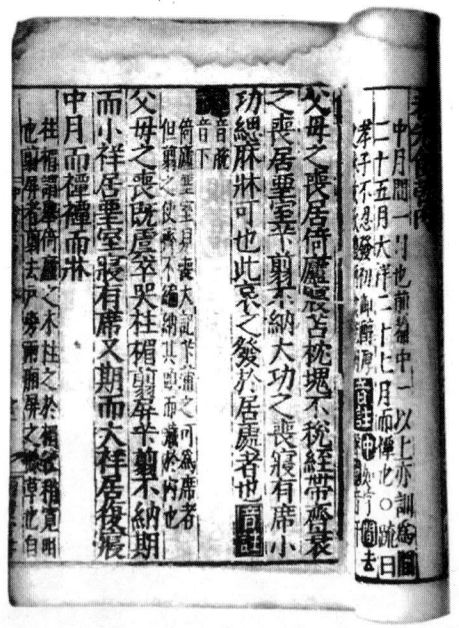

板印书籍，唐人尚未盛为之，自冯瀛、王道始印五经，已后典籍，皆为板本。庆历中，有布衣毕升，又为活板，其法用胶泥刻字，薄如钱唇，每字为一印，火烧令坚，先设一铁板，其上以松脂蜡和纸灰之类冒之，欲印则以一铁范置铁板上，乃密布字印满铁范为一板，持就火炀之，药稍镕，则以一平板按其面，则字平如砥。若止印三二本，未为简易，若印数十百千本，则极为神速。常作二铁板，一板印刷，一板已自布字，此印者才毕，则第二板已具，更互用之，瞬息可就。每一字皆有数印，如之、也等字，每字有二十余印，以备一板内有重复者。不用则以纸帖之，每韵为一帖，木格贮之。有奇字素无备者，

旋刻之，以草火烧，瞬息可成。不以木为之者，文理有疏密，沾水则高下不平，兼与药相黏不可取；不若燔土，用讫再火，令药镕，以手拂之，其印自落，殊不沾污。（沈括《梦溪笔谈》卷一八）

今世刻书，字体有一种横轻直重者，谓之为宋字；一种楷书圆美者，谓之为元字。……吾谓北宋蜀刻经史，及官刻监本诸书，其字皆颜柳体，其人皆能书之人，其时家塾书坊，虽不能一致，大都笔法整齐，气味古朴。……光宗以后，渐趋于圆活一派，……已近于今日之元体字，而有元一代官私刻本，皆尚赵松雪字，此则元体字之所滥觞也。……明季始有书工，专写肤廓字样，谓之宋体，庸劣不堪。（叶德辉《书林清话》卷二）

三　工艺制造

（一）纺织

甲、宋

定州织刻丝，不用大机，以熟色丝，经于木挣上，随所欲作花草禽兽状。以小梭织纬时，先留其处，方以杂色线缀于经纬之上，合以成文，……视之如雕镂之象。……单州成武县，织薄缣，修广合于官度，而重才百铢，望之如雾。……泾州……能捻草毛为线，织方胜花一匹，重只十四两。（庄绰《鸡肋编》卷上）

宋之锦标，则有刻丝作楼阁者，刻丝作龙水者，刻丝作百花攒龙者，刻丝作龙凤者，紫宝阶地者，紫大花者，五色簟文者，一名山和尚。紫小滴珠方胜鸾鹊者，青绿簟文者，一名闹婆，一名蛇皮。紫鸾鹊者，一等紫地紫鸾鹊，一等白地紫鸾鹊。紫白花龙者，紫龟纹者，紫珠焰者，紫曲水者，一名落花流水。紫汤荷花者，红霞云鸾者，黄霞云鸾者，一名绛霄。青楼阁者，阁一作台。青天落花者，紫滴珠龙团者，青樱桃者，皂方团白花者，褐方团白花者，方胜盘象者，毯路者，衲者，柿红龟背者，樗蒲者，宜男者，宝照者，龟莲者，天下乐者，练鹊者，方胜练鹊

者、绶带者、瑞草者、八花晕者、银钩晕者、细红花盘雕者、翠色狮子者、盘球者、水藻戏鱼者、红遍地杂花者、红遍地翔鸾者、红遍地芙蓉者、红七宝金龙者、倒仙牡丹者、白蛇龟纹者、黄地碧牡丹方胜者、皂木者。绫引首及托里，则有碧鸾者、白鸾者、皂鸾者、皂大花者、碧花者、姜牙者、云鸾者、樗蒲者、大花者、杂花盘雕者、涛头水波纹者、仙纹者、重莲者、双雁者、方旗者、龟子者、方縠纹者、鸂鶒者、枣花者、叠胜者、辽国白毛者、金国回文花者、高丽国白鹫者、花者。余未及尽识，殊以为恨。（董其昌《筠轩清秘录》卷下）

张贵妃又尝侍上元宴于端门，服所谓灯笼锦者。（邵伯温《河南邵氏闻见录》卷二）

靖康初，京师织帛，及妇人首饰衣服，皆备四时，如节物则春幡、灯毬、竞渡、艾虎、云月之类，花则桃、杏、荷花、菊花、梅花，皆并为一景，谓之"一年景"。（陆游《老学庵笔记》卷二）

亳州出轻纱，举之若无，裁以为衣，真若烟雾。（陆游《老学庵笔记》卷六）

闽广多种木棉，……纺绩为布，名曰吉贝，……海南蛮人织为巾，上出细字，杂花卉，尤工巧。（方勺《泊宅编》卷三）

乙、元

闽广多种木棉，纺绩为布，……错纱配色，综线絜花，各有其法，以故织成被褥带帨，其上折枝团凤棋局字样，粲然若写。（陶宗仪《辍耕录》卷二四）

燕人何失世，以织纱縠为业，与张进忠制笔齐名。（朱彝尊《日下旧闻》卷三九"补遗"引《宋元诗会笺》）

（二）雕漆

嘉兴斜塘杨汇髹工枪金枪银法，凡器用什物，先用黑漆为地，以针刻画，或山水树石，或花竹翎毛，或亭台屋宇，或人物故事，一一完整，然后用新罗漆，若枪金则调雌黄，若枪银则调铅粉，日晒后用挑挑嵌所刻缝罅，以金薄或银薄，依银匠所用纸糊笼罩，置金银薄在内，遂旋细切取，铺已施漆上，新绵揩拭牢实，但着漆者，自然黏住，其余金银都在绵上，于熨斗中烧灰置锅内镕锻，浑不走失。（陶

宗仪《辍耕录》卷三〇)

螺钿器皿，出江西吉安府庐陵县，宋朝内府中物，……俱是坚漆，或有嵌铜线者，甚佳。元朝时富家，不限年月做造，漆坚而人物细可爱。(曹昭《格古要论》卷八)

髹漆器用蚌蛤壳镶嵌，像人物花草，谓之螺填。吕蓝衍《言鲭》，谓牂牁蛮国，其王号鬼王，其别帅曰罗殿，在贵州界内，世用其蛤饰器，谓之罗殿。此说非也。今贵州水西一带，即罗甸鬼国，……皆崇山峻岭，并无江河，安得有蚌蛤之属？此器多出自广东沿海一带。按方勺《泊宅编》，谓螺填器本出倭国，而蓝衍讹为罗殿而附会之，误矣。周密《驾幸张府记》，宋高宗幸张循王府，王所进有螺钿盒十具。又《癸辛杂识》，王楙谄贾似道，作螺钿卓面屏风十副，图贾相当国盛事，如鄂渚守城、鹿矶奏捷之类，贾相乃大喜。则螺填当作螺钿为是。(赵翼《陔馀丛考》卷三三)

(三) 瓷器

仁宗一日幸张贵妃阁，见定州红瓷器。(邵伯温《河南邵氏闻见前录》卷二)

宋时，有章生一、生二兄弟，皆处州人，主龙泉之琉田窑。生二所陶青器，纯粹如美玉，……生一所陶者色淡，故名哥窑。(陆深《春风堂随笔》)

宋时处州章生兄弟者，皆作窑，兄所作者，视弟色稍白而断纹多，号白坡碎，故曰哥窑。(王世贞《宛委馀编》卷一五)

宋叶寘《坦斋笔衡》云：……本朝以定州白磁器有芒不堪用，遂命汝州造青窑器，故河北唐、邓、耀州悉有之，汝窑为魁，江南则处州龙泉县窑，质颇粗厚。政和间，京师自置窑烧造，名曰官窑。中兴渡江，有邵成章提举后苑，号邵局，袭故京遗制，置窑于修内司，造青器，名内窑，澄泥为范，极其精制，油色莹彻，为世所珍。后郊坛下别立新窑，比旧窑大不侔矣。余如乌泥窑、余杭窑、续窑，皆非官窑比，

宋龙泉窑鬲式炉

若谓旧越窑,不复见矣。(陶宗仪《辍耕录》卷二九)

宋时江西窑器,出庐陵之永和市。有舒翁,工为玩具,翁之女尤善,号曰舒娇,其炉瓮诸色,几与哥窑等价。(施闰章《矩斋杂记》)

(四) 塑像

鄜州田氏,作泥孩儿名天下,……一对至直十缣,一床至三十千,一床者,或五或七也,小者二三寸,大者尺余,……予家旧藏一对卧者,有小字云:鄜畤田圯制。(陆游《老学庵笔记》卷五)

阿尔尼格,尼博啰国人也。……善画塑及铸金为像,……凡两京寺观之像,多出其手。……有刘元者,尝从阿尔尼格学西天梵相,亦称绝艺。元字秉元,蓟之宝坻人,始为黄冠,师事青州杞道录,传其艺非一。至元中,凡两都名刹塑土范金,抟换为佛像,出元手者,神思妙合,天下称之,其上都三皇尤古粹。……后大都南城作东岳庙,元为造仁圣帝像。……其所为西番佛像多秘,人罕得见者。……抟换者,漫帛土偶上而髹之,已而去其土髹帛,俨然成像云。(《元史》卷二〇三《阿尔尼格传》)

(五) 建筑

营舍之法,谓之《木经》,或云喻皓所撰。凡屋有三分,自梁以上为上分,地以上为中分,阶为下分。凡梁长几何,则配极几何以为榱等,如梁长八尺,配极三尺五寸,则厅法堂也,此谓之上分。楹若干尺,则配堂基若干尺以为榱等,若楹一丈一尺,则配基阶四尺五寸之类,以至承栱榱桷,皆有定法,谓之中分。阶级有峻平慢三等,宫中则以御辇为法,凡自下而登,前竿垂尽臂,后竿展尽臂为峻道,前竿平肘,后竿平肩为慢道,前竿垂手,后竿平肩为平道,此之为下分。其书三卷,近岁土木之工,益为严善,旧木经多不用,未有人重为之,亦良工之一业也。(沈括《梦溪笔谈》卷一八)

(六) 器用

甲、文具

【笔】

笔盖出于宣州,自唐惟诸葛一姓,世传其业。治平、嘉祐前,有

得诸葛笔者，率以为珍玩，云一枝可敌它笔数枝。熙宁后，世始用"无心散卓笔"，其风一变。(叶梦得《石林避暑录话》卷上)

【纸】

宋颜方叔，尝创制诸色笺，有杏红，露桃红，天水碧，俱砑花竹、鳞羽、山林、人物，精妙如画，亦有金缕五色描成者，士夫甚珍之。(陈继儒《妮古录》卷二)

"百硾纸"出高丽，以楮造，捣练极工，拟于茧。"凝霜纸"出黟歙，复有长纸，一幅可五十尺。(陈元龙《格致镜原》卷三七引《事物绀珠》)

天下皆以木肤为纸，而蜀中乃尽用蔡伦法，笺纸有"玉板"，有"贡余"，有"经屑"，有"表光"。玉板、贡余，杂以旧布破履乱麻为之，惟经屑、表光，非乱麻不用。(费著《蜀笺谱》)

川纸取布头机余经不受纬者治作之，故名"布头笺"。此纸冠天下。(苏轼《东坡志林》卷一一)

宋有……藤白纸，研光小本纸，蜡黄藏经笺，有金粟山、转轮藏二种。白经笺，鹄白纸，白玉版匹纸，蚕茧纸；元有黄麻纸，铅山纸，常山纸，英山纸，上虞纸，皆可传之百世。(董其昌《筠轩清秘录》卷中)

【墨】

宋熙丰间，张遇供御墨，用油烟入脑麝金箔，谓之"龙香剂"。(陈元龙《格致镜原》卷三七引《窗间纪闻》)

东坡先生在儋耳，令潘衡所造，铭曰："海南松煤，东坡法墨"者是也。其法或云，每笏用金花胭脂数饼，故墨色艳发，胜用丹砂也。(何薳《春渚纪闻》卷八)

潭州胡景纯，专取桐油烧烟，名"桐花烟"。其制甚坚薄，不为外饰以眩俗眼，……每磨研间，其光可鉴。画工宝之，以点目瞳子，如点漆云。(何薳《春渚纪闻》卷八)

陶九成载墨，……宋张遇、潘衡、蒲大韶、款曰"书窗轻煤，佛帐余韵"。叶世英、尝造德寿宫墨。朱知常、朱知常香剂。梁果、李世英、款曰"丛桂堂李世英"。胡友直、潘秉彝、衡孙。徐知常、叶邦宪、尝造

复古殿墨。雪斋、款曰"雪斋宝墨"。周朝式、李克恭、世英子。乐温、亦世英子。蒲彦辉、刘文通、郭忠厚、镜湖方氏、黄表之、齐峰、刘士先、尝造绛熙殿墨。寓庵、俞林、邱攽、谢东、徐禧、叶茂实、三衢。翁彦卿,元潘云谷、清江。胡文忠、长沙。林松泉、钱塘。于材仲、宜兴。杜清碧、武夷。卫学古、松江。黄修之、天台。朱万初、豫章。邱可行、金溪。邱世英、邱南杰,并可行子。可谓详矣。然……宋不载常和、沈珪、陈相、张孜、沈晏、徐铉、张谷、潘谷、叶谷、常遇、潘遇、陈瞻、王迪、苏澥、陈昱、关珪、关瑱、郭遇明、江通、朱觐、胡景纯、梅瞻、耿德真、何也,士大夫如苏子瞻、晁季一、贺方回、张秉道、康为章皆能制墨,见何薳《春渚纪闻》。(董其昌《筠轩清秘录》卷下)

【砚】

宋欧阳文忠公《砚谱》云,端石……以子石为上。子石者,在大石中生,盖精石也。(曹昭《格古要论》卷七)

作澄泥砚法,以瑾泥令入于水中挼之,贮于瓮器内,然后别以一瓮贮清水,以夹布囊盛其泥,而摆之,俟其至细去清水,令其干,入黄丹团和,溲如面,作二模如造茶者,以物击之分至坚,以竹刀刻作砚之状,大小随意微荫干,然后以利刀手刻削如法,曝过闲空垛于地厚,以稻穗并黄牛粪搅之,而烧一伏时,然后入墨蜡贮米醋而蒸之,五七度,含津益墨,亦足亚于石者。(苏易简《文房四谱》卷三)

魏铜雀台遗址,人多发其古瓦,琢之为砚甚工,而贮水数日不澡。世传……其瓦,俾陶人澄泥,以绨滤过,碎胡桃油,方埏埴之,故与众瓦有异焉。(苏易简《文房四谱》卷三)

砚品中端石,人皆贵重之,载于谱记凡数家,取予各异,或佳其有眼为端,或以无眼为贵。然石之青脉者必有眼。嫩则多眼,坚则少眼,石嫩则细润而发墨,所以贵有眼,不特为石之验也。眼之品类不一,曰鹦哥眼,曰鹳鸰眼,曰丫哥

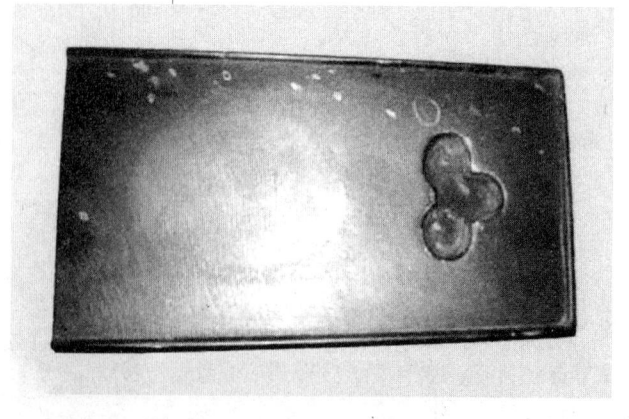

眼,曰雀眼,曰鸡翁眼,曰猫眼,曰绿豆眼,各以形似名之。翠绿为上,黄赤为下,谚谓火黯为佳,然亦石之病。乾道癸巳,高庙尝书翰墨数说以赐曹勋,其一云:端璞出下岩,色紫如猪肝,密理坚致,潴水发墨,呵之即泽,研试则如磨玉而无声,此上品也。中下品则皆砂壤相杂,不惟肌理既粗,复燥而色赤,如后历新,皆不可用,制作既俗,又滑不留墨。(张世南《游宦纪闻》卷五)

乙、舟车

仁宗天圣五年,内侍卢道隆上"记里鼓车"之制,独辕双轮,箱上为两重,各刻木为人,执木槌,……车行一里,下一层木人击鼓,……车行十里,上一层木人击镯。(《宋史》卷一四九《舆服志》一)

"龙肩舆",一名棕檐子,一名龙檐子,异以二竿,故名檐子,南渡后所制也。(《宋史》卷一五〇《舆服志》二)

成都诸名族,妇女出入,皆乘犊车,惟城北郭氏车最鲜华,为一城之冠,谓之"郭家车子"。(陆游《老学庵笔记》卷二)

今之民间辎车,重大椎朴,以牛挽之,日不能行三十里,少蒙雨雪,则跬步不进,故俗谓之"太平车"。(邵博《河南邵氏闻见后录》卷二二)

所乘车,置龙首鸱尾,饰以黄金,又造"九龙辂"、"诸子车",以白金为浮图,各有巧思。(《辽史》卷七一《圣宗仁德皇后萧氏传》)

召入商议中书省事,知枢密院事,大理国进"象牙金饰轿",即以赐之。(《元史》卷一二八《床兀儿传》)

建议选锐兵于乾宁军,挽"刀鱼船",自界河直趋平州境,以牵西面之势。(《宋史》卷二七三《何承矩传》)

上海总管罗璧、朱清、张瑄等,造"平底海船"六十艘,……从海道至京师。(《宋史》卷九三《食货志》一《海运》)

叙州守将,横截江津,军不得渡,按只聚军中牛皮作浑脱及"皮船",乘之与战,破其军。(《元史》卷一五四《石抹按祇传》)

丙、军器

熙宁七年,……是岁始造箭,曰"狼牙",曰"鸭觜",曰"出尖四楞",曰"一插刀凿子",凡四种,推行之。(《宋史》卷一九七《兵志》一一)

熙宁中，李定献偏架弩，似弓而施榦镫，以镫距地而张之，射三百步，能洞重札，谓之"神臂弓"。（沈括《梦溪笔谈》卷一九）

郑华原……荐和铣于徽祖，……铣因上制胜强远弓式，诏施行之。弓制实弩，极轻利，能破坚于三百步外，即边人所谓"凤凰弓"者。绍兴中，韩蕲王世忠因之，稍加损益，而为之新名曰"克敌"，亦诏起部通制，至今便焉。洪文敏《容斋三笔》，谓祖熙宁神臂之规，实不然也。（岳珂《桯史》卷五）

度宗咸淳九年六月，……沿边州郡，因降式制回回炮，有触类巧思，别置炮远出其上。（《续通考》卷一三四《兵考》一四）

火枪，……制以敕黄纸十六重为筒，长二尺许，实以柳炭铁滓磁末硫黄砒霜之属，以绳系枪端，军士各悬小铁罐藏火，临阵烧之，焰出枪前丈余，药尽而筒不损。（《金史》卷一一六《蒲察官奴传》）

其攻城之具，有火炮名"震天雷"者，铁罐盛药，以火点之，炮起火发，其声如雷，闻百里外，所爇围半亩之上，火点著甲铁皆透。大兵又为牛皮洞，直至城下，掘城为龛，间可容人，则城上不可奈何矣。人有献策者，以铁绳悬震天雷者，顺城而下，至掘处火发，人与牛皮皆碎迸无迹。又"飞火枪"注药，以火发之，辄前烧十余步，人亦不敢近。（《金史》卷一一三《赤盏合喜传》）

尝制甲……以献，至元十一年，别制"叠盾"。其制张则为盾，敛则合而易持，世祖以为古所未有。（《元史》卷二〇三《孙威传》）

阿喇卜丹，回回氏，西域茂萨里人也。至元八年，世祖遣使征炮匠于宗王额将布格，王以阿喇卜丹、伊斯玛音应诏。……二十二年，枢密院奉旨，改元帅府为回回炮手军匠上万户府，以阿喇卜丹为副万

户。(《元史》卷二〇三《阿喇卜丹传》)

伊斯玛音，……善造炮。至元十年，从国兵攻襄阳，……置炮于城东南隅，重一百五十斤，机发声震天地，所击无不摧陷，入地七尺。……十八年，……加镇国上将军，回回炮手都元帅。明年，十九年。改军匠万户府万户。(《元史》卷二〇三《伊斯玛音传》)

丁、指南针

方家以磁石磨针锋，则能指南，然常微偏东，不全南也。水浮多荡摇，指爪及碗唇上，皆可为之，转运尤速，但坚滑易坠，不若缕悬为最善。其法取新纩中独茧缕，以芥子许蜡，缀于针腰，无风处悬之，则针常指南，其中有磨而指北者，予家指南北者皆有之。磁石之指南，犹柏之指西，莫可原其理。(沈括《梦溪笔谈》卷二四)

舟师识地理，夜则观星，昼则观日，晦阴观指南针。(朱彧《萍洲可谈》卷二)

四　风俗

(一) 饮食
甲、宋
【馔】

旧京工伎，固多奇妙，即烹煮盘案，亦复擅名，如王楼梅花包子、曹婆肉饼、薛家羊饭、梅家鹅鸭、曹家从食、徐家瓠羹、郑家油饼、王家乳酪、段家熝物、石逢巴子南食之类，皆声称于时。若南迁湖上，鱼羹宋五嫂、羊肉李七儿、奶房王家、血肚羹宋小巴之类，皆当行不数者。(百岁寓翁《枫窗小牍》卷上)

集英殿宴金国人使九盏，第一肉咸豉，第二爆肉双下角子，第三莲花肉油饼骨头，第四白肉胡饼，第五群仙炙太平毕罗，第六假圆鱼，第七柰花索粉，第八假沙鱼，第九水饭，咸豉旋鲊瓜姜，看食，枣锢子膊饼白胡饼馒饼。(陆游《老学庵笔记》卷一)

1248

宋代饭馆
选自《清明上河图》。

中华二千年史

绍兴二十一年十月，高庙幸清河郡王张浚第，进奉筵宴目，绣花高饤果垒八色：香圆、真柑、石榴、枨子、鹅梨、乳梨楤楂、花木瓜；乐仙干果叉袋儿十二色，荔枝、圆眼、香莲、榧子、榛子、松子、银杏、梨肉、枣圆、莲子肉、林檎旋、大蒸枣；缕金香药十色，脑子花儿、甘草花儿、朱砂圆子、木香丁香、水龙脑、史君子、缩砂花儿、官桂花儿、白术人参、橄榄花儿；雕花蜜煎十二色：梅球儿、红消花、笋、蜜冬瓜鱼、红团花、木瓜大段、金橘、青梅、荷叶姜、蜜笋花儿、枨子、木瓜方花儿；砌香酸盐十二色：香药木瓜、椒梅、香药藤花、樱桃、紫苏奈香、菊花柳儿葡萄、甘草花儿、姜丝梅、梅肉饼儿、水红姜、杂丝梅饼儿；脯腊十色，肉线条子、皂角铤子、云梦犯儿、虾腊、奶房、旋鲊、金山盐豉、酒醋肉、肉瓜齑；垂手盘子八色：陈蜂儿、番葡萄、香莲事件、巴榄子、大金橘、新椰子、小橄榄、榆柑子。再坐进四时果八色：春藕、鹅梨饼子、甘蔗、乳梨肉儿、切枨子、切绿橘、生藕铤儿；时新果十色：金橘、杨梅、新罗葛、切灵芝、切脆枨、榆柑子、新椰子、切宜母子、藕铤子、甘蔗奈香、新柑子、梨五花儿；珑缠果子十二色：荔枝甘露饼、荔枝葵花、荔枝好郎君、珑缠桃条、酥胡桃、缠枣圈、缠梨肉、香莲事件、香药葡萄、缠松子、糖霜玉蜂儿、白缠桃条；下酒三十味：花炊鹌子、荔枝白腰子、奶房签、三脆羹、羊舌签、萌芽肚胘、肫掌签、鹌子羹、肚胘脍、鸳鸯煠肚、炒沙鱼衬汤、鳝血炒鲎、鹅肫掌汤齑、螃蟹酿枨、奶房玉蕊羹、鲜虾蹄子脍、南炒鳝、洗手蟹、鲚鱼假蛤蜊、五珍脍、螃蟹清羹、鹌子水晶脍、猪肚假

江鳐、虾𩜹脍、虾鱼汤虀、水母脍、二色茧儿羹、蛤蜊生、血粉羹；插食八色：炙肚胘、炒白腰子、炙鹌子脯、润鸡、润兔、炙炊饼、脔骨、劝酒果子库十番：砌香果子、调花蜜煎、时新果子、独装巴榄子、咸酸蜜煎、装大金橘小橄榄、独装新椰子、四时果四色；对装拣松番葡萄、对装春藕陈公梨；厨劝酒十味，江鳐𦞦肚、江鳐生、蟷蚌签、姜醋香螺、香螺𦞦肚、姜醋假公权、煨牡蛎牡蛎𦞦肚、假公权𦞦肚、蟑蚷𦞦肚，案元阙名《馔史》，亦载此条。此下有对食十盏二十分：莲花鸭签，茧儿羹，三珍脍南炒鳝，水母羹脍，鹌子羹，鲜鱼脍，三脆羹，洗手蟹，𦞦肚胘，对展每分时果五盘，晚食五十分，名件二色，茧儿小头羹饭，肚子羹，笑靥儿脯，腊鸡，脯鸭。（徐大焯《烬馀录·甲编》）

【茶】

茶之品，莫贵于龙凤，谓之"团茶"。……庆历中，蔡君谟为福建路转运使，始造小片龙茶以进，其品绝精，谓之小团。（欧阳修《归田录》卷二）

茶芽，古人谓之雀舌麦颗，言其至嫩也。今茶之美者，其质素良，而所植之土又美，则新芽一发，便长寸余，其细如针，惟芽长为上品，以其质榦土力皆有余故也。如"雀舌"、"麦颗"者，极下材耳。（沈括《梦溪笔谈》卷二四）

子由《煎茶诗》云："煎茶旧法西出蜀，水声火态犹能谙。相传煎茶只煎水，茶性仍存偏有味。"……又云：北方俚人茗饮无不有，盐酪椒姜夸满口。茶出南方，北人罕得佳品，以味不佳，故仍以他物煎之。陈后《山茶诗》云："愧无一缕破双团，惯下姜盐枉肺肝。"东坡和《寄茶诗》亦云："老妻稚子不知爱，一手已入姜盐煎。"若茶品自佳，杂以他物，适败其味尔。茶性冷，盐道入下经，非养生所宜，山谷谓寒中瘠气，莫甚于茶，或济以盐，勾贼破家。薛能《鸟觜茶》诗，亦有"盐损添当戒，姜宜著更夸"之句。（葛立方《韵语阳秋》卷一七）

太学生每路有"茶会"，轮日于讲堂集茶，无不毕至者，因以询问乡里消息。（朱彧《萍洲可谈》卷一）

茶见于唐时，味苦而转甘，晚采者为茗。今世俗客至则啜茶，去则啜汤。汤取药材甘香者屑之，或温或凉，未有不用甘草者。此俗遍

子由，宋代文学苏辙字。

天下。先公使辽，辽人相见，其俗先点汤，后点茶，至饮会，亦先水饮，然后品味以进。（朱彧《萍洲可谈》卷一）

【酒】

安定郡王，以黄柑酿酒，曰"洞庭春色"。（邵博《河南邵氏闻见后录》卷一九）

东坡性喜饮，而饮亦不多，在黄州尝以蜜为酿，又作《蜜酒歌》。（张邦基《墨庄漫录》卷五）

旧得酿法极简易，盛夏三日辄成，色如渾醴，不减玉友，仆夫为作之，每晚凉即相与饮三杯而散，亦复盎然。（叶梦得《石林避暑录话》卷上）

寿皇时，禁中供御酒，名"蔷薇露"；赐大臣酒，谓之"流香酒"，分数旋取旨，盖酒户大小已尽察矣。（陆游《老学庵笔记》卷七）

寿皇忽问王丞相淮及执政，近日曾得李彦颖信否，臣等方得李彦颖书，绍兴新造"蓬莱春酒"甚佳，各厅送三十樽。（张端义《贵耳集》卷上）

郫人刳竹之大者，倾春酿于筒，苞以藕丝，蔽以蕉叶，信宿馨达于外，然后断之以献，俗号"郫筒酒"。（赵朴《成都古今记》）

乙、辽

契丹主达鲁河钓牛鱼，以其得否，为岁占好恶。……牛鱼，云生东海，头如牛。……冯道《使虏诗》曰："曾叨腊月牛头赐"。（程大昌《演繁露》卷一三）

《渑水燕谈》载，契丹国产大鼠曰"毗狸"，形类大鼠而足短，极肥，其国以为殊味。穴地取之，以供国王之膳，自公相以下，皆不得尝，常以羊乳饲之。……近世乃不闻有此，扣之北客，亦多不知何耶。（周密《齐东野语》卷一六）

辽于南京置栗园司，萧韩家奴为右通造，典南京栗园是也。（朱彝尊《日下旧闻》卷三八引《析津日记》）

丙、金

饮食，甚鄙陋，以豆为浆，又嗜半生米饭，渍以生狗血及蒜之属，和而食之。嗜酒好杀，酿米为酒，醉则缚之俟其醒，不尔杀人。

(宇文懋昭《大金国志》卷三九)

茶酒三行,虏法先汤后茶,……旋供晚食,果饤如南方斋筵。先设茶筵,一般若七夕乞巧,其瓦垅、桂皮、鸡肠、银铤、金刚镯、西施舌,取其形,密和面,油煎之,虏甚珍此。茶食谓未行酒,先设此品,进茶一盏,又谓之茶筵。次供馒头、血羹、毕罗、肚羹、荡羊、饼子、解粥、肉䪼羹、索面、骨头盘子,自后大同小异,酒味甚漓。……洗漱冠栉毕,点心已至,灌肺、油饼、枣糕、面粥,有供糕糜处。……燕山酒固佳,是日所饷,极为醇厚,名"金澜",盖用金澜水以酿之也。(周辉《北辕录》)

丁、元

今以早饭前及饭后、午前午后晡前小食,为点心。(陶宗仪《辍耕录》卷一七)

迤北八珍,醍醐、麆吭、野驼蹄、鹿唇、驼乳糜、天鹅炙、紫玉浆、玄玉浆。即马奶子。(元阙名《馔史》)

国朝日进御膳,例用五羊,而上自即位以来,日减一羊。(陶宗仪《辍耕录》卷二)

官中以玉板笋,及白兔胎作羹极佳,名"换舌羹",备载尤良《名馔录》。(陶宗仪《元氏掖庭记》)

酒有翠涛饮、露囊饮、琼华汁、玉团春、石凉春、葡萄春、凤子脑、蔷薇露、绿膏浆,醋有杏花酸、脆枣酸、润肠酸、苦苏浆,盐有水晶盐、荟霜盐、五色盐,酱有蚁子酱、鹤顶酱、提苏酱,油有苏合油、片脑油、腽肭脐油、猛火油。(陶宗仪《元氏掖庭记》)

(二) 衣饰

甲、宋

太宗太平兴国七年,诏以士庶车服,颇有逾僭,令翰林学士承旨李昉详定以闻。昉奏近年品官绿袍,及举子白襕,下皆服紫色,请禁之。其私第便服,许紫皂衣白袍。旧制庶人服白,今请流外官及贡举人庶人,通许服皂。从之。"帽衫",帽以乌纱,衫以皂罗为之,角带系鞋,东都士大夫交际常服之。"紫衫",本军校之服,中兴士大夫服之,以便戎事。高宗绍兴二十六年,禁以戎服临民,自是士大夫

皆服凉衫，以为便服。"凉衫"制如紫衫，亦曰"白衫"，孝宗乾道初以其似凶服，禁之，便服仍许用紫衫；"深衣"，用白细布，圆袂方领，曲裾黑缘，大带，缁冠幅巾，黑履，士大夫家冠昏祭祀宴居交际服之；"襕衫"，亦白细布为之，圆领大袖，下施横襕为裳，腰间有襞积，进士及国子生、州县生服之。（《续通典》卷五九《礼》一五）

端拱二年，诏……庶人商贾伎术，不系官伶人，只许服皂白衣、铁角带，不得服紫。（《宋史》卷一五三《舆服志》五）

政和七年，臣僚上言，辇毂之下，奔竞侈靡，有未革者，居室服用，以壮丽相夸，珠玑金玉，以奇巧相胜，不独贵近，比比纷纷，日益滋甚。……丁瓘言，衣服之制，尤不可缓，今闾阎之卑，娼优之贱，男子服带犀玉，妇人涂饰金珠，尚多僭侈，未合古制。……又诏敢为契丹服，若"毡笠"、"钩墩"之类者，以违御笔论。钩墩今亦谓之袜袴，妇人之服也。（《宋史》卷一五三《舆服志》五）

妇人假髻，并宜禁断，仍不得作高髻及高冠，其销金、泥金、真珠、装缀衣服，除命妇许服外，余人并禁。……仁宗天圣三年，诏……妇女不得将白色褐色毛段，并淡褐色匹帛，制造衣服。……皇祐元年，诏妇人冠高，毋得逾四寸，广毋得逾尺，梳长毋得逾四寸，仍禁以角为之。先是宫中尚白角冠梳，人争仿之，至谓之内样，冠名曰垂肩等，至有长三尺者，梳长亦逾尺，议者以为服妖，遂禁止之。（《宋史》卷一五三《舆服志》五）

淳化三年，京师里巷妇人竞剪黑光纸团靥，又装缀鱼腮中骨，号"鱼媚子"，以饰面。（《宋史》卷六五《五行志》三）

司马公……又说，妇人不服宽袴与襦，制旋裙必前后开胯，以便乘驴，其风始于都下妓女，而士大夫家反慕之。（江休复《醴泉笔录》卷上）

崇宁大观间，衣服相尚短窄，宣靖之际，内及闺阁，外及乡僻，上衣偪窄称其体，襞开四缝而扣之，曰"密四门"；小衣偪管开缝而扣之曰"便裆"，亦曰"任人便"。发髻大而扁，曰"盘福龙"，亦曰"便眠觉"。绍兴以后，此风稍息，景定以后，复若宣靖，识者知为服妖。（徐大焯《烬馀录·乙编》）

宣和末，妇人鞋底尖，以二色合成，名"错到底"。（陆游《老学庵笔记》卷三）

汴京闺阁妆抹凡数变，崇宁间，少尝记忆，作大鬓方额，政宣之际，又尚急扎垂肩。宣和已后，多梳云尖巧额，鬓撑金凤，小家至为剪纸衬发，膏沐芳香，花靴弓履，穷极金翠，一袜一领，费至千钱。今闻房中闺饰复尔，如瘦金莲方、莹面丸、遍体香，皆自北传南者。
（百岁寓翁《枫窗小牍》卷上）

　　理宗朝，宫妃系前后掩裙而长窄地，名"赶上裙"。梳高髻于顶，曰"不走落"。束足纤直，名"快上马"。粉点眼角，名"泪妆"。剃削童发，必留大钱许于顶左，名"偏顶"。或留之顶前，束以彩缯，宛若博焦之状，或曰"鹁角"。（《宋史》卷六五《五行志》三）

乙、辽

　　国母与番官，皆番服，国主与汉官，则汉服，番官戴毡冠，上以金华为饰，或加珠玉翠毛，盖汉魏时，辽人步摇冠之遗象也。额后垂金花织成夹带，中贮发一总，服紫窄袍，加义襕，紫玷鞢带以黄红色绦裹革为之，用金玉水晶碧石缀饰。又有纱冠，制如乌纱帽，无檐，不掩双耳，额前缀金花，上结紫带，带末缀珠，或紫皂幅巾，紫窄袍，束带。丈夫或绿巾，绿花窄袍，中单多红绿色。贵者被貂裘，貂以紫黑色为贵，青色为次，又有银鼠，尤洁白，贱者被貂毛羊鼠沙狐

裘。（叶隆礼《契丹国志》卷二三）

丙、金

金俗好衣白，辫发垂肩，与契丹异，垂金环，留颅后发，系以色丝，富人用珠金饰。妇人辫发盘髻，亦无冠。自灭辽侵宋，渐有文饰。妇人或裹"逍遥巾"，或裹头巾，随其所好。至于衣服，尚如旧俗，土产无桑蚕，惟多织布，贵贱以布之粗细为别。……富人春夏多以纻丝绵绸为衫裳，亦间用细布，秋冬以貂鼠青鼠狐貉皮，或羔皮为裘，或作纻丝四袖；贫者春夏并用布为衫裳，秋冬亦衣牛马猪羊猫犬鱼蛇之皮，或獐鹿皮，为衫袴袜皆以皮。至妇人衣白大袄子，下如男子道服，裳曰锦裙，去左右，各阙二尺许，以铁条为圈，裹以绣帛，上以单裙笼之。（宇文懋昭《大金国志》卷三九）

男子衣皆小窄，妇女衫皆极宽大，有位者便服立，止用皂纻丝，或番罗，系版绦，与皂隶略无分别。绦反插垂头于腰，谓之有礼，无贵贱皆著尖头靴，所顶之巾，谓之"蹋鸱"。（周辉《北辕录》）

燕地……其良家士族女子皆髡首，许嫁方留发。冬月以栝蒌涂面，谓之"佛妆"，但加傅而不洗，至春暖方涤去，久不为风日所侵，故洁白如玉也。（庄绰《鸡肋编》卷上）

丁、元

"质孙"，汉言一色服也。（《元史》卷七八《舆服志》一）

只孙宴服者，贵臣见飨于天子则服之，今所赐绛衣是也，贯大珠以饰其肩背间，膺首服亦如之。（陶宗仪《辍耕录》卷三〇）

《永乐大典》服字韵载蒙古冠服，引《析津志》云："罟罟"，以大红罗幔之胎，以竹凉胎者轻，上等大，次中，次小，用大珠穿结龙凤楼台之属，饰于其前后，复以珠缀长条，縪饰方弦，掩络其缝，又以小小花朵插带。又以金累事件，装嵌极贵宝石塔形在其上，顶有金十字，用安翎筒，以带鸡冠尾，出五台山，今真定人家养此鸡，以取其尾甚贵。罟罟后，上插朵朵翎儿，染以五色，如飞扇样，先带上紫罗"脱木华"。（胡敬《南薰殿图像考》卷下）

元朝后妃，……皆带姑姑，……高圆二尺许，用红色罗。（叶子奇《草木子》卷三下）

札脚自五代以来方为之，如熙宁元丰以前，人犹为者少，近年则人人汉人也。相效，以不为者为耻也。(陶宗仪《辍耕录》卷一〇)

(三) 嫁娶
甲、宋

公主下降，初被选尚者，即拜驸马都尉，赐玉带、袭衣、银鞍勒马、采罗百匹，谓之"系亲"。(《宋史》卷一一五《礼志》一八)

诸王聘礼，赐女家白金万两敌门，注：即古之纳采。(《宋史》卷一一五《礼志》一八)

诸王纳妃，……定礼、……果盘、花粉、花羃、眠羊、卧鹿花饼、银胜、小色金银钱等物。(《宋史》卷一一五《礼志》一八)

世俗好于襁褓童幼之时，轻许为婚，亦有指腹为婚者。及其既长，或不肖无赖，或身有恶疾，或家贫冻馁，或丧服相仍，或从宦远方，遂至弃信负约，速狱致讼者多矣。(司马光《司马氏书仪》卷三注)

元祐大婚，吕正献公当国，执议不用乐。宣仁云：寻常人家娶个新妇，尚点几个乐人，如何官家却不得用？"(周辉《清波杂志》卷一)

北俗，男女年当嫁娶未婚而死者，两家命媒互求之，谓之鬼媒人。通家状细帖，各以父母命祷而卜之，得吉，即制冥衣。……媒就男墓备酒果，祭以合婚，设二座相并，各立小幡。……奠毕，……其相喜者，则二幡微动，以致相合；若一不喜者，幡不为动，……两家亦薄以币帛酬鬼媒，鬼媒……资以养生焉。(康誉之《昨梦录》)

婚娶之法，先凭媒氏，以"草帖子"通于男家，男家以草帖问卜，或祷签，得吉无克，方回草帖，亦卜吉，媒氏通音。然后过"细帖"，又谓"定帖"，帖中序男家三代官品职位名讳，议亲第几位男，及官职年甲月日吉时生，父母或在堂、或不在堂，或书主婚何位尊长，或入赘明开将带金银田土财产宅舍房廊山园，俱列帖子内。女家回定帖亦如前开写，及议亲第几位娘子，年甲月日吉时生，具列房奁首饰金银珠翠宝器动用帐幔等物，及随嫁田土屋业山园等。其伐柯人两家通报，择日过帖，各以色彩衬盘，安定帖送过，方为定论。然后男家择日备酒礼诣女家，或借园圃，或湖舫内，两亲相见，谓之"相亲"。男以酒四杯，女则添备双杯，此礼取男强女弱之意。如新人中

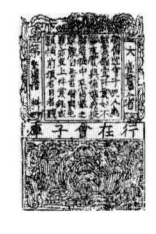

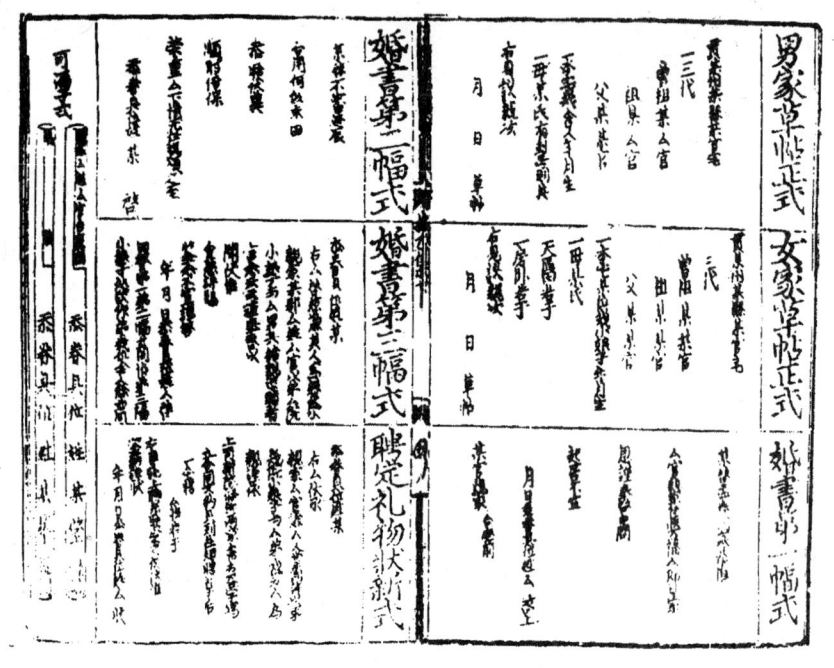

宋代草帖、婚书、聘礼状式

意，即以金钗插于冠髻中，名曰"插钗"；若不如意，则送彩段二匹，谓之压惊，则姻事不谐矣。既已插钗，则伐柯人通好议定礼，往女家报定，若丰富之家，以珠翠首饰金器销金裙褶，及段匹茶饼，加以双羊牵送，以金瓶酒四樽或八樽，装以大花银方胜，红彩销金酒衣，簇盖酒上，或以罗帛贴套花为酒衣，酒担以红彩缴之，男家用销金色纸四幅，为三启，一礼物状，共两封，名为双缄，仍以红绿销金书袋盛之，或以罗帛贴套，五男二女绿盝盛礼书为头合，共辇十合，或八合，用彩袱盖上送往。女家接定礼合，于宅堂中备香烛酒果，告盟三界，然后请女亲家夫妇双全者开合，其女氏，即于当日备回定礼物，以紫罗及颜色段匹，珠翠须掠，皂罗巾段，金玉帕环，七宝巾环，篦帕鞋袜女工答之，更以元送茶饼果物，以四方回送，羊酒辨以一半回之，更以空酒樽双投入清水，盛四金鱼，以箸一双、葱两株，安于樽内，谓之"回鱼箸"。若以富家官户，多用金银打造鱼箸各一双，并以彩帛造像生葱双株，挂于鱼水樽外答之。自送定之后，全凭媒氏往来，朔望传语，遇节序，亦以冠花彩段合物酒果遗送，谓之"追节"，女家以巧作女工金宝帕环答之。次下则"送聘"，预令媒氏以鹅酒，重则羊酒，导日方行送聘之礼。且论聘礼，富贵之家，当备三金送

之，则金钏金镯金帔坠者是也。若以铺席宅舍，或无金器，以银镀代之，否则贫富不同，亦从其便，此无定法耳。更言士宦，亦送销金大袖黄罗销金裙段，红长裙或红素罗大袖段，亦得珠翠特髻，珠翠团冠，四时冠花珠翠排环等首饰，及上细杂色彩段匹帛，加以花茶果物团圆饼羊酒等物。又送官会银铤，谓之"下财礼"，亦用双缄聘启礼状，或下等人家所送一二匹，官会一二封，加以鹅酒茶饼而已。若下财礼，则女氏得以助其虚费耳。又有一等贫穷父母兄嫂所倚者，虽色可取，而奁具茫然，在议亲者，以首饰衣帛加以诸物送往，谓之兜裹。今富家女氏，既受聘送，亦以礼物答回，以绿紫罗双匹彩色段匹金玉文房玩具珠翠须掠女工等，如前礼物。更有媒氏媒箱，段匹盘盏官楮花缸礼合惠之。自聘送之后，节序不送，择礼成吉日再行，导日礼报女氏。亲迎日分先三日，男家送催妆花髻，销金盖头，五男二女花扇花粉盝洗项画彩钱果之类，女家答以金银双胜、御罗花幞头、绿袍靴笏等物。前一日，女家先往男家铺房挂帐幔，铺设房奁器具珠宝首饰动用等物，以至亲压铺房，备礼前来暖房，又以亲信妇人，与从嫁女使，看守房中，不令外人入房，须待新人，方敢纵步往来。至"迎亲"日，男家刻定时辰，预令行郎，各以执色，如花瓶花烛香毬沙罗洗漱妆盒照台裙箱衣匣百结青凉伞交椅，授事街司等人，及雇借官私妓女乘马，及和倩乐官鼓吹，引迎花担子，或棕檐花藤轿，前往女家，迎娶新人。其女家以酒礼款待行郎，散花红银楪利市钱会讫，然后乐官作乐催妆，克择官报时辰，追催促登车，茶酒司互念诗词，催请新人出阁登车。既已登车，擎担从人，未肯起步，仍念诗词，求利市钱酒毕，方行起担作乐。迎至男家门首，时辰将正，乐官妓女及茶酒等人，互念诗词，拦门求利市钱红，克择官执花斗，盛五谷豆钱彩果，望门而撒，小儿争拾之，谓之"撒谷豆"，以压青阳煞耳。方请新人下车，一妓女倒朝行车捧镜，又以数妓女执莲炬花烛导前迎引，遂以二亲信女使，左右扶侍而行，踏青锦褥，或青毡花席上行，先跨马鞍，蓦背平秤，过入中门，至一室中少歇，当中悬帐，谓之"坐虚帐"；或径迎入房室内，坐于床上，谓之"坐床"。富贵之家，委亲戚接待女家亲家，及亲送客，会汤次拂备酒四盏款待。若论浙东以亲送客急三杯或五盏而回，名曰"走送"。向者迎新郎礼，其婿服

绿裳花幞头,于中堂升一高座,先以媒氏或亲戚互斟酒,请下高座归房,至外姑致请,方下坐回房"坐富贵"。今此礼久不用矣,止用妓乐花烛迎引入房。房门前先以彩帛一段横挂于楣上,碎裂其下,婿入门,众手争扯而去,谓之利市缴门,争求利市也。婿登床右首坐,新妇坐左首,正坐富贵礼也。其礼官请两新人出房,诣中堂参堂,男执槐简,挂红绿彩,绾双同心结,倒行,女挂于手面,相看而行,谓之"牵巾"。并立堂前,遂请男家双全女亲,以秤或用机杼挑盖头,方露花容,参拜堂次诸家神及家庙。行参诸亲之礼毕,女复倒行,执同心结,牵新郎回房,讲"交拜"礼。再坐床,礼官以金银盘盛金银钱、彩钱、杂果"撒帐"。次命妓女执双杯,以红绿同心结绾盏底,行"交卺"礼毕,以盏一仰一覆,安于床下,取大吉利意。次男左女右结发,名曰"合髻"。又男以手摘女之花,女以手解郎绿抛纽,次掷花髻于床下,然后请掩帐。新人换妆毕,礼官迎请两新人诣中堂,行参谢之礼。次亲朋讲庆贺,及参谒外舅姑已毕,则两亲家行新亲之好,然后入礼筵。行前筵五盏礼毕,别室歇坐,数杯劝色,以叙亲义,仍行上贺赏花。节次仍复再入公筵,饮后筵四盏,以终其仪。三日,女家送冠花彩段鹅蛋,以金银缸儿盛油蜜,顿于盘中,四围撒帖套丁胶于上,并以茶饼鹅羊果物等合送去婿家,谓之"送三朝礼"也。其两新人于三日,或七朝九日,往女家行"拜门"礼。女家广设华筵,款待新婿,名曰"会郎",亦以上贺礼物与其婿。礼毕,女家备鼓吹迎送婿回宅第。女家或于九朝内移厨往婿家致酒,谓之"暖女会"。自后迎女回家,以冠花段匹合食之类送归婿家,谓之"洗头"。至一月,女家送弥月礼合,婿家开筵延款亲家及亲眷,谓之"贺满月"会亲。自此礼仪可简,遇节序,两亲互送节仪,若士庶百姓之家,贫富不等,亦宜随家丰俭,却不拘此礼;若果无所措,则已之。

(吴自牧《梦粱录》卷二〇)

乙、辽

辽太宗会同三年十二月，诏契丹人授汉官者，从汉仪，听与汉人婚姻。（《续通典》卷五八《礼》一四）

统和十二年九月，……行"拜奥礼"。《国语解》：凡纳后，即族中选尊者一人，当奥而坐，以主其礼，送后者，拜而致敬，故云拜奥礼。（《辽史》卷一三《圣宗纪》四）

惕隐率皇族，奉迎再拜，皇后车至便殿东南七十步止，惕隐夫人请降车，负银罂，捧滕履黄道行，后一人张羔裘若袭之，前一妇人捧镜却行，置鞍于道，后过其上，乃诣神主室三拜。（《辽史》卷五二《礼志》五）

选皇族诸妇宜子孙者，再拜之，授以罂滕。（《辽史》卷五二《礼志》五）

丙、金

金人旧俗，多指腹为婚姻，既长虽贵贱殊隔，亦不可逾。婿纳币，皆先期拜门，亲属偕行，以酒馔往，少者十余车，多至十倍。饮客，佳酒则以金银杭贮之，其次以瓦杭列于前，以百数，宾退则分饷焉。先以乌金银盃酌饮，贫者以木。酒三行，进大软指、小软指如中国寒具。即饼也。妇家无大小皆坐炕上，婿党罗拜其下，谓之男下女。礼毕，婿牵马百匹，少者十匹，陈其前，妇翁选子姓之别马者视之，好则留，不好则退，留者不过什二三，或皆不中选，虽婿所乘，亦以充数，大抵以留马少为耻，女家亦视其数而厚薄之，一马则报衣一袭。婿皆亲迎，既成婚，留于妇家执仆隶役，虽行酒进食，皆躬亲之。三年然后以妇归，妇用奴婢数十户，牛马数十群，每群九牝一牡，以资遣之。夫谓妻为"萨那"，妻谓夫为"爱根"。（宇文懋昭《大金国志》卷三九）

一云，婚家富者以牛马为币，贫者以女年及笄，行歌于途。其歌也，乃自叙家世妇工容色，以伸求侣之意，听者有速娶欲纳之，则携而归。后方具礼偕来女家，以告父母，死则群母，兄死则其嫂，叔伯死，则侄亦如之。无论贵贱，人有数妻。（宇文懋昭《大金国志》卷三九）

(四) 丧葬

甲、宋

太宗太平兴国七年，命翰林学士李昉等，重定士庶丧葬制度。昉等奏准后唐长兴二年诏，五品六品常参官，丧轝舁者二十人，挽歌八人，明器三十事，共置八床；七品常参官，舁者十六人，挽歌六人，明器二十事，置六床；六品以下京官及检校试官等，舁者十二人，挽歌四人，明器十五事，置五床，并许设纱笼二；庶人舁者八人，明器十二事，置两床，悉用香舆魂车，从之。(《续通志》卷一一八《礼略》八)

今之士大夫居丧，食肉饮酒，无异平日，又相从宴集，靦然无愧，人亦恬不为怪。……乃至鄙野之人，或初丧未敛，亲宾则赍馔酒往劳之，主人亦自备酒馔，相与饮啜，醉饱连日。及葬，亦如之。甚者初丧作乐以娱尸，及殡葬则以乐导轊车，而号哭随之。亦有乘丧即嫁娶者。(司马光《司马氏书仪》卷六注)

绍兴二十七年，监登闻鼓院范同言：今民俗有所谓火化者，……燔爇而弃捐之，……甚者焚而置之水中。……二十八年，户部侍郎荣薿言：比因臣僚陈请禁火葬，令州郡置荒闲之地，使贫民得以收葬，诚为善政。臣闻吴越之俗，葬送费广，必积累而后办，至于贫下之家，送终之具，唯务从简，是以从来率以火化为便，相习成风，势难遽革。……乞除豪富士族，申严禁止外，贫下之民，并客旅远方之人，若有死亡，姑从其便。(《宋史》卷一二五《礼志》二八)

董成二郎，……殂既敛，家人用俚俗法，筛细灰于灶前，覆以甑，欲验死者所趋。旦

元墓壁画夫妻对坐图

而举之，二鹅足迹，俨立于灰上，皆疑董堕畜类。（洪迈《夷坚志·乙集》上）

乙、辽

父母死而悲哭者，以为不旺，但以其尸置于山树上，经三年后，乃收其骨而焚之，以酹酒而祝曰："冬月时向阳食，夏月时向阴食，我若射猎时，使我多得猪鹿。"（叶隆礼《契丹国志》卷二三）

丙、金

其疾病无医药，尚巫祝，病者杀猪狗以禳之，或用车载病者入深山大谷以避之。其亲友死，则以刀剺额，血泪交下，谓之"送血泪"。死者埋之，而无棺椁，贵者生焚所宠奴婢、所乘鞍马以殉之。其祀祭饮食之物尽焚之，谓之"烧饭"。（宇文懋昭《大金国志》卷三九）

(五) 令节
甲、宋

三元观灯，……自唐以后，常于正月望夜，开坊市门然灯。宋因之，上元前后各一日，城中张灯，大内正门，结彩为山楼影灯，起露台，教坊陈百戏。（《宋史》卷一一三《礼志》一六）

淳化三年三月，幸金明池，命为"竞渡"之戏，掷银瓯于波间，令人泅波取之，因御船奏教坊乐，岸上都人纵观者万计。（《宋史》卷一一三《礼志》一六）

中元节，先数日，市井卖冥器，……又以竹竿斫成三脚，高三五尺，上织灯窝之状，谓之盂兰盆，挂搭服衣冥钱在上焚之。（孟元老《东京梦华录》卷八）

正月，"元旦"，天子受朝贺，俗谓之排正仗。……三日，放士庶赌博。……"人日"，正月初七日也，造面茧以肉或素馅。……"立春"，……自郎官御史寺监长贰以上，皆赐春幡胜，以罗为之，近臣皆加赐银胜。……"上元"，自月初开东华门为灯市，……妇人又为灯毬灯笼，大如枣栗，加珠翠之饰，合城妇女竞戴之。……十八日，谓之收灯。……二月一日，名中和节。……"社日"，……

学生皆给假，幼女辍工夫，……父母取已嫁女归家，名曰归宁。……"寒食节"，……今云断火三日者，冬至后一百四日、一百五日、一百六日也。……三月，……国朝故事，唯自"清明日"，开集禧殿太乙宫三日，……"上巳"，上开金明池、金水河、琼林苑，……西京多重此日。……每于此月，当牡丹盛开之际，各出其花于门首，及廊庑间，名曰"斗花会"。（金盈之《醉翁谈录》卷三）

四月八日，……"浴佛"之日，……鼓扇百索市，在潘楼下，丽景门外，阊阖门，朱雀门内外，相国寺东廊，睦亲广亲宅前，皆卖此等物。……六月，京师"三伏"，唯史官赐冰麨，百司休务而已。士大夫家不以为节，特吏人医家富商大贾，聚会宴饮，其所尚者，食羊头签而已，七月，"七夕"，潘楼前卖乞巧物，……其夜妇女以七孔针，于月下穿之。……八月，"中秋"，京师赏月之会，异于他郡，倾城人家子女，不以贫富，自能行至十二三，皆以成人之服服饰之，登楼或于中庭，焚香拜月。……九月，"重阳"，以酒果糕等送诸女家，或遗亲识，其上插菊花、散石榴子、栗黄，或插小红旗，长二三尺。……十月，旧俗十月朔，开炉向火，乃沃酒及炙脔肉于炉中，围坐饮啗，谓之"暖炉"，至今民家送亲党薪炭酒肉缲绵，新嫁女并送火炉。十一月，"冬至"，前一日，云冬至既号亚寒，俗人遂以冬至前之夜为"夜除"，大率多仿岁除故事，而差异焉。鄙人自冬至之次日数九，凡九九八十一日。……都城以寒食、冬至、元旦为三大节。……冬至人多馈遗，……人家是日多食馄饨，故有"冬馄饨、年馎饦"之语。……天子受朝贺，俗谓之排冬仗。……十二月，"除夜"，……人家图钟馗形，贴于门壁，……京师民庶之家，痴儿騃女，多达旦不寐，俗谚云："守冬爷长命，守岁娘长命"。（金盈之《醉翁谈录》卷四）

乙、辽

岁时杂仪，正旦，国俗以糯饭和白羊髓为饼，丸之若拳，每帐赐四十九枚，戌夜各于帐内窗中掷丸于外，数偶动乐饮宴，数奇令巫十有二人鸣铃执箭，绕帐歌呼，帐内爆盐炉中，烧地拍鼠，谓之"惊鬼"，居七日乃出。国语谓正旦为乃捏咿唲，乃、正也，捏咿唲、旦

辽墓壁画《散乐图》

也。立春，妇人进春书，刻青缯为帜，像龙御之，或为蟾蜍，书帜曰"宜春"。人日，凡正月之日，一鸡、二狗、三豕、四羊、五马、六牛、七日为人，其占晴为祥，阴为灾。俗煎饼食于庭中，谓之"薰天"。二月一日，为"中和节"，国舅族萧氏，设宴以延国族耶律氏，岁以为常，国语是日为忖里尀，忖里、请也，尀、时也，忖读若狎，尀读若颇。二月八日，为悉达太子生辰，京府及诸州，雕木为像，仪仗百戏导从，循城为乐。悉达太子者，西域净梵王子，姓瞿昙氏，名释迦牟尼，以其觉性，称之曰佛。三月三日，为"上巳"，国俗刻木为兔，分朋走马射之，先中者胜，负朋下马列跪进酒，胜朋马上饮之，国语谓是日为陶里桦，陶里、兔也，桦、射也。五月重五日，午时采艾叶和绵著衣七事，以奉天子，北南臣僚各赐三事，君臣宴乐，渤海膳夫进艾糕，以五彩丝为索缠臂，谓之"合欢结"；又以彩丝宛转为人形簪之，谓之"长命缕"。国语谓是日为讨赛咿呃，讨、五、赛咿呃，月也。夏至之日，俗谓之"朝节"，妇人进彩扇，以粉脂囊相赠遗。六月十有八日，国俗耶律氏设宴，以延国舅族萧氏，亦谓之忖里尀。七月十三日夜，天子于宫西三十里，卓帐宿焉。前期备酒馔，翼日，诸军部落从者，皆动蕃乐饮宴，至暮乃归行宫，谓之迎节。十五日中元，动汉乐大宴。十六日昧爽，复往西方，随行诸军部落，大噪

卷四 宋辽金夏元

三，谓之送节。国语谓之赛咿唲奢，奢、好也。八月八日，国俗屠白犬于寝帐前七步瘗之，露其喙。后七日中秋，移寝帐于其上，国语谓之捏褐耐，捏褐、大也，耐、首也。九月重九日，天子率群臣部族射虎，少者为负，罚重九宴。射毕，择高地卓帐，赐蕃汉臣僚饮菊花酒，兔肝为臡，鹿舌为酱，又研茱萸酒，洒门户以祫禳。国语谓是日为必里迟离，九月九日也。岁十月，五京进纸，造小衣甲枪刀器械万副。十五日，天子与群臣望祭木叶山，用国字书状并焚之。国语谓之戴辣，戴、烧也，辣、甲也。冬至日，国俗屠白羊、白马、白雁，各取血和酒，天子望拜黑山。黑山在境北，俗谓国人魂魄，其神司之，犹中国之岱宗云。每岁是日，五京进纸造人马万余事，祭山而焚之，俗甚严畏，非祭不敢近山。腊辰日，天子率北南臣僚，并戎服，戊夜坐朝，作乐饮酒，等第赐甲仗羊马。国语谓是日为炒伍侕时，炒伍侕、战也。(《辽史》卷五三《礼志》六)

丙、金

其节序，元旦则拜日相庆，重五则射柳祭天。(宇文懋昭《大金国志》卷三九)

金因辽旧俗，以重五、中元、重九日，行拜天之礼，重五于鞠场，中元于内殿，重九于都城外。(《金史》卷三五《礼志》八)

(六) 戏玩
甲、弈棋

太宗当天下无事，留意艺文，而琴棋亦皆造极品。(叶梦得《石林燕语》卷八)

孝宗万机余暇，留神棋局，诏国手赵鄂供奉，由是遭际，官至武功大夫。(张端义《贵耳集》卷上)

乙、叶子

今之叶子戏，"消夜图"，相传始于宋太祖，令后宫人习之以消夜。(陈元龙《格致镜原》卷六○引《农田馀话》)

钱制圆而孔方，取象于天，反数于空，故尊空没文，空者所以贮也，当其无有贮之用，属波斯献焉，次称鳖客，鳖者兽食之余，井上

有李是也，里人目为枝花。枝花者花未成果，故自一至九，咸呼为"果"，本枝花而得名，而文钱为最初之义，其数十一叶，而极于九索，以贯钱百文为"索"，极于一而尊于九。九者数之盈，十索则名贯矣，故去十为"万"始焉。叶凡九，万者索之累十而得名者也，极一而尊九，不居其十，以十者有所总也。叶数亦如索，十举成数，一不必纪，而二首焉，以偶对百，百而千，千而万，示极而不孤，处尊而不汰，数之成也，叶得十一。野史赞曰："履其成无忘其空，空以基之，成以息之。"是四十张之所由作也。（陈元龙《格致镜原》卷六〇引潘之恒《叶子谱》）

宋宣和二年，有臣上疏，设牙牌三十二扇，共计二百二十七点，以按星辰布列之位，譬天牌二扇二十四点，象天之二十四气；地牌二扇四点，象地之东西南北；人牌二扇十六点，象人之仁义礼智，发而为恻隐羞恶辞让是非；和牌二扇八点，象太和元气流行于八节之间。其他牌名，类皆合伦理庶务器用。表上，贮于御库，疑繁未行。至宋高宗时，始诏如式颁行天下。（陈元龙《格致镜原》卷六〇引《诸事音考》）

丙、彩选格

彩选格即陞官图。起于唐李邰，本朝踵之者，有赵明远、尹师鲁。元丰官制行，有宋保国，皆取一时官制为之。至刘贡父独因其法取西汉官秩升黜次第为之。（徐度《却扫篇》卷下）

丁、象棋

显仁……后未知上高宗即位，尝用象戏局子，裹以黄罗，书康王字贴于将上，焚香祷曰："今三十二子俱掷于局，若康王字入九宫者，必得天位。"一掷，其将子果入九宫。（王明清《挥麈后录》卷二）

局纵横路十一，棋三十二为两军。（陈元龙《格致镜原》卷五九引晁无咎序）

戊、打马

长行、叶子、博塞、弹棋，世无传者；藏酒、摴蒱、双蹙融，今渐废绝，大小象戏弈棋，亦止可容二人；独采选打马，特为闺房雅戏。尝恨采选丛繁，劳于检阅，能通者少，难遇劲敌，打马简要，又

宋太祖蹴鞠图

若无文。（陈元龙《格致镜原》卷五九引李易安《打马序》）

打马，用铜或牙角为钱样，共五十四枚，上刻良马名，布图四面，以投子掷打之。（陈元龙《格致镜原》卷五九引《事物绀珠》）

己、毽子

今时小儿以铅锡为钱，装以鸡羽，呼为毽子，三四成群走踢，有里外廉、拖枪、耸膝、突肚、佛顶珠、剪刀拐之名色，亦蹴鞠之遗事也。（陈元龙《格致镜原》卷六〇引《事物原始》）

庚、双陆

双陆之制，初不用棋，俱以黑白小棒槌，每边各十二枚，主客各一色，以骰子两只掷之，依点数行，因有客主相系之法。故赵抟《双陆诗》云："紫牙镂合方如斗，二十四星衔月口。贵人迷此华筵中，运木手交如阵斗。"（葛立方《韵语阳秋》卷一七）

燕京茶肆，设双陆局，或五或六，多至十，博者蹴局，如南人茶肆中置棋具也。（洪皓《松漠纪闻续》）

辛、百戏

百戏踢弄家，每于明堂郊祀年分，丽正门宣赦时，用此等人，立

金鸡竿，承应上竿抢金鸡，兼之百戏，能打筋斗、踢人、踏跷、上索打交辊脱索、索上担水、索上走装神鬼、舞判官、斫刀蛮牌、过刀门、过圈子等。理庙时，有路岐人，名十将，宋喜、常旺两家，有踢弄人，如谢恩、张旺、宋宝哥、沈家强、自来强、宋达、杨家会、宋赛歌、宋国昌、沈喜、张宝哥、常家喜小娘儿、李显、沈喜、汤家会、汤铁柱、庄德、刘家会、小来强、鲍老儿、宋定哥、李成、庄宝、潘贵、宋庆哥、汤家俊等，遇朝家大朝会圣节，宣押殿庭承应，则官府公筵，府第筵会，点唤供筵，俱有大犒。又有村落百戏之人，拖儿带女，就街坊桥巷，呈百戏使艺，求觅铺席宅舍钱酒之赀，且杂手艺，即使艺也，如踢瓶、弄碗、踢磬、踢缸、踢钟、弄花钱花鼓槌、踢笔墨、壁上睡、虚空挂香炉、弄花毯儿、拶筑毯、弄斗打硬、教虫蚁、弄熊、藏人、烧火、藏剑、吃针、射弩、端亲、背攒壶瓶等、线包儿、撮米酒、撮放生等艺。淳祐以后，艺术高者，有包喜、陆寿、施半仙、金宝、金时好、宋德、徐彦、沈兴、赵安、陆胜、包寿、范春、吴顺、金胜等。此艺施呈，委是奇特，藏去之术，则手法疾而已。凡傀儡敷演烟粉、灵怪、铁骑、公案史书，历代君臣将相故事话本，或讲史，或作杂戏，或如崖词，如悬线傀儡者，起于陈平六奇解围故事也。今有金线卢大夫、陈中喜等，弄得知真无二，兼之走线者尤佳。更有杖头傀儡，最是刘小仆射家数果奇，大底弄此多虚少实，如巨灵神姬大仙等也。其水傀儡者，有姚遇仙、赛宝哥、王吉、金时好等，弄得百怜百悼，兼之水百戏往来出入之势，规模舞走鱼龙，变化夺真，功艺如神。更有弄影戏者，元汴京初以素纸雕簇，自后人巧工精，以羊皮雕形，用以彩色妆饰，不致损坏。杭城有贾四郎、王升、王闰卿等，熟于摆布，立讲无差，其话本与讲史书者颇同，大抵真假相半，公忠者雕以正貌，奸邪者刻以丑形，盖亦寓褒贬于其间耳。（吴自牧《梦粱录》卷二〇）